国家出版基金项目
NATIONAL PUBLICATION FOUNDATION

2021—2035年国家古籍工作规划重点出版项目

『十四五』时期国家重点图书出版物出版专项规划项目

『十四五』安徽省重点出版物规划项目

本书获国家社科基金项目『西夏文《大宝积经》整理研究集成』资助
主持人：孙伯君　批准号：16BMZ026

西夏文《大宝积经》整理研究集成

第一辑 第一册

孙伯君◎主编

孙伯君 王 巍 李若愚 李 雷 郭垚垚◎著

黄山书社

图书在版编目(CIP)数据

西夏文《大宝积经》整理研究集成. 第一辑. 第一册/孙伯君主编; 孙伯君等著.—合肥:黄山书社, 2024.3
ISBN 978-7-5737-1207-3

Ⅰ.①西… Ⅱ.①孙… Ⅲ.①西夏语-佛经-研究 Ⅳ.①B948

中国国家版本馆 CIP 数据核字(2024)第 032279 号

西夏文《大宝积经》整理研究集成(第一辑)·第一册
XIXIAWEN DABAOJIJING ZHENGLI YANJIU JICHENG

孙伯君 主编
孙伯君 王 巍 李若愚 李 雷 郭垚垚 著

出品人 葛永波
策 划 葛永波 李 旭 张向奎
项目统筹 李玲玲 代立媛
责任编辑 刘 羊 代立媛
责任印制 李 磊
装帧设计 尹 晨
出版发行 黄山书社(http://www.hspress.cn)
地址邮编 安徽省合肥市蜀山区翡翠路 1118 号出版传媒广场 7 层 230071
印 刷 安徽新华印刷股份有限公司
版 次 2024 年 3 月第 1 版
印 次 2024 年 3 月第 1 次印刷
开 本 890 mm × 1240 mm 1/16
字 数 386 千字
印 张 28.5
书 号 ISBN 978-7-5737-1207-3
定 价 238.00 元

服务热线 0551-63533706
销售热线 0551-63533761
官方直营书店(https://hsss.tmall.com)

序

要了解一个古代民族的文化，首先要做的事就是大量阅读这个民族的历史文献，而掌握这个民族的语言文字则是不可或缺的前提。如果不具备初步的本土文献阅读能力，仅通过周边民族史书里的零星记载来获得感性认识，尽管可以知道一些历史事件的梗概，但很难真正进入这个民族的精神世界，一切深入的研究也就无从谈起。

在中国历史上，有三种少数民族文字的典籍存世量最大，即满文、藏文和西夏文。在这三种文字中，惟有西夏文是久已失传的“死文字”，于是，识读西夏字、通过大量阅读来积累解读文献的经验就成了进入西夏研究领域的入门功课。摆在读者面前的这套书可以视为这一实践的记录。这套书由十几位作者合力完成，他们中间既有中年专家，也有毕业不久的学生。然而无论从业时间长短，他们的成果都是这一学习过程的具体展现。

把解读目标设定为《大宝积经》的西夏译本，这是一个值得称赞的选择。首先，《大宝积经》一百二十卷，是唐菩提流志整理前代诸师所译佛经，再补充自己的翻译之后整编而成的。将近二十位译者处于不同的时代，出自不同的教门，翻译手法各异，导致全书既没有统一的主题，也没有统一的行文风格，称不上是一部完整的专著。这虽然给佛学研究者造成了麻烦，但作为解读西夏文的练习材料却自有其优点，因为仅这一部书就提供了多种多样的西夏文佛教术语和不同译者的语言习惯等素材，可以节省学习时间，提高学习效率。其次，《大宝积经》四十九会，每会独立成篇，有利于多人合作解读，因为只要预先拟定一套统一的解读体例，具体工作就可以由各人独立进行，无需彼此照应。

此前的学者解读西夏文字主要采用两种范式，其一是给出西夏录文和汉语译文，其二是在这个基础上增加标音和汉字对译，即国际东方学传统上的“四行对译法”。本套书遵从了后者，这不但可以使解读者得到更全面的训练，而且可以扩展解读成果的应用范围，尤其是可以为语言学家提供资料。近年有不少研究藏缅语的学者开始关注西夏语，他们希望参照西夏字音和字义去寻找其他藏缅语里的同源词，进而构拟西夏语乃至藏缅语内部某个语支的原始形式。这在理论上并无大差，但在实际操作中却往往捉襟见肘，导致迄今鲜有成功之作。这里面的问题在于研究者自己尚不具备阅读西夏文献的能力，对作为自己研究目标的西夏语缺乏总体感知，其用以比较的词语音义仅仅选自李范文的《夏汉字典》（中国社会科学出版社，1997 年），用以比较的西夏句法也仅仅选自他人论文里现成的翻译，而不能亲自到浩如烟海的西夏文献里去寻找第一手资料。我相信当前这套书会给语言学家提供很大的帮助——不但里面提供的西夏字音字义省却了他们查找核对的功夫，而且关键的是前后有大段文字展示了词语的实际使用环境，有利于读者在深层次上领悟所查词语的意义和用法，而这是《夏汉字典》这部工具书所不能提供的。

现存西夏文献显示，以 12 世纪中叶为分界，西夏的佛经翻译可以分为两个阶段。最初是惠宗、崇宗两朝的首次翻译，然后是仁宗发起的对前代所译经文的校订，学界一般分别称之为“初译本”和“校译本”。取初译本和校译本对勘是整理西夏佛教古籍最重要的工作之一，正是通过细致的对勘，中国学者指出了西夏文献里存在用字的“通假”现象，这堪称近年来西夏语文学的一项最重要的发现。正如大多数转译自汉文的西夏佛经那样，《大宝积经》也有初译本和校译本之分。就装订形式而言，初译本多为梵夹装、经折装、卷轴装，校译本则多是带护封的经折装。这本来不太难区分，然而当前整理《大宝积经》的最大难题恰恰就在这里。现在这套书依据的西夏原件照片，是上海古籍出版社的蒋维崧、严克勤二位先生于 2000 年在俄罗斯科学院东方文献研究所拍摄的，我参加了拍摄前的资料选取工作。必须承认并且抱歉，我们当时并没有重视，甚至没有意识到同一部佛经竟存在两种本子的差别，从而做出了一个轻率的决定，即每卷书无论存有几个抄本，都只选用保存最完整、字迹最清晰的一个本子。选中的本子经拍摄后发表在《俄藏黑水城文献》的第 21 册至第 22 册（上海古籍出版社，2013 年），事实上绝大多数都是仁宗时代的校译本，由此造成了本书最大的遗憾，即校理时缺乏关键的初译底本资料，解读者不得不依靠经验去判断文字的正误和寻找通假的本字。因此做出的判断虽然大都正确，但是总感觉缺乏最直接的校勘证据。这个遗憾当然会长期地存在下去，不过那不应该由本书作者负责。

当面对存世全部西夏文献的时候，解读汉传佛经的工作相对容易。因为宗教信仰的缘故，佛教徒在翻译“佛语”时总要尽量遵从汉译本的词句，至多做些语法上的调整，而不会对内容妄加改动，也不会轻易加入译者本人的理解。这样形成的译文在西夏人读来可能略感佶屈聱牙，但毕竟为当今解读者逐字对译提供了方便——解读这类文献时只要把汉文佛经原本放在手边作为参照，就能够最大限度地保证译文的准确。尽管如此，这里面仍然有些疑难至今不能解决，因为西夏学自产生至今只有百年的历史，其学术积累断然不能比肩具有两千年历史的汉语文献学。在总数为六千左右的西夏字中，至少有三分之一我们还不能就读音、意义、用法和语源诸方面给出圆满解释。当然，随着西夏文献研读工作的持续展开，会有更多西夏字获得解读。也许将来的某个时候，人们翻译西夏文会像翻译英文那样顺畅，但那个目标距离我们还非常遥远。不过无论如何，在通向这个遥远目标的路上毕竟印下了我们清晰的足迹，这是本套书的作者最应该感到欣慰的。

聂鸿音

2022 年 12 月 10 日

目录

西夏文《大宝积经》

·导言·

孙伯君

第一节 概述

一 汉文本《大宝积经》的译者和卷次

《大宝积经》(Mahāratnakūṭa sūtra),又称《宝积经》。中国大乘佛教把经典归为五大部,《般若》《宝积》《大集》《华严》《涅槃》,《大宝积经》属于"宝积部"。梵文 Mahā,义为"大";Ratna,义为"珍宝""法宝";Kūṭa,义为"积集""汇集"。全经内容广论大乘佛教之各种主要法门。《大宝积经》最早的汉译本可追溯到东汉桓帝时期(147—167 年在位)。从月氏来到中土的译师支娄迦谶所译《宝积经》一卷,是最原始的小品《宝积经》,这一卷后来编入《大宝积经》第四十三会《普明菩萨会》。其后陆续有高僧大德自梵文译出部分品会,如康僧铠、竺法护、鸠摩罗什、玄奘、实叉难陀等,所谓"咸选历代三藏,抽译一二部"[①],这些均属于早期"宝积"类佛经。唐中宗神龙二年(706 年),菩提流志奉诏又新译佛经四十余卷,并集新、旧译本编纂整部经集,得一百二十卷本《大宝积经》。

《大宝积经》共一百二十卷四十九会,每会的名称、译者及其卷次对照如下:

序号	名称	译者	卷次
第一会	《三律仪会》	(唐)菩提流志	卷一《三律仪会》第一之一 卷二《三律仪会》第一之二 卷三《三律仪会》第一之三
第二会	《无边庄严会》	(唐)菩提流志	卷四《无边庄严会》"无上陀罗尼品"第一之一 卷五《无边庄严会》"无上陀罗尼品"第一之二 卷六《无边庄严会》"出离陀罗尼品"第二、"清净陀罗尼品"第三之一 卷七《无边庄严会》"清净陀罗尼品"第三之二
第三会	《密迹金刚力士会》	(西晋)竺法护	卷八《密迹金刚力士会》第三之一 卷九《密迹金刚力士会》第三之二 卷十《密迹金刚力士会》第三之三 卷十一《密迹金刚力士会》第三之四 卷十二《密迹金刚力士会》第三之五 卷十三《密迹金刚力士会》第三之六 卷十四《密迹金刚力士会》第三之七
第四会	《净居天子会》	(西晋)竺法护	卷十五《净居天子会》第四之一 卷十六《净居天子会》第四之二

① 蒋维乔:《中国佛教史》,上海:上海古籍出版社,2011 年,第 10 页。

（续表）

序号	名称	译者	卷次
第五会	《无量寿如来会》	（唐）菩提流志	卷十七《无量寿如来会》第五之一 卷十八《无量寿如来会》第五之二
第六会	《不动如来会》	（唐）菩提流志	卷十九《不动如来会》“授记庄严品”第一、“佛刹功德庄严品”第二、“声闻众品”第三 卷二十《不动如来会》“菩萨众品”第四、“涅槃功德品”第五、“往生因缘品”第六
第七会	《被甲庄严会》	（唐）菩提流志	卷二十一《被甲庄严会》第七之一 卷二十二《被甲庄严会》第七之二 卷二十三《被甲庄严会》第七之三 卷二十四《被甲庄严会》第七之四 卷二十五《被甲庄严会》第七之五
第八会	《法界体性无分别会》	（梁）曼陀罗	卷二十六《法界体性无分别会》第八之一 卷二十七《法界体性无分别会》第八之二
第九会	《大乘十法会》	（元魏）佛陀扇多	卷二十八《大乘十法会》第九
第十会	《文殊师利普门会》	（唐）菩提流志	卷二十九《文殊师利普门会》第十
第十一会	《出现光明会》	（唐）菩提流志	卷三十《出现光明会》第十一之一 卷三十一《出现光明会》第十一之二 卷三十二《出现光明会》第十一之三 卷三十三《出现光明会》第十一之四 卷三十四《出现光明会》第十一之五
第十二会	《菩萨藏会》	（唐）玄奘	卷三十五《菩萨藏会》“开化长者品”第一 卷三十六《菩萨藏会》“金毗罗天受记品”第二、“试验菩萨品”第三 卷三十七《菩萨藏会》“如来不思议性品”第四之一 卷三十八《菩萨藏会》“如来不思议性品”第四之二 卷三十九《菩萨藏会》“如来不思议性品”第四之三 卷四十《菩萨藏会》“如来不思议性品”第四之四 卷四十一《菩萨藏会》“无量品”第五、“陀那波罗蜜多品”第六 卷四十二《菩萨藏会》“尸波罗蜜品”第七之一

（续表）

序号	名称	译者	卷次
第十二会	《菩萨藏会》	（唐）玄奘	卷四十三《菩萨藏会》“尸波罗蜜品”第七之二 卷四十四《菩萨藏会》“尸波罗蜜品”第七之三 卷四十五《菩萨藏会》“羼底波罗蜜多品”第八、“毗利耶波罗蜜多品”第九之一 卷四十六《菩萨藏会》“毗利耶波罗蜜多品”第九之二 卷四十七《菩萨藏会》“毗利耶波罗蜜多品”第九之三 卷四十八《菩萨藏会》“毗利耶波罗蜜多品”第九之四 卷四十九《菩萨藏会》“静虑波罗蜜多品”第十之一 卷五十《菩萨藏会》“静虑波罗蜜多品”第十之二、“般若波罗蜜多品”第十一之一 卷五十一《菩萨藏会》“般若波罗蜜多品”第十一之二 卷五十二《菩萨藏会》“般若波罗蜜多品”第十一之三 卷五十三《菩萨藏会》“般若波罗蜜多品”第十一之四 卷五十四《菩萨藏会》“大自在天授记品”第十二
第十三会	《佛为阿难说处胎会》	（唐）菩提流志	卷五十五《佛为阿难说处胎会》第十三
第十四会	《佛说入胎藏会》	（唐）义净	卷五十六《佛说入胎藏会》第十四之一 卷五十七《佛说入胎藏会》第十四之二
第十五会	《文殊师利授记会》	（唐）于阗三藏实叉难陀	卷五十八《文殊师利授记会》第十五之一 卷五十九《文殊师利授记会》第十五之二 卷六十《文殊师利授记会》第十五之三
第十六会	《菩萨见实会》	（北齐）那连提耶舍	卷六十一《菩萨见实会》“序品”第一 卷六十二《菩萨见实会》“净饭王诣佛品”第二、“阿修罗王授记品”第三 卷六十三《菩萨见实会》“本事品”第四、“伽楼罗王授记品”第五、“龙女授记品”第六 卷六十四《菩萨见实会》“龙王授记品”第七、“鸠盘茶授记品”第八、“乾闼婆授记品”第九

（续表）

序号	名称	译者	卷次
第十六会	《菩萨见实会》	（北齐）那连提耶舍	卷六十五《菩萨见实会》“夜叉授记品”第十、“紧那罗授记品”第十一 卷六十六《菩萨见实会》“虚空行天授记品”第十二、“四天王授记品”第十三、“三十三天授记品”第十四、“夜摩天授记品”第十五 卷六十七《菩萨见实会》“兜率陀天授记品”第十六、“化乐天授记品”第十七、“他化自在天授记品”第十八、“诸梵天等授记品”第十九 卷六十八《菩萨见实会》“光音天得授记品”第二十、“遍净天授记品”第二十一 卷六十九《菩萨见实会》“广果天授记品”第二十二 卷七十《菩萨见实会》“净居天子赞偈品”第二十三之一 卷七十一《菩萨见实会》“净居天子赞偈品”第二十三之二 卷七十二《菩萨见实会》“遮罗迦波利婆罗阇迦外道品”第二十四 卷七十三《菩萨见实会》“六界差别品”第二十五之一 卷七十四《菩萨见实会》“六界差别品”第二十五之二 卷七十五《菩萨见实会》“六界差别品”第二十五之三、“四转轮王品”第二十六之一 卷七十六《菩萨见实会》“四转轮王品”第二十六之二
第十七会	《富楼那会》	（后秦）鸠摩罗什	卷七十七《富楼那会》“菩萨行品”第一、“多闻品”第二、“不退品”第三 卷七十八《富楼那会》“具善根品”第四、“神力品”第五 卷七十九《富楼那会》“大悲品”第六、“答难品”第七、“富楼那品”第八
第十八会	《护国菩萨会》	（隋）天竺三藏阇那崛多	卷八十《护国菩萨会》第十八之一 卷八十一《护国菩萨会》第十八之二
第十九会	《郁伽长者会》	（曹魏）康僧铠	卷八十二《郁伽长者会》第十九

（续表）

序号	名称	译者	卷次
第二十会	《无尽伏藏会》	（唐）菩提流志	卷八十三《无尽伏藏会》第二十之一 卷八十四《无尽伏藏会》第二十之二
第二十一会	《授幻师跋陀罗记会》	（唐）菩提流志	卷八十五《授幻师跋陀罗记会》第二十一
第二十二会	《大神变会》	（唐）菩提流志	卷八十六《大神变会》第二十二之一 卷八十七《大神变会》第二十二之二
第二十三会	《摩诃迦叶会》	（元魏）优禅尼国王子月婆首那	卷八十八《摩诃迦叶会》第二十三之一 卷八十九《摩诃迦叶会》第二十三之二
第二十四会	《优婆离会》	（唐）菩提流志	卷九十《优婆离会》第二十四
第二十五会	《发胜志乐会》	（唐）菩提流志	卷九十一《发胜志乐会》第二十五之一 卷九十二《发胜志乐会》第二十五之二
第二十六会	《善臂菩萨会》	（后秦）鸠摩罗什	卷九十三《善臂菩萨会》第二十六之一 卷九十四《善臂菩萨会》第二十六之二
第二十七会	《善顺菩萨会》	（唐）菩提流志	卷九十五《善顺菩萨会》第二十七
第二十八会	《勤授长者会》	（唐）菩提流志	卷九十六《勤授长者会》第二十八
第二十九会	《优陀延王会》	（唐）菩提流志	卷九十七《优陀延王会》第二十九
第三十会	《妙慧童女会》	（唐）菩提流志	卷九十八《妙慧童女会》第三十
第三十一会	《恒河上优婆夷会》	（唐）菩提流志	卷九十八《恒河上优婆夷会》第三十一
第三十二会	无畏德菩萨会	（元魏）佛陀扇多	卷九十九《无畏德菩萨会》第三十二
第三十三会	《无垢施菩萨应辩会》	（西晋）聂道真	卷一〇〇《无垢施菩萨应辩会》“序品”第一、“声闻品”第二、“菩萨品”第三、“菩萨行品”第四、“授记品”第五
第三十四会	《功德宝花敷菩萨会》	（唐）菩提流志	卷一〇一《功德宝花敷菩萨会》第三十四
第三十五会	《善德天子会》	（唐）菩提流志	卷一〇一《善德天子会》第三十五
第三十六会	《善住意天子会》	（隋）达摩笈多	卷一〇二《善住意天子会》“缘起品”第一 卷一〇三《善住意天子会》“开实义品”第二、“文殊神变品”第三、“破魔品”第四、“菩萨身行品”第五 卷一〇四《善住意天子会》“破菩萨相品”第六、“破二乘相品”第七之一

（续表）

序号	名称	译者	卷次
第三十六会	《善住意天子会》	（隋）达摩笈多	卷一〇五《善住意天子会》"破二乘相品"第七之二、"破凡夫相品"第八、"神通证说品"第九、"称赞付法品"第十
第三十七会	《阿阇世王子会》	（唐）菩提流志	卷一〇六《阿阇世王子会》第三十七
第三十八会	《大乘方便会》	（东晋）天竺居士竺难提	卷一〇六《大乘方便会》第三十八之一 卷一〇七《大乘方便会》第三十八之二 卷一〇八《大乘方便会》第三十八之三
第三十九会	《贤护长者会》	（隋）天竺三藏阇那崛多	卷一〇九《贤护长者会》第三十九之一 卷一一〇《贤护长者会》第三十九之二
第四十会	《净信童女会》	（唐）菩提流志	卷一一一《净信童女会》第四十
第四十一会	《弥勒菩萨问八法会》	（元魏）菩提留支	卷一一一《弥勒菩萨问八法会》第四十一
第四十二会	《弥勒菩萨所问会》	（唐）菩提流志	卷一一一《弥勒菩萨所问会》第四十二
第四十三会	《普明菩萨会》	失译	卷一一二《普明菩萨会》第四十三
第四十四会	《宝梁聚会》	（梁）释道龚	卷一一三《宝梁聚会》"沙门品"第一、"比丘品"第二、"旃陀罗品"第三、"营事比丘品"第四 卷一一四《宝梁聚会》"阿兰若比丘品"第五、"乞食比丘品"第六、"粪扫衣比丘品"第七
第四十五会	《无尽慧菩萨会》	（唐）菩提流志	卷一一五《无尽慧菩萨会》第四十五
第四十六会	《文殊说般若会》	（梁）曼陀罗仙	卷一一五《文殊说般若会》第四十六之一 卷一一六《文殊说般若会》第四十六之二
第四十七会	《宝髻菩萨会》	（西晋）竺法护	卷一一七《宝髻菩萨会》第四十七之一 卷一一八《宝髻菩萨会》第四十七之二
第四十八会	《胜鬘夫人会》	（唐）菩提流志	卷一一九《胜鬘夫人会》第四十八
第四十九会	《广博仙人会》	（唐）菩提流志	卷一二〇《广博仙人会》第四十九

二　西夏文《大宝积经》的发现、收藏、刊布与研究情况

西夏文《大宝积经》（𗼃𗤋𗥓𗉘𗵒），共120卷。佚名译自汉文本。1909年，科兹洛夫率领的俄国皇家蒙古四川地理考察队来到内蒙古额济纳旗的黑水城遗址，发掘了城外著名的大塔，同时为人们打开了一座文献宝库。这些文献随后被携往俄国，现存俄罗斯科学院东方文献研究所。后来，斯坦因又在黑水城发掘到一些文献，现藏于大英图书馆。存世藏品中大部分出土于黑水城遗址，吐鲁番等地也有少量残片出土。

俄国全部藏品著录见克恰诺夫《西夏佛典目录》[①],格林斯蒂德曾在《西夏文大藏经》中刊布部分照片[②]。1993 年,俄罗斯科学院东方研究所圣彼得堡分所(东方文献研究所前身)、中国社会科学院民族研究所(中国社会科学院民族学与人类学研究所前身)、上海古籍出版社合作实施整理刊布俄藏黑水城文献的计划,从俄藏文献中选取各卷拼配了整部《大宝积经》拍摄回国。从 2013 年开始,上海古籍出版社出版的巨型图片资料集《俄藏黑水城文献》开始刊布西夏文佛经部分,截至 2021 年,已经出版到第 30 册。西夏文《大宝积经》卷一至卷八十八刊布于《俄藏黑水城文献》第 21 册第 66—360 页,卷八十九至卷一二〇刊布于《俄藏黑水城文献》第 22 册。

罗福成首开释读西夏文《大宝积经》的先河,1932 年,他在《国立北平图书馆馆刊》"西夏文专号"上对俄藏西夏文《大宝积经》卷二十七《法界体性无分别会》的开头部分进行了释读[③]。2005 年,孙伯君补充判定了查赫曾研究的德国藏吐鲁番出土西夏文残片为《大宝积经》卷八十二《郁伽长者会》的一部分[④]。此后,崔红芬在《英藏西夏文〈大宝积经〉译释研究》一文中鉴定了《英藏黑水城文献》中九件《大宝积经》残片,并解读了其中《大宝积经》卷八"《密迹金刚力士会》第三之一"的残片,这张残片曾在《英藏黑水城文献》中被误断为《大般若波罗蜜多经》[⑤]。韩潇锐的硕士学位论文《西夏文〈大宝积经·普明菩萨会〉研究》首次运用"四行对译法"对俄藏《大宝积经》卷一一二《普明菩萨会》进行了录文、对译、译文及校注[⑥]。郝振宇硕士论文《西夏文〈大宝积经〉卷一考释》也运用"四行对译法"对西夏文《大宝积经》卷一"《三律仪会》第一之一"做了释读[⑦]。孙颖新博士后出站报告《西夏文〈大宝积经·无量寿如来会〉研究》,在对比俄藏全部《无量寿如来会》的 7 个编号之后,指出《大宝积经》存在初译本和校译本的区别,并指出仁宗校译本所校改的错误有些是由于同音通假而导致的,从而总结了一批西夏文本中出现的通假字[⑧]。麻晓芳博士论文《西夏文〈大宝积经·善住意天子会〉研究》在用"四行对译法"对西夏文本释读的基础上,重点梳理了趋向前缀、人称后缀、名物化后缀等语法范畴的功能[⑨]。王培培的《西夏文〈佛说入胎藏会第十四之二〉考释》,在对西夏文本进行解读的基础上,重点解释了西夏文字典未见收录的词语的语义[⑩]。张永富发表《西夏文〈大宝积经〉卷三十六勘误》一文,对卷三十六《菩萨藏会》"金毗罗天受记品第二""试验菩萨品第三"中的西夏文进行了勘误,指出其错误形式有认错汉字、脱文、衍文、形近致讹、译经人笔误致讹等 6 种情况,并分析了致误原因[⑪]。魏淑霞《西夏文〈密迹金刚力士会第三之六〉考释》在对西夏文本加以录文、对译的基础上,着重说明了西夏文译本与汉文原本的不同之处[⑫]。张映晖博士学位论文《西夏文〈大宝积经〉〈密迹金刚力士会第三之二〉整理与研究》,首次逐字为西夏字标上了龚煌城的拟音,建立了基于西夏文《大宝积经》卷九的语料库,并详述了《大宝积经》的研究历程[⑬]。

---

① Е.И.Кычанов, *Каталог тангутских буддийских памятников*, Киото:Университет Киото, 1999.pp. 320－353.

② Eric Grinstead, *The Tangut Tripitaka*, 9 vols, New Delhi: Sharada Rani, 1973.pp. 1730－1913.

③ 罗福成:《法界体性无分别会》,《国立北平图书馆馆刊》"西夏文专号",1932 年,第 194—195 页。

④ 孙伯君:《德藏吐鲁番所出西夏文〈郁伽长者会〉残片考》,《宁夏社会科学》2005 年第 5 期。

⑤ 崔红芬:《英藏西夏文〈大宝积经〉译释研究》,《西夏学》第 10 辑,上海古籍出版社 2014 年,第 83 页。

⑥ 韩潇锐:《西夏文〈大宝积经·普明菩萨问经〉研究》,中国社会科学院研究生院硕士学位论文,2012 年。

⑦ 郝振宇:《西夏文〈大宝积经〉卷一考释》,陕西师范大学硕士学位论文,2015 年。

⑧ 孙颖新:《西夏文〈大宝积经·无量寿如来会〉研究》,中国社会科学院博士后流动站出站报告,2015 年。

⑨ 麻晓芳:《西夏文〈大宝积经·善住意天子会〉研究》,中国社会科学院研究生院博士学位论文,2016 年。

⑩ 王培培:《西夏文〈佛说入胎藏会第十四之二〉考释》,《西夏研究》2017 年第 3 期。

⑪ 张永富:《西夏文〈大宝积经〉卷三十六勘误》,《西夏研究》2017 年第 2 期。

⑫ 魏淑霞:《西夏文〈密迹金刚力士会第三之六〉考释》,《西夏研究》2018 年第 2 期。

⑬ 张映晖:《西夏文〈大宝积经〉〈密迹金刚力士会第三之二〉整理与研究》,中国社会科学院研究生院博士学位论文,2019 年。

综合来看，此前的研究无论在材料的整理和刊布，还是在文本的释读等方面，均为本项研究奠定了坚实的基础，尤其是俄藏西夏文《大宝积经》的刊布，更是为本项研究提供了必要的基础材料。

三　西夏文《大宝积经》俄藏版本概况

俄罗斯科学院东方文献研究所收藏的黑水城出土西夏文《大宝积经》有大量不同时期的写本，约半数卷册保存完整。这些文本既有西夏惠宗秉常（1067—1086 年在位）时期的初译本，又有西夏仁宗仁孝（1139—1193 年在位）时期的校译本[①]。各卷规格不等，多为每折 7 行，行 19—22 字。根据克恰诺夫《西夏佛典目录》记载，俄藏西夏文《大宝积经》总共有六部，其中四部较为完整。第一部和第三部款题有惠宗秉常皇帝及其母梁太后尊号，可判定为初译本；第二部和第四部款题有仁宗仁孝皇帝尊号，可判定为校译本。《西夏佛典目录》的著录可梳理如下：

第一部：写本，经折装。纸幅 34.5 厘米×13.5 厘米。乌丝栏。每折约 7 行，行 21 字。抄写完成于天盛十四年（1162 年）八月底。完整保存的有卷二、九、十二、十四、十五、十九、二十七、二十九、三十三、三十九、四十七、四十九、五十、五十三、五十四、五十六、五十八、六十一、六十三至六十六、六十八、六十九、七十一、七十二、七十四、七十八、七十九、九十一、九十三、九十七、九十九、一〇二至一〇四、一〇九、一一五、一一八、一二〇；完全佚失的有卷二十六、三十四、三十五、三十八、四十一、四十二、四十四、四十六、五十二、五十九、六十、六十二、六十七、八十一至九十、一〇七、一一七[②]；其余各卷残存折数不等。

1.инв.№ 363，写本，经折装。存卷一，残卷首。抄写完成于天盛十四年（1162 年）七月十三日和八月二十五日。卷尾有“发愿者黑水转运使嵬哆由牢，写者梁文殊奴，重校野利宝成”字样[③]。

2.инв.№ 365，写本，经折装。完整保存卷二，共 64 折。

3.инв.№ 368，写本，经折装。完整保存卷三，共 61 折。每折 7 行，行 20 字。款题有惠宗秉常皇帝及其母梁太后尊号。卷尾有发愿者和抄经者名字。

4.инв.№ 369，写本，经折装。存卷四卷首，共 25 折。纸幅 34 厘米×13 厘米，天头 4.5 厘米，地脚 2.7厘米。

5.инв.№ 371，写本，经折装。存卷四卷首，共 25 折。纸幅 34 厘米×13 厘米，天头 4.5 厘米，地脚 2.7厘米。卷尾有抄经者名字，草书，难以辨认。

6.инв.№ 2746，写本，经折装。存卷五卷首，共 16 折。每折 7 行，行 17 字。纸幅 34 厘米×14 厘米，天头 5.3 厘米，地脚 3.3 厘米。

7.инв.№ 3364，写本，经折装。存卷五卷尾，共 5 折。纸幅 34.7 厘米×13 厘米，天头 4.6 厘米，地脚 2.8 厘米。

8.инв.№ 372，写本，经折装。存卷六，残卷首，共 50 折。每折 7 行，行 21 字。

9.инв.№ 3469，写本，经折装。存卷六卷首，共 23 折。每折 7 行，行 21—22 字。

---

① 据西夏文《过去庄严劫千佛名经》卷尾发愿文，西夏翻译佛经始于景宗元昊开国的戊寅年（1038 年），到天祐民安元年（1090 年），经景宗元昊（1038—1048 年在位）、毅宗谅祚（1048—1067 年在位）、惠宗秉常（1067—1086 年在位）、崇宗乾顺（1086—1139 年在位）四朝皇帝，历 53 年，共翻译佛经 362 帙 812 部 3579 卷，这一时期翻译的佛经被学界称作初译本。后来，仁宗（1139—1193 年在位）命与南北经重校，学界往往把经仁宗敕校的写刻本称作校译本。

② 这里克恰诺夫统计的卷数有遗漏。

③ Е.И.Кычанов, *Каталог тангутских буддийских памятников*, Киото：Университет Киото, 1999.p. 321.

10.инв.№ 554,写本,经折装。存卷七卷中,共 48 折。天头 5.1 厘米,地脚 2 厘米。

11.инв.№ 374,写本,经折装。存卷八卷首,共 23 折。天头 3.3 厘米,地脚 2.5 厘米。

12.инв.№ 553,写本,经折装。存卷八卷中,共 19 折。天头 4.5 厘米,地脚 2.5 厘米。

13.инв.№ 376,写本,经折装。完整保存卷九,共 59 折。蓝绢护封,白绵纸题签。

14.инв.№ 2386,写本,经折装。存卷十卷中,共 8 折。天头 4 厘米,地脚 2.8 厘米。

15.инв.№ 398,写本,经折装。存卷十一,残卷首,共 54 折。

16.инв.№ 401,写本,经折装。完整保存卷十二,共 48 折。卷尾有经名。

17.инв.№ 2742,写本,经折装。存卷十三卷中,共 7 折。

18.инв.№ 3071,写本,经折装。存卷十三卷中,共 4 折。

19.инв.№ 3097,写本,经折装。存卷十三卷中,共 6 折。天头 4.5 厘米,地脚 2.5 厘米。

20.инв.№ 405,写本,经折装。完整保存卷十四,共 51 折。蓝绢护封。

21.инв.№ 407,写本,经折装。完整保存卷十五,共 59 折。天头 5 厘米,地脚 1.7 厘米。

22.инв.№ 409,写本,经折装。存卷十六,残卷首,共 64 折。每折 7 行,行 21—23 字。天头 3.8 厘米,地脚 3.3 厘米。

23.инв.№ 413,写本,经折装。存卷十七,残卷首,共 43 折。天头 5 厘米,地脚 1.8 厘米。

24.инв.№ 3274,写本,经折装。存卷十七卷中,共 10 折。最后一折有经名。

25.инв.№ 414,写本,经折装。存卷十八,残卷首,共 44 折。每折 7 行,行 21—22 字。天头 4.5 厘米,地脚 2.6 厘米。

26.инв.№ 415,写本,经折装。完整保存卷十九,共 55 折。天头 5 厘米,地脚 2 厘米。蓝绢护封。

27.инв.№ 2664,写本,经折装。存卷二十卷中,共 23 折。

28.инв.№ 3133,写本,经折装。残存卷二十一,共 2 折。天头 4 厘米,地脚 2 厘米。

29.инв.№ 3278,写本,经折装。存卷二十一卷中,共 49 折。天头 4.5 厘米,地脚 2.3 厘米。

30.инв.№ 3540,写本,经折装。残存卷二十一卷尾,共 1 折。天头 5 厘米,地脚 1.2 厘米。有“嵬名孝番校”“二遍校”字样。

31.инв.№ 5848,写本,经折装。残存卷二十一卷中,共 7 折。每折 7 行,行 22 字。天头 4.7 厘米,地脚 2 厘米。

32.инв.№ 2724,写本,经折装。存卷二十二卷首,共 1 折。每折 7 行,行 22 字。

33.инв.№ 2729,写本,经折装。存卷二十二卷尾,共 1 折。纸幅 34.2 厘米×13.2 厘米,天头 4.5 厘米,地脚 1.7 厘米。

34.инв.№ 429,写本,经折装。存卷二十二卷中,共 41 折。每折 7 行,行 20—22 字。天头 4.5 厘米,地脚 1.7 厘米。

35.инв.№ 4021,写本,经折装。存卷二十三卷尾,共 3 折。每折 7 行,行 20 字。纸幅 34 厘米×13 厘米,天头 4.5 厘米,地脚 1.5 厘米。

36.инв.№ 433,写本,经折装。存卷二十四,残卷首,共 47 折。每折 7 行,行 20—21 字。

37.инв.№ 552,写本,经折装。存卷二十五卷中,共 40 折。每折 7 行,行 21—22 字。天头 4.9 厘米,地脚 2 厘米。

38.инв.№ 6271,写本,经折装。存卷二十五卷尾,共 13 折。每折 7 行,行 22 字。纸幅 34 厘米×13 厘米,天头 4.8 厘米,地脚 2.1 厘米。

39.инв.№ 436，写本，经折装。完整保存卷二十七，共 43 折。天头 4.3 厘米，地脚 2.5 厘米。蓝绢护封。

40.инв.№ 437，写本，经折装。存卷二十八，残卷尾，共 68 折。天头 3.7 厘米，地脚 1.7 厘米。蓝绢护封上有墨书卷数。

41.инв.№ 439，写本，经折装。完整保存卷二十九，共 34 折。天头 2.6 厘米，地脚 3.4 厘米。蓝绢护封上有墨书卷数。卷尾有经名。

42.инв.№ 2396，写本，经折装。存卷三十卷中，共 12 折。天头 4.8 厘米，地脚 2.3 厘米。

43.инв.№ 6397，写本，经折装。存卷三十卷尾，共 31 折。纸幅 33.5 厘米×12 厘米，天头 4 厘米，地脚 2 厘米。卷尾有经名。

44.инв.№ 568，写本，经折装。存卷三十一卷中，共 43 折。

45.инв.№ 443，写本，经折装。存卷三十二，残卷首，共 45 折。天头 4.2 厘米，地脚 2.5 厘米。卷尾有经名。

46.инв.№ 444，写本，经折装。完整保存卷三十三，共 46 折。每折 7 行，行 20—22 字。天头 3 厘米，地脚 4 厘米。卷尾有经名。

47.инв.№ 3537，写本，经折装。存卷三十六卷尾，共 1 折。天头 4 厘米，地脚 3 厘米。卷尾有经名。

48.инв.№ 450，写本，经折装。完整保存卷三十九，共 55 折。天头 4 厘米，地脚 2.3 厘米。蓝绢护封上有墨书卷数。卷尾有经名。

49.инв.№ 3579，写本，经折装。存卷四十卷中，共 43 折。纸幅 33.5 厘米×13.3 厘米。

50.инв.№ 455，写本，经折装。存卷四十三，残卷尾，共 55 折。天头 4.5 厘米，地脚 2.5 厘米。

51.инв.№ 500，写本，经折装。存卷四十五，残卷尾，共 62 折。天头 5.3 厘米，地脚 1.8 厘米。蓝绢护封。

52.инв.№ 481，写本，经折装。完整保存卷四十七，共 63 折。天头 5.3 厘米，地脚 2 厘米。经名后有惠宗秉常皇帝及其母梁太后尊号。

53.инв.№ 480，写本，经折装。存卷四十八卷首，共 28 折。天头 4 厘米，地脚 3 厘米。

54.инв.№ 479，写本，经折装。存卷四十八卷尾，共 29 折。天头 5.7 厘米，地脚 1.5 厘米。卷尾有经名。

55.инв.№ 477，写本，经折装。完整保存卷四十九，共 64 折。天头 4.3 厘米，地脚 2.6 厘米。

56.инв.№ 104，写本，经折装。完整保存卷五十，共 52 折。天头 3.8 厘米，地脚 2.4 厘米。蓝绢护封上有经名和卷数。

57.инв.№ 475，写本，经折装。存卷五十一，残卷首，共 55 折。每折 7 行，行 20 字。纸幅 34 厘米×13.5 厘米。

58.инв.№ 473，写本，经折装。完整保存卷五十三，共 62 折。每折 7 行，行 20—21 字。天头 5 厘米，地脚 1.8 厘米。蓝绢护封上有墨书卷数。卷尾有经名。

59.инв.№ 472，写本，经折装。完整保存卷五十四，共 64 折。天头 4.7 厘米，地脚 2.2 厘米。蓝绢护封。卷尾有经名。

60.инв.№ 2385，写本，经折装。存卷五十五卷中，共 6 折。天头 5.2 厘米，地脚 1.3 厘米。

61.инв.№ 465，写本，经折装。完整保存卷五十六，共 55 折。天头 5.3 厘米，地脚 1.3 厘米。蓝绢护封上有墨书卷数。卷尾有经名。

62.инв.№ 464,写本,经折装。存卷五十七卷中,共 55 折。

63.инв.№ 460,写本,经折装。完整保存卷五十八,共 42 折。天头 4.2 厘米,地脚 1.7 厘米。

64.инв.№ 483,写本,经折装。完整保存卷六十一,共 46 折。每折 7 行,行 20—21 字。天头 4.6 厘米,地脚 2.3 厘米。经名后有惠宗秉常皇帝及其母梁太后的尊号。

65.инв.№ 485,写本,经折装。完整保存卷六十三,共 50 折。每折 7 行,行 20—21 字。天头 4.2 厘米,地脚 2.5 厘米。蓝绢护封上有题签。卷尾有经名。

66.инв.№ 488,写本,经折装。完整保存卷六十四,共 34 折。每折 7 行,行 20—21 字。天头 3.7 厘米,地脚 3 厘米。蓝绢护封上有题签。卷尾有经名。

67.инв.№ 490,写本,经折装。完整保存卷六十五,共 34 折。天头 3.8 厘米,地脚 3 厘米。蓝绢护封上有题签。卷尾有经名。

68.инв.№ 491,写本,经折装。完整保存卷六十六,共 41 折。纸幅 34.5 厘米×13 厘米,天头 4.5 厘米,地脚 2.5 厘米。

69.инв.№ 495,写本,经折装。完整保存卷六十八,共 40 折。卷尾有经名。

70.инв.№ 497,写本,经折装。完整保存卷六十九,共 41 折。天头 4.3 厘米,地脚 2.3 厘米。蓝绢护封上有题签。

71.инв.№ 498,写本,经折装。存卷七十卷中,共 55 折。每折 7 行,行 20 字。天头 4.7 厘米,地脚 2 厘米。蓝绢护封上有题签。

72.инв.№ 502,写本,经折装。完整保存卷七十一,共 74 折。每折 7 行,行 20 字。天头 4 厘米,地脚 2.7 厘米。蓝绢护封上有题签,款题惠宗秉常皇帝及其母梁太后尊号。卷尾有经名。

73.инв.№ 504,写本,经折装。完整保存卷七十二,共 42 折。天头 4.8 厘米,地脚 2 厘米。蓝绢护封上有题签。卷尾有经名。

74.инв.№ 506,写本,经折装。存卷七十三卷中,共 49 折。每折 7 行,行 20—22 字。卷尾有经名。

75.инв.№ 507,写本,经折装。完整保存卷七十四,共 50 折。每折 7 行,行 20—21 字。卷尾有抄经者名字“野获瓦由”和经名①。

76.инв.№ 3301,写本,经折装。存卷七十五卷尾,共 7 折。每折 7 行,行 21—22 字。天头 4.5 厘米,地脚 2.4 厘米。卷尾有经名。

77.инв.№ 509,写本,经折装。存卷七十六,残卷尾,共 60 折。天头 3.8 厘米,地脚 2.2 厘米。卷尾有经名。

78.инв.№ 4021,写本,经折装。存卷七十七卷中,共 4 折。纸幅 33.7 厘米×13 厘米,天头 5 厘米,地脚 2 厘米。

79.инв.№ 510,写本,经折装。完整保存卷七十八,共 63 折。蓝绢护封。经名后有帙号。

80.инв.№ 513,写本,经折装。完整保存卷七十九,共 71 折。经名后有帙号。天头 4.8 厘米,地脚 1.8 厘米。

81.инв.№ 515,写本,经折装。存卷八十卷中,共 65 折。天头 4.7 厘米,地脚 1.5 厘米。

82.инв.№ 520,写本,经折装。完整保存卷九十一,共 43 折。天头 4.2 厘米,地脚 2.8 厘米。蓝绢

① Е.И.Кычанов, *Каталог тангутских буддийских памятников*, Киото:Университет Киото, 1999.p. 329.

护封。卷尾有经名。

83.инв.№ 3298,写本,经折装。存卷九十二卷中,共 5 折。纸幅 34.5 厘米×13 厘米,天头 4.5 厘米,地脚 2.5 厘米。

84.инв.№ 523,写本,经折装。完整保存卷九十三,共 44 折。纸幅 34.5 厘米×13 厘米,天头 4.5 厘米,地脚 2.3 厘米。经名后有帙号并惠宗秉常皇帝及其母梁太后尊号。卷尾有经名。

85.инв.№ 524,写本,经折装。存卷九十四,残卷尾,共 38 折。每折 7 行,行 21—22 字。天头 4.2 厘米,地脚 2.5 厘米。经名后有帙号。

86.инв.№ 7797,写本,经折装。存卷九十五卷中,共 7 折。纸幅 34 厘米×13 厘米,天头 3.4 厘米,地脚 3 厘米。

87.инв.№ 3540,写本,经折装。存卷九十六卷首,共 1 折。天头 4.7 厘米,地脚 2 厘米。

88.инв.№ 527,写本,经折装。完整保存卷九十七,共 36 折。每折 7 行,行 20—23 字。天头 4.5 厘米,地脚 2.2 厘米。卷尾有经名。

89.инв.№ 357(3279),写本,经折装。存卷九十八卷中,共 30 折。每折 7 行,行 21—22 字。纸幅 34 厘米×13.2 厘米。

90.инв.№ 529,写本,经折装。完整保存卷九十九,共 55 折。每折 7 行,行 20—22 字。天头 5 厘米,地脚 2 厘米。经名后有帙号。卷尾有经名。

91.инв.№ 551,写本,经折装。存卷一〇〇卷中,共 41 折。天头 4 厘米,地脚 2.5 厘米。经名后有帙号。卷尾有经名。

92.инв.№ 550,写本,经折装。存卷一〇〇卷中,共 38 折。天头 4 厘米,地脚 2.5 厘米。经名后有帙号。卷尾有经名。

93.инв.№ 3397,写本,经折装。存卷一〇一卷中,共 8 折。天头 4.5 厘米,地脚 2.2 厘米。经名后有帙号。卷尾有经名。

94.инв.№ 556,写本,经折装。存卷一〇一卷中,共 11 折。天头 4.3 厘米,地脚 2.2 厘米。经名后有帙号。卷尾有经名。

95.инв.№ 2730,写本,经折装。存卷一〇一卷中,共 2 折。天头 4.2 厘米,地脚 2.1 厘米。经名后有帙号。卷尾有经名。

96.инв.№ 532,写本,经折装。完整保存卷一〇二,共 52 折。天头 3.8 厘米,地脚 2.8 厘米。经名后有帙号。卷尾有经名。

97.инв.№ 533,写本,经折装。完整保存卷一〇三,共 56 折。天头 4.7 厘米,地脚 2.2 厘米。蓝绢护封。经名后有帙号。卷尾有经名。

98.инв.№ 534,写本,经折装。完整保存卷一〇四,共 54 折。纸幅 34.7 厘米×13 厘米,天头 4.5 厘米,地脚 2.7 厘米。蓝绢护封上墨书经名和卷次。卷尾有经名。

99.инв.№ 557,写本,经折装。存卷一〇五卷中,共 44 折。天头 4.8 厘米,地脚 1.7 厘米。

100.инв.№ 536,写本,经折装。存卷一〇六卷中,共 29 折。纸幅 34.5 厘米×13 厘米,天头 6.1 厘米,地脚 0.7 厘米。

101.инв.№ 537,写本,经折装。存卷一〇八,残卷首,共 49 折。纸幅 34.5 厘米×13 厘米,天头 4.8 厘米,地脚 1.9 厘米。

102.инв.№ 539,写本,经折装。完整保存卷一〇九,共 54 折。天头 5.2 厘米,地脚 1.6 厘米。蓝绢护封上有经名、卷次和帙号。卷尾有经名。

103.инв.№ 540,写本,经折装。存卷一一〇,残卷首,共 33 折。每折 7 行,行 20—21 字。天头 5.2 厘米,地脚 1.5 厘米。卷尾有经名并草书抄经者名字。

104.инв.№ 558,写本,经折装。存卷一一一卷中,共 12 折。

105.инв.№ 2439,写本,经折装。存卷一一二卷中,共 19 折。纸幅 34.8 厘米×13.2 厘米,天头 4.2 厘米,地脚 2.5 厘米。

106.инв.№ 402,写本,经折装。存卷一一三卷中,共 59 折。纸幅 34.8 厘米×13.2 厘米,天头 4 厘米,地脚 2.8 厘米。

107.инв.№ 2482,写本,经折装。存卷一一四卷中,共 32 折。每折 7 行,行 18 字。纸幅 33.2 厘米×13.3 厘米,天头 4.8 厘米,地脚 2.7 厘米。

108.инв.№ 546,写本,经折装。完整保存卷一一五,共 48 折。每折 7 行,行 20—21 字。天头 4.8 厘米,地脚 2 厘米。经名后有皇帝尊号。卷尾有经名。

109.инв.№ 545,写本,经折装。存卷一一六卷首,共 21 折。天头 3.5 厘米,地脚 3.3 厘米。

110.инв.№ 544,写本,经折装。完整保存卷一一八,共 79 折。天头 4.8 厘米,地脚 2 厘米。蓝绢护封上有经名和卷次。卷尾有经名并"二遍校者野利师傅"字样[①]。

111.инв.№ 543,写本,经折装。存卷一一九,残卷尾,共 61 折。天头 4.2 厘米,地脚 1.7 厘米。蓝绢护封。

112.инв.№ 542,写本,经折装。完整保存卷一二〇,共 69 折。纸幅 34.5 厘米×13 厘米,天头 5 厘米,地脚 2 厘米。蓝绢护封上有经名和卷次。经名后有帙号并"一遍校者野利宝成"字样。

第二部:深色护封,写本,经折装。纸幅(33—33.5)厘米×12 厘米,乌丝栏。每折 6 行,行 19 字。该部经书未见抄写年款。个别卷存有发愿者、抄经人和校定者名字。完整保存的有卷一、三、七、九、十二、十四、十七、二十至二十二、二十四至二十九、三十一至三十三、三十六、三十七、四十二至四十五、四十七、四十九、五十、五十二、五十八、五十九、六十一至六十六、六十九、七十、七十二至七十四、七十八至八十、八十三至八十五、九十三、九十九、一〇五、一〇九;完全佚失的有卷五、六、十九、三十八至四十、四十六、五十一、五十三、五十四、六十七、七十五、七十七、八十一、八十二、八十六、八十九至九十一、九十八、一〇〇、一〇二、一〇七、一〇八、一一〇、一一一、一一四至一二〇;其他各卷残存折数不等。

1.инв.№ 354[②],写本,经折装。完整保存卷一,共 54 折。天头 4.3 厘米,地脚 3 厘米。黑绢护封上有题签,题签上有经名和卷次。经名后有帙号和仁宗皇帝尊号。

2.инв.№ 6272,写本,经折装。存卷二卷尾,共 17 折。纸幅 33 厘米×12 厘米,天头 4.5 厘米,地脚 2.5 厘米。卷尾有经名。

3.инв.№ 365[③],写本,经折装。存卷二,残卷尾,共 86 折。天头 4 厘米,地脚 3 厘米。经名后有帙号并仁宗皇帝尊号。

4.инв.№ 367,写本,经折装。完整保存卷三,共 86 折。天头 4 厘米,地脚 3 厘米。黑绢护封上有题签,题签上有帙号。经名后有帙号并仁宗皇帝尊号。

---

① Е.И.Кычанов, *Каталог тангутских буддийских памятников*, Киото:Университет Киото, 1999.р. 334.

② 据《俄藏黑水城文献》,该编号当作 инв.№ 364。

③ 第一部卷二编号是 инв.№ 365,这个编号恐有错误。

5.инв.№ 370,写本,经折装。存卷四卷尾,共5折。天头4.5厘米,地脚2.8厘米。卷尾有经名和帙号。

6.инв.№ 373,写本,经折装。完整保存卷七,共71折。天头4.5厘米,地脚2.7厘米。经名后有帙号并仁宗皇帝尊号。卷尾有经名和帙号。

7.инв.№ 375,写本,经折装。存卷八,残卷首,共41折。天头4.5厘米,地脚2.5厘米。卷尾有经名和帙号。

8.инв.№ 377,写本,经折装。完整保存卷九,共82折。天头4.5厘米,地脚2.7厘米。黑绢护封上残存题签。经名后有帙号并仁宗皇帝尊号。卷尾有经名和帙号。

9.инв.№ 399,写本,经折装。存卷十一,残卷尾,共72折。天头4.5厘米,地脚2.5厘米。经名后有帙号并仁宗皇帝尊号。

10.инв.№ 400,写本,经折装。完整保存卷十二,共66折。天头4.7厘米,地脚2.5厘米。经名后有帙号并仁宗皇帝尊号。卷尾有经名和帙号。

11.инв.№ 403,写本,经折装。存卷十三卷首,共41折。天头4.5厘米,地脚2.5厘米。经名后有仁宗皇帝尊号。

12.инв.№ 404,写本,经折装。存卷十三卷尾,共30折。天头4.6厘米,地脚2.3厘米。卷尾有经名和帙号。

13.инв.№ 406,写本,经折装。完整保存卷十四,共71折。天头4.6厘米,地脚2.5厘米。经名后有帙号并仁宗皇帝尊号。卷尾有经名和帙号。

14.инв.№ 2723,写本,经折装。存卷十五卷首,共5折。天头4.5厘米,地脚2.7厘米。经名后有帙号并仁宗皇帝尊号。

15.инв.№ 408,写本,经折装。存卷十五卷尾,共9折。天头4.3厘米,地脚2.7厘米。卷尾有经名和帙号。

16.инв.№ 410,写本,经折装。存卷十六,残卷尾,共90折。天头4.3厘米,地脚2.7厘米。经名后有帙号并仁宗皇帝尊号。

17.инв.№ 411,写本,经折装。完整保存卷十七,共75折。天头4厘米,地脚2.7厘米。黑绢护封上有题签,题签上有经名和卷次。经名后有帙号并仁宗皇帝尊号。卷尾有经名。

18.инв.№ 555,写本,经折装。存卷十八卷首,共40折。天头4.2厘米,地脚2.6厘米。经名后有帙号并仁宗皇帝尊号。

19.инв.№ 416,写本,经折装。完整保存卷二十,共83折。天头4.5厘米,地脚2.2厘米。经名后有帙号并仁宗皇帝尊号。卷尾有经名和帙号。

20.инв.№ 427,写本,经折装。完整保存卷二十一,共86折。天头4.2厘米,地脚2.9厘米。黑绢护封上有题签,题签上有经名和卷次。经名后有帙号并仁宗皇帝尊号。卷尾有经名和帙号。

21.инв.№ 428,写本,经折装。完整保存卷二十二,共62折。天头4.5厘米,地脚2.7厘米。黑绢护封。经名后有帙号并仁宗皇帝尊号。卷尾有经名和帙号。

22.инв.№ 430,写本,经折装。存卷二十三,残卷尾,共58折。天头4.2厘米,地脚3厘米。经名后有帙号并仁宗皇帝尊号。

23.инв.№ 431,写本,经折装。存卷二十三,共7折。每折6行,行15字。天头3.8厘米,地脚3厘米。经名后有帙号并仁宗皇帝尊号。

24.инв.№ 432,写本,经折装。完整保存卷二十四,共62折。天头4厘米,地脚3厘米。经名后有帙号并仁宗皇帝尊号。卷尾有经名和帙号。

25.инв.№ 434,写本,经折装。完整保存卷二十五,共72折。天头4.7厘米,地脚2.3厘米。经名后有帙号并仁宗皇帝尊号。卷尾有经名和帙号。

26.инв.№ 435,写本,经折装。完整保存卷二十六,共58折。天头4厘米,地脚3厘米。黑绢护封上有题签,题签上有经名和卷次。经名后有帙号并仁宗皇帝尊号。卷尾有经名和帙号。

27.инв.№ 723,写本,经折装。完整保存卷二十七,共58折。纸幅34厘米×12厘米,天头4.9厘米,地脚3.5厘米。黑绢护封上有两个题签,题签上有经名、卷次和帙号。经名后有帙号并仁宗皇帝尊号。卷尾有经名和帙号。

28.инв.№ 438,写本,经折装。完整保存卷二十八,共108折。天头4厘米,地脚2.8厘米。黑绢护封上有两个题签,题签上有经名、卷次。经名后有帙号并仁宗皇帝尊号。卷尾有经名和帙号。

29.инв.№ 519,写本,经折装。完整保存卷二十九,共50折。天头4.5厘米,地脚3厘米。经名后有帙号并仁宗皇帝尊号。卷尾有经名和帙号。

30.инв.№ 440,写本,经折装。存卷三十卷尾,共10折。天头4.5厘米,地脚2厘米。卷尾有经名。

31.инв.№ 441,写本,经折装。完整保存卷三十一,共73折。天头4厘米,地脚3厘米。黑绢护封上有两个题签,题签上有经名、卷次和帙号。经名后有帙号并仁宗皇帝尊号。卷尾有经名和帙号。

32.инв.№ 442,写本,经折装。完整保存卷三十二,共72折。天头4.4厘米,地脚2.8厘米。经名后有帙号并仁宗皇帝尊号。卷尾有经名和帙号。

33.инв.№ 445,写本,经折装。完整保存卷三十三,共69折。每折6行,行20字。天头5厘米,地脚2.5厘米。经名后有帙号。卷尾有经名和帙号。

34.инв.№ 449,写本,经折装。存卷三十四,残卷首,共71折。天头4厘米,地脚3厘米。卷尾有经名和帙号。

35.инв.№ 448,写本,经折装。存卷三十五,残卷尾,共104折。天头4.3厘米,地脚2.8厘米。黑绢护封上有题签,残。经名后有帙号并仁宗皇帝尊号。

36.инв.№ 447,写本,经折装。完整保存卷三十六,共65折。天头4.3厘米,地脚3.1厘米。黑绢护封上有题签,题签上有经名、卷次。经名后有帙号并仁宗皇帝尊号。卷尾有经名和帙号。

37.инв.№ 446,写本,经折装。完整保存卷三十七,共96折。天头4.7厘米,地脚2.6厘米。经名后有帙号并仁宗皇帝尊号。卷尾有经名和帙号。

38.инв.№ 451,写本,经折装。存卷四十一,残卷尾,共69折。天头4厘米,地脚3厘米。经名后有帙号并仁宗皇帝尊号。

39.инв.№ 452,写本,经折装。存卷四十一卷尾,共7折。天头3.5厘米,地脚3.5厘米。卷尾有经名和帙号。

40.инв.№ 453,写本,经折装。完整保存卷四十二,共96折。天头4.3厘米,地脚2.8厘米。黑色和蓝色碎绢拼成的护封上有两个题签,残。经名后有帙号并仁宗皇帝尊号。卷尾有经名和帙号。

41.инв.№ 454,写本,经折装。完整保存卷四十三,共82折。天头4厘米,地脚3.2厘米。黑色和蓝色碎绢拼成的护封上有两个题签,题签上有经名、卷次。经名后有帙号并仁宗皇帝尊号。卷尾有经名和帙号。

41.инв.№ 456,写本,经折装。完整保存卷四十四,共 79 折。天头 4.6 厘米,地脚 2.7 厘米。黑色和蓝色碎绢拼成的护封上有题签,残。经名后有帙号并仁宗皇帝尊号。卷尾有经名和帙号。

42.инв.№ 457,写本,经折装。完整保存卷四十五,共 87 折。天头 4.2 厘米,地脚 2.8 厘米。黑色和蓝色碎绢拼成的护封。经名后有帙号并仁宗皇帝尊号。卷尾有经名和帙号。

43.инв.№ 1236,写本,经折装。完整保存卷四十七,共 91 折。天头 3.8 厘米,地脚 3 厘米。黑色和蓝色碎绢拼成的护封。经名后有帙号并仁宗皇帝尊号。卷尾有经名和帙号。

44.инв.№ 1292,写本,经折装。存卷四十八卷尾,共 3 折。天头 5.2 厘米,地脚 2.5 厘米。卷尾有经名和帙号。

45.инв.№ 478,写本,经折装。完整保存卷四十九,共 86 折。天头 4.2 厘米,地脚 3.3 厘米。经名后有帙号并仁宗皇帝尊号。卷尾有经名和帙号。

46.инв.№ 476,写本,经折装。完整保存卷五十,共 73 折。天头 4.2 厘米,地脚 2.8 厘米。黑色和蓝色碎绢拼成的护封上有两个题签,题签上有经名、卷次和帙号。经名后有帙号并仁宗皇帝尊号。卷尾有经名和帙号。

47.инв.№ 474,写本,经折装。完整保存卷五十二,共 85 折。纸幅 33.5 厘米×11.5 厘米,天头 4.2 厘米,地脚 2.8 厘米。黑色和蓝色碎绢拼成的护封上有题签,题签上有经名、卷次。经名后有帙号。卷尾有经名和帙号。

48.инв.№ 466,写本,经折装。存卷五十五,残卷尾,共 62 折。天头 4.3 厘米,地脚 2.5 厘米。黑绢护封上有题签,题签上有经名和卷次。经名后有帙号并仁宗皇帝尊号。

49.инв.№ 6397,写本,经折装。存卷五十六卷首,共 4 折。纸幅 33 厘米×12 厘米,天头 4 厘米,地脚 3 厘米。经名后有帙号并仁宗皇帝尊号。

50.инв.№ 463,写本,经折装。存卷五十七,残卷尾,共 80 折。天头 3.8 厘米,地脚 2.5 厘米。经名后有帙号并仁宗皇帝尊号。

51.инв.№ 462,写本,经折装。完整保存卷五十八,共 59 折。纸幅 33.5 厘米×11.8 厘米,天头 4.7 厘米,地脚 2.4 厘米。黑色碎绢拼成的护封上有两个题签,题签上有经名、卷次和帙号。经名后有帙号并仁宗皇帝尊号。卷尾有经名和帙号。

52.инв.№ 459,写本,经折装。完整保存卷五十九,共 73 折。天头 4.7 厘米,地脚 2.3 厘米。黑色碎绢拼成的护封上有两个题签,题签上有经名、卷次和帙号。经名后有帙号并仁宗皇帝尊号。卷尾有经名和帙号。

53.инв.№ 458,写本,经折装。存卷六十,残卷首,共 64 折。纸幅 33.5 厘米×11.5 厘米,天头 4 厘米,地脚 2.7 厘米。卷尾有经名和帙号。

54.инв.№ 482,写本,经折装。完整保存卷六十一,共 67 折。天头 4 厘米,地脚 3 厘米。黑绢和蓝纸拼成的护封上有两个题签,题签上有经名、卷次和帙号。经名后有帙号并仁宗皇帝尊号。卷尾有经名和帙号。

55.инв.№ 484,写本,经折装。完整保存卷六十二,共 85 折。天头 3.7 厘米,地脚 3.2 厘米。黑绢和蓝纸拼成的护封上有两个题签,题签上有经名、卷次和帙号。经名后有帙号并仁宗皇帝尊号。卷尾有经名和帙号。

56.инв.№ 486,写本,经折装。完整保存卷六十三,共 75 折。纸幅 33.5 厘米×11.5 厘米,天头 4.5 厘米,地脚 2.7 厘米。灰绢护封。经名后有帙号并仁宗皇帝尊号。卷尾有经名和帙号。

57.инв.№ 487,写本,经折装。完整保存卷六十四,共 53 折。天头 4.2 厘米,地脚 2.5 厘米。黑绢护封。经名后有帙号并仁宗皇帝尊号。卷尾有经名和帙号。

58.инв.№ 489,写本,经折装。完整保存卷六十五,共 56 折。纸幅 33.5 厘米×11.5 厘米,天头 4.2 厘米,地脚 2.5 厘米。黑绢和灰纸两层护封。经名后有帙号并仁宗皇帝尊号。卷尾有经名和帙号。

59.инв.№ 492,写本,经折装。完整保存卷六十六,共 62 折。纸幅 33.5 厘米×11.5 厘米,天头 4.2 厘米,地脚 2.5 厘米。灰绢护封。经名后有帙号并仁宗皇帝尊号。卷尾有经名和帙号。

60.инв.№ 493,写本,经折装。存卷六十八卷首,共 38 折。天头 4.4 厘米,地脚 2.5 厘米。经名后有帙号并仁宗皇帝尊号。

61.инв.№ 496,写本,经折装。完整保存卷六十九,共 63 折。天头 4.2 厘米,地脚 3 厘米。后粘纸质护封。经名后有帙号并仁宗皇帝尊号。卷尾有经名和帙号。

62.инв.№ 499,写本,经折装。完整保存卷七十,共 101 折。纸幅 33.5 厘米×11.7 厘米,天头 3.8 厘米,地脚 3 厘米。灰绿绢护封上有题签,题签上有经名、卷次。经名后有帙号并仁宗皇帝尊号。卷尾有经名和帙号。

63.инв.№ 3361,写本,经折装。存卷七十一,残卷尾,共 65 折。天头 4 厘米,地脚 2.7 厘米。经名后有帙号并仁宗皇帝尊号。

64.инв.№ 503,写本,经折装。完整保存卷七十二,共 59 折。纸幅 33.5 厘米×11.7 厘米,天头 4.1 厘米,地脚 2.7 厘米。黑绢护封上有题签,题签上有经名、卷次。经名后有帙号。卷尾有经名和帙号。

65.инв.№ 505,写本,经折装。完整保存卷七十三,共 64 折。天头 4.5 厘米,地脚 2.8 厘米。黑绢护封上有两个题签,题签上有经名、卷次和帙号。经名后有帙号并仁宗皇帝尊号。卷尾有经名和帙号。

66.инв.№ 508,写本,经折装。完整保存卷七十四,共 70 折。每折 6 行,行 18—19 字。天头 4.5 厘米,地脚 2.5 厘米。黑绢护封上有题签,题签上有经名、卷次。经名后有帙号并仁宗皇帝尊号。卷尾有经名和帙号。

67.инв.№ 6252,写本,经折装。存卷七十六卷首,共 4 折。每折 6 行,行 19 字。纸幅 33.5 厘米×11.7 厘米,天头 6 厘米,地脚 3.2 厘米。经名后有帙号并仁宗皇帝尊号。

68.инв.№ 511,写本,经折装。完整保存卷七十八,共 92 折。纸幅 33.5 厘米×11.5 厘米,天头 5.5 厘米,地脚 3.3 厘米。黑绢护封上有题签,题签上有经名、卷次。经名后有帙号并仁宗皇帝尊号。卷尾有经名和帙号。

69.инв.№ 512,写本,经折装。完整保存卷七十九,共 99 折。纸幅 33.5 厘米×11.5 厘米,天头 4 厘米,地脚 2.5 厘米。黑绢和灰纸两层护封。经名后有帙号并仁宗皇帝尊号。卷尾有经名和帙号。

70.инв.№ 514,写本,经折装。完整保存卷八十,共 106 折。纸幅 33.5 厘米×11.5 厘米,天头 5.5 厘米,地脚 3.3 厘米。黑绢护封上有题签,题签上有帙号。经名后有帙号并仁宗皇帝尊号。卷尾有经名和帙号。

71.инв.№ 516,写本,经折装。完整保存卷八十三,共 37 折。纸幅 33.5 厘米×11.5 厘米,天头 6 厘米,地脚 3 厘米。经名后有帙号并仁宗皇帝尊号。卷尾有经名、卷次并"随喜者边关使嵬哆,净本写者刘老生"字样①。

72.инв.№ 517,写本,经折装。完整保存卷八十四,共 42 折。纸幅 33.5 厘米×11.5 厘米,天头 6 厘

① Е.И.Кычанов, *Каталог тангутских буддийских памятников*, Киото:Университет Киото, 1999.p. 344.

米，地脚 3 厘米。经名后有帙号并仁宗皇帝尊号。卷尾有经名和卷次。

73.инв.№ 518，写本，经折装。完整保存卷八十五，共 81 折。天头 6 厘米，地脚 2.5 厘米。纸护封。经名后有帙号并仁宗皇帝尊号。

74.инв.№ 1491，写本，经折装。存卷八十七，残卷首，共 52 折。天头 5.8 厘米，地脚 3.3 厘米。经名后有帙号。卷尾题记有“梁马秉”字样①。

75.инв.№ 1490，写本，经折装。存卷八十八卷首，共 13 折。每折 6 行，行 19 字。纸幅 33.5 厘米×11.8 厘米，天头 6 厘米，地脚 3 厘米。经名后有帙号并仁宗皇帝尊号。

76.инв.№ 521，写本，经折装。存卷九十二卷尾，共 21 折。纸幅 33.5 厘米×11.8 厘米，天头 5.8 厘米，地脚 3.2 厘米。卷尾有经名、卷次和帙号。

77.инв.№ 522，写本，经折装。完整保存卷九十三，共 59 折。纸幅 33.5 厘米×11.5 厘米，天头 5.8 厘米，地脚 3.3 厘米。黑绢护封上有题签，题签上有经名、卷次。经名后有帙号并仁宗皇帝尊号。卷尾有经名、卷次和帙号。

78.инв.№ 3536，写本，经折装。存卷九十四卷首，共 1 折。天头 3.5 厘米，地脚 3.3 厘米。经名后有帙号并仁宗皇帝尊号。

79.инв.№ 2722，写本，经折装。存卷九十四卷尾，共 1 折。天头 3.5 厘米，地脚 3.3 厘米。卷尾有经名和卷次。

80.инв.№ 525，写本，经折装。存卷九十五卷尾，共 37 折。天头 5.8 厘米，地脚 3.1 厘米。卷尾有经名、卷次和帙号。

81.инв.№ 6252，写本，经折装。存卷九十六卷首，共 2 折。每折 6 行，行 17 字。天头 6 厘米，地脚 3.2 厘米。经名后有帙号并仁宗皇帝尊号。

82.инв.№ 2791，写本，经折装。存卷九十七卷尾，共 3 折。每折 6 行，行 19 字。天头 5.7 厘米，地脚 3.3 厘米。卷尾有经名、卷次和帙号。

83.инв.№ 527，写本，经折装。存卷九十七，残卷首，共 51 折。纸幅 33.6 厘米×11.8 厘米，天头 5.2 厘米，地脚 3.7 厘米。黑绢护封上有题签，题签上有经名、卷次。经名后有帙号。卷尾有经名、卷次和帙号②。

84.инв.№ 528，写本，经折装。完整保存卷九十九，共 75 折。纸幅 33.5 厘米×11.5 厘米，天头 6 厘米，地脚 3 厘米。残存纸质护封。经名后有帙号并仁宗皇帝尊号。卷尾有经名、卷次和帙号。

85.инв.№ 530，写本，经折装。存卷一〇一，残卷尾，共 55 折。天头 4 厘米，地脚 2.8 厘米。经名后有帙号并仁宗皇帝尊号。

86.инв.№ 531，写本，经折装。存卷一〇一卷尾，共 32 折。天头 4.5 厘米，地脚 2.5 厘米。卷尾有经名、卷次、帙号并“随喜校者善……”字样③。

87.инв.№ 549，写本，经折装。存卷一〇三，残卷首，共 62 折。天头 6 厘米，地脚 3 厘米。蓝色碎绢拼成的护封上有两个题签，题签上有经名、卷次和帙号。卷尾有经名、卷次和帙号。

88.инв.№ 547，写本，经折装。存卷一〇四卷尾，共 6 折。每折 6 行，行 17 字。纸幅 31 厘米×

① Е.И.Кычанов, *Каталог тангутских буддийских памятников*, Киото:Университет Киото, 1999.p. 345.

② 克恰诺夫《西夏佛典目录》误作 инв.№ 526.见 Е.И.Кычанов, *Каталог тангутских буддийских памятников*, Киото:Университет Киото, 1999.p. 346.

③ Е.И.Кычанов, *Каталог тангутских буддийских памятников*, Киото:Университет Киото, 1999.p. 347.

11.5 厘米，天头 4.7 厘米，地脚 3.8 厘米。卷尾有经名。

89.инв.№ 548，写本，经折装。完整保存卷一〇五，共 62 折。天头 4 厘米，地脚 2.7 厘米。经名后有帙号并仁宗皇帝尊号。卷尾有经名和帙号。

90.инв.№ 535，写本，经折装。存卷一〇六卷尾，共 15 折。纸幅 33 厘米×11.5 厘米，天头 4.5 厘米，地脚 2.7 厘米。卷尾有经名。

91.инв.№ 538，写本，经折装。完整保存卷一〇九，共 75 折。天头 4.5 厘米，地脚 2.8 厘米。后粘纸质护封。经名后有帙号并仁宗皇帝尊号。卷尾有经名和帙号。

92.инв.№ 2725，写本，经折装。存卷一一二卷首，共 5 折。每折 6 行，行 17 字。纸幅 31 厘米×11.8 厘米，天头 5.1 厘米，地脚 3.5 厘米。经名后有帙号并“皇”字。

93.инв.№ 541，写本，经折装。存卷一一三，残卷尾，共 68 折。每折 6 行，行 17 字。纸幅 31 厘米×11.8 厘米，天头 4.7 厘米，地脚 3.5 厘米。经名后有帙号并仁宗皇帝尊号。

第三部：инв.№ 7377，写本，梵夹装。共 828 叶。每叶 21—28 行，行 19—20 字。纸幅 32.5 厘米×50 厘米。每叶右边角处写有帙号和页码。每 10 卷用一个帙号。多卷经名后有惠宗秉常皇帝及其母梁太后尊号。无发愿者、抄经人和校定者名字，无年款。

第四部：写本，梵夹装，正反两面抄写。共 882 叶。残卷尾。每叶 29 行，行 13 字。纸幅 19.5 厘米×54.5 厘米。有发愿者、抄经人名字，款署抄写于 1190 至 1191 年间。每叶右边角处写有帙号和页码。每 10 卷用一个帙号。之前将该部经分别编入 инв.№ 5734、5744、5866、6328、7334、7546、7647、7648、7657、7670、7755，后来才单独编为一部。

卷三经名后有仁宗仁孝皇帝尊号，卷尾有抄经人名字和草书陀罗尼。卷十尾署随喜者名字。卷二十八、七十八、一〇〇卷尾有发愿者名字。卷一〇〇卷尾署“乾祐庚戌年（1190 年）六月二十五日，发愿者边关使行主嵬啰”等字样。卷一〇二卷尾署总发愿者、随喜者和抄经人名字。卷一〇五卷尾署“乾祐辛亥年（1191 年）三月十八日”并总发愿者、随喜者和抄经人名字。卷一一九卷尾署抄经人名字①。

第五部：инв.№ 6880，刻本，经折装。存卷九十卷尾，共 8 折。每折 6 行，行 13 字。纸幅 17.5 厘米×8 厘米，版框高 4.5 厘米。卷尾有经名。

第六部：инв.№ 7424，刻本，经折装。存卷九十卷尾，共 3 折。每折 5 行，行 11 字。纸幅 19 厘米×8.5 厘米，版框高 3 厘米。

四 《俄藏黑水城文献》刊布各卷编号及其名称

本书研究对象是西夏文《大宝积经》120 卷，将按照统一的体例对其进行录文、标音、释读和研究，所选用的底本是刊布于《俄藏黑水城文献》中的各卷，全部 120 卷的卷数、编号和名称对应如下②：

① Е.И.Кычанов, *Каталог тангутских буддийских памятников*, Киото：Университет Киото, 1999.p. 351.

② 俄罗斯科学院东方文献研究所、中国社会科学院民族学与人类学研究所、上海古籍出版社编：《俄藏黑水城文献》第 21—22 册，上海：上海古籍出版社，2013 年。

卷数	俄藏编号	名称
一	инв.№ 364	《三律仪会》第一之一
二	инв.№ 365	《三律仪会》第一之二
三	инв.№ 367	《三律仪会》第一之三
四	инв.№ 369+371	《无边庄严会》"无上陀罗尼品"第一之一
五	инв.№ 3106+3364	《无边庄严会》"无上陀罗尼品"第一之二
六	инв.№ 372	《无边庄严会》"出离陀罗尼品"第二、"清净陀罗尼品"第三之一
七	инв.№ 373	《无边庄严会》"清净陀罗尼品"第三之二
八	инв.№ 374+375	《密迹金刚力士会》第三之一
九	инв.№ 377	《密迹金刚力士会》第三之二
十	инв.№ 2386	《密迹金刚力士会》第三之三
十一	инв.№ 399	《密迹金刚力士会》第三之四
十二	инв.№ 401	《密迹金刚力士会》第三之五
十三	инв.№ 404	《密迹金刚力士会》第三之六
十四	инв.№ 406	《密迹金刚力士会》第三之七
十五	инв.№ 407	《净居天子会》第四之一
十六	инв.№ 409	《净居天子会》第四之二
十七	инв.№ 411	《无量寿如来会》第五之一
十八	инв.№ 414	《无量寿如来会》第五之二
十九	инв.№ 415	《不动如来会》"授记庄严品"第一、"佛刹功德庄严品"第二、"声闻众品"第三
二十	инв.№ 416	《不动如来会》"菩萨众品"第四、"涅槃功德品"第五、"往生因缘品"第六
二十一	инв.№ 427	《被甲庄严会》第七之一
二十二	инв.№ 428	《被甲庄严会》第七之二
二十三	инв.№ 430	《被甲庄严会》第七之三
二十四	инв.№ 432	《被甲庄严会》第七之四
二十五	инв.№ 434	《被甲庄严会》第七之五
二十六	инв.№ 435	《法界体性无分别会》第八之一
二十七	инв.№ 723	《法界体性无分别会》第八之二
二十八	инв.№ 438	《大乘十法会》第九
二十九	инв.№ 519	《文殊师利普门会》第十
三十	инв.№ 440	《出现光明会》第十一之一
三十一	инв.№ 441	《出现光明会》第十一之二

（续表）

卷数	俄藏编号	名称
三十二	инв.№ 442	《出现光明会》第十一之三
三十三	инв.№ 444	《出现光明会》第十一之四
三十四	инв.№ 449	《出现光明会》第十一之五
三十五	инв.№ 448	《菩萨藏会》“开化长者品”第一
三十六	инв.№ 447	《菩萨藏会》“金毗罗天受记品”第二、“试验菩萨品”第三
三十七	инв.№ 446	《菩萨藏会》“如来不思议性品”第四之一
三十九	инв.№ 450	《菩萨藏会》“如来不思议性品”第四之三
四十	инв.№ 3579	《菩萨藏会》“如来不思议性品”第四之四
四十一	инв.№ 451	《菩萨藏会》“无量品”第五
四十二	инв.№ 453	《菩萨藏会》“尸波罗蜜品”第七之一
四十三	инв.№ 454	《菩萨藏会》“尸波罗蜜品”第七之二
四十四	инв.№ 456	《菩萨藏会》“尸波罗蜜品”第七之三
四十五	инв.№ 457	《菩萨藏会》“羼底波罗蜜多品”第八、“毗利耶波罗蜜多品”第九之一
四十七	инв.№ 481	《菩萨藏会》“毗利耶波罗蜜多品”第九之三
四十八	инв.№ 479	《菩萨藏会》“毗利耶波罗蜜多品”第九之四
四十九	инв.№ 478	《菩萨藏会》“静虑波罗蜜多品”第十之一
五十	инв.№ 104	《菩萨藏会》“静虑波罗蜜多品”第十之二、“般若波罗蜜多品”第十一之一
五十一	инв.№ 475	《菩萨藏会》“般若波罗蜜多品”第十一之二
五十二	инв.№ 474	《菩萨藏会》“般若波罗蜜多品”第十一之三
五十三	инв.№ 473	《菩萨藏会》“般若波罗蜜多品”第十一之四
五十四	инв.№ 472	《菩萨藏会》“大自在天授记品”第十二
五十五	инв.№ 466	《佛为阿难说处胎会》第十三
五十六	инв.№ 465	《佛说入胎藏会》第十四之一
五十七	инв.№ 463	《佛说入胎藏会》第十四之二
五十八	инв.№ 462	《文殊师利授记会》第十五之一
五十九	инв.№ 459	《文殊师利授记会》第十五之二
六十	инв.№ 458	《文殊师利授记会》第十五之三
六十一	инв.№ 483	《菩萨见实会》“序品”第一
六十二	инв.№ 484	《菩萨见实会》“净饭王诣佛品”第二、“阿修罗王授记品”第三
六十三	инв.№ 485	《菩萨见实会》“本事品”第四、“伽楼罗王授记品”第五、“龙女授记品”第六

（续表）

卷数	俄藏编号	名称
六十四	инв.№ 488	《菩萨见实会》“龙王授记品”第七、“鸠盘茶授记品”第八、“乾闼婆授记品”第九
六十五	инв.№ 490	《菩萨见实会》“夜叉授记品”第十、“紧那罗授记品”第十一
六十六	инв.№ 492	《菩萨见实会》“虚空行天授记品”第十二、“四天王授记品”第十三、“三十三天授记品”第十四、“夜摩天授记品”第十五
六十八	инв.№ 495	《菩萨见实会》“光音天得授记品”第二十、“遍净天授记品”第二十一
六十九	инв.№ 497	《菩萨见实会》“广果天授记品”第二十二
七十	инв.№ 499	《菩萨见实会》“净居天子赞偈品”第二十三之一
七十一	инв.№ 502	《菩萨见实会》“净居天子赞偈品”第二十三之二
七十二	инв.№ 504	《菩萨见实会》“遮罗迦波利婆罗阇迦外道品”第二十四
七十三	инв.№ 505	《菩萨见实会》“六界差别品”第二十五之一
七十四	инв.№ 507	《菩萨见实会》“六界差别品”第二十五之二
七十五	инв.№ 3301	《菩萨见实会》“六界差别品”第二十五之三、“四转轮王品”第二十六之一
七十六	инв.№ 509	《菩萨见实会》“四转轮王品”第二十六之二
七十七	инв.№ 4021	《富楼那会》“菩萨行品”第一、“多闻品”第二、“不退品”第三
七十八	инв.№ 511	《富楼那会》“具善根品”第四、“神力品”第五
七十九	инв.№ 512	《富楼那会》“大悲品”第六、“答难品”第七、“富楼那品”第八
八十	инв.№ 514	《护国菩萨会》第十八之一
八十三	инв.№ 516	《无尽伏藏会》第二十之一
八十四	инв.№ 517	《无尽伏藏会》第二十之二
八十五	инв.№ 518	《授幻师跋陀罗记会》第二十一
八十七	инв.№ 1491	《大神变会》第二十二之二
八十八	инв.№ 1490	《摩诃迦叶会》第二十三之一
九十一	инв.№ 520	《发胜志乐会》第二十五之一
九十二	инв.№ 521+3298	《发胜志乐会》第二十五之二
九十三	инв.№ 522	《善臂菩萨会》第二十六之一
九十四	инв.№ 524	《善臂菩萨会》第二十六之二
九十五	инв.№ 525	《善顺菩萨会》第二十七
九十六	инв.№ 2721+3540	《勤授长者会》第二十八
九十七	инв.№ 527	《优陀延王会》第二十九
九十八	инв.№ 357(3279)	《妙慧童女会》第三十、《恒河上优婆夷会》第三十一

(续表)

卷数	俄藏编号	名称
九十九	инв.№ 529	《无畏德菩萨会》第三十二
一〇〇	инв.№ 550	《无垢施菩萨应辩会》"序品"第一、"声闻品"第二、"菩萨品"第三、"菩萨行品"第四、"授记品"第五
一〇一	инв.№ 530+531	《功德宝花敷菩萨会》第三十四、《善德天子会》第三十五
一〇二	инв.№ 532	《善住意天子会》"缘起品"第一
一〇三	инв.№ 533+5650	《善住意天子会》"开实义品"第二、"文殊神变品"第三、"破魔品"第四、"菩萨身行品"第五
一〇四	инв.№ 534	《善住意天子会》"破菩萨相品"第六、"破二乘相品"第七之一
一〇六	инв.№ 3469	《阿阇世王子会》第三十七、《大乘方便会》第三十八之一
一〇八	инв.№ 537	《大乘方便会》第三十八之三
一〇九	инв.№ 539	《贤护长者会》第三十九之一
一一〇	инв.№ 540+548	《贤护长者会》第三十九之二
一一一	инв.№ 558	《净信童女会》第四十、《弥勒菩萨问八法会》第四十一、《弥勒菩萨所问会》第四十二
一一二	инв.№ 2439+2725	《普明菩萨会》第四十三
一一三	инв.№ 402+541	《宝梁聚会》"沙门品"第一、"比丘品"第二、"旃陀罗品"第三、"营事比丘品"第四
一一四	инв.№ 2482	《宝梁聚会》"阿兰若比丘品"第五、"乞食比丘品"第六、"粪扫衣比丘品"第七
一一五	инв.№ 546	《无尽慧菩萨会》第四十五、《文殊说般若会》第四十六之一
一一六	инв.№ 545	《文殊说般若会》第四十六之二
一一八	инв.№ 544	《宝髻菩萨会》第四十七之二
一一九	инв.№ 543	《胜鬘夫人会》第四十八
一二〇	инв.№ 542	《广博仙人会》第四十九

五　本书的主要内容及学术价值

本书的主要内容是运用"四行对译法"对西夏文《大宝积经》进行"录文""标音""对译""译文"和"注释",注释主要是针对字、词和句子中所蕴含的文字通假、词语来源、语法形式等进行阐释。

据西夏文《过去庄严劫千佛名经》卷尾发愿文,西夏佛经翻译始于景宗元昊开国的戊寅年(1038年),到崇宗天祐民安元年(1090年),经景宗、毅宗、惠宗、崇宗四朝皇帝,历53年,共翻译佛经362帙812部3579卷。这一时期翻译的佛经被学界称作初译本。后来,仁宗命与南北经重校,学界往往把经仁宗敕校的写刻本称作校译本。仁宗皇帝敕令校经大概始于12世纪40年代,校经活动经桓宗

(1193—1206年在位)、神宗(1211—1223年在位)时期,一直持续到元代。

从克恰诺夫《西夏佛典目录》所载几部西夏文《大宝积经》所署年款来看,俄藏各卷既有初译本,又有校译本。初译本完成于惠宗秉常(1067—1086年在位)时期,校译本完成于仁宗仁孝(1139—1193年在位)时期。由于《俄藏黑水城文献》目前所刊布的文本是在几部《大宝积经》中选择完整的卷次拼配而成,有些卷是初译本,有些卷则是校译本。为此,项目组成员还曾专门赴圣彼得堡查阅相关文本,就个别卷的初译本和校译本进行了对比,尽管没有完成全部文本的互校,但读者可以根据文本内容了解初译本与校译本在词语使用方面的不同。

具体而言,本书的学术价值可以概括如下:

1.为西夏学界提供基于佛教典籍的西夏语语料库,从而为确定西夏语词的用法和西夏语句法结构提供参考文本。

本书在录文基础上,为每个西夏字标音,并进行解读和注释,可以建立基于佛教典籍的西夏语语料库,为西夏学、藏缅语比较研究提供便利。由于西夏时期编订的有汉语释义的字书只有《番汉合时掌中珠》存世,学界对西夏文的理解主要仰赖大量的译自汉文的经典,而此前解读的译自汉文的西夏文文献颇为有限,大量的西夏字还无法确定其实际意义和用法,尤其是大量的佛教术语,需要在理解佛教词义的基础上在有原本参照的佛经中加以确定。而《大宝积经》所涉佛教术语丰富,这项成果必将为学界进一步确定西夏文的词义提供参考;同时,西夏语句法研究刚刚起步,本课题对《大宝积经》全部文本加以对译和解读,最终成果堪称一个基于汉译佛经的西夏文献语料库,为进一步了解西夏语语法提供宝贵的资料。

2.为进一步了解西夏仁宗时期校译经典的校经原则和背景提供参考。

在目前出土的西夏文献中,同时保存有初译本和校译本的佛经寥寥无几,对此类佛经新、旧两种译本进行解读和综合对勘,并结合施经发愿文,可进一步明确西夏校译佛经的具体校译细节,为了解西夏文字的规范,以及当时的校经背景和总结校经原则提供方便。

一般认为,西夏王室组织校译佛经的动力有二:第一,校正此前传行佛经中的参差讹误;第二,藏密信仰等宗教背景的影响①。仁宗时期的校译本不仅对初译本的词语用法有所改动,同时一些新译汉文本或西夏文本还出现了以下特征:与中原密教经典同名,但校译本明显在正文之前增加了用汉字或西夏字音译的梵语题名;在卷尾增补了供念诵的陀罗尼;增加了只有藏传佛教才强调诵读的语句。这些佛经文本的特征映射出仁宗时期的西夏佛教明显受到了藏密的种种影响。

3.为研究西夏文《大藏经》的编订情况提供参考资料。

关于西夏时期是否编定了完整的西夏文《大藏经》问题,学界向有争议。写于元皇庆元年(1312年)的西夏文《过去庄严劫千佛名经》卷尾发愿文尽管对西夏时期佛经翻译的数量、组织过程和校经情况有所叙述,但并未明确说明是否编订了整部西夏文《大藏经》。

《大宝积经》惠宗时期初译本无帙号,而仁宗校译本均有帙号,由此证明整部西夏文《大藏经》是在仁宗时期开始整理编订的。

现存桓宗时期的施经发愿文和题记大多是由仁宗皇后、桓宗母亲罗太后具名的。个别文献卷首还有罗太后施经牌记,牌记的西夏文可译作:"大白高国清信弟子皇太后罗氏新增写番大藏经一整藏,舍于天下庆报伽蓝寺经藏中,当为永远诵读供养。"其中明确说"新增写番大藏经一整藏",而且带有施

① 孙伯君:《西夏仁宗皇帝的校经实践》,《宁夏社会科学》2013年第4期。

经牌记的佛经以及黑水城出土的很多佛经都带有帙号，说明西夏汉文佛经的翻译从景宗元昊开始，在崇宗天祐民安元年（1090 年）完成主体之后，历经仁宗（1139—1193 年在位）、桓宗（1193—1206 年在位）两朝的补译和校正，到桓宗末年，在罗太后的主持下终于编订完成了整部西夏文《大藏经》。

4.为研究西夏组织翻译佛经情况提供依据。

汉文本《大宝积经》既有旧译本，又有新译本，时间跨度大，不同经师对佛教专名的翻译很不统一，有时用意译，有时则用音译。唐宋时期的经师玄奘、慧琳等均曾致力于译名的规范与统一，玄奘更是确立了“五不翻”原则，并重译了很多佛教专名。西夏文《大宝积经》在翻译时也对部分佛教专名进行了统一。下面以西晋竺法护所译《大宝积经》卷九《密迹金刚力士会》为例，看看梵文专名在《大宝积经》中的译法统一情况。

旧译	新译	西夏文	西夏文意义
罽净王	锦净王	[illegible]（koor^{1} sej^{1} njij^{2}）	锦净王
缘觉	独觉	[illegible]（tjij^{1} dwewr^{2}）	独觉
揵沓和	乾闼婆	[illegible]（khjā^{2} tha^{2} pho^{1}）	乾闼婆
阿须轮	阿修罗	[illegible]（·ja sew^{2} lo^{1}）	阿修罗
摩休勒	摩睺罗伽	[illegible]（mo^{2} xu^{1} lo^{1} khja^{2}）	摩睺罗伽
至真	应供	[illegible]（bju^{1} wo^{2}）	应供
舍利弗	舍利子	[illegible]（śja^{1} rjir^{2} gji^{2}）	舍利子

上述例子说明，在组织翻译《大宝积经》之前，西夏经师对佛教专名的翻译曾经制定了一套规则，这个规则就是无论汉文本是音译还是意译，西夏文均遵从唐宋时期的新译形式进行统一翻译。

5.为研究佛教在河西地区的传播提供重要参考。

西夏进占沙州后，敦煌藏经洞封闭，但这并没有终止佛教的传播，而是为佛教在西夏开辟了另外一片发展的天地。可以认为，西夏佛教上承敦煌、吐蕃，下启元代，为中国佛教史、藏学、蒙古学等领域的研究提供了至为宝贵的材料。西夏皇室曾致力于把大量的佛经翻译成西夏文，保存了很多中原没有的经典。同时，《大宝积经》个别内容与现存文本有所出入，可为佛教史界进一步了解和还原宋代流行文本提供依据。

六　西夏文《大宝积经》释读凡例

一、本书对每件文献的解读分为“录文”“标音”“对译”“译文”和“注释”五步。首行列西夏字，次行注龚煌城的拟音，第三行对译，第四行为译文。

二、《大宝积经》为经折装抄本，除个别抄本叶面混乱无法标示外，一律标注原版的卷次、折面之起讫和行次，以便今后与原书图版对照阅读。如 1.1.1，为第一卷第一折第一行。

三、为排版方便，凡遇原文双行小字之注释，一律将原注改为大字单行，以圆括号标示。

四、录文时，凡遇原件乙正、删衍、补阙、删错的，只要确有符号标示，径依标示符号加以改正。

五、西夏文字结构复杂，因刻工或书字人疏忽而导致的鲁鱼亥豕之讹在所难免，凡遇此类失误，录文径改为正确字形，且不出校语说明。字形误作他字的，录以正确字形，并于脚注中加以说明；单字难以辨认，但可据字形或上下文拟补的，于字外打上方框，如[illegible]；暂无力拟补的，标以“□”号；字数无法确定者，用“……”号。

六、对译采用西夏录文和汉文对译两行对照。汉文对译尽量采用与汉文本对应的词义，其目的在于确定西夏译文词语与汉文本词语的对当关系，并不强行套用通行李范文的《夏汉字典》释义，以求为今后研究西夏词义积累素材。

七、汉文对译若遇西夏虚词，在汉本或通行字书中有对应词语的以对应词语标示，没有对应词语的以“△”号标示。

八、释读的各部分对西夏原文一律予以标点及分段。为阅读方便，释读各部分于西夏译文分段处一律分段，于文字过多的段落亦酌情在中间分段。与此相应，《大正藏》所收《大宝积经》汉文本也应按照新式标点予以标点和分段。

九、需要注释的词语或文句，一律用上标①②③等加以标示。

十、注释目的有二：其一是提示西夏译文与汉文本的对应关系，或与存世汉文译本的歧义之处；其二是解释某些西夏字的词义与用法。

十一、西夏文本的译文部分主要以汉文本为基础，其中西夏文本与汉文本有出入的地方，在注释时加以说明。汉文本中出现的异体字，一律用现代汉语的通行字词替换，如“毘”换作“毗”，“师子”换作“狮子”，“涅盘”换作“涅槃”。

十二、凡韵书中没有记载其声韵地位、无法拟音的西夏字，一律用“?”标示。

七　西夏文《大宝积经》解读示例

本书各册基本按照汉文本《大宝积经》的卷次标题加以命名，释读采用逐折、逐行对译的形式，以便与《大宝积经》图版逐字对照，具体解读范式如下：

《大宝积经》卷一《三律仪会》第一之一（инв.№ 364）

1.1.1

[illegible]	[illegible]	[illegible]	[illegible]	[illegible]	[illegible]	[illegible]	[illegible]	[illegible]①
ljịj^{2}	ljɨ̣^{1}	tśiow^{1}	lwər^{2}	lhejr^{2}	?	lew^{1}	tsew^{2}	zeew^{2}
大	宝	积	经	契	卷	一	第	忍

《大宝积经》卷第一　忍

1.1.2

[illegible]	[illegible]	[illegible]	[illegible]	[illegible]	[illegible]	[illegible]	[illegible]	[illegible]	[illegible]	[illegible]	[illegible]	[illegible]
tshjwu^{1}	bju^{1}	tśja^{1}	dźju^{1}	ɣạ^{1}	śja^{2}	·jwɨr^{2}	dźjwow^{1}	njạ^{1}	rjɨj^{2}	śjɨj^{2}	sjịj^{2}	wo^{2}
天	奉	道	显	武	耀	文	宣	神	谋	睿	智	义

① 西夏字“[illegible]”为帙号，可以译作“忍”。

dzjɨj^2	dow^1	t-	zjij^1	ŋwej^2	thjoo^1	bjuu^1	ŋwər^1	dzjwɨ^1	ŋwe^2	mji^1	mee^2	lhej^2
制	邪	去	惇	睦	懿	恭	皇	帝	嵬	名	御	译

奉天显道耀武宣文神谋睿智制义去邪惇睦懿恭皇帝嵬名御译①

1.1.3

sọ^1	dzjɨj^1	wer^1	ljwu^2	lew^1	tsew^2	·jij^1	lew^1
三	律	仪	会	一	第	之	一

《三律仪会》第一之一②

1.1.4

thjɨ^2	sju^2	mjo^1	ŋa^2	ljɨ^1	dzjɨj^1	tha^1	njij^2	mjii^1	we^2
是	如	闻	我，	一	时	佛	王	舍	城
khji^1	śja^1	tsor^2	ŋər^1	kha^1	dźjiij^1	thja^2	ŋər^1	so^2	
耆	阇	崛	山	中	住，	其	山	高	

如是我闻，一时佛住王舍城耆阇崛山，其山高

1.1.5

bjij^2	śjwo^2	thjoo^1	ljij^2	dzu^1	mə^2	war^2	dźjwi^2	·jiij^1
峻，	严	丽	观	爱。	种	物	坐	持，
ljịj^2	ljị^2	wjɨ^2	sju^2	·ji^1	wją^1	sjɨ^1	śjị^2	to^2
大	地	犹	如。	众	华	卉	木，	悉

峻，严丽可观。持诸杂种③，犹如大地。众华卉木，悉

① 此为西夏仁宗尊号，汉文本无。据此可知俄藏 инв.№ 364 为仁宗校译本。
② 此处汉文本署“大唐三藏法师菩提流志奉诏译”，西夏文本无对应的文字。
③ 持诸杂种，西夏文字面意思是“坐持诸物”。

1.1.6

[illegible]	[illegible]	[illegible]，	[illegible]	[illegible]、	[illegible]	[illegible]、	[illegible]	[illegible]
zji^{2}	wejr^{1}	njwɨ^{1}	ŋwə^{1}	we^{1}	·ja^{2}	tśhia^{1}	phji^{1}	śja^{1}
皆	茂	盛，	天	龙、	夜	叉、	毗	舍
[illegible]、	[illegible]	[illegible]	[illegible]	[illegible]，	[illegible]	[illegible]	[illegible]	[illegible]。
śja^{1}	kjĩ^{1}	no^{1}	lo^{1}	njɨ^{2}	·ju^{2}	thja^{1}	kha^{1}	dźjiij^{1}
阇、	紧	那	罗	等，	常	其	中	住。

皆茂盛，其中复有天龙、夜叉、毗舍阇、紧那罗等，常所游止。

1.2.1

[illegible]	[illegible]	[illegible]、	[illegible]、	[illegible]、	[illegible]	[illegible]、	[illegible]、	[illegible]、
nioow^{1}	ka^{2}	tśjij^{2}	le^{2}	ljɨɨ^{1}	kiwej^{2}	tshjịj^{2}	bju^{2}	rjijr^{1}
复	狮	子、	虎、	狼、	麒	麟、	象、	马、
[illegible]	[illegible]	[illegible]，	[illegible]	[illegible]	[illegible]	[illegible]	[illegible]	[illegible]
rjɨj^{2}	·jow^{2}	njɨ^{2}	mə^{2}	mə^{2}	rjur^{1}	do^{2}	djịj^{1}	wju^{1}
熊	罴	等，	种	种	诸	异	类	野

复有种种异类诸兽，所谓狮子、虎、狼、麒麟、象、马、熊罴之属①，

1.2.2

[illegible]，	[illegible]	[illegible]	[illegible]	[illegible]。	[illegible]	[illegible]	[illegible]、	[illegible]
njijr^{1}	·ju^{2}	thja^{1}	kha^{1}	dźjiij^{1}	nioow^{1}	wor^{1}	le^{2}	ljuu^{2}
兽，	常	其	中	住。	复	孔	雀、	鹦
[illegible]、	[illegible]	[illegible]	[illegible]	[illegible]、	[illegible]	[illegible]、	[illegible]	[illegible]、
we^{1}	khju^{2}	tśji^{2}	la^{1}	kia^{2}	ɣwər^{1}	dze^{1}	bar^{2}	wor^{1}
鹉、	鸲	鸮	罗	鸟、	凫	雁、	鸳	鸯、

止住其中。复有无量百千众鸟，所谓孔雀、鹦鹉、鸲鸮罗鸟、凫雁、鸳鸯、

① 这里出现的"狮子""虎""狼""麒麟""象""马""熊罴"和"野兽"，分别与西夏文"[illegible][illegible]""[illegible]""[illegible]""[illegible][illegible]""[illegible]""[illegible]""[illegible][illegible]"和"[illegible][illegible]"对应。其中"[illegible][illegible]"与"熊罴"对译，可补充"[illegible] ·jow^{2}"字的用例。《番汉合时掌中珠》只见"[illegible]"与"熊"对译，未见"[illegible] ·jow^{2}"字的用法；李范文《夏汉字典》曾把西夏文《杂字》中出现的"[illegible][illegible]"释作"灰熊"，把"[illegible]"释作"灰色"（李范文：《夏汉字典》，北京：中国社会科学出版社，2008 年，第 67 页）。按，"罴"，俗称马熊，毛通常呈褐色，会爬树和游泳，《尔雅·释兽》："罴，如熊，黄白文。"此外，这里"[illegible][illegible]"与"麒麟"对译，同《类林》；其他词的译法同《番汉合时掌中珠》。

1.2.3

□	□	□,	□	□	□	□	□	□
kạ[1]	gu[2]	njɨ[2]	mjɨ[1]	pjụ[1]	·jir[1]	tụ[1]	rjur[1]	dźjwow[1]
命	共	等,	无	量	百	千	诸	飞
□,	□	□	□	□。	□	□	□	□,
we[1]	·ju[2]	thja[2]	kha[1]	dźjiij[1]	thja[2]	rjur[1]	dźiã[2]	tśhju[1]
禽,	常	其	中	住。	彼	诸	情	有,

命命等,无量百千诸众鸟①,常其中住。是诸众生,

1.2.4

□	□	□	□,	□	□	□	□	□
tha[1]	pju[1]	ɣie[1]	nioow[1]	lẹj[2]	kiẹj[2]	tshjạ[1]	lə	·jij[1]
佛	威	力	以,	贪	欲	瞋	痴	之
□	□	□	□	□,	□	□	□	□
źjị[1]	tśjuu[1]	lew[2]	mji[1]	we[2]	·jij[1]	gu[2]	dźjwɨ[1]	mji[1]
恼	害	所	不	为,	自	互	相	不

以佛威力,不为贪欲瞋痴所恼,不相茹

1.2.5

□,	□	□	□	□,	□	□	□	□。
dzji[1]	·jij[1]	gu[2]	dźjwɨ[1]	dzu[1]	zjɨ̣[1]	mja[1]	wjɨ[2]	sju[2]
食,	自	互	相	爱,	子	母	犹	如。
□	□	□	□	□	□	□	□,	□
thjɨ[2]	ŋər[1]	njij[2]	kha[1]	rjur[1]	dza[1]	phu[2]	dzuu[2]	lhejr[2]
是	山	王	中	诸	杂	树	植,	丛

食,共相亲爱,犹如母子。是山王中,多植杂树,丛

---

① 这里出现的"孔雀""鹦鹉""鸲鸐罗鸟""凫雁""鸳鸯""命命"和"飞禽",分别与西夏文"□□""□□""□□□□""□□""□□""□□"和"□□"等对应。其中"□□"对"孔雀",同《番汉合时掌中珠》。"□□"对"鹦鹉",聂历山《西夏语文学》早有解释。"□□□□"对"鸲鸐罗鸟",为梵文 Kokila 的音译,又作俱枳罗、拘枳罗。"□□"对"凫雁",其中"□"对"雁",同《番汉合时掌中珠》,而"□"对"凫",可以补充"□"字的用例,李范文《夏汉字典》把"□"释作"鹤"(李范文:《夏汉字典》,北京:中国社会科学出版社,2008 年,第 67 页)。按"凫",又称"鹜",《说文解字》释曰:"舒凫,鹜也。"俗称野鸭,雄的头部绿色,背部黑褐色;雌的全身黑褐色,常群游湖泊中,能飞。"□□",字面意思为"双鸡",与汉文本"鸳鸯"对译,此用法与《番汉合时掌中珠》中义为"鸳鸯"的"□□"有所不同。"□□",字面意思为"共命",与汉文本"命命"对译,此鸟梵文作 Jīvajīvaka。"□□",为鸟之总名,《番汉合时掌中珠》译作"飞禽"。

1.2.6

[illegible]								
bo^1	wejr^1	ljij^1	war^2	bạ^2	phuu^2	njwɨ^1	mə^1	sji^1
林	蓊	郁，	枝	叶	繁	荣。	天	木
[illegible]								
śja^1	phu^2	·a	mo^2	lo^1	phu^2	kjã^1	tshjịj^2	kja^1
香	树、	庵	摩	罗	树、	甄	叔	迦

林蓊郁，枝叶繁荣。天木香树、庵摩罗树、甄叔迦

1.3.1

[illegible]								
phu^2	dźjɨ^1	kju^1	thow^1	phu^2	tśja^1	thã^1	zjɨɨr^2	djị^1
树、	尼	俱	陀	树、	栴	檀	水	沈
[illegible]								
phu^2	thjɨ^2	sju^2	njɨ^2	phu^2	zji^2	mji^1	dzuu^2	mjij^1
树，	是	如	等	树，	皆	不	植	无。

树①、尼俱陀树、栴檀沈水树，如是等树，皆无不植。

1.3.2

[illegible]								②，
nioow^1	zjɨɨr^2	kha^1	phjo^1	ljɨ^2	tśhjaa^1	wjɨ^2	to^2	sji^2
复	水	中	陆	地	上	△	生	△，
[illegible]								
mjɨ^1	pjụ^1	dza^1	wją^1	·ja	thji^1	boo^2	tow^1	wją^1
无	量	杂	华，	阿	提	目	多	华、

复水陆所生无量杂华，阿提目多华、

1.3.3

[illegible]

---

① 甄叔迦树，西夏文作"[illegible]"，梵文作 Kiṃśuka，又译为"坚叔迦树""紧祝迦树"。其中"[illegible]"，读如 kjã^1，常与汉字"坚"和"根"等见母山摄和见母臻摄字对译，这里与章母臻摄字"甄"对译于例不合，说明西夏文"[illegible] kjã^1"字有颚化的倾向；"[illegible]"，读如 tshjịj^2，与书母通摄字"叔"对译于例不合，说明西夏字"[illegible] tshjịj^2"也有颚化倾向。

② [illegible]，名物化助词。

tśja¹ pho¹ śja¹ wją¹ po¹ tśia¹ lo¹ wją¹ pho¹

瞻 婆 香 华、 波 咤 罗 华、 婆

[illegible]

śiə¹ kja¹ wją¹ sju² ma² no¹ wją¹ ·jiw¹ thji¹

师 迦 华、 苏 曼 那 华、 由 提

瞻婆香华、波咤罗华、婆师迦华、苏曼那华、由提

1.3.4

[illegible]

kja¹ wją¹ ·jiw² pa² lo¹ wją¹ po¹ thew² mo²

迦 华、 优 钵 罗 华、 波 头 摩

[illegible]

wją¹ kju¹ wər¹ thew² wją¹ xjwĩ¹ thow¹ lji¹ wją¹

华、 俱 物 头 华、 芬 陀 利 华、

迦华、优钵罗华、波头摩华、俱物头华、芬陀利华、

1.3.5

[illegible]

kja¹ lo¹ so² wją¹ ma² xa kja¹ lo¹ so²

迦 罗 娑 华、 摩 诃 迦 罗 娑

[illegible]

wją¹ thjɨ² sju¹ njɨ² djij¹ rjur¹ dza¹ thjoo¹ wją¹

华, 是 如 等 类 诸 杂 妙 华,

迦罗娑华、摩诃迦罗娑华①,如是等类诸杂名华,

1.3.6

[illegible]

rjur¹ rjur¹ zji² to² ŋər¹ njij² ·jij¹ tją¹ wer¹

处 处 遍 出, 山 王 之 饰 装。

① 这里出现的"阿提目多华""瞻婆香华""波咤罗华""婆师迦华""苏曼那华""由提迦华""优钵罗华""波头摩华""俱物头华""芬陀利华""迦罗娑华""摩诃迦罗娑华"分别与西夏文"[illegible]""[illegible]""[illegible]""[illegible]""[illegible]""[illegible]""[illegible]""[illegible]""[illegible]""[illegible]""[illegible]""[illegible]"对应,其中"[illegible] lo¹"对汉字"罗",而非梵文 la;"[illegible] thew²"对"头",而非梵文 da,显示这些西夏译名多为汉文本中汉字的音译。

[illegible]	[illegible]	[illegible]	[illegible]，	[illegible]	[illegible]	[illegible]	[illegible]，	[illegible]
$thja^2$	$ŋər^1$	$njij^2$	kha^1	$·ju^2$	$śjwo^1$	gu^2	$zjịj^1$	tha^2
其	山	王	中，	常	夜	中	时，	大

处处充遍，光饰山王。是山王中，常于夜半，……

汉文本

《大宝积经》卷第一

大唐三藏法师菩提流志奉诏译

《三律仪会》第一之一

如是我闻，一时佛住王舍城耆阇崛山，其山高峻，严丽可观。持诸杂种，犹如大地。众华卉木，悉皆茂盛，其中复有天龙、夜叉、毗舍阇、紧那罗等，常所游止。复有种种异类诸兽，所谓狮子、虎、狼、麒麟、象、马、熊罴之属，止住其中。复有无量百千众鸟，所谓孔雀、鹦鹉、鸲鵒罗鸟、凫雁、鸳鸯、命命等，无量百千诸众鸟，常其中住。是诸众生，以佛威力，不为贪欲瞋痴所恼，不相茹食，共相亲爱，犹如母子。

是山王中，多植杂树，丛林蓊郁，枝叶繁荣。天木香树、庵摩罗树、甄叔迦树、尼俱陀树、栴檀沈水树，如是等树，皆无不植。复水陆所生无量杂华，阿提目多华、瞻婆香华、波吒罗华、婆师迦华、苏曼那华、由提迦华、优钵罗华、波头摩华、俱物头华、芬陀利华、迦罗娑华、摩诃迦罗娑华，如是等类诸杂名华，处处充遍，光饰山王。是山王中，常于夜半，……

第二节　西夏文《大藏经》"帙号"与勒尼语《千字文》

一

中原统一编集的汉文《大藏经》在每 10 卷经书的题目下面都标有一个"帙号",这些帙号往往来自《千字文》,如玄奘《大般若波罗蜜多经》600 卷,共有 60 帙,帙号作:"天地玄黄,宇宙洪荒。日月盈昃,辰宿列张。寒来暑往,秋收冬藏。闰余成岁,律吕调阳。云腾致雨,露结为霜。金生丽水,玉出昆冈。剑号巨阙,珠称夜光。果珍李柰。"与中原做法一样,西夏文《大宝积经》校译本每卷经题之下都有帙号,每 10 卷共用一个,共有 12 个字[①]:

[illegible],[illegible],[illegible]。[忍石水矿,神本时起,动仁去言。]

编入《大藏经》的西夏佛经卷首经题下一般都有帙号,有的使用某一部佛经的西夏文译名,有的则使用西夏人自己编的《千字文》。如:俄藏黑水城出土 80 卷西夏文《大方广佛华严经》刻本有两套,分别使用了 8 个不同的帙号[②]:

第一套:[illegible][大方广佛华严契经]
第二套:[illegible],[illegible]。[华日降耀,生尾江山。]

第一套 8 个帙号显然是《大方广佛华严经》的西夏文译名;第二套八个字不知所出,但显然不是汉文《千字文》的翻译。灵武出土的元代所刊 80 卷西夏文《大方广佛华严经》所用帙号与俄藏本第二套稍有不同,但显然属于同一类型[③]:

[illegible],[illegible]。[悟钱降铁,生尾江山。]

现存的有些西夏文佛经帙号也有与《大方广佛华严经》第一套类型相同的,如《金光明最胜王经》,所用 10 个帙号是"[illegible]"(金光明最胜王经契疏传);《佛说佛母出生三法藏般若波罗蜜多经》每 5 卷一个帙号,作"[illegible]"(母佛觉宝藏)[④]。

而黑水城出土西夏文佛经所用帙号大多与《大方广佛华严经》第二套类型相同,俄藏《大般若波罗

① 张映晖:《西夏文〈大宝积经〉〈密迹金刚力士会第三之二〉整理与研究》,中国社会科学院研究生院博士论文,2019 年,第 17—24 页。

② Е.И.Кычанов, *Каталог тангутских буддийских памятников*, Киото:Университет Киото.1999,p.690.

③ 宁夏大学西夏学研究中心、国家图书馆、甘肃五凉古籍整理研究中心编:《中国藏西夏文献》,兰州:甘肃人民出版社、敦煌文艺出版社,2005—2007 年,第 6 册第 289 页始至第 7、8、9、10 册。

④ Е.И.Кычанов, *Каталог тангутских буддийских памятников*, Киото:Университет Киото.1999.p.691.

蜜多经》写本前450卷的帙号是下面45个字①：

[illegible]，[illegible]。[illegible]，[illegible]。[illegible]，[illegible]。[illegible]，[illegible]。[illegible]，[illegible]。[illegible]，[illegible]。[illegible]，[illegible][乾坤不散，空广最胜。地幽神首，圣宫聚集。霄壤本源，鸟产卵蛋。感通已就，指许未全。日月星无，暗昧斑见。四围和合，云]

《大般涅槃经》全40卷，每10卷用一个帙号，也与《大方广佛华严经》第二套类型相同：

[illegible](sjwij¹)[illegible](·ja̱r²)[illegible](·we¹)[illegible](lju̱²)。[晴日晨眠②。]

除了上述大部头的佛经有成套的帙号外，《俄藏黑水城文献》中单本佛经还出现了以下帙号③：

佛经名称和卷次	俄藏编号	帙号	施印者及时间
《佛说长阿含经》卷十二	инв. № 150	“有”([illegible] tśhjo¹)	桓宗(1193—1206年在位)皇太后罗氏施印
《佛说宝雨经》卷十	инв. № 87	“卜”([illegible] dzjiij¹)	桓宗(1193—1206年在位)皇太后罗氏施印
《文殊师利咒藏中校量数珠功德经》和《百千印陀罗尼经》	инв. № 6064	“谋”([illegible] rjiij²)	
《七佛八菩萨所说大陀罗尼神咒经》	инв. № 69	“魁”([illegible] khjwɨ¹)	
《七佛所说神咒经》卷四	инв. № 2243	“魁”([illegible] khjwɨ¹)	兰山智昭国师沙门德慧奉敕译
《瑜伽师地论》卷五十九	инв. № 5133	“禽”([illegible] ·we¹)	
《瑜伽师地论》卷八十八	инв. № 901	“土”([illegible] njiijr¹)	
《大庄严论》卷一	инв. № 91	“戒”([illegible] kie¹)	
《佛说瞻婆比丘经》	инв. № 42	“西”([illegible] lji)	
《佛说斋经》	инв. № 4446	“茂”([illegible] phu̱²)	
《佛本行集经》卷二十六	инв. № 718	“智”([illegible] tsha²)	
《根本说一切有部目得迦》卷十	инв. № 357	“威”([illegible] wer¹)	

① Е.И. Кычанов, *Каталог тангутских буддийских памятников*, Киото: Университет Киото.1999.pp. 690 – 691. Yulia Mylnikova，彭向前：《西夏文〈大般若波罗蜜多经〉函号补释》，杜建录主编《西夏学》第10辑，上海：上海古籍出版社，2013年，第90—93页。

② 据克恰诺夫《西夏佛典目录》载，《大般涅槃经》不同的抄本很多，共计一百五十余个编号，各个编号所用帙号有时也不甚统一，如“[illegible](lju̱²)”字在 инв. № 6331 的卷三十一中写作通假字“[illegible](lju̱²)”。

③ 俄罗斯科学院东方研究所圣彼得堡分所、中国社会科学院民族研究所、上海古籍出版社编：《俄藏黑水城文献》第24册，上海：上海古籍出版社，2015年。

(续表)

佛经名称和卷次	俄藏编号	帙号	施印者及时间
《说一切有部阿毗达磨顺正理论》卷十	инв. № 717	"玉"(□ ɣjiw^2)	
《根本说一切有部百一羯磨》卷四	инв. № 358	"野"(□ gjij^2)	
《十二缘生祥瑞经》	инв. № 7166	"声"(□ ɣiẹ^2)	
《佛说诸佛经》	инв. № 359	"之"(□ ·jij^1)	
《妙法圣念处经》	инв. № 5068	"能"(□ njwi^2)	

中国国家图书馆藏灵武出土元代编印的《河西藏》也有帙号,但因其除了《大方广佛华严经》相对完整外,多数只存零篇,帙号也无法连贯起来。如《悲华经》卷九有帙号"岁"(□ tśjịj^1),《说一切有部阿毗达磨顺正理论》卷五有帙号"玉"(□ ɣjiw^2),《经律异相》卷十五有帙号"为"(□ ·wji^1),《过去庄严劫千佛名经》有帙号"土"(□ njijr^1),《金刚萨埵说频那夜迦天成就仪轨经》卷二有帙号"志"(□ kjur^2),《不空绢索神变真言经》卷十八有帙号"轮"(□ dźiə^2)①。国图藏西夏文《现在贤劫千佛名经》(卷上)的裱褙衬纸中也有三种佛经保留了帙号,《菩萨地持经》卷九有帙号"种"(□ mə^2),《大智度论》卷四有帙号"别"(□ pha^1),《大方广佛华严经》卷七十一有帙号"山"(□ njij^2)等②。

此外,瑞典藏元刊《河西藏》现存6部佛经,其中《佛说月光菩萨经》卷首存有《大白高国新译三藏圣教序》,该经与《佛说了义般若波罗蜜多经》《圣无能胜金刚火陀罗尼经》《毗俱胝菩萨一百八名经》《佛说菩萨修行经》共用帙号"初"(□ low^2),《大方等无想经》卷六帙号是"没(族姓)"(□ mej^1)③。

从《说一切有部阿毗达磨顺正理论》所用帙号"玉"(□ ɣjiw^2)和《大方广佛华严经》所用帙号"山"(□ njij^2),以及元刊《过去庄严劫千佛名经》与黑水城出土《瑜伽师地论》卷八十八帙号"土"(□ njijr^1)相同来看,元代《河西藏》的帙号与西夏时期所用帙号一脉相承。

二

上述帙号最为完整的是《大般若波罗蜜多经》,与汉文《千字文》一样,西夏文《千字文》也是从开天辟地说起,很像是仿汉文《千字文》而创作的。卡坦斯基认为它表述了西夏人对宇宙起源的传说,其中的"圣宫聚集"像是印度神话中关于须弥山的传说,而"鸟产卵蛋"的传说时间接近于中国神话的盘古时期④;Yulia Mylnikova 和彭向前则进一步认为这些帙号构成了一篇西夏人原创的卵生神话故事,反映了党项羌族的宇宙观⑤。综合来看,我们认为西夏文《千字文》的主题是对祖先开疆拓土、建功立

① 孙伯君:《元代〈河西藏〉编刊资料补正》,《中华文化论坛》2019年第5期。

② 三种佛经分别刊布于宁夏大学西夏学研究中心、国家图书馆、甘肃五凉古籍整理研究中心编:《中国藏西夏文献》第6册"北京编·国家图书馆藏卷",兰州:甘肃人民出版社、敦煌文艺出版社,2005年,第282—284、285—288、294—316页。

③ 西田龙雄:《元刊西夏文大藏经》,《西夏文华严经》Ⅱ,日本京都:京都大学文学部,1976年,第3—12页。

④ 卡坦斯基著,王克孝、景永时译:《西夏书籍业》,银川:宁夏人民出版社,2000年,第40—41页。

⑤ Yulia Mylnikova,彭向前:《西夏文〈大般若波罗蜜多经〉函号补释》,杜建录主编《西夏学》第10辑,上海:上海古籍出版社,2013年,第90—93页。

业的颂赞。

不过，令人感兴趣的是，这些帙号所用西夏字颇为特别，似乎并不是记录存世西夏文献所常见的"黑头"（[illegible] ɣu^1 nja̱^{1}）所说的"番语"（mji^2 ŋwu̱^{1}），即我们熟知的党项语，而是历史上"赤面"（[illegible]）曾使用的语言。关于这种语言，聂鸿音曾根据与之对应的民族称谓"[illegible]"（ljwịj^1 dźjɨ），称其为"勒尼语"，并根据这一称谓与勒尼语"[illegible]"（lhjwịj^1 dźjị^2，赤面）音近，认为"勒尼"隐含的意义是"赤面"①。党项语与勒尼语的区别是西田龙雄首先注意到的，他通过比较研究指出，党项语词通用于各种类型的文献，其形式与彝语支语言类似，而勒尼语则大多与彝语支语言不同②。现存西夏文献中用勒尼语写成的大多是文学作品，目前仅见于《大诗》《月月乐诗》《格言诗》《圣立义海》等少数著作中的部分段落或句子。下面是参考西田龙雄和聂鸿音的研究，根据《月月乐诗》的记载摘录的两种语言的对应词语：

汉义	党项语	勒尼语
日	[illegible]（njɨ̱^{2}）	[illegible]（tjɨ̱ j^1）
月	[illegible]（lhjị^2）	[illegible]（ka^1）
岁	[illegible]（kjiw^1）	[illegible]（tśjịj^1）
水	[illegible]（zjɨ̱r^2）	[illegible]（njo̱r^1）
地	[illegible]（ljɨ̱^{2}）	[illegible]（tser^1）
国	[illegible]（lhjịj）	[illegible]（low^2）
四	[illegible]（ljɨ̱r^1）	[illegible]（kwej^1）
宴	[illegible]（dźji̱^{1}）	[illegible]（phju^1）
目	[illegible]（mej^1）	[illegible]（kar^1）
头	[illegible]（ɣu^1）	[illegible]（lju̱^{2}）

汉义	党项语	勒尼语
指（展）	[illegible]（·jɨ̱r^2）	[illegible]（śjwa^1）
面	[illegible]（njijr^2）	[illegible]（lhjwịj^1）
赤	[illegible]（njij^1）	[illegible]（śjwi̱^{2}）
白	[illegible]（phiow^1）	[illegible]（lew^2）
黑	[illegible]（nja̱^{1}）	[illegible]（mur^1）
光	[illegible]（be^2）	[illegible]（ljɨj^2）
安	[illegible]（dzjɨj^1）	[illegible]（dzjɨ^1）
马	[illegible]（gjij^1）	[illegible]（dzu^2）
鞍	[illegible]（·ji^2）	[illegible]（tjij^2）
降生	[illegible]（nja^1 bie^2）	[illegible]（mə^2 we̱^{1}）

《月月乐诗》里以"黑头"与"赤面"的对仗形式记录的番语和勒尼语对照的句子：

[illegible]：[illegible]。
[新年之月黑头赤面岁始安乐国开宴：正月里黑头赤面岁始安乐国开宴。]

西夏乾祐十九年（1188年）刊行的鲜卑宝源《贤智集》中第一篇"劝亲修善辩"，是用四六骈文写成的，文章开头部分述及西夏几位先祖的创业之功，其中四字句部分采用的是勒尼语，曰③：

[illegible]。[天降明君，诞时喷发火焰；国王圣主，生而满室雷霆。婴儿有齿，闻者自然惊奇；始文本武，己方臣民宾伏。神谋睿智，开拓国土家邦；单骑率军，庶民遍满天下。无奈将亡，未知求生何处；寿终至死，今时岂在官中。风帝即位，四海战战兢兢。番地无

① 聂鸿音：《一文双语：西夏文字的性质》，《宁夏社会科学》2019年第5期。
② 西田龙雄：《西夏语〈月月乐诗〉の研究》，《京都大学文学部研究纪要》1986年第25期。
③ 孙伯君：《西夏俗文学"辩"初探》，《西夏研究》2010年第4期。

边,八山巍巍荡荡。剑刃以磨,地上疆界已正;玉毫而长,人中番文写成。]

《圣立义海》卷二"山之名义"有以下四字成语,所用字大部分也应该是勒尼语①:

[illegible][山根地起,上首云合。花草色着,远望彼底。野兽避甲,种禽宿栖。珍宝本源,永流不断。天柱陆镇,神首圣山。山本地起,南界八山。本祖尾东,白河根源。峻岭险峰,八界金伞。夏国山美,山体二种。冬夏雪降,贺兰山尊。五台净宫,神巅常时。兰山中溪,逶迤云旋。]

西夏文佛经款题中经常出现的惠宗秉常母亲(即当时摄政的梁太后)及其本人的尊号,其中用到"[illegible]"(dźjɨ)和"[illegible]"(low^2)等,也是用勒尼语命名的②:

[illegible][天生圆能禄番圣祐式法慈睦正国皇太后梁氏御译,就德主国广智增福民正久安大明皇帝嵬名御译。]

此外,瑞典藏元刊《河西藏》中的《佛说月光菩萨经》卷首存有"大白高国新译三藏圣教序",述及西夏文《大藏经》翻译的过程和缘起时有这样一段话③:

[illegible][□界缘至,合辩前文。夏国禄大,后经□□。□□无能比拟,理弘万事包容。诸佛之密心藏,如来之法性海,于部善□□□,依业小大区分。慧日行天明三界,慈(航)□□度四生。朕内念慈心,外观悲虑,□□国安,□□□□。曩者风帝发起译经,后白子经本不丰,未成御事,功德不具。]

西田龙雄注意到其中"夏国"和"白子",西夏文作"[illegible]"和"[illegible]"④,用的也是勒尼语。

以上情况让我们想到,尽管勒尼语在西夏已经不为大众所使用,但仍处于较为尊贵的地位,一般在皇帝的尊号和对皇帝的颂歌中使用。

上述帙号所用字"月"([illegible])、"头"([illegible])、"岁"([illegible] $tśjịj^1$)、"水"([illegible] $njo̱r^1$)、"指"([illegible] $śjwa^1$)等正好

① 克恰诺夫、李范文、罗矛昆:《圣立义海研究》,银川:宁夏人民出版社,1995年,第58—59页。
② 孙伯君:《〈佛说阿弥陀经〉的西夏译本》,《西夏研究》2011年第1期。
③ 西田龙雄:《元刊西夏文大藏经》,《西夏文华严经》Ⅱ,日本京都:京都大学文学部,1976年,第3—12页。
④ 据李范文《西夏陵墓出土残碑粹编》考证,崇宗乾顺有一个城号"[illegible]",即"白城皇帝",或许此"[illegible]"指的是崇宗乾顺(1086—1139年在位)。

属于《月月乐诗》中与党项语相对的勒尼语。由此，我们可以推测西夏佛经中所用帙号是西夏人选用勒尼语创作的《千字文》，主题是对祖先开疆拓土、所建功业的颂赞。

三

此前，关于西夏时期是否编定了完整的西夏文《大藏经》问题，学界向有争议。写于元皇庆元年（1312 年）的西夏文《过去庄严劫千佛名经》卷尾发愿文明确记述了西夏时期佛经翻译的数量、组织过程和校经情况。译经始于西夏开国的戊寅年间（1038 年），到天祐民安元年（1090 年），经景宗、毅宗、惠宗、崇宗四朝皇帝，历 53 年，共翻译佛经 362 帙 812 部 3579 卷。后来，护城帝仁宗又命与南北经重校[1]：

> [illegible]［汉地熙宁年间，夏国风帝[2]兴法建礼维新。戊寅年间，令国师白法信并后承道年臣智光等先后三十二人为头，译为番文。民安元年，五十三载之内，先后大小三乘半满教及忏传[3]之外，为之三百六十二帙，八百十二部，三千五百七十九卷。后奉护城帝诏，与南北经重校，令盛国内。］

西夏仁宗皇帝校经和译经的情况还可以从存世文本的对比中加以了解，西田龙雄最早在梳理西夏文《大方广佛华严经》《妙法莲华经》诸多译本后，发现两部佛经均有初译本和校译本的区别，并通过对勘，注意到校译本的校订重点在音译用字上面[4]。目前所知，仁宗时期的新译本既包括汉文本，也包括西夏文本。现存注明年代最早的新译汉文本是天盛元年（1149 年）施印的《圣观自在大悲心总持功能依经录》和《胜相顶尊总持功能依经录》合刊本，署"诠教法师番汉三学院兼偏袒提点嚷卧耶沙门鲜卑宝源奉敕译"。此外存有夏、汉两种文本对照的还有《持诵圣佛母般若多心经要门》（1167 年）、《佛说圣大乘三归依经》（1184 年）、《圣大乘胜意菩萨经》（1184 年）、《观弥勒菩萨上生兜率天经》（1189 年）等[5]。

从《过去庄严劫千佛名经》发愿文还可知道，尽管西夏从建国开始即组织翻译汉文佛经，但一直到西夏仁宗时期，并没有完成整部汉文《大藏经》的翻译，其中佛经中的"忏传"或"经解、注疏"等并未及翻译，基于这种情况，仁宗才开始进行补译和校译工作。俄藏西夏天庆元年（1194 年）太后罗氏印施西夏文《仁王护国般若波罗蜜多经》（инв. № 683）卷尾校译跋，详述了仁宗皇后、桓宗母亲罗太后发愿

---

① 西夏文《过去庄严劫千佛名经》发愿文，中国国家图书馆藏本，影印件见《中国藏西夏文文献》第 6 册，第 56—59 页。

② 风帝，当是"风角城皇帝"的简称，指创制西夏文的西夏开国皇帝景宗元昊。西夏陵出土残碑中曾出现"[illegible]"（风角），西夏文《妙法莲华经序》有："其后，风角城皇帝，使用本国语言，起行蕃礼，制造文字，翻译经典，武英特出，功业殊妙，为民造福，莫可比拟。"据此，李范文曾断定"风角城皇帝"是指景宗元昊（李范文：《西夏陵墓出土残碑粹编》，北京：文物出版社，1984 年，第 12—13 页）。按，西藏用"me"（火）、"bden bral"（离谛，罗刹之异名）、"dbang ldan"（有主，即大自在天）、"rlung"（风）分别代指东南、西南、东北、西北四隅，西夏文《菩提心及常作法事》（инв. № 6510）分别直译作"[illegible]"（火）、"[illegible]"（离谛）、"[illegible]"（有主）、"[illegible]"（风），西夏国正处西北，故自称"风隅"，即"风角"。

③ [illegible]，史金波译作"传中"，此处译作"忏传"，指忏法和后人为佛经所作注释。

④ 西田龙雄：《西夏语研究と法华经》Ⅰ、Ⅱ，《东洋学术研究》第 44 卷第 1、2 号，2004 年。

⑤ 孙伯君：《西夏仁宗皇帝的校经实践》，《宁夏社会科学》2013 年第 4 期。

组织翻译"注疏"类经典和重新校经的情况,曰①:

[illegible]。[此前传行之经,其间微有参差讹误衍脱,故天庆甲寅元年皇太后发愿,恭请演义法师兼提点智能,共番汉学人,与汉本注疏并南北经重行校正,镂版散施诸人。后人得见此经,莫生疑惑,当依此而行。]

西安市文物局藏西夏光定四年(1214年)神宗遵顼《金光明最胜王经发愿文》的叙述,也可补充说明仁宗之后译经和校经的情况②:

[illegible]。[今朕位居九五,密事纷繁,如临深渊,如履薄冰。夜以继日,思柔远能迩之规;废寝忘食,观国泰民安之事。尽己所能,治道纤毫毕至;顺应于物,佛力遍覆要津。是以见此经玄妙功德,虽发诚信大愿,而旧译经文或悖于圣情,或昧于语义,亦未译经解、注疏,故开译场,延请番汉法师、国师、禅师、译主,再合旧经,新译疏义,与汉本细细校雠,刊印传行,以求万世长存。]

可知当时曾基于前代"旧译经文或悖于圣情,或昧于语义",且"未译经解、注疏"等情况,开设译场,延请番汉法师、国师、禅师、译主等一起,"再合旧经",并"新译疏义,与汉本细细校雠,刊印传行"。

其间所开译场的组织架构在西夏光定六年(1216年)刊定的《胜慧到彼岸要门慎教现前疏钞庄严论明偈》(инв. № 5130)卷尾跋语中记载颇详,曰③:

西天大巧健钵弥怛毗陀迦啰波啰讹译传,与比丘吉积执梵本勘定羌译,复大钵弥怛吉祥果名无死与兀路赞讹谋多智众师执梵本再勘正译。五明现生寺院讲经律论辩番羌语比丘李慧明、五台山知解三藏国师沙门杨智幢新译番文,出家功德司正禅师沙门宠智满证义,出家功德司正副使沙门没藏法净缀文,出家功德司承旨沙门尹智有执羌本校。御前校疏钞都大勾当中兴府签判华阳县司检校罔仁持,御前疏钞印活字都大勾当出家功德司承旨尹智有,御前疏钞印活字都大勾当工院正罔忠敬。

光定丙子六年六月　　日。

跋语中出现了"新译番文""证义""缀文""执羌本校""御前校疏钞都大勾当""御前疏钞印活字都大勾当"等职衔,说明当时这些经典是在皇家组织的一个真正的译场内进行翻译和校理的。

① 聂鸿音:《〈仁王经〉的西夏译本》,《民族研究》2010年第3期。
② 译文参考聂鸿音:《西夏佛经序跋译注》,上海:上海古籍出版社,2016年,第150页。
③ 聂鸿音:《俄藏5130号西夏文佛经题记研究》,《中国藏学》2002年第1期。

《大宝积经》惠宗时期初译本无帙号，而仁宗校译本均有帙号，也可以证明整部西夏文《大藏经》是在仁宗时期开始整理编订的。

在校勘和补译佛经的过程中，仁宗皇后、桓宗母亲罗太后起到了至关重要的作用。史载，罗太后于仁宗天盛十九年（1167 年）被立为皇后，上尊号为“章献钦慈皇后”，并曾于 1206 年废桓宗立襄宗（1206—1211 年在位）为皇帝①。现存桓宗时期的施经发愿文和题记大多是由罗太后具名的。此外，我们还见到了罗太后施经牌记。目前所知，带有罗太后施经牌记的佛经有两部：一是黑水城出土西夏文刻本《佛说长阿含经》卷十二，经题下有帙号“有”（[illegible] tśhjo^{1}）字，经折装，上下双栏，影印件见《俄藏黑水城文献》第 24 册②；一是黑水城出土西夏文写本《佛说宝雨经》卷十，经题下有帙号“卜”（[illegible] dzjịj^{1}）字，经折装，上下双栏，影印件见《俄藏黑水城文献》第 1 册，彩版五三③。施经牌记的西夏文可译作：“大白高国清信弟子皇太后罗氏新增写番大藏经一整藏，舍于天下庆报伽蓝寺经藏中，当为永远诵读供养。”

此外，天庆二年（1195 年）的汉文本《转女身经》也是罗太后具名敬施的，发愿文曰：“今皇太后罗氏，自惟生居末世，去圣时遥，宿植良因，幸逢真教。每思仁宗之厚德，仰凭法力以荐资。”④类似的发愿文还出现于汉文本《金刚般若波罗蜜经》（TK14），署“大夏乾祐二十年（1189 年）岁次己酉三月十五日，正宫皇后罗氏谨施”⑤。天庆三年（1196 年）汉文本《大方广佛华严经普贤行愿品》卷尾跋语：“今皇太后罗氏，恸先帝之遐升，祈觉皇而冥荐。谨于大祥之辰，所作福善，暨三年之中，通兴种种利益，俱列于后。”⑥

罗太后施经牌记明确说“新增写番大藏经一整藏”，而且带有施经牌记的这两部佛经以及黑水城出土很多佛经都带有帙号，说明经过仁宗和桓宗两朝，在罗太后的主持下，到 13 世纪初整部西夏文《大藏经》得以编订完成。

瑞典民族博物馆收藏的元刊西夏文《大白高国新译三藏圣教序》残本，原为西夏桓宗皇帝御制⑦，其中也谈及当时组织译经的情况，曰⑧：

> [illegible]［曩者风帝发起译经，后先白子经本不丰，未成御事，功德不具。仁□□□，不修净道，爱欲常为十恶，三解脱门

① 《宋史》卷四八五《夏国传》下，北京：中华书局，1977 年点校本，第 14026 页。

② 俄罗斯科学院东方文献研究所圣彼得堡分所、中国社会科学院民族研究所、上海古籍出版社编：《俄藏黑水城文献》第 24 册，上海：上海古籍出版社，2015 年，第 179 页。

③ 俄罗斯科学院东方研究所圣彼得堡分所、中国社会科学院民族研究所、上海古籍出版社编：《俄藏黑水城文献》第 1 册，上海：上海古籍出版社，1996 年，第 154 页。

④ 俄罗斯科学院东方研究所圣彼得堡分所、中国社会科学院民族研究所、上海古籍出版社编：《俄藏黑水城文献》第 1 册，上海：上海古籍出版社，1996 年，第 224 页。

⑤ 俄罗斯科学院东方研究所圣彼得堡分所、中国社会科学院民族研究所、上海古籍出版社编：《俄藏黑水城文献》第 1 册彩页图版二三，上海：上海古籍出版社，1996 年。

⑥ 俄罗斯科学院东方研究所圣彼得堡分所、中国社会科学院民族研究所、上海古籍出版社编：《俄藏黑水城文献》第 2 册，上海：上海古籍出版社，1996 年，第 372—373 页。

⑦ К.Б. Кепинг, “Тангутские ксилографы в Стокгольме”, Б. Александров сост., *Ксения Кепинг: Последние статьи и документы*, Санкт-Петербург: Омега, 2003. с. 61.

⑧ 聂鸿音：《西夏佛经序跋译注》，上海：上海古籍出版社，2016 年，第 143 页。

□□。□源流水,世俗取用所需;善语如金,众(生)□□教导。居生死海,不欲出离,□爱欲□,□觉□□。治国因乎圣法,制人依于戒律,□□六波罗蜜,因发弘深大愿。同人异语,共地殊风,字□□□,依□为治。故教养民庶,御译真经,召集辩才,缀连珍宝。]

同时,这一序言名为"大白高国新译三藏圣教序",说明西夏文《大藏经》最终是在桓宗时期编定完成的。襄宗应天四年(1209 年)施经发愿文(инв. № 5423)还谈及"开读经文:番、西番、汉大藏经一百八藏,诸大部帙经并零杂经共二万五十六部",也可以从侧面证明当时编订西夏文《大藏经》的工作已经完成。

由此,通过黑水城出土很多佛经都带有帙号这一情况,以及梳理与桓宗母亲罗太后相关的佛经发愿文,结合《过去庄严劫千佛名经》卷尾发愿文所述西夏早期译经的历史,可以发现,西夏汉文佛经的翻译从景宗元昊开始,在崇宗天祐民安元年(1090 年)完成主体之后,历经仁宗、桓宗两朝的补译和校正,到桓宗末年在罗太后的主持下终于编订完成了整部西夏文《大藏经》。

值得说明的是,完成西夏文《大藏经》之后,单本的佛经,尤其是藏文佛经的翻译和校正工作并没有停止。上述光定四年(1214 年)刊印的西夏文《金光明最胜王经》卷尾施经发愿文,叙述了神宗(1211—1223 年在位)时期校经和刊印疏钞的情况即说明了这一点。同时,目前见到的译自藏文的西夏文佛经大多没有帙号,也多为西夏中晚期所翻译,说明西夏文《大藏经》可能只收录了译自汉文的佛经和疏钞。

西夏文《过去庄严劫千佛名经》卷尾发愿文还记载了西夏被蒙古所灭,"大夏成池,诸藏潮毁",西夏后裔在元代重新编订《河西藏》的过程中,最重要的校经国师是一行慧觉(活跃于 1270—1313 年),他从至元七年(1270 年)开始"校有译无",到 1290 年校理完毕,经历二十余年。同时,我们在黑水城文献中还看到白云宗祖师清觉所撰《正行集》的西夏文译本,该汉文本是元代才刊入《普宁藏》的,可推知西夏文本的翻译时间必定是在元代,可见,元代编订《河西藏》时还新译了一些西夏时期没有翻译的经典[①]。元代《河西藏》是在白云宗的组织下于 1293 年开始刊雕的,成宗大德六年(1302 年)完成。而关于所刊《河西藏》的卷数,大德十年(1306 年)元刊《碛砂藏》本践字函《大宗地玄文本论》卷三管主八发愿文记载为 3620 余卷,并曾刊印一百余藏,广施于宁夏、永昌等路寺院[②]。可惜的是,无论是西夏时期还是元代刊行的几百部西夏文《大藏经》,没有一部完整地保留到现在。

---

① 孙伯君:《西夏文〈正行集〉考释》,《宁夏社会科学》2011 年第 1 期。

② 李富华、何梅:《汉文佛教大藏经研究》,北京:宗教文化出版社,2003 年,第 291—292 页。

第三节 《大宝积经》的初译本与校译本

一

据国家图书馆藏元皇庆元年(1312 年)西夏文《过去庄严劫千佛名经》卷尾发愿文记述①,西夏佛经翻译始于景宗元昊开国的戊寅年(1038 年),到天祐民安元年(1090 年),经景宗、毅宗、惠宗、崇宗四朝皇帝,历 53 年,共翻译佛经 362 帙 812 部 3579 卷。主持翻译的先有白法信,后有智光等 32 人。目前我们见到的初译本佛经大多为惠宗秉常和崇宗乾顺时期所译,最早的是西夏惠宗秉常大安十一年(1084 年)和尚舍布施印的《佛说阿弥陀经》。

惠宗秉常时期的初译本其款题往往合署惠宗秉常母亲(即当时摄政的梁太后)及其本人的尊号,如《佛说阿弥陀经》(инв. № 7564)②:

> [illegible]。[天生圆能禄番圣祐式法慈睦正国皇太后梁氏御译,就德主国广智增福民正久安大明皇帝嵬名御译。]

这一尊号在个别佛经中略有减省,或作"天生圆能禄番式法正国皇太后"和"就德主国增福正民大明皇帝",如《维摩诘所说经》(инв. № 2311)③:

> [illegible]。[天生圆能禄番式法正国皇太后梁氏御译,就德主国增福正民大明皇帝嵬名御译。]

或作"天生圆能禄番圣祐式法皇太后"和"就德主国增福正民大明皇帝",如国家图书馆藏《悲华经》④:

> [illegible]。[天生圆能禄番圣祐式法皇太后梁氏御译,就德主国增福正民大明皇帝嵬名御译。]

崇宗乾顺时期的初译本其款题往往合署其母亲和乾顺本人的尊号,作"智胜禄广恤民集礼德盛皇

---

① 西夏文《过去庄严劫千佛名经》发愿文,中国国家图书馆藏本,影印件见《中国藏西夏文文献》第 6 册,第 56—59 页。

② 孙伯君:《〈佛说阿弥陀经〉的西夏译本》,《西夏研究》2011 年第 1 期。

③ 聂鸿音:《论西夏本〈佛说父母恩重经〉》,高国祥主编《文献研究》第 1 辑,北京:学苑出版社,2010 年,第 137—144 页;王培培:《西夏文〈维摩诘所说经〉研究》,中国社会科学院研究生院博士论文,2010 年。

④ 宁夏大学西夏学研究中心、国家图书馆、甘肃五凉古籍整理研究中心编:《中国藏西夏文文献》第 5 册,兰州:甘肃人民出版社、敦煌文艺出版社,2005—2007 年,第 223 页。

太后”和“神功禄胜化德恤民仁净皇帝”,如《佛说宝雨经》(инв. № 87)[①]:

[illegible]。[智胜禄广恤民集礼德盛皇太后梁氏御译,神功禄胜化德恤民仁净皇帝嵬名御译。]

西夏文《过去庄严劫千佛名经》卷尾发愿文还记载,仁宗时期命与南北经重校。从现有资料看,仁宗皇帝命校经大概始于12世纪40年代。仁宗校译本往往还要罗列所据初译本款题。如惠宗秉常大安十一年(1084年)初译本,仁宗校译本《佛说阿弥陀经》(инв.№ 763):

[illegible]。[illegible]。[天生圆能禄番圣祐式法慈睦正国皇太后梁氏御译,就德主国广智增福民正久安大明皇帝嵬名御译。奉天显道耀武宣文神谋睿智惇睦懿恭皇帝嵬名御校。]

崇宗初译本、仁宗校译本《佛说宝雨经》(инв. № 87)[②]:

[illegible]。[illegible]。[智胜禄广恤民集礼德盛皇太后梁氏御译,神功禄胜化德恤民仁净皇帝嵬名御译。奉天显道耀武宣文神谋睿智制义去邪惇睦懿恭皇帝御校。]

目前所知,存世西夏文献中,存有初译本和校译本的佛经大概有以下几种:

(1)《佛说阿弥陀经》,校译本俄藏编号 инв. № 6761,刻于天盛八年(1156年);初译本俄藏编号 инв. № 4773[③],刻于夏惠宗大安十一年(1084年),为西夏现存注明年代最早的刻本,对其进行释读和对勘的有孙伯君的《〈佛说阿弥陀经〉的西夏译本》。

(2)《仁王护国般若波罗蜜多经》,初译本俄藏编号 инв. № 592[④],首尾皆残,可能译于西夏惠宗秉常(1067—1086年在位)时期;校译本俄藏编号 инв.№ 683,署“就德主国增福正民大明皇帝依汉本御译”,卷尾存桓宗天庆元年(1194年)罗太后在纪念仁宗皇帝去世一周年法会上的施经发愿文和校经题记。据校经题记可考知此本初译于西夏惠宗秉常时期,天庆元年施印时罗太后曾请演义法师并提点智能等加以校正,对其进行释读和对勘的有聂鸿音的《〈仁王经〉的西夏译本》[⑤]。

(3)《维摩诘所说经》,初译本俄藏编号 инв. № 2311,卷首款题“天生圆能禄番圣祐正国皇太后梁氏御译,就德主国增福正民大明皇帝嵬名御译”,卷尾题“写者绯衣和尚哆讹平遇”;校译本编号

---

① 刊布于 Е.И.Кычанов. *Каталог тангутских буддийских памятников*, Киото:Университет Киото, 1999. с.773. 翻译据王静如:《西夏文经典题款译释举例》,《西夏研究》第1辑,中央研究院历史语言研究所单刊甲种之八,1932年,第265页。稍有改动。

② 刊布于 Е.И.Кычанов, *Каталог тангутских буддийских памятников*, Киото:Университет Киото, 1999.с.773. 翻译据王静如:《西夏文经典题款译释举例》,《西夏研究》第1辑,中央研究院历史语言研究所单刊甲种之八,1932年,第265页。稍有改动。

③ Е.И.Кычанов, *Каталог тангутских буддийских памятников*, Киото:Университет Киото,1999. с.764.

④ Е.И.Кычанов,*Каталог тангутских буддийских памятников*, Киото:Университет Киото, 1999, с. 289－290.

⑤ 聂鸿音:《〈仁王经〉的西夏译本》,《民族研究》2010年第3期。

инв. № 737，署“奉天显道耀武宣文神谋睿智制义去邪惇睦懿恭……”对其进行释读和对勘的有王培培的《西夏文〈维摩诘所说经〉研究》①。

（4）《妙法莲华经》，俄藏本为初译本，法藏本为校译本②，对其进行释读和对勘的有西田龙雄的《西夏文〈妙法莲华经〉写真版》和《西夏语研究と法华经》Ⅰ③。

（5）《大方广佛华严经》，俄藏本多为西夏惠宗皇帝并太后梁氏共译的初译本，写本经折装④；元刊活字本为校译本，原件20世纪初出土于宁夏灵武县城，今分藏日本京都大学及中国国家图书馆。对京都大学所藏11卷进行释读和对勘的有西田龙雄的《西夏文华严经》⑤。

据克恰诺夫《西夏佛典目录》，俄藏《大宝积经》相对完整的四部中，第一部和第三部款题有惠宗秉常皇帝及其母梁太后尊号，可判定为惠宗时期（1067—1086年在位）的初译本，如《大宝积经》卷六十一《菩萨见实会》“序品”第一（инв. № 483）款题：

> [illegible]，[illegible]。［天生圆能禄番式法正国皇太后梁氏御译，就德主国增福正民大明皇帝嵬名御译。］

《大宝积经》卷七《无边庄严会》“清净陀罗尼品”第三之二（инв. № 7377）卷首款题也有惠宗秉常皇帝及其母梁太后尊号。

инв. № 413、3274和414虽未见明确题款，但据克恰诺夫著录，№ 97《大宝积经》这组经文的抄写完成于1162年8月。

第二部和第四部款题有仁宗仁孝皇帝尊号，可判定为仁宗时期（1139—1193年在位）校译本，如：《大宝积经》卷一《三律仪会》第一之一（инв.№ 364）款题：

> [illegible]。［奉天显道耀武宣文神谋睿智制义去邪惇睦懿恭皇帝嵬名御译。］

二

关于仁宗校译本佛经的情况和内容，西田龙雄在梳理西夏文《大方广佛华严经》《妙法莲华经》诸多译本后，较早发现了两部佛经均有初译本和校译本的区别，并通过对勘，敏锐地感觉到校订重点在

---

① 王培培：《西夏文〈维摩诘所说经〉研究》，中国社会科学院研究生院博士论文，2010年，第7页。

② 《妙法莲华经》俄藏本，西田龙雄刊布于《ロシア科学アカデミー东洋学研究所サンクトペテルブルク支部所藏西夏文〈妙法莲华经〉写真版》，俄罗斯科学院东方研究所圣彼得堡分所·日本创价学会，2005年；法藏本，由伯希和（Paul Pelliot）、毛利瑟（M. G. Morisse）和贝尔多（F. Berteaux）于1900年在北京北海白塔下的一堆废纸和旧书里所得，贝尔多分得三卷，现藏吉美博物馆。绀纸金书写本，3册，经折装，每折6行，行19字。每卷卷首均有版画，第二卷首题“妙法莲华经卷第二，后秦三藏法师鸠摩罗什汉译，当今皇帝奉诏重校正”。

③ 西田龙雄：《ロシア科学アカデミー东洋学研究所サンクトペテルブルク支部所藏西夏文〈妙法莲华经〉写真版》，俄罗斯科学院东方研究所圣彼得堡分所·日本创价学会，2005年；西田龙雄：《西夏语研究と法华经》Ⅰ，《东洋学术研究》第44卷第1号，2004年。

④ Е. И. Кычанов, *Каталог тангутских буддийских памятников*, Киото：Университет Киото, 1999, с. 305－312.

⑤ 西田龙雄：《西夏文华严经》Ⅰ、Ⅱ，日本京都：京都大学文学部，1975、1976年。

音译用字上面①。史金波也曾从夏译佛经的题款中概略地了解并介绍了这一情况②。聂鸿音、王培培、段玉泉、孙伯君等进一步利用同一佛经新旧两种译本的对勘对西夏的校经活动进行论述③。孙伯君《西夏仁宗皇帝的校经实践》一文则综合论证了仁宗时期的校经活动:始于天盛元年(1149 年),现存注明年代最早的校译本是天盛元年施印的《圣观自在大悲心总持功能依经录》和《胜相顶尊总持功能依经录》(инв.№ 6796)④。

通过新、旧两种文本的对勘,此前西田龙雄、聂鸿音和孙伯君等已经总结了一些规律⑤。下面我们主要以《大宝积经》卷七《无边庄严会》"清净陀罗尼品"惠宗初译本 инв. № 7377 与仁宗校译本 инв. № 373,和《大宝积经》卷十七《无量寿如来会》惠宗初译本 инв. № 7377 与仁宗校译本 инв. № 411 为例,通过对比初、校译本的异文⑥,看看校译本校勘的重点内容。

(一)勘原文,订讹脱

通过对照《大宝积经》汉文原文,对于初译本译文中出现的讹、脱、衍、倒进行校正。

汉文本	惠宗初译本	仁宗校译本	讹字	正字	讹误类型
以慧常观察,彼能获总持(7.47)	[illegible]	[illegible]	[illegible](dźjɨ,业)	[illegible](bioo[1],观)	形近而讹
敬佛法僧。(17.56)	[illegible]	[illegible]	[illegible](sjwɨ[1], 谁)	[illegible](sẽ[1],僧)	形近而讹
如是此陀罗尼印三品,摄受所有法门。(7.62)	[illegible]	[illegible]	[illegible](·wejr[2],护)	[illegible](ɣiwej[1],受)	义近而讹
及能授与爱语、不相违语。(7.3)	[illegible]	[illegible]	[illegible](dźju[1],妄)	[illegible](ljwu[1],违)	义近而讹
由内清净故,一切法清净。(7.41)	[illegible]	[illegible]		[illegible](ku[1],故)	脱
于大众会诸菩萨中。(7.69)	[illegible]	[illegible]	[illegible](大会众)	[illegible](大众会)	倒
钵 啰 (二合)多 钵 怛底(一)	[illegible]	[illegible]		[illegible](二合)	脱

① 西田龙雄:《西夏文华严经》Ⅰ、Ⅱ,日本京都:京都大学文学部,1975、1976 年;西田龙雄:《西夏语研究と法华经》Ⅰ、Ⅱ,《东洋学术研究》第 44 卷第 1、2 号,2004 年。

② 史金波:《西夏佛教史略》,银川:宁夏人民出版社,1988 年,第 79—83 页。

③ 聂鸿音:《〈仁王经〉的西夏译本》,《民族研究》2010 年第 3 期;王培培:《西夏文〈维摩诘所说经〉研究》,中国社会科学院研究生院博士论文,2010 年;段玉泉《〈圣胜慧到彼岸功德宝集偈〉的夏汉藏文本跨语言对勘研究》,中国社会科学院博士后研究工作报告,2012 年。

④ 孙伯君:《西夏仁宗皇帝的校经实践》,《宁夏社会科学》2013 年第 4 期。

⑤ 聂鸿音:《〈仁王经〉的西夏译本》,《民族研究》2010 年第 3 期。

⑥ 麻晓芳在俄罗斯科学院东方文献研究所比较了俄藏 инв. № 7377 和 373,提供了《大宝积经》卷七不同抄本对校的例子;孙颖新比较了俄藏 инв. № 7377 和 411,提供了《大宝积经》卷十七不同抄本对校的例子。

（续表）

汉文本	惠宗初译本	仁宗校译本	讹字	正字	讹误类型
遏三钵啰(二合)谋(上)沙筏底(六)	[illegible]	[illegible]		[illegible]（二合）	脱

（二）辨语词，析字义

据《宋史》卷四八五《夏国传》上记载：“元昊自制蕃书，命野利仁荣演绎之，成十二卷，字形体方整类八分，而画颇重复。教国人纪事用蕃书，而译《孝经》《尔雅》《四言杂字》为蕃语。复改元大庆。”说明西夏文字是西夏开国皇帝元昊于公元1036年授意大臣野利仁荣一次性创制完成的。西夏文字在推广与使用过程中，逐渐进行了完善与规范，即使如此，有些字的读音相近，区别只在意义或语法很微小的层面，非常容易混淆。

序号	汉文本	惠宗初译本	仁宗校译本	讹字	正字
1	于大众会诸菩萨中。（7.69）	[illegible]。	[illegible]。	[illegible]（thja^{1}，其）	[illegible]（thja^{2}，彼）
2	庄严宝锁弥覆其上。（17.73）	[illegible]。	[illegible]。	[illegible]（thja^{1}，其）	[illegible]（thja^{2}，彼）
3	不分别中后，诸法离分别。（7.46）	[illegible]，[illegible]。	[illegible]，[illegible]。	[illegible]（mjij^{2}，下、末）	[illegible]（mjij^{1}，后、尾）
4	得无生法忍。（17.74）	[illegible]。	[illegible]。	[illegible]（rjir^{1}，得）	[illegible]（rjir^{2}，得）
5	为有诸天来告汝耶？	[illegible]？	[illegible]？	[illegible]（mo^{2}，乎、耶）	[illegible]（mo^{2}，乎、耶）

例1和例2中的“[illegible]”（thja^{1}）与“[illegible]”（thja^{2}）二字均为代词，读音仅在声调有别，前者相当于汉语“其”，而后者相当于汉语“彼”。聂鸿音考察《仁王经》592号“[illegible]”后面随有“[illegible]”（之），当用“[illegible]”（彼）为是，西夏语只有“[illegible]”（彼之）而没有“[illegible]”（其之）。

在此前所看到的初、校译本中，仁宗所校之处大量涉及这两个字，如《仁王经》“汝等大众应当如佛而供养之，百千万亿天妙香花而以奉上”，592号作“[illegible]，[illegible]”，683号改“[illegible]”作“[illegible]”。《阿弥陀经》“上有楼阁”，7564号作“[illegible]”，803号改“[illegible]”作“[illegible]”；同样的改译也反映在新旧两个译本的《妙法莲华经》里①。

例4中的“[illegible]”（rjir^{1}）与“[illegible]”（rjir^{2}），读音上只有声调的区别，意义上在西夏字典《同音》中表现为“互训”关系②。同样的改译也反映在新旧两个译本的《妙法莲华经》里③。西田龙雄曾估计校订者把有些地方的“[illegible]”（rjir^{1}）改成“[illegible]”（rjir^{2}）是为了照顾西夏字的声调搭配，即例4中“[illegible]”（rjir^{2}）是正字，

① 西田龙雄：《西夏语研究と法华经》Ⅰ，《东洋学术研究》第44卷第1号，2004年。

② 李范文：《同音研究》，银川：宁夏人民出版社，1986年，第433页。

③ 西田龙雄：《西夏语研究と法华经》Ⅱ，《东洋学术研究》第44卷第2号，2004年。

因为前面的"□"(zew^{2},忍)字与"□"(rjir^{2})同为上声①。《仁王经》也有用例:"现转女身,得神通三昧,无量天人,得无生法忍。"592 号初译本作"□□□□,□□□□□,□□□□,□□□□□",二"得"字,592 号均作"□",683 号改作"□"。

例 5 中的"□"(mo^{2})和"□"(mo^{2})均是语气词,这两个字经常被用作梵文陀罗尼的对音字,如《维摩诘所说经》中梵文Śākyamuni,汉文音译"释迦牟尼",инв. № 2311 惠宗初译本作"□□□□",инв. № 361 仁宗校译本改作"□□□□"②。《大宝积经》其他卷也有类似的情况,"□"(mo^{2})的用例多见于初译本,如卷二(инв.№ 365)和卷一一〇(инв. № 548),说明"□"(mo^{2})曾作为正字代替"□"(mo^{2})使用。由此,我们或可推测:作为语气词,"□"(mo^{2})是正字,而"□"(mo^{2})是同音字,仁宗校译佛经之前两字可以通用,仁宗时期进行了规范。

其他佛经的初、校译本中也有类似的校订情形,如:《仁王经》:"持净戒故,心谦下故","谦",592 号作"□"(bji^{1}),683 号改作"□"(bjị^{1})。聂鸿音认为两字读音相近,意义均为"下",前者"□"用如形容词,后者"□"用如动词,此处"下"字以选用动词为宜③。

(三)校咒语,审对音

陀罗尼是佛经重要的组成部分,为使译音更加准确,仁宗时期对陀罗尼的翻译用字进行了校正,如:

惠宗初译本	仁宗校译本	汉文本	梵文	出处
□□□□(tji^{1})	□(tji^{2})	没陀末底	budhimati	7.1
□□□□(tji^{1})	□(tji^{2})	舍至钵底	śucibati	7.6
□□□□□□(na^{1})	□(na^{1})	啰乞沙二合泥嚩引南上	rakṣadevanaṃ	7.8
□□□□□(dźjij^{1})□	□(tśhji^{2})	钵唎二合底瑟耻二合多	pratiṣṭhita	7.10
□□□(śjow^{1})	□(sā^{1})	勃陀肆野二合	buddhasya	7.10
□(·jij^{1})□	□(·ja^{2})	药叉	yakṣa	7.12
□□□(phu^{1})□	□(phu^{1})	钵啰二合步引多	prabhuta	7.22
□□□(pa^{1})□□	□(pa^{2})	阿引攘钵演多	ajñānaparyanta	7.24
□(tśjɨ^{1})□	□(tśjɨ^{1})	只多	citta	7.26
□□(bia^{1})□□□	□(mjiw^{2})	三藐三菩提	samyaksaṃbodhi	7.33

① 西田龙雄:《西夏语研究新论》,日本京都:松香堂,2012 年,第 279 页。
② 王培培:《西夏文〈维摩诘经〉整理研究》,北京:社会科学文献出版社,2015 年,第 12—13 页。
③ 聂鸿音:《〈仁王经〉的西夏译本》,《民族研究》2010 年第 3 期。

（四）辨通假，改正字

汉文本	惠宗初译本	仁宗校译本	通假字	正字
以诸法门，而作觉悟。（7.32）	[illegible]。	[illegible]。	[illegible]（tśjɨ^{1}，赠送）	[illegible]（tśjɨ^{1}，悟）

类似的情况《大宝积经》卷十七《无量寿如来会》中也出现很多，如：

汉文本	惠宗初译本	仁宗校译本	通假字	正字
入王城及诸村落。（17.57）	[illegible]。	[illegible]。	[illegible]（we^{2}，为）	[illegible]（we^{2}，城）
心不诈谄亦无懈怠。（17.55）	[illegible]。	[illegible]。	[illegible]（ljịj^{1}，悟）	[illegible]（ljịj^{1}，怠）
承佛威神（17.49）	[illegible]。	[illegible]。	[illegible]（pjụ^{1}，尊）	[illegible]（pjụ^{1}，威）
有七宝幢周布行列。（17.68）	[illegible]。	[illegible]。	[illegible]（khjɨ̠^{2}，陡）	[illegible]（khjɨ̠^{2}，列）

其他佛经的初、校译本中也有类似的校订情形，如《仁王经》“无相甚深故，达有如幻故”，“幻”，592 号作“[illegible]”（·wjɨ̠^{1}），义为“巫”；683 号改作“[illegible]”（wjɨ̠^{1}），义为“幻”，两字通假。

同时，在校勘中我们还发现，有些是惠宗初译本正确，而仁宗校译本出现了别字的情况，如：

汉文本	惠宗初译本	仁宗校译本	通假字	正字
无量法门皆得现前。（7.65）	[illegible]。	[illegible]。	[illegible]（ɣa^{2}，上）	[illegible]（ɣa^{1}，门）
修学此法已，应说甘露句。（7.59）	[illegible]，[illegible]。	[illegible]，[illegible]。	[illegible]（nio̱w^{1}，因）	[illegible]（nio̱w^{1}，已）
诸有受持此法门者，及亲事我能受持者。（7.65—7.66）	[illegible]，[illegible]。	[illegible]，[illegible]。	[illegible]（njɨ^{2}，等）	[illegible]（nio̱w^{1}，及）
于其中间，无有误失，无卒暴音。（7.33）	[illegible]，[illegible]（ɣię̣^{2}）[illegible]。	[illegible]，[illegible]（ɣię̣^{2}）[illegible]。	[illegible]（ɣię̣^{2}，碍）	[illegible]（ɣię̣^{2}，音）

（五）申避讳

《仁王经》：“仁王护国般若波罗蜜多经”，“仁”，592 号作“[illegible]”，683 号改作“[illegible]”。

“[illegible]”（dźjwu^{1}）译“人”，“[illegible]”（dźjwu^{2}）译“仁”，二字读音仅在声调上有别。聂鸿音认为西夏文献偶有以“[illegible]”译“仁”的例子，但到了 12 世纪中叶以后，则一般只用“[illegible]”来译“仁”，这或许与西夏仁宗的名字“仁孝”有关。

三

事实上,仁宗时期的校经活动包括两个层次:一是对照梵文、藏文和汉文原文重新翻译西夏文;二是对照旧译本改定佛经。严格地讲,前者应该称为校译,而后者是校勘。不过,仁宗时期校勘佛经的过程似乎都要经过对照梵文、藏文和汉文原文的校译。目前所知,俄藏西夏文献中,存有新译汉文本和西夏文校译本的佛经有《圣观自在大悲心总持功能依经录》《胜相顶尊总持功能依经录》《佛说阿弥陀经》《佛说圣佛母般若波罗蜜多心经》《持诵圣佛母般若多心经要门》《佛说圣大乘三归依经》《圣大乘胜意菩萨经》《佛说金轮佛顶大威德炽盛光如来陀罗尼经》[①],以及《观弥勒菩萨上生兜率天经》[②]等。

有些新译汉文本或西夏文本与中原密教经典同名,但两相比较,西夏译校本明显具有三个特征:一是在正文之前增加了用汉字或西夏字音译的梵语题名;二是在卷尾增补了供念诵的陀罗尼;三是增加了只有藏传佛教才强调诵读的语句。如西夏新译汉文本《胜相顶尊总持功能依经录》有梵文经题“乌实祢舍 觅拶夜 捺麻嗦啰祢 啊寧六(切身)蟾萨 萨兮怛 须(引)嘚啰(二合引) 怛三吃哩兮怛”,西夏文本有梵题“[illegible] [illegible] [illegible] [illegible] [illegible] [illegible] [illegible]”,音译梵文 Uṣṇīṣavijayā nāma dhāraṇī kalpasahitā;西夏新译汉文本《佛说圣佛母般若波罗蜜多心经》存有梵题“啊呤拽 末遏斡帝 不啰嘿钵啰弥怛 屹哩嗪也 须嘚啰”,音译梵文 Ārya Bhagavatī prajñāpāramitā hṛdaya sūtra[③];译自藏文的西夏文《般若心经》有梵题“[illegible] [illegible] [illegible] [illegible] [illegible] [illegible] [illegible]”,音译梵文 Ārya prajñā pāramitā hṛdaya mahā[yāna] sūtra nāma。此前,聂历山、西田龙雄均曾指出,大部分译自藏文的西夏文佛经的卷首存在音译梵文的标题,这是继承了藏文佛经的传统,与藏文经典的体裁一致[④]。

黑水城出土汉文本《观弥勒菩萨上生兜率天经》,卷首署“宋居士沮渠京声译”,但卷尾的几段陀罗尼——“慈氏真言”“生内院真言”“弥勒尊佛心咒”,却不见于中原传行的同名汉文本[⑤]。

俄藏西夏文本《佛说一切如来悉皆摄受三十五佛忏罪法事》(инв. № 3762),署“奉天显道耀武宣文神谋睿智制义去邪惇睦懿恭皇帝御校”,译自汉文本《佛说三十五佛名经》,经过对校,西夏文本较汉文本增加了“南无如来、应供、正遍知、明行足、善逝、世间解、调御丈夫、无上士、天人师、佛、世尊”一句。与汉地不同,藏传三十五佛信仰尤其强调“南无如来、应供、正遍知、明行足、善逝、世间解、调御丈夫、无上士、天人师、佛、世尊”一句的诵读,格鲁派更要在每一个佛名前都加诵这一句。据《宗喀巴传》记载,刚开始忏悔时,大师所见三十五佛皆无头部,后来得到文殊菩萨开示,大师遵行在佛号前加诵这一句,果然看到了三十五佛的圆满相。说明西夏时期的三十五佛礼忏信仰受到了藏传佛教的影响。

上述佛经文本的特征映射出仁宗时期的西夏佛教明显受到了藏密的种种影响,从而促使我们判断,推动仁宗时期进行校译活动的动力,可能有藏密信仰影响的宗教背景。

关于藏传佛教对西夏的影响,此前史金波曾撰专文加以论述,并根据已知译自藏文的西夏文佛经

---

① 孙伯君:《西夏新译佛经陀罗尼的对音研究》,北京:中国社会科学出版社,2010年,第26—27页。

② 汉文本为俄藏 TK. 58号,影印件见《俄藏黑水城文献》第2卷,第41—48页;西夏文本为俄藏 инв. № 941号,著录见 Е. И. Кычанов, *Каталог тангутских буддийских памятников* , Киото: Университет Киото, 1999, c.391.

③ 聂鸿音:《黑水城所出〈般若心经〉德慧译本述略》,甘肃省藏学研究所编《安多研究》第1辑,北京:中国藏学出版社,2005年,第127—134页。

④ 聂历山:《西夏语发音研究的有关资料》,李范文编《西夏研究》第6辑,北京:中国社会科学出版社,2007年,第74页;西田龙雄:《西夏文华严经》Ⅰ,日本京都:京都大学文学部,1975年,第8—10页。

⑤ 沮渠京声译:《佛说观弥勒菩萨上生兜率天经》,《大正新修大藏经》卷十四,第418—420页。

的情况，认为西夏佛教受藏传佛教影响主要是在中、后期①。孙颖新在俄藏西夏文文献中发现了一部译自藏文的《大乘无量寿经》(инв. № 812)，卷尾发愿文所署刊印时间为“天祐民安甲戌五年”，即1094年，证明西夏早期即受到藏传佛教的影响②。

仁宗时期藏传佛教已是西夏佛教的主流，新译或校译佛经的起因，应是仁宗以及同时代的经师们认为所奉教派与西夏早期已然不同，因而应该新译或校订适合信众诵读和敬奉的本宗经典。当然，追求无上福报，毫无疑问也是仁宗新译和校译佛经的重要推动力。

① 史金波:《西夏的藏传佛教》,《中国藏学》2002年第1期。
② 孙颖新:《西夏文〈无量寿经〉研究》,中国社会科学院研究生院博士论文,2013年,第24页。

第四节　西夏语语法概要

由于西夏语与汉语的语法特点不同,西夏语特殊的语法词,汉语中无法找到与之对当的词语进行翻译,遵从学界通行的做法,本书在对译时悉用"△"标注。因此,有必要对西夏语语法加以简单介绍。

关于西夏语的支属问题,最初戴维理亚认为西夏语是藏语的一个方言①,这个观点得到了玉尔(Yule)、劳于曼(Neumann)和毛利瑟(M. G. Morisse)等人的引用和支持②,统治了学界近 20 年。后来劳费尔(B. Laufer)在 1916 年发表了《西夏语言:印度支那语文学研究》③,认为西夏语是一种独特的语言,只不过不像劳于曼和另几位研究者所说,仅仅是藏语,而是藏缅语言大家族中独立而特殊的一员。它初步表明与倮倮和么些语支有确定无疑的亲属关系,提出西夏语应该归入藏缅语族"西(夏)—倮(倮)—么(些)"语支,即"彝语支"。1932 年,聂历山曾称这一判断是西夏语研究的指南针。西田龙雄也支持这一观点,并曾尝试从彝语支语言的元音特征里寻找对西夏语的解释④。

20 世纪 80 年代开始,孙宏开对劳费尔的观点提出了质疑。1983 年,孙宏开发表《六江流域的民族语言及其系属分类》一文⑤,不仅提出藏缅语族应该划为五个语支,即藏语支、彝语支、羌语支、缅语支、景颇语支,而且提出西夏语与木雅语比较接近,应属于羌语支。

孙宏开的这一观点得到了包括龚煌城、马提索夫、黄布凡在内的一大批藏缅语言学家的支持。向柏霖在《党项语历史音韵和形态论纲》中也不否认羌语支独立存在的可能性,但认为西夏语和羌语的关系不如和嘉绒等语言的关系密切,为此提议在汉藏语系的缅彝语族内部另行建立一个"党项语支",或者叫"木雅语支",这个语支包括被中国学者归入羌语支的党项语(西夏语)、嘉绒语、木雅语、普米语和却域语,但不包括羌语⑥。

综上,西夏学界一般认为西夏语属于汉藏语系藏缅语族羌语支的古代语言,其语法形式可以简述如下:

(一)西夏语动词趋向前缀⑦

趋向动词	Ⅰ已行体	Ⅱ希求式
向上	[illegible](·a)	[illegible](·jij^1)
向下	[illegible](nja^1)	[illegible](njij^2)

① Devéria, *L'Ecriture du royaume de Si-hia ou Tangut*, Mémoires présentés par divers savants à l'Académie des Inscriptions, first series, Vol. XI, pt. I, Paris, 1898. 载孙伯君编《国外早期西夏学论集》(一),北京:民族出版社,2005 年,第 82 页。

② M. G. Morisse, *Contribution préliminaire à l'étude de l'écriture et de la langue Si-hia*, Mém.prés.par divers savants à l'Académie des Inscriptions, first series, Vol. XI, pt. 2, Paris, 1904, pp. 313 - 379.

③ B. Laufer, *The Si-hia Language, a study in Indo-Chinese philology*, *T'oung Pao*, Vol. 17 (1916), pp. 1 - 126.载孙伯君编《国外早期西夏学论集》(一),北京:民族出版社,2005 年,第 264 页。

④ 西田龙雄:《西夏语の研究》,日本京都:座右宝刊行会,1964,1966。

⑤ 孙宏开:《六江流域的民族语言及其系属分类》,《民族学报》1983 年第 3 期。

⑥ Guillaume Jacques, *Esquisse de phonologie et de morphologie historique du tangoute*, Leiden: Brill, 2014.

⑦ K.B. Keping, *Tangutskij yazyk, Morfologiya*, Moskva: Nauka, 1985.

（续表）

趋向动词	Ⅰ已行体	Ⅱ希求式
向近处	[illegible]（kjɨ¹）	[illegible]（kjij¹）
向远处	[illegible]（wjɨ²）	[illegible]（wjij²）
趋向说话者	[illegible]（djɨ²）	[illegible]（djij²）
离开说话者	[illegible]（dja²）	[illegible]（djij²）
不定方向	[illegible]（rjɨr²）	[illegible]（rjijr²）

（二）西夏语人称代词及其动词人称呼应后缀①

人称代词	西夏语形式	人称呼应	例句
第一人称单数通称	[illegible]（ŋa²）	[illegible]（ŋa²）	[illegible]。［我不久亦死。］
第一人称单数尊称	[illegible]（mjo²）	[illegible]（ŋa²）	[illegible]，[illegible]。［汝速速往，我缓缓来。］（《类林》卷七）
第一人称复数	[illegible]（ŋa² njɨ²）、[illegible]（gja² mji²）	[illegible]（nji²）	[illegible]、[illegible]。［我等住在非时、非处，于非时中。］（《大宝积经》卷二第40折，инв. № 365）。 [illegible]。［我等出兵往战。］
第二人称单数	[illegible]（nja²）、[illegible]（nji²）	[illegible]（nja²）	[illegible]，[illegible]？［汝返国时，何以回报寡人？］（《类林》卷三） [illegible]。［汝往越国。］
第二人称复数	[illegible]（nji² njɨ²）	[illegible]（nji²）	[illegible]！［汝等勿起身！］（《类林》卷五）
第三人称	[illegible]（thja²，彼）、[illegible]（thja²，彼）	无	
反身代词	[illegible]（·jij¹，自）	无	

（三）人称呼应与动词的音韵转换

原形动词与转换后的动词，被分别称作动词的 A 形式与 B 形式，A 形式是基本式，B 形式是衍生式，后者通常带有人称呼应后缀。只有当主语是动作的对象，而动词的人称呼应后缀指涉动作的发出者时，才能出现动词的衍生式②。这种形式被认为是基于动词词干交替的动词人称标记，是西夏语动词的屈折形式③，如：

① 聂鸿音：《西夏语谓词人称后缀补议》，《语言科学》2008 年第 5 期。
② 西田龙雄：《西夏语》，龟井孝、河野六郎、千野荣一编《言语学大辞典》第 2 卷《世界语编》（中），日本三省堂 1989 年，第 408—429 页。
③ 向柏霖：《西夏语的名词性谓语》，《民族语文》2008 年第 4 期。

[illegible][illegible][illegible][illegible]。[我闻此言。]([illegible]—A 形式)

[illegible][illegible][illegible][illegible]。[如是我闻。]([illegible]—B 形式)

龚煌城把西夏语中动词的音韵转换分成四组①:

1. -ji 和-jo 的转换。

基本式	转换式	汉义
[illegible](dzji^{1})	[illegible](dzjo^{1})	食
[illegible](djị^{2})	[illegible](djọ^{2})	修治
[illegible](śji̱^{1})	[illegible](śjo̱^{1})	宰杀
[illegible](dźjij^{2})	[illegible](dźjo^{2})	有
[illegible](wjị^{2})	[illegible](wjọ^{2})	能晓
[illegible](tjị^{1})	[illegible](tjọ^{1})	安置

学者补充的还有:

基本式	转换式	汉义
[illegible](nji^{2})	[illegible](mjo^{1})	听
[illegible](rjir^{2})	[illegible](rjor^{1})	得、获
[illegible](·wji^{1})	[illegible](wjo^{2})	为、作
[illegible](phji^{1})	[illegible](phjo^{2})	命、令
[illegible](dzji^{1})	[illegible](dzjo^{1})	食

2. -ju 和-jo 的转换。

基本式	转换式	汉义
[illegible](·ju^{2})	[illegible](·jo^{2})	寻
[illegible](lju^{2})	[illegible](ljọ^{2})	捕
[illegible](khju̱^{2})	[illegible](khjo̱^{2})	视
[illegible](pju^{2})	[illegible](pjo^{1})	烧烤
[illegible](sju^{1})	[illegible](sjo^{1})	藏
[illegible](tśhju^{1})	[illegible](tśhjo^{1})	有
[illegible](lju^{2})	[illegible](ljo^{2})	攻
[illegible](kjur^{1})	[illegible](kjọ^{1})	盛入
[illegible](lhjụ^{2})	[illegible](lhjọ^{2})	获得
[illegible](njụ^{2})	[illegible](njọ^{2})	喂乳

① 下面的例子中不再重复西田龙雄已经给出的情况。

（续表）

基本式	转换式	汉义
[illegible]（dju̱^{2}）	[illegible]（djo̱^{1}）	刺穿
[illegible]（lju̱^{1}）	[illegible]（ljo̱^{1}）	赌

3. -ji 和-jɨ 的转换。

基本式	转换式	汉义
[illegible]（sji^{2}）	[illegible]（sjɨ^{1}）	死
[illegible]（śji^{2}）	[illegible]（śjɨ^{1}）	往
[illegible]（phji^{2}）	[illegible]（phjɨ^{1}）	失
[illegible]（tshji^{1}）	[illegible]（tshjɨ^{1}）	喜爱
[illegible]（lji̱^{2}）	[illegible]（ljɨ̱^{2}）	待
[illegible]（lhji̱^{1}）	[illegible]（lhjɨ̱^{2}）	悔

4. -jij 和-ji 的转换。

基本式	转换式	汉义
[illegible]（ljij^{2}）	[illegible]（lji^{2}）	见
[illegible]（lhji̱j^{2}）	[illegible]（lhji̱^{2}）	受
[illegible]（djij^{2}）	[illegible]（dji^{2}）	饮
[illegible]（djij^{2}）	[illegible]（dji^{2}）	曾经
[illegible]（njij^{2}）	[illegible]（nji^{2}）	听
[illegible]（khjij^{1}）	[illegible]（khji^{2}）	切断
[illegible]（tsjij^{2}）	[illegible]（tsji^{2}）	觉悟
[illegible]（·jijr^{2}）	[illegible]（·jir^{2}）	诛

（四）西夏语的格范畴①

格范畴	西夏语
主格	[illegible]（tja^{1}）
属格、与格和对格	[illegible]（·jij^{1}）
具格	[illegible]（ŋwu^{2}）
位格	[illegible]（·u^{2}，内、中、里），[illegible]（kha^{1}，中），[illegible]（gu^{2}，中），“[illegible]”（ɣa^{2}，中、于、从），[illegible]（tśhjaa^{1}，上），[illegible]（khju^{1}，下）

① 龚煌城：《西夏语概况》，《西夏语言文字研究论集》，北京：民族出版社，2005 年，第 243—268 页。

(续表)

格范畴	西夏语
向格	㷝(do², 于)
共格	𗒘(rjir², 与)
比较格	𗴮(su¹, 胜)
他动词主语标记	𗗙𗗚(dźjɨ ·wji¹), 指示他动词的主语

(五)否定词

否定词有𗅋(mji¹)、𗤁(mjɨ¹)、𗗂(mjij¹)、𗃴(tji¹)、𗆮(mə̣¹)、𗏁(nja̱²), 其中"𗅋"(mji¹)最常用; "𗃴"(tji¹)表示禁止; "𗤁"(mjɨ¹)用于否定助动词"𗡶"(kjir², 敢)、"𗆗"(njwi², 能)、"𗣼"(ljɨɨ¹, 可)、"𗢳"(dźjij, 肯)等; 只有"𗗂"(mjij¹)、"𗏁"(nja̱²)等放在句末, 相当于"无"和"非"。

(六)疑问句的几种表示法

1.用疑问语气词"𗗽"(mo²)、"𗒐"(sja²), 意为"乎、耶", 放在句末。

𗀔𗋽𗦇𗗙:"𗂧𗉘𗈪𗆐𗅋𗅲𗆗𗎘𗗽𗗙?"[孔子叹谓:"夫物满时不覆者有乎?"](《德行集》)

𗇋𗊍𗍳:"𗤁𗰜𗏁𗖵𗅋𗗚𗒐? 𗍫𗈪𗡡𗗂𗉔𗗙?"[文王曰:"纣非天子? 何言无主?"](《类林》卷八)

2.用疑问词"𗢸"(sjwɨ², 谁)、"𗢹"(sjwɨ¹, 孰)、"𗍫"(wa², 何)、"𗏹"(ljọ², 何)、"𗎫𗏫"(thjij² sjo², 何云)、𗍫𗈪(wa² zji̠j¹, 几何)、𗏹𗡶(ljọ² kjir², 岂敢)等, 表示疑问。

𗐱𗑗𗣀𗢳:𗍫𗆐𗊏𗉔?[遂问曰:汝何日返?](《类林》卷三)

𗎫𗏫𗁦𗉺𗂧𗊴𗋕𗌭𗤁𗆗?[云何独不能制此一人?](《类林》卷三)

𗐯𗗎𗢳𗍳:𗈪𗒘𗎘𗆗𗢹𗗽?[太公问曰:前夫是谁?](《类林》卷八)

𗀓𗑠𗡶𗆺𗏹𗡶?[吾等岂敢谈论?](《类林》卷三)

3.用"𗏵"(·ja)承担疑问句式的功能。

𗁦𗕑𗉝𗏵𗆗?[能持此心否?]

𗈪𗌭𗑠𗏵𗅋𗀔𗈪𗒐𗗙𗆗?[我于此处岂不悟耶?](《大宝积经》卷二)

(七)语序

1.主—宾—谓(SOV)。

𗋕𗉺𗎘,𗕑𗟲𗏹𗊠𗅲𗕑。

圣人者,心上十二孔有。

[圣人心有十二孔。](《类林》卷三)

2.名词做定语时放在中心词的前面,形容词或数词做定语时放在中心词的后面。

[illegible],马好一[一匹好马];
[illegible],马好肉[骏马肉];
[illegible],诗一首[一首诗]。

(八)西夏语中的常用句式

1.判断句式“……[illegible],……[illegible]”,相当于汉语“……者,……也”。

[illegible]。[长安者,汉高祖之王城也。]

2.比喻句式“[illegible]……,……[illegible]”,相当于汉语的“如……”;有时作“[illegible]……[illegible],……[illegible]”,相当于汉语的“与……一样”。

[illegible]。[如海中水滴,具百川味。]
[illegible]。[如径尺之镜,例见千里影。]

3.直接引语句句尾用“[illegible]”(·jɨ²)标记。

[illegible]:“[illegible]。”[母戏语曰:“啖汝。”](《类林》卷三)

4.因果句式“……[illegible],[illegible]……”,相当于汉语“因为……,所以……”。

[illegible]。[今示圆融,故次第七。]

5.递进句式“……[illegible],……”,相当于汉语“非独……,亦乃……”。

[illegible]。[然释此初章,非独摭《起信》申义,亦乃采下文为准。]

6.转折句式“……[illegible]……[illegible],……”,与汉语“虽……,乃……”“虽……,而……”或“然则……”等相当。

[illegible]。[文虽先后,义乃同时,故云卷舒自在也。]

西夏文《大宝积经》

·卷一·

《三律仪会》第一之一整理与研究

孙伯君　王　巍　李若愚

内容和版本介绍

《大宝积经・三律仪会》的主要内容讲的是"佛住耆阇崛山王,坐大莲华。与八千大比丘,八千大菩萨,五百比丘尼,五百优婆塞,五百优婆夷,及天龙八部俱。摩诃迦叶请问:摄受何法修行,增长成熟诸如来道,取诸功德,增长证入无上菩提,得不退转?佛告以求佛智慧力无畏者,无有少法为其可得。无所依倚,种诸善根,若有所得,即为着想,乃至备明执着过患。亦明法灭,天人悲叹等事。后明在家菩萨种种三法"。(蕅益大师《阅藏知津》)

西夏文《大宝积经》卷一《三律仪会》第一之一,1909 年由科兹洛夫率领的俄国皇家蒙古四川地理考察队发现于黑水城遗址,现藏俄罗斯科学院东方文献研究所。据克恰诺夫《西夏佛典目录》,该卷在第一部中残卷首,入藏编号 инв. № 363,写本,经折装。抄写完成于天盛十四年(1162 年)七月十三日和八月二十五日。卷尾有"发愿者黑水转运使嵬啰由牢,写者梁文殊奴,重校野利宝成"字样①。在第二部中保存完整,编号是 инв. № 354。写本,经折装,共 54 折。天头 4.3 厘米,地脚 3 厘米。黑绢护封上有题签,题签上有经名和卷次。经名后有帙号和仁宗皇帝尊号②。后者首次刊布于《俄藏黑水城文献》第 21 册第 66—69 页(通过与照片对照,该编号实为 инв. № 364),每折 6 行,行 18 字。

西夏文《大宝积经》卷一经名后有完整的仁宗皇帝尊号"奉天显道耀武宣文神谋睿智制义去邪惇睦懿恭皇帝嵬名御译",可知该本为西夏仁宗皇帝(1139—1193 年在位)时期的校译本。

下面的录文和释读依据 инв. № 364,释读采用逐折、逐行对译的形式,并用数字标明西夏文录文的卷次、原版折面和行次,如 1.1.1,为第一卷第一折第一行。

---

① Е.И.Кычанов, *Каталог тангутских буддийских памятников*, Киото:Университет Киото, 1999.p. 321.

② Е.И.Кычанов, *Каталог тангутских буддийских памятников*, Киото:Университет Киото, 1999.p. 334.

文本释读

1.1.1

ljịj^{2}	ljɨ̣^{1}	tśiow^{1}	lwər^{2}	lhejr^{2}	?	lew^{1}	tsew^{2}	zeew^{2}①
大	宝	积	经	契	卷	一	第	忍

《大宝积经》卷第一　忍

1.1.2

tshjwu^{1}	bju^{1}	tśja^{1}	dźju^{1}	ɣạ^{1}	śja^{2}	·jwɨr^{2}	dźjwow^{1}	nja̱^{1}	rjɨj^{2}	śjɨj^{2}	sjịj^{2}	wo^{2}
天	奉	道	显	武	耀	文	宣	神	谋	睿	智	义
dzjɨj^{2}	dow^{1}	t-	zjij^{1}	ŋwej^{2}	thjoo^{1}	bjuu^{1}	ŋwər^{1}	dzjwɨ^{1}	ŋwe^{2}	mji^{1}	mee^{2}	lhej^{2}
制	邪	去	惇	睦	懿	恭	皇	帝	嵬	名	御	译

奉天显道耀武宣文神谋睿智制义去邪惇睦懿恭皇帝嵬名御译②

1.1.3

so̱^{1}	dzjɨj^{1}	wer^{1}	ljwu^{2}	lew^{1}	tsew^{2}	·jij^{1}	lew^{1}
三	律	仪	会	一	第	之	一

《三律仪会》第一之一③

1.1.4

thjɨ^{2}	sju^{2}	mjo^{1}	ŋa^{2}	ljɨ^{1}	dzjɨj^{1}	tha^{1}	njij^{2}	mjii^{1}	we^{2}
是	如	闻	我，	一	时	佛	王	舍	城

① 西夏字“忍”为帙号，可以译作“忍”。
② 此为西夏仁宗尊号，汉文本无。据此可知俄藏 инв.№ 364 为仁宗校译本。
③ 此处汉文本署“大唐三藏法师菩提流志奉诏译”，西夏文本无对应的文字。

[illegible]	[illegible]	[illegible]	[illegible]	[illegible]	[illegible],	[illegible]	[illegible]	[illegible]
khji^{1}	śja^{1}	tsor^{2}	ŋər^{1}	kha^{1}	dźjiij^{1}	thja^{2}	ŋər^{1}	so^{2}
耆	阇	崛	山	中	住,	其	山	高

如是我闻,一时佛住王舍城耆阇崛山,其山高

1.1.5

[illegible],	[illegible]	[illegible]	[illegible]	[illegible]。	[illegible]	[illegible]	[illegible]	[illegible],
bjij^{2}	śjwo^{2}	thjoo^{1}	ljij^{2}	dzu^{1}	mə^{2}	war^{2}	dźjwi^{2}	·jiij^{1}
峻,	严	丽	观	爱。	种	物	坐	持,
[illegible]	[illegible]	[illegible]	[illegible]。	[illegible]	[illegible]	[illegible]	[illegible],	[illegible]
ljịj^{2}	ljɨ^{2}	wjɨ^{2}	sju^{2}	·ji^{1}	wjạ^{1}	sjɨ^{1}	śjị^{2}	to^{2}
大	地	犹	如。	众	华	卉	木,	悉

峻,严丽可观。持诸杂种①,犹如大地。众华卉木,悉

1.1.6

[illegible]	[illegible]	[illegible],	[illegible]	[illegible]、	[illegible]	[illegible]、	[illegible]	[illegible]
zji^{2}	wejr^{1}	njwɨ^{1}	ŋwə^{1}	we^{1}	·ja^{2}	tśhia^{1}	phji^{1}	śja^{1}
皆	茂	盛,	天	龙、	夜	叉、	毗	舍
[illegible]、	[illegible]	[illegible]	[illegible]	[illegible],	[illegible]	[illegible]	[illegible]	[illegible]。
śja^{1}	kjĩ^{1}	no^{1}	lo^{1}	njɨ^{2}	·ju^{2}	thja^{1}	kha^{1}	dźjiij^{1}
阇、	紧	那	罗	等,	常	其	中	住。

皆茂盛,其中复有天龙、夜叉②、毗舍阇③、紧那罗④等,常所游止。

---

① 持诸杂种,西夏文字面意思是"坐持诸物"。

② 夜叉,梵文 Yakṣa,又译作"药叉""夜乞叉""药乞叉"。玄应《一切经音义》卷三曰:"阅叉或云夜叉,皆讹也。正言药叉,此译云能啖鬼,谓食啖人也。又云伤者,谓能伤害人也。"藏文译作 gnod sbyin,"施害、施碍"之意,西夏文"[illegible]"音译"夜叉","[illegible]"对应藏文。

③ 毗舍阇,梵文 Piśācā,又作"毗舍遮""辟舍柘""毕舍遮"。持国天王所领鬼之名称。玄应《一切经音义》卷二十一曰:"毕舍遮,旧云毗舍阇,又作毗舍遮,鬼名也。饿鬼中胜者也,亦言颠狂鬼也。"慧苑《新译〈大方广佛华严经〉音义》卷下曰:"毗舍阇王,毗舍阇之王,即是东方提头赖吒,此云持国。谓护持国土领二部鬼:一名毗舍阇,此云啖精鬼。二名乾闼婆,此云寻香也。"西夏文为其音译。

④ 紧那罗,梵文 Kiṃnara,又作"紧捺罗""甄陀罗""真陀罗"等。旧译曰"人非人""疑神",新译曰"歌神",即乐神名。八部众之一。慧琳《一切经音义》卷十一曰:"真陀罗,古作紧那罗,音乐天也。有微妙音响,能作歌舞。男则马首人身能歌,女则端正能舞。次此天女,多与乾达婆天为妻室也。"仁宗时期翻译的西夏文佛经往往音译作"[illegible]",如乾祐十五年(1184年)仁宗皇帝御译的《佛说大乘三归依经》也如是翻译。

1.2.1

[illegible]	[illegible]	[illegible]、	[illegible]、	[illegible]、	[illegible]	[illegible]、	[illegible]、	[illegible]、
nioow^{1}	ka^{2}	tśjij^{2}	le^{2}	ljɨɨ^{1}	kiwej^{2}	tshjịj^{2}	bju^{2}	rjijr^{1}
复	狮	子、	虎、	狼、	麒	麟、	象、	马、
[illegible]	[illegible]	[illegible]，	[illegible]	[illegible]	[illegible]	[illegible]	[illegible]	[illegible]
rjɨj^{2}	·jow^{2}	njɨ^{2}	mə^{2}	mə^{2}	rjur^{1}	do^{2}	djịj^{1}	wju^{1}
熊	罴	等，	种	种	诸	异	类	野

复有种种异类诸兽，所谓狮子、虎、狼、麒麟、象、马、熊罴之属①，

1.2.2

[illegible]，	[illegible]	[illegible]	[illegible]	[illegible]。	[illegible]	[illegible]	[illegible]、	[illegible]
njijr^{1}	·ju^{2}	thja^{1}	kha^{1}	dźjiij^{1}	nioow^{1}	wor^{1}	le^{2}	ljuu^{2}
兽，	常	其	中	住。	复	孔	雀、	鹦
[illegible]、	[illegible]	[illegible]	[illegible]	[illegible]、	[illegible]	[illegible]、	[illegible]	[illegible]、
we^{1}	khju^{2}	tśji^{2}	la^{1}	kia^{2}	ɣwər^{1}	dze^{1}	bar^{2}	wor^{1}
鹉、	鸲	鸱	罗	鸟、	凫	雁、	鸳	鸯、

止住其中。复有无量百千众鸟，所谓孔雀、鹦鹉、鸲鸱罗鸟、凫雁、鸳鸯、

1.2.3

[illegible]	[illegible]	[illegible]，	[illegible]	[illegible]	[illegible]	[illegible]	[illegible]	[illegible]
kạ^{1}	gu^{2}	njɨ^{2}	mjɨ^{1}	pjụ^{1}	·jir^{1}	tụ^{1}	rjur^{1}	dźjwow^{1}
命	共	等，	无	量	百	千	诸	飞
[illegible]，	[illegible]	[illegible]	[illegible]	[illegible]。	[illegible]	[illegible]	[illegible]	[illegible]，
we^{1}	·ju^{2}	thja^{2}	kha^{1}	dźjiij^{1}	thja^{2}	rjur^{1}	dźiā^{2}	tśhju^{1}
禽，	常	其	中	住。	彼	诸	情	有，

① 这里出现的“狮子”“虎”“狼”“麒麟”“象”“马”“熊罴”和“野兽”，分别与西夏文“[illegible]”“[illegible]”“[illegible]”“[illegible]”“[illegible]”“[illegible]”“[illegible]”和“[illegible]”对应。其中“[illegible]”与“熊罴”对译，可补充“[illegible] ·jow^{2}”字的用例。《番汉合时掌中珠》只见“[illegible]”与“熊”对译，未见“[illegible] ·jow^{2}”字的用法；李范文《夏汉字典》曾把西夏文《杂字》中出现的“[illegible]”释作“灰熊”，把“[illegible]”释作“灰色”（李范文：《夏汉字典》，北京：中国社会科学出版社，2008年，第67页）。按，“罴”，俗称马熊，毛通常呈褐色，会爬树和游泳，《尔雅·释兽》：“罴，如熊，黄白文。”此外，这里“[illegible]”与“麒麟”对译，同《类林》；其他词的译法同《番汉合时掌中珠》。

命命等①,无量百千诸众鸟,常其中住。是诸众生②,

1.2.4

[illegible]	[illegible]	[illegible]	[illegible],	[illegible]	[illegible]	[illegible]	[illegible]	[illegible]
tha^1	pju^1	γie^1	$nioow^1$	$lẹj^2$	$kiẹj^2$	$tshjạ^1$	$lə$	$\cdot jij^1$
佛	威	力	以,	贪	欲	瞋	痴	之
[illegible]	[illegible]	[illegible]	[illegible]	[illegible],	[illegible]	[illegible]	[illegible]	[illegible]
$źjị^1$	$tśjuu^1$	lew^2	mji^1	we^2	$\cdot jij^1$	gu^2	$dźjwɨ^1$	mji^1
恼	害	所	不	为,	自	互	相	不

以佛威力,不为贪欲瞋痴所恼,不相茹

1.2.5

[illegible],	[illegible]	[illegible]	[illegible]	[illegible],	[illegible]	[illegible]	[illegible]	[illegible]。
$dzji^1$	$\cdot jij^1$	gu^2	$dźjwɨ^1$	dzu^1	$zjị^1$	mja^1	$wjɨ^2$	sju^2
食,	自	互	相	爱,	子	母	犹	如。
[illegible]	[illegible]	[illegible]	[illegible]	[illegible]	[illegible]	[illegible]	[illegible],	[illegible]
$thjɨ^2$	$ŋər^1$	$njij^2$	kha^1	$rjur^1$	dza^1	phu^2	$dzuu^2$	$lhejr^2$
是	山	王	中	诸	杂	树	植,	丛

食,共相亲爱,犹如母子。是山王中,多植杂树,丛

1.2.6

[illegible]	[illegible]	[illegible],	[illegible]	[illegible]	[illegible]	[illegible]。	[illegible]	[illegible]
bo^1	$wejr^1$	$ljịj^1$	war^2	$bạ^2$	$phuu^2$	$njwɨ^1$	$mə^1$	sji^1
林	蓊	郁,	枝	叶	繁	荣。	天	木

① 这里出现的"孔雀""鹦鹉""鸲鸡罗鸟""凫雁""鸳鸯""命命"和"飞禽",分别与西夏文"[illegible]""[illegible]""[illegible]""[illegible]""[illegible]""[illegible]"和"[illegible]"等对应。其中"[illegible]"对"孔雀",同《番汉合时掌中珠》。"[illegible]"对"鹦鹉",聂历山《西夏语文学》早有解释。"[illegible]"对"鸲鸡罗鸟",为梵文 Kokila 的音译,又作俱枳罗、拘枳罗。"[illegible]"对"凫雁",其中"[illegible]"对"雁",同《番汉合时掌中珠》,而"[illegible]"对"凫",可以补充"[illegible]"字的用例,李范文《夏汉字典》把"[illegible]"释作"鹤"(李范文:《夏汉字典》,北京:中国社会科学出版社,2008 年,第 67 页)。按"凫",又称"鹜",《说文解字》释曰:"舒凫,鹜也。"俗称野鸭,雄的头部绿色,背部黑褐色;雌的全身黑褐色,常群游湖泊中,能飞。"[illegible]",字面意思为"双鸡",与汉文本"鸳鸯"对译,此用法与《番汉合时掌中珠》中义为"鸳鸯"的"[illegible]"有所不同。"[illegible]",字面意思为"共命",与汉文本"命命"对译,此鸟梵文作 Jīvajīvaka。"[illegible]",为鸟之总名,《番汉合时掌中珠》译作"飞禽"。西夏文《佛说阿弥陀经》(仁宗校译本,инв.№ 803)也出现了"白鹄、孔雀、鹦鹉、舍利、迦陵频伽、共命之鸟",西夏文译作"[illegible]、[illegible]、[illegible]、[illegible]、[illegible]、[illegible]"。其中"孔雀"对"[illegible]","鹦鹉"对"[illegible]","共命"对"[illegible]",与《大宝积经》同。

② 众生,梵文 Sattva,新译"有情",旧译"众生"。《唯识述记》曰:"梵云萨埵,此言有情,有情识故。"西夏文"[illegible]",义为"有情",文献中往往用该词统一对译汉文"有情"与"众生"。

[Tangut]	[Tangut]、	[Tangut]	[Tangut]	[Tangut]	[Tangut]、	[Tangut]	[Tangut]	[Tangut]
śja^{1}	phu^{2}	·a	mo^{2}	lo^{1}	phu^{2}	kjã^{1}	tshjịj^{2}	kja^{1}
香	树、	庵	摩	罗	树、	甄	叔	迦

林蓊郁,枝叶繁荣。天木香树、庵摩罗树、甄叔迦

1.3.1

[Tangut]、	[Tangut]	[Tangut]	[Tangut]	[Tangut]、	[Tangut]	[Tangut]	[Tangut]	[Tangut]
phu^{2}	dźji^{1}	kju^{1}	thow^{1}	phu^{2}	tśja^{1}	thã^{1}	zjɨɨr^{2}	djị^{1}
树、	尼	俱	陀	树、	栴	檀	水	沈
[Tangut],	[Tangut]	[Tangut]	[Tangut]	[Tangut],	[Tangut]	[Tangut]	[Tangut]	[Tangut]。
phu^{2}	thji^{2}	sju^{2}	njɨ^{2}	phu^{2}	zji^{2}	mji^{1}	dzuu^{2}	mjij^{1}
树,	是	如	等	树,	皆	不	植	无。

树①、尼俱陀树、栴檀沈水树,如是等树,皆无不植。

1.3.2

[Tangut]	[Tangut]	[Tangut]	[Tangut]	[Tangut]	[Tangut]	[Tangut]②	[Tangut]	[Tangut]③
nioow^{1}	zjɨɨr^{2}	kha^{1}	phjo^{1}	ljɨ̣^{2}	tśhjaa^{1}	wjɨ^{2}	to^{2}	sji^{2}
复	水	中	陆	地	上	△	生	△
[Tangut]	[Tangut]	[Tangut]	[Tangut],	[Tangut]	[Tangut]	[Tangut]	[Tangut]	[Tangut]、
mjɨ^{1}	pjụ^{1}	dza^{1}	wjạ^{1}	·ja	thji^{1}	boo^{2}	tow^{1}	wjạ^{1}
无	量	杂	华,	阿	提	目	多	华、

复水陆所生无量杂华,阿提目多华、

1.3.3

[Tangut]	[Tangut]	[Tangut]	[Tangut]、	[Tangut]	[Tangut]	[Tangut]	[Tangut]、	[Tangut]
tśja^{1}	pho^{1}	śja^{1}	wjạ^{1}	po^{1}	tśia^{1}	lo^{1}	wjạ^{1}	pho^{1}
瞻	婆	香	华、	波	吒	罗	华、	婆
[Tangut]	[Tangut]	[Tangut]、	[Tangut]	[Tangut]	[Tangut]	[Tangut]、	[Tangut]	[Tangut]

① 甄叔迦树,西夏文作"[Tangut][Tangut][Tangut][Tangut]",梵文作 Kiṃśuka,又译为"坚叔迦树""紧祝迦树"。其中"[Tangut]",读如 kjã^{1},常与汉字"坚"和"根"等见母山摄和见母臻摄字对译,这里与章母臻摄字"甄"对译于例不合,说明西夏文"[Tangut] kjã^{1}"字有颚化倾向;"[Tangut]",读如 tshjịj^{2},与书母通摄字"叔"对译于例不合,说明西夏字"[Tangut] tshjịj^{2}"也有颚化倾向。

② [Tangut],为动词趋向前缀。

③ [Tangut],为名物化助词,"[Tangut][Tangut][Tangut]"与汉文本"所生"对译。

śiə^{1} kja^{1} wjạ^{1} sju^{2} ma^{2} no^{1} wjạ^{1} ·jiw^{1} thji^{1}

师 迦 华、 苏 曼 那 华、 由 提

瞻婆香华、波咤罗华、婆师迦华、苏曼那华、由提

1.3.4

[illegible] [illegible]、 [illegible] [illegible] [illegible] [illegible]、 [illegible] [illegible] [illegible]

kja^{1} wjạ^{1} ·jiw^{2} pa^{2} lo^{1} wjạ^{1} po^{1} thew^{2} mo^{2}

迦 华、 优 钵 罗 华、 波 头 摩

[illegible]、 [illegible] [illegible] [illegible] [illegible]、 [illegible] [illegible] [illegible] [illegible]、

wjạ^{1} kju^{1} wər^{1} thew^{2} wjạ^{1} xjwĩ^{1} thow^{1} lji^{1} wjạ^{1}

华、 俱 物 头 华、 芬 陀 利 华、

迦华、优钵罗华、波头摩华、俱物头华、芬陀利华、

1.3.5

[illegible] [illegible] [illegible] [illegible]、 [illegible] [illegible] [illegible] [illegible] [illegible]

kja^{1} lo^{1} so^{2} wjạ^{1} ma^{2} xa kja^{1} lo^{1} so^{2}

迦 罗 娑 华、 摩 诃 迦 罗 娑

[illegible], [illegible] [illegible] [illegible] [illegible] [illegible] [illegible] [illegible] [illegible],

wjạ^{1} thjɨ^{2} sju^{1} njɨ^{2} djij^{1} rjur^{1} dza^{1} thjoo^{1} wjạ^{1}

华, 是 如 等 类 诸 杂 妙 华,

迦罗娑华、摩诃迦罗娑华①,如是等类诸杂名华,

1.3.6

[illegible] [illegible] [illegible] [illegible], [illegible] [illegible] [illegible] [illegible] [illegible]。

rjur^{1} rjur^{1} zji^{2} to^{2} ŋər^{1} njij^{2} ·jij^{1} tjạ^{1} wer^{1}

处 处 遍 出, 山 王 之 饰 装。

[illegible] [illegible] [illegible] [illegible], [illegible] [illegible] [illegible] [illegible], [illegible]

thja^{2} ŋər^{1} njij^{2} kha^{1} ·ju^{2} śjwo^{1} gu^{2} zjịj^{1} tha^{2}

其 山 王 中, 常 夜 中 时, 大

---

① 这里出现的"阿提目多华""瞻婆香华""波咤罗华""婆师迦华""苏曼那华""由提迦华""优钵罗华""波头摩华""俱物头华""芬陀利华""迦罗娑华""摩诃迦罗娑华"分别与西夏文"[illegible]""[illegible]""[illegible]""[illegible]""[illegible]""[illegible]""[illegible]""[illegible]""[illegible]""[illegible]""[illegible]""[illegible]"对应,其中"[illegible] lo^{1}"对汉字"罗",而非梵文 la;"[illegible] thew^{2}"对"头",而非梵文 da,显示这些西夏译名多为汉文本中汉字的音译。

处处充遍，光饰山王。是山王中，常于夜半，

1.4.1

[illegible]	[illegible]	[illegible]。	[illegible]	[illegible]	[illegible]	[illegible]，	[illegible]	[illegible]
dwuu²	djɨ̣j²	śjwo¹	mə¹	djii¹	ɣiẹ²	lhjii¹	pho¹	wer²
密	云	兴。	天	雷	声	轻，	洒	润
[illegible]	[illegible]，	[illegible]	[illegible]	[illegible]	[illegible]	[illegible]	[illegible]，	[illegible]
dzjụ²	dzjụ²	ɣu¹	ɣa²	śjwo¹	mjiij¹	ɣa²	njɨ²	mjiij²
雨	降，	头	上	生	末	上	至，	渐

兴大密云。天雷声轻，细雨洒润。从头至末，渐

1.4.2

[illegible]	[illegible]	[illegible]	[illegible]	[illegible]。	[illegible]	[illegible]	[illegible]	[illegible]
mjiij²	thja²	ŋər¹	zji²	njɨ²	·jar¹	tśhja²	·ioow¹	zjɨɨr²
渐	其	山	皆	遍。	八	功	德	水
[illegible]	[illegible]	[illegible]	[illegible]，	[illegible]	[illegible]	[illegible]	[illegible]，	[illegible]
zji²	ɣa²	njọ¹	nejr¹	lhju¹	tswər¹	ljiij¹	zjịj¹	tśhjɨ²
普	上	流	滋，	乳	挤	顷	时，	迅

遍其山。八功德水，流滋普洽，如榖①乳顷，廓

1.4.3

[illegible]②	[illegible]	[illegible]。	[illegible]	[illegible]	[illegible]	[illegible]，	[illegible]	[illegible]
rjar²	dja²	wiọ¹	ljɨ¹	gji¹	zjɨɨr¹	wor¹	ljụ²	njiij¹
即	△	散。	风	凉	微	起，	身	心
[illegible]	[illegible]。	[illegible]	[illegible]	[illegible]	[illegible]，	[illegible]	[illegible]	[illegible]
de²	nej²	thjɨ²	ŋər¹	njij²	kha¹	dźjiij¹	dźjiij¹	dźiã²
适	悦。	是	山	王	中，	处	处	情

然消散。凉风微起，适悦身心。是山王中，所住众

1.4.4

[illegible]，	[illegible]	[illegible]	[illegible]	[illegible]，	[illegible]	[illegible]	[illegible]	[illegible]，

① 榖，音 gòu，《广韵・候韵》："榖，取牛羊乳。"
② [illegible][illegible]，字面意思为"迅即"，与汉文本"廓然"对译。下文 1.28.5 等处用来对译"便"。

tśhju¹ nioow¹ rjur¹ sjɨ¹ śjị² tsə̣¹ bji¹ njọ¹ nejr¹

有， 及 诸 卉 木， 泽 光 滋 润，

[illegible] [illegible] [illegible] [illegible] [illegible] [illegible]， [illegible] [illegible] [illegible]

dzjọ¹ sju² thjoo¹ wją¹ rer² tśhjaa¹ zjɨɨr¹ zjịj¹ zjɨɨr²

譬 如 妙 华 鬘 上， 略 微 水

生，及诸卉木，滋润光泽，譬如妙华鬘，略微水

1.4.5

[illegible]， [illegible] [illegible] [illegible] [illegible]， [illegible] [illegible] [illegible] [illegible]。

pho¹ tsə̣¹ bji¹ swew¹ sej¹ gjịj¹ njij² buu² thjoo¹

洒， 光 色 明 净， 殊 倍 胜 妙。

[illegible] [illegible] [illegible] [illegible]， [illegible] [illegible] [illegible] [illegible]， [illegible]

thja² ŋər¹ njij² kha¹ dźiã² tśhju¹ sji¹ śjị² njọ¹

此 山 王 中， 情 有 草 木， 滋

洒，光色鲜明，倍增胜妙。此山王中，众生草木，含滋

1.4.6

[illegible] [illegible] [illegible]， [illegible] [illegible] [illegible] [illegible] [illegible]。

nejr¹ tsə̣¹ to² tsjɨ¹ zji² thja¹ wjɨ² sju²

润 晖 发， 亦 皆 彼 △ 如。

晖发，亦复如是。

汉文本

《大宝积经》卷第一

大唐三藏法师菩提流志奉诏译

《三律仪会》第一之一

如是我闻，一时佛住王舍城耆阇崛山，其山高峻，严丽可观。持诸杂种，犹如大地。众华卉木，悉皆茂盛，其中复有天龙、夜叉、毗舍阇、紧那罗等，常所游止。复有种种异类诸兽，所谓狮子、虎、狼、麒麟、象、马、熊罴之属，止住其中。复有无量百千众鸟，所谓孔雀、鹦鹉、鸲鹆罗鸟、凫雁、鸳鸯、命命等，无量百千诸众鸟，常其中住。是诸众生，以佛威力，不为贪欲瞋痴所恼，不相茹食，共相亲爱，犹如母子。

是山王中，多植杂树，丛林蓊郁，枝叶繁荣。天木香树、庵摩罗树、甄叔迦树、尼俱陀树、栴檀沈水树，如是等树，皆无不植。复水陆所生无量杂华，阿提目多华、瞻婆香华、波吒罗华、婆师迦华、苏曼那

华、由提迦华、优钵罗华、波头摩华、俱物头华、芬陀利华、迦罗娑华、摩诃迦罗娑华，如是等类诸杂名华，处处充遍，光饰山王。

是山王中，常于夜半，兴大密云。天雷声轻，细雨洒润。从头至末，渐遍其山。八功德水，流滋普洽，如毂乳顷，廓然消散。凉风微起，适悦身心。

是山王中，所住众生，及诸卉木，滋润光泽，譬如妙华鬘，略微水洒，光色鲜明，倍增胜妙。此山王中，众生草木，含滋晖发，亦复如是。

1.4.6

[illegible]	[illegible]	[illegible]	[illegible]，	[illegible]	[illegible]	[illegible]	[illegible]。	[illegible]	[illegible]
thja^{2}	ŋər^{1}	njij^{2}	kha^{1}	rjur^{1}	śjị^{2}	lhjii^{1}	to^{2}	wəə^{1}	lhjii^{1}
其	山	王	中，	诸	草	软	生。	柔	软

而此山中，生诸软草。靃靡①

1.5.1

[illegible]	[illegible]，	[illegible]	[illegible]	[illegible]	[illegible]。	[illegible]	[illegible]	[illegible]
tśier^{1}	dźiej^{2}	tsə̣^{1}	lji^{2}	ŋowr^{2}	lhə	mə^{2}	swew^{1}	sej^{1}
右	旋，	色	香	具	足。	种	色	明
[illegible]，	[illegible]	[illegible]	[illegible]	[illegible]。	[illegible]	[illegible]	[illegible]	[illegible]
thja^{2}	wor^{1}	le^{2}	ljwịj^{1}	sju^{2}	lji^{2}	pho^{1}	śiə^{1}	kja^{1}
净，	孔	雀	咽	如。	香	婆	师	迦

右旋，色香具足。青绿②晖映，如孔雀咽。其香喻若婆师迦

1.5.2

[illegible]	[illegible]，	[illegible]	[illegible]	[illegible]	[illegible]	[illegible]	[illegible]	[illegible]。
wjạ^{1}	sju^{2}	thja^{2}	kwər^{1}	tu^{1}	lo^{1}	bə^{1}	mej^{2}	sju^{2}
华	若，	其	体	兜	罗	绵	絮	类。
[illegible]	[illegible]	[illegible]	[illegible]，	[illegible]	[illegible]	[illegible]	[illegible]。	[illegible]
war^{2}	bạ^{2}	wjạ^{1}	mjaa^{2}	wejr^{1}	ljịj^{1}	phuu^{2}	njwɨ^{1}	·a
枝	叶	华	果，	繁	荣	茂	盛。	一

华，其触又类轻兜罗绵。枝叶华果，繁荣茂盛。

① 靃靡，草随风披拂貌。慧琳《一切经音义》卷八十二引《韵英》："靃靡，草弱随风偃貌也。"《楚辞·刘安〈招隐士〉》："青莎杂树兮，薠草靃靡。"王逸注："随风披敷。"西夏文以"[illegible][illegible]"（柔软）对。

② 青绿，西夏文字面意思为"种色"。

1.5.3

[illegible]

mə^{2} zjịj^{1} mji^{1} ŋowr^{2} lhə tja^{1} mjij^{1} ŋər^{1} ljɨ^{1}

种 略 不 具 足 者 无。 山 地

[illegible]

wəə^{1} lhjii^{1} dźjij^{1} mjijr^{2} ·jij^{1} khjɨ^{1} mji^{1} ɣię^{2} ŋwo^{2}

柔 软, 行 者 之 足 无 损 伤。

未尝有一不具足者。山地柔软,无伤趾步。

1.5.4

[illegible]

thja^{2} ljɨ^{1} lej^{2} zjịj^{1} na^{1} ljɨɨr^{1} dzjiw^{2} zjịj^{1} dzjɨj^{2}

其 地 踏 时, 深 四 指 略 陷。

[illegible]

khjɨ^{1} ·a tśhjij^{1} zjịj^{1} ·jị^{2} śji^{1} sju^{2} we^{2} thja^{2}

足 △ 举 时, 复 前 如 成。 其

下足之时,陷深四指。举足之时,还复如故。其

1.5.5

[illegible]

kha^{1} rewr^{1} rar^{2} mə^{2} dźiəj^{2} rejr^{2} gjii^{1} dạ^{2} zjɨɨr^{2}

中 陂 泉 源 池 沼, 清 冷 水

[illegible]

dźjij^{1} sə^{1} ŋwər^{1} nər^{2} njij^{1} phiow^{1} dzjɨ^{2} tshjɨj^{2} pho^{1}

盈 满, 青 黄 赤 白 红 紫, 颇

中多有陂泉池沼,清冷盈满,生杂莲华,青黄赤白红紫,颇

1.5.6

[illegible]

lji^{2} kię^{1} məə^{1} njɨ^{2} mə^{2} tsə̣^{1} wjạ^{1} sej^{1} dźjij^{1}

梨 金 火 等 种 色, 华 莲 杂

[illegible]， [illegible] [illegible] [illegible] [illegible]。 [illegible] [illegible] [illegible] [illegible]，

to^2 ljịj^2 ko^1 dźiej^2 sju^2 śja^1 lji^2 njɨ^2 mee^1

生， 大 车 轮 如。 香 气 普 熏，

梨金火等色，大如车轮。香气普熏，

1.6.1

[illegible] [illegible] [illegible] [illegible] [illegible] [illegible]。 [illegible] [illegible] [illegible]

lew^1 ·juu^1 śja^2 no^1 rjar^1 dwewr^2 thja^2 ŋər^1 njij^2

一 逾 缮 那 △ 知。 是 山 王

[illegible] [illegible]， [illegible] [illegible] [illegible] [illegible] [illegible] [illegible] [illegible]

tśjiw^2 tśhjaa^1 ljịj^2 thjoo^1 ljɨ̣^{1} wjạ^1 sej^1 lu^2 gjɨ^2

顶 上， 大 妙 宝 华 莲 座 △

一逾缮那①。是山王顶，生于大妙宝莲华座，

1.6.2

[illegible]， [illegible] [illegible] [illegible] [illegible] [illegible] [illegible] [illegible] [illegible]，

to^2 bu^1 wəə^1 mjij^1 ljɨ̣^{1} dzjwɨ^1 ŋwər^1 kiẹ^1 dźja^2

生， 降 伏 无 宝 帝 青 金 刚，

[illegible] [illegible] [illegible]。 [illegible] [illegible] [illegible] [illegible]， [illegible] [illegible]

ŋwu^2 kạ^2 we^2 ljịj^2 niaa^2 ɣjɨ̣^{1} ŋwu^2 rjur^1 ljɨ̣^{1}

以 茎 为。 大 琉 璃 以， 诸 宝

无降伏宝帝青金刚，以为其茎。大吠琉璃②，为诸宝

1.6.3

[illegible] [illegible]。 [illegible] [illegible] [illegible] [illegible] [illegible]， [illegible] [illegible]

dźja^2 we^2 śja^2 phu^2 tśja^1 kiẹ^1 ŋwu^2 wạ^2 sej^1

锋 为。 瞻 部 檀 金 以， 广 净

[illegible] [illegible]。 [illegible] [illegible] [illegible] [illegible]， [illegible] [illegible] [illegible]

① 逾缮那，音译梵文 Yojana，又作"由旬"。古印度计程单位，一般指"套一次牛所行的路程"，大概四十里。西夏文"[illegible][illegible][illegible]"为其音译。

② 吠琉璃，音译梵文 Vaiḍūrya，玄应《一切经音义》卷二十三曰："琉璃，吠琉璃也，亦云毗琉璃，又言鞞头梨。从山为名，谓远山宝也，远山即须弥山也。此宝青色，一切宝皆不可坏。"藏文音译作 vaiḍūrya。西夏时期把"琉璃"统一译作"[illegible][illegible]"，义为"明石"。

bạ^{2} we^{2} dzjɨj^{1} bju^{1} gji^{1} sej^{1} tśja^{1} thã^{1} ŋwu^{2}

叶 为。 时 顺 清 净, 栴 檀 以

铎。瞻部檀金,为广净叶。顺时清净,栴檀①为

1.6.4

[illegible]

njir^{2} we^{2} nji kjɨɨ^{1} ljị^{1} njij^{2} ŋwu^{2} mjar^{1} we^{2}

台 为。 玛 瑙 宝 王 以 须 为。

[illegible]

thja^{2} wjạ^{1} wạ^{2} ljịj^{2} zjir^{2} low^{2} thja^{2} wjạ^{1} iọ^{1}

其 华 广 大 纵 宽, 其 华 总

台。玛瑙②宝王,以为其须。其华纵广,

1.6.5

[illegible]

zjịj^{1} ljịj^{2} ŋjow^{2} wjɨ^{2} sju^{2} ɣạ^{2} rjir^{2} ·a sew^{2}

略 大 海 犹 如。 十 亿 阿 修

[illegible]

lo^{1} njij^{2} zji^{2} ·ju^{2} zow^{2} ·jiij^{1} ɣạ^{2} rjir^{2} mə^{2}

罗 王, 皆 常 执 持。 十 亿 杂

犹如大海③。十亿阿修罗王④,常所执持。十亿杂

1.6.6

[illegible]

tsə̣^{1} mo^{2} dźji^{1} ljị^{1} rer^{2} ŋwu^{2} thja^{2} tśhjaa^{1} nja^{1}

色 摩 尼 宝 网 以, 其 上 △

① 栴檀,梵文 Candana,檀香科常绿乔木,产于印度、中国、泰国。常为庙宇焚香之用,火葬时的高级燃材。西夏文"[illegible]"为"栴檀"之音译。乾祐二十年(1189 年)仁宗校译本《观弥勒菩萨上生兜率天经》(инв. № 941)汉文"栴檀摩尼珠",音译作"[illegible]",同此。

② 玛瑙,译自梵文 Aśma garbham,西夏文译作"[illegible]",字面意思为"斑珠"。《番汉合时掌中珠》有另外一种译法——"[illegible]"(马脑)。在西夏文《佛说阿弥陀经》(仁宗校译本,инв.№ 803)中也有"金银、琉璃、颇梨、车磲、赤珠、马瑙",译作"[illegible]",其中"[illegible]"对"琉璃"、"[illegible]"对"马瑙",与《大宝积经》同。

③ 该句西夏文的字面意思中重复"其华"。"[illegible]",义为"大概"。

④ 阿修罗,梵文 Asura,又作"阿须罗"。译曰"无端",容貌丑陋之义。又曰"无酒",其果报无酒之义。新称"阿素洛",译曰"非天",其果报胜似天而非天之义。为常与帝释战斗之神。六道之一。八部众之一。西夏文为音译。

[illegible]。 [illegible] [illegible] [illegible] [illegible]， [illegible] [illegible] [illegible] [illegible]。

lə^{1} ɣạ^{2} rjir^{2} we^{1} njij^{2} thjoo^{1} śja^{1} dzjụ^{2} dzjụ^{2}

覆。 十 亿 龙 王， 妙 香 雨 雨。

色摩尼宝网，弥覆其上。十亿龙王，雨妙香雨①。

1.7.1

[illegible] [illegible] [illegible] [illegible] [illegible] [illegible]， [illegible] [illegible] [illegible]

ɣạ^{2} rjir^{2} kiẹ^{1} dzjwɨ^{1} we^{1} njij^{2} ljaa^{2} ŋwu^{2} mə^{2}

十 亿 金 翅 龙 王， 口 以 种

[illegible] [illegible]。 [illegible] [illegible] [illegible] [illegible] [illegible] [illegible]，

·jɨr^{2} gjii^{1} ɣạ^{2} rjir^{2} kjĩ^{1} no^{1} lo^{1} njij^{2}

彩 衔。 十 亿 紧 那 罗 王，

十亿金翅鸟王②，口衔缯彩。十亿紧那罗王，

1.7.2

[illegible] [illegible] [illegible] [illegible]。 [illegible] [illegible] [illegible] [illegible] [illegible]

njiij^{1} tjị^{1} dźji ·juu^{1} ɣạ^{2} rjir^{2} lo^{1} xew^{1} lo^{1}

心 诚 仰 瞻。 十 亿 罗 睺 罗

[illegible] [illegible]， [illegible] [illegible] [illegible] [illegible]。 [illegible] [illegible] [illegible]

khja^{2} njij^{2} dzjwị^{1} rejr^{2} kwow^{1} ljij^{2} ɣạ^{2} rjir^{2} khjã^{2}

伽 王， 恭 虔 俯 视。 十 亿 乾

至诚瞻仰。十亿摩睺罗伽③王，虔恭俯视。十亿乾

1.7.3

[illegible] [illegible] [illegible]， [illegible] [illegible] [illegible] [illegible]。 [illegible] [illegible]

tha^{2} pho^{1} njij^{2} ŋwej^{2} ljaa^{1} ·jow^{2} śja^{2} ɣạ^{2} rjir^{2}

闼 婆 王， 歌 咏 赞 叹。 十 亿

[illegible] [illegible] [illegible] [illegible] [illegible] [illegible]， [illegible] [illegible] [illegible]

① 雨妙香雨，两个"雨"字均用西夏文"[illegible]"（雨）对译，可知该字与汉语的"雨"一样，既可用作名词，又可用作动词。1.7.4，"[illegible]"（雨）字也作动词。作为名词的"雨"，西夏文当作"[illegible]"（dew^{2}）。

② 金翅鸟王，梵文 Garuḍa，音译作"迦楼罗"。西夏文字面意思是"金翅龙王"。

③ 摩睺罗伽，梵文 Mahoraga，此处西夏文音译作"[illegible][illegible][illegible][illegible]"，词首"[illegible]"字疑误，参考《佛说大乘三归依经》，应作"[illegible][illegible][illegible][illegible]"。

·jir^{2} tụ^{1} rjur^{1} ljịj^{2} ŋwər^{1} dzjwɨ^{1} gjuu^{2} rjur^{1} djɨj^{2}

百 千 诸 大 天 帝， 吉 祥 云

闼婆①王，歌咏赞叹。十亿百千诸大天帝，兴布瑞云。

1.7.4

[illegible]。 [illegible] [illegible]、 [illegible] [illegible]、 [illegible] [illegible] [illegible] [illegible]、

śjwo^{1} mẹ^{2} śja^{1} njwɨ^{1} śja^{1} lhwu^{1} gjwi^{2} wjạ^{1} rer^{2}

兴。 末 香、 烧 香、 衣 服 华 鬘、

[illegible] [illegible] [illegible] [illegible] [illegible]。 [illegible] [illegible] [illegible] [illegible]，

dźjow^{1} ljɨɨ^{1} ljɨ^{1} ɣja^{2} dzjụ^{2} ɣạ^{2} rjir^{2} xiwã^{1} njij^{2}

幢 幡 宝 盖 雨。 十 亿 梵 王，

而雨末香、烧香、衣服华鬘、幢幡宝盖。十亿梵王，

1.7.5

[illegible] [illegible] [illegible] [illegible]。 [illegible] [illegible] [illegible] [illegible] [illegible]

nja^{1} gjiw^{1} dzjwɨ^{1} rejr^{2} ɣạ^{2} rjir^{2} sej^{1} mjii^{1} mə^{1}

△ 躬 恭 敬。 十 亿 净 居 天

[illegible]， [illegible] [illegible] [illegible] [illegible]。 [illegible] [illegible] [illegible] [illegible]

·ji^{1} pjạ^{1} phjoo^{2} tśjiw^{2} tshwew^{1} ɣạ^{2} rjir^{2} dźiej^{2} deej^{1}

众， 掌 合 顶 礼。 十 亿 转 轮

曲躬恭敬。十亿净居天众，合掌顶礼。十亿转轮

1.7.6

[illegible] [illegible]， [illegible] [illegible] [illegible] [illegible]， [illegible] [illegible] [illegible]

dźjwu^{1} njij^{2} śjạ^{1} ljɨ^{1} tshji^{2} śio^{1} thja^{2} do^{2} njɨ^{2}

人 王， 七 宝 侍 从， 其 所 至

[illegible]。 [illegible] [illegible] [illegible] [illegible]， [illegible] [illegible] [illegible] [illegible]，

ljịj^{2} ɣạ^{2} rjir^{2} ŋjow^{2} njij^{2} ljịj^{2} ŋjow^{2} kha^{1} lho

来。 十 亿 海 王， 大 海 中 出，

---

① 乾闼婆，音译梵文 Gandharva，意译作“食香”。玄应《一切经音义》云：“乾闼婆……此云嗅香，亦云乐神，一云食香，旧云香神，亦近也。经中亦作香音神也。”藏文 Dri za（香食）为意译。西夏文献中既有音译，又有意译。此处音译作“[illegible][illegible][illegible]”，《佛说大乘三归依经》又音译作“[illegible][illegible][illegible]”，西夏天庆七年（1200 年）《圣六字增寿大明陀罗尼经》意译作“[illegible][illegible]”（食香）。

人王，七宝侍从，来至其所。十亿海王，从大海出，

1.8.1

[illegible]	[illegible]	[illegible]	[illegible]。	[illegible]	[illegible]	[illegible]	[illegible]	[illegible]
thja^2	do^2	dzjwɨ^1	tshwew^1	ɣạ^2	rjir^2	sej^1	bji^1	mo^2
彼	于	敬	礼。	十	亿	光	明	摩
[illegible]	[illegible]	[illegible]，	[illegible]	[illegible]	[illegible]。	[illegible]	[illegible]	[illegible]
dźji^1	ljɨ^1	ŋwu^2	sej^1	swew^1	we^2	ɣạ^2	rjir^2	lĭou^1
尼	宝	以，	照	耀	成。	十	亿	福

而敬礼之。十亿光明摩尼宝，以为照耀。十亿净福

1.8.2

[illegible]	[illegible]	[illegible]	[illegible]	[illegible]	[illegible]，	[illegible]	[illegible]	[illegible]
sej^1	mo^2	dźji^1	ljɨ^1	nji	ŋwu^2	buu^2	śjwo^2	tshjịj^2
净	摩	尼	宝	珠	以，	胜	庄	严
[illegible]。	[illegible]	[illegible]	[illegible]	[illegible]	[illegible]	[illegible]	[illegible]	[illegible]，
we^2	ɣạ^2	rjir^2	njɨ^2	sej^1	mo^2	dźji^1	ljɨ^1	ŋwu^2
为。	十	亿	遍	照	摩	尼	宝	以，

摩尼宝珠，为胜庄严。十亿遍照摩尼宝，

1.8.3

[illegible]	[illegible]	[illegible]	[illegible]。	[illegible]	[illegible]	[illegible]	[illegible]	[illegible]
ror^2	mjij^1	·ụ^2	we^2	ɣạ^2	rjir^2	thjoo^1	bji^1	mo^2
垢	无	藏	为。	十	亿	妙	光	摩
[illegible]	[illegible]	[illegible]，	[illegible]	[illegible]	[illegible]	[illegible]。	[illegible]	[illegible]
dźji^1	ljɨ^1	ŋwu^2	ljịj^2	sej^1	swew^1	we^2	ɣạ^2	rjir^2
尼	宝	以，	大	照	明	为。	十	亿

为无垢藏。十亿妙光摩尼宝，为大照明。十亿

1.8.4

[illegible]	[illegible]	[illegible]	[illegible]	[illegible]	[illegible]	[illegible]，	[illegible]	[illegible]
dza^1	tsə̣^{1}	mo^2	dźji^1	·ụ^2	ljɨ^1	ŋwu^2	njɨ^2	swew^1

杂 色 摩 尼 藏 宝 以， 遍 照

[illegible]。 [illegible] [illegible] [illegible] [illegible] [illegible]， [illegible] [illegible] [illegible]

we^2 śja^2 phu^2 ljɨ̣^{1} dźjow^1 ljɨ̣^{1} no^2 nej^2 dźjwi^2

为。 赡 部 宝 幢 以， 善 安 持

杂色摩尼藏宝，而为遍照。赡部幢宝，为善安持。

1.8.5

[illegible]。 [illegible] [illegible] [illegible] [illegible] [illegible] [illegible] [illegible] [illegible]

we^2 ɣạ^2 rjir^2 kię^1 dźja^2 ka^2 tśjij^2 mo^2 dźji^1

为。 十 亿 金 刚 狮 子 摩 尼

[illegible] [illegible]， [illegible] [illegible] [illegible] [illegible] [illegible]。 [illegible] [illegible]

ljɨ̣^{1} ljɨ̣^{1} buu^2 gie^1 śjwo^2 tshjịj^2 we^2 ɣạ^2 rjir^2

宝 以， 胜 难 庄 严 为。 十 亿

十亿金刚狮子摩尼宝，难胜庄严。十亿

1.8.6

[illegible] [illegible] [illegible] [illegible] [illegible] [illegible]， [illegible] [illegible] [illegible]

be^2 ·ụ^2 mo^2 dźji^1 ljɨ̣^{1} ljɨ̣^{1} tshjɨɨ^1 tshjɨɨ^1 tjạ^1

日 藏 摩 尼 宝 以， 列 列 饰

[illegible]， [illegible] [illegible] [illegible] [illegible]。 [illegible] [illegible] [illegible] [illegible]

wer^1 wạ^2 ljij^2 śjwo^2 tshjịj^2 ɣạ^2 rjir^2 seew^2 tshjiij^1

装， 广 大 饰 严。 十 亿 思 议

日藏摩尼宝，间错厕填①，广大严饰。十亿不思议

1.9.1

[illegible] [illegible] [illegible] [illegible]， [illegible] [illegible] [illegible] [illegible]， [illegible]

mjij^1 mo^2 dźji^1 ljɨ̣^{1} mə^2 mə^2 tsə̣^{1} to^2 thja^2

不 摩 尼 宝， 种 种 色 出， 其

[illegible] [illegible] [illegible] [illegible] [illegible]。 [illegible] [illegible] [illegible] [illegible]

ljɨ̣^{1} thjoo^1 śjwo^2 tshjịj^2 we^2 ɣạ^2 rjir^2 phji^1 bju^1

① 间错厕填，西夏文译作“[illegible][illegible][illegible][illegible]”，字面意思为“列列装饰”，其中“[illegible][illegible]”二字，1.3.6 与“光饰”对译。

以 妙 庄 严 为。 十 亿 意 如

摩尼宝,出种种色,为妙庄严。十亿如意

1.9.2

[illegible], [illegible] [illegible] [illegible] [illegible] [illegible]。

ljɨ̣[1] mji[1] sji[1] śjwo[2] tshjịj[2] to[2]

宝, 无 尽 庄 严 出。

宝,出无尽庄严。

汉文本

而此山中,生诸软草。霍靡右旋,色香具足。青绿晖映,如孔雀咽。其香喻若婆师迦华,其触又类轻兜罗绵。枝叶华果,繁荣茂盛。未尝有一不具足者。山地柔软,无伤趾步。下足之时,陷深四指。举足之时,还复如故。其中多有陂泉池沼,清冷盈满,生杂莲华,青黄赤白红紫,颇梨金火等色,大如车轮。香气普熏,一逾缮那。是山王顶,生于大妙宝莲华座,无降伏宝帝青金刚,以为其茎。大吠琉璃,为诸宝铎。瞻部檀金,为广净叶。顺时清净,栴檀为台。玛瑙宝王,以为其须。其华纵广,犹如大海。

十亿阿修罗王,常所执持。十亿杂色摩尼宝网,弥覆其上。十亿龙王,雨妙香雨。十亿金翅鸟王,口衔缯彩。十亿紧那罗王,至诚瞻仰。十亿摩睺罗伽王,虔恭俯视。十亿乾闼婆王,歌咏赞叹。十亿百千诸大天帝,兴布瑞云。而雨末香、烧香、衣服华鬘、幢幡宝盖。十亿梵王,曲躬恭敬。十亿净居天众,合掌顶礼。十亿转轮人王,七宝侍从,来至其所。十亿海王,从大海出,而敬礼之。十亿光明摩尼宝,以为照耀。十亿净福摩尼宝珠,为胜庄严。十亿遍照摩尼宝,为无垢藏。十亿妙光摩尼宝,为大照明。十亿杂色摩尼藏宝,而为遍照。赡部幢宝,为善安持。十亿金刚狮子摩尼宝,难胜庄严。十亿日藏摩尼宝,间错厕填,广大严饰。十亿不思议摩尼宝,出种种色,为妙庄严。十亿如意宝,出无尽庄严。

1.9.2

[illegible] [illegible] [illegible] [illegible] [illegible], [illegible] [illegible] [illegible] [illegible] [illegible] [illegible] [illegible]

thja[2] kię[1] wją[1] sej[1] tja[1] mjor[1] ljịj[2] rjur[1] rjur[1] kha[1] gjiij[1] dzjịj[1]

是 金 华 莲 者, 如 来 于 世 间 超 过

是大莲华①,从于如来超过世间

1.9.3

[illegible] [illegible] [illegible] [illegible] [illegible], [illegible] [illegible] [illegible] [illegible]

① 大莲华,西夏文字面意思为"金莲华"。

neew^{2} tśhji^{2} bju^{1} wjɨ^{2} to^{2} tshjɨ^{1} tsjij^{2} rjur^{1} kjur^{2}

善 根 从 所 生, 菩 萨 之 志

[illegible] [illegible] [illegible] [illegible], [illegible] [illegible] [illegible] [illegible]。 [illegible]

njiij^{1} dzu^{1} lew^{2} we^{2} rjur^{1} ljijr^{2} zji^{2} śja^{2} ·wjɨ^{1}

意 爱 所 为, 诸 方 遍 现。 幻

善根所生,菩萨志意之所爱慕,遍现诸方。

1.9.4

[illegible] [illegible] [illegible] [illegible] [illegible], [illegible] [illegible] [illegible] [illegible]

sju^{2} tsjiir^{1} bju^{1} wjɨ^{2} to^{2} neew^{2} tsjiir^{1} sjwɨj^{1} bju^{1}

如 法 从 △ 出, 善 法 业 从

[illegible], [illegible] [illegible] [illegible] [illegible] [illegible] [illegible] [illegible], [illegible]

śjwo^{1} dzeej^{1} mjij^{1} tsjiir^{1} tsjiir^{2} wo^{2} tshwew^{1} ljɨ^{1} śjwo^{2}

生, 净 无 法 性 理 趣 以, 庄

从如幻法出,善法业生,以无净法性理趣,庄

1.9.5

[illegible] [illegible] [illegible] [illegible] [illegible], [illegible] [illegible] [illegible] [illegible]

tshjij^{2} mjiij^{1} sju^{2} tsjiir^{1} tsjiir^{2} dźjɨ mjij^{1} tsjiir^{1} tjɨj^{2}

严 梦 如 法 性, 行 无 法 印

[illegible] [illegible] [illegible] [illegible] [illegible]。 [illegible] [illegible] [illegible] [illegible]

zjij^{1} mjij^{1} ·wo^{2} rjir^{2} śjwii^{2} śja^{1} ljijr^{2} tsjiir^{1} rjur^{1}

着 无 理 与 合。 十 方 法 界

严如梦法性,无行法印顺无着理。遍满十方

1.9.6

[illegible] [illegible] [illegible] [illegible] [illegible], [illegible] [illegible] [illegible] [illegible]

ŋowr^{2} ŋowr^{2} ·u^{2} zji^{2} njɨ^{2} tha^{1} rjur^{1} mjɨɨ^{2} rjur^{1}

一 切 内 满 遍, 佛 之 境 界

[illegible] [illegible] [illegible] [illegible]① [illegible]。 [illegible] [illegible] [illegible] [illegible]

① [illegible](tśjɨɨr^{2}),本义为"技",这里与"致"对译,被借作"致"。

tśhja^{2} ·ioow^{1} dźjɨ tśjɨɨr^{2} ŋwu^{2} tjij^{1} mjɨ^{1} pjụ^{1} ·a

功 德 行 致 是。 若 无 量 阿

一切法界,是顺佛境功德所致。若于无量阿

1.10.1

[illegible]

sẽ^{1} khji^{1} kja^{2} kha^{1} thja^{2} tsə̣^{1} ·jij^{1} tśhja^{2} ·ioow^{1}

僧 祇 劫, 中 其 色 相 功 德

[illegible]

śjwo^{2} tshjịj^{2} tshjiij^{1} kjɨ^{1} djij^{2} ŋwu^{2} tsjɨ^{1} dja^{2} sji^{1}

庄 严 叹 △ 当 是, 亦 穷 尽

僧祇劫①,叹其色相功德庄严,不可穷尽。

1.10.2

[illegible]

tjị^{2} mjij^{1} zjọ^{2} tśhjɨ^{1} rjur^{1} pjụ^{1} thja^{2} wją^{1} sej^{1}

可 不。 尔 时 世 尊, 其 华 莲

[illegible]

tśhjaa^{1} khjɨ^{1} ljɨɨ^{1} tśja^{1} dzuu^{2} ljịj^{2} phji^{2} khjiw^{2} ·ji^{1}

上 足 结 趺 坐, 大 比 丘 众

尔时世尊,于其华上,结跏趺坐②,与大比丘众

1.10.3

[illegible]

·jar^{1} tụ^{1} dzjwo^{2} rjir^{2} gu^{2} dźjiij^{1} thja^{2} mjiij^{2} tja^{1}

八 千 人 与 俱 住, 其 名 者

① 阿僧祇劫,无数劫也。亦指无数极长之时节。西夏文《佛说阿弥陀经》(仁宗校译本,инв.№ 803)也译作"[illegible]"。

② 结跏趺坐,佛陀之坐法也。慧琳《一切经音义》卷八曰:"结跏趺坐,略有二种:一曰吉祥,二曰降魔。凡坐皆先以右趾押左股,后以左趾押右股,此即左押右,手亦左在上,名曰降魔坐,诸禅宗多传此坐。依持明藏教瑜伽法门即传吉祥为上。降魔坐有时而用。其吉祥坐,先以左趾押右股,后以右趾押左股,令二足掌仰于二股之上,手亦右押左,安仰跏趺之上,名为吉祥坐。如来昔在菩提树下,成正觉时,身安吉祥之坐,手作降魔之印。故如来常安此坐,转妙法轮。"密教以"吉祥坐"名"莲华坐",以"半跏坐"名吉祥坐。《大日经不思议疏》卷下曰:"住莲华坐者结跏坐,是所谓先左脚著右髀上也,后右脚著左髀上也。吉祥坐者,右脚著左髀上也,亦言半跏坐也。"半跏坐,藏文作 skyil krung phyed pa,西夏文对译作"[illegible]",义为"半坐"。

[illegible]	[illegible]	[illegible]	[illegible]	[illegible]	[illegible]	[illegible]、	[illegible]	[illegible]
pjụ^{1}	tja^{1}	·a	zja^{2}	kjiw^{1}	tśhjĩ^{1}	źjwu^{2}	pjụ^{1}	tja^{1}
尊	者	阿	若	憍	陈	如、	尊	者

八千人俱,其名曰尊者阿若憍陈如①、尊者

1.10.4

[illegible]	[illegible]	[illegible]	[illegible]	[illegible]、	[illegible]	[illegible]	[illegible]	[illegible]
·a	dzoo^{2}	pho^{1}	śiə^{1}	tow^{1}	pjụ^{1}	tja^{1}	mo^{2}	śiə^{1}
阿	湿	婆	氏	多、	尊	者	摩	史
[illegible]、	[illegible]	[illegible]	[illegible]	[illegible]	[illegible]、	[illegible]	[illegible]、	[illegible]
po^{1}	mo^{2}	na^{1}	·jiw^{2}	thow^{1}	·ji^{1}	·ja^{2}	śja^{1}	xu^{1}
波、	摩	男	优	陀	夷、	耶	舍、	富

阿湿婆氏多②、尊者摩史波、摩诃男③优陀夷、耶舍、富

1.10.5

[illegible]、	[illegible]	[illegible]、	[illegible]	[illegible]、	[illegible]	[illegible]	[illegible]	[illegible]、
no^{1}	ror^{2}	mjij^{1}	neew^{2}	lạ^{1}	kja^{1}	xiwã^{1}	pa^{2}	thji^{1}
那、	无	垢、	善	臂、	憍	梵	钵	提、
[illegible]	[illegible]	[illegible]	[illegible]	[illegible]	[illegible]、	[illegible]	[illegible]	[illegible]
·jiw^{1}	lew^{1}	pjĩ^{1}	lo^{1}	kja^{1}	śja^{1}	no^{1}	thji^{1}	kja^{1}
优	楼	频	螺	迦	叶、	那	提	迦

那、无垢、善臂、憍梵钵提、优楼频螺迦叶、那提迦

1.10.6

[illegible]、	[illegible]	[illegible]	[illegible]	[illegible]、	[illegible]	[illegible]	[illegible]、	[illegible]
śja^{1}	mo^{2}	xa^{1}	kja^{1}	śja^{1}	śja^{1}	lji^{2}	xjɨ^{1}	ljịj^{2}
叶、	摩	诃	迦	叶、	舍	利	弗、	大
[illegible]	[illegible]	[illegible]、	[illegible]	[illegible]	[illegible]、	[illegible]	[illegible]	[illegible]、

① 阿若憍陈如,梵文 Ājñāta kauṇḍimya。阿若,名,译作"已知""无知""了无际";"憍陈如",姓,译作"火器"。为最初受济度之五比丘上首。这里音译作"[illegible]",乾祐二十年(1189 年)仁宗校译本《观弥勒菩萨上生兜率天经》(инв. № 941),同此。

② 阿湿婆氏多,又作"阿湿缚伐多",梵文 Aśvajit,马胜比丘之梵名,舍利弗之师。

③ 摩诃男,西夏文译作"[illegible]",中间阙"[illegible]"字;"[illegible]"(na^{1}),本为汉语借词"南",这里用来音译"男",较为少见。

boo^{2}	khja^{2}	ljɨj^{1}	·a	no^{1}	ljɨ^{2}	sju^{2}	po^{1}	tjɨj^{1}
目	乾	连、	阿	那	律、	须	菩	提、

叶、摩诃迦叶、舍利弗①、大目乾连②、阿那律③、须菩提④、

1.11.1

[illegible]	[illegible]	[illegible]、	[illegible]	[illegible]	[illegible]	[illegible]	[illegible]	[illegible]
lji^{2}	pho^{1}	tow^{1}	xu^{1}	lew^{1}	no^{1}	mji^{1}	tow^{1}	lo^{1}
离	波	多、	富	楼	那	弥	多	罗
[illegible]	[illegible]、	[illegible]	[illegible]	[illegible]、	[illegible]	[illegible]	[illegible]、	[illegible]
dźji^{1}	gji^{2}	·jiw^{2}	pa^{2}	lji^{2}	lo^{1}	xew^{1}	lo^{1}	na^{1}
尼	子、	优	波	离、	罗	睺	罗、	难

离波多⑤、富楼那弥多罗尼子⑥、优波离⑦、罗睺罗⑧、难

1.11.2

[illegible]	[illegible]，	[illegible]	[illegible]	[illegible]。	[illegible]	[illegible]	[illegible]	[illegible]
thow^{1}	njɨ^{2}	phju^{2}	ɣu^{1}	we^{2}	to^{2}	zji^{2}	·jij^{1}	tsjiir^{2}
陀	等，	上	首	为。	悉	皆	自	性
[illegible]	[illegible]	[illegible]	[illegible]，	[illegible]	[illegible]	[illegible]	[illegible]，	[illegible]
dźjị^{2}	wo^{2}	dwewr^{2}	tsjij^{2}	mjor^{1}	zjɨr^{1}	bju^{2}	ljạ^{1}	tsjiir^{1}
谛	理	觉	悟，	现	实	际	证，	法

陀⑨等，而为上首。悉皆觉悟，自性谛理，现证实际，入法

① 舍利弗，梵文Śāri putra，汉译佛经又译作“舍利子”，藏文音译作 shā ri'i bu。此处音译作“[illegible]”。乾祐十五年（1184年）《佛说圣大乘三归依经》音译作“[illegible]”，对应汉文本“舍利子”。《大宝积经》各卷多作“[illegible]”。

② 大目乾连，又作“大目犍连”“目连”等，梵名Mahā maudgalyāyana。佛陀十大弟子之一。别名拘律陀、俱离多（梵名Kolita）等。意译作“天抱”。被誉为神通第一。此处音译作“[illegible]”，乾祐二十年（1189年）仁宗校译本《观弥勒菩萨上生兜率天经》（инв. № 941）又译作“[illegible]”。

③ 阿那律，梵文Aniruddha，巴利文Anuruddha，又译作“阿尼律陀”“阿楼驮”“阿难律”等，意译“无灭”“无障”“无贪”等。佛陀十大弟子之一。西夏文音译作“[illegible]”。

④ 须菩提，梵文Subhūti，佛陀十大弟子之一，号称“解空第一”。西夏文献一般音译作“[illegible]”。

⑤ 离波多，梵文Revata，又译“离婆多”“梨婆多”，罗汉名。《首楞严经》称“坐禅第一如离婆多”。西夏文“[illegible]”，为“离婆多”的音译，可见其所据汉文底本作“离婆多”。

⑥ 富楼那弥多罗尼子，梵文Pūrṇa maitrāyaṇī putra，简称“富楼那”。意译为“满慈子”“满愿子”等，是佛陀十大弟子中说法第一之阿罗汉。

⑦ 优波离，梵文Upāli，又作“优婆离”“邬波离”等，译曰“近取”“近执”，罗汉名。佛的著名弟子，持律第一。此处音译作“[illegible]”，乾祐二十年（1189年）仁宗校译本《观弥勒菩萨上生兜率天经》（инв. № 941）又译作“[illegible]”（·jiw^{2} po^{1} lji^{1}）。

⑧ 罗睺罗，梵文Rāhula，又作“罗云”“罗吼罗”，新作“曷罗怙罗”“罗怙罗”等。在佛陀十大弟子中为密行第一。西夏文一般音译作“[illegible]”，如西夏天庆七年（1200年）《圣六字增寿大明陀罗尼经》译法同。

⑨ 难陀，梵文Nanda，比丘名。译曰“善欢喜”，亦名“牧牛”。西夏文“[illegible]”，为“难陀”之音译。

1.11.3

		，				，		
mər^{2}	tsjiir^{2}	·o^{2}	rjur^{1}	ŋjow^{2}	dju^{1}	dzjịj^{1}	mjor^{1}	ljịj^{2}
本	性	入，	诸	海	有	度，	如	来
				。				
rjur^{1}	tshọ^{2}	ŋa^{1}	dźjɨ	dźjịj^{1}	zji^{2}	śjwɨ̣^{2}	lwu^{2}	tśhiow^{1}
于	虚	空	行	行。	悉	随	眠	结

本性，度诸有海，行于如来，虚空之行。悉能永断，随眠结

1.11.4

			，			，		
tśjɨɨr^{2}	tsiow	phja^{1}	njwi^{2}	ɣjiw^{1}	·ụ^{2}	ɣa^{2}	dźjiij^{1}	dźjiij^{1}
缚	永	断	能，	摄	藏	于，	住	住
			，				，	
lew^{2}	mjij^{1}	ɣa^{2}	dźjiij^{1}	ŋa^{1}	mjij^{1}	sej^{1}	dźjịj^{1}	rjur^{1}
所	无	于	住，	空	寂	静	行，	诸

缚，而于摄藏，住无所住，行空寂静。

1.11.5

						，			
mjor^{1}	ljịj^{2}	do^{2}	·jiw^{2}	ljɨ̣j^{1}	tśjo	phja^{1}	tha^{1}	rjur^{1}	sjịj^{2}
如	来	于	疑	惑	永	断，	佛	之	智
				。					
ŋjow^{2}	buu^{2}	dźiej^{2}	tśja^{1}	·o^{2}	rjur^{1}	kha^{1}	rjur^{1}	gjịj^{1}	
海	胜	信	道	入。	世	间	于	利	

于如来所，永断疑惑，入佛智海，胜信道中。利益世间

1.11.6

，				，					
ɣie^{2}	mji^{1}	ɣju^{1}	·wjị^{1}	we^{2}	·ju^{2}	dźiã^{2}	tśhju^{1}	ŋowr^{2}	ŋowr^{2}
益，	不	请	友	为，	常	情	有	一	切

[illegible]	[illegible]	[illegible]	[illegible]。	[illegible]	[illegible]	[illegible]	[illegible]	[illegible]
rjur^{1}	tśjụ^{1}	·wejr^{2}	njwi^{2}	rjur^{1}	dźiã^{2}	tśhju^{1}	rjir^{2}	mji^{1}
于	卫	护	能。	诸	情	有	与	不

为不请友，常能卫护一切众生。与诸有情，为不

1.12.1

[illegible]	[illegible]	[illegible]。	[illegible]	[illegible]	[illegible]	[illegible]，	[illegible]	[illegible]	[illegible]
dźjɨɨr^{1}	·wjị^{1}	we^{2}	tha^{1}	tsjiir^{1}	thjuu^{1}	lew^{2}	mjɨɨ^{2}	rjur^{1}	tsjij^{2}
舍	友	为。	佛	法	窥	所，	境	界	通
[illegible]，	[illegible]	[illegible]	[illegible]	[illegible]，	[illegible]	[illegible]	[illegible]	[illegible]	
dar^{1}	śjɨj^{2}	tsjiir^{1}	khjuu^{2}	·wejr^{2}	tjị^{1}	bju^{1}	rjur^{1}	tha^{1}	
达，	圣	法	守	护，	誓	依	诸	佛	

舍友。通达佛法，所行境界，守护圣法，誓愿受持诸佛

1.12.2

[illegible]	[illegible]	[illegible]	[illegible]，	[illegible]	[illegible]	[illegible]	[illegible]	[illegible]	[illegible]
tśhja^{2}	tsjiir^{1}	ɣiwej^{1}	·jiij^{1}	mjor^{1}	ljịj^{2}	sjwɨ^{1}	tsjiir^{2}	mjor^{1}	·ju^{2}
正	教	持	受，	如	来	种	性	则	前
[illegible]	[illegible]，	[illegible]	[illegible]	[illegible]	[illegible]	[illegible]	[illegible]	[illegible]。	
gu^{1}	śjwo^{1}	ŋowr^{2}	ŋowr^{2}	sjịj^{2}	sjịj^{2}	ljijr^{2}	tshwew^{1}	kjụ^{1}	
发	生，	一	切	智	智	向	趣	求。	

正教。现前得生，如来种性，善能趣向，一切智智。

汉文本

是大莲华，从于如来超过世间善根所生，菩萨志意之所爱慕，遍现诸方。从如幻法出，善法业生，以无诤法性理趣，庄严如梦法性，无行法印顺无着理。遍满十方一切法界，是顺佛境功德所致。若于无量阿僧祇劫，叹其色相功德庄严，不可穷尽。

尔时世尊，于其华上，结跏趺坐，与大比丘众八千人俱，其名曰尊者阿若憍陈如、尊者阿湿婆氏多、尊者摩史波、摩诃男优陀夷、耶舍、富那、无垢、善臂、憍梵钵提、优楼频螺迦叶、那提迦叶、摩诃迦叶、舍利弗、大目乾连、阿那律、须菩提、离波多、富楼那弥多罗尼子、优波离、罗睺罗、难陀等，而为上首。悉皆觉悟，自性谛理，现证实际，入法本性，度诸有海，行于如来，虚空之行。悉能永断，随眠结缚，而于摄藏，住无所住，行空寂静。于如来所，永断疑惑，入佛智海，胜信道中。利益世间为不请友，常能卫护一切众生。与诸有情，为不舍友。通达佛法，所行境界，守护圣法，誓愿受持诸佛正教。现前得生，如来

种性,善能趣向,一切智智。

1.12.3

[illegible]。	[illegible]	[illegible]	[illegible]	[illegible]	[illegible]	[illegible]	[illegible]	[illegible]	[illegible]
njwi^{2}	nioow^{1}	po^{1}	tsa^{1}	ma^{2}	ŋạ^{2}	tsa^{1}	·ji^{1}	·jar^{1}	tụ^{1}
能。	复	菩	萨	摩	诃	萨	众	八	千
[illegible]	[illegible],	[illegible]	[illegible]	[illegible]	[illegible]、	[illegible]	[illegible]	[illegible]	
dzjwo^{2}	ljij^{2}	njɨ^{2}	mee^{2}	tshjɨ^{1}	tsjij^{2}	mã^{1}	śjuu^{1}	śjɨ^{1}	
人	来,	普	贤	菩	萨、	文	殊	师	

复有菩萨摩诃萨众八千人俱,普贤菩萨、文殊师

1.12.4

[illegible]	[illegible]	[illegible]	[illegible],	[illegible]	[illegible]	[illegible]	[illegible]	[illegible]。	[illegible]
lji^{2}	tshjɨ^{1}	tsjij^{2}	njɨ^{2}	tshjɨ^{1}	tsjij^{2}	phju^{2}	ɣu^{1}	we^{2}	thjɨ^{2}
利	菩	萨	等,	菩	萨	上	首	为。	此
[illegible]	[illegible]	[illegible]	[illegible]	[illegible]	[illegible]	[illegible]、	[illegible]	[illegible]	
tja^{1}	zji^{2}	phju^{2}	sjịj^{2}	sjịj^{2}	tshjɨ^{1}	tsjij^{2}	zji^{2}	phju^{2}	
者	最	上	智	智	菩	萨、	最	上	

利菩萨等,而为上首。所谓最上智智菩萨、最上

1.12.5

[illegible]	[illegible]、	[illegible]	[illegible]	[illegible]	[illegible]	[illegible]	[illegible]	[illegible]、	[illegible]
tshjɨ^{1}	tsjij^{2}	ŋwuu^{1}	dạ^{2}	ŋowr^{2}	ŋowr^{2}	sjịj^{2}	tshjɨ^{1}	tsjij^{2}	zjịj^{1}
菩	萨、	语	言	一	切	智	菩	萨、	著
[illegible]	[illegible]	[illegible]	[illegible]、	[illegible]	[illegible]	[illegible]	[illegible]	[illegible]、	
mjij^{1}	sjịj^{2}	tshjɨ^{1}	tsjij^{2}	wjạ^{1}	phju^{2}	sjịj^{2}	tshjɨ^{1}	tsjij^{2}	
无	智	菩	萨、	花	上	智	菩	萨、	

宝智①菩萨、一切语言智菩萨、无著智菩萨、花上智菩萨、

1.12.6

[illegible]	[illegible]	[illegible]	[illegible]	[illegible]、	[illegible]	[illegible]	[illegible]	[illegible]	[illegible]、

① “宝智”二字,西夏文本此处无对应的文字。

be² phju² sjịj² tshjɨ¹ tsjij² lhjị² phju² sjịj² tshjɨ¹ tsjij²

日 上 智 菩 萨、 月 上 智 菩 萨、

[illegible] [illegible] [illegible] [illegible] [illegible] [illegible]、 [illegible] [illegible] [illegible]

ror² mjij¹ phju² sjịj² tshjɨ¹ tsjij² kiẹ¹ dźja² sjịj²

垢 无 上 智 菩 萨、 金 刚 智

日上智菩萨、月上智菩萨、无垢上智菩萨、金刚智

1.13.1

[illegible] [illegible]、 [illegible] [illegible] [illegible] [illegible] [illegible]、 [illegible] [illegible] [illegible]

tshjɨ¹ tsjij² lhjɨ² khwa¹ sjịj² tshjɨ¹ tsjij² bji¹ djow¹ sjịj²

菩 萨、 尘 远 智 菩 萨、 光 幢 智

[illegible] [illegible]、 [illegible] [illegible] [illegible] [illegible] [illegible]、 [illegible] [illegible]

tshjɨ¹ tsjij² thjoo¹ so² djow¹ tshjɨ¹ tsjij² ljɨ¹ źjow¹

菩 萨、 妙 高 幢 菩 萨、 宝 幢

菩萨、远尘智菩萨、光幢①菩萨、妙高幢菩萨、宝幢

1.13.2

[illegible] [illegible]、 [illegible] [illegible] [illegible] [illegible] [illegible]、 [illegible] [illegible] [illegible]

tshjɨ¹ tsjij² ɣiẹ² mjij¹ djow¹ tshjɨ¹ tsjij² wjạ¹ djow¹ tshjɨ¹

菩 萨、 碍 无 幢 菩 萨、 华 幢 菩

[illegible]、 [illegible] [illegible] [illegible] [illegible]、 [illegible] [illegible] [illegible] [illegible]、

tsjij² sej¹ djow¹ tshjɨ¹ tsjij² be² djow¹ tshjɨ¹ tsjij²

萨、 净 幢 菩 萨、 日 幢 菩 萨、

菩萨、无碍幢菩萨、华幢菩萨、净幢菩萨、日幢菩萨、

1.13.3

[illegible] [illegible] [illegible] [illegible] [illegible]、 [illegible] [illegible] [illegible] [illegible] [illegible]、

ljuu² ljuu² djow¹ tshjɨ¹ tsjij² ror² ka² djow¹ tshjɨ¹ tsjij²

端 严 幢 菩 萨、 垢 离 幢 菩 萨、

[illegible] [illegible] [illegible] [illegible] [illegible]、 [illegible] [illegible] [illegible] [illegible]

① 光幢，西夏文字面意思为“光幢智”。

njɨ^{2} swew^{1} djow^{1} tshjɨ^{1} tsjij^{2} thow^{1} lo^{1} dzji^{1} pjụ^{1}

遍 照 幢 菩 萨、 陀 罗 尼 威

端严幢菩萨、离垢幢菩萨、遍照幢菩萨、陀罗尼威

1.13.4

[illegible] [illegible] [illegible]、 [illegible] [illegible] [illegible] [illegible] [illegible]、 [illegible] [illegible]

tśhja^{2} tshjɨ^{1} tsjij^{2} ljɨ̣^{1} pju^{1} tśhja^{2} tshjɨ^{1} tsjij^{2} ljịj^{2} pju^{1}

德 菩 萨、 宝 威 德 菩 萨、 大 威

[illegible] [illegible] [illegible]、 [illegible] [illegible] [illegible] [illegible] [illegible] [illegible]

tśhja^{2} tshjɨ^{1} tsjij^{2} kię^{1} dźja^{2} sjịj^{2} pju^{1} tśhja^{2} tshjɨ^{1}

德 菩 萨、 金 刚 智 威 德 菩

德菩萨、宝威德菩萨、大威德菩萨、金刚智威德菩

1.13.5

[illegible]、 [illegible] [illegible] [illegible] [illegible] [illegible] [illegible]、 [illegible] [illegible] [illegible]

tsjij^{2} ror^{2} mjij^{1} pjụ^{1} tśhja^{2} tshjɨ^{1} tsjij^{2} be^{2} pju^{1} tśhja^{2}

萨、 垢 无 威 德 菩 萨、 日 威 德

[illegible] [illegible]、 [illegible] [illegible] [illegible] [illegible] [illegible]、 [illegible] [illegible]

tshjɨ^{1} tsjij^{2} lhjị^{2} pju^{1} tśhja^{2} tshjɨ^{1} tsjij^{2} lĭou^{1} ŋər^{1}

菩 萨、 月 威 德 菩 萨、 福 山

萨、无垢威德菩萨、日威德菩萨、月威德菩萨、福山

1.13.6

[illegible] [illegible] [illegible] [illegible]、 [illegible] [illegible] [illegible] [illegible] [illegible] [illegible]、

pju^{1} tśhja^{2} tshjɨ^{1} tsjij^{2} sjịj^{2} swew^{1} pju^{1} tśhja^{2} tshjɨ^{1} tsjij^{2}

威 德 菩 萨、 智 照 威 德 菩 萨、

[illegible] [illegible] [illegible] [illegible] [illegible] [illegible]、 [illegible] [illegible] [illegible]

njɨ^{2} buu^{2} pju^{1} tśhja^{2} tshjɨ^{1} tsjij^{2} ljɨ̣^{1} ·ụ^{2} tshjɨ^{1}

普 胜 威 德 菩 萨、 地 藏 菩

威德菩萨、智照威德菩萨、普胜威德菩萨、地藏菩

1.14.1

[illegible]、 [illegible] [illegible] [illegible] [illegible] [illegible]、 [illegible] [illegible] [illegible] [illegible] tsjij² tsho̱² ŋa¹ ·u̱² tshjɨ¹ tsjij² wja̱¹ sej¹ ·u̱² tshjɨ¹

萨、 虚 空 藏 菩 萨、 华 莲 藏 菩

[illegible]、 [illegible] [illegible] [illegible] [illegible]、 [illegible] [illegible] [illegible] [illegible]、

tsjij² ljɨ̣¹ ·u̱² tshjɨ¹ tsjij² be² ·u̱² tshjɨ¹ tsjij²

萨、 宝 藏 菩 萨、 日 藏 菩 萨、

萨、虚空藏菩萨、莲华藏菩萨、宝藏菩萨、日藏菩萨、

1.14.2

[illegible] [illegible] [illegible] [illegible] [illegible] [illegible] [illegible]、 [illegible] [illegible] [illegible]

gji¹ sej¹ tśhja² ·ioow¹ ·u̱² tshjɨ¹ tsjij² tsjiir¹ ŋjow² ·u̱²

清 净 功 德 藏 菩 萨、 法 海 藏

[illegible] [illegible]、 [illegible] [illegible] [illegible] [illegible] [illegible]、 [illegible] [illegible]

tshjɨ¹ tsjij² njɨ² swew¹ ·u̱² tshjɨ¹ tsjij² ka¹ ·u̱²

菩 萨、 遍 照 藏 菩 萨、 齐 藏

清净功德藏菩萨、法海藏菩萨、遍照藏菩萨、齐藏

1.14.3

[illegible] [illegible]、 [illegible] [illegible] [illegible] [illegible] [illegible] [illegible]、 [illegible] [illegible]

tshjɨ¹ tsjij² buu² wja̱¹ sej¹ ·u̱² tshjɨ¹ tsjij² be² mej¹

菩 萨、 胜 华 莲 藏 菩 萨、 日 眼

[illegible] [illegible]、 [illegible] [illegible] [illegible] [illegible]、 [illegible] [illegible] [illegible]

tshjɨ¹ tsjij² sej¹ mej¹ tshjɨ¹ tsjij² ror² mjij¹ mej¹

菩 萨、 净 眼 菩 萨、 垢 无 眼

菩萨、胜莲华藏菩萨、日眼菩萨、净眼菩萨、无垢眼

1.14.4

[illegible] [illegible]、 [illegible] [illegible] [illegible] [illegible] [illegible]、 [illegible] [illegible] [illegible]

tshjɨ¹ tsjij² ɣie̱² mjij¹ mej¹ tshjɨ¹ tsjij² njɨ² swew¹ mej¹

菩 萨、 碍 无 眼 菩 萨、 普 明 眼

[illegible] [illegible]、 [illegible] [illegible] [illegible] [illegible] [illegible] [illegible]、 [illegible]

tshjɨ¹ tsjij² neew² gjij¹ sjij² mej¹ tshjɨ¹ tsjij² kie̱¹

菩 萨、 善 利 智 眼 菩 萨、 金

菩萨、无碍眼菩萨、普明眼菩萨、善利智眼菩萨、金

1.14.5

[illegible]	[illegible]	[illegible]	[illegible]、	[illegible]	[illegible]	[illegible]	[illegible]、	[illegible]	[illegible]
dźja^{2}	mej^{1}	tshjɨ^{1}	tsjij^{2}	ljɨ^{1}	mej^{1}	tshjɨ^{1}	tsjij^{2}	tshọ^{2}	ŋa^{1}
刚	眼	菩	萨、	宝	眼	菩	萨、	虚	空
[illegible]	[illegible]	[illegible]、	[illegible]	[illegible]	[illegible]	[illegible]、	[illegible]	[illegible]	
mej^{1}	tshjɨ^{1}	tsjij^{2}	njɨ^{2}	mej^{1}	tshjɨ^{1}	tsjij^{2}	mə^{1}	pjụ^{2}	
眼	菩	萨、	普	眼	菩	萨、	天	冠	

刚眼菩萨、宝眼菩萨、虚空眼菩萨、普眼菩萨、天冠

1.14.6

[illegible]	[illegible]、	[illegible]	[illegible]	[illegible]	[illegible]	[illegible]	[illegible]	[illegible]	[illegible]、
tshjɨ^{1}	tsjij^{2}	tsjiir^{1}	rjur^{1}	swew^{1}	mo^{2}	dzji^{1}	pjụ^{2}	tshjɨ^{1}	tsjij^{2}
菩	萨、	法	界	照	摩	尼	冠	菩	萨、
[illegible]	[illegible]	[illegible]	[illegible]	[illegible]	[illegible]	[illegible]	[illegible]、	[illegible]	
thjoo^{1}	po^{1}	tjɨj^{1}	mo^{2}	dzji^{1}	pjụ^{2}	tshjɨ^{1}	tsjij^{2}	śja^{1}	
妙	菩	提	摩	尼	冠	菩	萨、	十	

菩萨、照法界摩尼冠菩萨、妙菩提摩尼冠菩萨、照十

1.15.1

[illegible]	[illegible]	[illegible]	[illegible]	[illegible]、	[illegible]	[illegible]	[illegible]	[illegible]	[illegible]
to^{2}	swew^{1}	pjụ^{2}	tshjɨ^{1}	tsjij^{2}	tha^{1}	ŋowr^{2}	ŋowr^{2}	to^{2}	śja^{2}
方	照	冠	菩	萨、	佛	一	切	出	现
[illegible]	[illegible]	[illegible]	[illegible]、	[illegible]	[illegible]	[illegible]	[illegible]	[illegible]	
·ụ^{2}	pjụ^{2}	tshjɨ^{1}	tsjij^{2}	rjur^{1}	kha^{1}	ŋowr^{2}	ŋowr^{2}	dzjịj^{1}	
藏	冠	菩	萨、	世	间	一	切	超	

方冠菩萨、出现一切佛藏冠菩萨、超一切世间

1.15.2

[illegible]	[illegible]	[illegible]、	[illegible]	[illegible]	[illegible]	[illegible]	[illegible]、	[illegible]	[illegible]
pjụ^{2}	ŋowr^{2}	ŋowr^{2}	njɨ^{2}	swew^{1}	pjụ^{2}	ŋowr^{2}	ŋowr^{2}	·jwɨɨ^{1}	t-

冠　一　切、　普　照　冠　一　切、　映　蔽

mjij^{1}　pjụ^{2}　tshjɨ^{1}　tsjij^{2}　mjor^{1}　ljịj^{2}　ŋowr^{2}　ŋowr^{2}　ka^{2}

无　冠　菩　萨、　如　来　一　切　狮

冠菩萨、普照冠菩萨①、无映蔽冠菩萨、执持一切如来狮

1.15.3

tśjij^{2}　lu^{2}　zow^{2}　·jiij^{1}　pjụ^{2}　tshjɨ^{1}　tsjij^{2}　tsjiir^{1}　rjur^{1}　tshọ^{2}

子　座　持　执　冠　菩　萨、　法　界　虚

ŋa^{1}　njɨ^{2}　swew^{1}　pjụ^{2}　tshjɨ^{1}　tsjij^{2}　xiwã^{1}　njij^{2}　dzja^{1}

空　普　照　冠　菩　萨、　梵　王　髻

子座冠菩萨、普照法界虚空冠菩萨、梵王髻

1.15.4

tshjɨ^{1}　tsjij^{2}　we^{1}　njij^{2}　dzja^{1}　tshjɨ^{1}　tsjij^{2}　tha^{1}　ŋowr^{2}　ŋowr^{2}

菩　萨、　龙　王　髻　菩　萨、　佛　一　切

·wjị^{1}　djii^{2}　rər^{2}　swu^{2}　dzja^{1}　tshjɨ^{1}　tsjij^{2}　thjoo^{1}　po^{1}

变　化　影　像　髻　菩　萨、　妙　菩

菩萨、龙王髻菩萨、一切佛变化影像髻菩萨、妙菩

1.15.5

tjɨj^{1}　dzja^{1}　tshjɨ^{1}　tsjij^{2}　tjị^{1}　ŋjow^{2}　ŋowr^{2}　ŋowr^{2}　mə^{2}　ɣiẹ^{2}

提　髻　菩　萨、　愿　海　一　切　音　声

mo^{2}　dzji^{1}　njij^{2}　dzja^{1}　tshjɨ^{1}　tsjij^{2}　mjor^{1}　ljịj^{2}　ŋowr^{2}

① 超一切世间冠菩萨、普照冠菩萨，西夏文字面意思为“超一切世间一切冠、普照一切冠”，无“菩萨”二字，且较汉文本多“一切”。

摩	尼	王	髻	菩	萨、	如	来	一

提髻菩萨、一切愿海音声摩尼王髻菩萨、放一切如来

1.15.6

[illegible]	[illegible]	[illegible]	[illegible]	[illegible]	[illegible]	[illegible]	[illegible]	[illegible]	[illegible]
ŋowr^2	iọ^1	bji^1	·wjạ^2	mo^2	dzji^1	ljɨ̣^{1}	mə^1	djii^1	ɣiẹ^2
切	圆	光	放	摩	尼	宝	天	雷	声
[illegible]	[illegible]	[illegible]、	[illegible]	[illegible]	[illegible]	[illegible]	[illegible]	[illegible]	
dzja^1	tshjɨ^1	tsjij^2	tshọ^2	ŋa^1	ŋowr^2	ŋowr^2	do^2	pha^1	
髻	菩	萨、	虚	空	一	切	差	别	

圆光摩尼宝雷声①髻菩萨、一切虚空无差别

1.16.1

[illegible]	[illegible]	[illegible]	[illegible]	[illegible]	[illegible]	[illegible]	[illegible]	[illegible]	[illegible]
mjij^1	dźju^1	sjwij^1	mo^2	dzji^1	ljɨ̣^{1}	rer^2	ɣja^2	dzja^1	tshjɨ^1
无	显	明	摩	尼	宝	网	覆	髻	菩
[illegible]、	[illegible]	[illegible]	[illegible]	[illegible]	[illegible]	[illegible]	[illegible]	[illegible]	
tsjij^2	mjor^1	ljịj^2	ŋowr^2	ŋowr^2	tsjiir^1	dźiej^2	ɣiẹ^2	dzja^1	
萨、	如	来	一	切	法	轮	声	髻	

表示②摩尼宝网覆髻菩萨、一切如来法轮声髻

1.16.2

[illegible]	[illegible]、	[illegible]	[illegible]	[illegible]	[illegible]	[illegible]	[illegible]	[illegible]	[illegible]
tshjɨ^1	tsjij^2	sọ^1	zjọ^2	ŋowr^2	ŋowr^2	mjiij^2	dźiej^2	ɣiẹ^2	dzja^1
菩	萨、	三	世	一	切	名	轮	声	髻
[illegible]	[illegible]、	[illegible]	[illegible]	[illegible]	[illegible]、	[illegible]	[illegible]	[illegible]	
tshjɨ^1	tsjij^2	ljịj^2	bji^1	tshjɨ^1	tsjij^2	ror^2	mjij^1	bji^1	
菩	萨、	大	光	菩	萨、	垢	无	光	

菩萨、一切三世名轮声髻菩萨、大光菩萨、无垢光

① 雷声，西夏文译作“[illegible]”，“[illegible]”即“雷”。

② 表示，西夏文译作“[illegible]”，该词基本义为“显明”，在下文1.24.4、1.25.1、1.54.1中分别与汉文本中的“开现”“照耀”“记验”对译。

1.16.3

tshjɨ¹	tsjij²	ljɨ̣¹	bji¹	tshjɨ¹	tsjij²	lhjɨ²	ka²	bji¹	tshjɨ¹
菩	萨、	宝	光	菩	萨、	尘	离	光	菩
tsjij²	tsjiir¹	bji¹	tshjɨ¹	tsjij²	mjij¹	sej¹	bji¹	tshjɨ¹	
萨、	法	光	菩	萨、	寂	静	光	菩	

菩萨、宝光菩萨、离尘光菩萨、法光菩萨、寂静光菩

1.16.4

tsjij²	be²	bji¹	tshjɨ¹	tsjij²	wjɨ̣¹	khwa¹	bji¹	tshjɨ¹	tsjij²
萨、	日	光	菩	萨、	幻	变	光	菩	萨、
mə¹	bji¹	tshjɨ¹	tsjij²	lǐou¹	bji¹	tshjɨ¹	tsjij²	sjij²	
天	光	菩	萨、	福	光	菩	萨、	智	

萨、日光菩萨、神变光①菩萨、天光菩萨、福光菩萨、智

1.16.5

bji¹	tshjɨ¹	tsjij²	tsjiir¹	bji¹	swew¹	tshjɨ¹	tsjij²	mee²	mjijr²
光	菩	萨、	法	光	明	菩	萨、	神	通
bji¹	tshjɨ¹	tsjij²	bji¹	swew¹	tshjɨ¹	tsjij²	wjạ¹	bji¹	
光	菩	萨、	光	照	菩	萨、	华	光	

光菩萨、法光明菩萨、神通光菩萨、光照菩萨、华光

1.16.6

tshjɨ¹	tsjij²	ljɨ̣¹	bji¹	tshjɨ¹	tsjij²	dwewr²	bji¹	swew¹	tshjɨ¹

① 神变光,西夏文字面意思为"变幻光"。

菩 萨、 宝 光 菩 萨、 觉 光 明 菩

[illegible]、 [illegible] [illegible] [illegible] [illegible]、 [illegible] [illegible] [illegible] [illegible]

tsjij^{2} sej^{1} bji^{1} tshjɨ^{1} tsjij^{2} njɨ^{2} swew^{1} bji^{1} tshjɨ^{1}

萨、 净 光 菩 萨、 普 照 光 菩

菩萨、宝光菩萨、觉光明菩萨、梵①光菩萨、普照光菩

1.17.1

[illegible]、 [illegible] [illegible] [illegible] [illegible]、 [illegible] [illegible] [illegible] [illegible]、 [illegible]

tsjij^{2} xiwā^{1} ɣiẹ^{2} tshjɨ^{1} tsjij^{2} ŋjow^{2} ɣiẹ^{2} tshjɨ^{1} tsjij^{2} ljɨ̣^{1}

萨、 梵 音 菩 萨、 海 音 菩 萨、 地

[illegible] [illegible] [illegible] [illegible]、 [illegible] [illegible] [illegible] [illegible] [illegible]

kwə^{2} ɣiẹ^{2} tshjɨ^{1} tsjij^{2} rjur^{1} kha^{1} njij^{2} ɣiẹ^{2} tshjɨ^{1}

吼 音 菩 萨、 世 间 王 音 菩

萨、梵②音菩萨、海音菩萨、地吼音菩萨、世间王音菩

1.17.2

[illegible]、 [illegible] [illegible] [illegible] [illegible] [illegible]、 [illegible] [illegible] [illegible] [illegible]

tsjij^{2} ŋər^{1} njij^{2} ɣiẹ^{2} tshjɨ^{1} tsjij^{2} ŋər^{1} njij^{2} dźjwɨ^{1} tsjụ^{1}

萨、 山 王 音 菩 萨、 山 王 相 击

[illegible] [illegible] [illegible]、 [illegible] [illegible] [illegible] [illegible] [illegible] [illegible]、

ɣiẹ^{2} tshjɨ^{1} tsjij^{2} tsjiir^{1} rjur^{1} njɨ^{2} ɣiẹ^{2} tshjɨ^{1} tsjij^{2}

音 菩 萨、 法 界 遍 音 菩 萨、

萨、山王音菩萨、山王相击音菩萨、遍法界音菩萨、

1.17.3

[illegible] [illegible] [illegible] [illegible] [illegible] [illegible] [illegible] [illegible] [illegible]、 [illegible]

tsjiir^{1} ŋjow^{2} ŋowr^{2} ŋowr^{2} mə^{1} djii^{1} ɣiẹ^{2} tshjɨ^{1} tsjij^{2} rjur^{1}

法 海 一 切 天 雷 音 菩 萨、 诸

[illegible] [illegible] [illegible] [illegible] [illegible] [illegible]、 [illegible] [illegible] [illegible]

ljiij^{2} jar^{2} ·wəə^{1} ɣiẹ^{2} tshjɨ^{1} tsjij^{2} ljịj^{2} ·wjuu^{1} wo^{2}

① 梵，西夏文译作"[illegible]"，本义为"净"。

② 梵，西夏文译作"[illegible]"(xiwā^{1})，为汉字音译。

魔 摧 伏 音 菩 萨、 大 悲 理

一切法海雷音菩萨、摧伏诸魔音菩萨、大悲理

1.17.4

[illegible]

tshwew1 djɨ̣j2 mə1 djii1 ɣiẹ2 tshjɨ1 tsjij2 rjur1 kha1 tśjị1

趣 云 天 雷 音 菩 萨、 世 间 苦

[illegible]

zjị1 ŋowr2 ŋowr2 zji2 tạ1 ɣiẹ2 tshjɨ1 tsjij2 tsjiir1

恼 一 切 遍 息 音 菩 萨、 法

趣云雷音菩萨、遍息一切世间苦恼音菩萨、法

1.17.5

[illegible]

buu2 tsu2 tshjɨ1 tsjij2 buu2 gjij1 tsu2 tshjɨ1 tsjij2 sjịj2

胜 涌 菩 萨、 胜 殊 涌 菩 萨、 智

[illegible]

buu2 tsu2 tshjɨ1 tsjij2 lĭou1 sju2 mji1 buu2 tsu2

胜 涌 菩 萨、 福 须 弥 胜 涌

胜涌菩萨、殊胜涌菩萨、智胜涌菩萨、福须弥胜涌

1.17.6

[illegible]

tshjɨ1 tsjij2 tśhja2 ·ioow1 zji2 buu2 tsu2 tshjɨ1 tsjij2 mjiij2

菩 萨、 功 德 最 胜 涌 菩 萨、 名

[illegible]

dźjwow1 buu2 tsu2 tshjɨ1 tsjij2 njɨ2 bji1 buu2 tsu2

闻 胜 涌 菩 萨、 普 光 胜 涌

菩萨、功德最胜涌菩萨、名闻胜涌菩萨、普光胜涌

1.18.1

[illegible]

tshjɨ¹ tsjij² ljịj² njij² buu² tsu² tshjɨ¹ tsjij² sjịj² swew¹

菩 萨、大 慈 胜 涌 菩 萨、智 照

buu² tsu² tshjɨ¹ tsjij² mjor¹ ljịj² mə² sjwɨ¹ buu²

胜 涌 菩 萨、如 来 姓 种 胜

菩萨、大慈胜涌菩萨、智照胜涌菩萨、如来种姓胜

1.18.2

tsu² tshjɨ¹ tsjij² bji¹ tśhja² tshjɨ¹ tsjij² buu² tśhja² tshjɨ¹

涌 菩 萨、光 德 菩 萨、胜 德 菩

tsjij² tsjiir¹ tsu² tśhja² tshjɨ¹ tsjij² njɨ² swew¹ tśhja²

萨、法 涌 德 菩 萨、遍 照 德

涌菩萨、光德菩萨、胜德菩萨、法涌德菩萨、遍照德

1.18.3

tshjɨ¹ tsjij² tsjiir¹ tśhja² tshjɨ¹ tsjij² lhjị² tśhja² tshjɨ¹ tsjij²

菩 萨、法 德 菩 萨、月 德 菩 萨、

tshọ² ŋa¹ tśhja² tshjɨ¹ tsjij² ljɨ¹ tśhja² tshjɨ¹ tsjij²

虚 空 德 菩 萨、宝 德 菩 萨、

菩萨、法德菩萨、月德菩萨、虚空德菩萨、宝德菩萨、

1.18.4

bji¹ tśhja² tshjɨ¹ tsjij² sjịj² tśhja² tshjɨ¹ tsjij² pho¹ lo¹

光 德 菩 萨、智 德 菩 萨、婆 罗

njij² tshjɨ¹ tsjij² tsjiir¹ njij² tshjɨ¹ tsjij² bju² njij²

王 菩 萨、法 王 菩 萨、象 王

光德菩萨、智德菩萨、婆罗帝王菩萨、法帝王菩萨、象帝王

1.18.5

[illegible] [illegible]、 [illegible] [illegible] [illegible] [illegible]、 [illegible] [illegible] [illegible] [illegible]、

tshjɨ^{1} tsjij^{2} xiwã^{1} njij^{2} tshjɨ^{1} tsjij^{2} ŋər^{1} njij^{2} tshjɨ^{1} tsjij^{2}

菩 萨、 梵 王 菩 萨、 山 王 菩 萨、

[illegible] [illegible] [illegible] [illegible]、 [illegible] [illegible] [illegible] [illegible]、 [illegible]

·ji^{1} njij^{2} tshjɨ^{1} tsjij^{2} mə^{1} njij^{2} tshjɨ^{1} tsjij^{2} mjij^{1}

众 王 菩 萨、 天 王 菩 萨、 寂

菩萨、梵帝王菩萨、山帝王菩萨、众帝王菩萨、天帝王菩萨、寂

1.18.6

[illegible] [illegible] [illegible] [illegible]、 [illegible] [illegible] [illegible] [illegible] [illegible]、 [illegible]

sej^{1} njij^{2} tshjɨ^{1} tsjij^{2} mji^{1} mju^{2} njij^{2} tshjɨ^{1} tsjij^{2} zji^{2}

静 王 菩 萨、 不 动 王 菩 萨、 最

[illegible] [illegible] [illegible] [illegible]、 [illegible] [illegible] [illegible] [illegible] [illegible]

ɣiẹ^{2} njij^{2} tshjɨ^{1} tsjij^{2} po^{1} tjɨj^{1} mjij^{1} sej^{1} ɣiẹ^{2}

胜 王 菩 萨、 菩 提 寂 静 声

静帝王菩萨、不动帝王菩萨、最胜帝王菩萨①、菩提寂静声

1.19.1

[illegible] [illegible]、 [illegible] [illegible] [illegible] [illegible] [illegible]、 [illegible] [illegible] [illegible]

tshjɨ^{1} tsjij^{2} zjịj^{1} mjij^{1} ɣiẹ^{2} tshjɨ^{1} tsjij^{2} ljɨ̣^{1} ɣiẹ^{2} tshjɨ^{1}

菩 萨、 著 无 声 菩 萨、 地 声 菩

[illegible]、 [illegible] [illegible] [illegible] [illegible] [illegible]、 [illegible] [illegible] [illegible]

tsjij^{2} ljịj^{2} ŋjow^{2} ɣiẹ^{2} tshjɨ^{1} tsjij^{2} mə^{2} ɣiẹ^{2} tshjɨ^{1}

萨、 大 海 声 菩 萨、 音 声 菩

菩萨、无著声菩萨、地声菩萨、大海声菩萨、音声菩

1.19.2

[illegible]、 [illegible] [illegible] [illegible] [illegible] [illegible]、 [illegible] [illegible] [illegible] [illegible]

① 以上菩萨名中的“帝王”，西夏文字翻译成汉字时均译作“王”。

tsjij^{2} tsjiir^{1} swew^{1} ɣiẹ^{2} tshjɨ^{1} tsjij^{2} tshọ^{2} ŋa^{1} ɣiẹ^{2} tshjɨ^{1}

萨、 法 照 声 菩 萨、 虚 空 声 菩

[illegible]、 [illegible] [illegible] [illegible] [illegible] [illegible]、 [illegible] [illegible] [illegible]

tsjij^{2} ɣiẹ^{2} ŋowr^{2} ŋowr^{2} tshjɨ^{1} tsjij^{2} neew^{2} tśhji^{2} mə^{1}

萨、 声 一 切 菩 萨、 善 根 天

萨、照法声菩萨、虚空声菩萨、一切声菩萨、善根

1.19.3

[illegible] [illegible] [illegible] [illegible]、 [illegible] [illegible] [illegible] [illegible] [illegible]

djii^{1} ɣiẹ^{2} tshjɨ^{1} tsjij^{2} mər^{2} tjị^{1} śjwo^{1} tsjiir^{2} ɣiẹ^{2}

雷 声 菩 萨、 本 愿 发 性 声

[illegible] [illegible]、 [illegible] [illegible] [illegible] [illegible] [illegible] [illegible] [illegible]

tshjɨ^{1} tsjij^{2} gja^{1} ŋowr^{2} ŋowr^{2} rjur^{1} dźjwu^{1} ɣiẹ^{2} tshjɨ^{1}

菩 萨、 军 一 切 于 摧 声 菩

雷声菩萨、发悟①本愿声菩萨、摧一切魔军声菩

1.19.4

[illegible]、 [illegible] [illegible] [illegible] [illegible] [illegible] [illegible]、 [illegible] [illegible] [illegible]

tsjij^{2} sjị^{2} sju^{2} mji^{1} dwewr^{2} tshjɨ^{1} tsjij^{2} tshọ^{2} ŋa^{1} dwewr^{2}

萨、 智 须 弥 觉 菩 萨、 虚 空 觉

[illegible] [illegible]、 [illegible] [illegible] [illegible] [illegible] [illegible]、 [illegible] [illegible]

tshjɨ^{1} tsjij^{2} gji^{1} sej^{1} dwewr^{2} tshjɨ^{1} tsjij^{2} ɣiẹ^{2} mjij^{1}

菩 萨、 清 净 觉 菩 萨、 碍 无

萨、智须弥觉菩萨、虚空觉菩萨、清净觉菩萨、无碍

1.19.5

[illegible] [illegible] [illegible]、 [illegible] [illegible] [illegible] [illegible] [illegible]、 [illegible] [illegible]

dwewr^{2} tshjɨ^{1} tsjij^{2} dwewr^{2} tśjɨ^{1} tsjij^{2} tshjɨ^{1} tsjij^{2} sọ^{1} zjọ^{2}

觉 菩 萨、 觉 痦 解 菩 萨、 三 世

[illegible] [illegible] [illegible] [illegible]、 [illegible] [illegible] [illegible] [illegible]、 [illegible]

---

① 悟，西夏文译作“[illegible]”（tsjiir^{2}），义为“性”，恐误。该西夏字与“[illegible]”（tsjij^{2}）音近通假。

swew¹ dwewr² tshjɨ¹ tsjij² ljɨ¹ dwewr² tshjɨ¹ tsjij² wạ²

照 觉 菩 萨、宝 觉 菩 萨、广

觉菩萨、开痦觉菩萨、照三世觉菩萨、宝觉菩萨、广

1.19.6

[illegible] [illegible] [illegible] [illegible]、[illegible] [illegible] [illegible] [illegible] [illegible]、

ljịj² dwewr² tshjɨ¹ tsjij² njɨ² bji¹ dwewr² tshjɨ¹ tsjij²

大 觉 菩 萨、普 光 觉 菩 萨、

[illegible] [illegible] [illegible] [illegible] [illegible] [illegible] [illegible] [illegible]。

tsjiir¹ rjur¹ wo² tshwew¹ swew¹ dwewr² tshjɨ¹ tsjij²

法 界 理 趣 照 觉 菩 萨。

大觉菩萨、普光觉菩萨、法界理趣照觉菩萨。

汉文本

复有菩萨摩诃萨众八千人俱，普贤菩萨、文殊师利菩萨等，而为上首。所谓最上智智菩萨、最上宝智菩萨、一切语言智菩萨、无著智菩萨、花上智菩萨、日上智菩萨、月上智菩萨、无垢上智菩萨、金刚智菩萨、远尘智菩萨、光幢菩萨、妙高幢菩萨、宝幢菩萨、无碍幢菩萨、华幢菩萨、净幢菩萨、日幢菩萨、端严幢菩萨、离垢幢菩萨、遍照幢菩萨、陀罗尼威德菩萨、宝威德菩萨、大威德菩萨、金刚智威德菩萨、无垢威德菩萨、日威德菩萨、月威德菩萨、福山威德菩萨、智照威德菩萨、普胜威德菩萨、地藏菩萨、虚空藏菩萨、莲华藏菩萨、宝藏菩萨、日藏菩萨、清净功德藏菩萨、法海藏菩萨、遍照藏菩萨、齐藏菩萨、胜莲华藏菩萨、日眼菩萨、净眼菩萨、无垢眼菩萨、无碍眼菩萨、普明眼菩萨、善利智眼菩萨、金刚眼菩萨、宝眼菩萨、虚空眼菩萨、普眼菩萨、天冠菩萨、照法界摩尼冠菩萨、妙菩提摩尼冠菩萨、照十方冠菩萨、出现一切佛藏冠菩萨、超一切世间冠菩萨、普照冠菩萨、无映蔽冠菩萨、执持一切如来狮子座冠菩萨、普照法界虚空冠菩萨、梵王髻菩萨、龙王髻菩萨、一切佛变化影像髻菩萨、妙菩提髻菩萨、一切愿海音声摩尼王髻菩萨、放一切如来圆光摩尼宝雷声髻菩萨、一切虚空无差别表示摩尼宝网覆髻菩萨、一切如来法轮声髻菩萨、一切三世名轮声髻菩萨、大光菩萨、无垢光菩萨、宝光菩萨、离尘光菩萨、法光菩萨、寂静光菩萨、日光菩萨、神变光菩萨、天光菩萨、福光菩萨、智光菩萨、法光明菩萨、神通光菩萨、光照菩萨、华光菩萨、宝光菩萨、觉光明菩萨、梵光菩萨、普照光菩萨、梵音菩萨、海音菩萨、地吼音菩萨、世间王音菩萨、山王音菩萨、山王相击音菩萨、遍法界音菩萨、一切法海雷音菩萨、摧伏诸魔音菩萨、大悲理趣云雷音菩萨、遍息一切世间苦恼音菩萨、法胜涌菩萨、殊胜涌菩萨、智胜涌菩萨、福须弥胜涌菩萨、功德最胜涌菩萨、名闻胜涌菩萨、普光胜涌菩萨、大慈胜涌菩萨、智照胜涌菩萨、如来种姓胜涌菩萨、光德菩萨、胜德菩萨、法涌德菩萨、遍照德菩萨、法德菩萨、月德菩萨、虚空德菩萨、宝德菩萨、光德菩萨、智德菩萨、婆罗帝王菩萨、法帝王菩萨、象帝王菩萨、梵帝王菩萨、山帝王菩萨、众帝王菩萨、天帝王菩萨、寂静帝王菩萨、不动帝王菩萨、最胜帝王菩萨、菩提寂静声菩萨、无著声菩萨、地声菩萨、大海声菩萨、

音声菩萨、照法声菩萨、虚空声菩萨、一切声菩萨、善根雷声菩萨、发悟本愿声菩萨、摧一切魔军声菩萨、智须弥觉菩萨、虚空觉菩萨、清净觉菩萨、无碍觉菩萨、开痦觉菩萨、照三世觉菩萨、宝觉菩萨、广大觉菩萨、普光觉菩萨、法界理趣照觉菩萨。

1.19.6—1.20.1

[illegible]	[illegible]	[illegible]	[illegible]	[illegible]	[illegible]	[illegible]	[illegible]	[illegible]	[illegible]	[illegible],
thjɨ^{2}	sju^{2}	njɨ^{2}	po^{1}	tsa^{1}	ma^{2}	ŋạ^{2}	tsa^{1}	·jar^{1}	tụ^{1}	njiij^{1}
是	如	等	菩	萨	摩	诃	萨	八	千	人,
[illegible]	[illegible]	[illegible]	[illegible]	[illegible]	[illegible]	[illegible]	[illegible]	[illegible]。	[illegible]	
to^{2}	zji^{2}	njɨ^{2}	mee^{2}	rjur^{1}	dźjɨ	tjị^{1}	no^{2}	dźjiij^{1}	rjɨr^{2}	
悉	皆	普	贤	之	行	愿	安	住。	所	

如是等菩萨摩诃萨八千人俱,皆悉安住普贤愿行。所

1.20.2

[illegible]	[illegible]	[illegible]	[illegible]	[illegible],	[illegible]	[illegible]	[illegible]	[illegible]	[illegible]
dźjịj^{1}	zjịj^{1}	mjij^{1}	mjijr^{2}	ŋwu^{2}	rjur^{1}	tha^{1}	lhjịj	ŋowr^{2}	ŋowr^{2}
行	著	无	者	是,	诸	佛	刹	一	切
[illegible]	[illegible]	[illegible]	[illegible]。	[illegible]	[illegible]	[illegible]	[illegible]	[illegible]	
·u^{2}	zji^{2}	njɨ^{2}	ljɨ^{1}	bju^{2}	mjij^{1}	ljụ^{2}	·wjị^{1}	mjijr^{2}	
内	普	遍	也。	边	无	身	变	者	

行无著者,普遍一切诸佛刹故。变无边身者,

1.20.3

[illegible],	[illegible]	[illegible]	[illegible]	[illegible]	[illegible]	[illegible]	[illegible]	[illegible]。	[illegible]
ŋwu^{2}	tha^{1}	mjor^{1}	ljịj^{2}	ŋowr^{2}	ŋowr^{2}	?	njij^{1}	ljɨ^{1}	thjuu^{1}
是,	佛	如	来	一	切	亲	近	也。	缘
[illegible]	[illegible]	[illegible]	[illegible]	[illegible]	[illegible]	[illegible]	[illegible]	[illegible]	
lew^{2}	bju^{2}	ljow^{2}	mjij^{1}	mjɨɨ^{2}	rjur^{1}	gjị^{1}	sej^{1}	mjijr^{2}	
所	际	限	无	境	界	清	净	者	

亲近一切佛如来故。所缘无际限境界清净者,

1.20.4

[illegible],	[illegible]	[illegible]	[illegible]	[illegible]	[illegible]	[illegible]	[illegible]	[illegible]	[illegible]。

ŋwu² tha¹ ŋowr² ŋowr² rjur¹ mee² ·wjị¹ nwə¹ tsjij² ljɨ¹

是， 佛 一 切 之 神 变 知 了 也。

[illegible] [illegible] [illegible] [illegible] [illegible]， [illegible] [illegible] [illegible] [illegible]

mjɨ¹ pjụ¹ tshwew¹ mjijr² ŋwu² rjur¹ tha¹ ka¹ dwewr²

无 量 趣 者 是， 诸 佛 等 觉

了知一切佛神变故。趣无量者，往诣诸佛现等觉

1.20.5

[illegible] [illegible] [illegible] [illegible] [illegible] [illegible] [illegible] [illegible]。 [illegible] [illegible]

śja² do² njɨ² śjɨ¹ mjij¹ djɨj² tạ¹ ljɨ¹ bju² mjij¹

现 处 诣 往 不 休 息 也。 边 无

[illegible] [illegible] [illegible] [illegible]， [illegible] [illegible] [illegible] [illegible] [illegible]

bji¹ swew¹ mjijr² ŋwu² tsjiir¹ ŋowr² ŋowr² zjɨr¹ ·jij¹

光 明 者 是， 法 一 切 实 相

处无休息故。无边光明者，于一切法实相

1.20.6

[illegible] [illegible] [illegible] [illegible] [illegible] [illegible] [illegible] [illegible] [illegible]。 [illegible]

ŋjow² kha¹ bju² mjij¹ sjij² bji¹ swew¹ rjir² ljɨ¹ bju²

海 中 边 无 智 光 明 得 也。 边

[illegible] [illegible] [illegible] [illegible] [illegible] [illegible] [illegible] [illegible] [illegible]

mjij¹ kja² kha¹ tśhja² ·ioow¹ tshjiij¹ mjij¹ sji¹ mjijr²

无 劫 中 功 德 说 无 尽 者

海中得无边智光明故。无边劫中说功德无尽者，

1.21.1

[illegible]， [illegible] [illegible] [illegible] [illegible] [illegible]。 [illegible] [illegible] [illegible] [illegible]

ŋwu² nwə ŋwo² gji¹ sej¹ ljɨ¹ tshọ² ŋa¹ kiej² rjir²

是， 辩 才 清 净 也。 虚 空 界 与

[illegible] [illegible] [illegible]， [illegible] [illegible]① [illegible] [illegible] [illegible] [illegible]

① 西夏文"[illegible]"，本义为"窥""察""观"等，本卷多与"行""缘"等对译。

ka¹ ŋwu² mjijr² sjịj² thjuu¹ lew² mjɨɨ² gji¹ sej¹

等 是 者, 智 行 所 境 清 净

辩才清净故。等虚空界者,智所行境清净

1.21.2

[illegible]。 [illegible] [illegible] [illegible] [illegible] [illegible] [illegible], [illegible] [illegible] [illegible]

ljɨ¹ bju¹ gjị² lew² mjij¹ mjijr² ŋwu² rjur¹ kjɨ¹ dzu¹

也。 依 靠 所 无 者 是, 世 △ 乐

[illegible] [illegible] [illegible] [illegible] [illegible]。 [illegible] [illegible] [illegible] [illegible]

bju¹ tsə̣¹ ljụ² śja² ljɨ¹ wər² ka² njwi² mjijr²

随 色 身 现 也。 翳 离 能 者

故。无所依者,随世意乐现色身故。能离翳者,

1.21.3

[illegible], [illegible] [illegible] [illegible] [illegible] [illegible] [illegible] [illegible]。 [illegible] [illegible]

ŋwu² dźiã² tśhju¹ kiẹj² mjij¹ nwə¹ tsjij² ljɨ¹ tshọ² ŋa¹

是, 情 有 界 无 知 了 也。 虚 空

[illegible] [illegible] [illegible] [illegible], [illegible] [illegible] [illegible] [illegible] [illegible]

sjịj² zjɨr¹ mjijr² ŋwu² bji¹ swew¹ rer² wjạ² tsjiir¹

智 慧 者 是, 光 明 网 放 法

了知无有众生界故。虚空智慧者,放光明网遍法

1.21.4

[illegible] [illegible] [illegible]。 [illegible] [illegible] [illegible] [illegible] [illegible] [illegible], [illegible]

kiẹj² njɨ² ljɨ¹ zji² dźjwa¹ mjij¹ sej¹ mjijr² ŋwu² zji²

界 遍 也。 究 竟 寂 静 者 是, 最

[illegible] [illegible] [illegible] [illegible] [illegible]。 [illegible] [illegible] [illegible] [illegible]

kha¹ njiij¹ mjij¹ sej¹ ljɨ¹ thow¹ lo¹ dzji¹ ŋowr²

中 心 寂 静 也。 陀 罗 尼 一

界故。究竟寂静者,最寂静心故。一切陀罗尼

1.21.5

[illegible] [illegible] [illegible] [illegible] [illegible] [illegible] [illegible] [illegible], [illegible] [illegible] ŋowr^{2} sjwɨ^{1} tsjiir^{2} sjịj^{2} mjɨɨ^{2} kięj^{2} mjijr^{2} ŋwu^{2} sã^{1} mo^{2}

切 种 性 智 境 界 者 是， 三 摩

[illegible] [illegible] [illegible] [illegible] [illegible] [illegible] [illegible] [illegible]， [illegible]

thji^{2} ɣa^{2} kjir^{1} ·jiw^{2} ɣię^{2} mjij^{1} mjijr^{2} ŋwu^{2} mej^{1}

地 于 勇 猛 碍 无 者 是， 眼

种性智境界者，于三摩地①勇猛无畏②者，眼

1.21.6

[illegible] [illegible] [illegible] [illegible] [illegible] [illegible] [illegible] [illegible] [illegible]， [illegible]

tsjiir^{1} kięj^{2} dźjiij^{1} thja^{2} bju^{2} ljow^{2} sji^{1} mjijr^{2} ŋwu^{2} tsjiir^{1}

法 界 住 其 边 际 尽 者 是， 法

[illegible] [illegible] [illegible] [illegible] [illegible] [illegible] [illegible] [illegible] [illegible]，

ŋowr^{2} ŋowr^{2} ɣa^{2} rjir^{1} lew^{2} mjij^{1} dźjiij^{1} mjijr^{2} ŋwu^{2}

一 切 于 得 所 无 住 者 是，

住法界尽其际者，于一切法住无所得者，

1.22.1

[illegible] [illegible] [illegible] [illegible] [illegible] [illegible] [illegible] [illegible]， [illegible] [illegible]

bju^{2} mjij^{1} sjịj^{2} ŋjow^{2} dźjij^{1} daa^{2} mjijr^{2} ŋwu^{2} sjịj^{2} tjịj^{1}

边 无 智 海 游 行 者 是， 智 彼

[illegible] [illegible] [illegible] [illegible]， [illegible] [illegible] [illegible] [illegible] [illegible]

rewr^{2} njɨ^{2} mjijr^{2} ŋwu^{2} pa^{2} rja^{2} po^{1} lo^{1} bjii^{2}

岸 度 者 是， 般 若 波 罗 蜜

游无边智海者，已度智彼岸者，般若波罗蜜

1.22.2

[illegible] [illegible] [illegible]， [illegible] [illegible] [illegible] [illegible] [illegible] [illegible] [illegible]

tow^{1} mjijr^{2} ŋwu^{2} pa^{2} zja^{2} po^{1} lo^{1} bjii^{2} tow^{1} rjur^{1}

多 者 是， 般 若 波 罗 蜜 多 世

① 三摩地，梵文 Samādhi，旧称“三昧”“三摩提”“三摩帝”等，新称“三么地”“三昧地”。译曰“定”“等持”“正定”“一境性”。藏文译作 ting nge'dzin，义为“定”“等持”。此处“[illegible]”，对译“三摩地”，西夏文献或译作“[illegible]”（sja^{1} mja^{1} tji^{2}）。

② 无畏，西夏文译作“[illegible]”，即“无碍”。

[Tangut ×9]

kha^1 ŋowr^2 ŋowr^2 po^1 lo^1 bjii^2 tow^1 ɣa^2 njɨ^2

间 一 切 波 罗 蜜 多 于 到

多①者,般若波罗蜜多到一切世间波罗蜜

1.22.3

[Tangut ×10]

mjijr^2 ŋwu^2 sã^1 mo^2 thji^2 tjịj^1 rewr^2 ɣa^2 ·jij^1 dzju^2

者 是, 三 摩 地 彼 岸 于 自 在

[Tangut ×9]

rjir^2 mjijr^2 ŋwu^2 nioow^1 ŋwə^1 ·jir^2 phji^2 khjiw^2 dzji^1

得 者 是。 复 五 百 比 丘 尼

者,于三摩地彼岸得自在者。复有五百比丘尼

1.22.4

[Tangut ×10]

ljịj^2 thja^2 mjiij^2 tja^1 mo^2 xa^1 po^1 śja^1 po^1 thji^1

来, 其 名 者 摩 诃 波 阇 波 提

[Tangut ×9]

phji^2 khjiw^2 dzji^1 khju^2 tha^2 mji^1 phji^2 khjiw^2 dzji^1

比 丘 尼、 瞿 昙 弥 比 丘 尼、

俱②,其名曰摩诃波阇波提③比丘尼、瞿昙弥④比丘尼、

1.22.5

[Tangut ×10]

---

① 般若波罗蜜多,梵文 Prajñā pāramitā,“般若”译为智慧,“波罗蜜”译为“度”或“到彼岸”。照了实相之智慧,为度生死此岸而至涅槃彼岸之船筏,故谓之波罗蜜。“般若波罗蜜”,于六波罗蜜及十波罗蜜中,皆为第六波罗蜜。《般若波罗蜜经》中,虽说六波罗蜜,然以般若为诸波罗蜜中之最第一,故特标般若波罗蜜之名。译自汉文的西夏文本往往译作“[Tangut]”,译自藏文的文本,其梵题音译作“[Tangut]·[Tangut]”,如西夏文《佛说圣佛母般若波罗蜜多心经》(инв.№ 6360)。乾祐二十年(1189年)仁宗校译本《观弥勒菩萨上生兜率天经》(инв. № 941)有“檀波罗蜜”,音译梵文 Dānapāramitā,西夏文译作“[Tangut]”。六波罗蜜之一,又十波罗蜜之一。“檀那”,义为“布施”或“施主”,以财或法施与人也,谓度生死海而到涅槃彼岸之行法也,布施即其行法之一。

② 俱,西夏文译作“[Tangut]”,义为“来”。下同。

③ 摩诃波阇波提,梵文 Mahāprajāpati,译曰“大爱道”“大生主”,佛之姨母名。这里西夏文为音译。

④ 瞿昙弥,梵文 Gautami,又译作“俱昙弥”“憍昙弥”。这里西夏文为音译。

no^{2} rejr^{2} phji^{2} khjiw^{2} dzji^{1} ·jiw^{2} po^{1} lo^{1} wja̱^{1} phji^{2}

安 乐 比 丘 尼、 优 钵 罗 华 比

[illegible] [illegible]、 [illegible] [illegible] [illegible] [illegible] [illegible] [illegible] [illegible]、

khjiw^{2} dzji^{1} ɣa^{1} khju^{2} thã^{1} mji^{1} phji^{2} khjiw^{2} dzji^{1}

丘 尼、 瘦 瞿 昙 弥 比 丘 尼、

安隐①比丘尼、优钵罗华比丘尼、瘦瞿昙弥比丘尼、

1.22.6

[illegible] [illegible] [illegible] [illegible] [illegible] [illegible] [illegible] [illegible]， [illegible] [illegible]

·ja^{2} śjuu^{1} thow^{1} lo^{1} phji^{2} khjiw^{2} dzji^{1} njɨ^{2} phju^{2} ɣu^{1}

耶 输 陀 罗 比 丘 尼 等， 上 首

[illegible]。 [illegible] [illegible] [illegible] [illegible] [illegible] [illegible] [illegible]， [illegible]

we^{2} nioow^{1} ŋwə^{1} ·jir^{2} ·jiw^{2} pho^{1} se^{2} lji̱j^{2} thja^{1}

为。 复 五 百 优 婆 塞 来， 其

耶输陀罗比丘尼等，而为上首。复有五百优婆塞②俱，其

1.23.1

[illegible] [illegible] [illegible] [illegible] [illegible] [illegible] [illegible] [illegible]、 [illegible] [illegible]

mjiij^{2} tja^{1} neew^{2} pju^{1} tśhja^{2} ·jiw^{2} pho^{1} se^{2} mə^{1} pju^{1}

名 者 善 威 德 优 婆 塞、 天 威

[illegible] [illegible] [illegible] [illegible]、 [illegible] [illegible] [illegible] [illegible] [illegible]、

tśhja^{2} ·jiw^{2} pho^{1} se^{2} zjɨr^{1} bji^{1} ·jiw^{2} pho^{1} se^{2}

德 优 婆 塞、 慧 光 优 婆 塞、

名曰善威德优婆塞、天威德优婆塞、慧光优婆塞、

1.23.2

[illegible] [illegible] [illegible] [illegible] [illegible] [illegible] [illegible]、 [illegible] [illegible] [illegible]

mjiij^{2} dźjwow^{1} pju^{1} tśhja^{2} ·jiw^{2} pho^{1} se^{2} mjiij^{2} dźjwow^{1} gjiij^{1}

名 称 威 德 优 婆 塞、 名 称 超

---

① 安隐，西夏文译作“[illegible][illegible]”，常用义为“安乐”。下同。

② 优婆塞，梵文 Upāsaka，旧称“优婆塞”“伊蒲塞”，新称“邬波索迦”“优波娑迦”“邬波塞迦”等，译曰“清信士”“近事男”“善宿男”等。亲近奉事三宝之义。总称受五戒之男子，四众之一，七众之一。藏文译作 dge bsnyen，与之对应的西夏文作“[illegible][illegible]”，义为“近善”。

[illegible]	[illegible]	[illegible]	[illegible]	[illegible]	[illegible]、	[illegible]	[illegible]	[illegible]
dzjịj^{1}	pju^{1}	tśhja^{2}	·jiw^{2}	pho^{1}	se^{2}	neew^{2}	zjɨr^{1}	·jiw^{2}
出	威	德	优	婆	塞、	善	慧	优

名称威德优婆塞、超名称威德优婆塞、善慧优

1.23.3

[illegible]	[illegible]、	[illegible]	[illegible]	[illegible]	[illegible]	[illegible]、	[illegible]	[illegible]	[illegible]
pho^{1}	se^{2}	lhjị^{2}	tśhja^{2}	·jiw^{2}	pho^{1}	se^{2}	lhjị^{2}	njiij^{1}	ljɨj^{2}
婆	塞、	月	德	优	婆	塞、	月	心	喜
[illegible]	[illegible]	[illegible]、	[illegible]	[illegible]	[illegible]	[illegible]	[illegible]	[illegible]、	
·jiw^{2}	pho^{1}	se^{2}	ljịj^{2}	njiij^{1}	ljɨj^{2}	·jiw^{2}	pho^{1}	se^{2}	
优	婆	塞、	大	心	喜	优	婆	塞、	

婆塞、月德优婆塞、月欢喜优婆塞、大欢喜优婆塞、

1.23.4

[illegible]	[illegible]	[illegible]	[illegible]	[illegible]	[illegible]、	[illegible]	[illegible]	[illegible]	[illegible]
lo^{1}	xew^{1}	mee^{2}	·jiw^{2}	pho^{1}	se^{2}	ljịj^{2}	mee^{2}	·jiw^{2}	pho^{1}
罗	睺	贤	优	婆	塞、	大	贤	优	婆
[illegible]	[illegible]，	[illegible]	[illegible]	[illegible]。	[illegible]	[illegible]	[illegible]	[illegible]	
se^{2}	njɨ^{2}	phju^{2}	ɣu^{1}	we^{2}	nioow^{1}	ŋwə^{1}	·jir^{2}	·jiw^{2}	
塞	等，	上	首	为。	复	五	百	优	

罗睺贤优婆塞、大贤优婆塞等，而为上首。复有五百优

1.23.5

[illegible]	[illegible]	[illegible]，	[illegible]	[illegible]	[illegible]	[illegible]	[illegible]	[illegible]	[illegible]
pho^{1}	·ji^{1}	ljịj^{2}	thja^{1}	mjiij^{2}	tja^{1}	ljịj^{2}	bji^{1}	·jiw^{2}	pho^{1}
婆	夷	来，	其	名	者	大	光	优	婆
[illegible]、	[illegible]	[illegible]	[illegible]	[illegible]	[illegible]、	[illegible]	[illegible]	[illegible]	
·ji^{1}	neew^{2}	bji^{1}	·jiw^{2}	pho^{1}	·ji^{1}	neew^{2}	ljụ^{2}	·jiw^{2}	
夷、	善	光	优	婆	夷、	善	身	优	

婆夷①俱，其名曰大光优婆夷、善光优婆夷、善身优

1.23.6

[illegible]	[illegible]、	[illegible]	[illegible]	[illegible]	[illegible]	[illegible]	[illegible]、	[illegible]	[illegible]
pho^{1}	·ji^{1}	lju̥^{2}	dzu^{1}	lew^{2}	·jiw^{2}	pho^{1}	·ji^{1}	mee^{2}	tśhja^{2}
婆	夷、	身	乐	可	优	婆	夷、	贤	德
[illegible]	[illegible]	[illegible]、	[illegible]	[illegible]	[illegible]	[illegible]	[illegible]、	[illegible]	
·jiw^{2}	pho^{1}	·ji^{1}	lhji̥^{2}	bji^{1}	·jiw^{2}	pho^{1}	·ji^{1}	bji^{1}	
优	婆	夷、	月	光	优	婆	夷、	光	

婆夷、可乐身优婆夷、贤德优婆夷、月光优婆夷、光

1.24.1

[illegible]	[illegible]	[illegible]	[illegible]、	[illegible]	[illegible]	[illegible]	[illegible]	[illegible]、	[illegible]
swew^{1}	·jiw^{2}	pho^{1}	·ji^{1}	ɣie̥^{2}	bji^{1}	·jiw^{2}	pho^{1}	·ji^{1}	neew^{2}
明	优	婆	夷、	胜	光	优	婆	夷、	善
[illegible]	[illegible]	[illegible]	[illegible]	[illegible]，	[illegible]	[illegible]	[illegible]。	[illegible]	
mej^{1}	·jiw^{2}	pho^{1}	·ji^{1}	nji̵^{2}	phju^{2}	ɣu^{1}	we^{2}	nioow^{1}	
眼	优	婆	夷	等，	上	首	为。	及	

明优婆夷、胜光优婆夷、善眼优婆夷等，而为上首。及

1.24.2

[illegible]	[illegible]	[illegible]	[illegible]	[illegible]、	[illegible]	[illegible]、	[illegible]	[illegible]	[illegible]、
dzjij^{2}	mji̵^{1}	pju̥^{1}	ŋwə^{1}	we^{1}	·ja^{2}	tśhia^{1}	khjã^{2}	tha^{2}	pho^{1}
余	无	量	天	龙、	夜	叉、	乾	闼	婆、
[illegible]	[illegible]	[illegible]、	[illegible]	[illegible]	[illegible]、	[illegible]	[illegible]	[illegible]、	
·a	sew^{2}	lo^{1}	kja^{1}	lew^{1}	lo^{1}	kjĩ^{1}	no^{1}	lo^{1}	
阿	修	罗、	迦	楼	罗、	紧	那	罗、	

余无量天龙、夜叉、乾闼婆、阿修罗、迦楼罗、紧那罗、

---

① 优婆夷，梵文 Upāsikā，旧称"优波夷""优婆斯"，新称"邬婆斯迦""优波赐迦"等，译曰"清净女""清信女""近善女""近事女"等。亲近奉事三宝之义。总称受五戒之女子，四众之一，七众之一。藏文译作 dge bsnyen ma，与之对应的西夏文作"[illegible]"，义为"近善女"。

1.24.3

[illegible]

mo^{2} xew^{1} lo^{1} khja^{2} njɨ^{2} ·wiọ^{1} tśjɨ̣^{1} dzjwɨ̣^{1} rejr^{2} thjoo^{1}

摩 睺 罗 伽 等, 围 绕 恭 敬, 妙

[illegible]

tsjiir^{1} nẹ^{1} tshjiij^{1} thjɨ^{2} tja^{1} sọ^{1} dzjɨj^{1} wer^{1} ljwu^{2}

法 演 说。 此 者 三 律 仪 会、

摩睺罗伽等,围绕恭敬,而为说法。所谓广说三律仪品、

1.24.4

[illegible]

mjor^{1} ljịj^{2} ŋowr^{2} ŋowr^{2} rjur^{1} phji^{1} nej^{2} ja^{2} tsjiir^{1} wạ^{2}

如 来 一 切 之 毗 奈 耶 法 广

[illegible]

tshjiij^{1} rjur^{1} tshjɨ^{1} tsjij^{2} dźjɨ ŋowr^{2} ŋowr^{2} dźju^{1} sjwij^{1}

说, 诸 菩 萨 行 一 切 显 明,

一切如来毗奈耶法,开现一切诸菩萨行,

1.24.5

[illegible]

tsjiir^{1} rjur^{1} sej^{1} swew^{1} rjur^{1} tsjiir^{1} ɣa^{1} ·o^{2} tha^{1} lhjij

法 界 照 明 诸 法 门 入, 佛 刹

[illegible]

ŋowr^{2} ŋowr^{2} śjwo^{2} tshjịj^{2} njwi^{2} rjur^{1} dow^{1} ljɨ̣^{1} dźjwu^{1}

一 切 庄 严 能, 诸 邪 论 摧,

明照法界入诸法门,能净①庄严一切佛刹,摧诸邪论,

1.24.6

[illegible]

ljiij^{2} ljwịj^{1} rjur^{1} jar^{2} dźiã^{2} tśhju^{1} rjur^{1} rjur^{1} njiij^{1} ljɨ̣j^{2}

① 西夏本此处无“净”字的对应文字。

魔　怨　降　伏，　情　有　界　之　心　喜

[illegible]

rjir² phji¹ dźiã² tśhju¹ rjur¹ bo¹ lạ¹ njiij¹ phie²

得　令。　情　有　之　林　稠　心　开

降伏魔怨，令众生界心得欢喜。开晓有情稠林①之心，

1.25.1

[illegible]

tsjij² dźiã² tśhju¹ rjur¹ njiij¹ bju¹ tsjiir¹ phie² tshjiij¹ ·wji¹

晓，　情　有　之　意　随　法　宣　说　为，

[illegible]

dźiã² tśhju¹ rjur¹ rjur¹ tśhji² phie² neej² dźju¹ sjwij¹

情　有　之　诸　根　开　示　显　明，

随众生意而为宣说。开示照耀众生诸根，

1.25.2

[illegible]

gjij¹ njij² tshwew¹ phji¹

殊　倍　趣　令。

令其转趣。

汉文本

如是等菩萨摩诃萨八千人俱，皆悉安住普贤愿行。所行无著者，普遍一切诸佛刹故。变无边身者，亲近一切佛如来故。所缘无际限境界清净者，了知一切佛神变故。趣无量者，往诣诸佛现等觉处无休息故。无边光明者，于一切法实相海中得无边智光明故。无边劫中说功德无尽者，辩才清净故。等虚空界者，智所行境清净故。无所依者，随世意乐现色身故。能离翳者，了知无有众生界故。虚空智慧者，放光明网遍法界故。究竟寂静者，最寂静心故。一切陀罗尼种性智境界者，于三摩地勇猛无畏者，眼住法界尽其际者，于一切法住无所得者，游无边智海者，已度智彼岸者，般若波罗蜜多者，般若波罗蜜多到一切世间波罗蜜者，于三摩地彼岸得自在者。

复有五百比丘尼俱，其名曰摩诃波阇波提比丘尼、瞿昙弥比丘尼、安隐比丘尼、优钵罗华比丘尼、瘦瞿昙弥比丘尼、耶输陀罗比丘尼等，而为上首。复有五百优婆塞俱，其名曰善威德优婆塞、天威德优

① 稠林，也作“密林”，西夏文译作“[illegible]”，“[illegible]”字有“厚”“密”之意。

婆塞、慧光优婆塞、名称威德优婆塞、超名称威德优婆塞、善慧优婆塞、月德优婆塞、月欢喜优婆塞、大欢喜优婆塞、罗睺贤优婆塞、大贤优婆塞等,而为上首。复有五百优婆夷俱,其名曰大光优婆夷、善光优婆夷、善身优婆夷、可乐身优婆夷、贤德优婆夷、月光优婆夷、光明优婆夷、胜光优婆夷、善眼优婆夷等,而为上首。及余无量天龙、夜叉、乾闼婆、阿修罗、迦楼罗、紧那罗、摩睺罗伽等,围绕恭敬,而为说法。所谓广说三律仪品,一切如来毗奈耶法,开现一切诸菩萨行,明照法界入诸法门,能净庄严一切佛刹,摧诸邪论,降伏魔怨,令众生界心得欢喜。开晓有情稠林之心,随众生意而为宣说。开示照耀众生诸根,令其转趣。

1.25.3

[illegible]	[illegible],	[illegible]	[illegible]	[illegible]	[illegible]	[illegible]	[illegible],	[illegible]	[illegible]
kja^{1}	ja^{1}	pjụ^{1}	tja^{1}	ma^{2}	ŋạ^{2}	kja^{1}	śja^{1}	dzuu^{2}	tjị^{2}
尔	时,	尊	者	摩	诃	迦	叶,	坐	从
[illegible]	[illegible],	[illegible]	[illegible]	[illegible]	[illegible],	[illegible]	[illegible]	[illegible]	
·a	wor^{1}	zjɨ̣^{1}	·wạ^{1}	pha^{1}	gjwi^{2}	tśier^{1}	ŋwer^{2}	ljɨ̣^{1}	
△	起,	左	肩	偏	服,	右	膝	地	

尔时,尊者摩诃迦叶,从坐而起,偏袒右肩①,右膝着地,

1.25.4

[illegible],	[illegible]	[illegible]	[illegible]	[illegible],	[illegible]	[illegible]	[illegible]	[illegible]:	[illegible]
zjịj^{1}	tha^{1}	rjijr^{2}	pjạ^{1}	phjoo^{2}	tha^{1}	rjur^{1}	dạ^{2}	·jɨ^{2}	rjur^{1}
着,	佛	向	合	掌,	佛	之	言	谓:	世
[illegible],	[illegible]	[illegible]	[illegible]	[illegible],	[illegible]	[illegible]	[illegible]	[illegible]	
pjụ^{1}	tjij^{1}	rjur^{1}	dźiā^{2}	tśhju^{1}	njiij^{1}	tsjiir^{1}	ɣa^{2}	ɣie^{1}	
尊,	若	诸	情	有,	心	法	于	力	

合掌向佛,白佛言:世尊,若诸众生,求于佛法力

1.25.5

[illegible]	[illegible]	[illegible]	[illegible],	[illegible]	[illegible]	[illegible]	[illegible]	[illegible]	[illegible]
le^{2}	mjij^{1}	kjụ^{1}	tja^{1}	wa^{2}	sju^{2}	tsjiir^{1}	ɣjiw^{1}	ɣiwej^{1}	ku^{1}
畏	无	求	者,	何	如	法	摄	受	则
[illegible]	[illegible]	[illegible]?	[illegible]	[illegible]	[illegible]	[illegible]	[illegible]	[illegible]	
djọ^{2}	dźjịj^{1}	ljɨ^{1}	wa^{2}	sju^{2}	tsjiir^{1}	ɣjiw^{1}	ɣiwej^{1}	ku^{1}	

① 偏袒右肩,西夏文字面意思是“左肩偏服”。

修	行	也?	何	如	法	摄	受	则

无畏者,摄受何法而修行之?摄受何法

1.25.6

[illegible]	[illegible]	[illegible]	[illegible]	[illegible]	[illegible]	[illegible]	[illegible]	[illegible]	[illegible]?
rjur^{1}	mjor^{1}	ljịj^{2}	rjur^{1}	tśja^{1}	lhu^{1}	dzja^{1}	śjɨj^{1}	we^{1}	ljɨ^{1}
诸	如	来	之	道	增	长	成	熟	也?
[illegible]	[illegible]	[illegible]	[illegible]	[illegible]	[illegible]	[illegible]	[illegible]	[illegible],	
wa^{2}	sju^{2}	tsjiir^{1}	ɣjiw^{1}	ɣiwej^{1}	ku^{1}	rjur^{1}	tśhja^{2}	·ioow^{1}	
何	如	法	摄	受	则	诸	德	功,	

增长成熟诸如来道?摄受何法取诸功德,

1.26.1

[illegible]	[illegible]	[illegible]	[illegible]	[illegible]	[illegible]	[illegible]	[illegible]	[illegible]	[illegible]
lhu^{1}	dzja^{1}	·a	duu^{2}	tow^{1}	lo^{1}	sã^{1}	mjiw^{2}	sã^{1}	po^{1}
增	长	阿	耨	多	罗	三	藐	三	菩
[illegible]	[illegible]	[illegible],	[illegible]	[illegible]	[illegible]	[illegible]	[illegible]?	[illegible]	
tjɨj^{1}	ljạ^{1}	·o^{2}	mjij^{1}	lhjii^{1}	lhjwo^{1}	rjir^{1}	ljɨ^{1}	tha^{1}	
提	证	入,	不	退	转	得	也?	佛	

增长证入阿耨多罗三藐三菩提①,得不退转?佛

1.26.2

[illegible]	[illegible]	[illegible]	[illegible]	[illegible]	[illegible]:	[illegible]	[illegible]!	[illegible]	[illegible]!
ljịj^{2}	kja^{1}	śja^{1}	rjur^{1}	dạ^{2}	·jɨ^{2}	tjij^{2}	rjijr^{2}	tjij^{2}	rjijr^{2}
大	迦	叶	之	言	谓:	善	哉!	善	哉!
[illegible]	[illegible],	[illegible]	[illegible]	[illegible]	[illegible]	[illegible],	[illegible]	[illegible]	
kja^{1}	śja^{1}	nji^{2}	sjij^{1}	dja^{2}	·jɨr^{1}	tja^{1}	rjur^{1}	kha^{1}	
迦	叶,	汝	今	△	问	者,	世	间	

告大迦叶言:善哉!善哉!迦叶,汝今所问,

---

① 阿耨多罗三藐三菩提,梵文 Anuttara samyak saṃbodhi,义为"无上正遍知",西夏文译作"[illegible]"。其中汉文本"藐",西夏文用"[illegible]"(mjiw^{2})对译,此为仁宗校译本的译法,惠宗初译本往往译作"[illegible]"(bia^{1})。

1.26.3

[illegible]	[illegible]	[illegible]	[illegible]	[illegible]。	[illegible]	[illegible]	[illegible]	[illegible]	[illegible]
rjur^{1}	njij^{2}	śjow^{1}	no^{2}	rejr^{2}	wo^{2}	gjịj^{1}	njiij^{1}	mə^{1}	rjur^{1}
于	哀	悯	安	乐。	义	利	人	天	之
[illegible]	[illegible]	[illegible]	[illegible],	[illegible]	[illegible]	[illegible]	[illegible]	[illegible]	
mjii^{2}	ɣie^{2}	no^{2}	rejr^{2}	nioow^{1}	tha^{1}	do^{2}	thjɨ^{2}	sju^{2}	
饶	益	安	乐,	乃	佛	于	是	如	

多所安隐,哀悯世间。义利饶益安乐人天,乃能问佛如是

1.26.4

[illegible]	[illegible]	[illegible]	[illegible]①。	[illegible]	[illegible]	[illegible]	[illegible],	[illegible]	[illegible]
da̱^{2}	·jɨr^{1}	njwi^{2}	nja^{2}	nji^{2}	sjij^{1}	djị^{2}	nji^{2}	njiij^{1}	tjị^{1}
事	问	能	△。	汝	今	谛	听,	心	善
[illegible]	[illegible],	[illegible]	[illegible]	[illegible]	[illegible]	[illegible]	[illegible]	[illegible]	
lə	lew^{2}	ŋa^{2}	sjij^{1}	nji^{2}	rjur^{1}	phjo^{2}	kar^{2}	tshjiij^{1}	
思	应,	吾	今	汝	于	分	别	说	

之事。汝今谛听,善思念之,吾当为汝分别解说。

1.26.5

[illegible]	[illegible]。	[illegible]	[illegible]	[illegible]	[illegible]	[illegible]	[illegible]	[illegible]	[illegible],
·wji^{1}	nja^{2}	dzjɨj^{1}	ljịj^{2}	kja^{1}	śja^{1}	nioow^{1}	rjur^{1}	ljịj^{2}	·ji^{1}
为	△。	时	大	迦	叶	及	诸	大	众,
[illegible]	[illegible]	[illegible]	[illegible]。	[illegible]	[illegible]	[illegible]	[illegible]	[illegible]:	
dzju^{1}	nji^{2}	bju^{1}	lhjịj^{2}	tha^{1}	kja^{1}	śja^{1}	rjur^{1}	·jɨ^{2}	
教	听	依	受。	佛	迦	叶	之	谓:	

时大迦叶及诸大众,受教而听。佛告迦叶:

1.26.6

[illegible]	[illegible]	[illegible]	[illegible],	[illegible]	[illegible]	[illegible]	[illegible]	[illegible]	[illegible]
tjij^{1}	rjur^{1}	dźiã^{2}	tśhju^{1}	tha^{1}	rjur^{1}	sjịj^{2}	zjɨr^{1}	ɣie^{1}	le^{2}

① [illegible],人称呼应后缀,与第二人称单数“[illegible]”呼应。

若 诸 情 有， 佛 之 智 慧 力 畏

[illegible] [illegible] [illegible]， [illegible] [illegible] [illegible] [illegible]， [illegible] [illegible]

mjij^{1} kjụ^{1} tja^{1} thja^{1} njɨ^{2} dźiã^{2} tśhju^{1} zjɨɨr^{1} zjịj^{1}

无 求 者， 是 等 情 有， 少 略

若诸众生，求佛智慧力无畏者，是等众生，

1.27.1

[illegible] [illegible] [illegible] [illegible]， [illegible] [illegible] [illegible] [illegible] [illegible] [illegible]

rjir^{2} lew^{2} tsjiir^{1} mjij^{1} bju^{1} gjị^{2} lew^{2} mjij^{1} rjur^{1} neew^{2}

得 可 法 无， 依 倚 所 无 诸 善

[illegible] [illegible] [illegible]。 [illegible] [illegible]， [illegible] [illegible] [illegible] [illegible]

tśhji^{2} ljị^{1} ljɨ^{1} kja^{1} śja^{1} tshjɨ^{1} tsjij^{2} rjɨr^{2} njɨ^{2}

根 种 也。 迦 叶， 菩 萨 乃 至

无有少法为其可得，无所依倚种诸善根。迦叶，菩萨乃至

1.27.2

[illegible] [illegible] [illegible] [illegible] [illegible] [illegible] [illegible] [illegible] [illegible] [illegible]

·a duu^{2} tow^{1} lo^{1} sã^{1} mjiw^{2} sã^{1} po^{1} tjɨj^{1} kjụ^{1}

阿 耨 多 罗 三 藐 三 菩 提 求

[illegible]， [illegible] [illegible] [illegible] [illegible] [illegible] [illegible] [illegible]。 [illegible]

zjịj^{1} rjir^{1} lew^{2} dju^{1} ku^{1} sjiij^{2} zjịj^{1} ljɨ^{1} tjij^{1}

时， 得 所 有 即 想 着 也。 若

求于阿耨多罗三藐三菩提时，有所得者即为着想。若

1.27.3

[illegible] [illegible]， [illegible] [illegible] [illegible] [illegible] [illegible] [illegible] [illegible] [illegible]

sjiij^{2} zjịj^{1} ku^{1} tha^{1} tsjiir^{1} rjɨr^{2} nioow^{1} dźiəj^{2} lheew^{2} sjiij^{2}

想 着， 则 佛 法 以 外 为 有 想

[illegible]， [illegible] [illegible] [illegible] [illegible] [illegible] [illegible] [illegible] [illegible]，

śjwo^{1} dźiəj^{2} lheew^{2} rjɨr^{2} nioow^{1} dźiəj^{2} mə̣^{1} sjiij^{2} śjwo^{1}

起， 为 有 以 外 为 无 想 起，

着想者，于佛法外起有为想，于有为外起无为想，

1.27.4

[illegible]①	[illegible]	[illegible]	[illegible]	[illegible]	[illegible]	[illegible]	[illegible]	[illegible]	[illegible]
tjij^1	tha^1	tsjiir^1	ɣa^2	sjiij^2	zjịj^1	gu^1	śjwo^1	nioow^1	tsjij^2
若	佛	法	于	想	着	起	生	及	解
[illegible]	[illegible]。	[illegible]	[illegible]	[illegible]	[illegible]，	[illegible]	[illegible]	[illegible]	
zow^2	śjwo^1	tsjij^2	zow^2	śjwo^1	zjịj^1	tha^1	tsjiir^1	kha^1	
执	起。	解	执	起	时，	佛	法	中	

即于佛法而生想着及起解执。起解执时，于佛法中

1.27.5

[illegible]	[illegible]	[illegible]	[illegible]，	[illegible]	[illegible]	[illegible]	[illegible]	[illegible]	[illegible]
dwuu^2	dźjiij^1	mjij^1	dźjɨɨr^1	thjɨ^2	nioow^1	thja^1	njiij^1	zji^2	phju^2
密	住	不	舍，	此	故	是	人	无	上
[illegible]	[illegible]	[illegible]	[illegible]	[illegible]。	[illegible]	[illegible]	[illegible]？	[illegible]	
tha^1	tśja^1	kjụ^1	mjijr^2	njaa^2	thjij^2	sjo^2	ljɨ^1	tha^1	
佛	道	求	者	非。	何	云	也？	佛	

坚②住不舍，当知是人不名为向无上佛道。何以故？以于佛

1.27.6

[illegible]	[illegible]	[illegible]	[illegible]	[illegible]	[illegible]	[illegible]	[illegible]	[illegible]，	[illegible]
tsjiir^1	ɣa^2	sjiij^2	śjwo^1	ŋa^2	zow^2	·jɨr^2	djọ^2	dźjij^1	ku^1
法	于	想	起	我	执	勤	修	行，	则
[illegible]	[illegible]	[illegible]	[illegible]	[illegible]	[illegible]	[illegible]	[illegible]	[illegible]	
ŋa^2	zow^2	rjir^2	śjwɨ^1	śjwɨ^1	bju^1	śjij^1	dźjɨɨr^1	ka^2	
我	执	与	时	时	应	顺	舍	离	

法起想执我而作勤修，则与我执数相应故而不舍离，

1.28.1

[illegible]	[illegible]，	[illegible]	[illegible]	[illegible]	[illegible]	[illegible]	[illegible]	[illegible]。	[illegible]

① [illegible]，义为“若”，汉文本作“即”。下文 1.31.4 同。

② 坚，西夏文译作“[illegible]”，义为“密”，恐误，当译作“[illegible]”（tshew^2）。

mjɨ^{1} njwi^{2} phjo^{2} kar^{2} rjur^{1} phjo^{2} kar^{2} lew^{2} we^{2} phjo^{2}

不 能， 分 别 之 分 别 所 为。 分

[illegible] [illegible] [illegible] [illegible] [illegible] [illegible]， [illegible] [illegible] [illegible]

kar^{2} rjur^{1} phjo^{2} kar^{2} khjɨj^{1} ŋwu^{2} ku^{1} tśjuu^{1} lew^{2}

别 之 分 别 处 是， 则 害 所

则分别所分别。由是分别所分别处，则为所害。

1.28.2

[illegible]。 [illegible] [illegible] [illegible] [illegible] [illegible] [illegible]， [illegible] [illegible] [illegible]

we^{2} tśjuu^{1} lew^{2} we^{2} ku^{1} ljwɨ̣^{1} ljwɨ̣^{1} tjij^{1} ljwɨ̣^{1} ljwɨ̣^{1}

为。 害 所 为 则 驰 骋， 若 驰 骋

[illegible] [illegible] [illegible] [illegible]， [illegible] [illegible] [illegible] [illegible] [illegible]

ku^{1} dźiə^{2} dziej^{2} dju^{1} tjij^{1} dźiə^{2} dziej^{2} ku^{1} sa^{2}

则 流 转 有， 若 流 转 则 贯

若为所害则便驰骋①，若驰骋者则有流转，若流转者则有贯

1.28.3

[illegible] [illegible]， [illegible] [illegible] [illegible] [illegible] [illegible] [illegible] [illegible]， [illegible]

tsjiij^{2} dju^{1} sa^{2} tsjiij^{2} dju^{1} ku^{1} la̱^{1} sjiij^{2} dju^{1} la̱^{1}

穿 有， 接 贯 有 则 妄 想 有， 妄

[illegible] [illegible] [illegible] [illegible] [illegible] [illegible]， [illegible] [illegible] [illegible]

sjiij^{2} dju^{1} ku^{1} phjo^{2} kar^{2} dju^{1} phjo^{2} kar^{2} dju^{1}

想 有 则 分 别 有， 分 别 有

穿，有贯穿者则有妄想，有妄想者则有分别，有分别者

1.28.4

[illegible] [illegible] [illegible] [illegible]， [illegible] [illegible] [illegible] [illegible] [illegible] [illegible]

ku^{1} la̱^{1} sjiij^{2} lhu^{1} la̱^{1} sjiij^{2} lhu^{1} ku^{1} njɨ^{2} dza^{2}

则 妄 想 增， 妄 想 增 则 遍 计

[illegible]， [illegible] [illegible] [illegible] [illegible] [illegible] [illegible] [illegible]， [illegible]

① 驰骋，西夏文用奔跑义动词“[illegible]”的重叠形式来表示。

dju¹ njɨ² dza² dju¹ ku¹ mjij¹ sej¹ ka² mjij¹

有， 遍 计 有 则 寂 静 离， 寂

则增妄想，若增妄想则有遍计，若有遍计则离寂静，若离寂

1.28.5

□ □ □ □ □ □， □ □ □ □

sej¹ ka² ku¹ bju¹ śjwɨ² dju¹ bju¹ śjwɨ² dju¹ ku¹

静 离 则 随 逐 有， 随 逐 有 则

□ □ □， □ □ □ □ □ □

dźjij¹ bjiij² dju¹ dźjij¹ bjiij² dju¹ ku¹ tśhjɨ² rjar²

行 游 有， 行 游 有 则 立 即

静则有随逐，若有随逐则有游行，若有游行则便

1.28.6

□ □。 □ □ □ □？ □ □ □ □

phjɨ¹ ljiij² thjij² sjo² phjɨ¹ ljiij² no² rejr² lhjo¹ nioow¹

失 坏。 何 云 失 坏？ 安 稳 失 故

□。 □ □ □ □？ □ □ □ □

ljɨ¹ thjij² sjo² no² rejr² phjo² kar² mjij¹ nioow¹

也。 何 云 安 稳？ 分 别 无 故

失坏。云何失坏？谓失安隐。云何安隐？谓无分别。

1.29.1

□。 □ □ □ □ □ □， □ □ □

ljɨ¹ tjij¹ phjɨ¹ ljiij² ku¹ ·ju² ·o² tjij¹ ·ju² ·o²

也。 若 失 坏 则 常 入， 若 常 入

□ □ □， □ □ □ □ □ □

ku¹ ? njij¹ tjij¹ ? njij¹ ku¹ śjwɨ² lwu²

则 亲 近， 若 亲 近 则 随 眠

若失坏者则便常入，若常入者则便亲近，若亲近者则有随眠，

1.29.2

□， □ □ □ □ □ □ □， □ □

dju^1	śjwɨ̣^{2}	lwu^2	dju^1	ku^1	twẹ^2	twẹ^2	dju^1	twẹ^2	twẹ^2
有，	随	眠	有	则	相	续	有，	相	续
[illegible]	[illegible]	[illegible]	[illegible]	[illegible]，	[illegible]	[illegible]	[illegible]	[illegible]	
dju^1	ku^1	twẹ^2	twẹ^2	lhu^1	twẹ^2	twẹ^2	lhu^1	ku^1	
有	则	相	续	增，	相	续	增	则	

若有随眠则有相续①，若有相续则增相续，若增相续则

1.29.3

[illegible]	[illegible]	[illegible]，	[illegible]	[illegible]	[illegible]	[illegible]	[illegible]	[illegible]	[illegible]
twẹ^2	twẹ^2	njɨ^2	twẹ^2	twẹ^2	njɨ^2	ku^1	ŋwuu^1	dạ^2	be^1
相	续	遍，	相	续	遍	则	语	言	狂
[illegible]，	[illegible]	[illegible]	[illegible]	[illegible]	[illegible]	[illegible]，	[illegible]	[illegible]	
ɣạ^2	tjij^1	be^1	ɣạ^2	ku^1	lha^2	ljɨ̣j^1	tjij^1	lha	
乱，	若	狂	乱	则	诳	惑，	若	诳	

遍相续，若遍相续语则狂乱，语若狂乱则便诳惑，若有诳

1.29.4

[illegible]	[illegible]	[illegible]	[illegible]	[illegible]，	[illegible]	[illegible]	[illegible]	[illegible]	[illegible]
ljɨ̣j^1	ku^1	sjwɨ^1	zjị^1	dju^1	sjwɨ^1	zjị^1	dju^1	ku^1	lhjii^1
惑	则	忧	恼	有，	忧	恼	有	则	悔
[illegible]	[illegible]，	[illegible]	[illegible]	[illegible]	[illegible]	[illegible]	[illegible]	[illegible]	
źjɨɨ^1	dju^1	lhjii^1	źjɨɨ^1	dju^1	ku^1	bju^1	mjij^1	ɣa^2	
恨	有，	悔	恨	有	则	明	无	于	

惑则便忧恼，有忧恼者则有悔恨，若有悔恨则依倚无明，

1.29.5

[illegible]	[illegible]，	[illegible]	[illegible]	[illegible]	[illegible]	[illegible]	[illegible]	[illegible]。
bju^1	gjị^2	sjwɨ^1	de^2	rjur^1	ŋwo^2	tśjuu^1	lew^2	we^2
依	倚，	忧	喜	之	损	害	所	为。
[illegible]	[illegible]，	[illegible]	[illegible]	[illegible]	[illegible]	[illegible]	[illegible]。	

① 相续，西夏文用动词“[illegible]”的重叠形式表示。

thja[1] kha[1] zjɨɨr[1] zjij[1] bju[1] gji̠[2] tsjiir[1] mjij[1]
是 中， 少 时 依 倚 法 无。
为忧喜损害。而于是中，无有少法可为依倚。

汉文本

尔时，尊者摩诃迦叶，从坐而起，偏袒右肩，右膝着地，合掌向佛，白佛言：世尊，若诸众生，求于佛法力无畏者，摄受何法而修行之？摄受何法增长成熟诸如来道？摄受何法取诸功德，增长证入阿耨多罗三藐三菩提，得不退转？佛告大迦叶言：善哉！善哉！迦叶，汝今所问，多所安隐，哀愍世间。义利饶益安乐人天，乃能问佛如是之事。汝今谛听，善思念之，吾当为汝分别解说。

时大迦叶及诸大众，受教而听。佛告迦叶：若诸众生，求佛智慧力无畏者，是等众生，无有少法为其可得，无所依倚种诸善根。迦叶，菩萨乃至求于阿耨多罗三藐三菩提时，有所得者即为着想。若着想者，于佛法外起有为想，于有为外起无为想，即于佛法而生想着及起解执。起解执时，于佛法中坚住不舍，当知是人不名为向无上佛道。何以故？以于佛法起想执我而作勤修，则与我执数相应故而不舍离，则分别所分别。由是分别所分别处，则为所害。若为所害则便驰骋，若驰骋者则有流转，若流转者则有贯穿，有贯穿者则有妄想，有妄想者则有分别，有分别者则增妄想，若增妄想则有遍计，若有遍计则离寂静，若离寂静则有随逐，若有随逐则有游行，若有游行则便失坏。云何失坏？谓失安隐。云何安隐？谓无分别。若失坏者则便常入，若常入者则便亲近，若亲近者则有随眠，若有随眠则有相续，若有相续则增相续，若增相续则遍相续，若遍相续语则狂乱，语若狂乱则便诳惑，若有诳惑则便忧恼，有忧恼者则有悔恨，若有悔恨则依倚无明，为忧喜损害。而于是中，无有少法可为依倚。

1.29.5—1.29.6

[illegible]
lew[1] la̠[1] sjiij[2] ɣa[2] wjɨ[2] to[2] wee[1] sjiij[2] dźjɨ ·wji[1] phej[1]
然 妄 想 从 △ 出 生， 想 行 为 系
[illegible]
tśjɨɨr[2] sjiij[2] phej[1] tśjɨɨr[2] nioow[1] sjiij[2] twe̠[2] twe̠[2] ku[1] tśhjwo[1]
缚。 想 系 缚 因， 想 相 续， 则 故
然从妄想流澍生故，为想系缚①。从想系缚，则想相续，故名

① 为想系缚，西夏文译作“[illegible]”，其中“[illegible]”，义为“行为”，经常用在主语之后，如西夏文《达摩大师观心论》有“[illegible]，[illegible]”。汉文原文作“若复有人，断其本源，则众恶皆息”。该词放在“人”之后，指示的是动作“[illegible]”（断）的发出者。据此，此前学界多认为该词是作格，指示他动词的主语。这里用在动词“[illegible]”（想）之后，说明该词并非作格，而应是动作发出者的标记。

1.30.1

[illegible]

sjiij² tśjiir² zjɨr¹ do² mjij¹ dju¹ ·jɨ² lej² do² tshja¹

想 缚， 实 处 无 有 谓。 贪 处、 瞋

[illegible]

lə do² ŋowr² ŋowr² zji² tsho² la¹ njɨ² dza²

痴 于 一 切， 皆 虚 妄 遍 计

想缚，无有实处。一切贪处、忿①瞋痴处，皆是虚妄遍计

1.30.2

[illegible]

phjo² kar² phjo² kar² lhu¹ seew² dza² seew² dza² lhu¹

分 别 分 别 增， 计 度 计 度 增

[illegible]

ŋwu² thjɨ² nioow¹ thja¹ njiij¹ xja¹ ·a duu² tow¹

是， 是 故 彼 人 速 阿 耨 多

分别增分别，计度增计度，是故彼人不能速得阿耨多

1.30.3

[illegible]

lo¹ sã¹ mjiw² sã¹ po¹ tjɨj¹ rjir¹ mjɨ¹ njwi² kja¹

罗 三 藐 三 菩 提 得 不 能。 迦

[illegible]

śja¹ thjɨ² tja¹ dzu¹ tji² ŋwu² dzu¹ tji² tja¹

叶， 是 者 爱 处 是。 爱 处 者

罗三藐三菩提。迦叶，是名爱处。何名爱处？

1.30.4

[illegible]

ljɨ¹ kjɨ¹ ŋwu² nja¹ djɨj¹ dzu¹ mjiij² sji¹ dzu¹ mjijr²

① 西夏本此处无“忿”字的对应文字。

何 △ 是? △ 定 爱 名 尽， 爱 者

[illegible]

mjiij² sji¹ dzu¹ tjị² mjiij² sji¹ tsjiir¹ mjij¹ tśhioow¹

名 尽， 爱 处 名 尽 法 无。 然

无有定法，名之为爱，名为爱者，名爱处所。然①

1.30.5

[illegible]

tśhioow¹ dzu¹ dju¹ tja¹ lew¹ zow² zjịj¹ gjwɨ¹ nioow¹ ljɨ¹

然 爱 有 者， 但 执 着 坚 由 也。

[illegible]

tjij¹ zow² zjịj¹ gjwɨ¹ zjịj¹ tshọ² ŋa¹ dzu¹ we²

若 执 着 坚 时， 虚 空 爱 为。

有爱者，但由坚着。若坚着时，为虚空爱。

1.30.6

[illegible]

tjij¹ tshọ² ŋa¹ dzu¹ zow² zjịj¹ śjwo¹ tja¹ thja² njiij¹

若 虚 空 爱 执 着 生 者， 彼 人

[illegible]

tśhjɨ² rjar² dzu¹ zow² zjịj¹ ŋa² dzu¹ zow² zjịj¹

即 当 爱 执 着。 我 爱 执 着

若虚空爱生执着者，彼人即当得爱执着。我爱执着

1.31.1

[illegible]

mjijr² dźiã² tśhju¹ dzu¹ zow² zjịj¹ mjijr² neew² mjij¹ neew²

者， 情 有 爱 执 着 者、 善 不 善

[illegible]

dzu¹ zow² zjịj¹ mjijr² rjir² kja¹ ja¹ thja² njiij¹

① 西夏本衍一“[illegible]”（然）字。

爱　执　着　者　得。　迦　叶，　是　人

者，众生爱执着者、善不善爱执着者。迦叶，是人

1.31.2

[illegible]

ŋa^1 tsjiir^1 ŋowr^2 ŋowr^2 ɣa^2 mjij^1 ŋa^1 phjo^2 kar^2 śjwo^1

空　法　一　切　于　非　空　分　别　起，

[illegible]

war^2 njaa^2 ɣa^2 war^2 sjiij^2 śjwo^1 war^2 tja^1 ljɨ̣^{1}

物　非　于　物　想　生。　物　者　何

则于一切空法起非空分别，则于非物而生物想。何谓为物？

1.31.3

[illegible]

kjɨ^1 ŋwu^2 po^1 tjɨj^1 ŋwu^2 tjij^1 po^1 tjɨj^1 ljɨ̣^{1} war^2

△　是？　菩　提　是。　若　菩　提　以　物

[illegible]

we^2 ku^1 thja^2 thja^2 dźiã^2 tśhju^1 ŋa^2 sjiij^2 nioow^1

为，　则　彼　彼　情　有　我　想　故。

谓以菩提。若以菩提为其物者，彼彼众生由我想故。

1.31.4

[illegible]

tjij^1 sjiij^2 dju^1 ku^1 tshjɨ^1 tsjij^2 njaa^2 thja^2 zjɨɨr^1 sjiij^2

若　想　有　而　菩　萨　非，　是　中　想

[illegible]

tjij^1 rjir^2 tjɨ̣^{2} mjij^1 ku^1 thja^2 zjɨɨr^1 sjiij^2 mjijr^2

若　得　可　不，　则　彼　中　想　者

而有我想即非菩萨，于是中想若不可得，彼中想者

1.31.5

[illegible]

tsjɨ^{1} rjir^{1} tjị^{2} mjij^{1} thjɨ^{2} tja^{1} ŋa^{2} sjiij^{2} zjɨr^{1} ɣiej^{1}

亦 得 可 不。 是 者 我 想 实 真

[illegible] [illegible] [illegible]， [illegible] [illegible] [illegible] [illegible] [illegible] [illegible]

mjij^{1} gjwi^{2} ŋwu^{2} thjɨ^{2} lhu^{1} dạ^{2} tja^{1} ŋa^{2} sjiij^{2}

无 句 是， 此 增 语 者 我 想

亦不可得。是名我想无真实句,此即增语所谓我想。

1.31.6

[illegible]。 [illegible] [illegible] [illegible] [illegible] [illegible] [illegible] [illegible]， [illegible] [illegible]

ŋwu^{2} tjɨ^{1} tjij^{1} sa^{2} to^{2} io̥^{1} sə^{1} njwi^{2} ku^{1} tśhjwo^{1}

是。 有 若 萨 埵 圆 满 能， 则 故

[illegible] [illegible] [illegible] [illegible] [illegible]。 [illegible] [illegible] [illegible] [illegible]

po^{1} tjɨj^{1} tsjɨ^{1} io̥^{1} sə^{1} po^{1} tjɨj^{1} tja^{1} ljɨ̣^{1}

菩 提 亦 圆 满。 菩 提 者 何

若复有能圆满萨埵,则圆满菩提。何谓菩提?

1.32.1

[illegible] [illegible]? [illegible] [illegible] [illegible] [illegible] [illegible] [illegible] [illegible] [illegible]。

kjɨ^{1} ŋwu^{2} io̥^{1} sə^{1} ·wjɨ̣^{1} dạ^{2} wjɨ^{2} sju^{2} tja^{1} ŋwu^{2}

△ 是? 圆 满 幻 事 △ 如 者 是。

[illegible] [illegible] [illegible] [illegible]? [illegible] [illegible] [illegible] [illegible]、 [illegible]

thjij^{2} sjo^{2} ·wjɨ̣^{1} sju^{2} ljịj^{2} ŋa^{2} sjiij^{2} mjijr^{2} ljịj^{2}

何 云 幻 如? 大 我 想 者、 大

所谓圆满犹如于幻①。云何如幻?谓说大我想者、大

1.32.2

[illegible] [illegible] [illegible] [illegible] [illegible]， [illegible] [illegible] [illegible] [illegible] [illegible]

kạ^{1} sjiij^{2} mjijr^{2} tshjiij^{1} ŋwu^{2} tjij^{1} nioow^{1} bju^{1} dźjiij^{1} tjị^{2}

命 想 者 说 是， 若 复 依 住 处

[illegible] [illegible]， [illegible] [illegible] [illegible] [illegible] [illegible] [illegible]， [illegible]

① 幻,西夏文字面意思为“幻事”。“[illegible]”(事)疑为“[illegible]”(相)字之误。

sjiij^{2} mjijr^{2} tjij^{1} sjiij^{2} sjiij^{2} ɣa^{2} bju^{1} gjị^{2} ku^{1}

想 者， 若 想 想 于 依 止， 则

命想者，若复以①想依止想者，则

1.32.3

[illegible]

sjiij^{2} njaa^{2} sjiij^{2} njaa^{2} ɣa^{2} bju^{1} gjị^{2} rjir^{2} ·a tjɨɨj^{2}

想 非 想 非 于 依 止 与 一 样。

[illegible]

tjij^{1} sjiij^{2} njaa^{2} sjiij^{2} njaa^{2} ɣa^{2} bju^{1} gjị^{2} ku^{1}

若 想 非 想 非 于 依 止， 则

由非想依止非想②。若以非想依非想者，则

1.32.4

[illegible]

ɣạ^{2} lia^{2} ɣạ^{2} lia^{2} nioow^{1} lia^{2} rjir^{2} ·a tjɨɨj^{2} tjij^{1}

狂 醉 狂 醉 故 醉 与 一 样。 若

[illegible]

ɣạ^{2} lia^{2} nioow^{1} lia^{2} ku^{1} tśjị^{1} ljɨ̣^{1} tśjị^{1} ·ju^{2}

狂 醉 故 醉， 则 苦 以 苦 逐。

由狂醉故醉③。若由狂醉故醉，则以苦逐苦。

1.32.5

[illegible]

tjij^{1} tśjị^{1} ljɨ̣^{1} tśjị^{1} ·ju^{2} ku^{1} thja^{2} thja^{2} mjor^{1} ljịj^{2}

若 苦 以 苦 逐， 则 彼 彼 如 来

[illegible]

zji^{2} ɣạ^{2} dạ^{2} no^{2} dźjiij^{1} ljwɨ̣^{1} ljwɨ̣^{1} mjijr^{2} tshjiij^{1}

皆 狂 言 安 住 驰 骋 者 说。

---

① 对照汉文本，西夏本似衍“[illegible]”六字。

② 西夏文字面意思是“则同于由非想依止非想”。

③ 西夏文字面意思是“则同于由狂醉故醉”。

若以苦逐苦者,则彼彼如来皆说安住狂言驰骋者。

1.32.6

[illegible]	[illegible]	[illegible]	[illegible]	[illegible]	[illegible]	[illegible]	[illegible]	[illegible]	[illegible]?
ɣạ^{2}	dạ^{2}	no^{2}	dźjiij^{1}	ljwị^{1}	ljwị^{1}	tja^{1}	ljɨ^{1}	kjɨ^{1}	ŋwu^{2}
狂	言	安	住	驰	骋	者	何	△	是?
[illegible]	[illegible]	[illegible]	[illegible]。	[illegible]	[illegible]	[illegible]	[illegible],	[illegible]	
phji^{1}	wji^{1}	lhu^{1}	ŋwu^{2}	tjij^{1}	phji^{1}	·wji^{1}	lhu^{1}	ku^{1}	
意	作	增	是。	若	意	作	增,	则	

何故名①住狂言驰骋者?谓增作意。若增作意,则

1.33.1

[illegible]	[illegible]	[illegible]。	[illegible]	[illegible]	[illegible]	[illegible],	[illegible]	[illegible]	[illegible]
·jij^{1}	bjịj^{1}	dju^{1}	tjij^{1}	·jij^{1}	bjịj^{1}	dju^{1}	ku^{1}	ŋwuu^{1}	dạ^{2}
自	高	有。	若	自	高	有,	则	言	说
[illegible]。	[illegible]	[illegible]	[illegible]	[illegible],	[illegible]	[illegible]	[illegible]	[illegible]。	
dju^{1}	tjij^{1}	ŋwuu^{1}	dạ^{2}	dju^{1}	ku^{1}	lhu^{1}	dạ^{2}	dju^{1}	
有。	若	言	说	有,	则	增	说	有。	

有贡高②。若有贡高,则有言说。若有言说,则便增说。

1.33.2

[illegible]	[illegible]	[illegible]	[illegible],	[illegible]	[illegible]	[illegible]	[illegible]	[illegible]	[illegible]
tjij^{1}	lhu^{1}	dạ^{2}	dju^{1}	mjor^{1}	mjor^{1}	ljịj^{2}	thjɨ^{2}	ŋwuu^{1}	tshjiij^{1}
若	增	说	有,	则	如	来	是	言	说
[illegible]	[illegible]、	[illegible]	[illegible]	[illegible]	[illegible]	[illegible]、	[illegible]	[illegible]	
mjijr^{2}	ŋwu^{2}	thjɨ^{2}	dzju^{1}	neej^{2}	mjijr^{2}	ŋwu^{2}	thjɨ^{2}	dźjwi^{2}	
者	是、	是	教	授	者	是、	是	居	

若有增说,如来记之:是言说者、教授者、所持

① 对照上下文和西夏文,此处汉文本似脱一“安”字。

② 贡高,同“我慢”,梵文 Asmi māna,恃我而自贡高,慢他也。《唯识论》卷四曰:“我慢者,谓倨傲恃所执我。令心高举,故名我慢。”《法华经·方便品》曰:“我慢自矜高,谄曲心不实。”僧肇曰:“慢心自高,如山峰不停水,菩萨现力士伏贡高心,然后润以法水。”此处“贡高”西夏文译作“[illegible]”,义为“自高”。藏文“我慢”译作 nga rgyal,西夏文对译作“[illegible]”(我慢)。

1.33.3

·jiij^1	mjijr^2	ŋwu^2	·jɨ^2	thjɨ^2	nioow^1	rjur^1	tsjiir^1	zji^2	phji^1
持	者	是	谓。	是	故	诸	法	皆	意
·wji^1	bju^1	to^2	dzja^1	ljɨ^1	dzjọ^1	sju^2	dzjọ^1	sju^2	
作	从	生	长	也。	迦	叶，	譬	如	

者。是故诸法皆从作意而得生长。迦叶，如

1.33.4

ŋa^1	zjɨɨr^1	djịj^2	tśiow^1	gu^1	wor^1	wjị^2	lji^2	zjɨr^1	ljạ^1
空	中	云	聚	起	发，	东	西	南	北
ljɨɨr^1	dzjịj^2	phju^2	khju^1	ɣa^2	wjɨ^2	mjij^2	ljịj^2	thjɨ^2	
四	维	上	下	于	△	未	来。	是	

上空中有云聚起，不从东西南北①四维上下而来。是

1.33.5

nioow^1	mjor^1	ljịj^2	dạ^2	zjɨr^1	mjijr^2	ŋwu^2	thja^2	djịj^2	tśiow^1
故	如	来	语	实	者	是，	是	云	聚
śja^1	ljijr^2	ɣa^2	wjɨ^2	mjij^2	ljịj^2	nwə^1	zjɨr^1	bju^1	
十	方	于	△	未	来	知。	实	如	

故如来名实语者，知是云聚非十方来。如实

1.33.6

① 东西南北，西夏语语序往往作“[西夏文]”，即“东南西北”，见《番汉合时掌中珠》第十一叶第三栏，此处但从汉语语序对译。

nẹ^{1} tshjiij^{1} wo^{2} bju^{1} śjij^{1} bju^{1} tshjiij^{1} zjɨr^{1} wo^{2} bju^{1}

演 说， 义 以、 应 相 说， 实 理 以

[illegible]。 [illegible] [illegible] [illegible] [illegible]， [illegible] [illegible] [illegible] [illegible]，

tshjiij^{1} djɨ̣j^{2} tśiow^{1} ·jɨ^{2} tja^{1} djɨ̣j^{2} tśiow^{1} njaa^{2} ku^{1}

说。 云 聚 言 者， 云 聚 非 则，

说之，以其义说，理相应说，以实理说。言云聚者，则为非聚，

1.34.1

[illegible] [illegible] [illegible] [illegible]。 [illegible] [illegible] [illegible] [illegible] [illegible] [illegible]？

tśhjwo^{1} djɨ̣j^{2} tśiow^{1} ·jɨ^{2} djɨ̣j^{2} tśiow^{1} tja^{1} ljɨ̣^{1} kjɨ^{1} ŋwu^{2}

故 云 聚 名。 云 聚 者 何 △ 是？

[illegible] [illegible] [illegible] [illegible] [illegible] [illegible] [illegible] [illegible]。 [illegible]

do^{2} pha^{1} ·jwɨr^{1} ·jij^{1} twụ^{1} gu^{1} śjwo^{1} ljɨ̣^{1} mə^{2}

差 别 状 相 各 起 发 故。 种

故名云聚。何名云聚？以其各别起相状故。云何种

1.34.2

[illegible] [illegible] [illegible] [illegible] [illegible] [illegible] [illegible] [illegible] [illegible]？ [illegible]

djịj^{1} ·jwɨr^{1} ·jij^{1} do^{2} pha^{1} tja^{1} ljɨ̣^{1} kjɨ^{1} ŋwu^{2} thja^{2}

类 状 相 各 别 者 何 △ 是？ 是

[illegible] [illegible] [illegible] [illegible] [illegible] [illegible]， [illegible] [illegible] [illegible]

mə^{2} mə^{2} ·jij^{1} zji^{2} wạ^{2} ljịj^{2} lha^{2} ljɨ̣j^{1} twẹ^{2}

种 种 相 皆 广 大， 迷 惑 相

类各别相状？以种种相皆是广大，迷惑相

1.34.3

[illegible] [illegible]， [illegible] [illegible] [illegible] [illegible] [illegible] [illegible] [illegible] [illegible]

twẹ^{2} ŋwu^{2} thja^{1} zjiɨr^{1} śjwo^{1} zjịj^{1} rjir^{2} lew^{2} ljịj^{2} ·jij^{1}

续 是， 其 中 少 时 得 可 大 相

[illegible]。 [illegible] [illegible] [illegible] [illegible] [illegible] [illegible] [illegible] [illegible]，

mjij^{1} nji^{2} djɨ̣j^{2} tśiow^{1} wạ^{2} ljịj^{2} ·jij^{1} śjwo^{1} bioo^{1}

无。 汝 云 聚 广 大 相 起 观，

续，而于其中无少大相以为可得。汝观云聚起广大相，

1.34.4

[illegible]	[illegible]	[illegible]。	[illegible]	[illegible]	[illegible]	[illegible]，	[illegible]	[illegible]
·jij^{1}	njaa^{2}	ŋwu^{2}	tjij^{1}	sjiij^{2}	mjij^{1}	mjijr^{2}	lew^{1}	sji^{1}
相	非	为。	若	想	非	者，	但	毕
[illegible]	[illegible]	[illegible]	[illegible]	[illegible]，	[illegible]	[illegible]	[illegible]	[illegible]。
dźjwa^{1}	wạ^{2}	ljịj^{2}	·jij^{1}	ljij^{2}	zjɨr^{1}	djịj^{2}	tśiow^{1}	njaa^{2}
竟	广	大	相	见，	实	云	聚	非。

则为非相。若非想者，但由毕竟广大之相，非实云聚。

汉文本

然从妄想流澍生故，为想系缚。从想系缚，则想相续，故名想缚，无有实处。一切贪处、忿瞋痴处，皆是虚妄遍计分别增分别，计度增计度，是故彼人不能速得阿耨多罗三藐三菩提。迦叶，是名爱处。何名爱处？无有定法，名之为爱，名为爱者，名爱处所。然有爱者，但由坚着。若坚着时，为虚空爱。若虚空爱生执着者，彼人即当得爱执着。我爱执着者，众生爱执着者、善不善爱执着者。迦叶，是人则于一切空法起非空分别，则于非物而生物想。何谓为物？谓以菩提。若以菩提为其物者，彼彼众生由我想故。而有我想即非菩萨，于是中想若不可得，彼中想者亦不可得。是名我想无真实句，此即增语所谓我想。若复有能圆满萨埵，则圆满菩提。何谓菩提？所谓圆满犹如于幻。云何如幻？谓说大我想者、大命想者，若复以想依止想者，则由非想依止非想。若以非想依非想者，则由狂醉故醉。若由狂醉故醉，则以苦逐苦。若以苦逐苦者，则彼彼如来皆说安住狂言驰骋者。何故名住狂言驰骋者？谓增作意。若增作意，则有贡高。若有贡高，则有言说。若有言说，则便增说。若有增说，如来记之：是言说者、教授者、所持者。是故诸法皆从作意而得生长。

迦叶，如上空中有云聚起，不从东西南北四维上下而来。是故如来名实语者，知是云聚非十方来。如实说之，以其义说，理相应说，以实理说。言云聚者，则为非聚，故名云聚。何名云聚？以其各别起相状故。云何种类各别相状？以种种相皆是广大，迷惑相续，而于其中无少大相以为可得。汝观云聚起广大相，则为非相。若非想者，但由毕竟广大之相，非实云聚。

1.34.4—1.34.5

[illegible]	[illegible]，	[illegible]	[illegible]	[illegible]	[illegible]	[illegible]	[illegible]	[illegible]	[illegible]：
dzjọ^{1}	sju^{2}	dzjọ^{1}	sju^{2}	njiij^{1}	dju^{1}	mjɨ^{1}	rjur^{1}	dạ^{2}	·jɨ^{2}
迦	叶，	譬	如	人	有	他	于	语	曰：
[illegible]	[illegible]	[illegible]	[illegible]	[illegible]	[illegible]	[illegible]	[illegible]？	[illegible]	[illegible]

gja² mjɨ¹ śjuu¹ twụ¹ dzuu² śjɨ¹ kjɨ¹ ·jɨ² sjịj² mjijr²

我 彼 荫 处 坐 往 △ 谓? 智 者

迦叶,譬如有人语他人曰:可共往诣荫处坐耶?智者

1.34.6

[illegible]

hụ² dạ² ŋa² thja² mjij¹ dzuu² ŋa² thja¹ njiij¹ thjɨ²

言 曰: 我 彼 不 坐 △。 彼 人 是

[illegible]

·jɨ² ŋa² thjɨ² wjɨ² dzjij² dạ² mjij¹ ·jɨ² lew¹

言: 我 此 刻 余 说 不 说, 但

言曰:我不往坐①。彼作是言:我于今者②不作是说,但

1.35.1

[illegible]

śjuu¹ ŋwu² ·jɨ² tśhjɨ¹ zjịj¹ sjịj² mjijr² thja² rjur¹ dạ²

荫 是 言。 尔 时, 智 者 彼 于 言

[illegible]

·jɨ² nji² śjuu¹ ŋwu² ·jɨ² nja² tja¹ śjuu¹ njaa²

语: 汝 荫 是 言 △ 者, 荫 非

言是荫。尔时,智者复语彼言:汝言荫者,即是非荫。

1.35.2

[illegible]

ljɨ¹ kja¹ śja¹ nji² thja² njiij¹ rjur¹ bioo¹ rjɨr² njɨ²

也。 迦 叶, 汝 彼 人 于 观, 乃 至

[illegible]

rjur¹ mur¹ bju¹ tsjɨ¹ thjɨ² sju² thjɨ² sju² dwewr²

世 俗 随 亦, 是 如, 是 如, 觉

---

① 我不往坐,西夏文译作"[illegible]",句尾"[illegible]"字为第一人称单数动词人称呼应后缀。1.35.1 中"[illegible]"为第二人称单数动词人称呼应后缀。

② 今者,西夏文译作"此刻"。下同。

迦叶,汝观彼人,乃至随俗,犹能觉了,如是,如是。

1.35.3

[illegible]	[illegible]	[illegible]。	[illegible]	[illegible]，	[illegible]	[illegible]	[illegible]	[illegible]	[illegible]
tsjij^{2}	njwi^{2}	ljɨ^{1}	kja^{1}	śja^{1}	mjor^{1}	ljịj^{2}	zjɨr^{1}	bju^{1}	rjur^{1}
了	能	也。	迦	叶，	如	来	实	如	诸

[illegible]	[illegible]	[illegible]	[illegible]	[illegible]	[illegible]	[illegible]，	[illegible]	[illegible]
tsjiir^{1}	zjɨr^{1}	ɣiej^{1}	wo^{2}	tsjiir^{2}	nwə^{1}	tsjij^{2}	ljịj^{2}	·ji^{1}
法	实	真	理	性	知	了，	大	众

迦叶,如来如实了知诸法真实理性,于大众

1.35.4

[illegible]	[illegible]	[illegible]	[illegible]	[illegible]	[illegible]。	[illegible]	[illegible]，	[illegible]	[illegible]，
ljwu^{2}	zjɨɨr^{1}	tśhja^{2}	ka^{2}	tśjij^{2}	kwə^{2}	nioow^{1}	tśjɨɨ^{1}	kja^{1}	śja^{1}
会	中	正	狮	子	吼。	复	次，	迦	叶，

[illegible]	[illegible]	[illegible]	[illegible]，	[illegible]	[illegible]	[illegible]	[illegible]，	[illegible]
mjor^{1}	ljịj^{2}	śjij^{1}	·wji^{1}	tsjiir^{1}	ɣa^{2}	śjij^{1}	·wji^{1}	njaa^{2}
如	来	顺	随，	法	于	顺	随，	非

中,正狮子吼。复次,迦叶,如来乐欲,于随顺法,住非

1.35.5

[illegible]	[illegible]	[illegible]。	[illegible]	[illegible]	[illegible]，	[illegible]	[illegible]	[illegible]	[illegible]，
sjiij^{2}	dźjiij^{1}	dzu^{1}	rjur^{1}	dźiã^{2}	tśhju^{1}	rjur^{1}	ŋa^{2}	sjiij^{2}	tja^{1}
想	住	乐。	诸	情	有	于，	我	想	者，

[illegible]	[illegible]	[illegible]	[illegible]	[illegible]	[illegible]	[illegible]。	[illegible]	[illegible]
mjor^{1}	ljịj^{2}	rjur^{1}	phju^{2}	tsew^{2}	wo^{2}	ŋwu^{2}	thjij^{2}	sjo^{2}
如	来	于	上	第	义	是。	何	云

顺想。于诸众生,所有我想,于如来所,是第一义①。何以

1.35.6

[illegible]？	[illegible]	[illegible]	[illegible]	[illegible]	[illegible]	[illegible]	[illegible]	[illegible]，	[illegible]

① 第一义,西夏文译作"[illegible][illegible][illegible]",义为"第上义"。下同。

ljɨ^{1} mjor^{1} lj̣ij^{2} thjɨ^{2} wjɨ^{2} thja^{2} sjiij^{2} nwə^{1} tsjij^{2} dźiã^{2}

也? 如 来 此 刻 彼 想 知 晓, 情

[illegible]

tśhju^{1} ŋowr^{2} ŋowr^{2} rjur^{1} sjiij^{2} tja^{1} zji^{2} sjiij^{2} njaa^{2}

有 一 切 之 想 者 皆 想 非

故?如来今者已知彼想,悉知一切众生想者即为非想,

1.36.1

[illegible]

zji^{2} nwə^{1} thjɨ^{2} tja^{1} zji^{2} buu^{2} dwuu^{2} rjɨj^{2} dạ^{2} ŋwu^{2}

悉 知, 是 者 最 胜 密 秘 言 是。

[illegible]

tjɨ^{1} tjij^{1} wẹ^{1} mjijr^{2} ljwu^{1} nu^{1} njiij^{1} śjwo^{1} mjor^{1}

若 或 愚 夫 违 背 心 生 如

此是最胜秘密之言。或有愚夫而生违背与如

1.36.2

[illegible]

lj̣ij^{2} rjir^{2} dzeej^{1} thjɨ^{2} nioow^{1} rjur^{1} ŋa^{2} rjir^{2} dzeej^{1} ŋa^{2}

来 与 诤, 是 故: 世 我 与 诤, 我

[illegible]①

rjur^{1} rjir^{2} mjij^{1} dzeej^{1} ŋa^{2} ·jɨ^{2} ŋa^{2} rjur^{1} tja^{1}

世 与 不 诤 △ 谓。 我 世 者

来诤,是故我言:世与我诤,我不与世诤。云何名世?

1.36.3

[illegible]

ljɨ^{1} kjɨ^{1} ŋwu^{2} dźiã^{2} tśhju^{1} ŋwu^{2} wa^{2} nioow^{1} dźiã^{2} tśhju^{1}

何 △ 是? 情 有 是。 何 故 情 有

[illegible]

① [illegible],为第一人称单数动词人称呼应后缀。

rjur^1 ŋwu^2 ·jɨ^2 mjor^1 ljịj^2 thjɨ^2 sju^2 rjur^1 zjɨɨr^1

世 是 谓? 如 来 是 如 世 间

所谓众生。何故众生名之为世? 如来了知如是世间,

1.36.4

[illegible] [illegible], [illegible] [illegible] [illegible] [illegible] [illegible] [illegible] [illegible] [illegible]

nwə^1 tsjij^2 ku^1 thjɨ^2 nioow^1 dźiã^2 tśhju^1 tja^1 rjur^1 ŋwu^2

知 了, 则 是 故 情 有 者 世 是

[illegible]。 [illegible] [illegible] [illegible] [illegible] [illegible] [illegible] [illegible], [illegible]

·jɨ^2 thja^2 wẹ^1 mjijr^2 do^2 wee^1 tsjij^2 sju^2 tśhjɨ^2

谓。 彼 愚 夫 异 生 解 如, 立

是故众生名之为世。如彼愚夫异生之解,

1.36.5

[illegible] [illegible] [illegible], [illegible] [illegible] [illegible] [illegible]。 [illegible] [illegible] [illegible]

rjar^2 ljiij^2 dzjar^2 tśjuu^1 lew^2 ɣiej^1 we^2 thjɨ^2 thja^2 njɨ^2

即 坏 灭, 害 所 真 为。 此 彼 等

[illegible], [illegible] [illegible] [illegible] [illegible], [illegible] [illegible] [illegible] [illegible],

ŋwu^2 ·ju^2 dźiej^2 dźjiij^1 rjir^2 rjur^1 mur^1 bju^1 śjwị^2

是, 常 信 住 得, 世 俗 依 随,

则便坏灭,极为所害。此是彼等,常得信住,随其世俗

1.36.6

[illegible] [illegible] [illegible] [illegible] [illegible]。 [illegible] [illegible] [illegible]? [illegible] [illegible]

thjɨ^2 tja^1 bju^1 mjij^1 ŋwu^2 thjij^2 sjo^2 ljɨ^1 thja^2 ljij^2

其 者 明 无 是。 何 云 也? 彼 大

[illegible] [illegible] [illegible], [illegible] [illegible] [illegible] [illegible] [illegible] [illegible]

na^1 zjɨɨr^1 dźjiij^1 ku^1 tśhjwo^1 rjur^1 dźjiij^1 mjijr^2 ŋwu^2

暗 中 居, 则 故 世 住 者 是

所谓无明。何以故? 彼居大暗,名住世者。

1.37.1

[illegible], [illegible] [illegible] [illegible] [illegible] [illegible], [illegible] [illegible] [illegible], [illegible]

·jɨ^2 tjij^1 rjur^1 dźjiij^1 mjijr^2 ŋwu^2 ku^1 lẹj^2 dju^1 tjij^1

谓， 若 世 住 者 是， 则 贪 有， 若

[illegible]

lẹj^2 dju^1 ku^1 tshjạ^1 dju^1 tjij^1 tshjạ^1 dju^1 ku^1

贪 有， 则 瞋 有。 若 瞋 有， 则

若住世者，则便有贪。若有贪者，则便有瞋。若有瞋者，则便

1.37.2

[illegible]

lə dju^1 tjij^1 lə dju^1 ku^1 mjij^1 sej^1 we^2 tjij^1

痴 有。 若 痴 有， 则 不 净 为。 若

[illegible]

mjij^1 sej^1 ku^1 tśhjwo^1 ljwu^1 nu^1 dju^1 sjwɨ^1 rjir^2

不 净， 则 故 违 背 有。 谁 与

有痴。若有痴者，则为不净。若不净者，则便相违。与谁

1.37.3

[illegible]

ljwu^1 nu^1 mjor^1 ljij^2 nioow^1 ɣiẹ^2 mji^1 ·ji^1 rjir^2 ljwu^1

违 背？ 如 来 及 声 闻 众 与 违。

[illegible]

tjij^1 ljwu^1 nu^1 ku^1 dźjwɨ^1 kie^2 tjij^1 dźjwɨ^1 kie^2

若 违 背， 则 相 乖。 若 相 乖，

相违？所谓如来及声闻众。若相违者，则便乖背①。若乖背者，

1.37.4

[illegible]

ku^1 gjij^1 ljwu^1 nu^1 gjij^1 ljwu^1 nu^1 ku^1 dju^1 dzu^1

则 殊 违 背。 殊 违 背， 则 有 爱

[illegible]

---

① 乖背，西夏文译作“[illegible]”，则可知“[illegible]”字有“乖”义。下同。

ŋwe^1 dju^1 dzu^1 ŋwe^1 ku^1 dju^1 kjụ^1 ·ju^2 dju^1

乐。 有 爱 乐， 则 有 求 寻。 有

则重相违。重相违者，则乐于有。乐于有者，心则求之。

1.37.5

□ □， □ □ □ □。 □ □ □ □，

kjụ^1 ·ju^2 ku^1 njɨ^2 kjụ^1 ·ju^2 tjij^1 njɨ^2 kjụ^1 ·ju^2

求 寻， 则 遍 求 寻。 若 遍 求 寻，

□ □ □ □。 □ □ □， □ □

ku^1 lhə nwə^1 mjij^1 lhə nwə^1 mjij^1 ku^1 ·wji^1

则 足 知 不。 足 知 不， 则 作

求于有者，则便遍求。若遍求者，则不知足。不知足者，则多所作。

1.37.6

□ □。 □ □ □， □ □ □ □。 □

lew^2 lạ^1 ·wji^1 lew^2 lạ^1 ku^1 rejr^2 kiẹj^2 śjwo^1 rejr^2

所 多。 作 所 多， 则 多 欲 生。 多

□ □， □ □ □ □ □ □。 □

kiẹj^2 śjwo^1 ku^1 sọ^1 kiẹj^2 ·u^2 śjwɨ̣^{2} lwu^2 tjij^1

欲 生， 则 三 界 中 随 眠。 若

多所作者，则便多欲。若多欲者，彼则随眠于三界中。若

1.38.1

□ □ □ □ □， □ □ □ □ □

sọ^1 kiẹj^2 ·u^2 śjwɨ̣^{2} lwu^2 ku^1 mjɨ^1 tsjɨ^1 śjwɨ̣^{2} lwu^2

三 界 中 随 眠， 则 他 亦 随 眠

□。 □ □ □ □， □ □ □ □

phji^1 mjɨ^1 śjwɨ̣^{2} lwu^2 phji^1 ku^1 rar^2 bju^1 śjwɨ̣^{2}

令。 他 随 眠 令， 则 流 随 随

随眠三界，则令他随眠。令他随眠者，彼则随流亦

1.38.2

□ □ □ □ □。 □ □ □ □ □

rar^{2} bju^{1} dźjij^{1} mjijr^{2} we^{2} tjij^{1} rar^{2} bju^{1} śjwɨ^{2} rar^{2}

流 随 行 者 为。 若 流 随 随 流

[illegible] [illegible]， [illegible] [illegible] [illegible] [illegible]。 [illegible] [illegible] [illegible]

bju^{1} dźjij^{1} ku^{1} sjɨ^{1} ljijr^{2} tshwew^{1} tjij^{1} sjɨ^{1} ljijr^{2}

随 行， 则 死 向 趣。 若 死 向

随流行者。若是随流随流行者，则趣于死。若趣死者，

1.38.3

[illegible]， [illegible] [illegible] [illegible] [illegible] [illegible] [illegible]。 [illegible] [illegible] [illegible]

tshwew^{1} ku^{1} djiij^{2} phã^{1} ljijr^{2} mjij^{1} tshwew^{1} djiij^{2} phã^{1} ljijr^{2}

趣， 则 涅 槃 向 不 趣。 涅 槃 向

[illegible] [illegible]， [illegible] [illegible] [illegible] [illegible] [illegible] [illegible]。 [illegible]

mjij^{1} tshwew^{1} ku^{1} dźjij^{1} tjị^{2} njaa^{2} do^{2} njɨ^{2} dźjij^{1}

不 趣， 则 行 处 非 于 至。 行

则不趣涅槃①。不趣涅槃者，则至非行处。

1.38.4

[illegible] [illegible] [illegible] [illegible]， [illegible] [illegible] [illegible] [illegible] [illegible]。

tjị^{2} njaa^{2} do^{2} njɨ^{2} ku^{1} śjụ^{1} ·jɨj^{2} ljijr^{2} tshwew^{1}

处 非 于 至， 则 地 狱 向 趣。

至非行处者，则趣地狱。

汉文本

迦叶，譬如有人语他人曰：可共往诣荫处坐耶？智者言曰：我不往坐。彼作是言：我于今者不作是说，但言是荫。尔时，智者复语彼言：汝言荫者，即是非荫。迦叶，汝观彼人，乃至随俗，犹能觉了，如是，如是。迦叶，如来如实了知诸法真实理性，于大众中，正狮子吼。复次，迦叶，如来乐欲，于随顺法，住非顺想。于诸众生，所有我想，于如来所，是第一义。何以故？如来今者已知彼想，悉知一切众生想者即为非想，此是最胜秘密之言。或有愚夫而生违背与如来诤，是故我言：世与我诤，我不与世诤。云何名世？所谓众生。何故众生名之为世？如来了知如是世间，是故众生名之为世。如彼愚夫异生之解，则便坏灭，极为所害。此是彼等，常得信住，随其世俗，所谓无明。何以故？彼居大暗，名住世者。

① 涅槃，梵文 Nirvāna，又音译作"泥曰""泥洹""泥畔""涅槃那"等。旧译为"灭""灭度""寂灭""不生""无为""安乐""解脱"等。新译为"圆寂"。《大乘义章》卷十八曰："外国涅槃，此翻为灭。灭烦恼故，灭生死故，名之为灭。离众相故，大寂静故，名之为灭。"西夏文"[illegible][illegible]"(djiij^{2} phã^{1})为汉语"涅槃"之音译。

若住世者，则便有贪。若有贪者，则便有瞋。若有瞋者，则便有痴。若有痴者，则为不净。若不净者，则便相违。与谁相违？所谓如来及声闻众。若相违者，则便乖背。若乖背者，则重相违。重相违者，则乐于有。乐于有者，心则求之。求于有者，则便遍求。若遍求者，则不知足。不知足者，则多所作。多所作者，则便多欲。若多欲者，彼则随眠于三界中。若随眠三界，则令他随眠。令他随眠者，彼则随流亦随流行者。若是随流随流行者，则趣于死。若趣死者，则不趣涅槃。不趣涅槃者，则至非行处。至非行处者，则趣地狱。

1.38.4

[illegible]

kja¹ śja¹ thjɨ² sju² mjij¹ gjuu² rjur¹ tsjiir¹ rjir² bju¹

迦 叶， 是 如， 不 吉 祥 法 与 应

如是，迦叶，由不祥法与之相应，

1.38.5

[illegible]

śjij¹ nioow¹ tshja̦¹ kwow² do¹ njiij¹ nioow¹ mjij¹ phoo¹ ɣja²

顺 由， 瞋 忿 毒 心 及 不 覆 蔽，

[illegible]

mjij¹ phoo¹ ɣja² tja¹ ŋa² sjiij² mjij¹ bioo¹ mjij¹

不 覆 蔽 者， 我 想 不 观， 不

瞋忿毒心及不覆蔽，不覆蔽者，不观我想。不

1.38.6

[illegible]

bioo¹ thjuu¹ ku¹ lew¹ phjoo² sjiij² śjwo¹ nioow¹ ŋa² ŋa²

观 察， 则 一 合 想 生 故， 我 我

[illegible]

rjur¹ dźjwi̦¹ dzjar² mjɨ¹ njwi² ŋa² tja¹ ljɨ̣¹ kjɨ¹

之 销 灭 不 能。 我 者 何 △

观察者，作一合想，不能销灭我及我所。何名为我？

1.39.1

[illegible]

ŋwu^{2} mjij^{1} zjɨr^{1} zow^{2} zji̤j^{1} mə^{2} mə^{2} sjiij^{2} dźjiij^{1} rjur^{1}

是？ 不 实 执 着。 种 种 想 住， 诸

[illegible] [illegible] [illegible]。 [illegible] [illegible] [illegible] [illegible]， [illegible] [illegible]

rjur^{1} sjwɨj^{1} ·wji^{1} tjij^{1} thjɨ^{2} sju^{2} tja^{1} thja^{2} ŋa^{2}

世 业 造。 若 是 如 者， 彼 我

执不实故。住种种想,造诸世业。若如是者,彼执我

1.39.2

[illegible] [illegible] [illegible]， [illegible] [illegible] [illegible]。 [illegible] [illegible] [illegible] [illegible]

·jij^{1} zow^{2} ŋwu^{2} ŋa^{2} we^{2} phji^{1} ŋa^{2} rjur^{1} tja^{1} ljɨ̣^{1}

相 执 是， 我 为 令。 我 之 者 何

[illegible] [illegible]？ [illegible] [illegible] [illegible]， [illegible] [illegible] [illegible] [illegible]

kjɨ^{1} ŋwu^{2} le̤j^{2} kie̤j^{2} nioow^{1} ku^{1} ŋa^{2} rjur^{1} mjiij^{2}

△ 是？ 贪 欲 故， 则 我 之 名

相,以为其我。何名我所？谓贪欲故,名为我所。

1.39.3

[illegible]。 [illegible] [illegible] [illegible] [illegible] [illegible] [illegible]， [illegible] [illegible] [illegible]

we^{2} rjur^{1} kie̤j^{2} lju̥^{2} rjir^{2} dzow^{1} ŋwej^{2} ku^{1} thja^{2} ɣa^{2}

为。 诸 欲 身 与 和 合， 故 其 于

[illegible] [illegible] [illegible]。 [illegible] [illegible] [illegible] [illegible]， [illegible] [illegible]

le̤j^{2} njiij^{1} śjwo^{1} le̤j^{2} zji̤j^{1} śjwo^{1} nioow^{1} kie^{1} ŋur^{1}

贪 心 起。 贪 著 起 已， 戒 蕴

以于诸欲与身和合,即起贪心。起贪著已,能坏戒蕴。

1.39.4

[illegible] [illegible]。 [illegible] [illegible] [illegible] [illegible]， [illegible] [illegible] [illegible] [illegible]。

ljiij^{2} njwi^{2} tśhjɨ^{2} rjar^{2} mjɨ^{1} do^{2} mjij^{1} neew^{2} njiij^{1} śjwo^{1}

坏 能。 立 即 他 于， 不 善 心 生。

[illegible] [illegible] [illegible] [illegible]， [illegible] [illegible] [illegible] [illegible]， [illegible]

tshja̤^{1} nja^{1} phoo^{1} nioow^{1} ·jij^{1} gu^{2} pjo^{1} lha^{1} nioow^{1}

瞋 △ 覆 由， 自 共 轻 毁， 及

便于他所，生不善心。由瞋覆蔽，互相①轻毁，及

1.39.5

[illegible]	[illegible]	[illegible]	[illegible]	[illegible]	[illegible]	[illegible]，	[illegible]	[illegible]	[illegible]
mjɨ^{1}	war^{2}	ɣjiw^{1}	·jij^{1}	war^{2}	we^{2}	phji^{1}	?	njij^{1}	khjuu^{2}
彼	财	摄	己	物	为	令，	亲	近	守
[illegible]，	[illegible]	[illegible]	[illegible]	[illegible]	[illegible]。	[illegible]	[illegible]	[illegible]，	
·wejr^{2}	ku^{1}	tśhjwo^{1}	ŋa^{2}	rjur^{1}	ŋwu^{2}	ŋa^{2}	rjur^{1}	dju^{1}	
护，	则	故	我	之	是。	我	之	有，	

于财物，摄为己有，亲近守护，是名我所。有我所者，

1.39.6

[illegible]	[illegible]	[illegible]	[illegible]。	[illegible]	[illegible]	[illegible]，	[illegible]	[illegible]	[illegible]
ku^{1}	dźiə^{2}	dziej^{2}	dju^{1}	dźiə^{2}	dziej^{2}	dju^{1}	ku^{1}	lha^{2}	ljɨ̣j^{1}
则	流	转	有。	流	转	有，	则	迷	惑
[illegible]。	[illegible]	[illegible]，	[illegible]	[illegible]	[illegible]	[illegible]。	[illegible]	[illegible]	
dju^{1}	lha^{2}	ljɨ̣j^{1}	ku^{1}	pjo^{1}	tsjij^{2}	dju^{1}	pjo^{1}	tsjij^{2}	
有。	迷	惑，	则	诽	谤	有。	诽	谤	

则有流转。有流转者，则有迷惑。有迷惑者②，则有诽谤。有诽谤者，

1.40.1

[illegible]，	[illegible]	[illegible]	[illegible]	[illegible]。	[illegible]	[illegible]	[illegible]，	[illegible]	[illegible]
dju^{1}	ku^{1}	tshja̱^{1}	kwow^{2}	dju^{1}	tshja̱^{1}	kwow^{2}	dju^{1}	ku^{1}	sja^{1}
有，	则	瞋	恚	有。	瞋	恚	有，	则	吞
[illegible]	[illegible]。	[illegible]	[illegible]	[illegible]，	[illegible]	[illegible]	[illegible]	[illegible]。	
tśjuu^{1}	dju^{1}	sja^{1}	tśjuu^{1}	dju^{1}	ku^{1}	pju^{2}	lew^{2}	we^{2}	
害	有。	吞	害	有，	则	烧	所	为。	

则便有瞋。有瞋恚者，则有吞害。有吞害者，则为所烧。

1.40.2

[illegible]	[illegible]	[illegible]，	[illegible]	[illegible]	[illegible]	[illegible]。	[illegible]	[illegible]	[illegible]

① 互相，西夏文译作"[illegible]"，字面意思为"自共"。下同。

② 有迷惑者，西夏文译作"[illegible]"，对照上下文，这里似脱一"[illegible]"（有）字。

pju^{2} lew^{2} we^{2} ku^{1} njɨ^{2} pju^{2} we^{2} thjɨ^{2} sju^{2} njɨ^{2}

烧 所 为, 则 遍 烧 为。 是 如 等

□, □ □ □ □。 □ □ □ □

dźjị^{2} zji^{2} lẹj^{2} kięj^{2} nioow^{1} mjij^{1} zji^{1} sjiij^{2} nioow^{1}

过, 皆 贪 欲 由。 女 男 想 及

为所烧者,则便遍烧。如是等过,皆由贪欲。起男女想及

1.40.3

□ □ □。 □ □ □ □, □ □ □

kạ^{1} sjiij^{2} śjwo^{1} ŋa^{2} rjur^{1} ŋwu^{2} ·jɨ^{2} ku^{1} ŋa^{2} rjur^{1}

命 想 起。 我 所 是 谓, 则 我 所

□ □。 □ □ □, □ □ □ □

mjiij^{2} we^{2} thjɨ^{2} wo^{2} nioow^{1} ku^{1} ŋa^{2} rjur^{1} tshjiij^{1}

名 为。 是 义 故, 则 我 所 说

以命想。是我所有,名为我所。以是义故,说我所

1.40.4

□, □ □ □ □。 □ □ □ □, □

tja^{1} ·jij^{1} ljụ^{2} ·jij^{1} źier^{1} wẹ^{1} mjijr^{2} ŋowr^{2} ŋowr^{2} ŋa^{2}

者, 己 身 己 骂。 愚 夫 一 切, 我

□ □ □, □ □ □ □, □ □

śjwɨ̣^{2} lwu^{2} ljɨ̣^{1} wẹ^{1} mjijr^{2} tsjiir^{1} we^{2} thjɨ^{2} bju^{1}

随 眠 以, 愚 夫 法 为, 是 随

者,则骂己身。一切愚夫,以我随眠,为愚夫法,是

1.40.5

□ □ □ □ □ □。 □ □, □ □

tshjiij^{1} ku^{1} tśhjwo^{1} ŋa^{2} rjur^{1} ·jɨ^{2} kja^{1} śja^{1} tjɨ^{1} tjij^{1}

说 则 故 我 所 谓。 迦 叶, 假 若

□ □, □ □ □ □, □ □ □

dźiã^{2} tśhju^{1} thjɨ^{2} tsjiir^{1} mjij^{1} mji^{1} po^{1} tjɨj^{1} nioow^{1}

情 有, 此 法 不 闻, 菩 提 及

故说之，以为我所。迦叶，若有众生，不闻此法，而说菩提及

1.40.6

[illegible]	[illegible]	[illegible]	[illegible]	[illegible]	[illegible]，	[illegible]	[illegible]	[illegible]	[illegible]。
tshjɨ^{1}	tsjij^{2}	rjur^{1}	dźjɨ	tshjiij^{1}	tja^{1}	tshjɨ^{1}	tsjij^{2}	dźjɨ	njaa^{2}
菩	萨	之	行	说	者，	菩	萨	行	非。
[illegible]	[illegible]	[illegible]	[illegible]，	[illegible]	[illegible]	[illegible]	[illegible]，	[illegible]	
tshjɨ^{1}	tsjij^{2}	dźjɨ	tja^{1}	zjɨr^{1}	dźjij^{1}	tji̱^{2}	mjij^{1}	ku^{1}	
菩	萨	行	者，	实	行	处	无，	则	

菩萨行，则为非行①。言菩萨行者，实无所行，

1.41.1

[illegible]	[illegible]	[illegible]	[illegible]	[illegible]	[illegible]。	[illegible]	[illegible]，	[illegible]	[illegible]，
tśhjwo^{1}	tshjɨ^{1}	tsjij^{2}	dźjɨ	ŋwu^{2}	ljɨ^{1}	nioow^{1}	tśjɨɨ^{1}	kja^{1}	śja^{1}
故	菩	萨	行	是	也。	复	次，	迦	叶，
[illegible]	[illegible]	[illegible]	[illegible]	[illegible]	[illegible]	[illegible]	[illegible]，	[illegible]	
tjij^{1}	rjur^{1}	tshjɨ^{1}	tsjij^{2}	dźjɨ	io̱^{1}	·a	swu^{2}	lej^{2}	
若	诸	菩	萨	行	圆	△	满，	缺	

是菩萨行。复次，迦叶，若诸菩萨得行圆满②，

1.41.2

[illegible]	[illegible]	[illegible]。	[illegible]	[illegible]、	[illegible]	[illegible]	[illegible]、	[illegible]	[illegible]
ŋwo^{2}	mjij^{1}	dju^{1}	gji^{1}	sej^{1}	zji^{2}	gji^{1}	sej^{1}	njɨ^{2}	gji^{1}
减	无	有。	清	净、	极	清	净、	遍	清
[illegible]，	[illegible]	[illegible]	[illegible]	[illegible]	[illegible]	[illegible]	[illegible]	[illegible]，	
sej^{1}	ku^{1}	thja^{2}	njiij^{1}	thjɨ^{2}	ljij^{2}	tsjiir^{1}	tshjiij^{1}	njwi^{2}	
净，	则	是	人	此	大	法	说	能，	

无有缺减。清净、极清净、遍清净者，是人则能说此大法，

① 则为非行，西夏文字面意思为"菩萨非行"。

② 得行圆满，西夏文译作"[illegible]"，"[illegible]"(swu^{2})为动词，形容词"圆满"往往译作"[illegible]"(io̱^{1} sə^{1})。乾祐二十年(1189 年)仁宗校译本《观弥勒菩萨上生兜率天经》(инв. № 941)中汉文"天诸甘露自然盈满"，西夏文译作"[illegible]"，同此。

1.41.3

[illegible]	[illegible]	[illegible],	[illegible]	[illegible]	[illegible]	[illegible]	[illegible]	[illegible]。	[illegible]
ɣwie^{1}	ɣie^{1}	tśhju^{1}	kjir^{1}	·jiw^{2}	khu^{1}	dźjij^{1}	mjijr^{2}	ŋwu^{2}	thja^{1}
势	力	有,	勇	猛	进	精	者	是。	其
[illegible]	[illegible]	[illegible],	[illegible]	[illegible]	[illegible]	[illegible],	[illegible]	[illegible]	
rjɨr^{2}	tshjiij^{1}	tsjiir^{1}	tshọ^{2}	ŋa^{1}	rjir^{2}	ka^{1}	tśiow^{1}	dzjɨ̣^{2}	
所	说	法,	虚	空	于	等,	积	聚	

名有势力,勇猛精进。其所说法,等于虚空,而无积聚。

1.41.4

[illegible]	[illegible]。	[illegible]	[illegible]	[illegible]	[illegible]	[illegible]、	[illegible]	[illegible]	[illegible]
mjij^{1}	dju^{1}	wo^{2}	rjir^{2}	bju^{1}	mjijr^{2}	ŋwu^{2}	tśhja^{2}	·ioow^{1}	dźjij^{2}
无	有。	理	与	如	者	是、	德	功	有
[illegible]	[illegible]、	[illegible]	[illegible]	[illegible]	[illegible]	[illegible],	[illegible]	[illegible]	
mjijr^{2}	ŋwu^{2}	dźjɨ	djọ^{2}	njwi^{2}	mjijr^{2}	ŋwu^{2}	tsiow	wo^{2}	
者	是、	行	修	能	者	是,	终	理	

为如理者、有功德者、能修行者,终

1.41.5

[illegible]	[illegible]	[illegible]	[illegible]	[illegible]	[illegible]、	[illegible]	[illegible]	[illegible]	[illegible]
rjir^{2}	mjij^{1}	bju^{1}	mjijr^{2}	mjij^{1}	we^{2}	tśhja^{2}	·ioow^{1}	mjij^{1}	dźjij^{2}
与	不	如	者	不	为、	功	德	无	有
[illegible]	[illegible]	[illegible]、	[illegible]	[illegible]	[illegible]	[illegible]	[illegible]	[illegible]。	
mjijr^{2}	mjij^{1}	we^{2}	dźjɨ	mjij^{1}	djọ^{2}	mjijr^{2}	mjij^{1}	we^{2}	
者	不	为、	行	不	修	者	不	为。	

不为彼不如理者、无功德者、不修行者。

汉文本

如是,迦叶,由不祥法与之相应,瞋忿毒心及不覆蔽,不覆蔽者,不观我想。不观察者,作一合想,不能销灭我及我所。何名为我?执不实故。住种种想,造诸世业。若如是者,彼执我相,以为其我。何名我所?谓贪欲故,名为我所。以于诸欲与身和合,即起贪心。起贪著已,能坏戒蕴。便于他所,生不善心。由瞋覆蔽，互相轻毁，及于财物，摄为己有，亲近守护，是名我所。有我所者，则有流转。有流转者，则有迷惑。有迷惑者，则有诽谤。有诽谤者，则便有瞋。有瞋恚者，则有吞害。有吞害者，则为所烧。为所烧者，则便遍烧。如是等过，皆由贪欲。起男女想及以命想。是我所有，名为我所。以是义故，说我所者，则骂己身。一切愚夫，以我随眠，为愚夫法，是故说之，以为我所。

迦叶，若有众生，不闻此法，而说菩提及菩萨行，则为非行。言菩萨行者，实无所行，是菩萨行。复次，迦叶，若诸菩萨得行圆满，无有缺减。清净、极清净、遍清净者，是人则能说此大法，名有势力，勇猛精进。其所说法，等于虚空，而无积聚。为如理者、有功德者、能修行者，终不为彼不如理者、无功德者、不修行者。

1.41.6

[illegible]	[illegible]	[illegible]	[illegible]	[illegible]	[illegible]	[illegible]，	[illegible]	[illegible]	[illegible]
nji^{2}	njɨ^{2}	thjɨ^{2}	tsjiir^{1}	ɣiwej^{1}	·jiij^{1}	lew^{2}	nioow^{1}	thjɨ^{2}	tsjiir^{1}
汝	等	此	法	受	持	应，	后	是	法
[illegible]	[illegible]	[illegible]	[illegible]	[illegible]	[illegible]	[illegible]①。	[illegible]	[illegible]	
zjɨɨr^{1}	zow^{2}	zjij^{1}	njiij^{1}	tji^{1}	śjwo^{1}	nji^{2}	thjij^{2}	sjo^{2}	
中	执	着	心	勿	生	△。	何	云	

汝等应当受持此法，于是法中勿生执着。何以

1.42.1

[illegible]？	[illegible]	[illegible]	[illegible]	[illegible]	[illegible]	[illegible]	[illegible]	[illegible]	[illegible]，
ljɨ^{1}	mjor^{1}	ljij^{2}	rjɨr^{2}	tshjiij^{1}	tja^{1}	zji^{2}	zjɨɨr^{1}	phju^{2}	tsew^{2}
也？	如	来	所	说	者	最	中	上	第，
[illegible]	[illegible]	[illegible]	[illegible]	[illegible]	[illegible]	[illegible]	[illegible]	[illegible]，	
zji^{2}	phju^{2}	bju^{1}	·wo^{2}	dźiã^{2}	tśhju^{1}	dja^{2}	·jɨr^{1}	nioow^{1}	
最	上	应	供	情	有	△	问	故，	

故？如来所说最为第一，为于最上应供②有情而发问故，

1.42.2

[illegible]	[illegible]	[illegible]	[illegible]	[illegible]	[illegible]	[illegible]	[illegible]	[illegible]	[illegible]③。

① [illegible]，为第二人称复数动词人称呼应后缀，与句首“[illegible]”呼应。

② 应供，梵文 Arhant，通行译法为“阿罗汉”。佛陀十号之一，又称“应真”，简称“应”。佛教认为佛陀是断尽一切烦恼、智德圆满的觉者，应受人天供养、尊敬。西夏文译作“[illegible]”，乾祐二十年（1189 年）仁宗校译本《观弥勒菩萨上生兜率天经》（инв. № 941）同此。

③ [illegible]，为第一人称单数动词人称呼应后缀，与句首“[illegible]”呼应。“[illegible]”（wjo^{1}），是轻动词“[illegible]”（·wji^{1}）的衍生式，义为“为”。当动词后出现第一人称单数呼应后缀时，往往引起动词的音韵转换，动词用衍生式。

ŋa^{2} buu^{2} tsjiir^{1} ljɨ̣^{1} thja^{2} rjur^{1} rjɨr^{2} tshjiij^{1} wjo^{1} ŋa^{2}

我 胜 法 以 其 之 △ 说 为 △。

[illegible] [illegible] [illegible] [illegible] [illegible] [illegible]？ [illegible] [illegible] [illegible]

buu^{2} tsjiir^{1} tja^{1} ljɨ̣^{1} kjɨ^{1} ŋwu^{2} tsjiir^{1} sjiij^{2} mjij^{1}

胜 法 者 何 △ 是？ 法 想 无

我以胜法而为解说。云何胜法？谓无法想。

1.42.3

[illegible]。 [illegible] [illegible]， [illegible] [illegible] [illegible] [illegible] [illegible] [illegible] [illegible]

ŋwu^{2} kja^{1} śja^{1} thjɨ^{2} sju^{2} tshjɨ^{1} tsjij^{2} zji^{2} ɣu^{1} kie^{1}

是。 迦 叶， 是 如 菩 萨 最 初 戒

[illegible] [illegible] [illegible] [illegible] [illegible]， [illegible] [illegible] [illegible] [illegible]，

sej^{1} ŋowr^{2} lhə ·wejr^{2} ·jiij^{1} ·jij^{1} bjịj^{1} njiij^{1} mjij^{1}

净 具 足 护 持， 自 高 心 无，

迦叶，如是菩萨具足护持最初净戒，心不贡高，

1.42.4

[illegible] [illegible] [illegible] [illegible] [illegible]， [illegible] [illegible] [illegible] [illegible] [illegible]，

mjij^{1} bja^{2} sjwɨj^{1} mjij^{1} ·wji^{1} phji^{2} khjiw^{2} dzji^{1} mjij^{1} tsjụ^{1}

无 间 业 不 造， 比 丘 尼 不 犯，

[illegible] [illegible] [illegible] [illegible] [illegible] [illegible] [illegible] [illegible]， [illegible]

nioow^{1} rjur^{1} mur^{1} njiij^{1} nji^{1} mjij^{1} ? njij^{1} sjwụ^{2}

亦 诸 俗 人 家 不 亲 近， 生

不造无间业，不犯比丘尼，亦不亲近诸俗人家，

1.42.5

[illegible]、 [illegible] [illegible] [illegible] [illegible] [illegible] [illegible] [illegible] [illegible] [illegible]，

sja^{1} mjij^{1} khjow^{1} lhjwi^{1} kiej^{2} dow^{1} dźjɨ tsjiir^{1} khwa^{1} ka^{2}

杀、 不 与 取 欲 邪 行 法 远 离，

[illegible] [illegible] [illegible]、 [illegible] [illegible] [illegible]、 [illegible] [illegible] [illegible]、

lạ^{1} ljoor^{1} dạ^{2} dzu^{1} dźjɨɨr^{1} dạ^{2} bjạ^{1} niow^{2} dạ^{2}

虚 诳 语、 爱 舍 语、 粗 恶 语、

远离杀生及不与取欲邪行法，离虚诳语，离间①、粗恶、

1.42.6

[illegible]

dza^{1} tśior^{2} dạ^{2} khwa^{1} ka^{2} lẹj^{2} kiẹj^{2} tshjạ^{1} kwow^{2} dow^{1}

杂 秽 语 远 离， 贪 欲、 瞋 恚、 邪

[illegible]

ljij^{2} khwa^{1} ka^{2} ·jij^{1} mjij^{1} źjị^{1} tśjuu^{1} mjɨ^{1} rjur^{1}

见 远 离。 自 不 恼 害， 他 之

杂秽语言，远离欲贪、瞋恚、邪见。既不自恼，

1.43.1

[illegible]

tsjɨ^{1} mjij^{1} źjị^{1} tśjuu^{1} bju^{1} mjij^{1} śjwɨ̣^{2} kiẹj^{2} tsjɨ^{1} mjij^{1}

亦 不 恼 害。 依 不 随， 欲 亦 不

[illegible]

lhjịj^{2} mjij^{1} ·u^{2} tshjiij^{2} mjij^{1} tsjɨ^{1} dzju^{1} dzjiij^{2} tsiow

受。 不 戏 博， 不 亦 教 化。 终

亦不恼他。不与欲俱，亦不受欲。不为博戏，亦不教化。终

1.43.2

[illegible]

mjij^{1} goor^{1} dzjwo^{2} rjir^{2} mjij^{1} ? njij^{1} tjụ^{2} mjij^{1} sji^{2}

不 男 人 与 不 亲 近， 淫 女、 妇

[illegible]

wjọ^{1} mjɨɨ^{1} mjij^{2} źji^{2} nji^{1} do^{2} mjij^{1} śjɨ^{1} mjɨ^{1}

寡、 女 未 嫁 家 于 不 往， 他

不亲近不男之人，不往淫女、寡妇、处女之家，

1.43.3

[illegible]

① 离间，西夏文字面意思是“舍爱”。

rjur^{1} gji^{2} bjij^{2} rjir^{2} mjij^{1} ? njij^{1} zju^{2} lju^{2} we^{1}

之 妻 妾 与 不 亲 近, 鱼 捕 鸟

[illegible]

tụ^{1} njijr^{1} dźjịj^{1} mjijr^{2} sja^{1} djịj^{1} tśja^{1} tśhia^{1} lo^{1}

罗、 兽 行 者 杀 类 旃 荼 罗

不近他妻,亦不亲近罗捕鱼鸟、畋猎魁脍①旃荼罗②

1.43.4

[illegible]

nji^{2} rjir^{2} tsji^{1} mjij^{1} ? njij^{1} ·o^{2} thji^{1} dzjwo^{2} rjur^{1}

等 与 亦 不 亲 近。 酒 饮 人 于

[illegible]

lạ^{1} mjij^{1} zow^{2} nioow^{1} thja^{2} rjir^{2} mjij^{1} ɣwej^{1} dzeej^{1}

手 不 执 又 其 与 不 斗 诤。

等。于饮酒人不执其手而与斗诤。

1.43.5

[illegible]

thji^{2} sju^{2} rjur^{1} dạ^{2} ka^{2} khjwi^{1} niow^{2} tśja^{1} tśhia^{1} lo^{1}

此 如 诸 事 离, 狗 恶 旃 荼 罗

[illegible]

djij^{1} bji^{2} ·wji^{1} djij^{2} sju^{2} njij^{2} njiij^{1} ɣa^{2} dźjiij^{1}

辈 避 为 △ 如。 慈 心 于 住

离此诸事,如避恶狗旃荼罗辈。由住慈心,

1.43.6

[illegible]

nioow^{1} ku^{1} thja^{1} khwa^{1} ka^{2} lew^{2} ŋowr^{2} ŋowr^{2} do^{2} rjir^{2}

由, 则 彼 远 离 所 一 切 于, 乃

[illegible]

① 魁脍,刽子手。玄应《一切经音义》卷二十四:“魁脍,主杀人者。”

② 旃荼罗,印度地位较低的种姓,多从事屠夫、刽子手等行业。

njɨ² ·a lə zjịj¹ niow² njiij¹ mjij¹ śjwo¹ thja¹

至 一 念 时 恶 心 不 起。 其

于彼一切所远离者，乃至不起一念恶心。

1.44.1

[illegible]

khwa¹ ka² lew² njɨɨ¹ ɣạ² mə² dju¹ njɨɨ¹ ɣạ² tja¹

远 离 应 二 十 种 有。 二 十 者

[illegible]

ljɨ̣¹ kjɨ¹ ŋwu² sji² dzjwo² khwa¹ ka² nioow¹ mjɨ¹

何 △ 是？ 女 人 远 离， 亦 他

有二十处应当远离。何等二十？谓离女人，亦

1.44.2

[illegible]

rjir² kheej¹ ·u² dạ² bjạ¹ wo² kjịj¹ ɣwej¹ dzeej¹ mjij¹

与 调 戏、 言 粗、 义 论、 讼 诤 不

[illegible]

·wji¹ ·wja¹ mja¹ nioow¹ tha¹ tsjiir¹ sẽ¹ do² dzjwɨ̣¹

为； 父 母 及 佛 法 僧 于， 恭

不与他调戏、粗言、论义、诤讼。于父母处及佛法僧，

1.44.3

[illegible]

rejr² njiij¹ mjij¹ ka² tjij¹ rjur¹ sji² dzjwo² ŋewr² njɨɨ¹

敬 心 不 离。 若 诸 女 人 数 二

[illegible]

ɣạ² mjɨ¹ lew¹ ku¹ thja¹ zjɨɨr¹ tsjiir¹ tshjiij¹ rjar¹

十 不 足， 则 其 中 法 说 许

离不恭敬。若诸女人减二十众，不为说法。

1.44.4

[illegible]

mjij^1　tjij^1　njiij^1　·wu̥^{2}　wjij^1　ku^1　rjar^1　dju^1　phji^2　khjiw^2
不。　若　人　男　有　则　许　有，　比　丘

dzji^1　·ji^1　tsjiir^1　tshjiij^1　ljwu^2　zjiir^1　śjɨ^1　rjar^1　mjij^1
尼　众　法　说　会　处　往　许　不；

除有男子,终不往诣比丘尼尼僧说法会处。

1.44.5

rjur^1　phji^2　khjiw^2　dzji^1　do^2　bjuu^1　·jir^1　rjar^1　mjij^1　sji^2
诸　比　丘　尼　于　恭　问　应　不。　女

dzjwo^2　dḁ^{2}　bju^1　sji̥j^2　·jwɨr^2　rjar^1　rjar^1　mjij^1　tjij^1
人　语　依　写　书　写　许　不。　或

不应问讯诸比丘尼。不与①女人作其书疏。或

1.44.6

mjɨ^1　dzjwo^2　·jij^1　pha^1　sji̥j^2　rjɨr^2　tśji̥j^1　thja^1　do^2　·wji̥j^2
他　人　自　随　书　△　奉，　彼　处　送

śjɨ^1　zji̥j^1　dzjwo^2　·wu̥^{2}　rjur^1　khjow^1　lew^2　sji^2　dzjwo^2
往　时，　人　男　于　付　应，　女　人

为他人传书送彼,应付丈夫,勿付妇女。

1.45.1

rjur^1　khjow^1　rjar^1　mjij^1　dzjɨj^1　ŋowr^2　ŋowr^2　zjiir^1　njij^1　low^2
于　付　许　不。　时　一　切　中　近　亲

① 不与,西夏文字面意思为“不许”。

do^{2} tsiow pha^{1} ɣju^{1} lhjịj^{2} rjar^{1} mjij^{1} kiẹj^{2} njiij^{1}

于 终 别 请 受 得 不。 欲 心

于一切时亲族别请终不受之。不以欲心

1.45.2

[illegible]

śjwo^{1} ljɨ̣^{1} tsej^{2} zjịj^{1} sji^{2} dzjwo^{2} ·ju^{2} rjir^{2} dźjiij^{1} rjar^{1}

生 以 霎 时 女 人 前 面 住 许

[illegible]

mjij^{1} nioow^{1} mər^{2} dźjiij^{1} do^{2} ka^{2} gjiw^{1} gjị^{2} sji^{2}

不。 亦 本 居 于 离， 隐 蔽 女

经须臾顷住女人前。又亦不应舍离本居，往其屏处①而

1.45.3

[illegible]

dzjwo^{2} rjir^{2} dạ^{2} ·wji^{1} rjar^{1} mjij^{1} phji^{2} khjiw^{2} dzji^{1} pha^{1}

人 与 语 为 许 不。 比 丘 尼 随

[illegible]

śio^{1} rjar^{1} mjij^{1} tjij^{1} phji^{2} khjiw^{2} dzji^{1} dja^{2} mjii^{1}

逐 许 不。 若 比 丘 尼 △ 施

与女人共为谈说。不得随逐比丘尼行。若比丘尼所施

1.45.4

[illegible]

lhwu^{1} gjwi^{2} wji^{1} ɣiwej^{1} rjar^{1} mjij^{1} tjij^{1} ljɨɨr^{1} ·ji^{1} kha^{1}

衣 服 受 用 许 不， 若 四 众 中

[illegible]

dźjiij^{1} tsjiir^{1} nẹ^{1} tshjiij^{1} zjịj^{1} tsjiir^{1} tshjiij^{1} nioow^{1} ku^{1}

住 法 演 说 时， 法 说 故， 则

衣服不应受用，除在四众演说法时，为说法故，

① 屏处，指隐蔽之处。《汉书》卷九十七下《外戚传下》"孝成赵皇后"："告武：箧中有死儿，埋屏处，勿令人知。"宋庄季裕《鸡肋编》卷上："气尚未平，独坐屏处。"屏处，西夏文译作"[illegible]"，义为"隐蔽"。

1.45.5

[illegible]	[illegible]	[illegible]	[illegible]	[illegible]	[illegible],	[illegible]	[illegible]	[illegible]	[illegible]
lhwu^1	mjii^1	mjijr^2	dja^2	dju^1	tja^1	śji^1	ljij^2	lji̠^{2}	wjɨ^2
衣	施	者	△	有	者,	先	大	地	△
[illegible]	[illegible]	[illegible],	[illegible]	[illegible]	[illegible]	[illegible]。	[illegible]	[illegible]	
sju^2	njiij^1	śjwo^1	tśhjɨ^1	mja^1	nioow^1	lhjij^2	mjii^1	mjijr^2	
如	心	生,	尔	然	后	受。	施	者	

有施衣者,应生是心犹如大地,然后受之。

1.45.6

[illegible]	[illegible]	[illegible]	[illegible]	[illegible]	[illegible]。	[illegible]	[illegible]	[illegible]	[illegible]
rjur^1	njijr^2	tśhjaa^1	·juu^1	rjar^1	mjij^1	tjij^1	phji^2	khjiw^2	dzji^1
之	面	上	观	许	不。	若	比	丘	尼
[illegible]	[illegible]①	[illegible]	[illegible]	[illegible]	[illegible]	[illegible]	[illegible]	[illegible]	
dźjɨ	·wji^1	mjɨ^1	rjur^1	pjwɨɨr^1	dzjiij^2	lhwu^1	mjii^1	lja^1	
行	为	彼	于	劝	导	衣	施	来	

不应别观施者之面。若闻有尼劝导施衣,

1.46.1

[illegible],	[illegible]	[illegible]	[illegible]	[illegible]	[illegible]	[illegible]	[illegible]	[illegible];	[illegible]
phji^1	tshjɨ^1	tsjij^2	dwewr^2	ku^1	wji^1	ɣiwej^1	rjar^1	mjij^1	tjij^1
令,	菩	萨	觉	则	受	用	应	不;	若
[illegible]	[illegible]	[illegible]	[illegible]	[illegible],	[illegible]	[illegible]	[illegible]	[illegible]	
phji^2	khjiw^2	dzji^1	tji̠^{1}	pjwɨɨr^1	ŋo^2	tśji̠^{1}	kjɨ^1	tha	
比	丘	尼	食	劝,	病	苦	△	令	

不应受用②;若比丘尼劝请受食,设令病苦终

1.46.2

[illegible]	[illegible]	[illegible]	[illegible],	[illegible]	[illegible]	[illegible]	[illegible],	[illegible]	[illegible]

① [illegible],义为"行为",此处用在"比丘尼"之后,指示的是动作"[illegible]"(劝导)的发出者。

② 不应受用,西夏文字面意思为"菩萨觉则不应受用",较汉文本多"菩萨觉"三字。

tsjɨ^{1} lhjịj^{2} rjar^{1} mjij^{1} nioow^{1} rjar^{1} ŋo^{2} mjij^{1} lhjịj^{2} tjị^{2}

亦 受 得 不， 复 患 病 无， 受 可

[西夏文]

ljọ^{1} ·wjij^{2} tjij^{1} sji^{2} wjọ^{1} tjị^{1} thji^{1} ɣju^{1} lja^{1}

岂 有？ 若 妇 寡 食 饮 请 来

不受之，况复无病？若有寡妇而来请食，

1.46.3

[西夏文]

zjịj^{1} sẽ^{1} ŋewr^{2} mjɨ^{1} lew^{1} ku^{1} thji^{1} rjar^{1} mjij^{1} nioow^{1}

时， 僧 数 不 满， 则 食 许 不。 又

[西夏文]

·ji^{1} kha^{1} ·o^{2} rjar^{1} mjij^{1} phji^{2} khjiw^{2} dzji^{1} rjur^{1}

众 内 入 应 不； 比 丘 尼 于

僧数不满，亦不受之。又亦不应入尼众内；不应唤彼比丘尼来；

1.46.4

[西夏文]

bju^{2} rjar^{1} mjij^{1} tjij^{1} phji^{2} khjiw^{2} dzji^{1} bju^{2} lja^{1} zjịj^{1}

唤 应 不； 若 比 丘 尼 唤 来 时，

[西夏文]

tshjɨ^{1} tsjij^{2} mər^{2} dźjiij^{1} tjị^{2} do^{2} wor^{1} lạ^{1} dzjwɨ̣^{1}

菩 萨 本 住 处 于， 拱 手 恭

若比丘尼来唤，菩萨应离住处，拱手

1.46.5

[西夏文]

dźji ·juu^{1} bjij^{1} nu^{1} śjɨ^{1} lew^{2} tjij^{1} tśjɨ^{1} rjor^{2} tsjiir^{1}

仰 视， 仰 背 去 应； 若 顷 刻 法

[西夏文]

tshjiij^{1} phji^{2} khjiw^{2} dzji^{1} rewr^{2} tshwew^{1} lja^{1} zjịj^{1} rewr^{2}

说， 比 丘 尼 足 礼 来 时， 足

仰头,背而舍去;若说法时,有比丘尼来礼其足,

1.46.6

[illegible] [illegible] [illegible], [illegible] [illegible] [illegible] [illegible] [illegible] [illegible] [illegible]。

mju² rjar¹ mjij¹ lew¹ ·jij¹ njɨɨ¹ pja̱¹ ·u² ·juu¹ lew²

动 许 不, 但 自 双 掌 中 视 应。

无令足动,但应目视双手掌中。

汉文本

汝等应当受持此法,于是法中勿生执着。何以故?如来所说最为第一,为于最上应供有情而发问故,我以胜法而为解说。云何胜法?谓无法想。迦叶,如是菩萨具足护持最初净戒,心不贡高,不造无间业,不犯比丘尼,亦不亲近诸俗人家,远离杀生及不与取欲邪行法,离虚诳语,离间、粗恶、杂秽语言,远离欲贪、瞋恚、邪见。既不自恼,亦不恼他。不与欲俱,亦不受欲。不为博戏,亦不教化。终不亲近不男之人,不往淫女、寡妇、处女之家,不近他妻,亦不亲近罗捕鱼鸟、畋猎魁脍旃荼罗等。于饮酒人不执其手而与斗诤。离此诸事,如避恶狗旃荼罗辈。由住慈心,于彼一切所远离者,乃至不起一念恶心。

有二十处应当远离。何等二十?谓离女人,亦不与他调戏、粗言、论义、诤讼。于父母处及佛法僧,离不恭敬。若诸女人减二十众,不为说法。除有男子,终不往诣比丘尼尼僧说法会处。不应问讯诸比丘尼。不与女人作其书疏。或为他人传书送彼,应付丈夫,勿付妇女。于一切时亲族别请终不受之。不以欲心经须臾顷住女人前。又亦不应舍离本居,往其屏处而与女人共为谈说。不得随逐比丘尼行。若比丘尼所施衣服不应受用,除在四众演说法时,为说法故,有施衣者,应生是心犹如大地,然后受之。不应别观施者之面。若闻有尼劝导施衣,不应受用;若比丘尼劝请受食,设令病苦终不受之,况复无病?若有寡妇而来请食,僧数不满,亦不受之。又亦不应入尼众内;不应唤彼比丘尼来;若比丘尼来唤,菩萨应离住处,拱手仰头,背而舍去;若说法时,有比丘尼来礼其足,无令足动,但应目视双手掌中。

1.46.6

[illegible] [illegible] [illegible], [illegible] [illegible] [illegible] [illegible] [illegible] [illegible]

neew² goor¹ gji² lew¹ lju̱² ljɨ̱¹ khu¹ dźjij¹ djo̱²

善 男 子, 唯 身 以 进 精 修

善男子,不应唯身修习精进,

1.47.1

[illegible] [illegible] [illegible], [illegible] [illegible] [illegible] [illegible] [illegible] [illegible] [illegible] dzjɨɨ^{1} lew^{2} njaa^{2} nioow^{1} ·jɨr^{2} ljɨ̣^{1} njiij^{1} ·a ·we^{2} tśhja^{2}

习 应 不， 亦 勤 以 心 一 处 正

[illegible] [illegible]， [illegible] [illegible] [illegible] [illegible] [illegible] [illegible] [illegible]

lə lew^{2} rjur^{1} mjɨɨ^{2} kiẹj^{2} ɣa^{2} lẹj^{2} tshjạ^{1} tji^{1}

念 当， 诸 境 界 于 贪 瞋 勿

亦当勤心正念一处，于诸境界勿起贪瞋，

1.47.2

[illegible]， [illegible] [illegible] [illegible] [illegible] [illegible]， [illegible] [illegible] [illegible] [illegible]

śjwo^{1} ŋowr^{2} ŋowr^{2} sjịj^{2} kjụ^{1} nioow^{1} ku^{1} gjwɨ^{1} lwo^{2} tjị^{1}

起， 一 切 智 求 故， 则 坚 牢 誓

[illegible]。 [illegible] [illegible] [illegible] [illegible]， [illegible] [illegible] [illegible] [illegible]，

śjwo^{1} thjɨ^{2} tsjiir^{1} mji^{1} dźjwa^{1} dźiej^{2} njiij^{1} śjɨj^{1} ·jiw^{2}

起。 是 法 闻 已， 信 心 成 就，

为求一切智故，起坚牢誓。闻是法已，成就信心，

1.47.3

[illegible] [illegible] [illegible] [illegible]。 [illegible] [illegible]， [illegible] [illegible] [illegible] [illegible]

·jɨr^{2} djọ^{2} ɣiew^{1} lew^{2} kja^{1} śja^{1} tjij^{1} tshjɨ^{1} tsjij^{2} ·ụ^{2}

勤 修 学 应。 迦 叶， 若 菩 萨 乘

[illegible] [illegible] [illegible] [illegible] [illegible]、 [illegible] [illegible] [illegible] [illegible]，

tshwew^{1} mjijr^{2} neew^{2} goor^{1} gji^{2} neew^{2} sji^{2} dzjwo^{2} njɨ^{2}

趣 者 善 男 子、 善 女 人 等，

应当修学。迦叶，若有趣菩萨乘善男子、善女人等，

1.47.4

[illegible] [illegible] [illegible] [illegible] [illegible]， [illegible] [illegible] [illegible] [illegible] [illegible]

ɣu^{1} thjɨ^{2} tsjiir^{1} mji^{1} zjịj^{1} zjɨr^{1} ɣiej^{1} na^{1} dźiej^{2} śjwo^{1}

初 此 法 闻 时， 实 真 深 信 生

[illegible] [illegible]， [illegible] [illegible] [illegible] [illegible] [illegible] [illegible] [illegible]

mjɨ^{1} njwi^{2} ku^{1} tsiow ·a duu^{2} tow^{1} lo^{1} sã^{1}

不 能， 则 终 阿 耨 多 罗 三

适闻此法，不能生于如实深信，终不能得阿耨多罗三

1.47.5

[illegible]	[illegible]	[illegible]	[illegible]	[illegible]	[illegible]。	[illegible]	[illegible]	[illegible]？	[illegible]
mjiw^2	sã^1	po^1	tjɨj^1	mjij^1	rjir^2	thjij^2	sjo^2	ljɨ^1	djọ^2
藐	三	菩	提	不	得。	何	云	也？	修
[illegible]	[illegible]	[illegible]	[illegible]	[illegible]	[illegible]	[illegible]，	[illegible]	[illegible]	
ɣiew^1	nioow^1	ku^1	thja^2	po^1	tjɨj^1	ljạ^1	mjij^1	djọ^2	
学	由	故	彼	菩	提	证，	不	修	

藐三菩提。何以故？由修学故证彼菩提，非不修

1.47.6

[illegible]	[illegible]	[illegible]	[illegible]	[illegible]①	[illegible]。	[illegible]	[illegible]	[illegible]	[illegible]
ɣiew^1	nioow^1	ljạ^1	njwi^2	ljɨ^1	njaa^2	tjij^1	mjij^1	djọ^2	dzjɨɨ^1
学	由	证	能	却	非。	若	不	修	习
[illegible]	[illegible]	[illegible]	[illegible]	[illegible]，	[illegible]	[illegible]	[illegible]	[illegible]②	
nioow^1	po^1	tjɨj^1	ljɨ^1	rjir^1	ku^1	bioo^1	ljɨ^2	·o^2	
由	菩	提	却	得，	则	猫	兔	子	

学而能得证。若不修习得菩提者，猫兔

1.48.1

[illegible]	[illegible]	[illegible]	[illegible]	[illegible]	[illegible]	[illegible]	[illegible]	[illegible]	[illegible]。
njɨ^2	djij^1	tsjɨ^1	zji^2	phju^2	po^1	tjɨj^1	mja^1	ljạ^1	ljɨ^1
等	类	亦	无	上	菩	提	然	证	也。
[illegible]	[illegible]	[illegible]	[illegible]？	[illegible]	[illegible]	[illegible]	[illegible]	[illegible]，	
thjɨ^2	tja^1	thjij^2	sjo^2	tśhja^2	dźjɨ	mjij^1	dźjịj^1	tja^1	
此	者	何	云？	正	行	不	行	者，	

等类亦应证得无上菩提。何以故？不正行者，

① [illegible]（ljɨ^1），连词，本义为"并""及"。用在复句中，表示转折，相当于"却""而"。下句"[illegible]"（然）的用法与之相同。

② [illegible]，为双音节词，义为"兔子"。《番汉合时掌中珠》第十六叶左面第二栏，同此。

1.48.2

[illegible]

zji^{2} phju^{2} dwewr^{2} lja̜^{1} rjir^{1} mjɨ^{1} njwi^{2} thjij^{2} sjo^{2} ljɨ^{1}

无 上 觉 证 得 不 能。 何 云 也?

[illegible]

tjij^{1} tśhja^{2} mjij^{1} dźjij^{1} po^{1} tjɨj^{1} ljɨ^{1} rjir^{1} ku^{1}

若 正 不 行 菩 提 却 得, 则

不能证得无上觉故。何以故?若不正行得菩提者,

1.48.3

[illegible]

mə^{2} ɣie̜^{2} ŋwuu^{1} da̜^{2} tsjɨ^{1} zji^{2} phju^{2} po^{1} tjɨj^{1} mja^{1}

音 声 言 说 亦 无 上 菩 提 然

[illegible]

lja̜^{1} thjɨ^{2} sju^{2} da̜^{2} ·jɨ^{2} ŋa^{2} tha^{1} we^{2} lew^{2}

证。 是 如 言 谓: 我 佛 作 当!

音声言说亦应证得无上菩提,作如是言:我当作佛!

1.48.4

[illegible]

ŋa^{2} tha^{1} we^{2} lew^{2} ·jɨ^{2} thjɨ^{2} bju^{1} dza^{2} ku^{1} bju^{2}

我 佛 作 当 △! 此 以 证, 则 边

[illegible]

mjij^{1} dźiã^{2} tśhju^{1} tśhja^{2} dwewr^{2} śjɨj^{1} lew^{2} kja^{1} śja^{1}

无 情 有, 正 觉 成 应。 迦 叶,

我当作佛!以此证故,无边众生,应成正觉。迦叶,

1.48.5

[illegible]

tjɨ^{1} tjij^{1} dźiã^{2} tśhju^{1} thjɨ^{2} dźjɨ djo̜^{2} ɣiew^{1} tja^{1} zji^{2}

① [illegible],义为"谓",这里是引语标记。

有	若	情	有	此	行	修	学	者，	甚
[illegible]	[illegible]	[illegible]，	[illegible]	[illegible]	[illegible]	[illegible]	[illegible]	[illegible]	
kha^{1}	gie^{1}	ŋwu^{2}	tjɨ^{1}	njɨɨ^{2}	tjɨ^{1}	gjɨ^{2}	zjị j^{1}	njiij^{1}	
中	难	是，	一	昼	一	夜	时	心	

若有众生修学此行，甚为难有，犹尚不能经一昼夜

1.48.6

[illegible]	[illegible]	[illegible]	[illegible]	[illegible]	[illegible]，	[illegible]	[illegible]	[illegible]	[illegible]
tjị^{1}	sjwɨ^{1}	lə	tsjɨ^{1}	mjɨ^{1}	njwi^{2}	nioow^{1}	lew^{1}	kja^{2}	rjɨr^{2}
归	忧	念	尚	不	能，	及	一	劫	乃
[illegible]	[illegible]	[illegible]	[illegible]	[illegible]	[illegible]	[illegible]	[illegible]？	[illegible]	
njɨ^{2}	tụ^{1}	kja^{2}	sjwɨ^{1}	lə	tjị^{2}	ljọ^{1}	·wjij^{2}	thjɨ^{2}	
至	千	劫	忧	念	可	岂	有？	是	

专念在心，何况一劫乃至千劫？是

1.49.1

[illegible]	[illegible]	[illegible]	[illegible]	[illegible]	[illegible]	[illegible]	[illegible]，	[illegible]	[illegible]
nioow^{1}	mjor^{1}	ljij^{2}	rjur^{1}	kha^{1}	to^{2}	śja^{2}	tja^{1}	zji^{2}	kha^{1}
故	如	来	世	中	出	现	者，	甚	中
[illegible]	[illegible]！	[illegible]	[illegible]，	[illegible]	[illegible]	[illegible]	[illegible]	[illegible]	
gie^{1}	ŋwu^{2}	kja^{1}	śja^{1}	sọ^{1}	tụ^{1}	ljij^{2}	tụ^{1}	rjur^{1}	
难	是！	迦	叶，	三	千	大	千	世	

故如来出现于世，甚为难事！迦叶，假使三千大千世

1.49.2

[illegible]	[illegible]	[illegible]	[illegible]	[illegible]	[illegible]，	[illegible]	[illegible]	[illegible]、	[illegible]
kiẹj^{2}	·u^{2}	dźiã^{2}	tśhju^{1}	ŋowr^{2}	ŋowr^{2}	tjij^{1}	lew^{1}	kja^{2}	·jir^{2}
界	内	情	有	一	切，	若	一	劫、	百
[illegible]、	[illegible]	[illegible]	[illegible]	[illegible]	[illegible]	[illegible]	[illegible]	[illegible]	
kja^{2}	tụ^{1}	kja^{2}	rjɨr^{2}	njɨ^{2}	rjir^{2}	·jir^{2}	tụ^{1}	kja^{2}	
劫、	千	劫	乃	至	亿	百	千	劫	

界一切众生，若经一劫、百劫、千劫乃至亿百千劫，

1.49.3

[illegible]

kha^{1} lew^{1} dźiã^{2} tśhju^{1} rjur^{1} zji^{2} gu^{2} dạ^{2} ·jɨ^{2} nji^{2}

中， 一 情 有 于 皆 同 语 谓： 汝

[illegible]

tha^{1} we^{2} lew^{2} nji^{2} tha^{1} we^{2} lew^{2} thja^{2} rjur^{1}

佛 作 应！ 汝 佛 作 应！ 是 诸

为一众生同唱是言：汝应作佛！汝应作佛！是诸

1.49.4

[illegible]

dźiã^{2} tśhju^{1} zji^{2} gu^{2} tśjɨ̣^{1} ror^{2} twẹ^{2} twẹ^{2} dạ^{2} ·jɨ^{2}

情 有 悉 共 围 绕， 续 续 语 谓：

[illegible]

kjɨ^{1} djɨj^{1} tha^{1} we^{2} kjɨ^{1} djɨj^{1} tha^{1} we^{2} thjɨ^{2}

必 定 佛 成！ 必 定 佛 成！ 是

众生悉共围绕，相续唱言：当得成佛！当得成佛！如是

1.49.5

[illegible]

sju^{2} tśjɨɨ^{1} bju^{1} ɣiẹ^{2} lho ɣiẹ^{2} ·o^{2} dzjwɨr^{1} bja^{2} kjɨ^{1}

如 次 第， 息 出 息 入 绝 断 △

[illegible]

dju^{1} thja^{2} ·a śjwo^{1} dạ^{2} twẹ^{2} twẹ^{2} mjij^{1} bja^{2}

有， 彼 △ 发 言， 相 续 无 断。

次第，出息入息犹可断绝，彼所发言，曾无间断。

1.49.6

[illegible]

thjɨ^{2} sju^{2} dạ^{2} ljɨ̣^{1} ɣu^{1} po^{1} tjɨj^{1} njiij^{1} tsjɨ^{1} śjɨj^{1}

是 如 言 以， 初 菩 提 心 尚 熟

[illegible]								
mjɨ[1]	njwi[2]	nioow[1]	zji[2]	phju[2]	tha[1]	mjaa[2]	lja̱[1]	tji̱[2]
不	能,	后	无	上	佛	果	证	能

如是之言,尚不能熟初菩提心,何况能证无上佛果?

1.50.1

[illegible]									
ljo̱[1]	·wjij[2]	tjij[1]	lja̱[1]	njwi[2]	tja[1]	thjɨ[2]	tjɨ̱j[2]	mjij[1]	ljɨ[1]
岂	有?	若	证	能	者,	是	样	无	也。

若能证者,无有是处①。

汉文本

善男子,不应唯身修习精进,亦当勤心正念一处,于诸境界勿起贪瞋,为求一切智故,起坚牢誓。闻是法已,成就信心,应当修学。迦叶,若有趣菩萨乘善男子、善女人等,适闻此法,不能生于如实深信,终不能得阿耨多罗三藐三菩提。何以故?由修学故证彼菩提,非不修学而能得证。若不修习得菩提者,猫兔等类亦应证得无上菩提。何以故?不正行者,不能证得无上觉故。何以故?若不正行得菩提者,音声言说亦应证得无上菩提,作如是言:我当作佛!我当作佛!以此证故,无边众生,应成正觉。

迦叶,若有众生修学此行,甚为难有,犹尚不能经一昼夜专念在心,何况一劫乃至千劫?是故如来出现于世,甚为难事!迦叶,假使三千大千世界一切众生,若经一劫、百劫、千劫乃至亿百千劫,为一众生同唱是言:汝应作佛!汝应作佛!是诸众生悉共围绕,相续唱言:当得成佛!当得成佛!如是次第,出息入息犹可断绝,彼所发言,曾无间断。如是之言,尚不能熟初菩提心,何况能证无上佛果?若能证者,无有是处。

1.50.1

[illegible]								
kja[1]	ja[1]	ŋa[2]	gju[1]	dzjar[2]	nioow[1]	ljijr[1]	ku̱[1]	mjiij[2]
迦	叶,	我	度	灭	后	方,	后	末

迦叶,我灭度后,末

1.50.2

[illegible]

① 无有是处,西夏文字面意思是"无是样也"。

tsjiir¹ kha¹ nioow¹ nji² njɨ² tsjɨ¹ djiij² phã¹ kjɨ¹ ·o²

法 中， 及 汝 等 亦 涅 槃 △ 入，

[illegible] [illegible] [illegible] [illegible] [illegible] [illegible] [illegible] [illegible]。 [illegible]

rjur¹ ŋwə¹ rjur¹ dźiej² ·wejr² lew² mjij¹ we² tśhjɨ¹

诸 天 之 信 护 所 不 为。 尔

法之时，及与汝等已般涅槃，不为诸天之所信护。

1.50.3

[illegible] [illegible]， [illegible] [illegible] [illegible] [illegible]， [illegible] [illegible] [illegible] [illegible]

bjij² zjij¹ rjur¹ dźiã² tśhju¹ njɨ² ŋa² rjur¹ tśhja² ·ioow¹

时 时， 诸 情 有 等， 我 于 德 功

[illegible] [illegible]， [illegible] [illegible] [illegible] [illegible]。 [illegible] [illegible] [illegible]

mjii¹ nioow¹ po¹ tjɨj¹ njiij¹ śjwo¹ thja¹ kha¹ rjur¹

施 故， 菩 提 心 发。 其 中 诸

当于尔时，多有众生，闻我功德，发菩提心。于中或有诸

1.50.4

[illegible] [illegible] [illegible]， [illegible] [illegible] [illegible] [illegible] [illegible] [illegible] [illegible]

phji² khjiw² njɨ² zji² phju² po¹ tjɨj¹ njiij¹ kjɨ¹ ·a

比 丘 等， 无 上 菩 提 心 △ △

[illegible]， [illegible] [illegible] [illegible] [illegible] [illegible] [illegible] [illegible] [illegible]。

śjwo¹ tśhjɨ² rjar² njɨɨ¹ ɣạ² tsjiir¹ kha¹ no² dźjiij¹

发， 立 即 二 十 法 中 安 住。

比丘等，虽发无上菩提心已，而便安住二十法中。

1.50.5

[illegible] [illegible] [illegible] [illegible] [illegible] [illegible]？ [illegible] [illegible] [illegible] [illegible]

njɨɨ¹ ɣạ² tja¹ ljɨ¹ kjɨ¹ ŋwu² rjur¹ phji² khjiw² dzji¹

二 十 者 何 △ 是？ 诸 比 丘 尼

[illegible] [illegible] [illegible]， [illegible] [illegible] [illegible] [illegible]， [illegible] [illegible]

rjir² ? njij¹ mjij¹ sej¹ tji¹ lhjij² ljɨj² wji¹

与 亲 附， 不 净 食 受， 美 味

何等二十？所谓亲附诸比丘尼，受不净食，贪着美味，

1.50.6

[illegible]	[illegible]，	[illegible]	[illegible]	[illegible]	[illegible]	[illegible]	[illegible]	[illegible]	[illegible]。
dzu^1	zjịj^1	phji^2	khjiw^2	dzji^1	rjɨr^2	pjwɨɨr^1	nioow^1	tjị^1	lhjịj^2
贪	着，	比	丘	尼	乃	劝	故	食	受。
[illegible]	[illegible]，	[illegible]	[illegible]	[illegible]	[illegible]	[illegible]	[illegible]	[illegible]，	
kja^1	śja^1	dzjọ^1	thjɨ^2	zjọ^2	rejr^2	mji^1	phji^2	khjiw^2	
迦	叶，	譬	今	世	多	闻	比	丘，	

受比丘尼劝化饮食。迦叶，譬如今世多闻比丘，

1.51.1

[illegible]	[illegible]	[illegible]	[illegible]	[illegible]	[illegible]	[illegible]	[illegible]，	[illegible]	[illegible]
·a	ljɨj^1	zja^2	tjij^1	nji^1	·wjụ^2	kha^1	dźjiij^1	tsjiir^1	·jɨr^2
阿	兰	若	或	聚	落	中	住，	法	勤
[illegible]	[illegible]	[illegible]①	[illegible]，	[illegible]	[illegible]	[illegible]	[illegible]	[illegible]	
djọ^2	dzjiij^2	djij^2	sju^2	kụ^1	lja^1	zjọ^2	ɣa^2	rjur^1	
修	习	△	如，	后	来	世	于	诸	

住阿兰若②或聚落中，勤修习法，于当来世诸

1.51.2

[illegible]	[illegible]	[illegible]，	[illegible]	[illegible]	[illegible]	[illegible]。	[illegible]	[illegible]	[illegible]
phji^2	khjiw^2	njɨ^2	tsjɨ^1	thja^1	wjɨ^2	sju^2	nji^1	·wjụ^2	tjij^1
比	丘	等，	亦	彼	复	如。	聚	落	或
[illegible]	[illegible]	[illegible]	[illegible]，	[illegible]	[illegible]	[illegible]	[illegible]	[illegible]	
·a	ljɨj^1	zja^2	kha^1	phji^2	khjiw^2	dzji^1	rjir^2	ljwu^2	
阿	兰	若	中，	比	丘	尼	与	会	

比丘等，亦复如是。于聚落间或阿兰若，与比丘尼聚

① [illegible](djij^2)，连词，在复句中表示转折。

② 阿兰若，梵文 Araṇya，寺院之总名，比丘之住处。又作“阿兰那”“阿兰攘”“阿兰若迦”“阿练若”等。译曰“无诤声”“闲寂”“远离处”。玄应《一切经音义》卷一曰：“阿兰拏（友加反），或云阿兰若，或云阿练若，皆梵音轻重耳。此云空寂，亦无诤也。”西夏文为汉文音译。

1.51.3

[illegible]①。

dzjị^{2} dạ^{2} ·wji^{1} tsjiir^{1} wo^{2} ·jɨr^{1} ·jɨr^{2} thja^{2} rjur^{1} phji^{2}

集 言 为， 法 义 问 答。 彼 诸 比

[illegible]

khjiw^{2} nioow^{1} phji^{2} khjiw^{2} dzji^{1} kiẹj^{2} njiij^{1} rejr^{2} śjwo^{1}

丘 及 比 丘 尼， 欲 心 多 生，

集言谈，问答法义。彼诸比丘及比丘尼，多生染心，

1.51.4

[illegible]

neew^{2} njiij^{1} zjɨɨr^{1} śjwo^{1} kja^{1} śja^{1} nji^{2} thja^{2} djịj^{1} bioo^{1}

法 心 少 生。 迦 叶， 汝 是 辈 观

[illegible]

tshjɨ^{1} tsjij^{2} mjiij^{2} kjɨ^{1} rjir^{2} ljịj^{2} bjịj^{1} gie^{1} niow^{2}

菩 萨 名 △ 得， 大 危 险 恶

少生法心。迦叶，汝观是辈得菩萨名，堕大危险取于恶

1.51.5

[illegible]

tshwew^{1} kha^{1} ljɨ^{1} tśhjɨ^{1} bjij^{2} zjịj^{1} ɣu^{1} tsjiir^{1} kjụ^{1} nioow^{1}

取 中 堕。 尔 时 时， 初 法 求 缘

[illegible]

dźjwɨ^{1} gu^{2} ? njij^{1} dźjwɨ^{1} ljij^{2} dźjwa^{1} zjịj^{1} kiẹj^{2}

相 共 亲 附， 相 见 已 时， 欲

趣。当于尔时，初为法缘而相亲附，互相见已，欲

1.51.6

[illegible]

① [illegible]（·jɨr^{1}），义为"问"；"[illegible]"（·jɨr^{2}），义为"答"。二者字形相近，读音也相近，前平声，后上声，属于声调转换构词的典型例证。

məə1 njiij1 lu2 mjɨ1 mər1 ljaa2 mju2 ljɨ̣j2 kiẹj2 njiij1
火 心 烧, 其 唇 口 动 摇, 欲 心
[illegible]
dźju1 sjwij1 dźjwɨ1 ? njij1 zjịj1 ɣu1 dzjiij2 gji2
表 明。 相 亲 近 时, 初 弟 子
火烧心,动于唇口,表其欲念。彼相近时,初为弟子,

1.52.1

[illegible]
·wji1 ·a śja1 lji1 tjɨ̣j2 bju1 dzjwɨ̣1 rejr2 tśja1 tshwew1
为, 阿 阇 梨 法 依 恭 敬 礼 敬,
[illegible]
thja1 nioow1 ljijr1 mjiij2 mjiij2 dzjwo2 ·wją2 dą2 śjwɨ1
此 后 向 渐 渐 使 遣, 语 致
以阿阇梨①法而申礼敬,自此之后当渐遣使,通致语言,

1.52.2

[illegible]
ljị1 phji1 ljwu2 tjị2 rjɨr2 ·wji1 tjij1 rer2 dow1 ·u2
通 令, 会 处 乃 为; 或 衢 街 内,
[illegible]
tjij1 ·ji1 mjii1 ·u2 dźjo1 dźjo1 dźjwɨ1 ·juu1 tjij1
或 寺 院 内, 遥 遥 相 视, 若
道路期会;或于街衢,或在寺内,遥相瞻视,

1.52.3

[illegible]
lho ·o2 zjịj1 śjɨ1 dźjiij1 tjị2 ·jɨr1 ? njij1 ·ju2
出 入 时, 往 住 处 问, 亲 近 求

① 阿阇梨,梵文 Ācārya,旧称“阿阇梨”“阿舍梨”“阿只利”等,译曰“教授”。新称“阿遮利夜”“阿遮梨耶”,译曰“轨范正行”。可矫正弟子行为,为其轨则师范高僧之敬称。玄应《一切经音义》卷十五曰:“阿阇梨,经中或作阿只利,皆讹也。应言阿遮利夜,此云正行,又言阿遮梨耶,此云轨范。旧云:于善法中,教授令知,名阿阇梨也。”西夏文为汉文音译。

□， □ □ □ □。 □ □ □ □

·ju² mə² diow² rjɨr² ·wji¹ thjɨ² nioow¹ śjwɨ¹ śjwɨ¹

求， 姊 妹 结 为。 是 故 时 时

于出入时，问其所由，互称①亲族，结为姊妹②。彼等由是数③相见故，

1.52.4

□ □， □ □ □ □ □， □ □ □，

dźjwɨ¹ ljij² ku¹ dźjwɨ¹ gu² kjɨ¹ ·wer¹ kjɨ¹ ·wer¹ nioow¹

相 见， 故 相 共 △ 睦， △ 睦 因，

□ □ □ □ □， □ □ □ □，

ku¹ laa¹ njiij¹ gu¹ śjwo¹ laa¹ njiij¹ śjwo¹ nioow¹

故 染 心 发 生， 染 心 生 后，

而相习住，既习住已，生于染心，生染心

1.52.5

□ □ □ □； □ □ □， □ □ □

gu² tśior¹ dźjɨ dźjij¹ tśior¹ dźjɨ dźjij¹ ku¹ nioow¹ mjij¹

共 秽 行 行； 秽 事 行， 则 后 非

□ □ □ □， □ □ □ □。 □

sej¹ dźjɨ mjiij² ljɨ¹ dźjwɨ¹ mjiij² thjɨ¹ ·wji¹ mjij¹

梵 行 名 以， 相 名 呼 为。 非

已，共为秽事；为秽事已，更以非梵行名，而相呼召。

1.52.6

□ □ □， □ □ □ □ □ □ □，

tsjiir¹ dźjij¹ nioow¹ po¹ tjɨj¹ nioow¹ neew² tshwew¹ ŋwer² lhjwo¹

法 行 故， 菩 提 及 善 趣 退 失，

□ □ □ □， □ □ □ □， □

① 互称，西夏文译作"□□"，动词重叠表相互义。

② 姊妹，西夏文译作"□□"（mə² diow²）。西夏语中"兄弟"和"姊妹"的男女称不同，此为男称，女称作"□□"（mjij¹ kięj¹）；"兄弟"男称作"□□"（ljo² tjọ²），女称作"□□"（njɨ¹ mju¹）。参考史金波：《西夏党项人的亲属称谓和婚姻》，《民族研究》1992 年第 1 期。

③ 数，屡次，西夏文译作"□□"（时时），重叠表加重义。

djiij^{2} phã^{1} khwa^{1} ka^{2} mjor^{1} ljịj^{2} phjɨ^{1} dźjɨɨr^{1} tśhja^{2}

涅 槃 远 离, 如 来 弃 舍, 正

由行非法,退失菩提及以善趣,远离涅槃,弃舍如来,

1.53.1

[illegible] [illegible] [illegible], [illegible] [illegible] [illegible] [illegible]。 [illegible] [illegible] [illegible]

tsjiir^{1} ljwu^{1} nu^{1} sẽ^{1} rjur^{1} dwər^{1} khie^{1} gjiw^{1} gjị^{2} kiẹj^{2}

法 违 背, 僧 于 厌 恶。 隐 蔽 欲

[illegible] [illegible] [illegible] [illegible] [illegible] [illegible] [illegible] [illegible]。 [illegible]

tshjạ^{1} tśjuu^{1} rjur^{1} niow^{2} seew^{2} meej^{2} gu^{1} śjwo^{1} thja^{2}

恚 害 诸 恶 思 寻 发 起。 是

违背正法,厌恶于僧。在于屏处,起欲恚害,诸恶寻思。是

1.53.2

[illegible] [illegible] [illegible] [illegible] [illegible] [illegible] [illegible] [illegible] [illegible] [illegible]

dzjwo^{2} tshjɨ^{1} tsjij^{2} rjur^{1} buu^{2} sjwɨj^{1} ljɨɨr^{1} sej^{1} dźjɨ mjij^{1}

人 菩 萨 之 胜 业 四 净 行 无

[illegible], [illegible] [illegible] [illegible] [illegible] [illegible] [illegible] [illegible] [illegible]

dźjij^{2} dzjọ^{1} thjɨ^{2} wjɨ^{2} xiwã^{1} dźjɨ ·jɨr^{2} djọ^{2} mjijr^{2}

有, 譬 今 时 梵 行 勤 修 者

人无有菩萨胜业四净梵行,譬如今时勤修梵行

1.53.3

[illegible] [illegible] [illegible] [illegible] [illegible], [illegible] [illegible] [illegible] [illegible] [illegible]

rjur^{1} tshjɨ^{1} tsjij^{2} ·ji^{1} sju^{2} mjij^{2} ljịj^{2} zjọ^{2} ɣa^{2} kiẹj^{2}

诸 菩 萨 众 如, 未 来 世 于 欲

[illegible] [illegible] [illegible] [illegible] [illegible] [illegible] [illegible], [illegible] [illegible]

tshjạ^{1} tśjuu^{1} niow^{2} seew^{2} meej^{2} śjwo^{1} mjijr^{2} tsjɨ^{1} thja^{2}

恚 害 恶 思 忖 生 者, 亦 是

诸菩萨众,于未来世起欲恚害恶寻思者,亦复如是。

1.53.4

[illegible] [illegible]。 [illegible] [illegible], [illegible] [illegible] [illegible], [illegible] [illegible] [illegible] wjɨ^{2} sju^{2} kja^{1} śja^{1} tśhjɨ^{1} bjij^{2} zjịj^{1} thjɨ^{2} sju^{2} mə^{2}

复 如。 迦 叶， 尔 时 时， 是 如 种

[illegible]

djịj^{1} niow^{2} dźjɨ kjwɨɨr^{1} dźjɨ lạ^{1} dźjɨ ɣa^{2} dźjiij^{1}

类， 恶 行、 贼 行、 矫 行 于 住，

迦叶，当于尔时，住是种类，所谓恶行、贼行、矫行，

1.53.5

[illegible]

nji^{2} tśhjɨ^{1} bjij^{2} zjịj^{1} tśhjwɨj^{1} kie^{1} ljiij^{2} mjijr^{2} rjur^{1} bioo^{1}

汝 尔 时 时， 禁 戒 毁 者 于 观，

[illegible]

thjɨ^{2} lwər^{2} lhejr^{2} mji^{1} zjịj^{1} tśhjɨ^{2} rjar^{2} pjo^{1} tsjij^{2}

是 经 契 闻 时， 立 即 诽 谤。

汝观尔时，毁禁戒者，闻是等经，便生诽谤。

1.53.6

[illegible]

tśhioow^{1} tśhioow^{1} śji^{1} kie^{1} zji^{1} mjii^{1} dźjiij^{1} njwi^{2} njiij^{1} ljịj^{2}

若 有 先 戒 布 施 住 能， 心 喜

[illegible]

njiij^{1} śjwo^{1} po^{1} tjɨj^{1} njiij^{1} śjwo^{1} kụ^{1} thjɨ^{2} lwər^{2}

心 生 菩 提 心 发， 后 是 经

若有已能住戒布施，生于欢喜发菩提心，后

1.54.1

[illegible]

lhejr^{2} mji^{1} thja^{1} tsjɨ^{1} pjo^{1} tsjij^{2} śjwo^{1} nji^{2} tśhjɨ^{1} bjij^{2}

契 闻， 其 复 诽 谤 生。 汝 尔 时

[illegible]

zjịj^{1} thjɨ^{2} sju^{2} ·jwɨr^{1} ·jij^{1} bioo^{1} ljị^{1} dźju^{1} sjwij^{1}

时， 此 有 貌 相 观 以， 记 验

闻是经,复生谤毁。汝观尔时,有此相貌,可为记验。

1.54.2

lew^2 tjij^1 thjɨ^2 lwər^2 lhejr^2 mji^1 pjo^1 tsjij^2 njiij^1 śjwo^1

可。 若 是 经 契 闻, 诽 谤 心 生,

thja^2 kha^1 sjịj^2 mjijr^2 kie^1 sej^1 djọ^2 mjijr^2 tśhja^2

于 中 智 者、 戒 净 修 者、 正

若闻是经,而生诽谤,于中智者、修净戒者、

1.54.3

tsjiir^1 ·jiij^1 mjijr^2 thjɨ^2 lwər^2 lhejr^2 kha^1 thja^1 phji^2 khjiw^2

法 持 者, 是 经 契 内 此 比 丘

tsjiir^1 mjɨ^1 nwə^1 mjijr^2 ŋwu^2 tshjiij^1 djij^2 nwə^1 ku^1

法 不 知 者 是 说 △ 知, 则

持正法者,知是经内说此比丘名不知法,即应舍离。

1.54.4—1.54.5

thjɨ^2 sju^2 njɨ^2 dzjwo^2 xja^1 dźjɨɨr^1 ka^2 lew^2 thjij^2 sjo^2

是 如 等 人 即 舍 离 应。 何 云

ljɨ^1 thja^2 njɨ^2 tsjiir^1 rjur^1 dzu^1 dzjwị^1 njiij^1 mjij^1 ljɨ^1

也? 其 辈 法 之 爱 敬 心 无 也。

如是等人,此辈无心爱敬法故。

1.54.6

ljij^2 ljị^1 tśiow^1 lwər^2 lhejr^2 ? lew^1 tsew^2 zeew^2 lew^1 dźjow^1 njar^1

大　宝　积　经　契　卷　一　第　忍　一　遍　校

《大宝积经》卷第一　忍　一遍校

汉文本

迦叶，我灭度后，末法之时，及与汝等已般涅槃，不为诸天之所信护。当于尔时，多有众生，闻我功德，发菩提心。于中或有诸比丘等，虽发无上菩提心已，而便安住二十法中。何等二十？所谓亲附诸比丘尼，受不净食，贪着美味，受比丘尼劝化饮食。

迦叶，譬如今世多闻比丘，住阿兰若或聚落中，勤修习法，于当来世诸比丘等，亦复如是。于聚落间或阿兰若，与比丘尼聚集言谈，问答法义。彼诸比丘及比丘尼，多生染心，少生法心。

迦叶，汝观是辈得菩萨名，堕大危险取于恶趣。当于尔时，初为法缘而相亲附，互相见已，欲火烧心，动于唇口，表其欲念。彼相近时，初为弟子，以阿阇梨法而申礼敬，自此之后当渐遣使，通致语言，道路期会；或于街衢，或在寺内，遥相瞻视，于出入时，问其所由，互称亲族，结为姊妹。彼等由是数相见故，而相习住，既习住已，生于染心，生染心已，共为秽事；为秽事已，更以非梵行名，而相呼召。由行非法，退失菩提及以善趣，远离涅槃，弃舍如来，违背正法，厌恶于僧。在于屏处，起欲恚害，诸恶寻思。是人无有菩萨胜业四净梵行，譬如今时勤修梵行诸菩萨众，于未来世起欲恚害恶寻思者，亦复如是。

迦叶，当于尔时，住是种类，所谓恶行、贼行、矫行，汝观尔时，毁禁戒者，闻是等经，便生诽谤。若有已能住戒布施，生于欢喜发菩提心，后闻是经，复生谤毁。汝观尔时，有此相貌，可为记验。若闻是经，而生诽谤，于中智者、修净戒者、持正法者，知是经内说此比丘名不知法，即应舍离。如是等人，此辈无心爱敬法故。

《大宝积经》卷第一

西夏文《大宝积经》

·卷二·

《三律仪会》第一之二整理与研究

孙伯君　李　雷

内容和版本介绍

西夏文《大宝积经》卷二《三律仪会》第一之二，1909 年由科兹洛夫率领的俄国皇家蒙古四川地理考察队发现于黑水城遗址，现藏俄罗斯科学院东方文献研究所。据克恰诺夫《西夏佛典目录》，该卷在俄藏第一部和第二部《大宝积经》中均有保存。第一部编号 инв. № 365，写本，经折装。保存完整，共 64 折。第二部有两个编号，инв. № 365，写本，经折装。残卷尾，共 86 折。天头 4 厘米，地脚 3 厘米。经名后有帙号并仁宗皇帝尊号。инв. № 6272，写本，经折装。存卷二卷尾，共 17 折。纸幅 33 厘米×12 厘米，天头 4.5 厘米，地脚 2.5 厘米。卷尾有经名①。第二部的编号与第一部重复，著录恐误。第一部的инв. № 365首次刊布于《俄藏黑水城文献》第 21 册第 69—73 页，通过与照片对照，该卷每折 7 行，行 21 字。款题“[illegible]，[illegible]”，即“天生圆能禄番式法正国皇太后梁氏御译，就德主国增福正民大明皇帝嵬名御译”，可知此为西夏惠宗秉常（1067—1086 年在位）时期的初译本。

下面的录文和释读依据 инв. № 365，释读采用逐折、逐行对译的形式，并用数字标明西夏文录文的卷次、原版折面和行次，如 2.1.1，为第二卷第一折第一行。

① Е.И.Кычанов, *Каталог тангутских буддийских памятников*, Киото：Университет Киото, 1999.p. 335.

文本释读

2.1.1

[illegible]	[illegible]	[illegible]	[illegible]	[illegible]	[illegible]	[illegible]	[illegible]
$ljij^2$	$lj\dot{i}^1$	$tśiow^1$	$lwər^2$	$lhejr^2$	?	$nj\dot{i}\dot{i}^1$	$tsew^2$
大	宝	积	经	契	卷	二	第

《大宝积经》卷第二①

2.1.2

[illegible]	[illegible]	[illegible]	[illegible]	[illegible]	[illegible]	[illegible]	[illegible]	[illegible]
$tshjwu^1$	$mə^2$	io^1	$njwi^2$	dźjɨ	$\cdot jir^1$	$tsjiir^1$	$dzjo^2$	lhjịj
天	生	圆	能	番	禄	法	式	国
[illegible]	[illegible]	[illegible]	[illegible]	[illegible]	[illegible]	[illegible]	[illegible]	
$tśjɨj^1$	$ŋwər^1$	$ljij^2$	$dzow^1$	$ljow^1$	$zjɨ^1$	mee^2	$lhej^2$	
正	皇	太	后	梁	氏	御	译	

天生圆能禄番式法正国皇太后梁氏御译，

2.1.3

[illegible]	[illegible]	[illegible]	[illegible]	[illegible]	[illegible]	[illegible]	[illegible]
$tśhja^2$	$\cdot jiw^2$	low^2	$dzju^2$	ljo^1	lhu	$djɨj^2$	$tśjɨj^1$
德	就	国	主	福	增	民	正
[illegible]	[illegible]	[illegible]	[illegible]	[illegible]	[illegible]	[illegible]	[illegible]
$swew^1$	$ljij^2$	$ŋwər^1$	$dzjwɨ^1$	$ŋwe^2$	mji^1	mee^2	$lhej^2$
明	大	皇	帝	嵬	名	御	译

就德主国增福正民大明皇帝嵬名御译②。

① 西夏文《大宝积经》各卷，凡西夏惠宗秉常（1067—1086 年在位）时期的初译本经名后均没有帙号。另外，汉文本卷二经名后款署“大唐三藏法师菩提流志奉诏译”，西夏文本无。

② 此为惠宗秉常皇帝及其母梁太后尊号，可证明该卷翻译于 1067—1086 年，为初译本。西夏文原文有残损，据《大宝积经》卷六十一《菩萨见实会》第十六“序品”第一（инв. № 483）款题补。

2.1.4

[illegible]

so̩1 dzjɨj1 wer1 ljwu2 lew1 tsew2 ·jij1 njɨɨ1

三 律 仪 会 一 第 之 二

《三律仪会》第一之二

2.1.5

[illegible]

nioow1 tśjɨɨ1 kja1 śja1 tśhjɨ1 bjij2 zjɨ̣j1 dzjwo2 gjɨ2 la̩1 ŋwu2

复 次, 迦 叶, 尔 时 时, 人 有 诈 以

[illegible]

dźiã2 tsjij2 dźjɨ djo̩2 tśhjɨ2 rjar2 ·jij1 ·jow2 śja1 wja̩2

菩 萨 行 修, 立 即 自 赞, 放 逸

复次,迦叶,当于尔时,有人诈现修菩萨行,便自显扬,生于放逸①

2.1.6

[illegible]

njiij1 śjwo1 śja1 wja̩2 śjwo1 nioow1 tjɨ̣j1 dwewr2 nioow1 ·ja lo1

心 生; 放 逸 生 已, 独 觉 及 阿 罗

[illegible]

xã1 su1 ŋa2 buu2 ·jɨ2 mji1 tjɨ̣j2 ɣa2 dźjiij1 kjɨ1

汉 比 我 胜 谓, 非 理 于 住。 △

生放逸已,谓胜独觉②及阿罗汉,住于非理。

2.1.7

[illegible]

djɨ̣2 tjɨ̣2 mjij1 ku̩1 niow2 tshwew1 kha1 ljɨ1 nioow1 tśjɨɨ1 kja1

---

① 生于放逸,西夏文字面意思为"生放逸心"。

② 独觉,梵文 Pratyeka buddha,译作"辟支迦佛",略译作"辟支""辟支佛"。旧译"缘觉",新译"独觉"。《智度论》卷十八曰:"辟支佛有二种:一名独觉,二名因缘觉。"《大乘义章》卷十四曰:"辟支胡语,此方翻译名因缘觉。藉现事缘而得觉悟,不假他教,名因缘觉。又于十二因缘法中而得觉悟,亦名缘觉。"常乐寂静,独自修行,修行功成,于无佛之世,自己觉悟而离生死者,谓之独觉。《大宝积经》各卷既有"缘觉",又有"独觉",西夏文均统一译作"[illegible]"(独觉)。

治 可 不， 后 恶 趣 中 堕。 复 次 迦

[illegible]

śja^1 mjij^2 ljịj^2 dzjwo^2 dju^1 mji^1 sjwɨj^1 ɣa^2 dźjiij^1 mji^1

叶， 未 来 人 有 非 业 于 住， 非

名不可治，当堕恶趣。复次，迦叶，未来有人住于非业，

2.2.1

[illegible]

sjwɨj^1 rjɨr^2 wji^1 dźiā^2 tśhju^1 ·jij^1 lhjwi^1 ŋwu^2 mjɨ^1 ·jij^1 tsjiir^1

业 △ 作， 情 有 相 取 以， 彼 于 法

[illegible]

tshjiij^1 thja^1 nioow^1 rjur^1 rjur^1 dźjij^1 daa^2 lew^2 swu^2 dźjɨ

说， 他 又 处 处 行 游， 同 类 行

作非业故，取众生相，为说法故，处处游行，唯修似①行，

2.2.2

[illegible]

nioow^1 lew^2 swu^2 zji^1 mjii^1 kie^1 sej^1 no^2 zeew^2 khu^1 dźjij^1

又 同 类 布 施、 戒 静、 安 忍、 精 进、

[illegible]

mjij^1 sjwɨ^1 pa^2 rja^2 po^1 lo^1 dzu^1 tow^1 djọ^2 deej^1

静 虑、 般 若 波 罗 蜜 多 修， 传

极似布施、持戒、安忍、精进、静虑、般若波罗蜜②，

2.2.3

[illegible]

dźjij^1 wejr^1 ljij^1 tjɨ^1 tjij^1 źjɨr^1 ɣiej^1 thjɨ^2 lwər^2 lhejr^2 tshjiij^1

行 炽 盛。 假 若 实 真 是 经 典 说

[illegible]

mjijr^2 dju^1 tsjɨ^1 ·ji^1 dzjwo^2 ŋowr^2 ŋowr^2 zji^2 thja^2 ·jij^1

---

① 似，西夏文译作“[illegible]”（同类），下同。

② 般若波罗蜜，西夏文字翻译成汉字时统一译作“般若波罗蜜多”。

者	有，	亦	众	人	一	切	皆	他	于

炽盛流布。若有如实说是经者,则①为他人

2.2.4

[illegible]	[illegible]	[illegible]	[illegible]	[illegible]，	[illegible]	[illegible]	[illegible]	[illegible]，	[illegible]	[illegible]
dju^1	ljwu^1	nu^1	phjɨ^1	dźjɨɨr^1	thjɨ^2	lwər^2	lhejr^2	kha^1	dow^1	ljij^2
欺	违	背	舍	弃，	是	经	典	中，	邪	见

[illegible]	[illegible]。	[illegible]	[illegible]	[illegible]	[illegible]，	[illegible]	[illegible]	[illegible]	[illegible]
sjiij^2	śjwo^1	thja^1	wẹ^1	lə	dzjwo^2	thjɨ^2	lwər^2	lhejr^2	kha^1
想	起。	彼	愚	痴	人，	此	经	典	中

憎嫌②舍弃,于是经中,起邪见想。是愚痴人,不知此经

2.2.5

□	□	□	[illegible]	[illegible]	[illegible]	[illegible]	[illegible]	[illegible]	[illegible]。	[illegible]
□	□	□	·jij^1	źier^1	njɨɨ^2	dạ^2	tśhju^1	mjɨ^1	nwə^1	kja^1
□	□	□	之	呵	责	语	有	不	知。	迦

[illegible]，	[illegible]	[illegible]	[illegible]，	[illegible]	[illegible]	[illegible]	[illegible]	[illegible]	[illegible]
śja^1	tśhjɨ^1	bjij^2	zjij^1	dzjwo^2	zji^2	kjwir^1	dźjɨ	nioow^1	dja^2
叶，	尔	时	时，	人	皆	贼	行	因	所

呵责破戒。迦叶,当于尔时,皆为贼行之所

2.2.6

□	□	□	□	[illegible]	[illegible]	[illegible]	[illegible]	[illegible]	[illegible]，	[illegible]
□	□	□	□	thja^1	dzjwo^2	·jij^1	dźjar^2	mji^1	seew^2	tśhja^2
□	□	□	□	彼	人	己	过	不	思，	正

[illegible]	[illegible]	[illegible]	[illegible]	[illegible]，	[illegible]	[illegible]	[illegible]	[illegible]	□
ka^1	po^1	tjɨj^1	lha^1	ljiij^2	dźjar^2	dzjuu^2	nioow^1	ku^1	□
等	菩	提	破	坏，	罪	匿	由	故	□

秽污,是故彼人不思己过,能甚破坏正等菩提,由覆藏故,

① 西夏本较汉文本多"一切众人"的对应文字。
② 憎嫌,西夏文译作"[illegible]",即"欺妄违背"之意。

2.2.7

□ □ [illegible] [illegible] [illegible] [illegible] [illegible] [illegible] [illegible] [illegible]。

□ □ tśhju1 nioow1 zji2 phju2 tha1 mjaa1 pjo1 ljɨ1

□ □ 怀 而 最 上 佛 果 谤 也。

怀羞而谤无上佛果。

2.3.1

[illegible] [illegible]，[illegible] [illegible]，[illegible] [illegible] [illegible]，[illegible] [illegible] [illegible] [illegible]

nioow1 tśjɨɨ1 kja1 śja1 tśhjɨ1 bjij2 zjịj1 dzjwo2 ŋwej2 ·ji1 śjij1

复 次， 迦 叶， 尔 时 时， 人 僧 众 顺

[illegible] [illegible]，[illegible] [illegible] [illegible] [illegible]，[illegible] [illegible] [illegible] [illegible]。

mji1 wji1 khjwɨ1 njwi1 mjɨ1 sjij2 nioow1 gu1 śjwo1 dźjịj1

不 为， 恩 报 不 识， 又 开 发 行。

复次，迦叶，当尔之际，不随顺僧，不知恩报，而行开发。

2.3.2

[illegible] [illegible] [illegible] [illegible] [illegible]？ [illegible] [illegible] [illegible] [illegible] [illegible] [illegible]

gu1 śjwo1 tja1 thjij2 sjo2 mjɨ1 ·jij1 njiij1 gu1 śjwo1 tja1

发 开 者 何 云？ 他 之 心 开 发 者

[illegible]。 [illegible] [illegible] [illegible] [illegible] [illegible] [illegible] [illegible] [illegible] [illegible]

ŋwu2 mjor1 ljịj2 rjɨr2 tshjiij1 thja1 dzjwo2 śjwɨ1 śjwɨ1 ŋwuu1

是。 如 来 所 说 彼 人 时 时 语

云何开发？谓开发他心。如来说彼数①以

2.3.3

[illegible] [illegible] [illegible] [illegible] [illegible] [illegible] [illegible]，[illegible] [illegible] [illegible] [illegible]

dạ2 bju1 mjɨ1 ·jij1 dźju1 wji1 ŋwu2 dzji1 lew2 ·ju2 mjijr2

言 以 他 之 惑 为 以， 食 所 求 者

[illegible] [illegible]。 [illegible] [illegible]， [illegible] [illegible] [illegible]， [illegible] [illegible] [illegible]

---

① 数，屡次，西夏文译作“[illegible][illegible]”（时时），重叠表加重义。下同。

ŋwu² ·jɨ² kja¹ śja¹ tśhjɨ¹ bjij² bjij¹ dzjwo² ŋwuu¹ dạ²

是 谓。 迦 叶， 尔 时 时， 人 语 言

语言诳惑他故，招致饮食。迦叶，当于尔时，不护语言，

2.3.4

[illegible]

mji¹ ·wejr² mjor¹ ljij² ·jij¹ pha¹ bie² lhew² kie¹ pjo¹ tsjij²

不 护， 如 来 之 别 解 脱 戒 诃 毁，

[illegible]

nioow¹ ŋwuu¹ dạ² mji¹ ·wejr² mjijr² rjir² gu² thwuu¹ sjwɨj¹

复 语 言 不 护 者 与 共 同 业

诃毁如来别解脱戒，复与不护语人同其事业，

2.3.5

[illegible]

wji¹ pjụ¹ mji¹ tśhjwɨj¹ mji¹ sej¹ twụ¹ dźjiij¹ nioow¹ mji¹ sej¹

为， 威 不 摄， 不 净 处 住。 复 不 净

[illegible]

twụ¹ dźjiij¹ mjijr² ·jij¹ rjur¹ tsjiir¹ ɣa¹ tshjiij¹ wji¹ thjɨ²

处 住 者 于 诸 法 门 说 为， 此

不摄威仪，住不净处。为住不净处者说诸法门，此

2.3.6

[illegible]

tsjiir¹ mjiij² mjiij² mjɨ¹ ·jij¹ bjuu¹ lew² mji¹ we² thja¹ sju²

法 渐 渐 人 之 敬 所 不 成。 是 如

[illegible]

mjiij² mjiij² sji² dzjwo² rjɨr² mjaa² wə¹ gji² ·jij¹ bə¹

渐 渐， 女 人 乃 丈 夫 妾 之 弃

法渐当为人轻贱。如是渐渐，多有女人弃舍丈夫①，

---

① 丈夫，西夏文译作“[illegible]”，即“丈夫妾”。

2.3.7

[illegible]，	[illegible]	[illegible]	[illegible]	[illegible]，	[illegible]	[illegible]	[illegible]	[illegible]，	[illegible]	[illegible]
dźjwo[2]	·ji[1]	mjii[1]	·u[2]	lja[1]	tsjiir[1]	mji[1]	kiej[2]	nioow[1]	tśhjɨ[2]	rjar[2]
舍，	众	宫	内	来，	法	闻	欲	故，	迅	即

[illegible]	[illegible]，	[illegible]	[illegible]	[illegible]	[illegible]，	[illegible]	[illegible]	[illegible]	[illegible]
wjɨ[2]	dzuu[2]	dzjɨj[1]	phji[2]	khjiw[2]	gjɨ[2]	tśhjɨ[2]	rjar[2]	thja[1]	lew[2]
△	坐，	时	比	丘	有，	迅	即	彼	同

入于寺舍①，为闻法故，而便就坐，时有比丘，即为

2.4.1

[illegible]	[illegible]	[illegible]	[illegible]	[illegible]。
swu[2]	djiij[2]	phā[1]	tshjiij[1]	wji[1]
类	涅	槃	说	为。

宣说相似涅槃。

汉文本

《大宝积经》卷第二

大唐三藏菩提流志奉制译

《三律仪会》第一之二

复次，迦叶，当于尔时，有人诈现修菩萨行，便自显扬，生于放逸。生放逸已，谓胜独觉及阿罗汉，住于非理。名不可治，当堕恶趣。复次，迦叶，未来有人住于非业，作非业故，取众生相，为说法故，处处游行，唯修似行，极似布施、持戒、安忍、精进、静虑、般若波罗蜜，炽盛流布。若有如实说是经者，则为他人憎嫌舍弃，于是经中，起邪见想。是愚痴人，不知此经呵责破戒。迦叶，当于尔时，皆为贼行之所秽污，是故彼人不思己过，能甚破坏正等菩提，由覆藏故，怀羞而谤无上佛果。复次，迦叶，当尔之际，不随顺僧，不知恩报，而行开发。云何开发？谓开发他心。如来说彼数以语言诳惑他故，招致饮食。迦叶，当于尔时，不护语言，诃毁如来别解脱戒，复与不护语人同其事业，不摄威仪，住不净处。为住不净处者说诸法门，此法渐当为人轻贱。如是渐渐，多有女人弃舍丈夫，入于寺舍，为闻法故，而便就坐，时有比丘，即为宣说相似涅槃。

2.4.1

[illegible] [illegible]， [illegible] [illegible] [illegible] [illegible]， [illegible] [illegible]

① 寺舍，梵文 Saṃghārāma，音译作“僧伽罗磨”，略曰“僧伽蓝”“伽蓝”等。译曰“众园”。僧众所住之园林也。玄应《一切经音义》卷一曰：“僧伽蓝，旧译云村，此应讹也。正言僧伽罗磨，此云众园也。”西夏文译作“[illegible][illegible]”，义为“众宫”。

kja^{1} śja^{1} ŋa^{2} wjɨ^{2} seew^{2} ŋa^{2} ku^{1} tśhjɨ^{1}
迦 叶， 我 已 察 △， 则 尔
[illegible]
bjij^{2} · zji̱j^{1} ŋwə^{1} ·jir^{2} ŋewr^{2} mji^{1} tjɨ̱j^{2} tsjiir^{1}
时 时 五 百 数 非 法 法

迦叶，我观①尔时，有五百数非法之门，

2.4.2

[illegible]
ɣa^{1} dju^{1} dźjɨ mji^{1} djo̱^{2} dzjwo^{2} ·ju^{2} ŋwə^{1} ·jir^{2} źji̱^{1} njɨɨ^{2}
门 有， 行 不 修 人 常 五 百 烦 恼
[illegible]
pha^{1} śjwɨ̱^{2} zji^{2} dzəj^{1} lew^{2} mjij^{1} rjur^{1} rjɨr^{2} wji^{1} wji^{1}
随 伏， 皆 减 所 无。 诸 所 为 为，

不修行人常当随顺五百烦恼，悉无所减。诸有所为，

2.4.3

[illegible]
mur^{1} rjir^{2} mji^{1} do^{2} tśhjɨ^{1} bjij^{2} zji̱j^{1} thjɨ^{2} sju^{2} lji̱j^{2} kja̱^{1}
俗 与 无 异。 尔 时 时， 此 如 大 畏
[illegible]②。
lew^{2} da̱^{2} dju^{1} nioow^{1} thja^{1} kha^{1} gjij^{1} ɣie^{2} ·ju^{2} djij^{2}
可 事 有， 复 其 中 利 益 求 △。

与俗无别。当③有如是大可畏事，而复于中希望④利益。

2.4.4

[illegible]
thjɨ^{2} nioow^{1} po^{1} tjɨj^{1} kju̱^{1} mjijr^{2} phji^{2} khjiw^{2} dźji^{1} rjir^{2} mji^{1}
是 故 菩 提 求 者， 比 丘 尼 与 不

① 我观，西夏文译作“[illegible]”，句尾“[illegible]”字为第一人称单数动词人称呼应后缀。
② [illegible]（djij^{2}），连词，在复句中表示转折义，相当于“而”。
③ 当，西夏文译作“[illegible]”，即“尔时时”。
④ 希望，西夏文译作“[illegible]”，义为“求”。

[illegible]	[illegible]	[illegible]，	[illegible]	[illegible]	[illegible]	[illegible]	[illegible]	[illegible]	[illegible]
?	njij^1	lew^2	nioow^1	thjɨ^2	sju^2	dźjɨ	tsjɨ^1	mji^1	dźjɨj^1
亲	近	应，	又	是	如	行	亦	不	行

是故求菩提者，不应亲近诸比丘尼，亦不应行如是之行。

2.4.5

[illegible]。	[illegible]	[illegible]	[illegible]	[illegible]	[illegible]	[illegible]	[illegible]	[illegible]	[illegible]，	[illegible]
lew^2	·ju^2	dzjwo^2	ŋowr^2	ŋowr^2	rjir^2	mji^1	·ju^2	·ju^2	lew^2	dzjɨj^1
应。	常	人	一	切	与	不	寻	寻	当，	时

[illegible]	[illegible]	[illegible]	[illegible]	[illegible]	[illegible]	[illegible]	[illegible]	[illegible]，	[illegible]
ŋowr^2	ŋowr^2	bju^1	rjur^1	gjịj^1	·jur^1	rjir^2	ka^2	lew^2	tjị^1
一	切	依	诸	利	养	与	绝	应，	食

常当舍离一切交游①，应一切时舍诸利养，

2.4.6

□	[illegible]	[illegible]，	[illegible]	[illegible]	[illegible]	[illegible]，	[illegible]	[illegible]	[illegible]	[illegible]，
□	kjụ^1	śjij^2	dzu^1	lew^2	lhwu^1	dźjɨɨr^1	bə^2	bjij^1	lhwu^1	gjwi^2
□	求	乞，	爱	所	服	舍，	粪	扫	衣	着，

[illegible]	[illegible]	[illegible]	[illegible]、	[illegible]	[illegible]	[illegible]	[illegible]	[illegible]	[illegible]
du^1	rjɨj^2	kjɨɨr^2	·jij^2	gjwɨr^1	dźjwi^2	gjwɨr^1	ljuu^2	ŋowr^2	ŋowr^2
楼	阁	房	宇、	卧	床	卧	具	一	切

受行乞食，舍所爱服，受粪扫衣②，弃舍一切楼阁房宇、床铺卧具。

2.4.7

[illegible]	[illegible]	[illegible]。	[illegible]	[illegible]、	[illegible]	[illegible]	[illegible]	[illegible]	[illegible]	[illegible]
phjɨ^1	dźjɨɨr^1	lew^2	ŋər^1	meej^2	rar^1	meej^2	·u^2	nioow^1	phu^2	khju^1
弃	舍	应。	山	涧、	岩	窟	中	及	树	下

[illegible] [illegible]。 [illegible] [illegible] [illegible] [illegible] [illegible] [illegible] [illegible] [illegible]，

① 交游，西夏文译作“[illegible][illegible]”，义为“寻寻”，动词重叠表相互义。

② 粪扫衣，梵文 Paṃsukulika，又曰“衲衣”。《大乘义章》卷十五曰：“粪扫衣者，所谓火烧牛嚼鼠啮死人衣等。外国之人，此等之衣，弃之巷野，事同粪扫，名粪扫衣。行者取之，浣洗缝治，用以供身。”又补纳粪扫之衣片而着用之，故亦名纳衣。粪扫衣之功德，在于离贪著。西夏文译作“[illegible][illegible][illegible]”，“[illegible][illegible]”两字从“虫”，本义或为“蜣螂”“屎壳郎”。

dźjiij[1]	lew[2]	ŋo[2]	nioow[1]	tser[1]	tser[1]	ŋowr[2]	ŋowr[2]	dźjɨɨr[1]	ka[2]
住	应。	病	缘	医	药	一	切	舍	离，

应住溪涧、岩窟树下。舍离一切病缘医药，

2.5.1

□	□	[illegible]	□	□	[illegible]	[illegible]	[illegible]①	[illegible]。	[illegible]	[illegible]
□	□	gju[2]	□	□	lho̱[2]	lhjwi[2]	wjij[2]	tji[2]	rjur[1]	dźiã[2]
□	□	具	□	□	陋	旧	△	停。	诸	情
[illegible]	[illegible]	[illegible]	[illegible]	[illegible]	[illegible]	[illegible]	[illegible]②	[illegible]	[illegible]，	
tśhju[1]	njɨ[2]	njwo[2]	njij[1]	low[2]	we[2]	djij[2]	sji[2]	djij[2]	dwewr[2]	
有	等	昔	近	亲	为	曾	△	当	知，	

资具所须，依陈弃药。知诸众生昔为亲属，

2.5.2

[illegible]	[illegible]	[illegible]	[illegible]，	[illegible]	[illegible]	[illegible]	[illegible]	[illegible]	[illegible]	[illegible]，
ljịj[2]	wjuu[1]	śjwo[1]	ŋwu[2]	·ju[2]	tjwɨ[1]	pjij[1]	źier[1]	njɨɨ[2]	lhjịj[2]	lew[2]
大	慈	发	以，	常	捶	打	呵	骂	受	应，
[illegible]	[illegible]	[illegible]	[illegible]	[illegible]	[illegible]	[illegible]	[illegible]	[illegible]	[illegible]	
·jij[1]	tśjo	mjɨ[1]	·jij[1]	tjwɨ[1]	pjij[1]	źier[1]	njɨɨ[2]	mji[1]	wji[1]	
己	终	彼	于	捶	打	毁	骂	不	为	

行大慈心，常应忍受捶打呵骂，终不捶打毁骂他人。

2.5.3

[illegible]。	[illegible]	[illegible]	[illegible]	[illegible]	[illegible]	[illegible]	[illegible]	[illegible]	[illegible]	[illegible]
lew[2]	njij[1]	wjị[1]	mjii[1]	wə[1]	nioow[1]	wjị[1]	dźjwɨ[1]	nji[1]	ŋowr[2]	ŋowr[2]
应。	亲	友	施	主	复	眷	属	家	一	切
[illegible]	[illegible]	[illegible]。	[illegible]	[illegible]	[illegible]	[illegible]	[illegible]	[illegible]	[illegible]，	
rjir[2]	khwa[1]	ka[2]	·jij[1]	sjwɨj[1]	dźjɨ	sjịj[2]	bju[1]	śjij[1]	wji[1]	
与	远	绝。	自	业	行	智	随	顺	为，	

舍离一切知友施主诸眷属家。应当随顺自业行智，

① [illegible]，为动词希求式前缀。
② [illegible]，为名物化助词。

2.5.4

[illegible] [illegible] [illegible] [illegible] [illegible] [illegible] [illegible] [illegible] [illegible] [illegible]。 [illegible]

thja^{1} nji^{1} dźjiij^{1} mur^{1} dzjwo^{2} ·jij^{1} dźjɨ rjir^{2} tji^{1} thwuu^{1} ·ju^{2}

彼 家 在 俗 人 之 行 与 莫 同。 常

[illegible] [illegible] [illegible] [illegible] [illegible] [illegible] [illegible] [illegible] [illegible]。 [illegible]

po^{1} lo^{1} thji^{1} buu^{2} tśhia^{1} tsjiir^{1} śjij^{1} dźjịj^{1} lew^{2} kja^{1}

波 罗 提 木 叉 教 奉 行 应。 迦

不应同彼在家俗人。常应顺奉波罗提木叉①教。迦叶，

2.5.5

[illegible]， [illegible] [illegible] [illegible] [illegible]， [illegible] [illegible] [illegible] [illegible] [illegible]， [illegible]

śja^{1} tjij^{1} rjur^{1} kha^{1} dzjwo^{2} pha^{1} bie^{2} lhew^{2} kie^{1} ɣa^{2} ljwu^{1}

叶， 若 世 中 人， 别 解 脱 戒 于， 违

[illegible] [illegible]， [illegible] [illegible] [illegible] [illegible] [illegible] [illegible] [illegible] [illegible]

sjiij^{2} śjwo^{1} tha^{1} ·jij^{1} ɣie^{1} le^{2} lew^{2} mjij^{1} ɣa^{2} ljwu^{1}

想 起， 佛 之 力 惧 所 无 于 违

世若有人，于别解脱②，起违背想，则为③于佛力无所畏而生违背。

2.5.6

[illegible] [illegible] [illegible] [illegible] [illegible]。 [illegible] [illegible] [illegible] [illegible] [illegible] [illegible]

nu^{1} śjwo^{1} rjir^{2} ·a tjịj^{2} tha^{1} ·jij^{1} ɣie^{1} le^{2} lew^{2} mjij^{1}

背 生 与 一 样。 佛 之 力 惧 所 无

[illegible] [illegible] [illegible] [illegible]， [illegible] [illegible] [illegible]、 [illegible] [illegible]、 [illegible]

ɣa^{2} ljwu^{1} nu^{1} śjwo^{1} ku^{1} wjɨ^{2} rar^{2} mjij^{2} ljịj^{2} mjor^{1}

于 违 背 生， 则 过 去、 未 来、 现

彼若于佛力无所畏生违背者，则于去、来、现

2.5.7

[illegible] [illegible] [illegible] [illegible] [illegible] [illegible] [illegible] [illegible] [illegible]。 [illegible] [illegible]

① 波罗提木叉，音译梵文 Pratimokṣa，又作"婆罗提木叉""钵喇底木叉"。戒律三名之一。译曰"别解脱"，又曰"处处解脱"。为佛教出家众所应遵守的戒律。西夏文为音译。

② 别解脱，西夏文字面意思为"别解脱戒"。

③ 为，西夏文译作"[illegible][illegible][illegible]"，义为"与……一样"。下同。

dźjiij^{1}	rjur^{1}	tha^{1}	·jij^{1}	ljwu^{1}	nu^{1}	rjir^{2}	·a	tjịj^{2}	thjɨ^{2}	nioow^{1}
在	诸	佛	之	违	背	与	一	样。	此	故
[illegible]	[illegible]	[illegible]	[illegible]	[illegible]	[illegible]	[illegible]	[illegible]	[illegible]	[illegible]，	
mjij^{2}	ljịj^{2}	do^{2}	we^{1}	mjɨ^{1}	pjụ^{1}	ljịj^{2}	tśjị^{1}	lhjịj^{2}	lew^{2}	
未	来	异	熟	无	量	大	苦	受	所，	

在诸佛而生违背。由此未来所受异熟无量大苦，

2.6.1

[illegible]	[illegible]	[illegible]	[illegible]	[illegible]	[illegible]	[illegible]	[illegible]	[illegible]	[illegible]	[illegible]，
sọ^{1}	tụ^{1}	ljịj^{2}	tụ^{1}	rjur^{1}	kiẹj^{2}	·u^{2}	dźiã^{2}	tśhju^{1}	ŋowr^{2}	ŋowr^{2}
三	千	大	千	世	界	中	情	有	一	切，
[illegible]	[illegible]	[illegible]	[illegible]	[illegible]	[illegible]，	[illegible]	[illegible]	[illegible]	[illegible]	
rjɨr^{2}	lhjịj^{2}	djị^{1}	·jɨj^{2}	tśjị^{1}	tja^{1}	śji^{1}	dźiã^{2}	tśhju^{1}	·jij^{1}	
所	受	地	狱	苦	者，	前	情	有	之	

假使三千大千世界一切众生，受地狱苦，

2.6.2

[illegible]	[illegible]	[illegible]	[illegible]	[illegible]	[illegible]，	[illegible]	[illegible]	[illegible]	[illegible]	[illegible]
rjɨr^{2}	lhjịj^{2}	tśjị^{1}	ɣar^{1}	rjir^{2}	dzjọ^{1}	ku^{1}	·jir^{2}	phiaa^{2}	kha^{1}	lew^{1}
所	受	苦	极	与	如，	则	百	分	中	一
[illegible]	[illegible]，	[illegible]	[illegible]	[illegible]	[illegible]	[illegible]	[illegible]，	[illegible]	[illegible]	
mjɨ^{1}	?	tụ^{1}	phiaa^{2}	kha^{1}	lew^{1}	mjɨ^{1}	?	·jir^{2}	tụ^{1}	
不	及，	千	分	中	一	不	及，	百	千	

比前众生所受苦毒，百分不及一，千分不及一，

2.6.3

[illegible]	[illegible]	[illegible]	[illegible]	[illegible]	[illegible]	[illegible]	[illegible]，	[illegible]	[illegible]	[illegible]
kju^{1}	tśji^{2}	rjɨr^{2}	njɨ^{2}	sej^{1}	bjii^{2}	dzjọ^{1}	dza^{2}	·jiw^{2}	po^{1}	dźji^{1}
俱	胝	乃	至	算	数	譬	喻，	优	波	尼
[illegible]	[illegible]	[illegible]	[illegible]	[illegible]	[illegible]	[illegible]	[illegible]。	[illegible]	[illegible]	
śia	thã	phiaa^{2}	kha^{1}	tsjɨ^{1}	lew^{1}	mjɨ^{1}	?	tjij^{1}	thjɨ^{2}	
沙	昙	分	中	亦	一	无	及。	若	此	

百千俱胝①乃至算数譬喻，优波尼沙昙②分亦不及一。

2.6.4

[illegible]	[illegible]	[illegible]	[illegible]	[illegible]	[illegible]，	[illegible]	[illegible]	[illegible]	[illegible]	[illegible]
sju^2	tśji̠^{1}	źji̠^{1}	khwa^1	ka^2	kię̠j^2	ku^1	thjɨ^2	sju^2	mə^2	dji̠j^1
如	苦	恼	远	离	欲，	则	此	如	种	类
[illegible]	[illegible]	[illegible]	[illegible]	[illegible]	[illegible]	[illegible]，	[illegible]	[illegible]	[illegible]	
niow^2	dźjɨ	phji^2	khjiw^2	khwa^1	ka^2	lew^2	tu̠^{1}	·juu^1	śja^2	
恶	行	比	丘	远	绝	应，	千	逾	缮	

若欲远离如是苦恼，应当远离如是种类恶行比丘，

2.6.5

[illegible]	[illegible]③	[illegible]	[illegible]，	[illegible]	[illegible]	[illegible]	[illegible]	[illegible]	[illegible]，	[illegible]
no^1	rjar^1	wjij^2	khwa^1	tsjɨ^1	dźjo^1	dźjo^1	bji^2	wji^1	lew^2	nioow^1
那	△	△	遥，	亦	远	远	避	为	应，	又
[illegible]	[illegible]	[illegible]	[illegible]	[illegible]？	[illegible]	[illegible]	[illegible]	[illegible]，	[illegible]	
?	njij^1	tji̠^{2}	ljo̠^{2}	wjij^2	tjij^1	lew^1	mjiij^2	mji^1	tsjɨ^1	
亲	近	可	岂	有？	若	惟	名	闻，	亦	

纵远相去千逾缮那④，亦应遥避，何况近耶？若但闻名，

2.6.6

□	□	[illegible]，	□	□	[illegible]	[illegible]，	[illegible]	[illegible]	[illegible]	[illegible]
□	□	lew^2	□	□	ljij^2	zji̠j^1	mji^1	khwa^1	ka^2	tji̠^{2}
□	□	应，	□	□	见	时，	不	远	离	可
[illegible]	[illegible]？	[illegible]	[illegible]	[illegible]	[illegible]	[illegible]	[illegible]	[illegible]	[illegible]。	

① 俱胝，梵文 Koṭi，数名，译曰"亿"。玄应《一切经音义》卷五曰："俱致，或言俱胝，此言千万，或言亿。"慧琳《一切经音义》卷一曰："俱胝音知，天竺国数法名也。案《华严经·阿僧祇品》云：十万为一洛叉，此国以数一亿，一百洛叉为一俱胝，俱胝三等数法之中，此即中数之名也。"西夏文为音译。

② 优波尼沙昙，梵文 Upaniṣad，又作"坞波尼杀昙""优波尼沙陀"。译曰"近少""微细"等。慧琳《一切经音义》卷一曰："优波尼沙陀分，梵语算法。数之极也，大论释为微细分析至极之言也。"西夏文为音译。

③ [illegible]，用在长度单位之后，表示距离的助词，如《孙子兵法》有"一日一夜行三百里"，西夏文译作"[illegible]"，"[illegible]"用在"[illegible]"（三百里）之后。（林英津：《夏译〈孙子兵法〉研究》，台湾"中央研究院"历史语言研究所单刊之二十八，台北，1994 年，第 3—8 页）。

④ 逾缮那，音译梵文 Yojana，又作"由旬"。古印度计程单位，一般指"套一次牛所行的路程"，大概四十里。西夏文初译本和校译本均音译作"[illegible]"。

ljọ^{2}	wjij^{2}	thjɨ^{2}	nioow^{1}	lew^{1}	tsjiir^{1}	rjir^{2}	?	njij^{1}	lew^{2}
岂	有?	是	故	一	法	与	亲	近	应。

尚应弃舍,何况见闻,而不远离?是故应当亲近一法。

2.6.7

□	[illegible]	[illegible]	□	□	[illegible]?	[illegible]	[illegible]	[illegible]	[illegible]	[illegible]
□	tsjiir^{1}	tja^{1}	□	□	ŋwu^{2}	rjur^{1}	tsjiir^{1}	ŋowr^{2}	ŋowr^{2}	zji^{2}
□	法	者	□	□	是?	诸	法	一	切	皆
[illegible]	[illegible]	[illegible]	[illegible]。	[illegible]	[illegible]	[illegible]	[illegible]	[illegible]	[illegible]	
dju^{1}	lew^{2}	mjij^{1}	ŋwu^{2}	tjij^{1}	rjur^{1}	tsjiir^{1}	dju^{1}	lew^{2}	mjij^{1}	
有	所	无	是。	若	诸	法	有	所	无	

何等一法?谓一切法悉无所有。若得诸法无所有忍,

2.7.1

[illegible]	[illegible],	[illegible]	[illegible]	[illegible]	[illegible]	[illegible]	[illegible]	[illegible]	[illegible]	[illegible]
zeew^{2}	rjir^{1}	ku^{1}	thjɨ^{2}	sju^{2}	dzjwo^{2}	niow^{2}	·jij^{1}	?	njij^{1}	kjụ^{1}
忍	得,	则	此	如	人	恶	之	亲	近	供
[illegible]	[illegible]	[illegible]	[illegible]	[illegible]	[illegible]。	[illegible]	[illegible]	[illegible]	[illegible]	
tshwew^{1}	tshji^{2}	ljịj^{1}	mji^{1}	wji^{1}	ljɨ^{1}	thja^{1}	dzjwo^{2}	nioow^{1}	njɨɨ^{1}	
养	事	奉	不	为	也。	其	人	复	二	

则不亲近供养承事如是恶人。是人复

2.7.2

[illegible]	[illegible]	[illegible]	[illegible]。	[illegible]	[illegible]	[illegible]	[illegible]	[illegible]	[illegible]?	[illegible]
tsjiir^{1}	?	njij^{1}	lew^{2}	njɨɨ^{1}	tsjiir^{1}	tja^{1}	ljɨ^{1}	kjɨ^{1}	ŋwu^{2}	rjur^{1}
法	亲	近	应。	二	法	者	何	△	是?	诸
[illegible]	[illegible]	[illegible]	[illegible]	[illegible]	[illegible],	[illegible]	[illegible]	[illegible]	[illegible]	
tsjiir^{1}	mər^{2}	dju^{1}	lew^{2}	mjij^{1}	kjụ^{1}	nioow^{1}	rjur^{1}	tsjiir^{1}	tsjiir^{2}	
法	本	有	所	无	求,	及	诸	法	性	

应亲近二法。云何为二?谓求诸法本无所有,及求诸法性,

2.7.3

[illegible]

kjụ^{1} thja^{1} ɣa^{2} kjụ^{1} njiij^{1} mji^{1} śjwo^{1} lew^{2} thjij^{2} sjo^{2} kjụ^{1}

求， 其 于 求 心 不 起 应。 何 云 求

[illegible]

lew^{2} thja^{1} kjụ^{1} lew^{2} tja^{1} zji^{2} rjir^{1} tjị^{2} mjij^{1} rjir^{1}

应？ 其 求 所 者 皆 得 可 不， 得

而亦不应起于求心。应云何求？如所求者都不可得，

2.7.4

[illegible]

tjị^{2} mjij^{1} kha^{1} dow^{1} ljij^{2} wjɨ^{2} sju^{2} rjir^{1} lew^{2} mjij^{1} njiij^{1}

可 不 中 邪 见 所 如 得 所 无 心

[illegible]

mji^{1} śjwo^{1} lew^{2} thjɨ^{2} sju^{2} sọ^{1} kięj^{2} njiij^{1} ŋowr^{2} ŋowr^{2}

不 起 应。 是 如 三 界 心 一 切

不可得中不应起无所得心，犹如邪见。如是离一切三界心，

2.7.5

[illegible]

ka^{2} po^{1} tjɨj^{1} dźjɨ rjir^{2} śjwii^{2} ·jij^{1} ŋowr^{2} ŋowr^{2} njiij^{1} ka^{2}

离， 菩 提 行 与 顺， 相 一 切 心 离，

[illegible]

dźiã^{2} tsjij^{2} dźjɨ rjir^{2} bju^{1} dźiã^{2} tsjij^{2} dźjɨ ·jɨ^{2} tja^{1}

菩 萨 行 与 顺。 菩 萨 行 谓 者，

顺菩提行，离一切相心，顺菩萨行。菩萨行者，

2.7.6

[illegible]

śji^{1} rjɨr^{2} tjị^{2} dạ^{2} dźiã^{2} tsjij^{2} dźjɨ ŋwu^{2} thjɨ^{2} nioow^{1} thjɨ^{2}

前 所 可 言 菩 萨 行 是。 是 故 此

[illegible]

tsjiir¹ mji¹ nioow¹ dźjɨɨr¹ ka² njwi² ku¹ kụ¹ lja¹ mji¹

法 闻 已, 舍 离 能; 则 后 来 弥

谓前所说为菩萨行。是故闻此法已,应舍离之;则于来世,

2.7.7

[illegible]

le² tha¹ do² mjor¹ tshji² ljịj¹ rjir¹ ·jij¹ khwẹj¹ njiij¹ mjij¹

勒 佛 于 亲 事 奉 得。 自 慢 心 不,

[illegible]

bji² dźju² njiij¹ mjij¹ thjɨ² lew² dạ² ·jɨ² tjij² rjijr²

下 劣 心 不, 此 所 言 说: 善 哉

亲得奉事弥勒世尊①。心不贡高②,亦不卑劣,作是唱言:快哉③

2.8.1

[illegible]

dja² bieej¹ ŋa² ljiij² ·jij¹ bji² rer² nioow¹ rjur¹

△ 乐! 我 魔 之 罥 网 及 诸

[illegible]

niow² tshwew¹ rjir² wjɨ² dźjow¹ ka² ŋa² ·jɨ²

恶 趣 与 △ 分 离 △ 谓!

安乐!我得解脱魔之罥网及诸恶趣!

汉文本

迦叶,我观尔时,有五百数非法之门,不修行人常当随顺五百烦恼,悉无所减。诸有所为,与俗无别。当有如是大可畏事,而复于中希望利益。是故求菩提者,不应亲近诸比丘尼,亦不应行如是之行。

① 弥勒世尊,西夏文字面意思为"弥勒佛"。

② 贡高,同"我慢",梵文 Asmi māna,恃我而自贡高,慢他也。《唯识论》卷四曰:"我慢者,谓倨傲恃所执我。令心高举,故名我慢。"《法华经·方便品》曰:"我慢自矜高,谄曲心不实。"僧肇曰:"慢心自高,如山峰不停水,菩萨现力士伏贡高心,然后润以法水。"此处"贡高"西夏文译作"[illegible]"(自慢),与《大宝积经》卷一译作"[illegible]",义为"自高"用字有所不同。

③ 快哉,西夏本作"[illegible]",义为"善哉"。

④ [illegible],为第一人称单数动词人称呼应后缀。

⑤ [illegible](·jɨ²),直接引语标志。下同。

常当舍离一切交游,应一切时舍诸利养,受行乞食,舍所爱服,受粪扫衣,弃舍一切楼阁房宇、床铺卧具。应住溪涧、岩窟树下。舍离一切病缘医药,资具所须,依陈弃药。知诸众生昔为亲属,行大慈心,常应忍受捶打呵骂,终不捶打毁骂他人。舍离一切知友施主诸眷属家。应当随顺自业行智,不应同彼在家俗人。常应顺奉波罗提木叉教。迦叶,世若有人,于别解脱,起违背想,则为于佛力无所畏而生违背。彼若于佛力无所畏生违背者,则于去、来、现在诸佛而生违背。由此未来所受异熟无量大苦,假使三千大千世界一切众生,受地狱苦,比前众生所受苦毒,百分不及一,千分不及一,百千俱胝乃至算数譬喻,优波尼沙昙分亦不及一。若欲远离如是苦恼,应当远离如是种类恶行比丘,纵远相去千逾缮那,亦应遥避,何况近耶?若但闻名,尚应弃舍,何况见闻,而不远离?是故应当亲近一法。何等一法?谓一切法悉无所有。若得诸法无所有忍,则不亲近供养承事如是恶人。是人复应亲近二法。云何为二?谓求诸法本无所有,及求诸法性,而亦不应起于求心。应云何求?如所求者都不可得,不可得中不应起无所得心,犹如邪见。如是离一切三界心,顺菩提行,离一切相心,顺菩萨行。菩萨行者,谓前所说为菩萨行。是故闻此法已,应舍离之;则于来世,亲得奉事弥勒世尊。心不贡高,亦不卑劣,作是唱言:快哉安乐!我得解脱魔之罥网及诸恶趣!

2.8.1—2.8.2

[illegible]	[illegible],	[illegible]	[illegible]	[illegible]	[illegible]	[illegible]	[illegible]	[illegible]	[illegible]	[illegible]	[illegible]	[illegible],
kja^{1}	śja^{1}	kụ^{1}	lja^{1}	zjọ^{2}	ɣa^{2}	tjij^{1}	dzjwo^{2}	thjɨ^{2}	lwər^{2}	lhejr^{2}	mji^{1}	zjịj^{1}
迦	叶,	后	来	世	于	若	人	此	经	典	闻	时,
[illegible]	[illegible]	[illegible]	[illegible],	[illegible]	[illegible]	[illegible]	[illegible]	[illegible]	[illegible]	[illegible],	[illegible]	
mji^{1}	tśjɨɨr^{2}	mji^{1}	le^{2}	nioow^{1}	·jij^{1}	ljụ^{2}	thja^{1}	kha^{1}	śjij^{1}	wji^{1}	njiij^{1}	
不	惊	不	怖,	及	己	身	其	中	顺	为,	心	

迦叶,若于后时①闻是经典,不惊不怖,及见己身于中随顺,

2.8.3

[illegible]	[illegible]	[illegible]	[illegible]	[illegible]	[illegible],	[illegible]	[illegible]	[illegible]	[illegible]	[illegible]
śjwo^{1}	thjɨ^{2}	lwər^{2}	lhejr^{2}	ɣiwej^{1}	·jiij^{1}	ku^{1}	tha^{1}	thja^{1}	dzjwo^{2}	kjɨ^{1}
发	此	经	典	受	持,	则	佛	其	人	△
[illegible]	[illegible]	[illegible]	[illegible]	[illegible]	[illegible]	[illegible]	[illegible]	[illegible]。	[illegible]	
djɨj^{2}	ŋa^{2}	·jij^{1}	lew^{2}	tsjiir^{1}	khjuu^{2}	·wejr^{2}	njwi^{2}	·jɨ^{2}	kja^{1}	
定	我	于	当	法	守	护	能	谓。	迦	

复能发心受持此教,佛知是人定当守护我之正法。迦

① 后时,西夏文字面意思为"后来世"。

2.8.4

[illegible]，	[illegible]	[illegible]	[illegible]	[illegible]	[illegible]	[illegible]	[illegible]	[illegible]	[illegible]，	[illegible]
śja^{1}	dzjọ^{1}	sju^{2}	phə^{1}	bjịj^{1}	ljɨ̣^{1}	war^{2}	mjɨ^{1}	pjụ^{1}	dźjij^{2}	nji^{1}
叶，	譬	如	长	者	宝	财	无	量	有，	家
[illegible]	[illegible]	[illegible]	[illegible]，	[illegible]	[illegible]	[illegible]	[illegible]	[illegible]①	[illegible]，	
do^{2}	tjị^{2}	tjị^{2}	war^{2}	rjɨr^{2}	njɨ^{2}	zjɨɨr^{2}	kjur^{1}	sji^{2}	gju^{2}	
于	处	处	财，	乃	至	水	盛	△	具，	

叶，譬如长者②财宝无量，子于家中，乃至见一盛水之器，

2.8.5

[illegible]	[illegible]	[illegible]	[illegible]	[illegible]	[illegible]	[illegible]，	[illegible]	[illegible]	[illegible]	[illegible]
thja^{1}	phə^{1}	bjịj^{1}	·jij^{1}	gji^{2}	ljij^{2}	zjịj^{1}	zji^{2}	wja^{1}	war^{2}	sjiij^{2}
彼	长	者	之	子	见	时，	皆	父	财	想
[illegible]。	[illegible]	[illegible]	[illegible]	[illegible]	[illegible]	[illegible]③，	[illegible]	[illegible]	[illegible]	
śjwo^{1}	thja^{1}	wja^{1}	dja^{2}	sji^{2}	nioow^{1}	rjijr^{2}	tjị^{1}	war^{2}	sar^{2}	
起。	其	父	△	死	后	方，	食	财	散	

起父财想。彼于异时，其父丧亡，资财散失，

2.8.6

[illegible]	[illegible]	[illegible]，	[illegible]	[illegible]	[illegible]	[illegible]	[illegible]	[illegible]，	[illegible]	[illegible]
ljiij^{2}	kụ^{1}	dzjɨj^{1}	thja^{1}	zjɨɨr^{2}	kjur^{1}	sji^{2}	gju^{2}	ljij^{2}	xja^{1}	thjɨ^{2}
毁	后	时，	此	水	盛	△	具	见，	急	此
[illegible]	[illegible]：	[illegible]	[illegible]	[illegible]	[illegible]	[illegible]	[illegible]。	[illegible]	[illegible]	
lə	wji^{1}	ŋa^{2}	wja^{1}	·jij^{1}	war^{2}	ŋwu^{2}	·jɨ^{2}	tśhjɨ^{2}	rjar^{2}	
念	为：	我	父	之	财	是	说。	迅	即	

忽见其器，寻自念言：是我父物。

① [illegible]，为名物化助词；“[illegible]”，义为“盛水的”，作“[illegible]”(器具)的定语。

② 长者，梵文 Dṛha pati，积财具德者之通称，如须达长者等。《法华玄赞》卷十曰：“心平性直，语实行敦。齿迈财盈，名为长者。”西夏文“[illegible]”为“长者”之专名。

③ [illegible]，义为“……之后”。

2.8.7

[illegible]	□	[illegible]①	[illegible]	[illegible]	[illegible]。	[illegible]	[illegible]，	[illegible]	[illegible]	[illegible]
djɨ^{2}	□	·a	zow^{2}	kjɨ^{1}	sju^{1}	kja^{1}	śja^{1}	tjij^{1}	tśhjɨ^{1}	bjij^{2}
△	□	△	持	△	藏。	迦	叶，	若	尔	时

[illegible]，	[illegible]	[illegible]	[illegible]	[illegible]	[illegible]	[illegible]	[illegible]，	[illegible]	[illegible]
zjij^{1}	rjur^{1}	phji^{2}	khjiw^{2}	tsjɨ^{1}	thja^{1}	wjɨ^{2}	sju^{2}	thjɨ^{2}	lwər^{2}
时，	诸	比	丘	亦	是	△	如，	此	经

将置身边或时藏举。迦叶，当于尔时，诸比丘辈亦复如是，

2.9.1

□	□	□	□	□	[illegible]	[illegible]：	[illegible]	[illegible]	[illegible]	[illegible]
□	□	□	□	□	lə	wji^{1}	thjɨ^{2}	tja^{1}	mjor^{1}	ljịj^{2}
□	□	□	□	□	念	为：	此	者	如	来

[illegible]	[illegible]	[illegible]	[illegible]	[illegible]	[illegible]	[illegible]	[illegible]	[illegible]	[illegible]
·jij^{1}	wəə^{1}	lhjii^{1}	zji^{2}	thjoo^{1}	ljij^{2}	xiwã^{1}	mə^{2}	ɣię^{2}	ŋwu^{2}
之	柔	软	极	妙	大	梵	音	声	以

（闻此经已，作是）念言：此是如来柔软微妙②大梵音声

2.9.2

[illegible]	[illegible]	[illegible]	[illegible]	[illegible]。	[illegible]	[illegible]	[illegible]	[illegible]	[illegible]
rjɨr^{2}	tshjiij^{1}	tsjiir^{1}	ŋwu^{2}	·jɨ^{2}	dzjij^{2}	rjur^{1}	phji^{2}	khjiw^{2}	mji^{1}
△	言	法	是	谓。	余	诸	比	丘	闻

[illegible]	[illegible]	[illegible]，	[illegible]	[illegible]	[illegible]	[illegible]，	[illegible]	[illegible]	[illegible]
nioow^{1}	pjo^{1}	tsjij^{2}	tsjiir^{1}	·jiij^{1}	phji^{2}	khjiw^{2}	thjɨ^{2}	sju^{2}	lə
后	诽	谤，	法	持	比	丘，	此	如	念

之所演说。复有比丘闻已诽谤，持法比丘，作如是言：

2.9.3

[illegible]：	[illegible]	[illegible]	[illegible]	[illegible]	[illegible]	[illegible]	[illegible]	[illegible]	[illegible]

① [illegible]，趋向前缀，表示“向上”义。

② 微妙，西夏文译作“[illegible][illegible]”，义为“极妙”。

wji^{1} thjɨ^{2} zji^{2} kha^{1} źjɨr^{1} ɣiej^{1} mjor^{1} ljịj^{2} rjɨr^{2} tshjiij^{1}
为： 此 最 中 实 真 如 来 所 说
□。 □ □ □ □， □ □ □ □， □
ŋwu^{2} thja^{1} tsjiir^{1} ·jiij^{1} mjijr^{2} dzjwo^{2} ŋewr^{2} ɣiə^{1} njij^{2} dźjiij^{1}
是。 彼 法 持 者， 人 数 稀 少， 住

此最真实如来所说。彼持法者，人众微少，

2.9.4

□ □ □， □ □ □ □ □ □ □
tjị^{2} tsjɨ^{1} dźju^{2} thjɨ^{2} sju^{2} lwər^{2} lhejr^{2} njɨɨ^{2} gjɨ^{2} sju^{1}
处 小 劣， 此 如 经 典 昼 夜 藏
□ □， □ □ □。 □ □ □ □， □
dzjuu^{2} nioow^{1} tsjij^{2} rejr^{2} lhjịj^{2} thjɨ^{2} sju^{2} njɨ^{2} dzjwo^{2} tsjɨ^{1}
匿 故， 谤 多 受。 此 如 等 人， 亦

住处劣弱，将如是经昼夜藏举，极遭诽谤。如是等人，

2.9.5

□ □ □① □②， □ □ □ □ □ □
zji^{2} nwə^{1} lji^{2} ŋa^{2} zji^{2} mji^{1} le^{2} rjur^{1} pjụ^{1} ·jij^{1}
皆 知 见 △， 皆 弥 勒 世 尊 于
□ □， □ □ □ □， □ □ □ □
tśjɨ^{1} lu^{2} zji^{2} kụ^{1} dzjɨj^{1} ɣa^{2} mjor^{1} ljịj^{2} ·jij^{1} tsjiir^{1}
付 嘱， 皆 后 时 于， 如 来 之 法

我亦知见，悉皆付嘱③弥勒世尊，于最后时④，当为卫护如来法城，

2.9.6

□ □ □ □⑤ □， □ □ □ □ □

---

① □(lji^{2})，为实义动词“□”(ljij^{2})的衍生式，义为“见”。当动词后出现第一人称单数呼应后缀时，往往引起动词的音韵转换，动词用衍生式。下同。

② □，为第一人称单数动词人称呼应后缀。

③ 付嘱，西夏文译作“□□”，两字形近。

④ 最后时，西夏文字面意思为“后时”。

⑤ □(phjo^{2})，是轻动词“□”(phji^{1})的衍生式，义为“令”或“使”。

we^{2}	tśjụ^{1}	·wejr^{2}	phjo^{2}	ŋa^{2}	mjiij^{2}	mjiij^{2}	ɣiẹ^{2}	mjij^{1}	ljịj^{2}
城	守	护	令	△，	渐	渐	碍	无	大
□	□	□。	□	□，	□	□，	□	□	□
mjii^{1}	we^{2}	lew^{2}	nioow^{1}	tśjɨɨ^{1}	kja^{1}	śja^{1}	tjij^{1}	neew^{2}	goor^{1}
施	为	当。	复	次，	迦	叶，	若	善	男

次后当为无碍大施。复次，迦叶，若善男

2.9.7

□	□	□	□	□，	□	□	□	□	□
gji^{2}	thjɨ^{2}	tsjiir^{1}	mji^{1}	nioow^{1}	thja^{1}	sjịj^{2}	źjɨr^{1}	rjijr^{2}	bju^{1}
子	此	法	闻	后，	其	智	慧	才	依
□	□	□	□。	□	□	□	□	□	
dźjɨ	djọ^{2}	dźjịj^{1}	njwi^{2}	na^{1}	dźiej^{2}	śjɨj^{1}	·jiw^{2}	mjijr^{2}	
行	修	行	能。	深	信	成	就	者	

子①闻是法已，随其智慧②而修行之。成就深信

2.10.1

□	□	□	□，	□	□	□	□	□	□
tśhja^{2}	ljij^{2}	dźiã^{2}	tśhju^{1}	mjij^{2}	ljịj^{2}	zjọ^{2}	ɣa^{2}	mji^{1}	le^{2}
正	见	情	有，	未	来	世	于	弥	勒
□	□	□，	□	□	□	□	□	□	□
tha^{1}	rjir^{2}	ber^{2}	ɣu^{1}	tsjiir^{1}	ljwu^{2}	kha^{1}	xiwã^{1}	dźjɨ	ŋowr^{2}
佛	与	遇，	初	法	会	中	梵	行	俱

正见众生，于当来世遇弥勒佛，初会之中具修梵行，

2.10.2

□，	□	□	□	□，	□	□	□	□	□	□③
djọ^{2}	zji^{2}	kụ^{1}	dzjɨj^{1}	ɣa^{2}	tsjɨ^{1}	mjor^{1}	ljịj^{2}	·jij^{1}	tsjiir^{1}	we^{2}

① 子，西夏文译作“□”(gji^{2})，该字常用作对男子的尊称，如“君子”，译作“□□”(goor^{1} gji^{2})。此外，还有两个字也常用作对男子之尊称，即“□”(kiej^{2})和“□”(no^{2})，如“君子”也译作“□□”(goor^{1} kiej^{2})，“孔子”译作“□□”(goor^{1} no^{2})。而西夏文“□”(zjɨ̣)，专门指“天子”，如《类林》和《德行集》等均把“天子”译作“□□”(mə^{1} zjɨ̣^{1})。

② 智慧，西夏文字面意思为“智慧才”。

③ □，西夏文误作“□”，据汉文本改。

修， 最 后 时 于， 亦 如 来 之 法 城

□ □。 □ □， □ □ □ □， □ □

khjuu^{2} ·wejr^{2} kja^{1} śja^{1} ŋa^{2} sjij^{1} njɨ^{2} bioo^{1} rjɨr^{2} njɨ^{2}

守 护。 迦 叶， 我 今 普 观， 乃 至

于最后时,亦当卫护如来法城。迦叶,我今普观,乃至

2.10.3

□ □ □， □ □ □ □ □， □ □

·a dzjwo^{2} zjịj^{1} ŋa^{2} do^{2} mji^{1} ? njij^{1} mjij^{2} ljịj^{2}

一 人 许， 我 于 不 亲 近， 未 来

□ □ □ □ □ □， □ □ □ □

zjọ^{2} ɣa^{2} ŋwə^{1} ɣạ^{2} kjiw^{1} kha^{1} thjɨ^{2} lwər^{2} lhejr^{2} mji^{1}

世 于 五 十 年 中， 此 经 典 闻

不见一人,不亲近我,于当来世五十年中,闻是经典

2.10.4

□ □ □ □， □ □ □ □ □ □

pjo^{1} tsjij^{2} mji^{1} śjwo^{1} thja^{1} śjij^{1} ɣiwej^{1} ·jiij^{1} do^{1} tshjɨɨ^{1}

诽 谤 不 生， 自 然 受 持 读 诵

□ □， □ □ □ □。 □ □ □ □，

njwi^{2} tja^{1} mjɨ^{1} tśhjɨ^{1} lji^{2} ŋa^{2} tjij^{1} dzjwo^{2} thjɨ^{2} wjɨ^{2}

能 者， 不 尔 见 △。 若 人 此 刻，

不生诽谤,则①能受持读诵之者,无有是处。若于此时,

2.10.5

□ □ □ □， □ □ □ □ □ □

ŋa^{2} ·jij^{1} ljụ^{2} ljij^{2} nioow^{1} ŋa^{2} ·jij^{1} kjụ^{1} tshwew^{1} tshji^{2}

我 之 身 见， 及 我 之 供 养 事

□， □ □ □ □ □ □ □ □ □，

ljịj^{1} ku^{1} mjij^{2} ljịj^{2} zjọ^{2} ɣa^{2} ŋwə^{1} ɣạ^{2} kjiw^{1} kha^{1}

① 则,西夏文译作"□□",义为"自然"。

奉，　则　未　来　世　于　五　十　年　中，

得见我身，及以奉事供养之者，彼于来世五十年中，

2.10.6

[illegible]

thjɨ² lwər² lhejr² do¹ tshjɨɨ¹ ɣiwej¹ ·jiij¹ njwi² ŋa² thja¹

此　经　典　读　诵　受　持　能，　我　其

[illegible]

njɨ² ·jij¹ tśhja² ·ioow¹ mji¹ ·jow² tsjɨ¹ thja¹ njɨ² thja¹

等　之　德　功　不　叹，　亦　彼　等　其

当得读诵受持是经，不待于我叹其功德，彼等

2.10.7

□ [illegible]

□ ŋowr² ŋowr² sjịj² sjịj² śjɨj¹ ·a kwər¹ tsjiir² thwuu¹

□　一　切　智　智　成；　一　体　性　同

[illegible]

dwewr² zjịj¹ ŋa² ·jij¹ sjwɨ¹ lə njiij¹ ljɨ̣j² njiij¹ śjwo¹

觉　时，　我　之　思　念，　心　喜　心　生，

自成一切智智；同一体时，随念于我，心生欢喜，

2.11.1

□ [illegible]

□ lew² dạ² ·jɨ² zjɨɨr¹ dju¹ rjar¹ gjij¹ śjɨ² kja¹

□　应　言　谓：　希　有　奇　特　释　迦

[illegible]

mo² nji² tha¹ ŋa² njɨ² ·jij¹ lə ·wejr² ɣjiw¹ ɣiwej¹

牟　尼　佛，　我　等　于　念　护　摄　受

作如是言：希有奇特释迦牟尼佛，善能摄受护念我等。

2.11.2

[illegible]

njwi2 ljɨ1 ·jɨ2 kja1 śja1 thjɨ2 nioow1 thjɨ2 tsjiir1 ɣiew1
善 也 谓。 迦 叶 是 故， 此 法 学
緂， 䘮 䙡 纖 𢗘， 䛿 䑐 霸 緂 絨
lew2 thjɨ2 tsjiir1 ɣiew1 mjijr2 tjị1 bju1 kjụ1 lew2 tśhja2
应， 此 法 学 者， 愿 依 求 所 德
是故迦叶，应学此法，学此法者，随所乐求

2.11.3

䝞 𢒟 𢒟， 𧟒 𦬑 㦞 緈 䏲。 㾬 㚇，
·ioow1 ŋowr2 ŋowr2 zji2 ljạ1 mji1 gie1 ljɨ1 tśhjɨ1 zjọ2
功 一 切， 皆 证 不 难 也。 尔 时，
䊶 𢿘 䊿 䋂 𢔁 𢒺 𢦒： 𢑴 𢐿， 緋
ljịj2 kja1 śja1 tha1 ·jij1 dạ2 ·jɨ2 rjur1 pjụ1 ŋa2
大 迦 叶 佛 于 言 谓： 世 尊， 我
一切功德，皆不难证。尔时，大迦叶白佛言：世尊，我

2.11.4

𢑺 𢒑 緂 𢐭 𢐾， 㦞 霸 緂 𢐸 緋，
sjij1 wji1 lew2 wjɨ2 tjɨ1 nioow1 kjụ1 lew2 mjij1 ŋa2
今 为 所 △ 得， 复 求 所 无 △，
𢐹 䙡 𢐺 𢐭 𢐻 緋， 𢐼 𢑺 䘮 䙡
wəə1 tsjiir1 kha1 wjɨ2 lhə ŋa2 ku1 sjij1 thjɨ2 tsjiir1
属 法 中 △ 足 △， 则 今 此 法
已究竟无复志求，于此法中，

2.11.5

䑐， 𢐽 𢐿 𢑀 𢑁 𢑂 𢑃 𢑂 𢑄 𢑅
bju1 ·a duu2 tow1 lo1 sã1 bia1 sã1 po1 tjɨj1
依， 阿 耨 多 罗 三 藐 三 菩 提
𢐭 𢑆， 𢑇 𢒟 𢒟 𢑈 𢑈 𢑉 𢑊 𢑋
wjɨ2 lhjii1 tśjo ŋowr2 ŋowr2 sjịj2 sjịj2 śjɨj1 mjɨ1 ljɨɨ1
△ 退， 终 一 切 智 智 成 不 成

退于阿耨多罗三藐三菩提①,我于是中极为知足②,终不能成一切智智。

2.11.6

[illegible]	[illegible]。	[illegible]	[illegible],	[illegible]	[illegible]	[illegible]	[illegible]	[illegible]	[illegible]
lew^2	ljɨ^1	rjur^1	pjụ^1	zji^2	phju^2	po^1	tjɨj^1	tja^1	zjɨɨr^1
应	也。	世	尊,	最	上	菩	提	者	稀
[illegible]	[illegible]	[illegible],	[illegible]	[illegible]	[illegible]	[illegible]	[illegible]	[illegible]	[illegible]
dju^1	dạ^2	ŋwu^2	ŋa^2	njɨ^2	ɣiẹ^2	mji^1	ljạ^1	rjir^1	gie^1
有	事	是,	我	等	声	闻	证	得	难

世尊,无上③菩提是希有事,于我声闻难为证得。

2.11.7

[illegible]。	[illegible]	[illegible]	[illegible]	[illegible]	[illegible]	[illegible]	[illegible]:	[illegible]	[illegible]
ljɨ^1	tha^1	ljij^2	kja^1	śja^1	·jij^1	dạ^2	·jɨ^2	ŋa^2	dạ^2
也。	佛	大	迦	叶	之	言	谓:	我	言
[illegible]	[illegible]	[illegible]	[illegible]	[illegible]	[illegible]	[illegible]④,	[illegible]	[illegible]	[illegible]⑤
iọ^1	gjɨ^2	rjɨr^2	tshjii^2	ŋa^2	mjɨ^1	djij^2	twụ^1	twụ^1	nja^2
概	一	所	说	△	无	△,	处	处	汝

佛告大迦叶言:我不为汝说,

2.12.1

[illegible]	[illegible]	[illegible]	[illegible]	[illegible]	[illegible],	[illegible]	[illegible]	[illegible]	[illegible]
do^2	kjɨ^1	śiaa^2	ŋa^2	ljị^1	njaa^2	nji^2	sjij^1	thjɨ^2	sju^2
于	△	随	△	△	非,	汝	今	此	如
[illegible]	[illegible]	[illegible]	[illegible]	[illegible]	[illegible]⑥	[illegible]⑦,	[illegible]	[illegible]	[illegible]
ljịj^2	dạ^2	ɣa^2	·jiw^2	tji^1	śjwi^1	nja^2	nji^2	njɨ^2	tsjɨ^1

① 阿耨多罗三藐三菩提,梵文 Anuttara samyak saṃbodhi,义为“无上正遍知”,西夏文译作“[illegible]”。其中汉文本“藐”,西夏文用“[illegible]”(bia^1)对译,此为惠宗秉常初译本的译法,仁宗校译本往往改作“[illegible]”(mjiw^2)。

② 我于是中极为知足,西夏文将该句调至“于此法中”之前加以翻译。

③ 无上,西夏本作“最上”。

④ [illegible](djij^2)与下文[illegible](ljɨ^1)均为连词,在复句中表示转折。

⑤ [illegible],第二人称单数代词。

⑥ [illegible](śjwi^1),与实义动词“[illegible]”(wor^1)似有衍生关系,义为“生”或“起”。

⑦ [illegible],为第二人称单数代词动词人称呼应后缀。

大 事 于 疑 莫 生 △， 汝 等 亦

然今因汝为他敷演，汝今勿于如是大事而生疑惑，汝等

2.12.2

□ □ □ □ □ □ □ □ □① □。

xja^{1} zji^{2} phju^{2} tśhja^{2} ka^{1} po^{1} tjɨj^{1} lja̧^{1} nji^{2} lew^{2}

速 最 上 正 等 菩 提 证 △ 应。

亦当速证无上正等菩提。

汉文本

迦叶，若于后时闻是经典，不惊不怖，及见已身于中随顺，复能发心受持此教，佛知是人定当守护我之正法。迦叶，譬如长者财宝无量，子于家中，乃至见一盛水之器，起父财想。彼于异时，其父丧亡，资财散失，忽见其器，寻自念言：是我父物。将置身边或时藏举。迦叶，当于尔时，诸比丘辈亦复如是，闻此经已，作是念言：此是如来柔软微妙大梵音声之所演说。复有比丘闻已诽谤，持法比丘，作如是言：此最真实如来所说。彼持法者，人众微少，住处劣弱，将如是经昼夜藏举，极遭诽谤。如是等人，我亦知见，悉皆付嘱弥勒世尊，于最后时，当为卫护如来法城，次后当为无碍大施。

复次，迦叶，若善男子闻是法已，随其智慧而修行之。成就深信正见众生，于当来世遇弥勒佛，初会之中具修梵行，于最后时，亦当卫护如来法城。迦叶，我今普观，乃至不见一人，不亲近我，于当来世五十年中，闻是经典不生诽谤，则能受持读诵之者，无有是处。若于此时，得见我身，及以奉事供养之者，彼于来世五十年中，当得读诵受持是经，不待于我叹其功德，彼等自成一切智智；同一体时，随念于我，心生欢喜，作如是言：希有奇特释迦牟尼佛，善能摄受护念我等。是故迦叶，应学此法，学此法者，随所乐求一切功德，皆不难证。

尔时，大迦叶白佛言：世尊，我已究竟无复志求，于此法中，退于阿耨多罗三藐三菩提，我于是中极为知足，终不能成一切智智。世尊，无上菩提是希有事，于我声闻难为证得。

佛告大迦叶言：我不为汝说，然今因汝为他敷演，汝今勿于如是大事而生疑惑，汝等亦当速证无上正等菩提。

2.12.3

□ □， □ □， □ □ □ □ □ □

nioow^{1} tśjɨɨ^{1} kja^{1} śja^{1} tjij^{1} rjur^{1} dźiã^{2} tśhju^{1} tsjiir^{1} sjuu^{1}

复 次， 迦 叶， 若 诸 情 有 法 慕

□ □、 □ □ □ □， □ □ □ □

① □(nji^{2})，为第二人称复数代词动词人称呼应后缀，与“汝等”相呼应。

njiij^1	śjɨj^1	tsjiir^1	kjụ^1	njiij^1	śjɨj^1	ku^1	tśjɨɨ^1	bju^1	zji^2
心	成、	法	求	心	成，	则	次	依	皆

复次，迦叶，若诸众生成渴法心、成求法心，渐次皆

2.12.4

[illegible]	[illegible]	[illegible]	[illegible]	[illegible]	[illegible]	[illegible]。	[illegible]	[illegible]	[illegible]
zji^2	phju^2	tśhja^2	ka^1	po^1	tjɨj^1	ljạ^1	nioow^1	rjijr^2	dzu^1
最	上	正	等	菩	提	证。	后	方	喜
[illegible]	[illegible]	[illegible]	[illegible]	[illegible]	[illegible]，	[illegible]	[illegible]	[illegible]	[illegible]
kowr^2	njiij^1	ŋowr^2	ŋowr^2	phja^1	nioow^1	rjur^1	dźiã^2	tśhju^1	·jij^1
爱	心	一	切	断	故，	诸	情	有	之

证无上菩提①。既证得已，为断一切希求②心故，与诸众生

2.12.5

[illegible]	[illegible]	[illegible]	[illegible]。	[illegible]	[illegible]，	[illegible]	[illegible]	[illegible]	[illegible]
tśhja^2	tsjiir^1	nẹ^1	tshjiij^1	kja^1	śja^1	dźiã^2	tsjij^2	ljɨɨr^1	tsjiir^1
正	法	宣	说。	迦	叶，	菩	萨	四	法
[illegible]	[illegible]	[illegible]，	[illegible]	[illegible]	[illegible]	[illegible]	[illegible]。	[illegible]	[illegible]
śjɨj^1	·jiw^2	nioow^1	ljịj^2	khu^1	dźjij^1	śjwo^1	lew^2	ljɨɨr^1	tja^1
成	就	后，	大	进	精	发	应。	四	者

宣说正法。迦叶，菩萨应当成就四法，发大精进。

2.12.6

[illegible]	[illegible]?	[illegible]	[illegible]	[illegible]	[illegible]	[illegible]	[illegible]?	[illegible]、	[illegible]、
thjij^2	sjo^2	khu^1	dju^1	tja^1	ljɨ^1	kjɨ^1	ŋwu^2	tsə̣^{1}	lhjịj^2
何	云？	进	精	者	何	△	是？	色、	受、
[illegible]、	[illegible]、	[illegible]	[illegible]	[illegible]，	[illegible]	[illegible]	[illegible]	[illegible]。	[illegible]
sjiij^2	dźjɨ	sjij^2	mji^1	kjụ^1	rar^2	mjij^1	tsjiir^1	kjụ^1	ljɨ̣^{2}
想、	行、	识	不	求，	漏	无	法	求。	地

何等为四？云何精进？所谓不求色、受、想、行、识，求无漏法。

① 菩提，西夏文字面意思为“正等菩提”。“[illegible]”，义为“正等”。

② 希求，西夏文字面意思为“喜爱”。

2.12.7

[illegible]	[illegible]，	[illegible]、	[illegible]、	[illegible]	[illegible]	[illegible]	[illegible]。	[illegible]	[illegible]
kiẹj^{2}	mjij^{1}	zjɨɨr^{2}	məə^{1}	ljɨ^{1}	kiẹj^{2}	mjij^{1}	tsjij^{2}	ljɨ̣^{2}	kiẹj^{2}
界	无，	水、	火、	风	界	无	了。	地	界
[illegible]	[illegible]，	[illegible]、	[illegible]、	[illegible]	[illegible]	[illegible]	[illegible]，	[illegible]	[illegible]
mji^{1}	tshjiij^{1}	zjɨɨr^{2}	məə^{1}	ljɨ^{1}	kiẹj^{2}	mji^{1}	tshjiij^{1}	rjɨr^{2}	tshjiij^{1}
不	说，	水、	火、	风	界	不	说，	所	言

谓①无地界，无水、火、风界。不说地界，不说水、火、风界，所有言

2.13.1

□	□	□	[illegible]	[illegible]	[illegible]	[illegible]。	[illegible]	[illegible]	[illegible]
□	□	□	dźju^{1}	neej^{2}	tsjiir^{1}	we^{2}	thja^{1}	dźju^{1}	neej^{2}
□	□	□	表	示	法	为。	其	表	示
[illegible]，	[illegible]	[illegible]	[illegible]	[illegible]，	[illegible]	[illegible]	[illegible]	[illegible]	[illegible]
tsjiir^{1}	zji^{2}	dź-	mji^{1}	źjɨr^{1}	dźiã^{2}	tsjij^{2}	thja^{1}	dźju^{1}	neej^{2}
法，	皆	虚	不	实，	菩	萨	其	表	示

(说，悉名)表示。是表示法，皆非实有②，菩萨不应取表示

2.13.2

[illegible]	[illegible]	[illegible]	[illegible]	[illegible]	[illegible]	[illegible]	[illegible]	[illegible]。	[illegible]
tsjiir^{1}	zow^{2}	ŋwu^{2}	źjɨr^{1}	ɣiej^{1}	mji^{1}	we^{2}	phji^{1}	lew^{2}	dzjɨj^{1}
法	持	以	实	真	不	为	令	应。	时
[illegible]	[illegible]	[illegible]	[illegible]	[illegible]	[illegible]	[illegible]：	[illegible]	[illegible]，	[illegible]
ljịj^{2}	kja^{1}	śja^{1}	tha^{1}	·jij^{1}	dạ^{2}	·jɨ^{2}	rjur^{1}	pjụ^{1}	ŋa^{2}
大	迦	叶	佛	于	言	说：	世	尊，	我

法，以为坚实③。时大迦叶白佛言：世尊，我

2.13.3

[illegible]	[illegible]	[illegible]	[illegible]，	[illegible]	[illegible]	[illegible]	[illegible]，	[illegible]	[illegible]

① 谓，西夏文译作“[illegible]”，义为“解”“了”。
② 皆非实有，西夏文字面意思为“皆虚不实”。
③ 坚实，西夏文字面意思为“真实”。

nj$\mathrm{i}$^{2}	mjor^{1}	ljịj^{2}	do^{2}	źjɨr^{1}	·jiw^{2}	njiij^{1}	mjij^{1}	tjɨ^{1}	tjij^{1}
等	如	来	处,	实	疑	心	无,	假	若
[illegible]	[illegible],	[illegible]	[illegible]	[illegible]	[illegible]	[illegible]	[illegible]	[illegible]	[illegible],
dzjwo^{2}	gjɨ^{2}	thjɨ^{2}	dźju^{1}	neej^{2}	tsjiir^{1}	źjɨr^{1}	ɣiej^{1}	ŋwu^{2}	njaa^{2}
人	有,	此	表	示	法	实	真	以	非,

等于如来所,实无疑惑①,若他问言,是表示法非真实者,

2.13.4

[illegible]	[illegible]	[illegible]	[illegible]	[illegible]	[illegible]、	[illegible]	[illegible]、	[illegible]	[illegible]
ku^{1}	tha^{1}	rjɨr^{2}	tshjiij^{1}	mə^{2}	ɣię^{2}	ŋwuu^{1}	dạ^{2}	dźju^{1}	neej^{2}
则	佛	所	说	声	音、	言	语、	表	示
[illegible]	[illegible]	[illegible]	[illegible]	败②?	[illegible]	[illegible]	[illegible],	[illegible]	[illegible]
tsjiir^{1}	tsjɨ^{1}	dź-	ŋwu^{2}	mo^{2}	·jɨr^{1}	lja^{1}	zjij^{1}	thjij^{2}	sjo^{2}
法	亦	虚	是	耶?	问	来	时,	何	云

佛之音声、言说、表示为虚妄耶?若有此问,

2.13.5

[illegible]	[illegible]?	[illegible]	[illegible]	[illegible]	[illegible]	[illegible]	[illegible]:	[illegible]	[illegible]
kụ^{2}	lew^{2}	tha^{1}	kja^{1}	śja^{1}	·jij^{1}	dạ^{2}	·jɨ^{2}	mjij^{2}	ljịj^{2}
答	当?	佛	迦	叶	之	言	谓:	未	来
[illegible]	[illegible]	[illegible]	[illegible]	[illegible]	[illegible],	[illegible]	[illegible]	[illegible]	[illegible],
zjọ^{2}	ɣa^{2}	rjur^{1}	phji^{2}	khjiw^{2}	njɨ^{2}	ljụ^{2}	kie^{1}	mji^{1}	djọ^{2}
世	于	诸	比	丘	等,	身	戒	不	修,

当云何答?佛告大迦叶言:于未来世有诸比丘,不修身戒,

2.13.6

[illegible]	[illegible]	[illegible]	[illegible]	[illegible],	[illegible]	[illegible]	[illegible]	[illegible],	[illegible]
njiij^{1}	wo^{2}	tshwew^{1}	mjɨ^{1}	nwə^{1}	tshjạ^{1}	kwow^{2}	wejr^{1}	ljịj^{1}	ŋwuu^{1}
心	理	趣	不	知,	瞋	恚	炽	盛,	言
[illegible]	[illegible]	[illegible],	[illegible]	[illegible]	[illegible]	[illegible]	[illegible]	[illegible]	[illegible]

① 疑惑,西夏文字面意思为"疑心"。

② 败(mo^{2}),同"[illegible]"(mo^{2}),疑问语气词,相当于汉语的"乎"或"耶"。

dạ² bjạ¹ ·jijr¹ thjɨ² lwər² lhejr² tsjiir¹ bju¹ ɣiwej¹ ·jiij¹

语 粗 犷, 此 经 典 法 依 受 持

心不识义理,瞋恚炽盛,言辞粗犷,于是经典,不能受持如法

2.13.7

[illegible]

do¹ tshjɨɨ¹ mjɨ¹ njwi² thjij² sjo² ljɨ¹ thja¹ tsə̣¹ lhjịj²

读 诵 不 能。 何 云 也? 彼 色、 受、

[illegible]

sjiij² dźjɨ sjij² śjwo¹ njiij¹ ɣa² dźjiij¹ ljɨ¹ mjij² ljịj²

想、 行、 识 生 心 于 住 也。 未 来

读诵。何以故?彼住色、受、想、行、识生心故。未来

2.14.1

[illegible]

phji² khjiw² thjɨ² lwər² lhejr² dźju¹ neej² bju¹ kha¹ dźjiij¹

比 丘, 此 经 典 表 示 依 中 住,

[illegible]

tsə̣¹ lhjịj² sjiij² dźjɨ sjij² śjwo¹ njiij¹ dźjiij¹ mjijr² rjir²

色、 受、 想、 行、 识 生 心 住 者 与

比丘,住是经典表示法中,如住色、受、想、行、识生①故。

2.14.2

[illegible]

·a tjịj² rjur¹ phji² khjiw² njɨ² nji¹ dźjiij¹ tsjiir¹ dźjiij¹

一 样。 诸 比 丘 等, 家 住 法 住,

[illegible]

buu² wo² dźjar² ɣa² kjụ¹ njiij¹ mji¹ tśhju¹ dzjọ¹ məə¹

胜 义 谛 于, 求 心 不 有, 如 盲

复有一类诸比丘等,住在家法,于胜义谛,无复志求,如生盲

① 生,西夏文字面意思为"生心"。

2.14.3

[illegible]	[illegible]，	[illegible]	[illegible]	[illegible]	[illegible]，	[illegible]	[illegible]	[illegible]	[illegible]
ku^{2}	dzjwo^{2}	kiẹ^{1}	wją^{1}	rer^{2}	ŋwu^{2}	ɣu^{1}	tśhjaa^{1}	lju̱^{2}	tshjịj^{2}
瞽	人，	金	华	鬘	以，	头	上	庄	严

[illegible]，	[illegible]	[illegible]	[illegible]	[illegible]。	[illegible]	[illegible]	[illegible]，	[illegible]	[illegible]
sju^{2}	·jij^{1}	mji^{1}	ljij^{2}	ljɨ^{1}	tśhjɨ^{1}	bjij^{2}	zjịj^{1}	rjur^{1}	phji^{2}
如，	自	不	见	也。	尔	时	时，	诸	比

人，以金华鬘，冠饰其首，而不自见。当于尔时，诸比

2.14.4

[illegible]	[illegible]	[illegible]	[illegible]	[illegible]	[illegible]，	[illegible]	[illegible]	[illegible]	[illegible]
khjiw^{2}	djịj^{1}	tsjɨ^{1}	thja^{1}	wjɨ^{2}	sju^{2}	thjɨ^{2}	njɨ^{2}	lwər^{2}	lhejr^{2}
丘	辈	亦	彼	△	如，	此	等	经	典

[illegible]	[illegible]	[illegible]	[illegible]	[illegible]，	[illegible]	[illegible]	[illegible]	[illegible]	[illegible]，
ŋwuu^{1}	dạ^{2}	·jwɨr^{2}	dji^{2}	mji^{1}	tsjɨ^{1}	ɣiwej^{1}	·jiij^{1}	mjɨ^{1}	njwi^{2}
言	语	文	字	闻，	尚	受	持	不	能，

丘辈亦复如是，闻是等经言说文字，尚不受持，

2.14.5

[illegible]	[illegible]	[illegible]	[illegible]	[illegible]	[illegible]	[illegible]	[illegible]	[illegible]	[illegible]
nioow^{1}	rjɨr^{2}	djọ^{2}	buu^{2}	wo^{2}	·o^{2}	njwi^{2}	·jɨ^{2}	tjị^{2}	ljọ^{2}
复	所	修	胜	义	入	能	谓	可	岂

[illegible]？	[illegible]	[illegible]	[illegible]	[illegible]，	[illegible]	[illegible]	[illegible]	[illegible]，	[illegible]
wjij^{2}	dzjọ^{1}	sju^{2}	śjwi^{1}	tsəj^{1}	tjij^{1}	zji^{1}	tjij^{1}	mjịj^{1}	ljịj^{2}
有？	譬	如	年	幼，	若	男	若	女，	大

况复能入所修胜义？譬如幼童①，若男若女，

2.14.6

[illegible] [illegible] [illegible] [illegible]② [illegible] [illegible] [illegible]， [illegible] [illegible] [illegible]

① 幼童，西夏文字面意思为“幼年”。

② [illegible][illegible]（dźjɨ wji^{1}），义为“行为”，在此为动作发出者标记，指明“[illegible][illegible]”（君子）为“[illegible][illegible]”（诃叱）这一动作的发出者。

goor^{1}	kiej^{2}	dźjɨ	wji^{1}	źier^{1}	njɨɨ^{2}	nioow^{1}	ku^{1}	thja^{1}	śjwi^{1}
君	子	△	△	诃	叱	故，	则	此	年
[illegible]	[illegible]	[illegible]，	[illegible]	[illegible]	[illegible]	[illegible]	[illegible]	[illegible]	[illegible]
tsəj^{1}	mjij^{1}	zji^{1}	kụ^{1}	dzjɨj^{1}	thja^{1}	dzjwo^{2}	·jij^{1}	mjiij^{2}	mji^{1}
幼	女	男，	后	时	彼	人	之	名	闻

为大丈夫①之所诃叱，此幼男女，于后异时，闻是人名

2.14.7

□	□	□，	[illegible]	[illegible]	[illegible]	[illegible]。	[illegible]	[illegible]	[illegible]，
□	□	□	kjạ^{1}	le^{2}	njiij^{1}	śjwo^{1}	tśhjɨ^{1}	bjij^{2}	zjịj^{1}
□	□	□，	恐	怖	心	生。	尔	时	时，
[illegible]	[illegible]	[illegible]	[illegible]	[illegible]	[illegible]	[illegible]	[illegible]。	[illegible]	[illegible]
rjur^{1}	phji^{2}	khjiw^{2}	njɨ^{2}	tsjɨ^{1}	thja^{1}	wjɨ^{2}	sju^{2}	thjɨ^{2}	njɨ^{2}
诸	比	丘	等	亦	彼	△	如。	此	等

惊恐怖畏。当于尔时，诸比丘等亦复如是。

2.15.1

[illegible]	[illegible]	[illegible]	[illegible]	[illegible]	[illegible]	[illegible]。	[illegible]	[illegible]	[illegible]
lwər^{2}	lhejr^{2}	kha^{1}	dźjar^{2}	mjor^{1}	djij^{2}	mji^{1}	lhwu^{1}	ŋạ^{2}	gjii^{2}
经	典	中	过	实	当	闻。	衣	好	求
[illegible]，	[illegible]	[illegible]	[illegible]	[illegible]。	[illegible]	[illegible]	[illegible]	[illegible]	[illegible]
nioow^{1}	sju^{2}	lhjii^{1}	mjɨ^{1}	dźjij	nioow^{1}	thjɨ^{2}	lwər^{2}	lhejr^{2}	ɣa^{2}
故，	如	悔	无	可。	复	此	经	典	于

闻此等经，如实说过。知已不悔，乐好衣服。返于是经而

2.15.2

[illegible]	[illegible]	[illegible]	[illegible]。	[illegible]	[illegible]，	[illegible]	[illegible]	[illegible]	[illegible]
kjạ^{1}	le^{2}	njiij^{1}	śjwo^{1}	kja^{1}	śja^{1}	dzjọ^{1}	sju^{2}	khə^{2}	swẽ^{1}
畏	惧	心	生。	迦	叶，	譬	如	狝	猴
[illegible]	[illegible]	[illegible]	[illegible]	[illegible]	[illegible]，	[illegible]	[illegible]	[illegible]	[illegible]

① 大丈夫，西夏文译作“[illegible]”，即“君子”。

lạ^{1} ɣa^{2} pię^{1} kjɨ^{1} ·o^{1} wji^{1} thja^{1} khə^{2} swẽ^{1} pię^{1}

手 于 蛙 △ 有 为， 此 猕 猴 蛙

生怖畏。迦叶，如系虾蟆①在猕猴手，而此猕猴

2.15.3

[illegible]。[illegible]，[illegible]

rjijr^{2} kjɨ^{1} mjɨ^{1} tśhjɨ^{1} ·juu^{1} tśhjɨ^{1} bjij^{2} zjij^{1} rjur^{1} phji^{2}

向 △ 不 尔 顾。 尔 时 时， 诸 比

[illegible]，[illegible]

khjiw^{2} njɨ^{2} tsjɨ^{1} thja^{1} wjɨ^{2} sju^{2} thjɨ^{2} njɨ^{2} lwər^{2} lhejr^{2}

丘 等 亦 彼 △ 如， 此 等 经 典

面不回顾。当于尔时，诸比丘等亦复如是，闻此等经，

2.15.4

[illegible]，[illegible]，[illegible]。

mji^{1} zjij^{1} dja^{2} nu^{1} mji^{1} ·juu^{1} ·ju^{2} rjir^{2} mji^{1} dźjiij^{1}

闻 时， △ 背 不 顾， 面 前 不 住。

[illegible]，[illegible]，[illegible]

kja^{1} śja^{1} dzjọ^{1} sju^{2} nə dźiə^{1} khjwɨ^{1} dźjɨ wji^{1} rjɨr^{2}

迦 叶， 譬 如 沙 狐， 狗 △ △ 所

违背不顾，不住其前。迦叶，譬如野干②，为狗所

2.15.5

[illegible]，[illegible]、[illegible]、[illegible]。

śjwo^{1} ljɨ^{2} la^{2} dźjwo^{2} meej^{2} lə^{1} na^{1} ·u^{2} ·jij^{1} lju^{2}

逐， 地 冢、 窟 穴、 坑 深 内 自 散。

[illegible]，[illegible]

tśhjɨ^{1} bjij^{2} zjij^{1} dju^{1} phji^{2} khjiw^{2} njɨ^{2} tsjɨ^{1} thja^{1} wjɨ^{2}

尔 时 时， 有 比 丘 等 亦 彼 △

---

① 虾蟆，西夏文字面意思为“蛙”。

② 野干，野狐，像狐，比狐小，可说佛法。玄应《一切经音义》卷二十四：“野干，梵言‘悉伽罗’。形色青黄，如狗群行，夜鸣，声如狼也。”《经律异相》卷四十七：“有野狐往狮子所乞食，每得残余。适值狮子饥，便呼野狐取吞之。未死，于咽中呼言：‘大家活我。’狮子心念：‘养汝使肥大，以备今日耳，汝复云何？’”西夏文字面意思为“沙狐”。

逐,走趣冢间、窟穴、深坑。当于尔时,诸比丘辈亦复如是。

2.15.6

[illegible],	[illegible]	[illegible]	[illegible]	[illegible],	[illegible]	[illegible]	[illegible]	[illegible]。	[illegible]
sju^2	thjɨ^2	lwər^2	lhejr^2	mji^1	nə	dźiə^1	ta^1	sju^2	nə
如,	此	经	典	闻,	狐	狸	逃	如。	狐
[illegible]	[illegible]	[illegible],	[illegible]	[illegible]	[illegible]	[illegible],	[illegible]	[illegible]	[illegible]
dźiə^1	ta^1	tja^1	tśhjwɨj^1	kie^1	tsjụ^1	ljiij^2	thjɨ^2	lwər^2	lhejr^2
狸	逃	者,	禁	戒	犯	毁,	此	经	典

闻说此经,如野干走。野干走者,谓犯禁戒,

2.15.7

[illegible]	[illegible]。	[illegible]	[illegible]	[illegible]	[illegible]	[illegible],	[illegible]	[illegible]	[illegible]
pjo^1	tsjij^2	thjɨ^2	lwər^2	lhejr^2	mji^1	nioow^1	njiij^1	lhjii^1	nji^1
谤	诽。	此	经	典	闻	已,	心	退	家
[illegible],	[illegible]	[illegible]	[illegible]	[illegible],	[illegible]	[illegible]	[illegible]	[illegible]	[illegible]
lhjwo^1	kiẹj^2	mjɨ̣^{2}	tjoo^1	·ju^2	sji^2	dzjwo^2	pha^1	śjwɨ̣^{2}	ɣwej^1
还,	欲	境	寻	搜,	女	人	跟	随	斗

诽谤是经。闻是经已,退道①还家,驰求欲境,趣向女人,

2.16.1

[illegible],	[illegible]	[illegible]	[illegible]	[illegible]	[illegible]	[illegible]	[illegible]	[illegible]	[illegible]
dzeej^1	dza^1	lho	djị^2	tsjiir^1	rjijr^2	tshwew^1	nioow^1	·jɨr^2	dạ^2
诤,	杂	出	医	术	向	趣	及	勤	事
[illegible]	[illegible]	[illegible],	[illegible]	[illegible]	[illegible]	[illegible]	[illegible]	[illegible]	[illegible]。
dzjwɨ^2	tja^1	ŋwu^2	thja^1	kha^1	rejr^2	tśhjwɨj^1	kie^1	tsjụ^1	tja^1
断	者	是,	其	中	多	禁	戒	犯	者。

趣于斗诤,喧杂医术及以断事,而于其中多犯禁戒。

2.16.2

[illegible]	[illegible]	[illegible]	[illegible]	[illegible]	[illegible]	[illegible]	[illegible]	[illegible]	[illegible],

① 退道,西夏文字面意思为"退心"。

ŋa^{2} thjɨ^{2} njɨ^{2} ·jij^{1} ljɨ̣^{2} la^{2} ·u^{2} ·jij^{1} lju^{2} sju^{2}

我 此 等 之 地 墓 内 自 投 如，

[illegible]

kạ^{1} bja^{2} nioow^{1} rjijr^{2} niow^{2} tśja^{1} ·u^{2} ljɨ^{1} rjir^{2} dzjọ^{1}

命 终 之 后， 恶 道 内 堕 与 如。

我说此等，如趣冢间，身坏命终，堕于恶趣①。

2.16.3

[illegible]

dźjwo^{2} meej^{2} ·u^{2} ·jij^{1} lju^{2} tja^{1} ɣạ^{1} bạ^{2} bjɨr^{1} rjijr^{1}

窟 穴 内 自 投 者， 剑 叶、 刀 刃、

[illegible]

bẹ^{1} bo^{1} kha^{1} ljwɨ̣^{1} rjir^{2} dzjọ^{1} lə^{1} na^{1} ·u^{2} ·jij^{1}

枪 林 中 驰 与 如， 坑 深 内 自

如趣窟穴，驰骋剑叶、刀刃、枪林，诸大地狱，如趣深坑。

2.16.4

[illegible]

lju^{2} tja^{1} rjur^{1} ljɨ̣j^{2} djị^{1} ·jɨj^{2} rjir^{2} dzjọ^{1} kja^{1} śja^{1}

投 者， 诸 大 地 狱 与 如。 迦 叶，

[illegible]

tśhjɨ^{1} bjij^{2} zjịj^{1} rjur^{1} phji^{2} khjiw^{2} njɨ^{2} thjɨ^{2} sju^{2} nə

尔 时 时， 诸 比 丘 等， 此 如 狐

迦叶，当于尔时，诸比丘辈，成就如是野

2.16.5

[illegible]

dźiə^{1} tsjiir^{1} śjɨj^{1} ·jiw^{2} thjɨ^{2} sju^{2} njɨ^{2} lwər^{2} lhejr^{2} tsjij^{2}

狸 法 成 就， 此 如 等 经 典 悟

[illegible]

① 恶趣，西夏文字面意思为“恶道”。

·o² mjɨ¹ njwi² lew¹ pjo¹ tsjij² dźjar² lju² tshjiij¹ wji¹

入 不 能，惟 诽 谤 过 失 讲 为，

干之法，不能悟入如是等经，但能毁谤，称扬过失，

2.16.6

lj̣u² ljịj² kạ¹ bja² ljịj² djị¹ ·jɨj² ·u² ljɨ¹ ljɨ¹

身 坏 命 终 大 地 狱 内 堕 也。

身坏命终堕大地狱。

汉文本

复次，迦叶，若诸众生成渴法心、成求法心，渐次皆证无上菩提。既证得已，为断一切希求心故，与诸众生宣说正法。迦叶，菩萨应当成就四法，发大精进。何等为四？云何精进？所谓不求色、受、想、行、识，求无漏法。谓无地界，无水、火、风界。不说地界，不说水、火、风界，所有言说，悉名表示。是表示法，皆非实有，菩萨不应取表示法，以为坚实。

时大迦叶白佛言：世尊，我等于如来所，实无疑惑，若他问言，是表示法非真实者，佛之音声、言说、表示为虚妄耶？若有此问，当云何答？

佛告大迦叶言：于未来世有诸比丘，不修身戒，心不识义理，瞋恚炽盛，言辞粗犷，于是经典，不能受持如法读诵。何以故？彼住色、受、想、行、识生心故。未来比丘，住是经典表示法中，如住色、受、想、行、识生故。复有一类诸比丘等，住在家法，于胜义谛，无复志求，如生盲人，以金华鬘，冠饰其首，而不自见。当于尔时，诸比丘辈亦复如是，闻是等经言说文字，尚不受持，况复能入所修胜义？譬如幼童，若男若女，为大丈夫之所诃叱，此幼男女，于后异时，闻是人名惊恐怖畏。当于尔时，诸比丘等亦复如是。闻此等经，如实说过。知已不悔，乐好衣服。返于是经而生怖畏。迦叶，如系虾蟆在猕猴手，而此猕猴面不回顾。当于尔时，诸比丘等亦复如是，闻此等经，违背不顾，不住其前。迦叶，譬如野干，为狗所逐，走趣冢间、窟穴、深坑。当于尔时，诸比丘辈亦复如是。闻说此经，如野干走。野干走者，谓犯禁戒，诽谤是经。闻是经已，退道还家，驰求欲境，趣向女人，趣于斗诤，喧杂医术及以断事，而于其中多犯禁戒。我说此等，如趣冢间，身坏命终，堕于恶趣。如趣窟穴，驰骋剑叶、刀刃、枪林，诸大地狱，如趣深坑。迦叶，当于尔时，诸比丘辈，成就如是野干之法，不能悟入如是等经，但能毁谤，称扬过失，身坏命终堕大地狱。

2.16.7

nioow¹ tśjɨɨ¹ kja¹ śja¹ tjɨ¹ tjij¹ phji² khjiw² thjɨ² sju²

复 次 迦 叶，假 若 比 丘，此 如

□	□：	□	□	□	□，	□	□	□①	□，
dạ^2	·jɨ^2	tjij^1	dźju^1	neej^2	tsjiir^1	źjɨr^1	ɣiej^1	ljɨ^1	njaa^2
言	说：	若	表	示	法，	真	实	△	非，

复次，迦叶，若有比丘，作如是言：若表示法，非真实者，

2.17.1

□	□	□	□	□	□，	□	□	□	□
ku^1	mjor^1	ljịj^2	·jij^1	ŋwuu^1	dạ^2	tsjɨ^1	źjɨr^1	ɣiej^1	njaa^2
则	如	来	之	言	说，	亦	实	真	非
□②？	□	□	□	□	□，	□	□	□	□，
mo^2	nioow^1	tha^1	·jij^1	dźju^1	neej^2	tsjiir^1	źjɨr^1	ljɨ^1	ŋwu^2
耶？	复	佛	之	表	示，	法	实	△	是，

如来言说，亦非实耶？彼若说言③：佛之表示，名为真实，

2.17.2

□	□	□	□，	□	□	□	□	□？	□
ku^1	rjur^1	dźju^1	neej^2	tsjiir^1	tsjɨ^1	źjɨr^1	ŋwu^2	mo^2	thjɨ^2
则	诸	表	示，	法	亦	实	是	耶？	此
□	□	□	□，	□	□	□	□，	□	□
sju^2	·jɨr^1	lja^1	zjij^1	sjịj^2	dju^1	phji^2	khjiw^2	thja^1	·jɨr^1
如	问	来	时，	智	有	比	丘，	此	问

诸表示法，亦应名实？④ 有智比丘，应问之曰：

2.17.3

□	□	□	□	□：	□	□，	□	□	□
mjijr^2	·jij^1	ljɨɨ^1	·jɨr^1	lew^2	ljịj^2	tśhja^2	thjɨ^2	wjɨ^2	wa^2
者	之	回	问	应：	大	德，	此	刻	何
□	□⑤	□？	□	□	□	□？	□	□	□

---

① □（ljɨ^1），连词，义为“及”，在复句中表转折义。下同。

② □（mo^2），疑问语气词，相当于汉语的“乎”或“耶”。

③ 彼若说言，西夏文本此处无对应的文字。

④ 此处西夏文本有“如此来问时”一句的对应文字，汉文本无。

⑤ □（ljịj^2），似与实义动词“□”（zow^2）有衍生关系，义为“执”。

dạ^2	ljɨj^2	nja^2	ŋa^1	ljɨj^2	nja^2	mo^2	dźju^1	neej^2	tsjiir^1
事	执	△?	空	执	△	耶?	表	示	法

大德,今者①为执何事?为执空耶?为表示耶?

2.17.4

[illegible]	[illegible]	[illegible]②	[illegible]?	[illegible]	[illegible]	[illegible]	[illegible]	[illegible]	[illegible]
ljɨj^2	nja^2	·jɨ^2	lew^2	tjij^1	thja^1	njiij^1	dźju^1	neej^2	tsjiir^1
执	△	谓	应?	若	彼	心	表	示	法
[illegible]	[illegible]	[illegible]	[illegible],	[illegible]	[illegible]	[illegible]	[illegible]	[illegible]	[illegible]
ljɨj^2	lew^2	·jɨ^2	zjij^1	nioow^1	thja^2	·jij^1	nji^2	tha^1	ŋwu^2
执	应	谓	时,	复	彼	之	汝	佛	是

彼若说言,我执表示,应报之曰:汝即是佛。

2.17.5

[illegible]	[illegible]	[illegible]。	[illegible]	[illegible]	[illegible]?	[illegible]	[illegible]	[illegible]	[illegible],
nja^2	·jɨ^2	lew^2	thjij^2	sjo^2	ljɨ^1	nji^2	tsjɨ^1	ŋwuu^1	dạ^2
△	谓	所。	何	云	也?	汝	亦	言	说,
[illegible]	[illegible]	[illegible]	[illegible]	[illegible]。	[illegible]	[illegible]	[illegible]	[illegible]	[illegible]
dźju^1	neej^2	tsjiir^1	dju^1	ljɨ^1	tjij^1	thja^1	dzjwo^2	ŋa^1	ljɨj^2
表	示	法	有	也。	若	彼	人	空	执

何以故?汝有言说,表示法故。彼若说言:

2.17.6

[illegible]	[illegible]	[illegible],	[illegible]	[illegible]	[illegible]	[illegible]	[illegible]:	[illegible]	[illegible]
ŋa^2	·jɨ^2	zjij^1	thja^2	·jij^1	ljɨɨ^1	·jɨr^1	lew^2	nji^2	wa^2
△	谓	时,	彼	之	回	问	应:	汝	何
[illegible]	[illegible]	[illegible]	[illegible]	[illegible]	[illegible]	[illegible]。	[illegible]	[illegible]	[illegible]?
ŋa^1	ljɨj^2	rjɨr^2	tshjiij^1	wji^1	ŋa^2	·jɨ^2	thjij^2	sjo^2	ljɨ^1
空	执	△	言	为	△	谓。	何	云	也?

我执于空。应问彼言:当为我说,执何等空?何以故?

---

① 今者,西夏文字面意思为“此刻”。

② [illegible](·jɨ^2),直接引语标记。下同。

2.17.7

[illegible]									
tshjiij¹	tji̱²	mjij¹	tja¹	ŋa¹	·jɨ²	tjij¹	dźju¹	neej²	tsjiir¹
言	可	不	者，	空	谓；	若	表	示	法
[illegible]									
zow²	ŋa¹	we²	phji¹	ku¹	ŋa²	ŋa²	·jij¹	dźiã²	tśhju¹
执	空	为	使，	则	我、	我	所、	情	有、

不可言说，名之为空①；若执表示以为空者，或于我、我所、众生、

2.18.1

[illegible]									
ka̱¹	mjijr²	mji¹	ŋa¹	tsjiir¹	ɣa²	tsjɨ¹	ŋa¹	zow²	ljɨ¹
寿	者，	非	空	法	于	亦	空	执	也。
[illegible]									
nioow¹	thja²	·jij¹	·jɨr¹	nji²	njiij¹	khju¹	tsjiir¹	ŋowr²	ŋowr²
又	彼	之	问：	汝	心	下	法	一	切

寿者，非空执空。又问彼言：汝意云何？乐一切法空不？

2.18.2

[illegible]		②							
ŋa¹	·a	dzju¹	nja²	·jɨ²	lew²	tjij¹	thja¹	dzjwo²	tsjiir¹
空	△	乐	△	谓	应？	若	彼	人	法
[illegible]									
ŋowr²	ŋowr²	ŋa¹	mji¹	dzju¹	ŋa²	·jɨ²	zji̱j¹	sji̱j²	dzjwo²
一	切	空	不	乐	△	谓	时，	智	人

彼若答言：我不喜乐一切法空，智者③言曰：

2.18.3

[illegible]

---

① 名之为空，西夏文字面意思为“谓空”。

② [illegible]（dzju¹），是实义动词“[illegible]”（dzu¹）的衍生式，义为“爱”或“乐”。当动词后出现第一人称单数动词呼应后缀“[illegible]”和第二人称单数呼应后缀“[illegible]”时，往往引起动词的音韵转换，动词用衍生式。

③ 智者，西夏文字面意思为“智人”。

thja^{2} ·jij^{1} nji^{2} dju^{1} njij^{2} śia^{1} mẽ^{1} śjɨ^{1} gji^{2} dja^{2}

彼 于 汝 久 远 沙 门 释 子 △

[illegible] [illegible] [illegible] [illegible] [illegible]。 [illegible] [illegible] [illegible]? [illegible] [illegible]

mjɨ̣^{2} nja^{2} sji^{2} ·jɨ^{2} lew^{2} thjij^{2} sjo^{2} ljɨ^{1} tha^{1} lew^{1}

忘 △ △ 谓 应。 何 云 也? 佛 惟

汝久忘失沙门释子。何以故?佛

2.18.4

[illegible] [illegible] [illegible] [illegible] [illegible] [illegible] [illegible] [illegible] [illegible] [illegible],

tsjiir^{1} ŋowr^{2} ŋowr^{2} ŋa^{1} ŋa^{2} mjij^{1} tshjiij^{1} djij^{2} mjɨ^{1} djij^{2}

法 一 切 空 我 无 说 △ 无 △,

[illegible]、 [illegible] [illegible]、 [illegible] [illegible]、 [illegible] [illegible] [illegible] [illegible] [illegible]

ŋa^{2} dźiã^{2} tśhju^{1} ka̱^{1} mjijr^{2} śjwɨ^{1} śjwɨ^{1} tshwew^{1} dju^{1} tja^{1}

我、 情 有、 寿 者、 时 时 趣 有 者

说一切空无我故,不说有我、众生、寿者、数取趣①故。

2.18.5

[illegible] [illegible] [illegible] [illegible]。 [illegible] [illegible] [illegible] [illegible] [illegible] [illegible]

mjɨ^{1} tśhjɨ^{1} tshjiij^{1} djij^{2} tjij^{1} thja^{1} dzjwo^{2} tsjiir^{1} ŋowr^{2} ŋowr^{2}

不 尔 说 △。 若 彼 人 法 一 切

[illegible] [illegible], [illegible] [illegible] [illegible] [illegible] [illegible] [illegible], [illegible] [illegible]

ŋa^{1} ŋwu^{2} ŋa^{1} tsjiir^{2} dzju^{1} ŋa^{2} ·jɨ^{2} zjij^{1} thja^{2} ·jij^{1}

空 是, 空 性 爱 △ 谓 时, 彼 之

彼若说言:一切法空,我乐空性,应语彼言:

2.18.6

[illegible] [illegible]: [illegible] [illegible] [illegible] [illegible] [illegible] [illegible] [illegible] [illegible]

ljɨɨ^{1} ·jɨr^{1} nji^{2} ·jij^{1} njiij^{1} tsjɨ^{1} tsjiir^{1} ŋowr^{2} ŋowr^{2} ŋa^{1}

回 问: 汝 之 心 尚 法 一 切 空

[illegible] [illegible], [illegible] [illegible] [illegible] [illegible] [illegible] [illegible] [illegible] [illegible]

① 取趣,西夏文字面意思为“有趣”。

dzju^1 nja^2 nioow^1 mjor^1 ljịj^2 bju^1 wo^2 tśhja^2 ka^1 dwewr^2

乐 △， 复 如 来 应 供 正 等 觉

汝心尚乐一切法空，况复如来应①正等觉②？

2.18.7

[illegible] [illegible] □ [illegible] [illegible] [illegible] [illegible]？

mji^1 dzu^1 □ ljọ^2 wjij^2 ·jɨ^2 lew^2

不 乐 □ 岂 有 谓 应？

汉文本

复次，迦叶，若有比丘，作如是言：若表示法，非真实者，如来言说，亦非实耶？彼若说言：佛之表示，名为真实，诸表示法，亦应名实？有智比丘，应问之曰：大德，今者为执何事？为执空耶？为表示耶？彼若说言，我执表示，应报之曰：汝即是佛。何以故？汝有言说，表示法故。彼若说言：我执于空。应问彼言：当为我说，执何等空？何以故？不可言说，名之为空；若执表示以为空者，或于我、我所、众生、寿者，非空执空。又问彼言：汝意云何？乐一切法空不？彼若答言：我不喜乐一切法空，智者言曰：汝久忘失沙门释子。何以故？佛说一切空无我故，不说有我、众生、寿者、数取趣故。彼若说言：一切法空，我乐空性，应语彼言：汝心尚乐一切法空，况复如来应正等觉？

2.18.7

[illegible] [illegible]， [illegible] [illegible]， [illegible] [illegible] [illegible] [illegible] [illegible]， [illegible]、 [illegible]、 [illegible]、 [illegible]

nioow^1 tśjɨɨ^1 pjụ^1 tja^1 mej^1 mjor^1 ljịj^2 ŋwu^2 mo^2 nju^1 njii^2 lhjwa^1 ljụ^2

复 次， 尊 者， 眼 如 来 是 耶， 耳、 鼻、 舌、 身

复次，尊者，为眼是如来，耳、鼻、舌、身、意是如来？

2.19.1

[illegible] [illegible] [illegible] [illegible] [illegible]？ [illegible] [illegible] [illegible] [illegible] [illegible]

phji^1 mjor^1 ljịj^2 ŋwu^2 ljɨ^1 tjij^1 thja^1 dzjwo^2 mej^1 mjor^1

意 如 来 是 也？ 若 彼 人 眼 如

[illegible] [illegible]， [illegible]、 [illegible]、 [illegible]、 [illegible]、 [illegible] [illegible] [illegible] [illegible]

---

① 应，即“应供”，梵文 Arhant，通行译法为“阿罗汉”。佛陀十号之一，又称“应真”，简称“应”。佛教认为佛陀是断尽一切烦恼、智德圆满的觉者，应受人天供养、尊敬。西夏文当译作“[illegible][illegible]”（bju^1 ·wo^2），这里译作“[illegible][illegible]”，误。其中“[illegible]”（wo^2）与“[illegible]”（·wo^2）音近通假。

② 按照西夏文的意思，该句为“况复不乐如来应供正等觉”。

ljịj^{2}	ŋwu^{2}	nju^{1}	njii^{2}	lhjwa^{1}	ljụ^{2}	phji^{1}	tsjɨ^{1}	mjor^{1}	ljịj^{2}
来	是,	耳、	鼻、	舌、	身、	意	亦	如	来

彼若说言:眼是如来,耳、鼻、舌、身、意是如来。

2.19.2

[illegible]	[illegible]	[illegible],	[illegible]	[illegible]	[illegible]	[illegible]:	[illegible]	[illegible]	[illegible]
ŋwu^{2}	·jɨ^{2}	zjịj^{1}	thja^{2}	·jij^{1}	ljɨɨ^{1}	·jɨr^{1}	nji^{2}	tsjɨ^{1}	thjɨ^{2}
是	谓	时,	彼	于	回	问:	汝	亦	此
[illegible],	[illegible]	[illegible]	[illegible]	[illegible]	[illegible]。	[illegible]	[illegible]	[illegible]	[illegible]
wjɨ^{2}	mjor^{1}	ljịj^{2}	ŋwu^{2}	·jɨ^{2}	lew^{2}	tjij^{1}	thja^{1}	dzjwo^{2}	mej^{1}
刻,	如	来	是	谓	应。	若	彼	人	眼

应语彼言:汝于今者①,亦是如来。彼若说言:

2.19.3

[illegible]	[illegible]	[illegible],	[illegible]、	[illegible]、	[illegible]、	[illegible]、	[illegible]	[illegible]	[illegible]
mjor^{1}	ljịj^{2}	njaa^{2}	nju^{1}	njii^{2}	lhjwa^{1}	ljụ^{2}	phji^{1}	tsjɨ^{1}	mjor^{1}
如	来	非,	耳、	鼻、	舌、	身、	意	亦	如
[illegible]	[illegible]	[illegible]	[illegible],	[illegible]	[illegible]	[illegible]	[illegible]:	[illegible]	[illegible],
ljịj^{2}	njaa^{2}	·jɨ^{2}	zjịj^{1}	thja^{2}	·jij^{1}	ljɨɨ^{1}	·jɨr^{1}	pjụ^{1}	tja^{1}
来	非	谓	时,	彼	于	回	问:	尊	者,

眼非如来,耳、鼻、舌、身、意亦非如来。应语彼言:仁者②,

2.19.4

[illegible]	[illegible]	[illegible]	[illegible]	[illegible]	[illegible]	[illegible],	[illegible]	[illegible]	[illegible]
nji^{2}	mej^{1}	dźju^{1}	neej^{2}	mjor^{1}	ljịj^{2}	njaa^{2}	rjɨr^{2}	njɨ^{2}	phji^{1}
汝	眼	表	示	如	来	非,	乃	至	意
[illegible]	[illegible]	[illegible]	[illegible]	[illegible]	[illegible],	[illegible]	[illegible]	[illegible]	[illegible]
dźju^{1}	neej^{2}	tsjɨ^{1}	mjor^{1}	ljịj^{2}	njaa^{2}	thja^{1}	dźju^{1}	neej^{2}	njaa^{2}
表	示	亦	如	来	非,	此	表	示	非

汝作是言:眼表示非如来,乃至意表示非如来,即非表示

① 今者,西夏文字面意思为"此刻"。
② 仁者,西夏文字面意思为"尊者"。下同。

2.19.5

[illegible]	[illegible]	[illegible]	[illegible]	[illegible],	[illegible]	[illegible]	[illegible]	[illegible]①	[illegible]
tja^{1}	mjor^{1}	ljịj^{2}	ŋwu^{2}	ljɨ^{1}	ŋa^{2}	thja^{1}	do^{2}	·a	mji^{1}
者	如	来	是	也,	我	是	处	△	不
[illegible]	[illegible]	[illegible]②	[illegible]	[illegible]?	[illegible]	[illegible]	[illegible]	[illegible]	[illegible]
tsjij^{2}	ŋa^{2}	sja^{2}	·jɨ^{2}	lew^{2}	tjij^{1}	thja^{1}	dzjwo^{2}	mej^{1}	mjor^{1}
悟	△	耶	谓	应?	若	彼	人	眼	如

是如来也,我于此处岂不悟耶?彼若说言:眼非如来,

2.19.6

[illegible]	[illegible],	[illegible]	[illegible]	[illegible]	[illegible]	[illegible]	[illegible],	[illegible]	[illegible]
ljịj^{2}	njaa^{2}	mej^{1}	mjor^{1}	ljịj^{2}	rjir^{2}	mji^{1}	ka^{2}	rjɨr^{2}	njɨ^{2}
来	非,	眼	如	来	与	不	离,	乃	至
[illegible]	[illegible]	[illegible]	[illegible],	[illegible]	[illegible]	[illegible]	[illegible]	[illegible]	[illegible]
phji^{1}	mjor^{1}	ljịj^{2}	njaa^{2}	phji^{1}	tsjɨ^{1}	mjor^{1}	ljịj^{2}	rjir^{2}	mji^{1}
意	如	来	非,	意	亦	如	来	与	不

亦不离眼而有如来,乃至意非如来,亦不离意而有如来。

2.19.7

[illegible]	[illegible]	[illegible]。	[illegible]	[illegible]	[illegible]	[illegible]:	[illegible]	[illegible]	[illegible]
ka^{2}	·jɨ^{2}	zjịj^{1}	thja^{2}	·jij^{1}	ljɨɨ^{1}	·jɨr^{1}	mjor^{1}	ljịj^{2}	rjɨr^{2}
离	谓	时。	彼	之	回	问:	如	来	所
[illegible]	[illegible]	[illegible]、	[illegible]	[illegible],	[illegible]	[illegible]	[illegible]	[illegible]、	[illegible]
tshjiij^{1}	mej^{1}	do^{2}	tsə^{1}	do^{2}	rjɨr^{2}	njɨ^{2}	phji^{1}	do^{2}	tsjiir^{1}
说	眼	处、	色	处,	乃	至	意	处、	法

应语彼言:如来所说十二处,有谓眼处、色处,乃至意处、法处,

2.20.1

[illegible],	[illegible]	[illegible]	[illegible]	[illegible],	[illegible]	[illegible]	[illegible]	[illegible]	[illegible]

① [illegible](·a),助词,用在疑问句中,表示疑问。

② [illegible](sja^{2}),句末语气词,相当于"耶"。

do²	ɣa̱²	njɨɨ¹	do²	tja¹	dźiã²	tśhju¹	nioow¹	dźiã²	tśhju¹
处,	十	二	处	者,	情	有	及	情	有
[illegible]	[illegible]	[illegible]	[illegible]。	[illegible]	[illegible],	[illegible]	[illegible]	[illegible]	[illegible]
·jij¹	mjiij²	dji²	ŋwu²	pju̱¹	tja¹	mej¹	mjor¹	lji̱j²	ŋwu²
之	名	字	是。	尊	者,	眼	如	来	是

此即众生及众生名字。仁者,为眼是如来,

2.20.2

[illegible]?	[illegible]	[illegible]	[illegible]?	[illegible]	[illegible]	[illegible]	[illegible]	[illegible]	[illegible]
mo²	mjor¹	lji̱j²	njaa²	rjɨr²	njɨ²	tsjiir¹	mjor¹	lji̱j²	ŋwu²
耶?	如	来	非?	乃	至	法	如	来	是
[illegible]?	[illegible]	[illegible]	[illegible]	[illegible]	[illegible]?	[illegible]	[illegible]	[illegible]	[illegible]
mo²	mjor¹	lji̱j²	njaa²	·jɨ²	lew²	tjij¹	thja¹	dzjwo²	mej¹
耶?	如	来	非	谓	应?	若	彼	人	眼

非如来耶?乃至法是如来,非如来耶?彼若答言:眼

2.20.3

[illegible]	[illegible]	[illegible],	[illegible]	[illegible]	[illegible]	[illegible]	[illegible]	[illegible]	[illegible]
mjor¹	lji̱j²	ŋwu²	rjɨr²	njɨ²	tsjiir¹	tsjɨ¹	mjor¹	lji̱j²	ŋwu²
如	来	是,	乃	至	法	亦	如	来	是
[illegible]	[illegible],	[illegible]	[illegible]	[illegible]	[illegible]:	[illegible]	[illegible],	[illegible]	[illegible]
·jɨ²	zji̱j¹	thja²	·jij¹	ljɨɨ¹	·jɨr¹	pju̱¹	tja¹	tjij¹	thjɨ²
谓	时,	彼	之	回	问:	尊	者,	若	此

是如来,乃至法是如来。应告之曰:如仁者言,

2.20.4

[illegible]	[illegible]	[illegible],	[illegible]	[illegible]	[illegible]	[illegible]	[illegible]	[illegible]	[illegible]
ljɨ̣¹	·jɨ²	nja²	ku¹	dźiã²	tśhju¹	ŋowr²	ŋowr²	nioow¹	ŋər¹
△	说	△,	则	情	有	一	切	及	山
[illegible]、	[illegible]	[illegible],	[illegible]	[illegible]	[illegible]	[illegible]	[illegible]	[illegible]	[illegible]。
bo¹	ljij²	ljɨ̣²	tsjɨ¹	mjor¹	lji̱j²	mja¹	ŋwu²	·jɨ²	lew²
林、	大	地,	亦	如	来	而	是	谓	应。

一切众生及山林、大地，应是如来。

2.20.5

[illegible]	[illegible]	[illegible]	[illegible]	[illegible]	[illegible]	[illegible]，	[illegible]	[illegible]	[illegible]
tjij^{1}	thja^{1}	dzjwo^{2}	mej^{1}	mjor^{1}	ljịj^{2}	njaa^{2}	rjɨr^{2}	njɨ^{2}	phji^{1}
若	彼	人	眼	如	来	非，	乃	至	意
[illegible]	[illegible]	[illegible]	[illegible]	[illegible]	[illegible]，	[illegible]	[illegible]	[illegible]	[illegible]：
tsjɨ^{1}	mjor^{1}	ljịj^{2}	njaa^{2}	·jɨ^{2}	zjịj^{1}	thja^{2}	·jij^{1}	ljɨɨ^{1}	·jɨr^{1}
亦	如	来	非	谓	时，	彼	之	回	问：

彼若答言：眼非如来，乃至意非如来。复应告曰：如仁者言①，

2.20.6

[illegible]	[illegible]	[illegible]	[illegible]	[illegible]	[illegible]，	[illegible]	[illegible]	[illegible]	[illegible]
nji^{2}	mjor^{1}	ljịj^{2}	tja^{1}	tsjiir^{1}	ŋwu^{2}	nioow^{1}	tsjiir^{1}	njaa^{2}	tsjɨ^{1}
汝	如	来	者	法	是，	及	法	非	亦
[illegible]	[illegible]	[illegible]	[illegible]	[illegible]	[illegible]。	[illegible]	[illegible]	[illegible]	[illegible]
ŋwu^{2}	mji^{1}	·jɨ^{2}	nja^{2}	djij^{2}	sja^{2}	tjij^{1}	thja^{1}	dzjwo^{2}	tsə̣^{1}
是	不	谓	△	△	耶。	若	彼	人	色

如来即法，及以非法。彼若说言：色

2.20.7

[illegible]	[illegible]	[illegible]，	[illegible]	[illegible]	[illegible]	[illegible]	[illegible]	[illegible]	[illegible]
mjor^{1}	ljịj^{2}	njaa^{2}	rjɨr^{2}	njɨ^{2}	tsjiir^{1}	tsjɨ^{1}	mjor^{1}	ljịj^{2}	njaa^{2}
如	来	非，	乃	至	法	亦	如	来	非
[illegible]	[illegible]，	[illegible]	[illegible]	[illegible]	[illegible]：	[illegible]	[illegible]	[illegible]	[illegible]
·jɨ^{2}	zjịj^{1}	thja^{2}	·jij^{1}	ljɨɨ^{1}	·jɨr^{1}	tjij^{1}	thjɨ^{2}	ljɨ̣^{1}	sju^{2}
谓	时，	彼	之	回	问：	若	此	△	如

非如来，乃至法非如来。应告彼言：若如是者，

2.21.1

[illegible]	[illegible]	[illegible]	[illegible]	[illegible]	[illegible]	[illegible]	[illegible]	[illegible]	[illegible]。

① 如仁者言，西夏文本此处无对应的文字。

ku1 tsjiir1 njaa2 ŋwu2 mjor1 ljịj2 we2 mo2 ·jɨ2 lew2

则 法 非 以 如 来 为 乎 谓 所。

[illegible]

tjij1 thja1 dzjwo2 tsjiir1 njaa2 ŋwu2 mjor1 ljịj2 we2 ljɨ1

若 彼 人 法 非 以 如 来 为 也

岂以非法为如来乎?彼若说言:即以非法以为如来。

2.21.2

[illegible]

·jɨ2 zjịj1 thja2 ·jij1 ljɨɨ1 ·jɨr1 tjij1 thjɨ2 ljɨ̣1 sju2

谓 时, 彼 之 回 问: 若 此 △ 如,

[illegible]

ku1 wja1 mja1 ·jij1 mji1 wəə1 śjij1 śia1 mẽ1 pho1

则 父 母 之 不 孝 顺, 沙 门、 婆

应告之曰:若如是者,所有众生,不孝父母,不敬沙门、

2.21.3

[illegible]

lo1 mẽ1 nioow1 rjur1 pjụ1 nar2 ·jij1 mji1 dzjwɨ̣1 lhejr2

罗 门 及 诸 尊 耆 于 不 恭 敬,

[illegible]

sjwụ2 sja1 kjwir1 kjiir2 dow1 tjụ2 lạ1 wji1 ŋwuu1 kiaa2

生 杀 盗 窃, 邪 淫 妄 为, 言 诳

婆罗门及诸尊宿,杀害生命,犯不与取①,行欲邪行,虚诳离间,

2.21.4

[illegible]

dzjwɨ1 lhjwa1 niow2 nẹ1 lẹj2 tshjạ1 dow1 ljij2 dźjij1 mjijr2

谗 舌 恶 宣, 贪 瞋 邪 见 行 者,

[illegible]

① 杀害生命,犯不与取,西夏文字面意思为“杀生盗窃”。

rjur^{1} dźiã^{2} tśhju^{1} tsjɨ^{1} mjor^{1} ljịj^{2} mja^{1} ŋwu^{2} ljɨ^{1} ·jɨ^{2}

诸 众 生 亦 如 来 而 是 也 谓

粗恶杂秽，贪瞋邪见，应是如来。

2.21.5

lew^{2} tjij^{1} thja^{1} dzjwo^{2} mji^{1} mji^{1} tsjiir^{1} tja^{1} mjor^{1} ljịj^{2}

应。 若 彼 人 非 非 法 者 如 来

ŋwu^{2} ·jɨ^{2} zjịj^{1} thja^{2} ·jij^{1} ljɨɨ^{1} ·jɨr^{1} mji^{1} tsjiir^{1} mji^{1}

是 谓 时， 彼 之 回 问： 非 法 非

彼若说言：非非法而是如来。应告之曰：非法非

2.21.6

mji^{1} tsjiir^{1} tsjɨ^{1} mjor^{1} ljịj^{2} mja^{1} ŋwu^{2} ljɨ^{1} ·jɨ^{2} lew^{2}

非 法 亦 如 来 而 是 也 谓 应。

tjij^{1} mji^{1} tsjiir^{1} mji^{1} mji^{1} tsjiir^{1} mjor^{1} ljịj^{2} ljɨ^{1} ŋwu^{2}

若 非 法 非 非 法 如 来 △ 是，

非法应是如来，若非法非非法是如来者，

2.21.7

ku^{1} dźju^{1} neej^{2} mjij^{1} ŋwu^{2} pjụ^{1} tja^{1} dźju^{1} neej^{2} lew^{2}

则 表 示 无 是。 尊 者， 表 示 可

mjij^{1} tja^{1} mjor^{1} ljịj^{2} ŋwu^{2} ljɨ^{1} kja^{1} śja^{1} thjɨ^{2} sju^{2}

无 者 如 来 是 也？ 迦 叶， 此 如

则无表示。仁者①，无可表示是如来耶？

① 仁者，西夏文字面意思为“尊者”。

汉文本

复次,尊者,为眼是如来,耳、鼻、舌、身、意是如来?彼若说言:眼是如来,耳、鼻、舌、身、意是如来。应语彼言:汝于今者,亦是如来。彼若说言:眼非如来,耳、鼻、舌、身、意亦非如来。应语彼言:仁者,汝作是言:眼表示非如来,乃至意表示非如来,即非表示是如来也,我于此处岂不悟耶?彼若说言:眼非如来,亦不离眼而有如来,乃至意非如来,亦不离意而有如来。应语彼言:如来所说十二处,有谓眼处、色处,乃至意处、法处,此即众生及众生名字。仁者,为眼是如来,非如来耶?乃至法是如来,非如来耶?彼若答言:眼是如来,乃至法是如来。应告之曰:如仁者言,一切众生及山林、大地,应是如来。彼若答言:眼非如来,乃至意非如来。复应告曰:如仁者言,如来即法,及以非法。彼若说言:色非如来,乃至法非如来。应告彼言:若如是者,岂以非法为如来乎?彼若说言:即以非法以为如来。应告之曰:若如是者,所有众生,不孝父母,不敬沙门、婆罗门及诸尊宿,杀害生命,犯不与取,行欲邪行,虚诳离间,粗恶杂秽,贪瞋邪见,应是如来。彼若说言:非非法而是如来。应告之曰:非法非非法应是如来,若非法非非法是如来者,则无表示。仁者,无可表示是如来耶?

2.21.7—2.22.1

[illegible]	[illegible],	[illegible]	[illegible]	[illegible]	[illegible]	[illegible]	[illegible]	[illegible]	[illegible]	[illegible],	[illegible]
kja^1	śja^1	thjɨ^2	sju^2	ŋwu^2	wẹ^1	dzjwo^2	·jij^1	rjur^1	·jar^2	lew^2	rjur^1
迦	叶,	此	如	以	愚	人	于	折	伏	所,	世
[illegible]	[illegible]	[illegible],	[illegible]	[illegible]	[illegible]	[illegible]	[illegible]	[illegible]	[illegible]	[illegible]	[illegible]
kha^1	dzjwo^2	mə^1	thjɨ^2	sju^2	tsjiir^1	bju^1	tshjiij^1	mjijr^2	rjir^2	·jɨr^1	·jɨr^1
间	人	天,	此	如	法	依	说	者	与	问	问

迦叶,应当如是折伏①愚人,我不见有世间人天,能与如是如法说者,而共对论②,

2.22.2

[illegible]	[illegible]	[illegible]	[illegible]	[illegible]	[illegible],	[illegible]	[illegible]、	[illegible]	[illegible]
kjir^2	tja^1	mjɨ^1	tśhjɨ^1	lji^2	lew^2	tshjạ^1	kwow^2	wẹ^1	lə
敢	者	不	尔	见	可,	瞋	恚、	愚	痴
[illegible]	[illegible]	[illegible]	[illegible]	[illegible]	[illegible]	[illegible]	[illegible]③	[illegible]	[illegible]。
dzjwo^2	nioow^1	ze̱w^2	mjɨ^1	njwi^2	mjijr^2	·jij^1	rjijr^2	tshjiij^1	wji^1
人	后	忍	不	能	者	之	△	言	为。

唯除瞋恚、愚痴之人,不堪忍者。

---

① 折伏,西夏文译作“[illegible]”,其义亦为“调伏”。
② 共对论,西夏文译作“[illegible]”,动词重叠表示相互义。
③ [illegible](rjijr^2),动词希求式前缀。

2.22.3

[illegible]	[illegible]	[illegible]	[illegible]	[illegible],	[illegible]	[illegible]	[illegible]	[illegible]	[illegible]
tsjɨ^{1}	dźiej^{2}	njiij^{1}	mji^{1}	śjwo^{1}	ŋa^{1}	tsjiir^{1}	pjo^{1}	tsjij^{2}	phjɨ^{1}
又	信	心	不	生,	空	法	毁	訾	弃
[illegible]	[illegible]	[illegible]。	[illegible]	[illegible],	[illegible]	[illegible]	[illegible]	[illegible]	[illegible]
dźjɨɨr^{1}	dja^{2}	ta^{1}	kja^{1}	śja^{1}	nji^{2}	njɨ^{2}	thja^{1}	lwər^{2}	lhejr^{2}
舍	△	逃。	迦	叶,	汝	等	此	经	典

虽为开示不生信心,毁訾空法弃舍而去。迦叶,汝等应当

2.22.4

[illegible]	[illegible]	[illegible]。	[illegible]	[illegible]	[illegible]	[illegible]	[illegible]	[illegible]	[illegible]
ɣiwej^{1}	·jiij^{1}	lew^{2}	mjij^{2}	ljịj^{2}	zjọ^{2}	ɣa^{2}	tjij^{1}	rjur^{1}	phji^{2}
受	持	应。	未	来	世	于	若	诸	比
[illegible],	[illegible]	[illegible]	[illegible]	[illegible],	[illegible]	[illegible]	[illegible]	[illegible]	[illegible]
khjiw^{2}	thjɨ^{2}	lwər^{2}	lhejr^{2}	·jiij^{1}	ku^{1}	sọ^{1}	mjiij^{2}	rjir^{1}	ŋwu^{2}
丘,	此	经	典	持,	则	三	名	得	以

受持是经。于未来世有诸比丘,持是经者,当得三名而为

2.22.5

[illegible]	[illegible]。	[illegible]	[illegible]	[illegible]	[illegible]?	[illegible]	[illegible]、	[illegible]	[illegible]
dźju^{1}	sjwij^{1}	sọ^{1}	tja^{1}	thjij^{2}	sjo^{2}	bja^{2}	dzjar^{2}	war^{2}	mjij^{1}
表	示。	三	者	何	云?	断	灭、	物	无
[illegible]	[illegible]	[illegible]	[illegible]	[illegible]	[illegible]	[illegible]	[illegible]。	[illegible]	[illegible]
ŋur^{1}	mjij^{1}	nioow^{1}	dzjwɨ̣^{1}	lhejr^{2}	mjij^{1}	tshjiij^{1}	ŋwu^{2}	tśhjɨ^{1}	bjij^{2}
蕴	无	及	恭	敬	无	说	是。	尔	时

表示。何等为三?谓说断灭、无物无蕴及无恭敬。当尔

2.22.6

[illegible],	[illegible]	[illegible]	[illegible]	[illegible]	[illegible]	[illegible]	[illegible]	[illegible]	[illegible]
zjịj^{1}	thjɨ^{2}	sju^{2}	lwər^{2}	lhejr^{2}	mjɨ^{1}	·jij^{1}	pjo^{1}	tsjij^{2}	lew^{2}
时,	此	如	经	典	他	之	诽	谤	所

we^{2} nji^{2} tśhjɨ^{1} bjij^{2} zjịj^{1} dzjwo^{2} tha^{1} ·jij^{1} mji^{1} dzjwɨ̣^{1}

为。汝 尔 时 时，人 佛 于 不 恭

之时，如是经典为他诽谤。汝观尔时，不恭敬佛，

2.22.7

lhejr^{2} tsjịr^{1} ·jij^{1} mji^{1} dzjwɨ̣^{1} lhejr^{2} lew^{1} dźju^{1} neej^{2} mjiij^{2}

敬，法 之 不 恭 敬，但 表 示 名

dji^{2} ŋwuu^{1} dạ^{2} bju^{1} ŋa^{1} ŋa^{1} ŋwej^{2} ·ji^{1} mjiij^{2} gjɨ^{2}[1]

字 语 言 依，空 空 僧 众 名 一

不恭敬法，但依表示名字语言，虚荷僧名而

2.23.1

lhjwi^{1} źjɨr^{1} tśhja^{2} mji^{1} dźjij^{2} tha^{1} mjiij^{2} lə tshjɨɨ^{1} mjɨ^{1} ·jij^{1}

取，实 德 不 有。佛 号 念 诵，他 于

kjɨ^{1} phie^{2} neej^{2} thjij^{2} sjo^{2} mjor^{1} ljịj^{2} ·jij^{1} ljij^{2} śjij^{1}

△ 开 示，何 云 如 来 之 瞻 奉

无实德。虽称佛号，于他开示，而不能解云何可得瞻奉如来。

2.23.2

mji^{1} tsjij^{2} tha^{1} tsjịr^{1} kjɨ^{1} tshjiij^{1} mjor^{1} ljịj^{2} wo^{2} tshwew^{1}

不 解。佛 法 △ 说，如 来 意 趣，

nioow^{1} tsjiir^{1} tshjiij^{1} njwi^{2} mjijr^{2} ljɨɨr^{1} mjaa^{1} ljɨɨr^{1} tshwew^{1} tha^{1}

后 法 说 善 者？四 果 四 趣 佛

① (gjɨ^{2})，放在名词之后，表示某一种非具体的名称。

虽说佛法，而不能知如来意趣，云何得名为善说法？四双八辈①是

2.23.3

[illegible]	[illegible]	[illegible]，	[illegible]	[illegible]	[illegible]	[illegible]	[illegible]	[illegible]	[illegible]
·jij¹	dzjiij²	gji²	ɣię²	mji¹	sẽ¹	tja¹	ljɨ¹	kjɨ¹	ŋwu²
之	弟	子，	声	闻	僧	者	何	△	是
[illegible]	[illegible]	[illegible]	[illegible]，	[illegible]	[illegible]	[illegible]	[illegible]，	[illegible]	[illegible]
nwə¹	tsjij²	mjɨ¹	njwi²	lew¹	mjiij²	gjɨ²	nwə¹	thja¹	tśhja²
知	晓	不	能，	惟	名	一	知，	彼	德

佛弟子，声闻之僧，但知其名，于彼功德

2.23.4

[illegible]	[illegible]，	[illegible]	[illegible]	[illegible]	[illegible]。	[illegible]	[illegible]	[illegible]	[illegible]
·ioow¹	ɣa²	wo²	tshwew¹	mjɨ¹	nwə¹	mjiij²	bju¹	źjɨr¹	tśhja²
功	于，	义	趣	无	知。	名	依	实	德
[illegible]	[illegible]	[illegible]	[illegible]，	[illegible]	[illegible]、	[illegible]	[illegible]、	[illegible]	[illegible]、
lhjwi¹	ɣiwej¹	mjɨ¹	njwi²	lhwu¹	gjwi²	tjị¹	dzji¹	gjwɨr¹	ljuu²
取	受	不	能，	衣	服、	饮	食、	卧	具、

不知其义，不能领受依名实德，为于衣服、饮食、卧具、

2.23.5

[illegible]	[illegible]	[illegible]	[illegible]，	[illegible]	[illegible]	[illegible]	[illegible]，	[illegible]	[illegible]
ŋo²	tsə̣¹	nioow¹	ku¹	tśhja²	tsjiir¹	pjo¹	tsjij²	dźiã²	tsjij²
病	药	缘	故，	正	法	毁	谤，	菩	萨
[illegible]	[illegible]	[illegible]	[illegible]	[illegible]	[illegible]，	[illegible]	[illegible]	[illegible]	[illegible]，
thja¹	kha¹	·jɨr²	khu¹	dźjij¹	ŋwu²	thjɨ²	lwər²	lhejr²	ɣa²
其	中	勤	精	进	以，	是	经	典	于，

病药缘故，毁谤于法②。菩萨于中，应勤精进，于是等经，

2.23.6

[illegible] [illegible] [illegible] [illegible] [illegible] [illegible] [illegible]， [illegible] [illegible] [illegible]

① 四双八辈，西夏文字面意思为“四果四趣”。

② 于法，西夏文字面意思为“正法”。

na^1 zjɨɨr^1 dju^1 dzu^1 kowr^2 njiij^1 śjwo^1 ɣiwej^1 ·jiij^1 do^1

深 稀 有 乐 欲 心 生, 受 持 读

[illegible]

tshjɨɨ^1 lew^2 thjij^2 sjo^2 ljɨ^1 thjɨ^2 dzjwo^2 kụ^1 zjọ^2 tsjiir^1

诵 应。 何 云 也? 此 人 来 世 法

深生希有乐欲之心,受持读诵。何以故?是人来世为

2.23.7

[illegible]

we^2 ·wejr^2 ljɨ^1 kja^1 śja^1 ŋa^2 lə gjɨɨ^1 ɣạ^2 lew^1

城 护 也。 迦 叶, 我 念 九 十 一

[illegible]

kja^2 tsjiir^1 dja^2 mjij^1 zjịj^1 thjɨ^2 sju^2 njɨ^2 lwər^2 lhejr^2

劫 法 △ 无 时, 此 如 等 经 典,

护法城。迦叶,我念过去①九十一劫空②无法时,如是等经,

2.24.1

[illegible]

·jị^2 mji^1 deej^1 dźjịj^1 nioow^1 lə wjɨ^2 rar^2 tụ^1 kja^2

复 不 传 行, 又 念 过 去 千 劫

[illegible]

su^1 ɣwə^2 rjir^2 tha^1 gjɨ^2 rjur^1 kha^1 to^2 śja^2 mjiij^2

超 前 前, 佛 有 世 中 出 现, 号

不复流布。又念过去超于千劫,有佛出世,号

2.24.2

[illegible]

tja^1 tsja^1 źjị^1 djɨj^2 tạ^1 rjur^1 kha^1 ·jar^1 khjɨ^2 ljɨɨr^1

者 热 恼 休 息, 世 间 八 万 四

[illegible]

① 过去,西夏文本此处无对应的文字。
② 空,西夏文本此处无对应的文字。

tụ^{1} kja^{2} dźjiij^{1} dźiã^{2} tsjij^{2} ·jij^{1} śjɨj^{1} we^{1} rjur^{1} kha^{1}

千 劫 住， 菩 萨 于 成 熟， 世 间

休息热恼，住世八万四千劫，成熟菩萨，利益世间。

2.24.3

[illegible]

·jij^{1} gjịj^{1} ɣie^{2} nioow^{1} lə wjɨ^{2} rar^{2} mjor^{1} ljịj^{2} gjɨ^{2}

于 利 益。 又 念 过 去 如 来 有，

[illegible]

mjiij^{2} tja^{1} bju^{2} mjij^{1} ɣie^{1} rjur^{1} kha^{1} njɨɨ^{1} ɣạ^{2} rjir^{2}

号 者 边 无 力， 世 间 二 十 亿

又念过去，复有如来，号无边力，住世二十亿

2.24.4

[illegible]

kja^{2} dźjiij^{1} thja^{1} njɨɨ^{1} ɣạ^{2} rjir^{2} kja^{2} kha^{1} dźiã^{2} tsjij^{2}

劫 住， 此 二 十 亿 劫 中 菩 萨

[illegible]

dźjɨ dźjịj^{1} tśhjɨ^{1} mja^{1} nioow^{1} ·ja duu^{2} tow^{1} lo^{1} sã^{1}

业 行， 尔 然 后 阿 耨 多 罗 三

劫，于二十亿劫行菩萨道①，然后证阿耨多罗三

2.24.5

[illegible]

bia^{1} sã^{1} po^{1} tjɨj^{1} ljạ^{1} kja^{1} śja^{1} nji^{2} tha^{1} zjịj^{1}

藐 三 菩 提 证。 迦 叶， 汝 佛 几

[illegible]

zjịj^{1} dźjịj^{1} gie^{1} dźjɨ rjɨr^{2} djọ^{2} dzjɨɨ^{2} ŋwu^{2} rjur^{1} dźiã^{2}

何 行 难 行 所 修 习 以， 诸 众

藐三菩提。迦叶，汝观于佛，修习几何难作之行，

① 菩萨道，西夏文字面意思为“菩萨业”。

2.24.6

[illegible]	[illegible]	[illegible]	[illegible]	[illegible]	[illegible]	[illegible]。
tśhju¹	·jij¹	ɣjiw¹	djij²	wjɨ²	bioo¹	nja²
生	于	摄	△	△	观	△。

摄诸众生。

汉文本

迦叶,应当如是折伏愚人,我不见有世间人天,能与如是如法说者,而共对论,唯除瞋恚、愚痴之人,不堪忍者。虽为开示不生信心,毁訾空法弃舍而去。迦叶,汝等应当受持是经。于未来世有诸比丘,持是经者,当得三名而为表示。何等为三?谓说断灭、无物无蕴及无恭敬。当尔之时,如是经典为他诽谤。汝观尔时,不恭敬佛,不恭敬法,但依表示名字语言,虚荷僧名而无实德。虽称佛号,于他开示,而不能解云何可得瞻奉如来。虽说佛法,而不能知如来意趣,云何得名为善说法?四双八辈是佛弟子,声闻之僧,但知其名,于彼功德不知其义,不能领受依名实德,为于衣服、饮食、卧具、病药缘故,毁谤于法。菩萨于中,应勤精进,于是等经,深生希有乐欲之心,受持读诵。何以故?是人来世为护法城。迦叶,我念过去九十一劫空无法时,如是等经,不复流布。又念过去超于千劫,有佛出世,号休息热恼,住世八万四千劫,成熟菩萨,利益世间。又念过去,复有如来,号无边力,住世二十亿劫,于二十亿劫行菩萨道,然后证阿耨多罗三藐三菩提。迦叶,汝观于佛,修习几何难作之行,摄诸众生。

2.24.7

[illegible]	[illegible],	[illegible]	[illegible],	[illegible]	[illegible]	[illegible]	[illegible]	[illegible],	[illegible]
nioow¹	tśjɨɨ¹	kja¹	śja¹	kụ¹	zjọ²	kja²	niəj¹	kha¹	ŋa²
复	次,	迦	叶,	后	世	劫	浊	中,	我

[illegible]	[illegible]	[illegible]	[illegible]	[illegible]	[illegible]	[illegible],	[illegible]	[illegible]
njɨ²	·jij¹	ljụ²	·jij¹	twụ¹	bjuu¹	bjij¹	thjij²	sjo²
等	之	身	自	处	尊	仰,	何	云

复次,迦叶,劫浊尽世,我等不应轻贱己身①。何以故?

2.25.1

[illegible]?	[illegible]	[illegible]	[illegible]	[illegible],	[illegible]	[illegible]	[illegible]	[illegible]	[illegible]
ljɨ¹	kụ¹	kja²	niəj¹	kha¹	rjɨr²	njɨ²	·a	dzjwo²	zjịj¹

① 不应轻贱己身,西夏文字面意思为"尊仰己身"。

也？ 后 劫 浊 中， 乃 至 一 人 许

□ □ □ □ □ □ □ □， □ □

ŋa[2] do[2] thjɨ[2] tsjiir[1] dźiej[2] tsjij[2] njwi[2] tja[1] zji[2] kha[1]

我 于 此 法 信 解 能 者， 甚 中

于劫浊中，乃至一人能于我所信解此法，甚为

2.25.2

□ □， □ □ □ □ □ □ □ □，

zjɨɨr[1] dju[1] dźiā[2] tśhju[1] ŋowr[2] ŋowr[2] bjɨr[1] bo[2] mji[1] ɣiwej[1]

稀 有， 情 有 一 切 刀 杖 不 持，

□ □① □ □， □ □ □ □。 □ □

ŋa[2] nioow[1] śio[1] tja[1] tsjɨ[1] zjɨɨr[1] dju[1] ŋwu[2] thjij[2] sjo[2]

我 等 逐 者， 亦 稀 有 是。 何 以

希有，一切众生不持刀杖，追逐我等，亦为希有。何以故？

2.25.3

□？ □ □ □ □ □ □ □ □ □，

ljɨ[1] thjɨ[2] bju[1] tja[1] neew[2] goor[1] kiej[2] ·jij[1] tsjiir[1] ŋwu[2]

也？ 此 依 者 善 君 子 之 法 是，

□ □ □ □， □ □ □， □ □ □

dźjɨ ŋowr[2] ŋowr[2] kha[1] dźjɨ sjiij[2] mjij[1] ku[1] nwə[1] tsjij[2]

行 一 切 中， 行 想 无， 故 知 了

此法即是善丈夫②法，谓于诸行，为无行想，难了知故。

2.25.4

□ □。 □ □ □、 □ □ □、 □ □

gie[1] ljɨ[1] tjij[1] ŋa[2] ljij[2] dźiā[2] tśhju[1] ljij[2] kạ[1] mjijr[2]

难 也。 若 我 见、 情 有 见、 命 者

□、 □ □ □ □、 □ □ □， □ □

ljij[2] śjwɨ[1] śjwɨ[1] tshwew[1] ljij[2] dju[1] ljij[2] dju[1] tjij[1] rjur[1]

① □，与汉文本“等”对译恐误，当作“□”。

② 丈夫，西夏文译作“□□”，义为“君子”。

见、 时 时 趣 见、 有 见 有， 若 诸

若有我见、众生见、命见①、数取趣见、有见，若

2.25.5

[illegible] [illegible] [illegible] [illegible] [illegible]， [illegible] [illegible] [illegible] [illegible]、 [illegible]

ŋur^1 bju^1 kie^1 ljij^2 śjwo^1 tjij^1 rejr^2 mji^1 ljij^2 tha^1

蕴 依 戒 见 起， 若 多 闻 见、 佛

[illegible]、 [illegible] [illegible]、 [illegible] [illegible] [illegible]， [illegible] [illegible] [illegible] [illegible]

ljij^2 tsjiir^1 ljij^2 djiij^2 phã^1 ljij^2 tjij^1 djiij^2 phã^1 ljij^2

见、 法 见、 涅 槃 见， 若 涅 槃 见

依诸蕴起于戒见，若多闻见、佛见、法见、涅槃见，若有起于涅槃见

2.25.6

[illegible]， [illegible] [illegible] [illegible] [illegible] [illegible]， [illegible] [illegible] [illegible] [illegible]

śjwo^1 ku^1 mjor^1 ljịj^2 zji^2 nwə^1 zji^2 ljij^2 thja^2 ·jij^1

起， 则 如 来 悉 知， 悉 见 彼 之

[illegible] [illegible] [illegible] [illegible] [illegible]。 [illegible] [illegible] [illegible]？ [illegible] [illegible]

dow^1 ljij^2 njiij^1 ŋwu^2 ·jɨ^2 thjij^2 sjo^2 ljɨ^1 tha^1 djiij^2

邪 见 心 是 谓。 何 以 也？ 佛 涅

者，如来悉知，是为邪见。何以故？佛于涅

2.25.7

[illegible] [illegible] [illegible] [illegible] [illegible] [illegible]， [illegible] [illegible] [illegible] [illegible]。

phã^1 ɣa^2 phjo^2 kar^2 mji^1 dju^1 rjir^1 lew^2 tsjɨ^1 mjij^1

槃 于 分 别 无 有， 得 所 亦 无。

[illegible] [illegible] [illegible] [illegible] [illegible] [illegible] [illegible] [illegible]， [illegible] [illegible]

tjij^1 djiij^2 phã^1 ɣa^2 phjo^2 kar^2 njiij^1 śjwo^1 nioow^1 rjir^1

若 涅 槃 于 分 别 心 起， 及 得

槃而无分别，亦无所得。若于涅槃起于分别，及有

① 命见，西夏文字面意思为"命者见"。2.27.7 汉文本作"寿者见"。

2.26.1

[illegible]

lew² dju¹ ku¹ mjor¹ ljịj² thja² ·jij¹ zji² dow¹ ljij²

所 有， 则 如 来 其 之 尽 邪 见

[illegible]

dzjwo² ŋwu² ·jɨ² tjij¹ dow¹ ljij² ku¹ sjịj² mjij¹ dzjwo²

人 是 谓。 若 邪 见， 则 智 无 人

所得，如来尽说名为邪见。若邪见者，则名无智①；

2.26.2

[illegible]

ŋwu² tjij¹ sjịj² mjij¹ ku¹ ŋwo² tśjuu¹ mjijr² ŋwu² tjij¹

是； 若 智 无， 则 损 害 者 是； 若

[illegible]

ŋwo² tśjuu¹ mjijr² ŋwu² ku¹ wẹ¹ lə mjijr² ŋwu² wẹ¹

损 害 者 是， 则 愚 痴 者 是； 愚

若无智者，名为损害；若损害者，名曰愚夫；名

2.26.3

[illegible]

lə mjijr² ŋwu² ku¹ ljịj² po¹ tjɨj¹ ɣa² njiij¹ mji¹

痴 者 是， 则 大 菩 提 于 心 无

[illegible]

dzu¹ kowr² rjɨr² njɨ² mə¹ tśhjaa¹ wee¹ sji² buu² tśja¹

乐 欲， 乃 至 天 上 生 △ 胜 道

愚夫者，于大菩提则无乐欲，乃至远离生天胜道。

2.26.4

[illegible]

① 无智，西夏文字面意思为“无智人”。

② [illegible]，名物化助词。

khwa^{1}	ka^{2}	ljɨ^{1}	kja^{1}	śja^{1}	mjij^{2}	ljịj^{2}	zjọ^{2}	ɣa^{2}	rjur^{1}
远	离	也。	迦	叶，	未	来	世	于，	诸
[illegible]	[illegible]	[illegible]，	[illegible]	[illegible]	[illegible]、	[illegible]	[illegible]、	[illegible]	[illegible]，
phji^{2}	khjiw^{2}	dju^{1}	śjwi^{1}	njɨɨ^{1}	ɣạ^{2}	sọ^{1}	ɣạ^{2}	ljɨɨr^{1}	ɣạ^{2}
比	丘	有，	年	二	十、	三	十、	四	十，

迦叶，于未来世，当有比丘，年纪二十、三十、四十，

2.26.5

[illegible]	[illegible]	[illegible]	[illegible]，	[illegible]	[illegible]	[illegible]	[illegible]，	[illegible]	[illegible]
rjɨr^{2}	njɨ^{2}	·jir^{2}	kjiw^{1}	nar^{2}	tśjị^{1}	kjɨ^{1}	tha	gjwi^{2}	lew^{2}
乃	至	百	岁，	老	苦	△	侵，	衣	所
[illegible]	[illegible]，	[illegible]	[illegible]	[illegible]	[illegible]	[illegible]，	[illegible]	[illegible]	[illegible]
ŋạ^{2}	gjwi^{2}	mər^{1}	pjɨ̣j^{1}	piə̣j^{2}	kjɨ^{1}	khji^{1}	pjụ^{1}	wer^{1}	ŋwo^{2}
美	服，	唇	角	毛	△	落，	威	仪	毁

乃至百岁，为老①所侵，庄严衣服，虽剃须发②，毁坏威仪，

2.26.6

[illegible]，	[illegible]	[illegible]	[illegible]	[illegible]，	[illegible]	[illegible]	[illegible]	[illegible]，	[illegible]
ljiij^{2}	nar^{2}	ŋo^{2}	nar^{2}	dźju^{2}	pjụ^{1}	ɣie^{1}	mji^{1}	dźjij^{2}	dow^{1}
坏，	老	病	老	衰，	威	力	无	有，	邪
[illegible]	[illegible]	[illegible]。	[illegible]	[illegible]	[illegible]	[illegible]，	[illegible]	[illegible]	[illegible]
tsjiir^{1}	rjijr^{2}	tshwew^{1}	kạ^{1}	bja^{2}	·jij^{1}	zjịj^{1}	dzwej^{1}	lə^{1}	njiij^{1}
法	向	趣。	命	终	临	时，	罪	障	心

老病衰朽，无有威光③，趣向邪法。临命终时，由罪意乐④之所

2.26.7

[illegible]	[illegible] (boxed)	[illegible]，	[illegible]	[illegible]	[illegible]	[illegible]，	[illegible]	[illegible]	[illegible]
nja^{1}	phoo^{1}	nioow^{1}	śji^{1}	dźjar^{2}	mji^{1}	sjwɨ^{1}	low^{2}	ljịj^{1}	dźjɨ

① 老，西夏文字面意思为“老苦”。
② 须发，西夏文字面意思为“唇角毛”。
③ 威光，西夏文字面意思为“威力”。
④ 罪意乐，西夏文字面意思为“罪障心”。

△ 蔽 由， 先 罪 不 思， 懈 怠 △

[illegible]①

wji¹ djọ² lew² mji¹ dju¹ nioow¹ sọ¹ we² ɣa²

△ 修 应 不 有， 后 三 处 于

障蔽，熟思已犯，懈怠不修，

2.27.1

[illegible]② [illegible]

dzew² ŋwu² lja̱¹ rjor² ŋa² ·jɨ² sọ¹ tja¹ thjij² sjo²

伪 以 证 得 △ 谓。 三 者 何 云？

[illegible]

lew¹ tja¹ dzew² pjụ¹ wer¹ śja² njɨɨ¹ tja¹ dzew² kie¹

一 者 矫 威 仪 现， 二 者 诈 戒

而于三处示现证得。何等为三？或③矫现威仪，或复诈

2.27.2

[illegible]

sej¹ djọ² ·jiij¹ śja² sọ¹ tja¹ la̱¹ tśhjij¹ ·jij¹ ·jow²

净 修 持 现， 三 者 手 举 自 赞：

[illegible]

mjɨ¹ dzjwo² ŋa² zjịj¹ mjɨ¹ ？ ·jɨ² thjɨ² sju² sọ¹

他 人 我 几 不 及 谓。 此 如 三

现修持净行④，或举手自称言：我无与等⑤。以此三

2.27.3

[illegible]

we² dzew² lja̱¹ ·jij¹ śja² nioow¹ ku¹ thja¹ dzjwo² zji²

① [illegible]（dźjɨ wji¹），义为"行为"，在此为动作发出者标记。

② [illegible]（rjor²），是轻动词"[illegible]"（rjir²）的衍生式，义为"得"或"获"。当动词后出现第一人称单数呼应后缀"[illegible]"（ŋa²）时，往往引起动词的音韵转换，动词用衍生式。

③ 或，西夏文字面意思为"一者""二者""三者"。

④ 净行，西夏文字面意思为"净戒"。

⑤ 我无与等，西夏文字面意思为"我无人可及"。

处， 伪 证 相 现 由， 则 彼 人 咸

[illegible]

buu^{2} gjij^{1} khwẹj^{1} kha^{1} ljị^{1} kạ^{1} bja^{2} ·jij^{1} zjịj^{1} tśhjwo^{1}

增 倍 慢 中 堕， 命 终 临 时， 方

处，示现有证，斯人咸堕增上慢中，临命终时，

2.27.4

[illegible]

njiij^{1} lhjii^{1} njiij^{1} śjwo^{1} kạ^{1} bja^{2} nioow^{1} rjijr^{2} djị^{1} ·jɨj^{2}

心 悔 心 生， 命 终 后 方， 地 狱

[illegible]

·u^{2} ljɨ^{1} kja^{1} śja^{1} ŋa^{2} sjij^{1} thjɨ^{2} nioow^{1} nji^{2} njɨ^{2}

中 堕。 迦 叶， 我 今 此 因 汝 等

心生追悔，既命终已，生地狱中。是故迦叶，我今分明①

2.27.5

[illegible]

·jij^{1} dźju^{1} sjwij^{1} dạ^{2} tshjiij^{1} nji^{2} njɨ^{2} ·jij^{1} neew^{2} nwə^{1}

于 分 明 言 说， 汝 等 于 善 知

[illegible]

sjij^{2} ɣiej^{1} nji^{2} njɨ^{2} ·jij^{1} njij^{2} śjow^{1} gjịj^{1} ɣie^{2} wji^{1}

识 真， 汝 等 于 慈 悯 利 益 为

宣告汝等，我为汝等真善知识，乐欲利益哀悯汝辈，

2.27.6

[illegible]

ŋwu^{2} kụ^{1} lja^{1} thja^{1} buu^{1} lji^{2} kja^{1} mji^{2} ŋwuu^{1} njij^{2}

以， 后 来 彼 慕 理 迦 （番 语 尾

[illegible]

gjịj^{1} phã^{1} thji^{2} kja^{1} mji^{2} ŋwuu^{1} tśja^{1} wee^{1} pa^{1} lji^{2}

① 分明，西夏文译作“[illegible]”。

宿）、 畔 地 迦 （番 语 路 生）、 波 利

[illegible] [illegible] [illegible] [illegible] （[illegible] [illegible] [illegible] [illegible] [illegible]） [illegible]，

pho¹ lo¹ lji² kja¹ mji² ŋwuu¹ sji² xiwā¹ tji̠¹ sju²

婆 罗 理 迦 （番 语 女 梵 志） 如，

不令于后受大热恼，如慕理迦（唐言①尾宿）②、畔地迦（唐言路生）、波利婆罗理迦（唐言女梵志③），

2.27.7

[illegible] [illegible] [illegible] [illegible] [illegible] [illegible] [illegible] [illegible] [illegible] [illegible]④

ljij² tsja¹ źji̠¹ rjur¹ tśji̠¹ tśji̠¹ ɣar¹ mji¹ lhji̠j² phjo²

大 热 恼 诸 苦 苦 极 不 受 使

[illegible]。 [illegible] [illegible]， [illegible] [illegible]、 [illegible] [illegible] [illegible]、 [illegible] [illegible]

ŋa² kja¹ śja¹ ŋa² ljij² dźiã² tśhju¹ ljij² ka̠¹ mjijr²

△。 迦 叶， 我 见、 情 有 见、 寿 者

受诸苦毒。迦叶，我终不听执着我见、众生见、寿者

2.28.1

[illegible]、 [illegible] [illegible] [illegible] [illegible] [illegible] [illegible] [illegible] [illegible] [illegible]

ljij² pu¹ te¹ khja² lo¹ ljij² zow² zji̠j¹ mjijr² tja¹

见、 补 特 伽 罗 见 执 着 者 者

[illegible]， [illegible] [illegible] [illegible] [illegible] [illegible] [illegible] [illegible] [illegible]。 [illegible]

lew² tsjiir¹ kha¹ nji¹ phjɨ¹ rjar¹ mjij¹ ·jɨ² ŋa² tjij¹

所， 法 中 家 出 许 不 谓 △。 若

见、补特伽罗⑤见者，于我法中而得出家。我若

---

① 唐言，西夏本均译作“[illegible]”，义为“番语”。

② 慕理迦（唐言尾宿），二十八宿（Nakṣatra）之一。“尾宿”，西夏文译作“[illegible]”，同《番汉合时掌中珠》。

③ 梵志，梵文 Brahmacārin，志求梵天之法者云梵志。《增一阿含经》卷四十一曰：“沙门名息心，诸恶永已尽。梵志名清净，除去诸乱想。”《演密钞》卷二曰：“梵志者，梵净也。谓以净行为志者名为梵志。”又谓在家之婆罗门云梵志。又一切外道之出家者名梵志。《智度论》卷五十六曰：“梵志者，是一切出家外道，若有承用其法者亦名梵志。”西夏文译作“[illegible]”，字面意思是“梵诚”。

④ [illegible]（phjo²），是轻动词“[illegible]”（phji¹）的衍生式，义为“令”或“使”。当动词后出现第一人称单数呼应后缀“[illegible]”（ŋa²）时，往往引起动词的音韵转换，动词用衍生式。

⑤ 补特伽罗，梵文 Pudgala，旧译曰“人”或“众生”。新译曰“数取趣”。数者，取五趣而轮回之义。玄应《一切经音义》卷一曰：“福伽罗，经论中或作富伽罗，或作富特伽耶。旧译云人。应云补特伽罗，此云数取趣也，言数数往来诸趣也。”慧苑《新译〈大方广佛华严经〉音义》卷上曰：“补伽罗，正云补特伽罗，此云数取趣。谓造集不息，数数取苦果也。”西夏文为音译。2.30.3 汉文本“补特伽罗”，西夏文译作“[illegible]”，义为“数取趣”。

2.28.2

[illegible] [illegible] [illegible]， [illegible] [illegible] [illegible] [illegible] [illegible]， [illegible] [illegible]

ŋa^{2} mji^{1} wja̱^{1} thja^{1} śjij^{1} nji^{1} phjɨ^{1} tja^{1} zji^{2} kjwir^{1}

我 不 许， 自 然 家 出 者， 皆 贼

[illegible] [illegible]。 [illegible] [illegible] [illegible] [illegible] [illegible] [illegible] [illegible]， [illegible]

mjijr^{2} ŋwu^{2} bjuu^{1} ŋa^{1} ŋa^{1} dźiej^{2} dzjwo^{2} mjii^{1} lhjịj^{2} phji^{2}

者 是。 重 空 虚 信 人 施 受， 比

不许，强出家者，皆为是贼。食重信施，

2.28.3

[illegible] [illegible] [illegible] [illegible] [illegible] [illegible] [illegible]。 [illegible] [illegible]， [illegible]

khjiw^{2} kie^{1} ɣiej^{1} tsjɨ^{1} mji^{1} śjɨj^{1} ·jiw^{2} kja^{1} śja^{1} lew^{1}

丘 戒 真 亦 不 成 就。 迦 叶， 一

[illegible] [illegible] [illegible] [illegible] [illegible] [illegible] [illegible] [illegible] [illegible] [illegible]

njɨɨ^{2} ɣa^{2} śjwo^{1} tśhjiw^{1} njɨɨ^{2} ɣa^{2} kjɨ^{1} njɨ^{2} tji̱^{1} mji^{1}

日 于 从 六 日 于 △ 至 食 不

亦不成就真比丘戒。迦叶，宁当绝食至于六日，

2.28.4

[illegible] [illegible] [illegible] [illegible]， [illegible] [illegible] [illegible] [illegible] [illegible] [illegible]

thji^{1} ljɨ̣^{1} rjar^{1} dju^{1} ŋa^{2} ·jij^{1} tsjiir^{1} kha^{1} nji^{1} phjɨ^{1}

饮 △ 许 有， 我 之 法 中 家 出

[illegible] [illegible]， [illegible] [illegible] [illegible] [illegible]， [illegible] [illegible]、 [illegible] [illegible]

nioow^{1} rjijr^{2} dźiej^{2} njiij^{1} mjii^{1} lhjịj^{2} ŋa^{2} ljij^{2} dźiã^{2} tśhju^{1}

后 方， 信 心 施 受， 我 见、 众 生

不于我法得出家已，食重信施，起于我见、众生、

2.28.5

[illegible]、 [illegible] [illegible] [illegible]、 [illegible] [illegible] [illegible] [illegible]， [illegible] [illegible]

ljij^{2} ka̱^{1} mjijr^{2} ljij^{2} śjwɨ^{1} śjwɨ^{1} tshwew^{1} ljij^{2} rjɨr^{2} njɨ^{2}

见、 寿 者 见、 时 时 趣 见， 乃 至

djiij^2 phã^1 ljij^2 śjwo^1 tja^1 rjar^1 mjij^1 tśhjwo^1 thjɨ^2 dźiã^2

涅 槃 见 起 者 许 不。 故 此 菩

寿者①、数取趣见，乃至涅槃见。是故菩

2.28.6

tsjij^2 ·jɨr^2 khu^1 dźjij^1 śjwo^1 ŋa^2 dźiã^2 tśhju^1 ka̱^{1} tja^1

萨 勤 进 精 发， 我、 众 生、 寿 者、

śjwɨ^1 śjwɨ^1 tshwew^1 ljij^2 dju^1 ljij^2 djiij^2 phã^1 ljij^2 mji^1

时 时 趣 见、 有 见、 涅 槃 见 不

萨应发精勤，不应执着我、众生、寿、数取趣见、有见、涅槃见。

2.28.7

zow^2 zji̱j^1 lew^2 ljij^2 ŋowr^2 ŋowr^2 tjwɨ^1 nioow^1 ·ju^2 tsjiir^1

执 着 应。 见 一 切 断 故， 常 法

tshjiij^1 lew^2 kja^1 śja^1 thjɨ^2 sju^2 njɨ^2 lwər^2 lhejr^2 tja^1

说 应。 迦 叶， 此 如 等 经 典 者，

为断一切见故，应当说法。迦叶，如是等经，

2.29.1

ŋa^2 njɨ^2 rjur^1 dźiã^2 tsjij^2 njɨ^2 ·jij^1 tśjɨ^1 lu^2 thjij^2

我 至 诸 菩 萨 等 于 付 嘱。 何

sjo^2 ljɨ^1 thja^1 njɨ^2 ·jij^1 kjur^2 tji̱^{1} rjir^2 thwuu^1 ljɨ^1

云 也？ 彼 等 之 志 诚 与 同 也。

① 寿者，西夏文字面意思为“寿者见”。

我今付嘱诸菩萨等。何以故?彼等意乐①,同于我故。

2.29.2

[illegible]	[illegible]	[illegible]	[illegible]	[illegible]	[illegible],	[illegible]	[illegible]	[illegible]	[illegible]
tjij1	kjur2	tjị1	ŋa2	rjir2	thwuu1	ku1	ŋa2	·jij1	dźjwɨ1
若	志	诚	我	与	同,	则	我	之	属
[illegible]。	[illegible]	[illegible]	[illegible]	[illegible],	[illegible]	[illegible]	[illegible]	[illegible]	[illegible]
ŋwu2	ŋa2	·jij1	dźjwɨ1	ŋwu2	ku1	tśhjwo1	ŋa2	·jij1	tśjɨ1
是。	我	之	属	是,	则	故	我	之	付

若彼意乐,同于我者,是我伴侣②。我伴侣者,则便堪能受

2.29.3

[illegible]	[illegible]	[illegible]	[illegible]。	[illegible]	[illegible],	[illegible]	[illegible]	[illegible]	[illegible]	[illegible]	[illegible]:
lu2	lhjịj2	njwi2	ljɨ1	tśhjɨ1	zjọ2	rjur1	pjụ1	ljaa1	dạ2	rjɨr2	tshjiij1
嘱	受	能	也。	尔	时,	世	尊	颂	说	△	说:

我付嘱。尔时,世尊而说颂曰:

汉文本

复次,迦叶,劫浊尽世,我等不应轻贱己身。何以故?于劫浊中,乃至一人能于我所信解此法,甚为希有,一切众生不持刀杖,追逐我等,亦为希有。何以故?此法即是善丈夫法,谓于诸行,为无行想,难了知故。若有我见、众生见、命见、数取趣见、有见,若依诸蕴起于戒见,若多闻见、佛见、法见、涅槃见,若有起于涅槃见者,如来悉知,是为邪见。何以故?佛于涅槃而无分别,亦无所得。若于涅槃起于分别,及有所得,如来尽说名为邪见。若邪见者,则名无智;若无智者,名为损害;若损害者,名曰愚夫;名愚夫者,于大菩提则无乐欲,乃至远离生天胜道。

迦叶,于未来世,当有比丘,年纪二十、三十、四十,乃至百岁,为老所侵,庄严衣服,虽剃须发,毁坏威仪,老病衰朽,无有威光,趣向邪法。临命终时,由罪意乐之所障蔽,熟思已犯,懈怠不修,而于三处示现证得。何等为三?或矫现威仪,或复诈现修持净行,或举手自称言:我无与等。以此三处,示现有证,斯人咸堕增上慢中,临命终时,心生追悔,既命终已,生地狱中。是故迦叶,我今分明宣告汝等,我为汝等真善知识,乐欲利益哀愍汝辈,不令于后受大热恼,如慕理迦(唐言尾宿)、畔地迦(唐言路生)、波利婆罗理迦(唐言女梵志),受诸苦毒。迦叶,我终不听执着我见、众生见、寿者见、补特伽罗见者,于我法中而得出家。我若不许,强出家者,皆为是贼。食重信施,亦不成就真比丘戒。迦叶,宁当绝食至

① 意乐,西夏文作"[illegible][illegible]",义为"志诚"。
② 伴侣,同伴,西夏文译作"[illegible]",字面意思为"属"。

于六日，不于我法得出家已，食重信施，起于我见、众生、寿者、数取趣见，乃至涅槃见。是故菩萨应发精勤，不应执着我、众生、寿、数取趣见、有见、涅槃见。为断一切见故，应当说法。迦叶，如是等经，我今付嘱诸菩萨等。何以故？彼等意乐，同于我故。若彼意乐，同于我者，是我伴侣。我伴侣者，则便堪能受我付嘱。尔时，世尊而说颂曰：

2.29.4

[illegible]	[illegible]	[illegible]	[illegible]	[illegible]，	[illegible]	[illegible]	[illegible]	[illegible]	[illegible]，
·ji^{1}	tśjị^{1}	kjɨ^{1}	tha	njij^{2}	rjur^{1}	śio^{1}	dzjiij^{2}	kheej^{1}	ljɨ̣^{1}
众	苦	所	逼	迫，	众	导	师	戏	论，
[illegible]	[illegible]	[illegible]	[illegible]	[illegible]，	[illegible]	[illegible]	[illegible]	[illegible]	[illegible]。
mjij^{1}	mjijr^{2}	·jij^{1}	rjɨr^{2}	nioow^{1}	dzjij^{2}	gjuu^{2}	·wejr^{2}	mjijr^{2}	mjij^{1}
无	者	于	以	后，	其	救	护	者	无。

众苦所逼迫，都无能救护①，唯除世导师，无有戏论者。

2.29.5

[illegible]	[illegible]	[illegible]	[illegible]	[illegible]，	[illegible]	[illegible]	[illegible]	[illegible]	[illegible]，
rjur^{1}	tśjị^{1}	źjị^{1}	dźiã^{2}	tśhju^{1}	bji^{2}	dźju^{2}	dow^{1}	tśja^{1}	djọ^{2}
诸	苦	恼	众	生，	下	劣	邪	道	修，
[illegible]	[illegible]	[illegible]	[illegible]	[illegible]，	[illegible]	[illegible]	[illegible]	[illegible]	[illegible]。
mjiij^{2}	mjiij^{2}	lẹj^{2}	kiẹj^{2}	lhu^{1}	thjɨ^{2}	nioow^{1}	niow^{2}	tśja^{1}	ljɨ^{1}
渐	渐	贪	欲	增，	斯	由	恶	道	堕。

诸苦恼众生，修下劣邪道，渐增诸欲贪，由斯堕恶趣②。

2.29.6

[illegible]	[illegible]	[illegible]	[illegible]	[illegible]，	[illegible]	[illegible]	[illegible]	[illegible]	[illegible]，
śio^{1}	mjij^{1}	gjuu^{2}	·wejr^{2}	mjij^{1}	khwa^{1}	bjịj^{1}	gie^{1}	twụ^{1}	dźjiij^{1}
导	无	救	护	无，	远	阻	险	处	住，
[illegible]	[illegible]	[illegible]	[illegible]	[illegible]，	[illegible]	[illegible]	[illegible]	[illegible]	[illegible]。
dow^{1}	tśja^{1}	rjijr^{2}	śjwo^{1}	tshwew^{1}	no^{2}	nej^{2}	do^{2}	mji^{1}	rjir^{1}
邪	道	向	起	趣，	安	稳	处	不	得。

① “颂”的部分，尽管西夏文也以五字句对译，但有的句子不能断开理解。同时，为了充分体现汉文文义，行文时还会调整语序，如“都无能救护”，本为第二句，西夏文放在第四句。

② 恶趣，西夏文字面意思为“恶道”。

无导无救护,住之险旷远,趣向邪道中,终无安隐①处。

2.29.7

[illegible]

dzjọ[1] sju[2] dzjwo[2] war[2] zow[2], gjịj[1] ·ju[2] tśja[1] dźjo[1] dźjij[1]

譬 如 人 财 持, 利 求 道 远 行,

[illegible]

tśja[1] khwə[1] lo[2] kjwir[1] ber[2], tjị[1] war[2] zji[2] lhjwi[1] wji[1]

道 半 群 贼 遭, 食 财 皆 夺 为。

譬如人持财,求利行远道,于中群贼起,劫尽诸赀财。

2.30.1

[illegible]

war[2] lhjo[1] ŋa[1] ŋa[1] lhjwo[1], war[2] nioow[1] tsja[1] źjị[1] lhu[1]

财 失 空 空 归, 财 因 热 恼 增,

[illegible]

mjɨ[1] do[2] wee[1] djɨ[2] lhjwi[1], wee[1] nioow[1] tśjị[1] gjij[1] ljịj[1]

他 处 债 △ 取, 债 由 苦 倍 盛。

失财已空归,为利增热恼,所贷他人财,被债倍生苦。

2.30.2

[illegible]

thjɨ[2] njɨ[2] tsjɨ[1] thja[1] sju[2], tsjiir[1] nioow[1] ku[1] nji[1] phjɨ[1]

此 等 亦 此 如, 法 由 则 家 出,

[illegible]

mər[2] zow[2] ·jiij[1] tsjiir[1] war[2], neew[2] sjwɨj[1] zji[2] dźjwi[1] dzjar[2]

本 持 执 法 财, 善 业 皆 销 灭。

斯等亦如是,为法故出家,本所持法财,白业②皆销灭。

---

① 安隐,西夏文字面意思为"安稳"。

② 白业,西夏文字面意思为"善业"。

2.30.3

[illegible]①

lew^1 mər^1 pjɨ̣j^1 piəj^2 gjịj^1 rjur^1 ljij^2 kha^1 nja^1 ljɨ^1

唯 唇 角 毛 剃， 诸 见 中 △ 堕，

[illegible]

śjwɨ^1 śjwɨ^1 tshwew^1 nioow^1 ŋa^2 dźiā^2 tśhju^1 sjiij^2 zow^2 zjịj^1

时 时 趣 及 我 众 生 想 执 着。

唯净剃须发，愚堕诸见中，执着我众生，补特伽罗②想。

2.30.4

[illegible]

ŋa^1 tsjiir^1 tshjiij^1 phji^2 khjiw^2 śjwɨ^1 śjwɨ^1 tshwew^1 mji^1 zjịj^1

空 法 说 比 丘， 时 时 趣 不 着，

[illegible]

thjɨ^2 ɣa^2 nioow^1 tsjij^2 śjwo^1 xja^1 djị^1 ·jɨj^2 ·u^2 ljɨ^1

此 于 故 谤 起， 速 地 狱 内 堕。

说空法比丘，不着数取趣，于此起谤心，速堕于地狱。

2.30.5

[illegible]

tshjạ^1 kwow^2 ·jiw^1 nioow^1 bju^1 ·jij^1 gu^2 dźjwɨ^1 pjo^1 tsjij^2

瞋 恚 因 缘 以， 自 互 相 诽 谤，

[illegible]

·jij^1 dźjar^2 mjɨ^1 dwewr^2 kjạ^1 mjɨ^1 ·jij^1 dźjar^2 tshjiij^1 dzu^1

自 犯 人 知 畏， 他 之 过 言 爱。

以瞋恚因缘，递互相诽谤，自犯畏人知，妄宣他过失。

2.30.6

[illegible]

① [illegible]（nja^1），动词趋向前缀，表示向下义。

② 补特伽罗，梵文 Pudgala，新译曰“数取趣”，西夏文译作“[illegible]”。

ljụ^{2} niow^{2} nioow^{1} ljaa^{2} niow^{2} phji^{1} sjwɨj^{1} rejr^{2} lạ^{1} ljoor^{1}

身 恶 及 口 恶， 意 业 多 谀 谄，

[illegible]

tśhjɨɨ^{2} tśhjuu^{2} ljij^{2} rar^{2} śjwɨ̣^{2} thja^{1} dzjwo^{2} niow^{2} tśja^{1} ljɨ^{1}

颠 倒 见 流 随， 其 人 恶 道 堕。

身恶及口恶，意业多谀谄，颠倒随见流，斯人生恶趣①。

2.30.7

[illegible]

rjur^{1} niow^{2} sjwɨj^{1} wji^{1} nioow^{1} xja^{1} sọ^{1} niow^{2} tśja^{1} ljɨ^{1}

诸 恶 业 为 故， 速 三 恶 道 堕，

[illegible]

·ji^{1} tśjị^{1} lu^{2} lew^{2} we^{2} gjuu^{2} ·wejr^{2} mjijr^{2} mji^{1} dju^{1}

众 苦 烧 所 成， 救 护 者 无 有。

造诸恶业已，速疾往三涂②，众苦所烧然，无能救护者。

2.31.1

[illegible]

mjij^{2} ljịj^{2} rjur^{1} phji^{2} khjiw^{2} lhjwɨ^{2} niow^{2} tshjạ^{1} kwow^{2} rejr^{2}

未 来 诸 比 丘， 卒 恶 瞋 恚 多，

[illegible]

rjur^{1} nji^{1} phjɨ^{1} źjị^{1} tha po^{1} tjɨj^{1} rjijr^{2} tshwew^{1} mjijr^{2}

诸 家 出 恼 逼， 菩 提 向 趣 者。

未来有比丘，卒暴多瞋恚，逼恼诸出家，趣向菩提者。

2.31.2

[illegible]

rjur^{1} phji^{2} khjiw^{2} tha njij^{2} thja^{1} rjur^{1} kjạ^{1} lew^{2} ·ji^{1}

诸 比 丘 逼 迫， 此 诸 畏 可 众，

[illegible]

① 生恶趣，西夏文字面意思为“堕恶道”。

② 三涂，又作“三途”，义同三恶道之地狱、饿鬼、畜生，西夏文字面意思为“三恶道”。

thjɨ² sju² lwər² lhejr² pjo¹ śjɨ² ka² tśjij² tśhja² tsjiir¹

此 如 经 典 谤， 释 狮 子 德 教。

此诸可畏众，诽谤如是经，不复能信受①，释狮子之教。

2.31.3

[illegible]

tśjo dźiej² zow² mjɨ¹ njwi² ·jij¹ gu² tshja̱¹ njiij¹ śjwo¹

永 信 受 不 能。 自 共 瞋 心 起，

[illegible]

dźjwɨ¹ rjijr² ŋwo² tśjuu¹ wji¹ ·jij¹ gu² dźjwɨ¹ dźjar² tshjiij¹

相 向 伤 害 为， 自 共 相 过 言，

互起瞋恚心，递共相苦切，更相扬过失，

2.31.4

[illegible]

mjiij² niow² śja¹ rjijr² dźjwow¹ mjɨ¹ tśhjaa¹ niow² mjiij² tji̱²

名 恶 十 方 扬。 他 上 恶 名 处，

[illegible]

·jij¹ do² ·ju² njiij¹ śjwo¹ wəə¹ mjijr² lji̱¹ ɣie¹ dźju²

己 于 常 心 生， 柔 者 △ 势 弱，

恶名遍十方。虚加恶唱他，于己便生耻，柔和者劣弱，

2.31.5

[illegible]

dow¹ nwə¹ sjij² ɣie¹ dzu² thja¹ nioow¹ tsjiir¹ dźju² we²

邪 知 识 势 强。 其 故 法 衰 成，

[illegible]

dzjwo² niow² ɣwie¹ ɣie¹ rejr² ŋa² ·jij¹ dzu¹ wier¹ gji²

人 恶 力 势 多， 我 之 爱 宠 子，

① 不复能信受，西夏文译作“[illegible]”，放在后一句。这里西夏本较汉文本多“诸比丘逼迫”一句对应的文字，或许所依汉文底本与《大正藏》本不同。

邪友①势力增。是知正法衰,恶人多势力,我之所爱子,

2.31.6

[illegible]	[illegible]	[illegible]	[illegible]	[illegible]。	[illegible]	[illegible]	[illegible]	[illegible]	[illegible],
rjur^1	neew^2	phji^2	khjiw^2	njɨ^2	dzjij^2	rjijr^2	no^2	nej^2	twụ^1
诸	善	比	丘	等。	余	方	安	稳	处,
[illegible]	[illegible]	[illegible]	[illegible]	[illegible],	[illegible]	[illegible]	[illegible]	[illegible]	[illegible],
xja^1	thja^1	rjijr^2	śjɨ^1	lew^2	niow^2	bju^1	bie^2	lhew^2	rjir^1
速	彼	方	往	应,	恶	从	解	脱	得,

谓诸善比丘。应趣向余方,往求安隐处,从恶得解脱,

2.31.7

[illegible]	[illegible]	[illegible]	[illegible]	[illegible]。	[illegible]	[illegible]	[illegible]	[illegible]	[illegible],
thjɨ^2	ɣa^2	wjuu^1	njiij^1	śjwo^1	dzjɨj^1	bju^1	thjɨ^2	lwər^2	lhejr^2
此	于	悲	心	起。	时	依	此	经	典,
[illegible]	[illegible]	[illegible]	[illegible]	[illegible],	[illegible]	[illegible]	[illegible]	[illegible]	[illegible],
·jij^1	sjwɨ^1	tśhjii^1	djị^2	lew^2	tha^1	thjɨ^2	sju^2	dạ^2	dju^1
自	思	审	修	当,	佛	此	如	言	有,

于此起悲心。宜于是经中,当自审思念,佛有如是教,

2.32.1

[illegible]	[illegible]	[illegible]	[illegible]	[illegible]。	[illegible]	[illegible]	[illegible]	[illegible]	[illegible],
dzjij^2	rjijr^2	dźjiij^1	lew^2	·jɨ^2	tśhja^2	tsjiir^1	dzjar^2	ljiij^2	zjịj^1
余	方	住	当	谓。	正	法	灭	坏	时,
[illegible]	[illegible]	[illegible]	[illegible]	[illegible],	[illegible]	[illegible]	[illegible]	[illegible]	[illegible],
wəə^1	lhjii^1	njiij^1	rjir^1	gie^1	tha^1	rjɨr^2	·jow^2	tsjiir^1	do^2
柔	和	心	得	难,	佛	乃	叹	法	处,

当乐住余方。正法灭坏时,柔和者难得,相随俱往诣②,

2.32.2

[illegible]	[illegible]	[illegible]	[illegible]	[illegible]。	[illegible]	[illegible]	[illegible]	[illegible]	[illegible],

① 邪友,西夏文字面意思为"邪知识"。

② 相随俱往诣,与下句"如来称叹所"在西夏本中语序颠倒。

śiə śio^{1} thja^{1} do^{2} śjɨ^{1} tśhioow^{1} tśhioow^{1} thjɨ^{2} do^{2} ɣa^{2}
随 引 彼 处 往。 或 者 此 处 于，
[illegible]
ka^{2} lew^{2} mji^{1} dźjiij^{1} lew^{2} tha^{2} śji^{1} po^{1} tjɨj^{1} tśja^{1}
离 可 不 居 可， 大 仙 菩 提 道，

如来①称叹所。或有言此处，可离不可居，当诣大仙人，

2.32.3

[illegible]
rjir^{1} tjị^{2} do^{2} śjɨ^{1} lew^{2} tśhioow^{1} tsjɨ^{1} pjụ^{1} tja^{1} nji^{2}
得 可 处 诣 当。 或 复 尊 者 汝，
[illegible]
źjɨr^{1} dạ^{2} wji^{1} njwi^{2} ·jɨ^{2} du^{2} tśjɨ̣^{1} ɣiej^{1} kjụ^{1} ku^{1}
实 言 为 善 谓， 塔 绕 真 求 故，

得大菩提地②。复有称仁者③，汝实善为言，绕塔以求真，

2.32.4

[illegible]
rjur^{1} pjụ^{1} tsjiir^{1} ŋwu^{2} ·jɨ^{2} tśhjɨ^{1} su^{1} thja^{1} njiij^{1} ·o^{2}
世 尊 教 是 谓。 尔 胜 彼 心 悦，
[illegible]
po^{1} tjɨj^{1} ljɨ̣^{2} do^{2} śjɨ^{1} tshjạ^{1} kwow^{2} tha njij^{2} tjị^{2}
菩 提 地 于 往， 瞋 怒 迫 逼 处，

是名世尊教。宁当至于彼，悦意菩提地，不可恒此居，

2.32.5

[illegible]④。
·ju^{2} thju^{2} tji^{1} dźjiij^{1} nji^{2} phji^{2} khjiw^{2} ŋa^{2} nioow^{1} ku^{1}
恒 此 莫 居 △。 比 丘 我 故 则，

① 如来，西夏文译作“佛”。
② 当诣大仙人，得大菩提地，西夏文字面意思为“大仙菩提道，当诣可得处”。
③ 仁者，西夏文字面意思为“尊者”。
④ [illegible]（nji^{2}），第一人称和第二人称复数动词人称呼应后缀。

[illegible]

xja^{1} thja^{1} do^{2} śjɨ^{1} lew^{2} tha^{1} ·jij^{1} dźjij^{1} bjiij^{2} tji̠^{2}

速 彼 处 诣 当, 佛 之 游 行 处,

没于瞋追所①。比丘当诣彼,为我故应行,见佛所游方,

2.32.6

[illegible]

njwo^{2} zjo̠^{2} khjɨ^{1} dźjiij^{1} tji̠^{2} dzjɨɨ^{2} dźjij^{1} dzuu^{2} dji̠^{2} tji̠^{2}

昔 世 足 住 处。 化 行 坐 谛 处,

[illegible]

tjij^{1} ŋər^{1} tjij^{1} mjij^{1} sej^{1} gu^{2} dzjɨ̠^{2} zji^{2} njiij^{1} ɣa^{1}

若 山 或 寂 静, 共 集 皆 心 忧,

昔曾安止处。经行宴坐地,若石②及空闲,集已共咨嗟,

2.32.7

[illegible]

śjwɨ^{1} śjwɨ^{1} ŋwu^{2} kwar^{1} lwu̠^{1} thjɨ^{2} tja^{1} thja^{1} tha^{2} śji^{1}

时 时 啼 哭 泣。 此 者 彼 大 仙,

[illegible]

dzjɨɨ^{2} dźjij^{1} khjɨ^{1} dźjiij^{1} tji̠^{2} pjɨ^{1} njwo^{2} kheej^{1} dźjij^{1} djij^{2}

化 行 足 住 处, 今 昔 游 行 曾,

为之数啼泣。言是彼大仙,经行受用处,昔日曾游止,

2.33.1

[illegible]

tsjiir^{1} dźiej^{2} deej^{1} tji̠^{2} ŋwu^{2} dźiəj^{2} lheew^{2} mji^{1} ·ju^{2} nioow^{1}

法 轮 转 处 是。 为 有 无 常 故,

[illegible]

ŋa^{2} njɨ^{2} tha^{1} mjij^{2} ljij^{2} dzjwo^{2} nioow^{1} mji^{1} dzjwo^{2} njɨ^{2}

我 等 佛 将 见, 人 及 非 人 等,

① 该句与上句“不可恒此居”在西夏本中语序颠倒。

② 石,西夏文译作“山”。

转无上①法轮。有为悉无常，我等今不见②，人及非人等，

2.33.2

[illegible]	[illegible]	[illegible]	[illegible]	[illegible]。	[illegible]	[illegible]	[illegible]	[illegible]	[illegible]，
ŋwə^{1}	we^{1}	zji^{2}	ljwu^{2}	dzjɨ̣^{2}	dzjiij^{2}	ŋwu^{2}	njiij^{1}	ljɨj^{2}	phji^{1}
天	龙	皆	会	集。	化	以	心	喜	令，
[illegible]	[illegible]	[illegible]	[illegible]	[illegible]，	[illegible]	[illegible]	[illegible]	[illegible]	[illegible]，
wa^{2}	nioow^{1}	sjij^{1}	ŋa^{1}	we^{2}	dzjɨj^{1}	zji^{2}	buu^{2}	po^{1}	tjɨj^{1}
何	故	今	空	成，	时	最	胜	菩	提，

天龙皆会集。善化令欢喜，何乃见空虚，时往道场中，

2.33.3

[illegible]	[illegible]	[illegible]	[illegible]	[illegible]。	[illegible]	[illegible]	[illegible]③	[illegible]	[illegible]，
lhejr^{2}	lhjoor^{1}	·u^{2}	rjɨr^{2}	śji^{2}	zji^{2}	lja^{1}	kjɨ^{1}	dzjɨ̣^{2}	nioow^{1}
道	场	中	所	往。	皆	来	△	集	已，
[illegible]	[illegible]	[illegible]	[illegible]	[illegible]，	[illegible]	[illegible]	[illegible]	[illegible]	[illegible]，
wo^{2}	bju^{1}	sjwɨ^{1}	sjiij^{2}	lew^{2}	rjur^{1}	pju̱^{1}	śji^{1}	thjɨ^{2}	do^{2}
理	如	思	想	当，	世	尊	先	此	处，

最胜菩提地④。同来集会已，当如理思惟，世尊于是处，

2.33.4

[illegible]	[illegible]	[illegible]	[illegible]	[illegible]。	[illegible]	[illegible]	[illegible]	[illegible]	[illegible]，
zji^{2}	phju^{2}	tha^{1}	mjaa^{1}	śjɨj^{1}	ljiij^{2}	niow^{2}	gja^{1}	tha	lhji
最	上	佛	果	成。	魔	恶	军	迫	怖，
[illegible]	[illegible]	[illegible]	[illegible]	[illegible]，	[illegible]	[illegible]	[illegible]	[illegible]	[illegible]，
nə	dźiə^{1}	sju^{2}	nji	phji^{1}	thjɨ^{2}	lhejr^{2}	lhjoor^{1}	ljɨ̣^{2}	tja^{1}
野	狐	如	败	使，	此	道	场	地	者，

成无上佛果。惊怖恶魔军，犹如野干⑤众，是为道场地，

① 无上，西夏文本此处无对应的文字。

② 我等今不见，西夏文字面意思为“我等将见佛”。

③ [illegible]（kjɨ^{1}），动词趋向前缀，表示向近处。

④ 时往道场中，最胜菩提地，西夏本中两句语序颠倒。

⑤ 野干，野狐，像狐，比狐小，可说佛法。

2.33.5

[illegible]	[illegible]	[illegible]	[illegible]	[illegible]。	[illegible]	[illegible]	[illegible]	[illegible]	[illegible],
tha^{2}	dwewr^{2}	no^{2}	dźjiij^{1}	tji̩^{2}	wjɨ^{2}	rar^{2}	nioow^{1}	mjij^{2}	lji̩j^{2}
大	觉	安	居	处。	过	去	及	未	来,
[illegible]	[illegible]	[illegible]	[illegible]	[illegible],	[illegible]	[illegible]	[illegible]	[illegible]	[illegible],
rjur^{1}	tha^{1}	·jij^{1}	lu^{2}	ŋwu^{2}	tha^{2}	kjir^{1}	pju̩^{1}	no^{2}	dźjiij^{1}
诸	佛	之	座	是,	大	雄	尊	安	住,

大觉所端居。过去及未来,一切诸佛座,安处大雄尊,

2.33.6

[illegible]	[illegible]	[illegible]	[illegible]	[illegible]。	[illegible]	[illegible]	[illegible]	[illegible]	[illegible],
rjir^{2}	mə^{1}	zji^{2}	dzjwɨ̩^{1}	tshwew^{1}	śja̩^{1}	·jaar^{2}	khjɨ^{1}	ljɨɨ^{1}	dzuu^{2}
亿	天	皆	敬	礼。	七	日	脚	交	坐,
[illegible]	[illegible]	[illegible]	[illegible]	[illegible],	[illegible]	[illegible]	[illegible]	[illegible]	[illegible],
po^{1}	tjɨj^{1}	phu^{2}	źjɨr^{1}	bioo^{1}	kju̩^{1}	tshwew^{1}	bjuu^{1}	·juu^{1}	dźjwa^{1}
菩	提	树	谛	观,	供	养	敬	瞻	毕,

亿天所敬礼。七日跏趺坐①,谛视菩提树,瞻观供养毕,

2.33.7

[illegible]	[illegible]	[illegible]	[illegible]	[illegible]。	[illegible]	[illegible]	[illegible]	[illegible]	[illegible],
tśjɨɨ^{1}	lha^{1}	bo^{1}	kha^{1}	śjɨ^{1}	tsjiir^{1}	dźiej^{2}	deej^{1}	tji̩^{2}	·jɨ^{2}
次	鹿	林	中	往。	法	轮	转	处	言,
[illegible]	[illegible]	[illegible]	[illegible]	[illegible],	[illegible]	[illegible]	[illegible]	[illegible]	[illegible],
ɣie̩^{2}	mji^{1}	xiwã^{1}	rjur^{1}	ɣa^{2}	thja^{1}	rjur^{1}	phji^{2}	khjiw^{2}	njɨ^{2}
声	闻	梵	世	于,	彼	诸	比	丘	等,

次往鹿林中。言此转法轮,声闻于梵世,彼诸比丘等,

① 跏趺坐,又称交脚坐。佛陀之坐法也。慧琳《一切经音义》卷八曰:"结跏趺坐,略有二种:一曰吉祥,二曰降魔。凡坐皆先以右趾押左股,后以左趾押右股,此即左押右,手亦左在上,名曰降魔坐,诸禅宗多传此坐。依持明藏教瑜伽法门即传吉祥为上。降魔坐有时而用。其吉祥坐,先以左趾押右股,后以右趾押左股,令二足掌仰于二股之上,手亦右押左,安仰跏趺之上,名为吉祥坐。如来昔在菩提树下,成正觉时,身安吉祥之坐,手作降魔之印。故如来常安此坐,转妙法轮。"

2.34.1

[illegible] [illegible] [illegible] [illegible] [illegible]。 [illegible] [illegible] [illegible] [illegible] [illegible]，

śjwɨ^{1} śjwɨ^{1} ŋwu^{2} kwar^{1} lwụ^{1} ŋwə^{1} dzjwo^{2} ·jij^{1} ·jar^{2} nioow^{1}

时 时 啼 哭 泣。 五 人 于 调 故，

[illegible] [illegible] [illegible] [illegible] [illegible]， [illegible] [illegible] [illegible] [illegible] [illegible]，

śio^{1} dzjiij^{2} thju^{2} njɨ^{2} ljịj^{2} ŋwə^{1} dzjwo^{2} ɣu^{1} tha^{1} ljij^{2}

导 师 此 至 来， 五 人 初 佛 见，

当为数悲啼。为欲调五人，导师来至此，五人初见佛，

2.34.2

[illegible] [illegible] [illegible] [illegible] [illegible]。 [illegible] [illegible] [illegible] [illegible] [illegible]，

twụ^{1} sjwɨ^{1} źjị^{1} njiij^{1} śjwo^{1} ·jij^{1} gu^{2} du^{2} rjɨr^{2} wji^{1}

各 忧 恼 心 起。 自 共 限 所 为，

[illegible] [illegible] [illegible] [illegible]① [illegible]， [illegible] [illegible] [illegible] [illegible] [illegible]，

zji^{2} tji^{1} wor^{1} nji^{2} ·jɨ^{2} dzjɨj^{1} tha^{2} wjuu^{1} rjur^{1} pjụ^{1}

皆 莫 起 △ 谓， 时 大 悲 世 尊，

各起忧恼心。立制自相要，我等勿为起，时大悲世尊，

2.34.3

[illegible] [illegible] [illegible] [illegible] [illegible]。 [illegible] [illegible] [illegible] [illegible] [illegible]，

dźiã^{2} tśhju^{1} njij^{2} śjow^{1} nioow^{1} ŋwə^{1} phji^{2} khjiw^{2} ·jij^{1} tshjiij^{1}

众 生 悯 悲 因。 五 比 丘 于 说，

[illegible] [illegible] [illegible] [illegible] [illegible]， [illegible] [illegible] [illegible] [illegible] [illegible]，

thja^{1} tjị^{2} tśja^{1} mjaa^{1} we^{2} tsjiir^{1} dźiej^{2} deej^{1} tjị^{2} tshwew^{1}

其 处 道 果 成， 法 轮 转 处 礼，

哀悯群生类。为五比丘说，甘露果②时成，礼转法轮方，

2.34.4

[illegible] [illegible] [illegible] [illegible] [illegible]。 [illegible] [illegible] [illegible] [illegible] [illegible]，

① [illegible]（nji^{2}），第一人称和第二人称复数动词人称呼应后缀。

② 甘露果，西夏文字面意思为“道果”。

njiij¹ ɣa¹ ŋwu² kwar¹ lwụ¹ tśjɨɨ¹ djiij² phã¹ do² śjɨ¹

心 悲 啼 哭 泣。次 涅 槃 处 往,

[Tangut script]

tha¹ ·jij¹ zji² mjiij² ljụ² thjɨ² po¹ tjɨj¹ phu² khju¹

佛 于 最 后 身,此 菩 提 树 下,

心悲数啼泣。次往涅槃处,感佛最后身,于此双林①下,

2.34.5

[Tangut script]

dźiã² tśhju¹ ·jij¹ gjịj¹ ɣie² ljụ² swej¹ tsewr¹ war² djii¹

众 生 之 利 益。身 碎 节 支 分,

[Tangut script]

thjɨ² do² djiij² phã¹ ·o² nji² mə¹ tha² śjɨj² pjụ¹

此 于 涅 槃 入,你 天 大 圣 尊,

利益群生类。碎身分支节,于兹般涅槃,呜呼②大圣尊,

2.34.6

[Tangut script]

śjɨ² kja¹ tha² mjij¹ dzjar² sjij¹ lew¹ mjiij² gjɨ² mji¹

释 迦 大 寂 灭。今 一 名 有 闻,

[Tangut script]

ljụ² kwər¹ mjij² ljij² nji² tha² dzjiij² nioow¹ thjɨ² do²

身 体 未 见 △,大 师 复 此 于,

释迦大寂灭。今但闻其名,惜哉我不见,大师复于此,

2.34.7

[Tangut script]

zji² mjiij² mee² neew² gju¹ sjịj² ŋwu² thja¹ zji² mjiij²

最 后 贤 善 度。智 以 其 最 后,

[Tangut script]

---

① 双林,西夏文字面意思为"菩提树"。

② 呜呼,西夏文字面意思为"你天"([Tangut script],nji² mə¹),发语词。

gju^1 wo^2 nwə^1 tsjij^2 njwi^2 tjij^1 djọ^2 zjịj^1 zjọ^2 sji^1

度 义 知 晓 能， 或 修 时 寿 尽，

最后度善贤。能以智先知，此为最后度，或修时寿尽，

2.35.1

□ □ □ □ □。□ □ □ □ □，

tjij^1 śjwo^1 tshwew^1 kạ^1 bja^2 tjij^1 djọ^2 dźjwa^1 ljụ^2 ljij^1

或 发 趣 命 终。 或 修 已 身 亡，

□ □ □ □ □，□ □ □ □ □，

zji^2 neew^2 tśja^1 ·u^2 wee^1 thjɨ^2 sju^2 dzjɨj^1 nioow^1 rjijr^2

皆 善 途 中 生， 此 如 时 之 后，

或发趣命终。或修已身亡，彼皆生善趣，从于彼时后，

2.35.2

□ □ □ □ □。□ □ □ □ □，

na^1 wạ^2 tsjiir^1 djị^1 bə^2 kie^1 ·jiij^1 kie^1 tsjụ^1 mjijr^2

深 广 法 沉 沦。 戒 持 戒 犯 者，

□ □ □ □ □，□ □ □ □ □，

to^2 zji^2 kjụ^1 tshwew^1 rjir^1 sej^1 dźiej^2 mjii^1 lhjịj^2 nioow^1

悉 皆 供 养 得， 净 信 施 受 故，

深广法沉沦。持戒毁禁人，皆当得供养，受他重信施，

2.35.3

□ □ □ □ □。□ □ □ □ □，

xja^1 niow^2 tshwew^1 kha^1 ljɨ^1 nji^2 phji^2 khjiw^2 thjɨ^2 sju^2

速 恶 趣 中 堕。 汝 比 丘 此 如，

□ □ □ □ □，□ □ □ □ □，

do^2 pha^1 wjɨ^2 bioo^1 dźjiij^1 sjịj^2 mjijr^2 kụ^1 kjɨ^1 djọ^2

差 别 △ 观 住， 智 者 后 虽 修，

速堕恶趣中。汝观诸比丘，有如是差别，智者修虽后，

2.35.4

[illegible] [illegible] [illegible] [illegible] [illegible]。 [illegible] [illegible] [illegible]① [illegible] [illegible],

xja^{1} dzjwo^{2} mə^{1} ljụ^{2} lhjịj^{2} thjɨ^{2} njɨ^{2} rjur^{1} swew^{1} tjij^{1}

速 人 天 身 受。 此 等 诸 照 灯,

[illegible] [illegible] [illegible] [illegible] [illegible], [illegible] [illegible] [illegible] [illegible] [illegible],

rjur^{1} kha^{1} njij^{2} śjow^{1} mjijr^{2} tha^{2} sjịj^{2} rjur^{1} dźiã^{2} tsjij^{2}

世 间 悯 悲 者, 大 智 诸 菩 萨,

速受人天身。是等照世灯,怜悯世间者,大智诸菩萨,

2.35.5

[illegible] [illegible] [illegible] [illegible] [illegible]。 [illegible] [illegible] [illegible] [illegible] [illegible],

njij^{2} njiij^{1} dźiã^{2} tśhju^{1} gjịj^{1} ·ju^{2} ·jɨr^{2} djọ^{2} tśju^{1} wji^{1}

慈 心 众 生 利。 常 勤 修 事 作,

[illegible] [illegible] [illegible] [illegible]② [illegible], [illegible] [illegible] [illegible] [illegible] [illegible],

njiij^{1} njiij^{1} ljịj^{2} rjɨr^{2} gjiij^{1} tha^{2} dwewr^{2} pjụ^{1} śjɨj^{1} lew^{2}

心 心 喜 △ 跃, 大 觉 尊 成 当,

慈心利众生。常作勤修事,勇跃心欢喜,当成大觉尊,

2.35.6

[illegible] [illegible] [illegible] [illegible] [illegible]。 [illegible] [illegible] [illegible] [illegible] [illegible],

mji^{1} le^{2} tsjɨ^{1} ber^{2} tshji^{2} thja^{1} mjor^{1} ljij^{2} kjụ^{1} tshwew^{1}

弥 勒 亦 逢 侍。 彼 如 来 供 养,

[illegible] [illegible] [illegible] [illegible] [illegible], [illegible] [illegible] [illegible] [illegible] [illegible],

·ji^{1} kha^{1} la^{1} ɣiwej^{1} rjir^{1} njiij^{1} bju^{1} sjwɨ^{1} lə lew^{2}

众 中 记 授 得, 心 随 思 念 所,

亦逢事弥勒。供养彼如来,众中蒙授记,随心所忆念,

2.35.7

[illegible] [illegible] [illegible] [illegible] [illegible]。 [illegible] [illegible] [illegible] [illegible] [illegible],

① 此处汉文本为"世",西夏文当作"[illegible]"(rjur^{1}),"[illegible]"(rjur^{1})与"[illegible]"(rjur^{1})通假。

② [illegible](rjɨr^{2}),动词趋向前缀,表示不定方。

thja^{1} tha^{2} pjụ^{1} mee^{2} we^{2} ŋa^{2} źjɨr^{1} dạ^{2} ŋwu^{2} tshjiij^{1}

彼 大 威 神 为。 我 实 言 以 说，

[illegible] [illegible] [illegible] [illegible] [illegible]， [illegible] [illegible] [illegible]① [illegible] [illegible]，

thjɨ^{2} njɨ^{2} ·jij^{1} njiij^{1} ljwị^{1} thja^{1} tha^{1} kjɨ^{1} mjij^{2} ljij^{2}

此 等 于 心 系， 彼 佛 △ 未 见，

为彼大威神。我说诚实言，安慰如是辈②，彼虽不见佛，

2.36.1

[illegible] [illegible] [illegible] [illegible] [illegible]。 [illegible] [illegible] [illegible] [illegible] [illegible]，

ljij^{2} rjir^{2} ·a tjɨ̣j^{2} we^{2} ŋa^{2} njwo^{2} po^{1} tjɨj^{1} kjụ^{1}

见 与 一 样 为。 我 昔 菩 提 求，

[illegible] [illegible] [illegible] [illegible] [illegible]， [illegible] [illegible] [illegible] [illegible] [illegible]，

rjur^{1} tha^{1} ·jij^{1} dzjwɨ̣^{1} tshwew^{1} tjij^{1} rjur^{1} sji^{2} dzjwo^{2} njɨ^{2}

诸 佛 于 敬 礼， 若 诸 女 人 等，

而与见佛同。我昔求菩提，礼敬于诸佛，若诸女人等，

2.36.2

[illegible] [illegible] [illegible] [illegible] [illegible]。 [illegible] [illegible] [illegible] [illegible] [illegible]，

zji^{2} phju^{2} po^{1} tjɨj^{1} tshwew^{1} ŋa^{2} nioow^{1} mjɨ^{1} pjụ^{1} tha^{1}

无 上 菩 提 趣。 我 及 无 量 佛，

[illegible] [illegible] [illegible] [illegible] [illegible]， [illegible] [illegible] [illegible] [illegible] [illegible]，

thja^{2} ·jij^{1} njiij^{1} ljwị^{1} wji^{1} xja^{1} go̱r^{1} kiej^{2} ljụ^{2} śjɨj^{1}

彼 于 心 系 为， 速 男 子 身 成，

趣无上菩提。我及无量佛，皆当安慰彼，速成男子身，

2.36.3

[illegible] [illegible] [illegible] [illegible] [illegible]。 [illegible] [illegible] [illegible] [illegible] [illegible]，

mji^{1} le^{2} tha^{1} ljij^{2} phji^{1} thja^{1} mjor^{1} ljịj^{2} kjụ^{1} tshwew^{1}

弥 勒 佛 见 使。 彼 如 来 供 养，

[illegible] [illegible] [illegible] [illegible] [illegible]， [illegible] [illegible] [illegible] [illegible] [illegible]，

① [illegible]（kjɨ^{1}），这里是连词，表转折义，相当于“虽”。2.37.5 用法同。

② 安慰如是辈，西夏文字面意思为“心系此辈”。

kjụ¹ bju¹ to² zji² rjir¹ rjur¹ sjịj² źjɨr¹ ɣiew¹ mjijr²

求 依 悉 皆 得, 诸 智 慧 学 者,

得见于弥勒。供养彼如来,所求悉如意,应学诸智者,

2.36.4

[illegible]

sej¹ dźiej² ŋwu² nji¹ phjɨ¹ kjur² tjị¹ njiij¹ ·ju² lwo²

净 信 而 家 出。 志 诚 心 常 固,

[illegible]

rejr² mji¹ kie¹ ·jiij¹ ɣiew¹ mji¹ le² tha¹ ·ju² rjir²

多 闻 戒 持 学, 弥 勒 佛 面 前,

净信而出家。坚固乐欲心,多闻学持戒,于弥勒佛前,

2.36.5

[illegible]

mjor¹ la¹ ɣiwej¹ lhjụ² rjir² thjɨ² nioow¹ buu² gjij¹ mji¹

实 记 受 获 得。 此 故 胜 殊 闻,

[illegible]

dźiej² śjwo¹ mee² ne̱w² djọ² gjwɨ¹ lwo² njiij¹ no² dźjiij¹

信 起 贤 善 修, 坚 固 心 安 住,

得受其记别。是故闻胜利,起信修善贤,安住坚固心,

2.36.6

[illegible]

rjur¹ dźiã² tśhju¹ ·jij¹ ɣjiw¹ thjɨ² sju² do² kjụ¹ ·ju²

诸 众 生 于 摄。 此 如 于 求 寻,

[illegible]

mjaa¹ mji¹ rjir¹ tja¹ sjwɨ¹ źjɨr¹ khu¹ dźjij¹ ·ji¹ ku¹

果 不 得 者 孰, 慧 进 精 多 则,

摄诸众生类。谁于如是处,求而不得之,有慧及精勤,

2.36.7

[illegible]

po^{1} tjɨj^{1} ljạ^{1} mji^{1} gie^{1} njij^{2} wjuu^{1} lə djọ^{2} dzjɨɨ^{2}

菩 提 证 不 难。慈 悲 念 修 习，

[illegible]

lạ^{1} ljoor^{1} njiij^{1} dźjɨɨr^{1} ka^{2} mjij^{1} sej^{1} dźjiij^{1} dzu^{1} ku^{1}

谄 曲 心 舍 离，寂 静 在 乐 故，

菩提不难证。修习慈悲念，舍离谄曲心，常乐在空闲，

2.37.1

[illegible]

tśhjwo^{1} po^{1} tjɨj^{1} tśja^{1} ŋwu^{2} tjij^{1} dzjwo^{2} thjɨ^{2} tsjiir^{1} ɣa^{2}

方 菩 提 道 是。若 人 此 法 于，

[illegible]

tshjiij^{1} njwi^{2} dźjij^{1} mjɨ^{1} njwi^{2} ·ji^{1} thja^{1} dzjwɨ̣^{1} tshwew^{1} ku^{1}

说 能 行 无 能，众 其 敬 礼 则，

是则菩提道。若人于是法，空说不能行，众皆礼敬之，

2.37.2

[illegible]

kjạ^{1} lew^{2} kjwir^{1} mjijr^{2} ŋwu^{2} tjɨ^{1} tjij^{1} dzjwo^{2} tjị^{1} dzji^{2}

畏 可 贼 者 是。假 若 人 食 饮，

[illegible]

nioow^{1} rjur^{1} gjịj^{1} ·jur^{1} nioow^{1} tśhja^{2} tsjiir^{1} ɣa^{1} ɣiwej^{1} ·jiij^{1}

及 诸 利 养 故，正 法 门 受 持，

此为可畏贼。若人为饮食，及诸利养事，受持正法门，

2.37.3

[illegible]

·jij^{1} gu^{2} dźjwɨ^{1} ·jow^{2} śja^{2} thja^{1} niow^{2} kạ^{1} ·jur^{1} dzjwo^{2}

自 共 相 赞 叹。其 恶 命 养 人，

[illegible]

ŋa^{1} ŋa^{1} rar^{2} mjijr^{2} ŋwu^{2} thjɨ^{2} do^{2} dzjwo^{2} ljụ^{2} phjɨ^{1}

空 空 过 者 是，此 于 人 身 舍，

互共相传说①。斯恶活命人，名为空过世，于此舍人身，

2.37.4

[illegible]	[illegible]	[illegible]	[illegible]	[illegible]。	[illegible]	[illegible]	[illegible]	[illegible]	[illegible]，
niow^{2}	tśja^{1}	·u^{2}	tśjị^{1}	lhjịj^{2}	tjɨ^{1}	tjij^{1}	tha^{1}	tsjiir^{1}	kha^{1}
恶	途	中	苦	受。	假	若	佛	法	中，
[illegible]	[illegible]	[illegible]	[illegible]	[illegible]，	[illegible]	[illegible]	[illegible]	[illegible]	[illegible]，
lạ^{1}	ŋwu^{2}	phji^{2}	khjiw^{2}	wji^{1}	thjɨ^{2}	lwər^{2}	lhejr^{2}	pjo^{1}	phjɨ^{1}
妄	以	比	丘	为，	此	经	契	谤	弃，

恶趣受众苦。或于佛法内，假名为比丘，诽谤于契经，

2.37.5

[illegible]	[illegible]	[illegible]	[illegible]	[illegible]。	[illegible]	[illegible]	[illegible]	[illegible]	[illegible]，
bie^{2}	lhew^{2}	kie^{1}	tshjiij^{1}	njwi^{2}	thja^{1}	pha^{1}	bie^{2}	lhew^{2}	tsjiir^{1}
解	脱	戒	说	善。	其	别	解	脱	教，
[illegible]	[illegible]	[illegible]②	[illegible]	[illegible]，	[illegible]	[illegible]	[illegible]	[illegible]	[illegible]，
wạ^{2}	tshjiij^{1}	wjọ^{2}	ŋa^{2}	·jị^{2}	phji^{2}	khjiw^{2}	rjir^{2}	kjɨ^{1}	swu^{2}
弘	宣	会	△	谓，	比	丘	与	虽	像，

善说解脱禁。言我具弘宣，所有木叉教③，虽为比丘像，

2.37.6

[illegible]	[illegible]	[illegible]	[illegible]	[illegible]。	[illegible]	[illegible]	[illegible]	[illegible]	[illegible]，
tśjo	dzjwo^{2}	mə^{1}	ljụ^{2}	lhjo^{1}	tjij^{1}	dzjwo^{2}	mə^{1}	pjo^{1}	tsjij^{2}
终	人	天	身	失。	若	人	天	谤	诽，
[illegible]	[illegible]	[illegible]	[illegible]	[illegible]，	[illegible]	[illegible]	[illegible]	[illegible]	[illegible]，
nioow^{1}	ŋowr^{2}	ŋowr^{2}	sjij^{2}	pjo^{1}	thjɨ^{2}	sju^{2}	tsjiir^{1}	pjo^{1}	mjijr^{2}
及	一	切	智	毁，	此	如	法	谤	者，

终失人天身。若诽谤人天，及毁一切智，如是谤法人，

---

① 传说，西夏文字面意思为“赞叹”。

② [illegible]（wjọ^{2}），实义动词“[illegible]”（wjị^{2}）的衍生式，义为“会”“晓”。当动词后出现第一人称单数呼应后缀“[illegible]”（ŋa^{2}）时，往往引起动词的音韵转换，动词用衍生式。

③ 木叉，又作“婆罗提木叉”“钵喇底木叉”，音译梵文 Pratimokṣa，戒律三名之一。译曰“别解脱”，又曰“处处解脱”。木叉教，西夏文译作“[illegible]”，义为“别解脱教”。

2.37.7

[illegible]	[illegible]	[illegible]	[illegible]	[illegible]。	[illegible]	[illegible]	[illegible]	[illegible]	[illegible]，
dzwej^{1}	sjwɨj^{1}	śji^{1}	su^{1}	dzjịj^{1}	ljụ^{2}	ljaa^{2}	phji^{1}	·wejr^{2}	njwi^{2}
罪	业	昔	胜	过。	身	口	意	护	善，
[illegible]	[illegible]	[illegible]	[illegible]	[illegible]，	[illegible]	[illegible]	[illegible]	[illegible]	[illegible]，
rjur^{1}	niow^{2}	mji^{1}	śjwo^{1}	phji^{1}	thjɨ^{2}	sọ^{1}	dźjɨ	dzjar^{2}	ku^{1}
诸	恶	不	起	令，	此	三	行	除	则，

得罪复过彼。善防身语意，令不起诸恶，能除此三行，

2.38.1

[illegible]	[illegible]	[illegible]	[illegible]	[illegible]。
kjɨ^{1}	djɨj^{2}	djiij^{2}	phã^{1}	rjir^{1}
△	定	涅	槃	得。

必当得涅槃。

汉文本

众苦所逼迫，都无能救护，唯除世导师，无有戏论者。
诸苦恼众生，修下劣邪道，渐增诸欲贪，由斯堕恶趣。
无导无救护，住之险旷远，趣向邪道中，终无安隐处。
譬如人持财，求利行远道，于中群贼起，劫尽诸赀财。
失财已空归，为利增热恼，所贷他人财，被债倍生苦。
斯等亦如是，为法故出家，本所持法财，白业皆销灭。
唯净剃须发，愚堕诸见中，执着我众生，补特伽罗想。
说空法比丘，不着数取趣，于此起谤心，速堕于地狱。
以瞋恚因缘，递互相诽谤，自犯畏人知，妄宣他过失。
身恶及口恶，意业多谀谄，颠倒随见流，斯人生恶趣。
造诸恶业已，速疾往三涂，众苦所烧然，无能救护者。
未来有比丘，卒暴多瞋恚，逼恼诸出家，趣向菩提者。
此诸可畏众，诽谤如是经，不复能信受，释狮子之教。
互起瞋恚心，递共相苦切，更相扬过失，恶名遍十方。
虚加恶唱他，于己便生耻，柔和者劣弱，邪友势力增。
是知正法衰，恶人多势力，我之所爱子，谓诸善比丘。
应趣向余方，往求安隐处，从恶得解脱，于此起悲心。

宜于是经中,当自审思念,佛有如是教,当乐住余方。
正法灭坏时,柔和者难得,相随俱往诣,如来称叹所。
或有言此处,可离不可居,当诣大仙人,得大菩提地。
复有称仁者,汝实善为言,绕塔以求真,是名世尊教。
宁当至于彼,悦意菩提地,不可恒此居,没于瞋迫所。
比丘当诣彼,为我故应行,见佛所游方,昔曾安止处。
经行宴坐地,若石及空闲,集已共咨嗟,为之数啼泣。
言是彼大仙,经行受用处,昔日曾游止,转无上法轮。
有为悉无常,我等今不见,人及非人等,天龙皆会集。
善化令欢喜,何乃见空虚,时往道场中,最胜菩提地。
同来集会已,当如理思惟,世尊于是处,成无上佛果。
惊怖恶魔军,犹如野干众,是为道场地,大觉所端居。
过去及未来,一切诸佛座,安处大雄尊,亿天所敬礼。
七日跏趺坐,谛视菩提树,瞻观供养毕,次往鹿林中。
言此转法轮,声闻于梵世,彼诸比丘等,当为数悲啼。
为欲调五人,导师来至此,五人初见佛,各起忧恼心。
立制自相要,我等勿为起,时大悲世尊,哀悯群生类。
为五比丘说,甘露果时成,礼转法轮方,心悲数啼泣。
次往涅槃处,感佛最后身,于此双林下,利益群生类。
碎身分支节,于兹般涅槃,呜呼大圣尊,释迦大寂灭。
今但闻其名,惜哉我不见,大师复于此,最后度善贤。
能以智先知,此为最后度,或修时寿尽,或发趣命终。
或修已身亡,彼皆生善趣,从于彼时后,深广法沉沦。
持戒毁禁人,皆当得供养,受他重信施,速堕恶趣中。
汝观诸比丘,有如是差别,智者修虽后,速受人天身。
是等照世灯,怜悯世间者,大智诸菩萨,慈心利众生。
常作勤修事,勇跃心欢喜,当成大觉尊,亦逢事弥勒。
供养彼如来,众中蒙授记,随心所忆念,为彼大威神。
我说诚实言,安慰如是辈,彼虽不见佛,而与见佛同。
我昔求菩提,礼敬于诸佛,若诸女人等,趣无上菩提。
我及无量佛,皆当安慰彼,速成男子身,得见于弥勒。
供养彼如来,所求悉如意,应学诸智者,净信而出家。
坚固乐欲心,多闻学持戒,于弥勒佛前,得受其记别。
是故闻胜利,起信修善贤,安住坚固心,摄诸众生类。
谁于如是处,求而不得之,有慧及精勤,菩提不难证。
修习慈悲念,舍离谄曲心,常乐在空闲,是则菩提道。
若人于是法,空说不能行,众皆礼敬之,此为可畏贼。
若人为饮食,及诸利养事,受持正法门,互共相传说。

斯恶活命人，名为空过世，于此舍人身，恶趣受众苦。

或于佛法内，假名为比丘，诽谤于契经，善说解脱禁。

言我具弘宣，所有木叉教，虽为比丘像，终失人天身。

若诽谤人天，及毁一切智，如是谤法人，得罪复过彼。

善防身语意，令不起诸恶，能除此三行，必当得涅槃。

2.38.2

[illegible]	[illegible],	[illegible]	[illegible],	[illegible]	[illegible]	[illegible]	[illegible]	[illegible]	[illegible],
nioow1	tśjɨɨ1	kja1	śja1	mjor1	ljịj2	gju1	dzjar2	nioow1	rjijr2
复	次，	迦	叶，	如	来	度	灭	后	方，
[illegible]	[illegible]	[illegible]	[illegible]	[illegible]	[illegible]	[illegible]	[illegible]	[illegible]	[illegible]
pjɨ1	njwo2	tha1	do2	na1	neew2	tśhji2	rjɨr2	ljị1	rjur1
今	昔	佛	于	深	善	根	△	种	诸

复次，迦叶，如来灭①后，昔于佛所深种善根诸

2.38.3

[illegible]	[illegible]	[illegible]	[illegible]	[illegible]	[illegible]	[illegible],	[illegible]	[illegible]	[illegible]
phji2	khjiw2	njɨ2	pa2	zji2	djiij2	phā1	buu2	kjur2	tjị1
比	丘	等	般	悉	涅	槃，	胜	志	诚
[illegible]	[illegible]	[illegible]	[illegible]	[illegible]	[illegible]	[illegible]	[illegible]。	[illegible]	[illegible]
ŋowr2	rjur1	dźiã2	tśhju1	djịj1	tsjɨ1	dja2	sji2	kụ1	ŋwə1
俱	诸	众	生	类	复	△	死。	后	五

比丘等悉般涅槃，具胜意乐诸众生类命终复尽。后五

2.38.4

[illegible]	[illegible]	[illegible]	[illegible]	[illegible]	[illegible]	[illegible],	[illegible]	[illegible]	[illegible]
ɣạ2	kjiw1	tśhja2	tsjiir1	dzjar2	·jij1	zjịj1	rjur1	phji2	khjiw2
十	岁	正	法	灭	临	时，	诸	比	丘
[illegible]	[illegible]	[illegible]	[illegible]	[illegible],	[illegible]	[illegible]	[illegible]	[illegible]	[illegible]
dju1	tsjiir2	rjar1	dzu1	zjịj1	kjir1	·jiw2	lẹj2	kiẹj2	dźjɨ
有	性	气	爱	着，	猛	勇	贪	欲	△

① 灭，西夏文字面意思为“灭度”。

十岁正法灭时,当有比丘性怀贪着,猛利贪欲

2.38.5

[illegible]①	[illegible]②	[illegible]	[illegible],	[illegible]	[illegible]	[illegible]	[illegible]	[illegible],	[illegible]
wji^{1}	dja^{2}	lhạ^{2}	nioow^{1}	ku^{1}	dzjwɨ^{1}	lhjwa^{1}	wji^{1}	dzu^{1}	mjɨ^{1}
△	△	惑	由,	则	谗	舌	为	乐,	他
[illegible]	[illegible]	[illegible],	[illegible]	[illegible]	[illegible]	[illegible],	[illegible]	[illegible]	[illegible]
·jij^{1}	do^{1}	tśjuu^{1}	ŋwuu^{1}	dạ^{2}	bjạ^{1}	·jijr^{1}	mur^{1}	bjịj^{1}	njijr^{2}
于	毒	害,	言	语	粗	犷,	愚	顽	面

映蔽其心,乐离间语③,毒害于他,言词粗犷,惨励颦蹙④,

2.38.6

[illegible],	[illegible]	[illegible]	[illegible]	[illegible]。	[illegible]	[illegible]	[illegible]	[illegible]?	[illegible]
niow^{2}	sọ^{1}	tsjiir^{1}	kha^{1}	dźjiij^{1}	sọ^{1}	tja^{1}	thjij^{2}	sjo^{2}	thjɨ^{2}
恶,	三	法	中	住。	三	者	何	云?	此
[illegible]	[illegible]	[illegible]、	[illegible]	[illegible]、	[illegible]	[illegible]	[illegible]	[illegible]	[illegible]。
tja^{1}	djị^{2}	tsjiir^{1}	lwə^{2}	źji^{2}	sji^{2}	dzjwo^{2}	rjir^{2}	?	njij^{1}
者	医	法、	买	卖、	女	人	与	亲	近。

住三法中。何等为三?所谓医道、贩易、亲近女人。

2.38.7

[illegible]	[illegible]	[illegible]	[illegible]	[illegible]	[illegible],	[illegible]	[illegible]	[illegible]	[illegible]。
thjɨ^{2}	sọ^{1}	tsjiir^{1}	kha^{1}	dźjiij^{1}	nioow^{1}	ljɨɨr^{1}	dạ^{2}	phjɨ^{1}	lhjo^{1}
此	三	法	中	住	故,	四	事	失	退。
[illegible]	[illegible]	[illegible]	[illegible]?	[illegible]	[illegible]	[illegible]	[illegible]、	[illegible]	[illegible]、
ljɨɨr^{1}	tja^{1}	thjij^{2}	sjo^{2}	thjɨ^{2}	tja^{1}	kie^{1}	ŋur^{1}	neew^{2}	tshwew^{1}
四	者	何	云?	此	者	戒	蕴、	善	趣、

住此三法,退失四事。何等为四?谓退戒蕴、善趣、

---

① [illegible](dźjɨ wji^{1}),义为“行为”,在此为动作发出者标记。

② [illegible](dja^{2}),动词趋向前缀,表示离开说话者方向。

③ 离间语,西夏文字面意思为“谗舌”。

④ 颦蹙,皱眉蹙额,形容忧愁的神情。语出颜之推《颜氏家训·治家》:“尝寄人宅,奴婢彻屋为薪略尽,闻之颦蹙,卒无一言。”西夏文字面意思为“面凶”。

2.39.1

mjaa^1	lja̧^{1}	źjɨr^1	bju^1	tha^1	ljij^2	phjɨ^1	lhjo^1	thjɨ^2	ljɨɨr^1
果	证、	实	依	佛	见	失	退。	此	四
lhjo^1	ku^1	nioow^1	ljɨɨr^1	tsjiir^1	śjɨj^1	dwər^1	ka^2	mji^1	śjwo^1
退，	则	复	四	法	成，	厌	离	不	生，

果证、如实见佛。由退此四，复成四法，不生厌离，

2.39.2

lhu^1	dzja^1	wejr^1	ljịj^1	ljɨɨr^1	tja^1	thjij^2	sjo^2	zjɨ̣^{1}	sew^1
增	长	炽	盛。	四	者	何	云？	妒	嫉
lhu^1	dzja^1	wejr^1	ljịj^1	tshjạ^1	kwow^2	niow^2	njiij^1	lhu^1	dzja^1
增	长	炽	盛；	瞋	恚	恶	心	增	长

炽盛增长。云何为四？所谓嫉妒增长炽盛；瞋恚恶心增长

2.39.3

wejr^1	ljịj^1	wja^1	gji^2	dzu^1	ŋwe^1	lhu^1	dzja^1	wejr^1	ljịj^1
炽	盛；	父	子	爱	乐	增	长	炽	盛；
tjị^1	dzji^2	lẹj^2	zjịj^1	·ji^1	wjị^1	duu^1	dzjɨ̣^{2}	lhwu^1	gjwi^2
食	饮	贪	着	众	味	积	聚，	服	衣

炽盛；耽着种族①增长炽盛；贪着饮食积聚众味，爱乐衣

2.39.4

dzu^1	ŋwe^1	njiij^1	nja^1	phoo^1	nioow^1	khu^2	·jɨj^2	·u^2	sju^1

① 种族，西夏文字面意思为"父子"。

爱 乐， 心 于 蔽 故， 箧 笥 内 贮。

[西夏文] ， ，

njiij^{1} tjị^{1} ŋwu^{2} thjɨ^{2} dạ^{2} dźjij^{1} ·ju^{2} tśju^{1} dja^{2} we^{2}

心 专 以 此 事 行， 常 业 △ 为，

服，映蔽心故，置之箧笥。专行此事，以为常业，

2.39.5

[西夏文] ，

śia^{1} mẽ^{1} tsjiir^{1} ɣa^{2} rjir^{1} lew^{2} mji^{1} dju^{1} nioow^{1} śia^{1}

沙 门 法 于 得 所 无 有， 后 沙

[西夏文] ；

mẽ^{1} tśja^{1} tsjɨ^{1} ljạ^{1} njiij^{1} mji^{1} śjwo^{1} thjɨ^{2} njɨ^{2} lwər^{2}

门 道 亦 证 心 不 生； 此 等 经

于沙门法空无所获，亦不发生沙门证道。闻是等经，

2.39.6

[西夏文] ， 。 ？

lhejr^{2} mji^{1} ljɨɨr^{1} śjwɨ^{1} kha^{1} ljɨ^{1} ljɨɨr^{1} tja^{1} thjij^{2} sjo^{2}

典 闻， 四 时 中 堕。 四 者 何 云？

[西夏文] ；

ljɨɨr^{1} mə^{2} tsjiir^{1} ŋwu^{2} tha^{1} ·jij^{1} tshjiij^{1} rjar^{1} mjij^{1} dạ^{2}

四 种 法 是； 佛 之 说 许 不 事

当堕四处。何等为四？谓堕谤法①；佛所不许

2.39.7

[西夏文] ； ；

tshjiij^{1} ·jij^{1} tjij^{1} sji^{2} dzjwo^{2} ·jij^{1} tsjiir^{1} tshji^{1} tshjiij^{1} wji^{1}

说； 自 独 女 人 于 法 要 说 为；

[西夏文] 。

mjor^{1} ljij^{2} ·jij^{1} pha^{1} bie^{2} lhew^{2} kie^{1} pjo^{1} tsjij^{2} thjɨ^{2}

---

① 谓堕谤法，西夏文字面意思为“谓四种法”。

如 来 之 别 解 脱 戒 毁 谤。 此

而反说之;独为女人宣说法要;毁谤如来别解脱戒。

2.40.1

nji^{2} lwər^{2} lhejr^{2} mji^{1} gjij^{1} njij^{2} tsjiir^{1} ljiij^{2} dzja^{1} ljịj^{1}

等 经 典 闻, 殊 倍 法 坏, 长 增

niow^{2} sjwɨj^{1} kha^{1} ljɨ^{1} kja^{1} śja^{1} dzjọ^{1} sju^{2} khjwɨ^{1} niow^{2}

恶 业 中 堕。 迦 叶, 譬 如 狗 恶,

闻是等经,转加坏法,而堕生长恶业之中。迦叶,譬如恶狗,

2.40.2

kjiiir^{2} rjir^{2} ŋwu^{2} njii^{2} ·u^{2} kiwee^{1} phji^{1} ɣa^{2} thjij^{2} sjo^{2}

胆 汁 以 鼻 内 灌, 意 于 何 云?

thja^{1} khjwɨ^{1} gjij^{1} njij^{2} bjạ^{1} niow^{2} njiij^{1} śjwo^{1} ljɨ^{1} kja^{1}

彼 狗 殊 倍 凶 恶 心 生 也? 迦

以苦胆灌鼻,于意云何?彼狗倍生凶恶心不?迦

2.40.3

śja^{1} tha^{1} ·jij^{1} dạ^{2} ·jɨ^{2} rjur^{1} pjụ^{1} ŋwu^{2} ljɨ^{1} ŋwu^{2}

叶 佛 于 言 说: 世 尊, 是 也! 是

ljɨ^{1} tha^{1} kja^{1} śja^{1} ·jij^{1} ·jɨ^{2} thja^{1} dzjwo^{2} niow^{2} njɨ^{2}

也! 佛 迦 叶 于 告: 彼 人 恶 等,

叶白佛言:世尊,如是,如是!佛告迦叶:彼等恶人,

2.40.4

khjwɨ^{1} niow^{2} nioow^{1} phji^{1} śja^{1} tśja^{1} wjɨ^{2} sju^{2} tjɨ^{1} tjij^{1}

狗 恶 及 毗 舍 遮 △ 如， 假 若

[illegible]

phji^{2} khjiw^{2} sej^{1} kjur^{2} tjị^{1} dźjiij^{1} thjɨ^{2} tsjiir^{1} ·jiij^{1} mjijr^{2}

比 丘 净 志 诚 住， 此 法 持 者、

犹如恶狗及毗舍遮①，见有比丘住净意乐，持是法者、

2.40.5

[illegible]

thjɨ^{2} tsjiir^{1} tshjiij^{1} mjijr^{2} źjɨr^{1} ɣiej^{1} zjɨɨr^{1} kiẹj^{2} ɣa^{2} dźjiij^{1}

此 法 说 者、 实 真 少 欲 于 住

[illegible]

mjijr^{2} zjɨɨr^{1} kiẹj^{2} ·jow^{2} śja^{2} mjijr^{2} ljij^{2} zjịj^{1} thjɨ^{2} sju^{2}

者、 少 欲 赞 叹 者 见 时， 此 如

说是法者、住于真实少欲之者、叹少欲者，于是

2.40.6

[illegible]

dzjwo^{2} do^{2} njiij^{1} ljịj^{2} mji^{1} śjwo^{1} dwər^{1} nu^{1} njiij^{1} tśhju^{1}

人 于 心 喜 不 生， 厌 背 心 怀，

[illegible]

njiij^{1} phji^{1} dźju^{2} noo^{1} nioow^{1} tsja^{1} źjị^{1} śjwo^{1} tshjạ^{1} kwow^{2}

心 意 怯 劣， 复 热 恼 生， 瞋 恚

人所不生欢喜，而起厌背，心怀怯劣，复生热恼，以其瞋恚

2.40.7

[illegible]

dźjɨ wji^{1} njiij^{1} phoo^{1} nioow^{1} ku^{1} thjɨ^{2} sju^{2} lə wji^{1}

① 毗舍遮，梵文 Piśācā，又作“毗舍阇”。持国天王所领鬼之名称，译曰“颠狂鬼”“啖精鬼”。《孔雀王咒经》曰：“毗舍阇，梁云颠鬼。”玄应《一切经音义》卷二十一曰：“毕舍遮，旧云毗舍阇，又作毗舍遮，鬼名也。饿鬼中胜者也，亦言颠狂鬼也。”慧苑《新译〈大方广佛华严经〉音义》卷下曰：“毗舍阇王，毗舍阇之王，即是东方提头赖吒，此云持国。谓护持国土领二部鬼：一名毗舍阇，此云啖精鬼。二名乾闼婆，此云寻香也。”

② [illegible]（dźjɨ wji^{1}），义为“行为”，在此为动作发出者标记。

△ △ 心 蔽 故， 则 此 如 念 为：

[illegible] [illegible] [illegible] [illegible]、 [illegible] [illegible] [illegible] [illegible] [illegible]①， [illegible]

ŋa^{2} njɨ^{2} dzjɨj^{1} njaa^{2} do^{2} njaa^{2} kha^{1} dźjiij^{1} nji^{2} mjɨ^{1}

我 等 时 非、 处 非 中 住 △， 他

障蔽心故，作是念言：我等住在非时、非处，于非时中②，而为他人

2.41.1

[illegible] □ □ [illegible] [illegible] [illegible] [illegible] [illegible] [illegible] [illegible]

dzjwo^{2} □ □ ŋa^{2} njɨ^{2} ·jij^{1} mjɨ^{1} dzuu^{2} pjo^{1} tsjij^{2}

人 □ □ 我 等 于 无 住 毁 谤

[illegible] [illegible]③ [illegible]。 [illegible] [illegible] [illegible] [illegible] [illegible] [illegible] [illegible]

wji^{1} nji^{2} ·jɨ^{2} thjɨ^{2} nioow^{1} thjɨ^{2} sju^{2} lwər^{2} lhejr^{2} tshjiij^{1}

为 △ 谓。 是 故 此 如 经 典 说

轻毁我等。是故闻说如是等经，

2.41.2

[illegible]， [illegible] [illegible] [illegible] [illegible]， [illegible] [illegible] [illegible] [illegible] [illegible]，

mji^{1} pjo^{1} tsjij^{2} njiij^{1} śjwo^{1} tshja̱^{1} kwow^{2} da̱^{2} bja̱^{1} ŋwu^{2}

闻， 毁 谤 心 起， 瞋 恚 言 粗 以，

[illegible] [illegible] [illegible] [illegible]， [illegible] [illegible] [illegible] [illegible]。 [illegible] [illegible]

·ju^{2} rjir^{2} źier^{1} njɨɨ^{2} thjɨ^{2} tha^{1} tsjiir^{1} njaa^{2} thjɨ^{2} djij^{1}

面 前 詈 骂， 此 佛 教 非。 此 辈

起于诽谤，面加毁辱，瞋恚粗言，此非佛教。此辈

2.41.3

[illegible] [illegible] [illegible] [illegible] [illegible] [illegible]， [illegible] [illegible] [illegible] [illegible] [illegible]。

rejr^{2} kiej̱^{2} ·jiw^{1} nioow^{1} wji^{1} ɣiwej^{1} zjɨɨr^{1} kiej̱^{2} mjijr^{2} njaa^{2} ·jɨ^{2}

多 欲 因 缘 受 用， 少 欲 者 非 谓。

受用多欲因缘，非少欲者。

---

① [illegible]，为第一人称复数动词人称呼应后缀，与句首"[illegible][illegible]"（我等）呼应。

② 我等住在非时、非处，于非时中，西夏文字面意思为"我等住在非时、非处"。

③ [illegible]，为第二人称复数动词人称呼应后缀，与句首"他人"呼应。

汉文本

复次，迦叶，如来灭后，昔于佛所深种善根诸比丘等悉般涅槃，具胜意乐诸众生类命终复尽。后五十岁正法灭时，当有比丘性怀贪着，猛利贪欲映蔽其心，乐离间语，毒害于他，言词粗犷，惨励颦蹙，住三法中。何等为三？所谓医道、贩易、亲近女人。住此三法，退失四事。何等为四？谓退戒蕴、善趣、果证、如实见佛。由退此四，复成四法，不生厌离，炽盛增长。云何为四？所谓嫉妒增长炽盛；瞋恚恶心增长炽盛；耽着种族增长炽盛；贪着饮食积聚众味，爱乐衣服，映蔽心故，置之箧笥。专行此事，以为常业，于沙门法空无所获，亦不发生沙门证道。闻是等经，当堕四处。何等为四？谓堕谤法；佛所不许而反说之；独为女人宣说法要；毁谤如来别解脱戒。闻是等经，转加坏法，而堕生长恶业之中。迦叶，譬如恶狗，以苦胆灌鼻，于意云何？彼狗倍生凶恶心不？

迦叶白佛言：世尊，如是！如是！

佛告迦叶：彼等恶人，犹如恶狗及毗舍遮，见有比丘住净意乐，持是法者、说是法者、住于真实少欲之者、叹少欲者，于是人所不生欢喜，而起厌背，心怀怯劣，复生热恼，以其瞋恚障蔽心故，作是念言：我等住在非时、非处，于非时中，而为他人轻毁我等。是故闻说如是等经，起于诽谤，面加毁辱，瞋恚粗言，此非佛教。此辈受用多欲因缘，非少欲者。

2.41.3

[illegible]	[illegible]，	[illegible]	[illegible]	[illegible]	[illegible]	[illegible]，	[illegible]	[illegible]
kja^{1}	śja^{1}	ŋa^{2}	mə^{2}	mə^{2}	mjiij^{2}	ŋwu^{2}	zjɨɨr^{1}	kiẹj^{2}
迦	叶，	我	种	种	名	以，	少	欲

迦叶，我种种名，赞叹少欲，

2.41.4

[illegible]	[illegible]	[illegible]	[illegible]	[illegible]	[illegible]	[illegible]，	[illegible]	[illegible]	[illegible]、
nioow^{1}	lhə	nwə^{1}	mjijr^{2}	·jij^{1}	·jow^{2}	śja^{2}	·jur^{1}	ljɨ^{2}	mjijr^{2}
及	足	知	者	于	赞	叹，	养	易	者、
[illegible]	[illegible]	[illegible]、	[illegible]	[illegible]	[illegible]、	[illegible]	[illegible]	[illegible]	
sə^{1}	ljɨ^{2}	mjijr^{2}	gji^{1}	sej^{1}	mjijr^{2}	thew^{2}	thow^{1}	dźjij^{1}	
满	易	者、	清	净	者、	头	陀	行	

及以喜足①，名为易养，亦名易满，名净除者、行头陀

① 喜足，西夏文字面意思为“知足者”。

2.41.5

mjijr²	zji²	ljuu²	śjwo²	mjijr²	ŋwu²	·jɨ²	ŋa²	nioow¹	·ja
者、	极	端	严	者	是	谓。	我	亦	阿
ljɨj¹	rja²	dźjiij¹	mjijr²	khu¹	dźjij¹	śjwo¹	mjijr²	sej¹	ka̱¹
兰	若	住	者、	进	精	发	者、	净	命

者、极端严者。我亦赞叹住阿兰若者、发精进者、遍净命

2.41.6

njɨ²	mjijr²	·jij¹	tsjɨ¹	·jow²	śja²	nji²	njɨ²	khu²	zji̱j¹
遍	者	于	亦	赞	叹，	汝	等	箧	时
·u²	sju¹	duu¹	njɨ²	tsjiir¹	mji¹	djo̱²	lew²	thjij²	sjo²
内	贮	藏	等	法	不	修	应。	何	云

者，汝等不应多修贮聚箱箧等法。何以故？

2.41.7

ljɨ¹	thjɨ²	sju²	tsjiir¹	djo̱²	dzjɨɨ²	lew²	ljɨ¹	nji²	njɨ²
也？	此	如	法	修	习	应	也。	汝	等
tsjɨ¹	rər²	ba̱¹	wjɨ²	sju²	ŋa¹	ŋa¹	ɣie̱²	gjɨ²	dju¹
亦	铜	钹	△	如	空	空	声	△	有，

应当修习如是法故。汝等不应犹如铜钹空有其声，

2.42.1

mjor¹	ljij²	bju¹	thjɨ²	tsjiir¹	djo̱²	lew²	nioow¹	tsjɨ¹	tshja̱¹
如	来	依	此	法	修	应。	又	亦	瞋

kwow^{2}	ljɨɨ^{1}	tji^{1}	śjwo^{1}	nioow^{1}	dạ^{2}	war^{2}	mji^{1}	ɣjiw^{1}	zow^{2}
恚	重	不	起，	亦	事	物	不	摄	取

应顺如来修行此法。又亦不应起重瞋恚，亦复不应摄取事物。

2.42.2

lew^{2}	dạ^{2}	mjij^{1}	war^{2}	mjij^{1}	ɣa^{2}	dźjiij^{1}	lew^{2}	rjɨr^{2}	dźjiij^{1}
应。	事	无	物	无	于	住	应。	所	住
tjị^{2}	twụ^{1}	dzu^{1}	zjịj^{1}	tji^{1}	njiij^{1}	śjwo^{1}	dźjiij^{1}	tjị^{2}	mjij^{1}
处	各	喜	着	勿	心	生，	住	所	无

应当住于无事无物。勿于处所生住着心，应无所住。

2.42.3

dźjiij^{1}	lew^{2}	·jij^{1}	·jij^{1}	mji^{1}	·jow^{2}	lew^{2}	nioow^{1}	gur^{1}	ljị^{2}
住	应。	自	己	不	赞	应，	亦	牛	子
we^{2}	njɨ^{2}	djịj^{1}	mji^{1}	duu^{1}	lew^{2}	low^{2}	ljịj^{1}	do^{2}	dźjiij^{1}
驴	等	类	不	蓄	应。	懈	怠	处	住

不应自赞，亦不应畜牛驴①等类。不应成就住懈怠处。

2.42.4

mji^{1}	śjɨj^{1}	·jiw^{2}	buu^{2}	gjij^{1}	khu^{1}	dźjij^{1}	śjwo^{1}	ŋwu^{2}	mji^{1}
不	成	就。	胜	殊	进	精	起	以，	不
neew^{2}	dźjɨɨr^{1}	ka^{2}	neew^{2}	tsjiir^{1}	ɣjiw^{1}	zow^{2}	lew^{2}	kja^{1}	śja^{1}
善	舍	离，	善	法	摄	受	应。	迦	叶，

---

① 驴，西夏文译作“[Tangut]”，义为“驴子”，《番汉合时掌中珠》同。

应当发起殊胜精进，舍离不善，摄受善法。迦叶，

2.42.5

[illegible]

ŋa^{2} mə^{2} mə^{2} mjiij^{2} ŋwu^{2} mjij^{1} sej^{1} ·ja ljɨj^{1} rja^{2}

我 种 种 名 以， 寂 静、 阿 兰 若

[illegible]

dźjiij^{1} tsowr^{2} ŋewr^{1} kha^{1} mji^{1} dźjiij^{1} mjijr^{2} ·jow^{2} śja^{2} thjɨ^{2}

住、 愦 闹 中 不 住 者 赞 叹， 此

我种种名，赞叹寂静、住阿兰若、不处愦闹，

2.42.6

[illegible]①

wjɨ^{2} thjɨ^{2} kha^{1} mə^{2} mə^{2} mjiij^{2} ŋwu^{2} zji^{2} phja^{1} sji^{2}

刻 此 中， 种 种 名 以， 极 除 △

[illegible]

dźjɨ tshjiij^{1} tjij^{1} dzjwo^{2} zji^{2} phja^{1} sji^{2} dźjɨ mji^{1} dźjiij^{1}

行 说。 若 人 极 除 △ 行 不 住，

今于是中，种种名说，极净除行。若有不住极净除者、

2.42.7

[illegible]

mjor^{1} ljịj^{2} kięj^{2} ŋowr^{2} ku^{1} dzwej^{1} niow^{2} śjɨj^{1} ku^{1} rjur^{1}

如 大 欲 具， 则 罪 恶 成， 则 诸

[illegible]

zji^{2} phja^{1} sji^{2} dźjɨ no^{2} dźjiij^{1} mjijr^{2} ·jij^{1} pjo^{1} tsjij^{2}

极 除 △ 行 安 住 者 于 诽 谤

具大欲者、成罪恶者，即当诽谤诸有安住极净除者。

2.43.1

□ [illegible]

① [illegible](sji^{2})，为名物化助词。下同。

□ kja^{1} śja^{1} dzjọ^{1} sju^{2} wẹ^{1} mjijr^{2} thja^{1} ljɨɨr^{1} lhjịj^{2}
□ 迦 叶， 譬 如 愚 者 彼 四 月
[illegible]， [illegible] [illegible] [illegible] [illegible]， [illegible] [illegible] [illegible] [illegible] [illegible]。
·u^{2} lhə thji^{1} ·a pạ^{2} mjɨ^{1} do^{2} zjɨɨr^{2} ·ju^{2} śji^{2}
中， 酥 服 △ 渴， 彼 于 水 寻 往。

迦叶，譬如愚夫于四月中，服酥患渴，寻诣池所求水而饮。

2.43.2

[illegible] [illegible] [illegible] [illegible]： [illegible] [illegible] [illegible] [illegible] [illegible]① [illegible]，
mjɨ^{1} dzjwo^{2} dạ^{2} ·jɨ^{2} nji^{2} lhə wjɨ^{2} thji^{1} nja^{2} sji^{2}
他 人 言 谓： 汝 酥 △ 服 △ △，
[illegible] [illegible] [illegible] [illegible]， [illegible] [illegible] [illegible] [illegible] [illegible] [illegible]
zjɨɨr^{2} thji^{1} lew^{2} njaa^{2} tjij^{1} zjɨɨr^{2} thji^{1} ku^{1} kjɨ^{1} djɨj^{2}
水 饮 所 勿， 若 水 饮 则 △ 定

他人谓曰：汝已服苏，勿复饮水，而致命终。

2.43.3

[illegible] [illegible]。 [illegible] [illegible] [illegible] [illegible] [illegible] [illegible] [illegible] [illegible]
sjɨ^{1} nja^{2} tśhjɨ^{1} zjij^{1} wẹ^{1} mjijr^{2} tshjạ^{1} dźjɨ wji^{1} njiij^{1}
死 △。 尔 时 愚 者 瞋 △ △ 心
[illegible]， [illegible] [illegible] [illegible] [illegible] [illegible]， [illegible] [illegible] [illegible] [illegible]，
phoo^{1} ku^{1} pjo^{1} tsjij^{2} źier^{1} njɨɨ^{2} mjɨ^{1} dạ^{2} mji^{1} nji^{2}
蔽， 故 毁 訾 骂 詈， 他 言 不 听，

是时愚夫瞋蔽心故，毁呰骂詈，不顺②他言，

2.43.4

[illegible] [illegible] [illegible] [illegible]。 [illegible] [illegible]， [illegible] [illegible]， [illegible] [illegible]，
zjɨɨr^{2} djij^{2} dja^{2} sji^{2} kja^{1} śja^{1} thjɨ^{2} sju^{2} thjɨ^{2} sju^{2}
水 饮 △ 死。 迦 叶， 此 如， 此 如，
[illegible] [illegible] [illegible] [illegible]， [illegible] [illegible] [illegible] [illegible]， [illegible] [illegible]

① [illegible]（nja^{2}），为第二人称单数动词人称呼应后缀，与句首"汝"呼应。
② 不顺，西夏文字面意思为"不听"。

mjij^{2}	ljịj^{2}	phji^{2}	khjiw^{2}	dju^{1}	ljij^{2}	dzu^{1}	zjịj^{1}	mji^{1}	neew^{2}
未	来	比	丘，	有	见	爱	着，	不	善

饮水而死。迦叶，如是，如是，未来比丘，贪着有见，住不善

2.43.5

[illegible]	[illegible]。	[illegible]	[illegible]	[illegible]	[illegible]，	[illegible]	[illegible]	[illegible]	[illegible]
dźjɨ	dźjiij^{1}	tsjiir^{1}	·jiij^{1}	mjijr^{2}	gjɨ^{2}	thja^{2}	·jij^{1}	thjɨ^{2}	sju^{2}
行	住。	法	持	者	有，	其	之	此	如
[illegible]	[illegible]：	[illegible]	[illegible]	[illegible]	[illegible]，	[illegible]	[illegible]	[illegible]	[illegible]
dạ^{2}	neej^{2}	thjɨ^{2}	wji^{1}	lew^{2}	ŋwu^{2}	thjɨ^{2}	wji^{1}	lew^{2}	njaa^{2}
言	教：	此	作	应	是，	此	作	应	不

行。有持法者，作是教言：此是应作，此不应作。

2.43.6

[illegible]。	[illegible]	[illegible]	[illegible]	[illegible]	[illegible]	[illegible]	[illegible]	[illegible]，	[illegible]
·jɨ^{2}	thja^{1}	niow^{2}	phji^{2}	khjiw^{2}	tshjạ^{1}	ŋwu^{2}	njiij^{1}	phoo^{1}	ku^{1}
说。	彼	恶	比	丘	瞋	以	心	蔽，	故
[illegible]	[illegible]	[illegible]	[illegible]，	[illegible]	[illegible]	[illegible]	[illegible]	[illegible]。	
njɨɨ^{2}	lha^{1}	źier^{1}	njɨɨ^{2}	thjɨ^{2}	lwər^{2}	lhejr^{2}	pjo^{1}	tsjij^{2}	
詈	蔑	骂	詈，	此	经	典	诽	谤。	

彼恶比丘，瞋蔽心故，毁呰骂詈，谤是经典。

汉文本

迦叶，我种种名，赞叹少欲，及以喜足，名为易养，亦名易满，名净除者、行头陀者、极端严者。我亦赞叹住阿兰若者、发精进者、遍净命者，汝等不应多修贮聚箱箧等法。何以故？应当修习如是法故。汝等不应犹如铜钹空有其声，应顺如来修行此法。又亦不应起重瞋恚，亦复不应摄取事物。应当住于无事无物。勿于处所生住着心，应无所住。不应自赞，亦不应畜牛驴等类。不应成就住懈怠处。应当发起殊胜精进，舍离不善，摄受善法。

迦叶，我种种名，赞叹寂静、住阿兰若、不处愦闹，今于是中，种种名说，极净除行。若有不住极净除者、具大欲者、成罪恶者，即当诽谤诸有安住极净除者。

迦叶，譬如愚夫于四月中，服酥患渴，寻诣池所求水而饮。他人谓曰：汝已服苏，勿复饮水，而致命终。是时愚夫瞋蔽心故，毁呰骂詈，不顺他言，饮水而死。迦叶，如是，如是，未来比丘，贪着有见，住不善行。有持法者，作是教言：此是应作，此不应作。彼恶比丘，瞋蔽心故，毁呰骂詈，谤是经典。

2.43.6—2.43.7

[illegible]	[illegible],	[illegible]	[illegible]	[illegible]	[illegible]	[illegible]	[illegible]	[illegible]	[illegible]	[illegible]
kja^1	śja^1	ŋa^2	dźjiij^1	ŋa^2	tsjɨ^1	ŋa^2	do^2	dzji^1	ɣwej^1	śjwo^1
迦	叶,	我	住	我	尚	我	于	斗	诤	生
[illegible]	[illegible]	[illegible],	[illegible]	[illegible]	[illegible]	[illegible]	[illegible]	[illegible]	[illegible]	
mjijr^2	dja^2	dju^1	nioow^1	mjij^2	ljịj^2	zjọ^2	ɣa^2	·jɨ^2	tjị^2	
者	△	有,	后	未	来	世	于	谓	可	

迦叶,今时尚有于如来所多兴诤竞,何况未来?

2.44.1

[illegible]	[illegible]?	[illegible]	[illegible]	[illegible]	[illegible],	[illegible]	[illegible]	[illegible]	[illegible]
ljọ^2	wjij^2	nji^2	njɨ^2	nwə^1	lew^2	mjor^1	ljịj^2	tśhjwɨj^1	kie^1
岂	有?	汝	至	知	应,	如	来	禁	戒
[illegible]	[illegible],	[illegible]	[illegible]	[illegible]	[illegible]	[illegible]	[illegible]	[illegible]	[illegible]①
gu^1	śjwo^1	rjur^1	phji^2	khjiw^2	njɨ^2	·a	dzuu^2	tjị^1	rjijr^2
建	立,	诸	比	丘	等	一	坐	食	△

汝且观是贤护比丘,如来制戒,令诸比丘受一坐食,

2.44.2

[illegible]	[illegible],	[illegible]	[illegible]	[illegible]	[illegible]	[illegible]	[illegible]	[illegible]	[illegible]	[illegible]
lhjịj^2	·jɨ^2	ŋa^2	mee^2	·wejr^2	phji^2	khjiw^2	tshjạ^1	dźjɨ	wji^1	njiij^1
受	谓,	我	贤	护	比	丘	瞋	△	△	心
[illegible],	[illegible]	[illegible]	[illegible]	[illegible]	[illegible]②	[illegible],	[illegible]	[illegible]	[illegible]	
phoo^1	ku^1	dźjwij^2	sọ^1	lhjịj^2	phow^1	tśjɨj^1	ŋa^2	do^2	lja^1	
蔽,	故	夏	三	月	个	整,	我	处	来	

瞋蔽心故,于夏三月,不至我所。

① [illegible](rjijr^2),动词希求式趋向前缀,表示不定方。

② [illegible](phow^1),西夏语特有的计数月份的量词,以三十日为单位,可以算作定量集合量词,放在数词与“[illegible]”(月)构成的短语之后。《文海》释曰“[illegible],[illegible]”,义为“份者,一月份也,算日用之谓也”;《同音》丁种本7A51背注“[illegible],[illegible]”,“份,三十日”。(李范文:《夏汉字典》,北京:中国社会科学出版社,2008年,第605页。)

2.44.3

[Tangut] [Tangut]①。 [Tangut] [Tangut]， [Tangut] [Tangut] [Tangut] [Tangut] [Tangut]， [Tangut]

mjɨ^{1} dźji kja^{1} śja^{1} thjɨ^{2} wjɨ^{2} ŋa^{2} ·ju^{2} rjir^{2} tsjɨ^{1}

不 怪。 迦 叶， 此 刻 我 面 前， 尚

[Tangut] [Tangut] [Tangut] [Tangut] [Tangut] [Tangut] [Tangut] [Tangut] [Tangut] [Tangut]，

thjɨ^{2} sju^{2} xiwã^{1} dźjɨ ·jij^{1} mjɨ^{1} kjiwr^{2} wji^{1} mjijr^{2} dju^{1}

此 如 梵 行 之 无 敬 为 者 有，

迦叶，今于我前，尚有如是轻梵行者，

2.44.4

[Tangut] [Tangut] [Tangut] [Tangut] [Tangut] [Tangut] [Tangut] [Tangut] [Tangut]？ [Tangut]

nioow^{1} tha^{1} gju^{1} dzjar^{2} nioow^{1} ·jɨ^{2} tjị^{2} ljọ^{2} wjij^{2} thjɨ^{2}

后 佛 度 灭 后 谓 可 何 有？ 此

[Tangut] [Tangut] [Tangut]、 [Tangut] [Tangut]、 [Tangut] [Tangut] [Tangut] [Tangut]， [Tangut]

sju^{2} tjị^{1} dzji^{1} lhwu^{1} gjwi^{2} ŋo^{2} tsə̣^{1} lẹj^{2} zjịj^{1} ·jɨ^{2}

如 食 吃、 衣 穿、 病 药 贪 着， 睡

况佛灭后？贪着饮食、衣钵②、病药，

2.44.5

[Tangut] [Tangut] [Tangut]， [Tangut] [Tangut] [Tangut] [Tangut]， [Tangut] [Tangut] [Tangut]

me^{2} nja^{1} phoo^{1} tshjạ^{1} kwow^{2} wejr^{1} ljịj^{1} phji^{2} khjiw^{2} thjɨ^{2}

眠 △ 覆， 瞋 恚 兴 盛， 比 丘 此

[Tangut] [Tangut] [Tangut]， [Tangut] [Tangut] [Tangut] [Tangut] [Tangut] [Tangut] [Tangut]

tsjiir^{1} mji^{1} nioow^{1} mjor^{1} ljịj^{2} ljịj^{2} dzjiij^{2} ·jij^{1} tsjɨ^{1} mjɨ^{1}

法 闻 已， 如 来 大 师 于 尚 不

睡眠所覆，瞋恚猛利，如是③比丘，闻是法已，尚不恭敬如来大师，

2.44.6

[Tangut] [Tangut]， [Tangut] [Tangut] [Tangut] [Tangut] [Tangut] [Tangut] [Tangut] [Tangut]

① [Tangut]（dźji），义为“怪”，误。应作“[Tangut]”（dźjij），两字音近通假。

② 衣钵，西夏文字面意思为“穿衣”。

③ 如是，西夏文本此处无对应的文字。

dzjwɨ1 lhejr2 nioow1 thja1 tsjiir1 ·jiij1 phji2 khjiw2 ·jij1 dzjwɨ1
恭 敬， 后 其 法 持 比 丘 于 恭
[illegible] [illegible] [illegible] [illegible]？ [illegible] [illegible]， [illegible] [illegible] [illegible] [illegible]
lhejr2 tjị2 ljọ2 wjij2 kja1 śja1 thjɨ2 tja1 mji1 neew2
敬 可 岂 有？ 迦 叶， 此 者 不 善

岂能敬彼持法比丘？迦叶，名为不善，

2.44.7

□ □ [illegible] [illegible] [illegible] [illegible] [illegible]。 [illegible] [illegible] [illegible]
□ □ zji2 kha1 niow2 tsjɨ1 ŋwu2 ku1 thjɨ2 sju2
□ □ 极 中 恶 亦 是。 则 此 如
[illegible] [illegible] [illegible] [illegible] [illegible] [illegible]， [illegible] [illegible] [illegible] [illegible]
tsjiir1 ljɨ1 mjiij2 mjiij2 lwu2 bu1 thja1 kha1 tjɨ1 tjij1
法 宝 渐 渐 隐 没， 其 中 假 若

亦名极①恶。如是法宝即当隐没，于中若有

2.45.1

[illegible] [illegible] [illegible] [illegible] [illegible]， [illegible] [illegible] [illegible] [illegible] [illegible]
ljịj2 gjịj1 ɣie2 kjụ1 mjijr2 neew2 goor1 gji2 neew2 sji2
大 利 益 求 者， 善 男 子 善 女
[illegible]， [illegible] [illegible] [illegible]， [illegible] [illegible] [illegible] [illegible] [illegible] [illegible]，
dzjwo2 ŋa2 tsjiir1 dźiej2 ku1 kụ1 niəj1 niow2 rjur1 kha1
人， 我 教 信， 则 后 浊 恶 世 中，

求大利益，善男子善女人，信我教者，后滓浊世，

2.45.2

[illegible] [illegible] [illegible] [illegible] [illegible] [illegible] [illegible]， [illegible] [illegible] [illegible]
tsjiir1 dzjuu2 ɣja2 dzjɨj1 njɨ2 lja1 zjịj1 neew2 dzjwo2 rjir1
法 藏 覆 时 到 来 时， 善 人 得
[illegible]， [illegible] [illegible] [illegible] [illegible] [illegible] [illegible] [illegible] [illegible]， [illegible]

① 极，西夏文译作“[illegible][illegible]”，字面意思为“最中”。下同。

gie¹ tjij¹ thjɨ² sju² njɨ² zji² na¹ tsjiir¹ mji¹ ku¹

难， 若 此 如 等 甚 深 法 闻， 则

极覆藏时①，善人难得，时闻如是等甚深法已，

2.45.3

□ □ □ □ □ □， □ □ □ □

wo² mjijr² ·jij¹ tshjiij¹ wji¹ lew² mji¹ wo² mjijr² ·jij¹

理 者 于 说 为 应， 不 理 者 于

□ □ □； □ □ □ □ □ □， □

mji¹ tshjiij¹ lew² dźiej² mjijr² ·jij¹ tshjiij¹ wji¹ lew² mji¹

不 说 应； 信 者 于 说 为 应， 不

应为如理者说，不为不如理者；为信者说，

2.45.4

□ □ □ □ □ □。 □ □ □ □ □ □ □ □ □， □

dźiej² mjijr² ·jij¹ mji¹ tshjiij¹ lew² ŋa² thjɨ² wjɨ² tsjɨ¹ wo² mjijr² ·jij¹ tshjiij¹ wji¹ mji¹

信 者 于 不 说 应。 我 此 刻 亦 理 者 于 说 为， 不

非不信者。我今亦为如理者说，

2.45.5

□ □ □ □ □； □ □ □ □ □，

wo² mjijr² ·jij¹ mji¹ tshjiij¹ dźiej² mjijr² ·jij¹ tshjiij¹ wji¹

理 者 于 不 说； 信 者 于 说 为，

□ □ □ □ □ □ □。 □ □， □

mji¹ dźiej² mjijr² ·jij¹ mji¹ tshjiij¹ ljɨ¹ kja¹ śja¹ dzjọ¹

不 信 者 于 不 说 也。 迦 叶， 譬

非不如理者；为信者说，非不信者。迦叶，譬

2.45.6

□ □ □， □ □ □ □， □ □ □

① 极覆藏时，西夏文字面意思为“法覆藏时”。

sju^{2} rjijr^{1} niow^{2} lhjụ^{1} tjị^{1} mjɨ^{1} dźjij tjɨ^{1} tjij^{1} rjijr^{1}

如 马 恶， 甲 被 不 肯， 假 若 马

[illegible] [illegible] [illegible] [illegible] [illegible] [illegible]， [illegible] [illegible] [illegible] [illegible]

neew^{2} wjɨ^{2} sju^{2} lhjụ^{1} tjị^{1} wji^{1} tsjɨ^{1} tśjɨɨr^{2} le^{2} njiij^{1}

良 △ 如 甲 被 为， 亦 惊 恐 心

如恶马，不受被甲，若同良马为被甲者，反生惊怖，

2.45.7

[illegible]， [illegible] [illegible] [illegible]、 [illegible] [illegible] [illegible] [illegible] [illegible]， [illegible]

śjwo^{1} nioow^{1} kwə^{2} məə^{1} bar^{1} tsjụ^{1} ɣię^{2} mji^{1} zjịj^{1} mji^{1}

生， 后 螺 吹、 鼓 击 声 闻 时， 不

[illegible] [illegible] [illegible] [illegible] [illegible]？ [illegible] [illegible]， [illegible] [illegible]， [illegible]

tśjɨɨr^{2} le^{2} tjị^{2} ljọ^{2} wjij^{2} thjɨ^{2} sju^{2} thjɨ^{2} sju^{2} kie^{1}

惊 恐 可 岂 有？ 此 如， 此 如， 戒

何况更闻螺贝、鼓声，能堪受者无有是处？如是，如是，破戒

2.46.1—2.46.2

[illegible] [illegible] [illegible]， [illegible] [illegible] [illegible] [illegible] [illegible] [illegible] [illegible] [illegible]

tsjụ^{1} phji^{2} khjiw^{2} tśjo neew^{2} goor^{1} kiej^{2} ·jij^{1} tsjiir^{1} ɣiwej^{1} ·jiij^{1}

破 比 丘， 常 善 君 子 之 法 受 持

[illegible] [illegible]， [illegible] [illegible] [illegible] [illegible]， [illegible] [illegible] [illegible] [illegible]。

mjɨ^{1} njwi^{2} rjijr^{1} niow^{2} wjɨ^{2} sju^{2} tśjɨɨr^{2} le^{2} śjwo^{1} ljɨ^{1}

不 能， 马 恶 △ 如， 惊 恐 生 也。

比丘，无有时分堪能忍受善丈夫法，犹如恶马，反生惊怖。

汉文本

迦叶，今时尚有于如来所多兴诤竞，何况未来？汝且观是贤护比丘，如来制戒，令诸比丘受一坐食，瞋蔽心故，于夏三月，不至我所。迦叶，今于我前，尚有如是轻梵行者，况佛灭后？贪着饮食、衣钵、病药，睡眠所覆，瞋恚猛利，如是比丘，闻是法已，尚不恭敬如来大师，岂能敬彼持法比丘？迦叶，名为不善，亦名极恶。如是法宝即当隐没，于中若有求大利益，善男子善女人，信我教者，后滓浊世，极覆藏时，善人难得，时闻如是等甚深法已，应为如理者说，不为不如理者；为信者说，非不信者。我今亦为如理者说，非不如理者；为信者说，非不信者。

迦叶，譬如恶马，不受被甲，若同良马为被甲者，反生惊怖，何况更闻螺贝、鼓声，能堪受者无有是处？如是，如是，破戒比丘，无有时分堪能忍受善丈夫法，犹如恶马，反生惊怖。

2.46.2

[illegible]	[illegible]，	[illegible]	[illegible]	[illegible]	[illegible]，	[illegible]	[illegible]	[illegible]	[illegible]
kja^{1}	śja^{1}	kie^{1}	tsjụ^{1}	phji^{2}	khjiw^{2}	rjɨr^{2}	njɨ^{2}	·a	gjwi^{2}
迦	叶，	戒	破	比	丘，	乃	至	一	句
[illegible]	[illegible]	[illegible]	[illegible]	[illegible]	[illegible]	[illegible]，	[illegible]	[illegible]	
zjịj^{1}	rjur^{1}	tsjiir^{1}	ŋa^{2}	mjij^{1}	dạ^{2}	mji^{1}	tsjɨ^{1}	ŋa^{2}	
许	诸	法	我	无	言	闻，	亦	我	

迦叶，破戒比丘，乃至闻说一言诸法无我，执我

2.46.3

[illegible]	[illegible]，	[illegible]	[illegible]	[illegible]	[illegible]	[illegible]	[illegible]	[illegible]	[illegible]，
sjiij^{2}	zow^{2}	ku^{1}	tśhjɨ^{2}	rjar^{2}	kjạ^{1}	le^{2}	ɣwej^{1}	dzeej^{1}	śjwo^{1}
想	执，	则	立	即	怖	恐	诤	讼	生，
[illegible]	[illegible]	[illegible]	[illegible]	[illegible]	[illegible]	[illegible]，	[illegible]	[illegible]	[illegible]
nioow^{1}	neew^{2}	zjir^{2}	gjwi^{2}	tshjiij^{1}	mji^{1}	zjịj^{1}	mji^{1}	le^{2}	tjị^{2}
后	善	甲	被	言	闻	时，	不	恐	可

想故，于中便生怖畏诤竞，何况闻说被善甲耶？

2.46.4

[illegible]	[illegible]？	[illegible]	[illegible]	[illegible]	[illegible]，	[illegible]	[illegible]	[illegible]	[illegible]
ljọ^{2}	wjij^{2}	tjɨ^{1}	tjij^{1}	zjir^{2}	gjwi^{2}	ku^{1}	tśhjɨ^{2}	rjar^{2}	·jir^{2}
何	有？	假	若	甲	被，	则	立	即	百
[illegible]	[illegible]	[illegible]	[illegible]	[illegible]	[illegible]	[illegible]，	[illegible]	[illegible]	[illegible]
rjir^{2}	ljiij^{2}	gja^{1}	·jij^{1}	rjur^{1}	·jar^{2}	njwi^{2}	sji^{1}	dźjwa^{1}	ɣwej^{1}
亿	魔	军	于	降	伏	能，	竟	毕	斗

若被甲已，即能降伏百亿魔军，而令毕竟

2.46.5

[illegible]	[illegible]	[illegible]	[illegible]。	[illegible]	[illegible]	[illegible]	[illegible]	[illegible]	[illegible]

dzeej^{1} mji^{1} śjwo^{1} ljɨ^{1} rjur^{1} neew^{2} phji^{2} khjiw^{2} khu^{1} dźjij^{1}

诤 不 生 也。 诸 善 比 丘 进 精

[illegible] [illegible], [illegible] [illegible] [illegible] [illegible] [illegible], [illegible] [illegible] [illegible]

zjir^{2} gjwi^{2} ku^{1} mər^{2} tśhji^{2} mji^{1} ljiij^{2} thjɨ^{2} tja^{1} thew^{2}

甲 被, 则 根 本 不 破, 此 者 头

不生斗诤。诸善比丘被精进甲,不破根本头

2.46.6

[illegible] [illegible] [illegible], [illegible] [illegible] [illegible] [illegible], [illegible]、 [illegible]、 [illegible]

thow^{1} tśhja^{2} ·ioow^{1} zji^{2} phja^{1} mər^{2} tśhji^{2} lej̣^{2} tshjạ^{1} lə

陀 德 功, 皆 断 根 本, 贪、 恚、 痴

[illegible] [illegible] [illegible], [illegible] [illegible] [illegible] [illegible] [illegible], [illegible] [illegible]

mjij^{1} mər^{2} tśhji^{2} zjɨ^{1} sew^{1} mjij^{1} mər^{2} tśhji^{2} kiej̣^{2} ka^{2}

无 根 本, 嫉 妒 无 根 本, 欲 离

陀功德,净除根本,无贪、恚、痴根本,无嫉妒根本,离欲根本,

2.46.7

[illegible] [illegible], [illegible] [illegible] [illegible] [illegible] [illegible] [illegible], [illegible] [illegible]

mər^{2} tśhji^{2} ku^{1} tjịj^{1} dźjiij^{1} tsjiir^{2} mər^{2} tśhji^{2} ·a me^{2}

根 本, 则 独 住 性 根 本, 一 睡

[illegible] [illegible] [illegible] [illegible]。 [illegible] [illegible] [illegible]、 [illegible] [illegible] [illegible]

tjị^{2} mər^{2} tśhji^{2} ŋwu^{2} dzjɨj^{1} ŋowr^{2} ŋowr^{2} mə^{2} ŋowr^{2} ŋowr^{2}

眠 根 本 是。 时 一 切、 种 一 切

独处性根本,惛寤根本;于一切时、一切种

2.47.1

[illegible], [illegible] [illegible] [illegible] [illegible] [illegible] [illegible], [illegible] [illegible] [illegible]

kha^{1} lej̣^{2} tshjạ^{1} njiij^{1} mji^{1} śjwo^{1} lew^{2} mə^{2} mə^{2} war^{2}

中, 贪 恚 心 不 生 应, 种 种 物

[illegible], [illegible] [illegible] [illegible] [illegible], [illegible] [illegible] [illegible] [illegible] [illegible]

kha^{1} dzu^{1} kjụ^{1} lew^{2} mjij^{1} thjɨ^{2} sju^{2} zjir^{2} gjwi^{2} tja^{1}

中, 希 求 应 无, 此 如 甲 被 者

中，不应发起恚贪之心，于种种物，无所希求，如是被甲名

2.47.2

[illegible]

mər^2 tśhji^2 mjij^1 ŋwu^2 tjij^1 thjɨ^2 sju^2 mə^2 mə^2 zjir^2

根 本 无 是。 若 此 如 种 种 甲

[illegible]

gjwi^2 nioow^1 zji^2 phju^2 po^1 tjɨj^1 njiij^1 śjwo^1 lew^2 do^2

被 已， 无 上 菩 提 心 发 应， 处

无根本。若被如是种种甲已，应发无上菩提之心，

2.47.3

[illegible]

ŋowr^2 ŋowr^2 ɣa^2 tsjɨ^1 mji^1 zow^2 zjij^1 nioow^1 ŋa^2 sjiij^2

一 切 于， 亦 不 执 着， 后 我 想

[illegible]

śjwo^1 tji̹^{2} ljo̹^{2} wjij^2 thjɨ^2 nioow^1 ŋa^2 sjiij^2 dźiã^2 tśhju^1

起 可 岂 有？ 此 故 我 想、 众 生

于一切处，不应执着，况起我想？是故不应起于我想、众生

2.47.4

[illegible]

sjiij^2 ka̹^{1} mjijr^2 sjiij^2 śjwɨ^1 śjwɨ^1 tshwew^1 sjiij^2 goor^1 sjiij^2

想、 寿 者 想、 时 时 趣 想、 男 想、

[illegible]

sji^2 sjiij^2 ljɨ̹^{2} zjɨɨr^2 məə^1 ljɨ^1 sjiij^2 kie̹j^2 kie̹j^2 tsə̹^{1}

女 想、 地、 水、 火、 风 想， 欲 界、 色

想、寿者想、数取趣想、女想、男想，地、水、火、风想，欲界、色

2.47.5

[illegible]

kie̹j^2 tsə̹^{1} kie̹j^2 mjij^1 sjiij^2 kie^1 ·jiij^1 sjiij^2 kie^1 tsju̹^{1}

界、 色 界 无 想， 戒 持 想、 戒 破

[illegible]、 [illegible] [illegible] [illegible] [illegible] [illegible] [illegible]。 [illegible] [illegible] [illegible]

sjiij^{2} ŋa^{1} tsjiir^{2} sjiij^{2} mji^{1} śjwo^{1} lew^{2} tshji^{1} rjijr^{2} tshjiij^{1}

想、 空 性 想 不 起 应。 要 方 言

界、无色界想，持戒想、破戒想、空性想。取要言之，

2.47.6

[illegible]， [illegible] [illegible] [illegible] [illegible] [illegible] [illegible]， [illegible] [illegible] [illegible]

nji^{2} ku^{1} thjɨ^{2} sju^{2} zji^{2} tshjiij^{1} nji^{2} ku^{1} rjur^{1} sjiij^{2}

△， 则 此 如 皆 言 △， 则 诸 想

[illegible] [illegible] [illegible] [illegible] [illegible] [illegible]。 [illegible] [illegible] [illegible]？ [illegible]

ŋowr^{2} ŋowr^{2} zji^{2} mji^{1} śjwo^{1} lew^{2} thjij^{2} sjo^{2} ljɨ^{1} thja^{1}

一 切 皆 不 起 应。 何 云 也？ 其

一切诸想皆不应起①。

2.47.7

[illegible] [illegible] [illegible] [illegible] [illegible] [illegible] [illegible] [illegible]。 [illegible] [illegible]，

sjiij^{2} ŋowr^{2} ŋowr^{2} zji^{2} rjir^{1} lew^{2} mjij^{1} ljɨ^{1} kja^{1} śja^{1}

想 一 切 皆 得 应 无 也。 迦 叶，

[illegible] [illegible] [illegible] [illegible] [illegible] [illegible] [illegible] [illegible] [illegible]

thja^{1} lej^{2} tjij^{1} źjɨr^{1} dju^{1} ljɨ^{1} ŋwu^{2} nwə^{1} tsjij^{2}

其 贪 若 实 有 △ 是 知 了

以一切想无所得故。迦叶，贪若实有，则应了知，

2.48.1

[illegible] [illegible]， [illegible] [illegible] [illegible] [illegible] [illegible] [illegible] [illegible] [illegible]

tjị^{2} wjij^{2} thja^{2} ·jij^{1} ? njij^{1} rjijr^{2} phja^{1} dzjar^{2} phji^{1}

处 有， 彼 于 亲 近 △ 断 灭 令

[illegible]。 [illegible] [illegible] [illegible] [illegible]， [illegible] [illegible] [illegible] [illegible] [illegible]，

lew^{2} thja^{1} lej^{2} dzu^{1} njiij^{1} ·a śjwɨ^{1} ljɨ^{1} mji^{1} dźjiij^{1}

① 西夏本多“何云也”的对应文字。

应。	其	贪	爱	心，	一	处	△	不	住，

近之令灭。贪爱之心，非住一处，无住可得，

2.48.2

[illegible]	[illegible]	[illegible]	[illegible]，	[illegible]	[illegible]	[illegible]	[illegible]。	[illegible]	[illegible]
lạ^{1}	dạ^{2}	rjɨr^{2}	nioow^{1}	dzjij^{2}	dźjiij^{1}	tjị^{2}	mjij^{1}	thjɨ^{2}	nioow^{1}
妄	言	以	后，	余	住	处	无。	此	故
[illegible]	[illegible]	[illegible]	[illegible]	[illegible]	[illegible]	[illegible]。	[illegible]	[illegible]	[illegible]
mjor^{1}	ljịj^{2}	tja^{1}	dạ^{2}	źjɨr^{1}	mjijr^{2}	ŋwu^{2}	mjor^{1}	ljịj^{2}	rjɨr^{2}
如	来	者	言	实	者	是。	如	来	乃

唯除妄语。是故如来名实语者。如来

2.48.3

[illegible]	[illegible]	[illegible]	[illegible]	[illegible]	[illegible]	[illegible]	[illegible]	[illegible]，	[illegible]
tshjiij^{1}	rjur^{1}	lẹj^{2}	ŋowr^{2}	ŋowr^{2}	zji^{2}	ŋa^{2}	njaa^{2}	·jɨ^{2}	thjɨ^{2}
说	诸	贪	一	切	皆	我	非	说，	此
[illegible]	[illegible]	[illegible]	[illegible]	[illegible]	[illegible]	[illegible]，	[illegible]	[illegible]	[illegible]①
sju^{2}	rjur^{1}	tsjiir^{1}	śia^{1}	mẽ^{1}	tsjiir^{1}	ŋwu^{2}	rjur^{1}	śia^{1}	mẽ^{1}
如	诸	法	沙	门	法	是，	诸	沙	门

说之诸所有贪皆为非我，如是诸法是沙门法，诸沙门

2.48.4

[illegible]	[illegible]	[illegible]	[illegible]	[illegible]。	[illegible]	[illegible]	[illegible]	[illegible]	[illegible]，
tsjiir^{1}	zji^{2}	rjir^{1}	lew^{2}	mjij^{1}	tjij^{1}	dzjwo^{2}	thjɨ^{2}	sjiij^{2}	zjịj^{1}
法	皆	得	应	无。	若	人	此	想	着，
[illegible]	[illegible]	[illegible]	[illegible]	[illegible]	[illegible]	[illegible]	[illegible]，	[illegible]	[illegible]
ku^{1}	thja^{1}	dzjwo^{2}	rjɨr^{2}	zow^{2}	zjịj^{1}	ŋa^{2}	njɨ^{2}	sju^{2}	mji^{1}
则	其	人	乃	受	着	我	等，	须	弥

法皆无所得。若复有人着此想者，是人则为着我想等，如须弥

① 该字旁边有"倒文"(√)符号。

2.48.5

[illegible]	[illegible]	[illegible]，	[illegible]	[illegible]	[illegible]	[illegible]	[illegible]	[illegible]	[illegible]
ŋər^1	rjir^2	ka^1	śjɨj^2	tsjiir^1	phjɨ^1	lhjo^1	rjur^1	śia^1	mẽ^1
山	与	等，	圣	教	失	退	诸	沙	门
[illegible]，	[illegible]	[illegible]	[illegible]	[illegible]	[illegible]，	[illegible]	[illegible]	[illegible]	[illegible]
tsjiir^1	zjɨɨr^1	zjịj^1	śjwo^1	mjɨ^1	ljɨɨ^1	nioow^1	śia^1	mẽ^1	tsjiir^1
法，	少	许	生	不	可，	后	沙	门	法

山，退失圣教诸沙门法，少不可生，亦复不能住沙门法。

2.48.6

[illegible]	[illegible]	[illegible]	[illegible]	[illegible]。	[illegible]	[illegible]	[illegible]	[illegible]	[illegible]
ɣa^2	tsjɨ^1	dźjiij^1	mjɨ^1	njwi^2	thjɨ^2	sju^2	zji^2	buu^2	wạ^2
于	亦	住	不	能。	此	如	皆	胜	广
[illegible]	[illegible]	[illegible]，	[illegible]	[illegible]	[illegible]	[illegible]	[illegible]	[illegible]	
ljịj^2	tsjiir^1	tja^1	thja^1	lə	dźjɨ	wji^1	dja^2	ŋwo^2	
大	法	者，	其	痴	△	△	△	损	

如是广大最胜之法，于彼愚夫痴所衰损，

2.48.7

[illegible]，	[illegible]	[illegible]	[illegible]	[illegible]	[illegible]	[illegible]	[illegible]	[illegible]	[illegible]。
tśjuu^1	wẹ^1	mjijr^2	·jij^1	zjɨɨr^1	zjịj^1	tsjɨ^1	mji^1	tshjiij^1	lew^2
害，	愚	者	之	少	许	亦	不	言	应。
[illegible]	[illegible]	[illegible]？	[illegible]	[illegible]	[illegible]	[illegible]	[illegible]	[illegible]，	
thjij^2	sjo^2	ljɨ^1	tjij^1	zjɨɨr^1	zjịj^1	tsjiir^1	zow^2	zjịj^1	
何	云	也？	若	少	许	法	执	着，	

少不应说。何以故？若执少法，

2.49.1

[illegible]	[illegible]	[illegible]	[illegible]	[illegible]	[illegible]	[illegible]	[illegible]，	[illegible]
ku^1	zji^2	kha^1	kjạ^1	le^2	nioow^1	ɣjiw^1	ɣiwej^1	ljịj^2
则	最	中	怖	畏	因	摄	受，	大

[illegible] [illegible] [illegible] [illegible] [illegible] [illegible] [illegible] [illegible]。

dji̱¹ ·jiɨ̱² ·u² ·a kja² tśji̱¹ lhji̱j² ljɨ¹

地 狱 中 一 劫 苦 受 也。

则当摄受极怖畏处，大地狱中住之一劫。

汉文本

迦叶，破戒比丘，乃至闻说一言诸法无我，执我想故，于中便生怖畏诤竞，何况闻说被善甲耶？若被甲已，即能降伏百亿魔军，而令毕竟不生斗诤。诸善比丘被精进甲，不破根本头陀功德，净除根本，无贪、恚、痴根本，无嫉妒根本，离欲根本，独处性根本，恬寤根本；于一切时、一切种中，不应发起恚贪之心，于种种物，无所希求，如是被甲名无根本。若被如是种种甲已，应发无上菩提之心，于一切处，不应执着，况起我想？是故不应起于我想、众生想、寿者想、数取趣想、女想、男想，地、水、火、风想，欲界、色界、无色界想，持戒想、破戒想、空性想。取要言之，一切诸想皆不应起。以一切想无所得故。迦叶，贪若实有，则应了知，近之令灭。贪爱之心，非住一处，无住可得，唯除妄语。是故如来名实语者。如来说之诸所有贪皆为非我，如是诸法是沙门法，诸沙门法皆无所得。若复有人着此想者，是人则为着我想等，如须弥山，退失圣教诸沙门法，少不可生，亦复不能住沙门法。如是广大最胜之法，于彼愚夫痴所衰损，少不应说。何以故？若执少法，则当摄受极怖畏处，大地狱中住之一劫。

2.49.1—2.49.2

[illegible] [illegible]，[illegible] [illegible] [illegible] [illegible]，[illegible] [illegible] [illegible] [illegible] [illegible] [illegible] （[illegible] [illegible]

kja¹ śja¹ nji² njɨ² nwə¹ lew² thja¹ kju¹ kja¹ lji² phji² khjiw² mji² ŋwuu¹

迦 叶， 汝 至 知 应， 其 俱 迦 利 比 丘 （番 言

[illegible] [illegible] [illegible]）、[illegible] [illegible] [illegible] [illegible] [illegible] [illegible] （[illegible] [illegible] [illegible] [illegible]）、

dzjɨj¹ dzjwo² niow² thji¹ pho¹ tha² tow¹ phji² khjiw² mji² ŋwuu¹ mə¹ khjow¹

时 人 恶）、 提 婆 达 多 比 丘 （番 言 天 授）、

迦叶，汝观俱迦利①比丘（唐言②恶时者）、提婆达多③比丘（唐言天授）、

---

① 俱迦利，梵文 Kokālika，比丘名。又作"俱迦离""瞿伽离""俱迦梨"等。译曰"恶时者""牛主"。为提婆达多之弟子，常妨碍佛之化导，并毁谤佛、舍利弗、目连、梵天等，佛虽屡说偈诃斥之，犹谤之不止。后身体生恶疮，命终后堕八寒地狱。《智度论》卷一曰："如提婆达多大弟子俱迦离，无信法故堕恶道中，是人无信，于佛法自以智慧求不能得，何以故？佛法甚深故。"

② 唐言，西夏本作"番言"。下同。

③ 提婆达多，梵文 Devadatta，又作"提婆达兜"等，译曰"天热""天授"。斛饭王之子，阿难之兄，佛之从弟也。出家学神通，身具三十相，诵六万法藏，为利养造三逆罪，生堕于地狱。《法华义疏》九曰："提婆达多，是斛饭王子。提婆此翻为天，达多言热。以其生时诸天心热故，名天热。所以然者，诸天知其造三逆罪破坏佛法，见其初生心生热恼故，因以为名。"《西域记》六曰："提婆达多，唐言天授，斛饭王之子也。"

2.49.3

[illegible]

khja^{2} kiew^{2} tha^{2} lo^{1} phji^{2} khjiw^{2} mji^{2} ŋwuu^{1} war^{2} mjij^{1} kja^{1} lu^{1} tji^{2}

搴 荼 达 罗 比 丘 （番 语 财 无）、 迦 卢 底

[illegible]

śju^{1} phji^{2} khjiw^{2} mji^{2} ŋwuu^{1} gju^{2} ·ju^{1} gjịj^{1} bu̱^{2} tha^{2} lo^{1} tow^{1}

输 比 丘 （番 语 器 鬼 宿）、 母 达 罗 多

搴荼达罗比丘（唐言缺财①）、迦卢底输比丘（唐言器鬼宿）、母达罗多

2.49.4

[illegible]

phji^{2} khjiw^{2} mji^{2} ŋwuu^{1} ŋjow^{2} khjow^{1} ·a śiə^{1} xiwā^{1} phji^{2} khjiw^{2} mji^{2} ŋwuu^{1} rjijr^{1}

比 丘 （番 言 海 授）、 阿 湿 繁 比 丘 （番 言 马

[illegible]

dzjwị^{1} pu^{1} no^{1} pho^{1} su^{2} phji^{2} khjiw^{2} mji^{2} ŋwuu^{1} biə^{1} gjịj^{1} su^{2} khji^{2} ta^{1}

腾）、 布 那 婆 苏 比 丘 （番 言 柳 宿）、 苏 气 怛

比丘（唐言海授）、阿湿繁比丘（唐言马腾）、布那婆苏比丘（唐言柳宿）、苏气怛

2.49.5

[illegible]

lo^{1} phji^{2} khjiw^{2} mji^{2} ŋwuu^{1} neew^{2} gjịj^{1} njɨ^{2} tja^{1} ŋa^{2} ·jij^{1}

罗 比 丘 （番 言 善 星） 等 者， 我 之

[illegible]

tshji^{2} ljịj^{1} mjijr^{2} ŋwu^{2} mjor^{1} ŋa^{2} ·ju^{2} rjir^{2} ŋa^{2} rjɨr^{2} tshjiij^{1}

侍 奉 者 是， 亲 我 面 前。 我 △ 说

罗②比丘（唐言善星），是我给侍，亲对我前。闻我

2.49.6

[illegible]

① 缺财，西夏文字面意思为“无财”。

② 苏气怛罗，梵文 Sunakṣatra，比丘名。译曰“善星”。

tsjiir^1　mji^1　ŋa^2　dzjɨɨ^2　dźjij^1　djij^2　ljij^2　ŋa^2　dzuu^2　djị^2

法　闻，　我　化　行　△　见，　我　坐　端

[illegible]①

wjo^1　ŋa^2　djij^2　ljij^2　ŋa^2　mee^2　mjijr^2　ŋa^1　ŋa^1

作　△　△　见，　我　神　通　空　虚

说法，见我经行，见我端坐，见我神足游处

2.49.7

[illegible]

gu^2　kheej^1　dźjij^1　djij^2　ljij^2　ŋa^2　rejr^2　tụ^1　tśja^1　nioow^1

中　游　行　△　见，　我　多　千　道　外

[illegible]

·jij^1　rjur^1　·jar^2　djij^2　ljij^2　ljịj^2　·ji^1　kha^1　dow^1　tsjiir^1

于　降　伏　△　见，　大　众　中　邪　法

虚空，见我降伏多千外道，于大众中摧彼邪法，

2.50.1

[illegible]

dźjwu^1　ljiij^2　djij^2　ljij^2　zjịj^1　thja^1　njɨ^2　tsjɨ^1　ŋa^2　do^2

摧　毁　△　见　时，　彼　等　尚　我　处

[illegible]

dzu^1　dźiej^2　njiij^1　śjwo^1　mjɨ^1　dźjij　bji^2　bji^2　·ju^2

乐　信　心　生　不　肯，　步　步　恒

如是等人，尚于我所不生信乐，于步步间恒

2.50.2

[illegible]

ŋa^2　·jij^1　tśjuu^1　kiẹj^2　thjɨ^2　nioow^1　bji^2　bji^2　tśjɨɨ^1　bju^1

我　之　毁　欲，　是　由　步　步　次　依

[illegible]

① [illegible]（wjo^1），是轻动词“[illegible]”（·wji^1）的衍生式，义为“为”。当动词后出现第一人称单数呼应后缀“[illegible]”（ŋa^2）时，往往引起动词的音韵转换，动词用衍生式。

niow^{2}	lhu^{1}	nioow^{1}	tśjɨɨ^{1}	tjij^{1}	dzjwo^{2}	tha^{1}	mjiij^{2}	tshjiij^{1}	mji^{1}
恶	增。	复	次，	若	人	佛	号	说	闻

欲毁我，由是步步渐增其恶。复次，若说佛名

2.50.3

ʑjɨr^{1}	we^{2}	phji^{1}	dźiej^{2}	njiij^{1}	śjwo^{1}	tsjɨ^{1}	phju^{2}	thjoo^{1}	gju^{2}
实	成，	令	信	心	生，	亦	上	妙	具
ŋwu^{2}	sju^{2}	mji^{1}	ŋər^{1}	sju^{2}	tśja^{1}	thã^{1}	mẹ^{2}	kjur^{1}	thja^{1}
以，	须	弥	山	如，	栴	檀	末	盛，	其

信为实者，应持上器，如须弥山，盛栴檀末，而

2.50.4

dzjwo^{2}	tśhjaa^{1}	sar^{2}	lju^{2}	lew^{2}	rjijr^{2}	sọ^{1}	tụ^{1}	ljịj^{2}	tụ^{1}
人	上	散	布	应。	士	三	千	大	千
rjur^{1}	kiẹj^{2}	rjir^{2}	ka^{1}	thjɨ^{2}	sju^{2}	tshjɨɨ^{1}	ɣja^{2}	ŋwu^{2}	ŋa^{1}
世	界	与	等，	此	如	列	盖	以	空

散其上。应作伞盖，犹如三千大千世界，持在空中

2.50.5

gu^{2}	thja^{2}	·jij^{1}	ɣu^{1}	tśhjaa^{1}	twụ^{1}	twụ^{1}	ɣja^{2}	lew^{2}	thjij^{2}
中	彼	之	头	上	各	处	覆	应。	何
sjo^{2}	ljɨ^{1}	tha^{1}	·jij^{1}	dźiej^{2}	nioow^{1}	ljɨ^{1}	tjij^{1}	tha^{1}	·jij^{1}
云	也？	佛	于	信	故	也。	若	佛	于

而覆其上。何以故？为信佛故。何况信已，

2.50.6

dźiej^{2} nioow^{1} kiẹj^{2} dźjiir^{1} nji^{1} phjɨ^{1} bju^{1} gjị^{2} lew^{2} mjij^{1}

信 已， 欲 出 家 舍， 依 倚 所 无，

[illegible]

rjur^{1} mjij^{1} sjwɨ^{1} djọ^{2} tja^{1} kjɨ^{1} pjụ^{1} tshjiij^{1} ljọ^{2} wjij^{2}

诸 静 虑 修 者， △ 量 说 岂 有？

舍欲出家，无所依倚，修诸静虑？

2.50.7

[illegible]

kja^{1} śja^{1} thjɨ^{2} sju^{2} dźiã^{2} tśhju^{1} thja^{1} kha^{1} zeew^{2} kjir^{2}

迦 叶， 此 如 众 生， 其 中 忍 敢

[illegible]

tja^{1} zji^{2} kha^{1} zjiir^{1} dju^{1} ŋwu^{2} tjij^{1} tha^{1} ·jij^{1} tśhjwɨj^{1}

者， 最 中 希 有 是， 若 佛 于 禁

迦叶，如是众生，于中忍可，极为希有，能善护持

2.51.1

[illegible]

kie^{1} ·wejr^{2} njwi^{2} ·jiij^{1} ku^{1} tśhjwo^{1} zər^{2} ljịj^{2} tsjiir^{1} nwə^{1}

戒 护 能 持， 则 故 露 甘 法 知

[illegible]

tsjij^{2} njwi^{2} ljɨ^{1} dzjọ^{1} sju^{2} ljịj^{2} ·ji^{1} kha^{1} dzjwo^{2} gjɨ^{2}

了 能 也。 譬 如 大 众 中， 人 有

佛所制戒，则能了知彼甘露法。如大众中，以其

2.51.2

[illegible]

sej^{2} zjị^{1} nioow^{1} dzjij^{2} tshe^{2} tśior^{2} war^{2} ŋwu^{2} dzjwo^{2} swu^{2}

皮 靴 及 余 臭 秽 财 以， 人 像

[illegible]

rjɨr^{2} wji^{1} tjij^{1} mə^{2} mə^{2} rjur^{1} dza^{1} ŋwər^{2} laa^{1} rjɨr^{2}

乃 为， 若 种 种 诸 杂 面 相 乃

皮革①及余臭秽②,共制人像,或造种种诸杂面相,

2.51.3

[illegible],	[illegible]	[illegible]	[illegible]	[illegible],	[illegible]	[illegible]	[illegible]	[illegible]	[illegible]。
wji^{1}	nja^{1}	tshjịj^{2}	tjạ^{1}	wer^{1}	zji^{2}	ljuu^{2}	ljuu^{2}	we^{2}	phji^{1}
为,	△	严	饰	装,	极	庄	严	成	令。
[illegible]	[illegible]	[illegible]	[illegible]	[illegible]	[illegible]	[illegible]	[illegible],	[illegible]	[illegible]
tjij^{1}	dzjwo^{2}	zow^{2}	·jiij^{1}	·jij^{1}	njijr^{2}	tśhjaa^{1}	tjị^{1}	tjij^{1}	lhwu^{1}
若	人	受	持	自	面	上	置,	若	衣

彩画庄饰,令极端严。有人持之置于面上,或以衣

2.51.4

[illegible]	[illegible]	[illegible]	[illegible]	[illegible]	[illegible]	[illegible]	[illegible]	[illegible],	[illegible]
·jɨr^{2}	ŋwu^{2}	tśiə^{2}	zow^{2}	·jiij^{1}	rjur^{1}	rjur^{1}	dźjij^{1}	daa^{2}	thja^{1}
帛	以	缠	受	持	诸	众	行	游,	其
[illegible]	[illegible]	[illegible]	[illegible]	[illegible]	[illegible]	[illegible]	[illegible]	[illegible]?	[illegible]
·jwɨr^{1}	·jij^{1}	bju^{1}	ŋạ^{2}	·jɨ^{2}	tjị^{2}	mjɨ^{1}	tśhjɨ^{1}	wjij^{2}	ŋạ^{2}
形	像	以	善	说	处	不	尔	有?	好

物③缠裹游行,岂以相貌谓为好耶?

2.51.5

[illegible]	[illegible]	[illegible]	[illegible]	[illegible]	[illegible]	[illegible]	[illegible],	[illegible]	[illegible]
ŋạ^{2}	tśhjii^{1}	kiọ^{1}	njii^{2}	tśior^{2}	ɣiej^{1}	ŋwu^{2}	dwewr^{2}	ku^{1}	tśhjɨ^{2}
好	观	察	粪	秽	谛	是	知,	则	立
[illegible]	[illegible]	[illegible]	[illegible]	[illegible]。	[illegible]	[illegible],	[illegible]	[illegible],	[illegible]
rjar^{2}	dwər^{1}	ka^{2}	njiij^{1}	śjwo^{1}	thjɨ^{2}	sju^{2}	thjɨ^{2}	sju^{2}	rjur^{1}
即	厌	绝	心	生。	此	如,	此	如,	诸

审知秽恶,便生厌离。如是,如是,诸

① 皮革,西夏文字面意思为“皮靴”。
② 臭秽,西夏文字面意思为“臭秽财”。
③ 衣物,西夏文字面意思为“帛衣”。

2.51.6

[illegible]	[illegible]	[illegible]，	[illegible]	[illegible]	[illegible]	[illegible]	[illegible]	[illegible]，	[illegible]
niow^{2}	phji^{2}	khjiw^{2}	mjor^{1}	ljịj^{2}	·jij^{1}	pjụ^{1}	tśhja^{2}	bju^{1}	pjụ^{1}
恶	比	丘，	如	来	之	威	德	以，	威
[illegible]	[illegible]	[illegible]，	[illegible]	[illegible]	[illegible]	[illegible]	[illegible]	[illegible]，	[illegible]
wer^{1}	dzju^{2}	dzjɨ^{2}	ŋạ^{2}	ŋạ^{2}	tśhjii^{1}	kiọ^{1}	bioo^{1}	thjuu^{1}	ku^{1}
仪	俱	集，	好	好	审	审	察	察，	则

恶比丘，以如来威德容仪，严整审谛观察，

2.51.7

[illegible]	[illegible]	[illegible]	[illegible]	[illegible]	[illegible]	[illegible]	[illegible]。	[illegible]	[illegible]
tśhjɨ^{1}	mja^{1}	nioow^{1}	zji^{2}	kha^{1}	niow^{2}	ŋwu^{2}	dwewr^{2}	·jij^{1}	tsjij^{1}
尔	然	后	最	中	恶	是	知。	自	他
[illegible]	[illegible]	[illegible]，	[illegible]	[illegible]	[illegible]	[illegible]。	[illegible]	[illegible]	[illegible]
ŋa^{2}	sjiij^{2}	nioow^{1}	lẹj^{2}	dzu^{1}	śjwo^{1}	ljɨ^{1}	tjij^{1}	dzjwo^{2}	ŋa^{2}
我	想	由，	贪	爱	生	也。	若	人	我

方①知极恶。由自他我想，而生贪爱。若人

2.52.1

[illegible]	[illegible]	[illegible]	[illegible]	[illegible]，	[illegible]	[illegible]	[illegible]	[illegible]	[illegible]
sjiij^{2}	mji^{1}	źjɨr^{1}	nwə^{1}	tsjij^{2}	ku^{1}	thja^{1}	njɨ^{2}	lwər^{2}	lhejr^{2}
想	非	实	知	了，	则	彼	等	经	契
[illegible]	[illegible]，	[illegible]	[illegible]	[illegible]	[illegible]。	[illegible]	[illegible]	[illegible]？	[illegible]
mji^{1}	zjịj^{1}	tshjạ^{1}	kwow^{2}	mji^{1}	śjwo^{1}	thjij^{2}	sjo^{2}	ljɨ^{1}	mjɨ^{1}
闻	时，	瞋	恚	不	生。	何	云	也？	他

了知我想非实，闻是等经不生瞋恚。何以故？

2.52.2

[illegible]	[illegible]	[illegible]	[illegible]	[illegible]	[illegible]	[illegible]，	[illegible]	[illegible]	[illegible]
dzjwo^{2}	dźjɨ	wji^{1}	pjo^{1}	tsjij^{2}	ljwu^{1}	nu^{1}	ku^{1}	thja^{1}	njɨ^{2}

① 方，西夏文译作"[illegible]"，字面意思是"尔然后"。

人 行 为 毁 訾 违 逆， 则 此 等

[illegible] [illegible] [illegible] [illegible]， [illegible] [illegible] [illegible] [illegible] [illegible]。 [illegible]

lwər^2 lhejr^2 mji^1 zjịj^1 gjij^1 njij^2 dwər^1 ka^2 ljɨ^1 tjɨ^1

经 契 闻 时， 倍 增 厌 离 也。 假

由为他人毁訾违逆，闻此等经，倍增厌离。

2.52.3

[illegible] [illegible] [illegible] [illegible] [illegible] [illegible] [illegible]， [illegible] [illegible] [illegible]

tjij^1 dźiã^2 tśhju^1 zow^2 zjịj^1 njiij^1 śjwo^1 ku^1 dow^1 ljij^2

若 众 生 执 着 心 生， 则 邪 见

[illegible] [illegible]。 [illegible] [illegible] [illegible] [illegible]， [illegible] [illegible] [illegible] [illegible]

dzjwo^2 ŋwu^2 tjij^1 dow^1 ljij^2 śjwo^1 ku^1 thja^1 njɨ^2 lwər^2

人 是。 若 邪 见 起， 则 此 等 经

若有众生心怀执着，当知即是邪见之人。若起邪见，于是等经，

2.52.4

[illegible] [illegible]， [illegible] [illegible] [illegible] [illegible] [illegible] [illegible] [illegible] [illegible]

lhejr^2 nioow^1 źjɨr^1 ɣiej^1 dzju^1 dzjiij^2 dạ^2 ɣa^2 tshjạ^1 kwow^2

契 后， 实 真 诲 教 言 于 瞋 怒

[illegible] [illegible]。 [illegible] [illegible] [illegible]？ [illegible] [illegible] [illegible]， [illegible] [illegible]

njiij^1 śjwo^1 thjij^2 sjo^2 ljɨ^1 ŋa^2 sjiij^2 dju^1 ku^1 tshjạ^1

心 生。 何 云 也？ 我 想 有， 则 瞋

如实教诲，即生瞋恚。何以故？有我想者，有瞋

2.52.5

[illegible] [illegible] [illegible] [illegible]。 [illegible] [illegible] [illegible] [illegible]、 [illegible] [illegible]

kwow^2 tsjɨ^1 dju^1 ljɨ^1 tjɨ^1 tjij^1 phji^2 khjiw^2 phji^2 khjiw^2

怒 亦 有 也。 假 若 比 丘、 比 丘

[illegible]、 [illegible] [illegible] [illegible]、 [illegible] [illegible] [illegible]， [illegible] [illegible] [illegible]

dźji^1 ·jiw^2 pho^1 se^2 ·jiw^2 pho^1 ·ji^1 thja^1 njɨ^2 lwər^2

尼、 优 婆 塞、 优 婆 夷， 此 等 经

恚故。若有比丘、比丘尼、优婆塞、优婆夷，闻是等

2.52.6

[illegible]	[illegible]	[illegible]，	[illegible]	[illegible]、	[illegible]	[illegible]、	[illegible]	[illegible]	[illegible]，
lhejr^{2}	mji^{1}	zjij^{1}	tshja̩^{1}	kwow^{2}	ŋwo^{2}	ljiij^{2}	pjo^{1}	tsjij^{2}	śjwo^{1}
契	闻	时，	瞋	怒、	毁	坏、	诽	谤	生，
[illegible]	[illegible]	[illegible]	[illegible]。	[illegible]	[illegible]	[illegible]	[illegible]	[illegible]，	[illegible]
ku^{1}	śia^{1}	mẽ^{1}	njaa^{2}	śia^{1}	mẽ^{1}	mjiij^{2}	kjɨ^{1}	·jɨ^{2}	ŋa^{2}
则	沙	门	非。	沙	门	名	△	谓，	我

经，瞋恚、毁坏、诽谤之者，即非沙门。虽复说有沙门名字，

2.52.7

[illegible]	[illegible]	[illegible]	[illegible]	[illegible]	[illegible]，	[illegible]	[illegible]	[illegible]	[illegible]
·jij^{1}	ɣie̩^{2}	mji^{1}	dzjiij^{2}	gji^{2}	njaa^{2}	ŋa^{2}	tsji^{1}	thja^{2}	·jij^{1}
于	声	闻	教	子	非，	我	亦	彼	之
[illegible]	[illegible]	[illegible]。	[illegible]	[illegible]	[illegible]？	[illegible]	[illegible]	[illegible]	[illegible]
dzjiij^{2}	lhji^{2}	njaa^{2}	thjij^{2}	sjo^{2}	ljɨ^{1}	ŋa^{2}	·jij^{1}	ɣie̩^{2}	mji^{1}
师	父	非。	何	云	也？	我	之	声	闻

非我声闻①，我非彼师②。何以故？是我声闻，

2.53.1

[illegible]	[illegible]	[illegible]，	[illegible]	[illegible]	[illegible]	[illegible]	[illegible]，	[illegible]	[illegible]
dzjiij^{2}	gji^{2}	ŋwu^{2}	ku^{1}	la̩^{1}	mjɨ^{1}	tśhjɨ^{1}	wji^{1}	ŋa^{2}	la̩^{1}
教	子	是，	则	妄	不	尔	为，	我	妄
[illegible]	[illegible]	[illegible]	[illegible]	[illegible]	[illegible]	[illegible]。	[illegible]	[illegible]	[illegible]？
wji^{1}	mjijr^{2}	·jij^{1}	dzjiij^{2}	lhji^{2}	njaa^{2}	ŋa^{2}	thjij^{2}	sjo^{2}	ljɨ^{1}
为	者	之	师	父	非	△。	何	云	也？

则不妄语③，我非妄语之师。何以故？

2.53.2

[illegible] [illegible] [illegible] [illegible] [illegible] [illegible] [illegible]， [illegible] [illegible] [illegible] [illegible] [illegible] [illegible] [illegible] [illegible] [illegible]。

① 声闻，西夏文字面意思为“声闻教子”。下同。
② 师，西夏文作“[illegible]”，义为“师父”或“先生”。下同。
③ 妄语，西夏文字面意思为“妄为”。下同。

mjor^{1} ljịj^{2} tja^{1} źjɨr^{1} mjijr^{2} dạ^{2} ŋwu^{2} bju^{1} tsjiir^{1} ŋowr^{2} ŋowr^{2} ŋa^{1} tshjiij^{1} mjijr^{2} ŋwu^{2} ljɨ^{1}
如 来 者 实 者 言 是, 依 法 一 切 空 说 者 是 也。
如来是实语者,能如实说一切法空者。

汉文本

迦叶,汝观俱迦利比丘(唐言恶时者)、提婆达多比丘(唐言天授)、骞荼达罗比丘(唐言缺财)、迦卢底输比丘(唐言器鬼宿)、母达罗多比丘(唐言海授)、阿湿繁比丘(唐言马腾)、布那婆苏比丘(唐言柳宿)、苏气怛罗比丘(唐言善星),是我给侍,亲对我前。闻我说法,见我经行,见我端坐,见我神足游处虚空,见我降伏多千外道,于大众中摧彼邪法,如是等人,尚于我所不生信乐,于步步间恒欲毁我,由是步步渐增其恶。

复次,若说佛名信为实者,应持上器,如须弥山,盛栴檀末,而散其上。应作伞盖,犹如三千大千世界,持在空中而覆其上。何以故?为信佛故。何况信已,舍欲出家,无所依倚,修诸静虑?

迦叶,如是众生,于中忍可,极为希有,能善护持佛所制戒,则能了知彼甘露法。如大众中,以其皮革及余臭秽,共制人像,或造种种诸杂面相,彩画庄饰,令极端严。有人持之置于面上,或以衣物缠裹游行,岂以相貌谓为好耶?审知秽恶,便生厌离。如是,如是,诸恶比丘,以如来威德容仪,严整审谛观察,方知极恶。由自他我想,而生贪爱。若人了知我想非实,闻是等经不生瞋恚。何以故?由为他人毁訾违逆,闻此等经,倍增厌离。若有众生心怀执着,当知即是邪见之人。若起邪见,于是等经,如实教诲,即生瞋恚。何以故?有我想者,有瞋恚故。

若有比丘、比丘尼、优婆塞、优婆夷,闻是等经,瞋恚、毁坏、诽谤之者,即非沙门。虽复说有沙门名字,非我声闻,我非彼师。何以故?是我声闻,则不妄语,我非妄语之师。何以故?如来是实语者,能如实说一切法空者。

2.53.2—2.53.3

[illegible] [illegible], [illegible] [illegible] [illegible] [illegible] [illegible] [illegible] [illegible], [illegible] [illegible] [illegible]
kja^{1} śja^{1} mjor^{1} ljịj^{2} tja^{1} ŋa^{2} zow^{2} ljiij^{2} njwi^{2} nioow^{1} thja^{1} rjir^{2}
迦 叶, 如 来 者 我 执 破 能, 后 其 与
[illegible] [illegible] [illegible] [illegible], [illegible] [illegible] [illegible] [illegible] [illegible] [illegible] [illegible], [illegible]
ɣwej^{1} dzeej^{1} tsjɨ^{1} njwi^{2} tjij^{1} dzjwo^{2} mjor^{1} ljịj^{2} rjir^{2} ɣwej^{1} dzeej^{1} ku^{1}
斗 诤 亦 能, 若 人 如 来 与 斗 诤, 则
迦叶,如来能破我执,与之斗诤,若与如来诤者,

2.53.4

[illegible] [illegible] [illegible] [illegible]。 [illegible] [illegible] [illegible] [illegible] [illegible] [illegible] ljiij^{2} niow^{2} ɣiej^{1} ŋwu^{2} mjor^{1} ljịj^{2} rjɨr^{2} tshjiij^{1} thja^{1} ljiij^{2}

魔 恶 实 是。 如 来 △ 言 其 魔

[西夏字] [西夏字] [西夏字] [西夏字] [西夏字] [西夏字] [西夏字] [西夏字] [西夏字] [西夏字]

·ji^{1} njɨ^{2} nji^{1} phjɨ^{1} ŋowr^{2} lhə kie^{1} lhjịj^{2} rjar^{1} mjij^{1}

众 等 家 出 俱 足 戒 受 许 不

名为恶魔。如来不许魔众出家,受具足戒。

2.53.5

[西夏字]。 [西夏字] [西夏字] [西夏字]① [西夏字] [西夏字] [西夏字] [西夏字] [西夏字] [西夏字]

·jɨ^{2} tjij^{1} dzjwo^{2} ljị^{1} we^{1} ŋwər^{1} ɣa^{2} ljịj^{2} we^{1} bju^{2}

谓。 若 人 农 鸟 青 于 大 龙 象

[西夏字] [西夏字]② [西夏字] [西夏字] [西夏字], [西夏字] [西夏字] [西夏字] [西夏字]? [西夏字]

wjɨ^{2} gjwɨ^{1} ·jɨ^{2} djij^{2} zjịj^{1} phji^{1} ɣa^{2} thjij^{2} sjo^{2} thjɨ^{2}

△ 割 谓 △ 时, 意 于 何 云? 此

如有人言:青雀小鸟③生大龙象,于意云何?

2.53.6

[西夏字] [西夏字] [西夏字], [西夏字] [西夏字] [西夏字]④ [西夏字]? [西夏字] [西夏字] [西夏字]

sju^{2} dạ^{2} tja^{1} dźiej^{2} lew^{2} ·a ŋwu^{2} kja^{1} śja^{1} kụ^{2}

如 言 者, 信 应 △ 是? 迦 叶 答

[西夏字]: [西夏字] [西夏字], [西夏字] [西夏字]。 [西夏字] [西夏字] [西夏字] [西夏字] [西夏字]:

dạ^{2} mji^{1} ljɨ^{1} rjur^{1} pjụ^{1} tha^{1} kja^{1} śja^{1} ·jij^{1} ·jɨ^{2}

言: 不 也, 世 尊。 佛 迦 叶 于 谓:

如是之言,为可信不?迦叶白言:不也,世尊!佛告迦叶:

2.53.7

[西夏字] [西夏字] [西夏字] [西夏字]? [西夏字] [西夏字] [西夏字] [西夏字]? [西夏字] [西夏字]

phji^{1} ɣa^{2} thjij^{2} sjo^{2} ŋwer^{1} tjij^{2} ·a ŋwu^{2} kja^{1} śja^{1}

意 于 何 云? 同 等 △ 是? 迦 叶

---

① [西夏字],恐为"[西夏字]"字之误,义为"小"。
② [西夏字],恐为"[西夏字]"字之误,义为"生"。
③ 青雀小鸟,西夏文字面意思为"青鸟"。
④ [西夏字](·a),助词,用在疑问句中,表示疑问。下同。

[illegible] [illegible]: [illegible] [illegible] [illegible] [illegible] [illegible]。 [illegible] [illegible], [illegible]

kụ² dạ² ŋwer¹ tjij² tsjɨ¹ njaa² ljɨ¹ nioow¹ tśjɨɨ¹ kja¹

答 言: 同 等 亦 非 也。 复 次, 迦

于意云何?为等类不?迦叶白言:非为等类。复次,迦

2.54.1

[illegible], [illegible] [illegible] [illegible] [illegible] [illegible] [illegible] [illegible] [illegible] [illegible]

śja¹ tjij¹ dzjwo² kię¹ dzjwɨ² we¹ njij² ɣa² dzjij² we¹

叶, 若 人 金 翅 龙 王 于 余 龙

[illegible] [illegible]① [illegible] [illegible] [illegible], [illegible] [illegible] [illegible] [illegible]? [illegible]

wjɨ² gjwɨ¹ ·jɨ² djij² zjịj¹ phji¹ ɣa² thjij² sjo² thja¹

△ 割 谓 △ 时, 意 于 何 云? 其

叶,又如说言:妙翅鸟王②生于飞鸟③,于意云何?

2.54.2

[illegible] [illegible] [illegible] [illegible] [illegible]? [illegible] [illegible] [illegible] [illegible] [illegible]?

dạ² dźiej² lew² ·a ŋwu² nioow¹ ŋwer¹ tjij² ·a ŋwu²

言 信 应 △ 是? 后 同 等 △ 是?

[illegible] [illegible] [illegible] [illegible]: [illegible] [illegible], [illegible] [illegible]! [illegible] [illegible]

kja¹ śja¹ kụ² dạ² mji¹ ljɨ¹ rjur¹ pjụ¹ ŋwer¹ tjij²

迦 叶 答 言: 不 也, 世 尊! 同 等

为可信不?为等类不?迦叶白言:不也,世尊!亦为

2.54.3

[illegible] [illegible]。 [illegible] [illegible], [illegible] [illegible], [illegible] [illegible] [illegible] [illegible]

tsjɨ¹ njaa² nioow¹ tśjɨɨ¹ kja¹ śja¹ tjij¹ dzjwo² dju¹ bə²

亦 非。 复 次, 迦 叶, 若 人 有 虫

[illegible] [illegible] [illegible] [illegible] [illegible] [illegible] [illegible] [illegible] [illegible] [illegible]

tjij² rjur¹ gjɨ² sju² mji¹ ŋər¹ ·ụ² ŋa¹ gu² dźjwow¹

① [illegible],恐为“[illegible]”字之误,义为“生”。
② 妙翅鸟王,西夏文字面意思为“金翅龙王”。
③ 飞鸟,西夏文字面意思为“龙”。

萤	火	有	须	弥	山	负	空	中	飞

非类。复次，迦叶，又如说言：萤火小虫，负须弥山飞空

2.54.4

[illegible]	[illegible]	[illegible]，	[illegible]	[illegible]	[illegible]	[illegible]？	[illegible]	[illegible]	[illegible]
djij^2	·jɨ^2	zjij^1	phji^1	ɣa^2	thjij^2	sjo^2	thja^1	dạ^2	dźiej^2
△	谓	时，	意	于	何	云？	其	言	信
[illegible]	[illegible]	[illegible]？	[illegible]	[illegible]	[illegible]	[illegible]	[illegible]？	[illegible]	[illegible]
lew^2	·a	ŋwu^2	nioow^1	ŋwer^1	tjij^2	·a	ŋwu^2	kja^1	śja^1
应	△	是？	后	同	等	△	是？	迦	叶

而去，于意云何？为可信不？为等类不？迦叶

2.54.5

[illegible]	[illegible]：	[illegible]	[illegible]，	[illegible]	[illegible]！	[illegible]	[illegible]	[illegible]	[illegible]。
kụ^2	dạ^2	mji^1	ljɨ^1	rjur^1	pjụ^1	ŋwer^1	tjij^2	tsjɨ^1	njaa^2
答	言：	不	也，	世	尊！	同	等	亦	非。
[illegible]	[illegible]	[illegible]	[illegible]	[illegible]：	[illegible]	[illegible]	[illegible]	[illegible]，	[illegible]
tha^1	kja^1	śja^1	·jij^1	·jɨ^2	thjɨ^2	sju^2	dzjwo^2	niow^2	tjij^1
佛	迦	叶	之	告：	此	如	人	恶，	若

白言：不也，世尊！亦为非类。佛告迦叶：如是恶人，若

2.54.6

[illegible]	[illegible]、	[illegible]	[illegible]	[illegible]	[illegible]	[illegible]	[illegible]	[illegible]，	[illegible]
ŋa^2	sjiij^2	rjɨr^2	njɨ^2	djiij^2	phã^1	sjiij^2	ɣa^2	dźjiij^1	ku^1
我	想、	乃	至	涅	槃	想	于	住，	则
[illegible]	[illegible]	[illegible]	[illegible]	[illegible]	[illegible]，	[illegible]	[illegible]	[illegible]	[illegible]，
ŋa^2	thja^2	·jij^1	dzjiij^2	lhji^2	ŋwu^2	ŋa^2	mji^1	·jɨ^2	nioow^1
我	彼	之	师	父	是，	我	不	说	后，

住我想，乃至涅槃想者，称我为师，转

2.54.7

[illegible]	[illegible]	[illegible]	[illegible]。	[illegible]	[illegible]，	[illegible]	[illegible]	[illegible]	[illegible]，

ŋwer¹ tjij² tsjɨ¹ njaa² kja¹ śja¹ dzjo̱¹ sju² lhjịj njij²

同 等 亦 非。 迦 叶， 譬 如 国 王，

[illegible]

·jij¹ wəə¹ lhjịj ·u² sjij² ·ju² ·jij¹ mjii² wji¹ zji²

自 属 国 中， 庶 民 于 治 为， 最

为非类。迦叶，如有帝王，安住国界①，抚育群生②，

2.55.1

[illegible]

kha¹ bieej¹ rejr² mə² mə² tji̱¹ dzji² thja¹ śjij¹ śjɨj¹

中 快 乐， 种 种 饮 食， 自 然 成

[illegible]

tjɨ̱² tshji² mjijr² bji² mjijr² njij² tjɨ̱j² bju¹ dźjij¹ dzjɨj¹

得， 侍 者 丞 相， 王 法 依 行。 时

快乐无极，种种饮食，自然成办，傍有侍臣③，奉王正化。时

2.55.2

[illegible]

dzjwo² gjɨ² ·ji¹ njɨ² mjij² pji̱¹ gjịj¹ ·jur¹ dzu¹ nioow¹

人 有， 众 等 未 判， 利 养 爱 由，

[illegible]

bji² mjijr² tsjiir¹ ɣiew¹ njij² zur² mji¹ nji² ·jij¹ ljịj²

丞 相 法 学， 王 命 不 闻， 自 大

有一人，众未曾识，为财利故，随学臣法④，不禀王命，自

2.55.3

[illegible]

bji² njij² njɨ² kha¹ dzew² zur² da̱² deej¹ thjɨ² sju²

臣 王 等 中 矫 诏 言 传， 此 如

---

① 国界，西夏文字面意思为“自属国中”。
② 群生，西夏文字面意思为“庶民”。
③ 侍臣，西夏文字面意思为“侍者丞相”。
④ 臣法，西夏文字面意思为“丞相法”。

[illegible]

dạ^{2} ·jɨ^{2} nji^{2} njɨ^{2} thjɨ^{2} do^{2} dźjiij^{1} lew^{2} nioow^{1} nji^{2}

言 说： 汝 等 此 处 住 应。 后 汝

于大臣王等众中，诈宣王制，作如是言：汝等应当止住于此。或言：汝等

2.55.4

[illegible]

njɨ^{2} thjɨ^{2} sju^{2} dạ^{2} wji^{1} lew^{2} ·jɨ^{2} kja^{1} śja^{1} mjor^{1}

等 是 如 言 为 △ 谓。 迦 叶， 如

[illegible]

ljịj^{2} tsjiir^{1} njij^{2} tsjɨ^{1} thja^{1} wjɨ^{2} sju^{2} ljịj^{2} tụ^{1} kiẹj^{2}

来 法 王， 亦 是 △ 如。 大 千 界

作如是事①。迦叶，如来法王亦复如是。王大千界②，

2.55.5

[illegible]

dzju^{2} sọ^{1} ·ụ^{2} dźiã^{2} tśhju^{1} ŋowr^{2} ŋowr^{2} ·jij^{1} ɣjiw^{1} dzjiij^{2}

主， 三 乘 众 生 一 切 于 摄 化，

[illegible]

ɣạ^{2} ɣie^{1} tśhja^{2} ·ioow^{1} iọ^{1} sə^{1} śjɨj^{1} ·jiw^{2} rjur^{1} tha^{1}

十 力 德 功， 圆 满 成 就， 诸 佛

摄化一切三乘众生，十力功德，圆满成就，作诸佛

2.55.6

[illegible]

tśju^{1} wji^{1} bju^{2} mjij^{1} dźiã^{2} tśhju^{1} ·jij^{1} no^{2} rejr^{2} tjị^{1}

业 为， 边 无 众 生 之 安 乐。 饮

[illegible]

dzji^{2} kjụ^{1} tshwew^{1} thja^{1} śjij^{1} dzju^{2} dzjɨ^{2} thja^{1} kha^{1} ·a

食 供 养， 自 然 聚 集。 其 中 一

① 如是事，西夏文字面意思为“如是言”。

② 王大千界，西夏文字面意思为“大千界主”。

事,安乐无边①。饮食供养,自然丰足②。于中一

2.55.7

[illegible],	[illegible]	[illegible]	[illegible]	[illegible]	[illegible]	[illegible]	[illegible],	[illegible]	[illegible]
djịj^1	nioow^1	dzjwo^2	dźiã^2	tśhju^1	rjir^2	sjɨ^2	sjij^2	kạ^1	·jur^1
类,	后	人	众	生	与	知	识,	命	活
[illegible],	[illegible]	[illegible]、	[illegible]	[illegible],	[illegible]	[illegible]	[illegible]	[illegible]	[illegible]
nioow^1	ku^1	ŋa^2	dźiã^2	tśhju^1	rjɨr^2	njɨ^2	djiij^2	phã^1	dju^1
因,	则	我、	众	生,	乃	至	涅	槃	有

类,众未曾识③,为活命故,说我、众生,乃至涅槃。

2.56.1

[illegible]。	[illegible]	[illegible]	[illegible]	[illegible]	[illegible]	[illegible]	[illegible]	[illegible],	[illegible]
tshjiij^1	mjor^1	ljịj^2	ŋa^2	mjij^1	śjɨj^2	tsjiir^1	mji^1	lhjịj^2	thjɨ^2
说。	如	来	我	无	圣	法	不	受,	此
[illegible]	[illegible]	[illegible]:	[illegible]	[illegible]	[illegible]	[illegible]	[illegible]	[illegible],	[illegible]
sju^2	dạ^2	·jɨ^2	mjor^1	ljij^2	rjɨr^2	tshjiij^1	dạ^2	kha^1	thjɨ^2
如	言	说:	如	来	乃	说	言	中,	此

不受如来无我圣教,作如是言:如来所说,此

2.56.2

[illegible]	[illegible]	[illegible]	[illegible],	[illegible]	[illegible]	[illegible]	[illegible]	[illegible]	[illegible]。
sju^2	dạ^2	wji^1	lew^2	thjɨ^2	dạ^2	mji^1	wji^1	lew^2	·jɨ^2
如	言	为	应,	此	言	不	为	应	说。
[illegible]	[illegible]	[illegible]	[illegible]	[illegible]	[illegible]	[illegible],	[illegible]	[illegible]	[illegible]
thja^1	kha^1	tha^1	dźiej^2	tsjiir^1	bju^1	śjij^1	wji^1	mji^1	pjo^1
其	中	佛	信	教	依	顺,	为	不	诽

事应作④,此不应作⑤。于中有人,信佛顺教,不诽

---

① 无边,西夏文字面意思为“无边众生”。
② 丰足,西夏文字面意思为“聚集”。
③ 未曾识,西夏文译作“[illegible]”(与知识),参考 2.56.5,应作“[illegible]”(未识)。
④ 此事应作,西夏文字面意思为“应言如此”。
⑤ 此不应作,西夏文字面意思为“不应言此”。

2.56.3

[illegible]	[illegible]，	[illegible]	[illegible]	[illegible]	[illegible]	[illegible]，	[illegible]	[illegible]	[illegible]
tsjij^{2}	mjijr^{2}	thja^{1}	rjɨr^{2}	tshjiij^{1}	dạ^{2}	mji^{1}	buu^{2}	thjoo^{1}	gji^{1}
谤	者，	其	△	说	言	闻，	胜	妙	清
[illegible]	[illegible]	[illegible]	[illegible]	[illegible]，	[illegible]	[illegible]	[illegible]	[illegible]	[illegible]
sej^{1}	ljo^{1}	rjar^{1}	ŋwu^{2}	phji^{1}	·jij^{1}	wəə^{1}	nioow^{1}	so^{2}	gji^{2}
净	福	田	是	使，	自	属	及	男	子

谤者，闻其所说，谓是胜妙清净福田，辍己资财

2.56.4

[illegible]	[illegible]	[illegible]	[illegible]	[illegible]	[illegible]	[illegible]，	[illegible]	[illegible]	[illegible]
gji^{2}	bjij^{2}	wəə^{1}	tjị^{1}	war^{2}	bju̱^{1}	bjịj^{1}	dźiej^{2}	njiij^{1}	ŋwu^{2}
妻	妾	属	食	财	殷	重，	信	心	以
[illegible]	[illegible]	[illegible]	[illegible]，	[illegible]	[illegible]	[illegible]	[illegible]	[illegible]	[illegible]，
tsjiir^{1}	bju^{1}	mjii^{1}	khjow^{1}	rjɨr^{2}	njɨ^{2}	rjur^{1}	dźjar^{2}	mji^{1}	dwewr^{2}
教	依	施	与，	乃	至	诸	过	不	觉，

及妻子分，殷重信心，如法施与，乃至未觉诸过

2.56.5

[illegible]	[illegible]	[illegible]	[illegible]	[illegible]	[illegible]。	[illegible]	[illegible]	[illegible]	[illegible]，
thjɨ^{2}	rjijr^{2}	twẹ^{2}	twẹ^{2}	mjii^{1}	khjow^{1}	thjɨ^{2}	sju^{2}	dzjwo^{2}	niow^{2}
此	后	相	续	施	与。	此	如	人	恶，
[illegible]	[illegible]	[illegible]	[illegible]	[illegible]	[illegible]	[illegible]	[illegible]	[illegible]，	[illegible]
·ji^{1}	dzjwo^{2}	rjir^{2}	mjɨ^{1}	sjɨ^{2}	sjij^{2}	mjijr^{2}	rjir^{2}	thwuu^{1}	tjị^{1}
众	人	与	未	知	识	者	与	同，	饮

已来，初无断绝。如是恶人，同于众人所未识者，饮

2.56.6

[illegible]	[illegible]	[illegible]，	[illegible]	[illegible]	[illegible]	[illegible]，	[illegible]	[illegible]	[illegible]
dzji^{2}	dźjwa^{1}	nioow^{1}	thja^{1}	tsowr^{2}	ŋewr^{1}	do^{2}	njɨɨ^{2}	njɨɨ^{2}	njij^{2}
食	终	后，	其	愦	闹	处，	日	日	王

dạ^2	kjwir^1	dạ^2	tjị^1	dạ^2	tjụ^2	dạ^2	sji^2	dzjwo^2	dạ^2
言、	贼	事、	食	事、	淫	事、	女	人	事、

食既终,于聚闹处,日日谈说①王事②、贼事、食事、淫事、女人事、

2.56.7

djị^2	tsjiir^1	dạ^2	·o^2	thji^1	dạ^2	be^2	lhjịj^2	khu^1	dzji^1
医	方	事、	酒	饮	事、	日	月	蚀	食
dạ^2	njij^2	·jij^1	lja^1	wjij^1	dạ^2	mə^2	djịj^1	dạ^2	njɨ^2
事、	王	之	来	去	事、	种	族	事	等

医方事、饮酒事、日月博蚀事、王者来去事、种族事等。

2.57.1

dźjij^1	ljɨ̣^{1}	dza^2	·jɨr^1	·jɨr^1	tjij^1	·jaar^2	ŋạ^2	ŋwu^2	thja^1
专	论	测	问	问。	若	日	吉	是,	其
njɨɨ^2	mjɨ^1	nji^1	kha^1	śjɨ^1	ku^1	tjị^1	dzji^2	rjir^1	ljɨ^1
昼	彼	家	中	往,	则	饮	食	得	也

或言吉日,应行他所,当得饮食。

2.57.2

·jɨ^2	thjɨ^2	sju^2	njɨ^2	djij^1	mə^2	mə^2	ŋwuu^1	dạ^2	njɨɨ^2
谓。	此	如	等	类	种	种	言	谈,	昼
gjɨ^2	seew^2	dza^2	·ji^1	mjii^1	·u^2	lhjwo^1	tjij^1	njɨɨ^1	gjɨ^2
夜	测	度,	众	宫	中	还,	若	二	宿,

① 谈说,西夏文译作"[Tangut][Tangut]",动词重叠表示相互义。

② 王事,西夏文字面意思为"王言",误。其中"[Tangut]"(dạ^2),义为"言",与"[Tangut]"(dạ^2)通假。

如是等类种种言谈，推度昼夜，还僧伽蓝①，或经二宿，

2.57.3

[illegible]	[illegible]	[illegible]	[illegible]，	[illegible]	[illegible]	[illegible]	[illegible]，	[illegible]	[illegible]
rjɨr^{2}	njɨ^{2}	tśhjiw^{1}	gjɨ^{2}	ljọ^{2}	rjɨr^{2}	dźjiij^{1}	twụ^{1}	·ju^{2}	thjɨ^{2}
乃	至	六	夜，	何	△	住	处，	常	此
[illegible]	[illegible]	[illegible]	[illegible]	[illegible]	[illegible]	[illegible]；	[illegible]	[illegible]	[illegible]
sju^{2}	njɨ^{2}	dạ^{2}	ljị^{1}	dza^{2}	·jɨr^{1}	·jɨr^{1}	tśhja^{2}	lə	źjɨr^{1}
如	等	事	论	度	问	问；	正	念	慧

乃至六夜，随所住处，亦常谈说如是等事；无正念慧，

2.57.4

[illegible]，	[illegible]	[illegible]	[illegible]	[illegible]，	[illegible]	[illegible]	[illegible]	[illegible]，	[illegible]
mjij^{1}	pjụ^{1}	wer^{1}	phjɨ^{1}	ljiij^{2}	mur^{1}	ljwɨ̣j^{1}	·jɨ^{2}	me^{2}	dźjwu^{2}
无，	威	仪	失	坏，	愚	昧	睡	眠，	涎
[illegible]	[illegible]	[illegible]；	[illegible]	[illegible]	[illegible]	[illegible]，	[illegible]	[illegible]	[illegible]
nạ^{1}	sə^{1}	rar^{2}	sjwɨ^{1}	sjiij^{2}	lə	bju^{1}	mjiij^{1}	gu^{2}	kjɨ^{1}
唾	满	流；	思	想	思	依，	梦	中	△

失坏威仪，昏痴睡眠，涎唾流溢；随所想象，睡梦中见，

2.57.5

[illegible]，	[illegible]	[illegible]	[illegible]	[illegible]	[illegible]	[illegible]	[illegible]，	[illegible]	[illegible]
mjiij^{1}	tjij^{1}	·jij^{1}	ljụ^{2}	mjɨ^{1}	nji^{1}	kha^{1}	śjɨ^{1}	be^{2}	tjị^{1}
梦，	或	己	身	他	所	中	往，	日	疾
[illegible]，	[illegible]	[illegible]	[illegible]	[illegible]，	[illegible]	[illegible]	[illegible]	[illegible]	[illegible]
dźjij^{1}	tjij^{1}	lhjɨ^{1}	lhji^{2}	dźjij^{1}	mə^{2}	mə^{2}	rjur^{1}	dạ^{2}	kjɨ^{1}
行，	或	徐	徐	行，	种	种	诸	事	△

或见己身，往诣他所，疾行缓行②，种种诸事③，

① 僧伽蓝，西夏文译作“[illegible]”，义为“众官”。

② 疾行缓行，西夏文译作“[illegible]”，其中“[illegible]”（lhjɨ^{1}）字的意义此前不甚明确，根据读音，“[illegible]”（lhjɨ^{1}）与“[illegible]”（lhji^{2}）有音韵转换关系，“[illegible]”构成双音节词，义为“徐徐”。

③ 种种诸事，西夏文字面意思为“梦种种诸事”。

2.57.6

[illegible]，	[illegible]	[illegible]	[illegible]，	[illegible]	[illegible]	[illegible]	[illegible]	[illegible]	[illegible]，
mjiij^{1}	tjij^{1}	me^{2}	tjị^{2}	nioow^{1}	rjijr^{2}	dźjwɨ^{1}	do^{2}	rjɨr^{2}	tshjiij^{1}
梦，	若	睡	眠，	后	方	邻	处	△	言，
[illegible]	[illegible]	[illegible]	[illegible]，	[illegible]	[illegible]	[illegible]	[illegible]	[illegible]	[illegible]
tśhioow^{1}	tśhioow^{1}	nji^{2}	ljụ^{2}	thjɨ^{2}	sju^{2}	dźjij^{1}	dzuu^{2}	kjɨ^{1}	mjiij^{1}
或	或	汝	身，	此	如	行	坐	△	梦

既悟寤已，互相向说，或梦汝身，如是行坐，

2.57.7

[illegible]，	[illegible]	[illegible]	[illegible]	[illegible]，	[illegible]	[illegible]	[illegible]	[illegible]	[illegible]
tja^{1}	wa^{1}	sju^{2}	do^{2}	rjir^{1}	wa^{1}	sju^{2}	do^{2}	mji^{1}	rjir^{1}
者，	何	如	处	得，	何	如	处	不	得
[illegible]；	[illegible]	[illegible]	[illegible]	[illegible]	[illegible]	[illegible]	[illegible]，	[illegible]	[illegible]
·jɨ^{2}	tśhioow^{1}	tśhioow^{1}	thjɨ^{2}	mjiij^{1}	gjuu^{2}	rjur^{1}	ŋwu^{2}	xja^{1}	gjij^{2}
谓；	或	或	此	梦	吉	祥	是，	速	野

从如是处，有得不得；复有说言，此梦吉祥，宜时速

2.58.1

[illegible]	[illegible]	[illegible]	[illegible]	[illegible]	[illegible]	[illegible]	[illegible]。	[illegible]	[illegible]
nji^{1}	nji^{1}	wjụ^{2}	we^{2}	·u^{2}	śjɨ^{1}	lew^{2}	·jɨ^{2}	mjɨ^{1}	nji^{1}
家	宅	邑	城	中	往	应	谓。	他	家
[illegible]	[illegible]	[illegible]	[illegible]	[illegible]；	[illegible]	[illegible]	[illegible]	[illegible]	[illegible]
kha^{1}	śjwɨ^{1}	ljị^{1}	lja^{1}	wjij^{1}	dźjwɨ^{1}	rjijr^{2}	mej^{1}	se^{2}	mjɨɨ^{2}
中	出	入	来	往；	邻	方	目	闭	呼

往村邑王城。至他家处，出入往来；摇动面目①，

2.58.2

[illegible]，	[illegible]	[illegible]	[illegible]	[illegible]，	[illegible]	[illegible]	[illegible]	[illegible]，	[illegible]
mjị^{1}	tśjị^{1}	tha	źjị^{1}	ku^{1}	njiij^{1}	mji^{1}	no^{2}	nej^{2}	ka^{1}

① 摇动面目，西夏文字面意思为“闭目呼告”。

告， 苦 逼 恼 故， 心 不 安 和， 等

[illegible]

śio^{1} djɨj^{2} mjij^{1} ku^{1} ·jij^{1} bjịj^{1} njiij^{1} śjwo^{1} rjur^{1} tśhji^{2}

引 定 无， 则 自 高 心 生， 诸 根

苦逼恼故，心不安和，无等引定，贡高自举①，诸根

2.58.3

[illegible]

dza^{1} laa^{1} mur^{1} dzjwo^{2} rjir^{2} mji^{1} do^{2} dạ^{2} dzjɨj^{1} rjir^{2}

杂 染， 俗 人 与 无 异； 言 时 与

[illegible]

mji^{1} śjwii^{2} njiij^{1} ŋewr^{1} khiee^{1} rejr^{2} nji^{1} wjụ^{2} kha^{1} rjur^{1}

不 应， 心 杂 乱 多。 乡 邑 中 诸

秽杂，与俗无殊；言不应时，心多驰散。乐游俗里

2.58.4

[illegible]

mə^{2} ljịj^{2} nji^{1} do^{2} śjɨ^{1} dzu^{1} pha^{1} bie^{2} lhew^{2} kiẹj^{2}

姓 大 宅 处 往 乐， 别 解 脱 界

[illegible]

ɣiwej^{1} ·jiij^{1} njwi^{2} mjɨ^{1} ·jij^{1} tjịj^{1} sji^{2} dzjwo^{2} ·jij^{1} tsjiir^{1}

受 持 能 不， 自 独 女 人 之 法

诸族姓家，不能奉持别解脱戒②；独为女人

2.58.5

[illegible]

tshji^{1} nẹ^{1} tshjiij^{1} tsjiir^{1} tshjiij^{1} ·jij^{1} zjịj^{1} lẹj^{2} kiẹj^{2} njiij^{1}

要 宣 说， 法 说 临 时， 贪 欲 心

[illegible]

dźjiij^{1} thja^{1} kha^{1} gjịj^{1} ·jur^{1} rejr^{2} rjir^{1} laa^{1} zjịj^{1} njiij^{1}

① 贡高自举，西夏文字面意思为“自高心生”。

② 戒，西夏文误作“界”的对应文字。

住， 其 中 利 养 多 得； 染 着 心

宣说法要，于说法时，心住贪染，而于是中，增获利养；染着之心，

2.58.6

[Tangut]， [Tangut] [Tangut] [Tangut] [Tangut]。 [Tangut] [Tangut] [Tangut] [Tangut]， [Tangut]

tja^1 rjɨr^1 kieej^1 wjɨ^2 sju^2 we̩^{1} lə dzu^1 zji̩j^1 dźjiij^1

者， 骨 啮 △ 如。 愚 痴 爱 着， 住

[Tangut] [Tangut] [Tangut]， [Tangut] [Tangut] [Tangut] [Tangut]， [Tangut] [Tangut] [Tangut]

lhu^1 zji̩j^1 lhu^1 lhjii^1 njiij^1 mji^1 śjwo^1 dźjow^1 ka^2 bjij^2

增 着 增， 悔 心 不 生， 分 离 时

犹如噬啮①。愚痴耽爱，增住增着，不生悔故，于别离

2.58.7

[Tangut]， [Tangut] [Tangut] [Tangut] [Tangut] [Tangut] [Tangut] [Tangut] [Tangut]； [Tangut]

zji̩j^1 ŋwu^2 kwar^1 tja̩^{1} lwu̩^{1} tśhjɨ^1 mja^1 nioow^1 śjɨ^1 nioow^1

时， 啼 哭 答 泣 尔 然 后 去； 后

[Tangut] [Tangut]， [Tangut] [Tangut] [Tangut] [Tangut]， [Tangut] [Tangut] [Tangut] [Tangut]？

njɨɨ^1 we^2 mjɨ^1 ·jij^1 phie^2 neej^2 njɨɨ^1 tja^1 thjij^2 sjo^2

二 处， 彼 于 开 示， 二 者 何 云？

时，啼泣而去；又于二处，开示他人，云何为二？

2.59.1

[Tangut] [Tangut] [Tangut] [Tangut] [Tangut]， [Tangut] [Tangut] [Tangut] [Tangut]， [Tangut]

sej^1 ŋa̩^{2} mjii^1 rjir^1 zji̩j^1 tśhjɨ^2 rjar^2 ·jow^2 śja^2 mji^1

净 好 施 得 时， 立 即 赞 叹， 非

[Tangut] [Tangut] [Tangut] [Tangut] [Tangut]， [Tangut] [Tangut] [Tangut] [Tangut]， [Tangut]

sej^1 ŋa̩^{2} mjii^1 rjir^1 zji̩j^1 tśhjɨ^2 rjar^2 pjo^1 tsjij^2 dźjwɨ^1

净 好 施 得 时， 立 即 毁 訾， 相

得净好施，便赞叹之，得非净好，即便毁訾，

① 噬啮，西夏文字面意思为“噬骨”。

2.59.2

[illegible]	[illegible]	[illegible]，	[illegible]	[illegible]	[illegible]	[illegible]	[illegible]	[illegible]	[illegible]
rjir^{2}	ber^{2}	zjịj^{1}	thja^{1}	rjir^{1}	rjir^{1}	war^{2}	·jij^{1}	gu^{2}	dźjwɨ^{1}
与	逢	时，	其	所	得	财	自	共	邻
[illegible]	[illegible]，	[illegible]	[illegible]	[illegible]	[illegible]	[illegible]：	[illegible]	[illegible]	[illegible]
·juu^{1}	phji^{1}	nioow^{1}	·jij^{1}	gu^{2}	·jɨr^{1}	·jɨr^{1}	thjɨ^{2}	wjɨ^{2}	mjii^{1}
视	使，	后	自	共	问	言：	此	刻	施

相会遇时，互看所得，复相问①言：施主今者

2.59.3

[illegible]	[illegible]	[illegible]	[illegible]？	[illegible]	[illegible]	[illegible]	[illegible]	[illegible]	[illegible]
wə^{1}	nji^{2}	wa^{1}	sju^{2}	war^{2}	dja^{2}	mjii^{1}	sjwɨ^{1}	·jij^{1}	dja^{2}
主	△	何	如？	财	△	施	孰	于	△
[illegible]？	[illegible]	[illegible]	[illegible]	[illegible]	[illegible]	[illegible]	[illegible]	[illegible]、	[illegible]
khjow^{1}	tjị^{1}	dzji^{2}	thjɨ^{2}	war^{2}	ljɨ̣^{1}	kjɨ^{1}	rejr^{2}	zjij^{2}	ljɨ̣^{1}
授？	饮	食	此	财	何	△	多	繁、	何

为施何物？为施与谁？饮食、资财几多？

2.59.4

[illegible]	[illegible]	[illegible]	[illegible]？	[illegible]	[illegible]，	[illegible]	[illegible]	[illegible]	[illegible]
kjɨ^{1}	ɣiə^{1}	njij^{2}	·jɨ^{2}	kja^{1}	śja^{1}	nwə^{1}	lew^{2}	thjɨ^{2}	tja^{1}
已	稀	少	谓？	迦	叶，	知	应	此	者
[illegible]	[illegible]	[illegible]	[illegible]	[illegible]，	[illegible]	[illegible]	[illegible]	[illegible]	[illegible]
dźjɨ	mji^{1}	djọ^{2}	mjijr^{2}	ŋwu^{2}	rjɨr^{2}	njɨ^{2}	kạ^{1}	bja^{2}	ɣa^{2}
行	不	修	者	是，	乃	至	命	终	于

几少？迦叶，当知是谓不修行者，乃至命终

2.59.5

[illegible]	[illegible]	[illegible]	[illegible]	[illegible]	[illegible]	[illegible]。	[illegible]	[illegible]	[illegible]
kjɨ^{1}	njɨ^{2}	·ju^{2}	thjɨ^{2}	sju^{2}	dạ^{2}	·jɨ^{2}	dźjɨ	mji^{1}	djọ^{2}

① 相问，西夏文译作"[illegible][illegible]"，动词重叠表示相互义。

△ 至 常 此 如 言 说。 行 不 修

[illegible]

mjijr^{2} tja^{1} nioow^{1} dzjij^{2} dźjar^{2} dju^{1} niow^{2} phji^{1} ŋwe^{1} śjwo^{1}

者 者, 复 余 罪 有, 恶 意 乐 生,

之所言说。不修行者,复有余过,生恶意乐,

2.59.6

[illegible]

tśhja^{2} tsjiir^{1} pjo^{1} ljɨ^{1} kja^{1} śja^{1} thjɨ^{2} sju^{2} rjur^{1} phji^{2}

正 法 谤 也。 迦 叶, 此 如 诸 比

[illegible]

khjiw^{2} djịj^{1} do^{2} njij^{2} śjow^{1} njiij^{1} śjwo^{1} lew^{2} thjij^{2} sjo^{2}

丘 类 处, 慈 悲 心 生 应。 何 云

谓谤正法。迦叶,应于如是诸比丘辈,生怜悯心。何以故?

2.59.7

[illegible]

ljɨ^{1} thja^{2} ·jij^{1} kụ^{1} tśjị^{1} źjị^{1} tshja^{2} lhjịj^{2} ljɨ^{1}

也? 彼 之 后 苦 恼 报 受 也。

以其当受苦恼果①故。

汉文本

迦叶,如来能破我执,与之斗诤,若与如来诤者,名为恶魔。如来不许魔众出家,受具足戒。如有人言:青雀小鸟生大龙象,于意云何?如是之言,为可信不?

迦叶白言:不也,世尊!佛告迦叶:于意云何?为等类不?

迦叶白言:非为等类。

复次,迦叶,又如说言:妙翅鸟王生于飞鸟,于意云何?为可信不?为等类不?

迦叶白言:不也,世尊!亦为非类。

复次,迦叶,又如说言:萤火小虫,负须弥山飞空而去,于意云何?为可信不?为等类不?

迦叶白言:不也,世尊!亦为非类。

佛告迦叶:如是恶人,若住我想,乃至涅槃想者,称我为师,转为非类。迦叶,如有帝王,安住国界,

① 苦恼果,西夏文字面意思为"苦恼报"。

抚育群生,快乐无极,种种饮食,自然成办,傍有侍臣,奉王正化。时有一人,众未曾识,为财利故,随学臣法,不禀王命,自于大臣王等众中,诈宣王制,作如是言:汝等应当止住于此。或言:汝等作如是事。迦叶,如来法王亦复如是。王大千界,摄化一切三乘众生,十力功德,圆满成就,作诸佛事,安乐无边。饮食供养,自然丰足。于中一类,众未曾识,为活命故,说我、众生,乃至涅槃。不受如来无我圣教,作如是言:如来所说,此事应作,此不应作。于中有人,信佛顺教,不诽谤者,闻其所说,谓是胜妙清净福田,辍己资财及妻子分,殷重信心,如法施与,乃至未觉诸过已来,初无断绝。如是恶人,同于众人所未识者,饮食既终,于聚闹处,日日谈说王事、贼事、食事、淫事、女人事、医方事、饮酒事、日月博蚀事、王者来去事、种族事等。或言吉日,应行他所,当得饮食。如是等类种种言谈,推度昼夜,还僧伽蓝,或经二宿,乃至六夜,随所住处,亦常谈说如是等事;无正念慧,失坏威仪,昏痴睡眠,涎唾流溢;随所想象,睡梦中见,或见己身,往诣他所,疾行缓行,种种诸事,既悟寤已,互相向说,或梦汝身,如是行坐,从如是处,有得不得;复有说言,此梦吉祥,宜时速往村邑王城。至他家处,出入往来;摇动面目,苦逼恼故,心不安和,无等引定,贡高自举,诸根秽杂,与俗无殊;言不应时,心多驰散。乐游俗里诸族姓家,不能奉持别解脱戒;独为女人宣说法要,于说法时,心住贪染,而于是中,增获利养;染着之心,犹如噬啮。愚痴耽爱,增住增着,不生悔故,于别离时,啼泣而去;又于二处,开示他人,云何为二?得净好施,便赞叹之,得非净好,即便毁訾,相会遇时,互看所得,复相问言:施主今者为施何物?为施与谁?饮食、资财几多?几少?迦叶,当知是谓不修行者,乃至命终之所言说。不修行者,复有余过,生恶意乐,谓谤正法。迦叶,应于如是诸比丘辈,生怜悯心。何以故?以其当受苦恼果故。

2.59.7

[illegible] [illegible], [illegible] [illegible] [illegible] [illegible] [illegible] [illegible]:

tśhjɨ^{1} zjọ^{2} rjur^{1} pjụ^{1} ljaa^{1} dạ^{2} rjɨr^{2} tshjiij^{1}

尔 时, 世 尊 颂 言 乃 言:

尔时,世尊而说颂曰:

2.60.1

[illegible] [illegible] [illegible] [illegible] [illegible], [illegible] [illegible] [illegible] [illegible] [illegible]。

wẹ^{1} mjijr^{2} kạ^{1} ·jur^{1} nioow^{1} lhjịj njij^{2} bji^{2} ·jij^{1} ɣiew^{1}

愚 者 命 活 缘, 国 王 臣 之 学。

[illegible] [illegible] [illegible] [illegible] [illegible], [illegible] [illegible] [illegible] [illegible] [illegible]。

thja^{1} bju^{1} rjur^{1} rjur^{1} śjɨ^{1} dzew^{2} zur^{2} dạ^{2} wjɨ^{2} deej^{1}

其 依 诸 众 往, 矫 诏 言 △ 传。

愚夫缘活命,随学帝王①臣。故往诣余处,诈宣王制令。

① 帝王,西夏文字面意思为“国王”。

2.60.2

[illegible]①。

thja¹ do² nji² nji² ·jɨ² njij² ·jij¹ tji¹ tshja̱¹ phjo²

其 处 听 闻 说， 王 之 莫 瞋 使。

[illegible]②

we̱¹ dzjwo² thja¹ do² tsjɨ¹ ka̱¹ ·jur¹ sji² kju̱¹ ·ju²

愚 人 其 处 亦， 命 活 △ 祈 求。

至彼传密言，勿致王瞋罚。愚人于此处，亦以活命缘。

2.60.3

[illegible]

nioow¹ zji² buu² tha¹ tja¹ njwo² rejr² ·jir² tu̱¹ kja²

后 最 胜 佛 者， 昔 多 百 千 劫。

[illegible]

lju̱² tsewr¹ war² njɨ² dźjɨɨr¹ nioow¹ rejr² da̱² gie¹ wji¹

身 节 支 等 弃， 后 多 事 难 作。

何况最胜佛，于多百劫③中。舍身支节等，及作多难事。

2.60.4

[illegible]

ŋa² thja¹ tsjiir¹ njij² nji¹ phjii¹ lew² bjo² mjijr² njaa²

我 其 法 王 家， 僮 仆 罚 者 非。

[illegible]

nioow¹ ·jɨr¹ mjijr² wji¹ mjijr² nioow¹ wji¹ mjijr² zji² mjij¹

亦 问 者 为 者， 亦 作 者 皆 无。

我非法王家，僮仆被谪罚。亦无问者能，为作为不作。

2.60.5

[illegible]

① [illegible](phjo²)，是轻动词“[illegible]”(phji¹)的衍生式，义为“令”或“使”。这里为偈颂体，动词后未出现第一人称单数呼应后缀，但仍用了衍生式。

② [illegible](sji²)，名物化后缀。

③ 百劫，西夏文字面意思为“百千劫”。

kjɨɨr^{2} ·jɨj^{2} phju^{2} thjoo^{1} tjị^{1} nioow^{1} phju^{2} thjoo^{1} lhwu^{1} gjwi^{2}

屋 舍 上 妙 食， 及 上 妙 衣 穿。

[illegible] [illegible] [illegible] [illegible] [illegible]， [illegible] [illegible] [illegible] [illegible] [illegible]。

ŋowr^{2} ŋowr^{2} dzjwɨ̣^{1} lhejr^{2} ŋwu^{2} phji^{2} khjiw^{2} ·jij^{1} mjii^{1} khjow^{1}

一 切 恭 敬 以， 比 丘 于 施 与。

施与比丘房①，上妙美珍馔。及施上妙衣，一切恭敬与。

2.60.6

[illegible] [illegible] [illegible] [illegible] [illegible]， [illegible] [illegible] [illegible] [illegible] [illegible]。

·jɨr^{2} ŋwu^{2} tjị^{1} war^{2} kjụ^{1} ·jij^{1} ·jij^{1} mji^{1} wji^{1} ɣiwej^{1}

勤 以 食 财 求， 自 己 不 受 授。

[illegible] [illegible] [illegible] [illegible] [illegible]， [illegible] [illegible] [illegible] [illegible] [illegible]。

gji^{2} ·jij^{1} tsjɨ^{1} mji^{1} khjow^{1} kie^{1} ·jiij^{1} mjijr^{2} ·jij^{1} mjii^{1}

子 于 亦 不 授， 戒 持 者 于 施。

勤苦求财物，奉施持戒人②。不以自供身，亦不将供子。

2.60.7

□ □ [illegible] [illegible] [illegible]， [illegible] [illegible] [illegible] [illegible] [illegible]。

□ □ tsjiir^{1} dźjiij^{1} mjijr^{2} tjị^{1} thji^{1} nioow^{1} dja^{2} rjɨr^{2}

□ □ 法 住 者， 饮 食 后 △ 遁。

[illegible] [illegible] [illegible] [illegible] [illegible]， [illegible] [illegible] [illegible] [illegible] [illegible]③。

·jij^{1} gu^{2} dźju^{2} ber^{2} zjij^{1} phji^{1} bju^{1} wjɨ^{2} dzji^{1} nji^{2}

自 共 遇 逢 时， 意 如 △ 食 △。

不如法住者，食之便舍去。共相会遇时，言我快意噉。

2.61.1

□ [illegible] [illegible] [illegible] [illegible]， [illegible] [illegible] [illegible] [illegible] [illegible]。

□ dźjiij^{1} dzjɨ̣^{2} ljwu^{2} do^{2} njij^{2} dạ^{2} nioow^{1} kjwir^{1} dạ^{2}

□ 在 集 会 处， 王 事 又 贼 事。

---

① 西夏文在翻译时，按照文义对语序有所调整。

② 西夏文在翻译时，按照文义对语序有所调整。

③ [illegible]（nji^{2}），为第一人称复数代词动词人称呼应后缀。

[illegible]

ljɨ̣^{2} bju^2 kiej^1 khew^2 dạ^2 mə^2 mə^2 tjị^1 dzji^2 dạ^2

地 边 更 关 事， 种 种 饮 食 事。

所在聚集处，说王事贼事。关逻镇守事①，种种饮食论。

2.61.2

[illegible]

be^2 lhjịj^2 khu^1 dzji^1 dạ^2 njij^2 ·jij^1 lja^1 wjij^1 dạ^2

日 月 蚀 食 事， 王 之 来 往 事。

[illegible]

tjij^1 gja^1 buu^2 rjir^1 dạ^2 tjij^1 gja^1 dja^2 nji dạ^2

若 军 胜 得 事， 若 军 △ 败 事。

说日月博蚀，及王来去事。或言当得胜，或说当败亡。

2.61.3

[illegible]

thjɨ^2 sju^2 mji^1 wo^2 dạ^2 ·ju^2 śjwɨ^1 śjwɨ^1 ljɨ̣^{1} dza^2

此 如 不 义 事， 常 时 时 论 度。

[illegible]

zji^2 thjoo^1 gjwɨr^1 lju^1 tśhjaa^1 njɨɨ^2 gjɨ^2 ·jɨ^2 me^2 dzu^1

极 妙 卧 具 上， 昼 夜 睡 眠 爱。

此非所应言，常共数论说。极妙卧具上，昼夜耽睡眠。

2.61.4

[illegible]

njɨɨ^2 zjɨ̣^{1} neew^2 dzjwo^2 nji^1 nioow^1 lo ljịj^2 nji^1 śjɨ^1

昼 时 善 人 家， 后 富 大 宅 往。

[illegible]

thjɨ^2 mjii^1 rejr^2 zjịj^2 njaa^2 zji^2 phju^2 tsjɨ^1 njaa^2 ·jɨ^2

此 施 多 多 非， 最 上 亦 非 说。

---

① 关逻镇守事，西夏文字面意思为"边地更关事"，其中"[illegible]"，义为"更夫"。

② [illegible](wo^2)字误，当作"[illegible]"(wo^2)，两字字形音相近，通假。

昼往善人家，求多富有处。言此施非少，亦非为最上。

2.61.5

[illegible] [illegible] [illegible] [illegible] [illegible]，[illegible] [illegible] [illegible] [illegible] [illegible]。

thjɨ^2 dạ^2 sjwɨ^1 sjiij^2 nioow^1 mjij^1 sej^1 dzuu^2 ·jɨr^1 ·jɨr^1

此 事 思 想 后，寂 净 乘 问 问。

[illegible] [illegible] [illegible] [illegible] [illegible]，[illegible] [illegible] [illegible] [illegible] [illegible]。

njiij^1 ljwɨj^1 ·jɨr^2 mji^1 djọ^2 tśjị^2 ljɨɨ^1 ljị^2 we^2 sju^2

心 惰 勤 不 修，辎 重 驴 子 如。

寻思是事已，安敷空坐谈。愚惰不勤修，如驴恒负重。

2.61.6

[illegible] [illegible] [illegible] [illegible] [illegible]，[illegible] [illegible] [illegible] [illegible] [illegible]。

tjij^1 thja^1 kjɨ^1 mjiij^1 dạ^2 śji^1 rjɨr^2 phjo^2 kar^2 ·jɨ^2

若 其 △ 梦 事，先 乃 分 别 说。

[illegible] [illegible] [illegible] [illegible] [illegible]，[illegible] [illegible] [illegible] [illegible] [illegible]。

nioow^1 mjiij^1 gu^2 kjɨ^1 mjiij^1 me^2 tjị^2 dźjwɨ^1 do^2 tshjiij^1

后 梦 中 △ 梦，睡 眠 相 处 言。

而于眠梦中，见所分别相。觉已宣示他，相向益谈说。

2.61.7

[illegible] [illegible] [illegible] [illegible] [illegible]，[illegible] [illegible] [illegible] [illegible] [illegible]①。

ŋwuu^1 dạ^2 gjij^1 njij^2 ljịj^1 tji^1 sjwɨ^1 tji^1 djiij^1 nja^2

论 言 殊 倍 增，莫 思 莫 笑 △。

[illegible] [illegible] [illegible]② [illegible] [illegible]，[illegible] [illegible] [illegible] [illegible] [illegible]。

no^2 rejr^2 rjor^1 nja^2 ·jɨ^2 thjɨ^2 dạ^2 dzjɨr^1 dzjɨr^1 śjɨj^1

安 乐 得 △ 说，此 言 疾 疾 成。

言谈殊倍增③，言勿忧勿笑。汝当得安乐，此事宜速成。

---

① [illegible]，第二人称单数动词人称呼应后缀。

② [illegible]（rjor^1），动词“[illegible]”（rjɨr^2）的衍生式，后接第二人称单数动词人称呼应后缀“[illegible]”（nja^2）。

③ 言谈殊倍增，汉文本此处无对应的文字。

2.62.1

[illegible] [illegible] [illegible] [illegible]① [illegible], [illegible] [illegible] [illegible] [illegible] [illegible]。

sjwɨ^1 źjị^1 tji^1 śjwi^1 nja^2 śjwɨ^1 śjwɨ^1 gjij^2 nji^1 śjɨ^1

思 恼 莫 起 △, 时 时 聚 落 往。

[illegible] [illegible] [illegible] [illegible] [illegible], [illegible] [illegible] [illegible] [illegible] [illegible]。

dźjij^1 dźjiij^1 pjụ^1 wer^1 mjij^1 kew^1 ·juu^1 thja^2 kjɨ^1 ·juu^1

行 住 威 仪 无, 顾 视 彼 △ 视。

勿复生忧恼,数往于村邑②。动止无威仪,回转于面目。

2.62.2

[illegible] [illegible] [illegible] [illegible] [illegible], [illegible] [illegible] [illegible] [illegible] [illegible]。

dźjij^1 rjar^1 khə^2 swẽ^1 sju^2 nji^1 wjụ^2 kha^1 rjɨr^2 śji^2

行 气 猕 猴 如, 聚 落 中 乃 往。

[illegible] [illegible] [illegible] [illegible] [illegible], [illegible] [illegible] [illegible] [illegible] [illegible]。

sji^2 dzjwo^2 ·jij^1 tsjiir^1 tshjiij^1 tha^1 lwər^2 lhejr^2 phjɨ^1 dźjɨɨr^1

女 人 于 法 说, 佛 经 契 弃 舍。

喻若行猕猴③,入于聚落内。为女说法言,弃舍佛契经。

2.62.3

[illegible] [illegible] [illegible] [illegible] [illegible], [illegible] [illegible] [illegible] [illegible] [illegible]。

pha^1 bie^2 lhew^2 kie^1 phjɨ^1 mjii^1 wə^1 nji^1 lho nioow^1

别 解 脱 戒 失, 施 主 家 出 后。

[illegible] [illegible] [illegible] [illegible] [illegible], [illegible] [illegible] [illegible] [illegible] [illegible]。

mjii^1 war^2 zjɨɨr^1 ljịj^2 ·juu^1 zjɨɨr^1 ku^1 mjɨ^1 ·jij^1 njɨɨ^2

施 物 少 多 观, 少 则 彼 于 骂。

及善别解脱,既从施家出。观其物少多,见少则骂他。

2.62.4

[illegible] [illegible] [illegible] [illegible] [illegible], [illegible] [illegible] [illegible] [illegible] [illegible]。

---

① [illegible](śjwi^1),与实义动词“[illegible]”(wor^1)似有衍生关系,义为“生”或“起”。参看第 2.12.1。

② 村邑,西夏文译作“[illegible][illegible]”(聚落)。

③ 汉文本原作“喻若行猕猴,回转于面目”,西夏文译文语序颠倒。

nioow^1 mjɨ^1 wjị^1 dźjwɨ^1 pjo^1 tjɨ^1 tjij^1 dźju^2 ber^2 zjịj^1

后 彼 亲 属 毁， 假 若 遇 逢 时。

[illegible] [illegible] [illegible] [illegible] [illegible]， [illegible] [illegible] [illegible] [illegible] [illegible]。

·jij^1 gu^2 dźjwɨ^1 ·jɨr^1 ·jɨr^1 wa^1 war^2 wa^1 tjị^1 rjir^1

自 互 相 审 问， 何 物 何 食 得。

亦毁他眷属，于相会遇时。发言互相问，得何物何食。

2.62.5

[illegible] [illegible] [illegible] [illegible] [illegible]， [illegible] [illegible] [illegible] [illegible] [illegible]。

nioow^1 wa^1 dạ^2 ·jɨr^1 kụ^2 thjɨ^2 sju^2 dạ^2 lhew^2 tshjiij^1

后 何 言 问 答， 此 如 言 解 说。

[illegible] [illegible] [illegible] [illegible] [illegible]， [illegible] [illegible] [illegible] [illegible] [illegible]。

·jir^2 kjiw^1 tśjɨj^1 wjɨ^2 zar^2 thjɨ^2 sju^2 seew^2 sjiij^2 ŋwu^2

百 岁 整 △ 经， 此 如 测 思 以。

相问答何事，略说如是事。经于百年中，如是所寻思。

2.62.6

[illegible] [illegible] [illegible] [illegible] [illegible]， [illegible] [illegible] [illegible] [illegible] [illegible]。

·jij^1 ljụ^2 kạ^1 ·jur^1 khjij^1 thja^1 phu^1 thew^2 ·o^2 wjị^1

自 身 命 养 活， 其 蒲 桃 酒 味。

[illegible] [illegible] [illegible] [illegible] [illegible]， [illegible] [illegible] [illegible] [illegible] [illegible]。

nioow^1 śja^1 wjạ^1 njɨ^2 dzeej^1 tsə̣^{1} wji^1 ljụ^2 ŋo^2 djị^2

后 香 华 等 争， 药 为 身 病 疗。

以为自活命，争蒲桃①酒味。及以香华等，为药疗其身。

2.62.7

□ □ [illegible] [illegible] [illegible]， [illegible] [illegible] [illegible] [illegible] [illegible]。

□ □ ŋo^2 źjị^1 zjɨɨr^1 ·jir^2 tha^1 djij^2 dju^1 tsjɨ^1

□ □ 病 恼 少， 百 佛 当 有 亦。

[illegible] [illegible] [illegible] [illegible] [illegible]， [illegible] [illegible] [illegible] [illegible] [illegible]。

---

① 蒲桃，西夏文音译作“[illegible][illegible]”(phu^1 thew^2)。

thja^{2} ·jij^{1} tśhjwɨj^{1} mjɨ^{1} ljɨɨ^{1} nji^{1} dźjiij^{1} mjijr^{2} rjir^{2} lew^{2}

彼 于 回 不 能, 家 住 者 与 同。

求之少病恼,假令有百佛。无能奈彼何,弃舍所修行①。与在家无异。

2.63.1

□ □ [illegible]

□ □ ljij^{2} tśjụ^{1} ·wejr^{2} nja^{2} ŋa^{2} njiij^{1} mji^{1} ka^{2}

□ □ 见 守 护, 你 我 心 不 离。

[illegible]

thja^{1} thjɨ^{2} sju^{2} djọ^{2} dźjij^{1} thjɨ^{2} nioow^{1} niow^{2} tśja^{1} ljɨ^{1}

彼 此 如 修 行, 此 故 恶 途 堕。

于身生保爱,不离于我人。彼作是修行,由斯堕恶趣。

2.63.2

[illegible]

tjij^{1} dzjwo^{2} tśhja^{2} tsjiir^{1} pjo^{1} tśjị^{1} ljɨɨ^{1} lu^{2} lew^{2} we^{2}

若 人 正 法 谤, 苦 重 燃 所 成。

[illegible]

dwewr^{2} mjij^{1} wẹ^{1} lə dzjwo^{2} nji^{1} dźjiij^{1} mjijr^{2} rjir^{2} lew^{2}

觉 无 愚 痴 人, 家 在 者 与 同。

若人谤正法,重苦所烧然。无觉慧愚夫,与在家无别。

2.63.3

[illegible]

tjij^{1} rjur^{1} śjɨ^{2} ka^{2} tśjij^{2} źjɨr^{1} dźjɨ djọ^{2} ɣiẹ^{2} mji^{1}

若 诸 释 狮 子, 实 行 修 声 闻。

[illegible]

kạ^{1} ·jur^{1} ·jiw^{1} nioow^{1} bju^{1} kie^{1} zjɨɨr^{1} zjij^{1} mji^{1} zjɨɨr^{1}

命 活 因 故 以, 戒 少 许 不 少。

若诸释狮子,修实行声闻。不以活命缘,毁犯微少戒。

① 弃舍所修行,西夏文本此处无对应的文字。

2.63.4

sjịj^{2}	dzjwo^{2}	tjị^{1}	mji^{1}	dzu^{1}	·ju^{2}	·ụ^{2}	ljɨɨ^{1}	sjiij^{2}	śjwo^{1}
智	人	食	不	贪，	常	担	重	想	生。
mji^{1}	sej^{1}	bioo^{1}	djọ^{2}	ŋwu^{2}	wə^{1}	mjii^{1}	wee^{1}	tśhjow^{1}	kar^{2}
不	净	观	修	以，	主	施	债	分	别。

智者不贪食，常生重檐①想。不净观修心，以还施主债。

2.63.5

sjiij^{2}	ŋowr^{2}	ŋowr^{2}	nwə^{1}	tsjij^{2}	kiẹj^{2}	rar^{2}	rjir^{2}	dźjow^{1}	ka^{2}
想	一	切	知	了，	欲	漏	与	分	离。
thjɨ^{2}	sju^{2}	njɨ^{2}	dzjwo^{2}	tja^{1}	tsjiir^{1}	kha^{1}	nji^{1}	djij^{2}	phjɨ^{1}
此	如	等	人	者，	教	中	家	当	舍。

舍离欲漏故，了知一切想。我听如是等，此教中出家。

2.63.6

sjịj^{2}	dzjwo^{2}	tsjiir^{1}	mji^{1}	pjo^{1}	rjɨr^{2}	tshjiij^{1}	ŋa^{1}	tsjiir^{1}	tja^{1}
智	人	法	不	诽，	所	说	空	法	者。
gjwɨ^{1}	źjɨr^{1}	rjir^{1}	tjị^{2}	mjij^{1}	śjwɨ^{1}	śjwɨ^{1}	·jɨr^{2}	kjụ^{1}	śjwo^{1}
坚	实	得	可	无，	时	时	勤	祈	起。

智人不诽法，于所说空性②。数数起勤求，不可得坚实。

2.63.7

① 重檐，西夏文字面意思为“重担”。

② 空性，西夏文字面意思为“空法”。

kjir^{1} ·jiw^{2} ljịj^{2} sjịj^{2} dzjwo^{2} ŋa^{1} tsjiir^{2} wo^{2} nwə^{1} tsjij^{2}

勇 健 大 智 人, 空 性 理 了 知。

[illegible] [illegible] [illegible] [illegible] [illegible], [illegible] [illegible] [illegible] [illegible] [illegible]。

ljiij^{2} gja^{1} ·jij^{1} lhji ku^{1} thja^{1} kjụ^{1} tshwew^{1} lhjịj^{2} wo^{2}

魔 军 于 畏 故, 其 供 养 受 宜。

勇健大智人,了知空性理。能怖畏魔军,彼堪销供养。

2.64.1

[illegible] [illegible] [illegible] [illegible] [illegible], [illegible] [illegible] [illegible] [illegible] [illegible]。

tjij^{1} lẹj^{2} laa^{1} ka^{2} njwi^{2} ŋa^{1} tsjiir^{2} mji^{1} pjo^{1} tsjij^{2}

若 贪 染 离 能, 空 性 不 毁 谤。

[illegible] [illegible] [illegible] [illegible] [illegible], [illegible] [illegible] [illegible] [illegible] [illegible]①。

tha^{1} gji^{2} kjir^{1} ·jiw^{2} dzjwo^{2} njɨɨ^{1} rewr^{2} kha^{1} bju^{1} wo^{2}

佛 子 勇 健 人, 二 足 中 供 义。

若能离贪染,不毁于空性。佛子勇健人,两足中应供。

2.64.2

[illegible] [illegible] [illegible] [illegible] [illegible], [illegible] [illegible] [illegible] [illegible] [illegible]。

tśhja^{2} tsjiir^{1} tśjo mji^{1} dźjiij^{1} rjur^{1} kha^{1} wẹ^{1} lə rejr^{2}

正 法 久 不 住, 世 中 愚 痴 多。

[illegible] [illegible] [illegible] [illegible] [illegible], [illegible] [illegible] [illegible] [illegible] [illegible]。

wəə^{1} lhjii^{1} mji^{1} śja^{1} wjạ^{2} kjụ^{1} mjijr^{2} phji^{2} khjiw^{2} zjɨɨr^{1}

柔 软 不 放 逸, 求 者 比 丘 少。

正法不久住,生世多愚痴。少柔和比丘,求不放逸者。

2.64.3

[illegible] [illegible] [illegible] [illegible] [illegible], [illegible] [illegible] [illegible] [illegible] [illegible]。

sjịj^{2} dzjwo^{2} sjwɨ^{1} śjwo^{1} lew^{2} mji^{1} khwa^{1} ·jij^{1} dzjar^{2} ljiij^{2}

智 人 忧 生 应, 不 远 自 灭 毁。

[illegible] [illegible] [illegible] [illegible] [illegible], [illegible] [illegible] [illegible] [illegible] [illegible]。

① [illegible](wo^{2})字误,当作“[illegible]”(wo^{2}),两字形音相近,通假。

thja^{1} kụ^{1} dzjɨj^{1} njɨɨ^{2} gjɨ^{2} ŋa^{2} dju^{1} djij^{2} rjɨr^{2} tshjiij^{1}

其 后 时 昼 夜， 我 有 曾 △ 说。

智者应生忧，不久自磨灭。后于昼夜间，谈说曾有我。

2.64.4

[illegible] [illegible] [illegible] [illegible] [illegible]， [illegible] [illegible] [illegible] [illegible] [illegible]。

njɨɨ^{1} rewr^{2} pjụ^{1} rjɨr^{2} nioow^{1} rjur^{1} kha^{1} gjuu^{2} mjijr^{2} mjij^{1}

二 足 尊 以 后， 世 中 救 者 无。

[illegible] [illegible] [illegible] [illegible] [illegible]， [illegible] [illegible] [illegible] [illegible] [illegible]。

kie^{1} djọ^{2} dźjij^{1} dzjwo^{2} tsjɨ^{1} to^{2} zji^{2} bu^{1} dzjar^{2} lew^{2}

戒 修 行 人 亦， 悉 皆 没 绝 应。

世间无救护，唯除两足尊。修行学处人，悉皆当灭没。

2.64.5

[illegible] [illegible] [illegible] [illegible] [illegible]， [illegible] [illegible] [illegible] [illegible] [illegible]。

thja^{1} thjɨ^{2} sju^{2} dwuu^{2} dạ^{2} mji^{1} tśjɨ^{1} tsjij^{2} nioow^{1} ku^{1}

彼 此 如 密 言， 不 醒 悟 故 则。

[illegible] [illegible] [illegible] [illegible] [illegible]， [illegible] [illegible] [illegible] [illegible] [illegible]。

tha^{1} ljɨ̣^{1} nioow^{1} tśhja^{2} tsjiir^{1} to^{2} zji^{2} mji^{1} dzjwɨ̣^{1} lhejr^{2}

佛 及 又 正 法， 悉 皆 不 恭 敬。

彼不了如是，所有密意言。则不恭敬佛，及无上正法。

2.64.6

[illegible] [illegible] [illegible] [illegible] [illegible]， [illegible] [illegible] [illegible] [illegible] [illegible]。

tśhja^{2} tsjiir^{1} dzjar^{2} sji^{1} ·jij^{1} xja^{1} ·jɨr^{2} dźjij^{1} śjwo^{1} lew^{2}

正 法 灭 尽 临， 速 勤 精 发 应。

[illegible] [illegible] [illegible] [illegible] [illegible]， [illegible] [illegible] [illegible] [illegible] [illegible]。

rjɨr^{2} njɨ^{2} tsej^{2} ljiij^{1} zjịj^{1} tsjiir^{1} nji^{2} rejr^{2} mji^{1} ljiij^{1}

乃 至 须 臾 时， 法 闻 多 不 暂。

正法当尽灭，应速发精勤。乃至少时间，听闻当不久。

2.64.7

[illegible] [illegible] [illegible] [illegible] [illegible] [illegible] [illegible] [illegible] □ □ [illegible]

ljịj^2	ljị̵^{1}	tśiow^1	lwər^2	lhejr^2	?	njɨɨ^1	tsew^2	□	□	dźjwa^1
大	宝	积	经	契	卷	二	第	□	□	竟

《大宝积经》第二卷 □□竟

2.65.1

rjar^1	mjijr^2	ljow^1	mã^1	śju^1	tśhjwor^2	njɨɨ^1	dźjow^1	njar^1	lew^2
写	者	梁	文	殊	奴,	二	遍	校	同。

写者梁文殊奴,二遍校同①。

汉文本

尔时,世尊而说颂曰:

愚夫缘活命,随学帝王臣。故往诣余处,诈宣王制令。

至彼传密言,勿致王瞋罚。愚人于此处,亦以活命缘。

何况最胜佛,于多百劫中。舍身支节等,及作多难事。

我非法王家,僮仆被谪罚。亦无问者能,为作为不作。

施与比丘房,上妙美珍馔。及施上妙衣,一切恭敬与。

勤苦求财物,奉施持戒人。不以自供身,亦不将供子。

不如法住者,食之便舍去。共相会遇时,言我快意噉。

所在聚集处,说王事贼事。关逻镇守事,种种饮食论。

说日月博蚀,及王来去事。或言当得胜,或说当败亡。

此非所应言,常共数论说。极妙卧具上,昼夜耽睡眠。

昼往善人家,求多富有处。言此施非少,亦非为最上。

寻思是事已,安敷空坐谈。愚惰不勤修,如驴恒负重。

而于眠梦中,见所分别相。觉已宣示他,相向益谈说。

言勿忧勿笑,汝当得安乐。此事宜速成,勿复生忧恼。

数往于村邑,动止无威仪。喻若行猕猴,回转于面目。

入于聚落内,为女说法言。弃舍佛契经,及善别解脱。

既从施家出,观其物少多。见少则骂他,亦毁他眷属。

于相会遇时,发言互相问。得何物何食,相问答何事。

略说如是事,经于百年中。如是所寻思,以为自活命。

争蒲桃酒味,及以香华等。为药疗其身,求之少病恼。

假令有百佛,无能奈彼何。弃舍所修行,与在家无异。

① 此为西夏文《大宝积经》卷二的抄写者题记,草书。

于身生保爱,不离于我人。彼作是修行,由斯堕恶趣。
若人谤正法,重苦所烧然。无觉慧愚夫,与在家无别。
若诸释狮子,修实行声闻。不以活命缘,毁犯微少戒。
智者不贪食,常生重檐想。不净观修心,以还施主债。
舍离欲漏故,了知一切想。我听如是等,此教中出家。
智人不诽法,于所说空性。数数起勤求,不可得坚实。
勇健大智人,了知空性理。能怖畏魔军,彼堪销供养。
若能离贪染,不毁于空性。佛子勇健人,两足中应供。
正法不久住,生世多愚痴。少柔和比丘,求不放逸者。
智者应生忧,不久自磨灭。后于昼夜间,谈说曾有我。
世间无救护,唯除两足尊。修行学处人,悉皆当灭没。
彼不了如是,所有密意言。则不恭敬佛,及无上正法。
正法当尽灭,应速发精勤。乃至少时间,听闻当不久。
《大宝积经》卷第二
写者梁文殊奴,二遍校同。

西夏文《大宝积经》

·卷三·

《三律仪会》

第一之三整理与研究

孙伯君　郭垚垚

内容和版本介绍

西夏文《大宝积经》卷三《三律仪会》第一之三，1909 年由科兹洛夫率领的俄国皇家蒙古四川地理考察队发现于黑水城遗址，现藏俄罗斯科学院东方文献研究所。据克恰诺夫《西夏佛典目录》，该卷在第一部中入藏号是 инв. № 368，写本，经折装。保存完整，共 61 折。每折 7 行，行 20 字。款题有惠宗秉常皇帝及其母梁太后尊号。卷尾有发愿者和抄经者名字[①]。第二部中入藏号是 инв. № 367，写本，经折装。保存完整，共 86 折。天头 4 厘米，地脚 3 厘米。经名后有帙号并仁宗皇帝尊号。黑绢护封上有题签，题签上有帙号[②]。инв. № 367 首次刊布于《俄藏黑水城文献》第 21 册第 73—78 页，每折 6 行，行 18 字。

西夏文《大宝积经》卷三（инв. № 367）经名后有"奉天显道"四字，当是西夏仁宗皇帝尊号"奉天显道耀武宣文神谋睿智制义去邪惇睦懿恭皇帝"的简称，可知该本为西夏仁宗皇帝（1139—1193 年在位）时期的校译本。

下面的录文和释读依据 инв. № 367，释读采用逐折、逐行对译的形式，并用数字标明西夏文录文的卷次、原版折面和行次，如 3.1.1，为第三卷第一折第一行。

① Е.И.Кычанов, *Каталог тангутских буддийских памятников*, Киото: Университет Киото, 1999.p. 321.

② Е.И.Кычанов, *Каталог тангутских буддийских памятников*, Киото: Университет Киото, 1999.p. 334.

文本释读

3.1.1

[illegible] [illegible] [illegible] [illegible] [illegible] [illegible] [illegible] [illegible] [illegible]①

ljij^{2} ljɨ̣^{1} tśiow^{1} lwər^{2} lhejr^{2} ? sọ^{1} tsew^{2} zeew^{2}

大 宝 积 经 契 卷 三 第 忍

《大宝积经》卷第三　忍

3.1.2

[illegible] [illegible] [illegible] [illegible]

tshjwu^{1} bju^{1} tśja^{1} dźju^{1}

天 奉 道 显

奉天显道②

3.1.3

[illegible] [illegible] [illegible] [illegible] [illegible] [illegible] [illegible] [illegible]

sọ^{1} dzjɨj^{1} wer^{1} ljwu^{2} lew^{1} tsew^{2} ·jij^{1} sọ^{1}

三 律 仪 会 一 第 之 三

《三律仪会》第一之三③

3.1.4

[illegible] [illegible]，[illegible] [illegible] [illegible] [illegible] [illegible] [illegible] [illegible]

tśhjɨ^{1} zjọ^{2} pjụ^{1} tja^{1} ma^{2} ŋạ^{2} kja^{1} śja^{1} tha^{1}

尔 时， 尊 者 摩 诃 迦 叶 佛

[illegible] [illegible] [illegible]： [illegible] [illegible]， [illegible] [illegible]！ [illegible] [illegible]

·jij^{1} dạ^{2} ·jɨ^{2} rjar^{1} gjij^{1} rjur^{1} pjụ^{1} thjɨ^{2} sju^{2}

于 言 白： 奇 甚， 世 尊！ 是 如

---

① 西夏字“[illegible]”为帙号，可以译作“忍”。

② 此为西夏仁宗尊号简称，全称是“奉天显道耀武宣文神谋睿智制义去邪惇睦懿恭皇帝”。汉文本无。据此可知俄藏 инв.№ 367 为西夏仁宗皇帝(1139—1193 年在位)校译本。

③ 此处汉文本署“大唐三藏法师菩提流志奉诏译”，西夏文本无对应的文字。

尔时,尊者摩诃迦叶白佛言:甚奇,世尊!如是

3.1.5

dzjwo^{2} njɨ^{2} thjɨ^{2} njɨ^{2} lwər^{2} rejr^{2} mji^{1} dwər^{1} ka^{2}

人 等 此 等 经 契 闻, 厌 离

mji^{1} śjwo^{1} ljɨ^{1} tha^{1} ljịj^{2} kja^{1} śja^{1} ·jij^{1} ·jɨ^{2}

不 生 也。 佛 大 迦 叶 于 告:

人等闻此等经,不生厌离。佛告大迦叶言:

3.1.6

tjɨ^{1} tjij^{1} tshjɨ^{1} tśhju^{1} ljɨ̱r^{1} tsji̱r^{1} śjɨj^{1} ·jiw^{2} ku^{1}

倘 若 众 生, 四 法 成 就, 则

thjɨ^{2} lwər^{2} rejr^{2} mji^{1} tshji̱j^{1} dwər^{1} ka^{2} mji^{1} śjwo^{1}

此 经 契 闻 说, 厌 离 不 生

若有众生,成就四法,闻说此经,不生厌离。

3.2.1

ljɨ^{1} ljɨ̱r^{1} tja^{1} thjij^{2} sjo^{2} śja^{1} ·wjạ^{2} rejr^{2} ljɨ^{1}

也。 四 者 何 云? 逸 放 多 也,

sjwɨj^{1} do^{2} we^{1} mja̱^{1} na^{1} dźiej^{2} tsjij^{2} mjɨ^{1} njwi^{2}

业 异 熟 果, 深 信 了 不 能。

云何为四?多放逸故,不能深信。业异熟①故,亦不深信②。

3.2.2

---

① 异熟,西夏文字面意思为"异熟果"。

② 西夏本把两句"不能深信"合为一句。

nioow^1 ljịj^2 djị^1 ·jịj^2 na^1 dźiej^2 mjɨ^1 njwi^2 ŋa^2

又 大 地 狱， 深 信 不 能； 我

[illegible] [illegible] [illegible] [illegible]①， [illegible] [illegible] [illegible] [illegible]。 [illegible]

kjɨ^1 djɨj^2 sjɨ^1 ŋa^2 na^1 dźiej^2 mjɨ^1 njwi^2 tjij^1

△ 定 死 △， 深 信 不 能。 若

大地狱故，不能审信②。我当死故，不能深信③。

3.2.3

[illegible] [illegible] [illegible] [illegible] [illegible] [illegible] [illegible]， [illegible] [illegible]

dzjwo^2 thjɨ^2 sju^2 ljɨ̱r^1 tsji̱r^1 śjɨj^1 ·jiw^2 ku^1 tśhjwo^1

人 是 如 四 法 成 就， 则 故

[illegible] [illegible] [illegible] [illegible]。 [illegible] [illegible]， [illegible] [illegible] [illegible]

dwər^1 ka^2 mji^1 śjwo^1 kja^1 śja^1 tjɨ^1 tjij^1 tshjɨ^1

厌 离 不 生。 迦 叶， 倘 若 众

若人成就如是四法，不生厌离。迦叶，复有众

3.2.4

[illegible] [illegible] [illegible] [illegible] [illegible]， [illegible] [illegible] [illegible] [illegible]

tśhju^1 ljɨ̱r^1 tsji̱r^1 śjɨj^1 ·jiw^2 ku^1 dwər^1 ka^2 mji^1

生 四 法 成 就， 则 厌 离 不

[illegible]。 [illegible] [illegible] [illegible] [illegible]？ [illegible] [illegible] [illegible] [illegible]

śjwo^1 ljɨ̱r^1 tja^1 thjij^2 sjo^2 thjwị^1 mjɨr^1 kjir^1 lji̤^{2}

生。 四 者 何 云？ 少 壮 勇 猛

生成就四法，不生厌离。何等为四？年盛壮

3.2.5

[illegible]， [illegible] [illegible] [illegible] [illegible]， [illegible] [illegible] [illegible] [illegible]，

zjịj^1 ·jij^1 bji^2 ɣie^1 lho̱^{1} kiej^2 rejr^2 la̱^{1} zjịj^1

时， 自 步 力 恃， 欲 乐 染 着，

---

① [illegible]（ŋa^2），第一人称代词单数动词人称呼应后缀。
② 审信，西夏文字面意思为“深信”。
③ 不能深信，汉文本阙。

[illegible]	[illegible]	[illegible]	[illegible],	[illegible]	[illegible]	[illegible]	[illegible]	[illegible]
·o^{2}	mə^{2}	njijr^{2}	lji̠j^{2}	swew^{1}	sjwɨ^{1}	sji̠j^{2}	bio^{1}	nwə^{1}
酒	种	诸	嗜,	明	思	惟	观	知

时,自恃强力,耽着欲乐,贪嗜诸酒,不能了知明思惟观。

3.2.6

[illegible]	[illegible]	[illegible]。	[illegible]	[illegible]	[illegible]	[illegible]	[illegible]	[illegible]
tsjij^{2}	mjɨ^{1}	njwi^{2}	tjij^{1}	dzjwo^{2}	thjɨ^{2}	sju^{2}	ljɨ̠r^{1}	tsji̠r^{1}
了	不	能。	若	人	是	如	四	法
[illegible]	[illegible],	[illegible]	[illegible]	[illegible]	[illegible]	[illegible]	[illegible]。	[illegible]
śjɨj^{1}	·jiw^{2}	ku^{1}	dwər^{1}	ka^{2}	mji^{1}	śjwo^{1}	ljɨ^{1}	kja^{1}
成	就,	则	厌	离	不	生	也。	迦

若人成就如是四法,不生厌离。迦叶,

3.3.1

[illegible],	[illegible]	[illegible]	[illegible]	[illegible]	[illegible]	[illegible]	[illegible]	[illegible],
śja^{1}	tjɨ^{1}	tjij^{1}	phji^{2}	khjiw^{2}	ljɨ̠r^{1}	tsji̠r^{1}	śjɨj^{1}	·jiw^{2}
叶,	倘	若	比	丘	四	法	成	就,
[illegible]	[illegible]	[illegible]	[illegible]	[illegible]	[illegible]。	[illegible]	[illegible]	[illegible]
ku^{1}	tha^{1}	·jij^{1}	po^{1}	tjɨj^{1}	pjo^{1}	ljɨ̠r^{1}	tja^{1}	thjij^{2}
则	佛	之	菩	提	谤。	四	者	何

若有比丘成就四法,谤佛菩提。何等为四?

3.3.2

[illegible]?	[illegible]	[illegible]	[illegible]	[illegible]	[illegible]	[illegible]	[illegible],	[illegible]
sjo^{2}	mər^{2}	rjɨr^{2}	·wji^{1}	niow^{2}	sjwɨj^{1}	dja^{2}	śjɨj^{1}	tśhja^{2}
云?	本	△	造	恶	业	△	成,	正
[illegible]	[illegible]	[illegible],	[illegible]	[illegible]	[illegible]	[illegible],	[illegible]	[illegible]
tsji̠r^{1}	ŋwo^{2}	lji̠j^{2}	thjɨ^{2}	sju^{2}	phji^{2}	khjiw^{2}	·jij^{1}	mji^{1}
法	损	坏,	是	如	比	丘,	自	不

本造恶业,已成就①故,毁坏正法,如是比丘,不

① 西夏本此处脱"[illegible]"。

3.3.3

[illegible]

ne̱w^{2} do^{2} we^{1} rjur^{1} niow^{2} sjwɨj^{1} rewr^{2} lhji̱^{1} mjɨ^{1}

善 异 熟 诸 恶 业， 悔 退 不

[illegible]

njwi^{2} phji^{2} khjiw^{2} dzji^{1} rjir^{2} kie̱j^{2} tśior^{1} dźjɨ dźji̱j^{1}

能。 比 丘 尼 与， 欲 秽 业 行。

自发露①，不善异熟诸恶业故。于比丘尼，行秽欲故。

3.3.4

[illegible]

thja^{2} ·jij^{1} xwa^{1} śjow^{2} ·a śja^{1} lji^{2} rejr^{2} dzjwo^{2}

彼 之 和 上， 阿 阇 梨 多 人

[illegible]

dzjwɨ̱^{1} rejr^{2} tha^{1} ·jij^{1} po^{1} tjɨj^{1} pjo^{1} tsjij^{2} thjɨ^{2}

恭 敬， 佛 之 菩 提 诽 谤， 是

彼有和上②，或阿阇梨③多人所敬，谤佛菩提，

3.3.5

[illegible]

sju^{2} dzjij^{2} gji^{2} thja^{1} dzjij^{2} lhji^{2} bju^{1} ɣiew^{1} nioow^{1}

如 弟 子， 彼 师 父 随 学， 亦

[illegible]

pjo^{1} tsjij^{2} śjwo^{1} thja^{1} mji^{1} zjɨr^{1} mjijr^{2} mjij^{1} zjɨ̱^{1}

诽 谤 生； 彼 闻 慧 者 不， 妒

如是弟子，随学于师④，亦生诽谤；是寡闻⑤者，

---

① 发露，西夏文译作“[illegible]”，义为“退悔”。

② 和上，西夏文译作“[illegible]”，为音译。

③ 阿阇梨，梵文 Ācārya，旧称“阿阇梨”“阿舍梨”“阿只利”等，译曰“教授”。新称“阿遮利夜”“阿遮梨耶”，译曰“轨范正行”。可矫正弟子行为，为其轨则师范高僧之敬称。玄应《一切经音义》卷十五曰：“阿阇梨，经中或作阿只利，皆讹也。应言阿遮利夜，此云正行，又言阿遮梨耶，此云轨范。旧云：于善法中，教授令知，名阿阇梨也。”西夏文为汉文音译。

④ 师，西夏文译作“[illegible]”，义为“师父”或“先生”。

⑤ 寡闻，西夏文字面意思为“不慧闻”。

3.3.6

sew^{1} nioow^{1} ku^{1} rjur^{1} tha^{1} ·jij^{1} pjo^{1} ljij^{2} phji^{2}

嫉 故, 则 诸 佛 于 诽 毁。 比

khjiw^{2} thjɨ^{2} sju^{2} ljɨ̱r^{1} tsji̱r^{1} śjɨj^{1} ·jiw^{2} ku^{1} tha^{1}

丘 是 如 四 法 成 就, 则 佛

由嫉妒故,谤毁诸佛。比丘成就如是四法,

3.4.1

·jij^{1} po^{1} tjɨj^{1} pjo^{1} kja^{1} śja^{1} tsji̱r^{1} tji̱j^{1} gjɨ^{2}

之 菩 提 谤。 迦 叶, 法 独 有

śia^{1} mẽ^{1} nioow^{1} pho^{1} lo^{1} mẽ^{1} śjɨj^{1} njwi^{2} tsji̱r^{1}

沙 门 及 婆 罗 门 成 能, 法

谤佛菩提。迦叶,若有一法得成沙门及婆罗门。

3.4.2

tji̱j^{1} tja^{1} thjij^{2} sjo^{2} tsji̱r^{1} ŋowr^{2} ŋowr^{2} ɣa^{2} nji̱j^{1}

独 者 何 云? 法 一 切 于 心

dźjij^{1} lew^{2} mjij^{1} thjɨ^{2} sju^{2} tsji̱r^{1} tji̱j^{1} ŋwu^{2} śia^{1}

住 所 无。 是 如 法 独 以, 沙

何者为一? 于一切法心无所住。如是一法,

3.4.3

mẽ^{1} nioow^{1} pho^{1} lo^{1} mẽ^{1} śjɨj^{1} njwi^{2} ljɨ^{1} dzjo̱^{1}

门 及 婆 罗 门 成 能 也。 譬

[illegible] [illegible] [illegible] [illegible] [illegible] [illegible] [illegible]， [illegible] [illegible]

sju^{2} dzjwo^{2} dju^{1} ŋər^{1} so^{2} tśhja̱^{1} ljɨ^{1} nji̱j^{1} khju^{1}

如 人 有 山 顶 上 堕， 心 底

得成沙门及婆罗门。譬如有人堕高山顶，

3.4.4

[illegible] [illegible] [illegible] [illegible] [illegible] [illegible] [illegible] [illegible]， [illegible] [illegible] [illegible] [illegible]， [illegible] [illegible] [illegible] [illegible]。

ljịj^{2} ljɨ̣^{2} sjɨ^{1} phu^{2} bo^{1} lạ^{1} mjij^{1} ·jɨ^{2} lew^{1} ŋa^{1} sji̱j^{2} śjwo^{1} thjɨ^{2} nio̱w^{1} kạ^{1} bja^{2}

大 地 木 树 林 丛 无 谓， 唯 空 想 起， 此 由 命 断。

谓无大地树木丛林，唯起空想，出入息断①。

汉文本

《大宝积经》卷第三

大唐三藏法师菩提流志奉诏译

《三律仪会》第一之三

尔时，尊者摩诃迦叶白佛言：甚奇，世尊！如是人等闻此等经，不生厌离。佛告大迦叶言：若有众生，成就四法，闻说此经，不生厌离。云何为四？多放逸故，不能深信。业异熟故，亦不深信。大地狱故，不能审信。我当死故。若人成就如是四法，不生厌离。迦叶，复有众生成就四法，不生厌离。何等为四？年盛壮时，自恃强力，耽着欲乐，贪嗜诸酒，不能了知明思惟观。若人成就如是四法，不生厌离。迦叶，若有比丘成就四法，谤佛菩提。何等为四？本造恶业，已成就故，毁坏正法，如是比丘，不自发露，不善异熟诸恶业故。于比丘尼，行秽欲故。彼有和上，或阿阇梨多人所敬，谤佛菩提，如是弟子，随学于师，亦生诽谤；是寡闻者，由嫉妒故，谤毁诸佛。比丘成就如是四法，谤佛菩提。迦叶，若有一法得成沙门及婆罗门。何者为一？于一切法心无所住。如是一法，得成沙门及婆罗门。譬如有人堕高山顶，谓无大地树木丛林，唯起空想，出入息断。

3.4.4—3.4.5

[illegible] [illegible]， [illegible] [illegible] [illegible] [illegible]， [illegible] [illegible] [illegible] [illegible]。

kja^{1} śja^{1} rjur^{1} tsji̱r^{1} zjịj^{1} mjijr^{2} tsjɨ^{1} thja^{1} wjɨ^{2} sju^{2}

迦 叶， 诸 法 着 者， 亦 彼 △ 如。

[illegible] [illegible] [illegible]， [illegible] [illegible] [illegible] [illegible]， [illegible] [illegible] [illegible]

tjij^{1} mej^{1} sji̱j^{2} nioow^{1} mej^{1} ·jij^{1} zow^{2} nju^{1} njii^{2} lhjwa^{1}

① 出入息断，西夏文字面意思为“命断”。

若 眼 想， 及 眼 相 执， 耳 鼻 舌

迦叶，着诸法者，亦复如是。若执眼想及以眼相，执耳鼻舌

3.4.6

[illegible]	[illegible]	[illegible]，	[illegible]	[illegible]	[illegible]	[illegible]	[illegible]，	[illegible]
lju̱^{2}	phji^1	sjij^2	rjɨr^2	njɨ^2	phji^1	·jij^1	zow^2	tjij^1
身	意	想，	乃	至	意	相	执，	若
[illegible]	[illegible]	[illegible]、	[illegible]	[illegible]	[illegible]	[illegible]，	[illegible]	[illegible]
tsə̣^{1}	lhjịj	sjij^2	dźjɨ	sjij^2	sjij^2	zow^2	sej^1	kie^1
色	受	想、	行	识	想	执，	净	戒

身意想，乃至意相。若执色受想、行识想，

3.5.1

[illegible]，	[illegible]	[illegible]、	[illegible]	[illegible]、	[illegible]	[illegible]	[illegible]	[illegible]、
·jij^1	rejr^2	mji^1	bju̱^{1}	·ju^1	dzjɨ̱^{2}	dźjij^1	lja^1	·wjij^1
持，	多	闻、	惭	愧、	经	行	来	往、
[illegible]	[illegible]	[illegible]	[illegible]	[illegible]。	[illegible]	[illegible]	[illegible]	[illegible]，
po^1	tjɨj^1	rjir^2	sjij^2	zow^2	thjɨ^2	sju^2	njɨ^2	tsjir̠^{1}
菩	提	得	想	执。	此	如	等	法，

执净持戒、多闻、惭愧、经行往来、得菩提想。如此等法，

3.5.2

[illegible]	[illegible]	[illegible]	[illegible]	[illegible]	[illegible]	[illegible]	[illegible]	[illegible]①
to^2	zji^2	śia^1	mẽ^1	pho^1	lo^1	mẽ^1	·wji^1	sji^2
皆	悉	沙	门	婆	罗	门	作	△
[illegible]	[illegible]。	[illegible]	[illegible]	[illegible]，	[illegible]	[illegible]	[illegible]	[illegible]
tsjir̠^{1}	nja̱^{2}	tjij^1	sjij^2	śjwo^1	ku^1	tśhjɨ^2	rjar^2	mjɨ^1
法	非。	若	想	起，	则	立	即	他

皆悉非作沙门、婆罗门。若起想者，则为所害。

① [illegible](sji^2)，为名物化助词。

3.5.3

[illegible]	[illegible]	[illegible]	[illegible]。	[illegible]	[illegible]	[illegible]	[illegible]	[illegible]？
·jij^{1}	tśju̱^{1}	lew^{2}	we^{2}	tśju̱^{1}	mjijr^{2}	tja^{1}	sjwɨ^{1}	ŋwu^{2}
之	害	所	为。	害	人	者	谁	是？
[illegible]	[illegible]	[illegible]	[illegible]。	[illegible]	[illegible]	[illegible]	[illegible]，	[illegible]
lẹj^{2}	tshjạ^{1}	lə	ŋwu^{2}	tjij^{1}	mej^{1}	·jij^{1}	zow^{2}	njịj^{1}
贪	瞋	痴	是。	若	眼	相	执，	心

为谁所害？谓贪瞋痴。若执眼相，

3.5.4

[illegible]	[illegible]	[illegible]	[illegible]，	[illegible]	[illegible]	[illegible]	[illegible]，	[illegible]
·o^{2}	njịj^{1}	mji^{1}	·o^{2}	tsə̣^{1}	·jij^{1}	zjịj^{1}	nioow^{1}	mej^{1}
悦	心	不	悦，	色	相	着	由，	眼
[illegible]	[illegible]	[illegible]	[illegible]。	[illegible]	[illegible]	[illegible]	[illegible]	[illegible]
·jij^{1}	tśju̱^{1}	lew^{2}	we^{2}	thjɨ^{2}	sju^{2}	nju^{1}	njii^{2}	lhjwa^{1}
之	害	所	为。	是	如	耳	鼻	舌

由着可爱、不可爱色相故，为眼所害。如是执着耳鼻舌

3.5.5

[illegible]	[illegible]	[illegible]	[illegible]，	[illegible]	[illegible]	[illegible]	[illegible]	[illegible]
ljụ^{2}	phji^{1}	·jij^{1}	zow^{2}	rjɨr^{2}	njɨ^{2}	njịj^{1}	·o^{2}	njịj^{1}
身	意	相	执，	乃	至	心	悦	心
[illegible]	[illegible]	[illegible]	[illegible]	[illegible]	[illegible]，	[illegible]	[illegible]	[illegible]
mji^{1}	·o^{2}	tsji̱r^{1}	·jij^{1}	zjịj^{1}	nioow^{1}	rjɨr^{2}	njɨ^{2}	phji^{1}
不	悦	法	相	着	故，	乃	至	意

身意相，乃至由着可爱、不可爱法相故，乃至为意

3.5.6

[illegible]	[illegible]	[illegible]	[illegible]。	[illegible]	[illegible]	[illegible]，	[illegible]	[illegible]
·jij^{1}	tśju̱^{1}	lew^{2}	we^{2}	tjij^{1}	ŋwo^{2}	tśju̱^{1}	ku^{1}	dji^{1}
相	害	所	为。	若	伤	害，	则	地

·jɨj^{2}	sju^{2}	dzju^{2}	śjụ^{1}	·ju^{1}	dzjwo^{2}	mə^{1}	kiẹj^{2}	kha^{1}
狱、	畜	生、	饿	鬼、	人、	天	界	中，

所害。若被害者，则于地狱、畜生、饿鬼、人、天界中，

3.6.1

zji^{2}	tśju̱^{1}	lew^{2}	we^{2}	wa^{2}	nioow^{1}	tśju̱^{1}	ljɨ^{1}	sjij^{2}
极	害	所	为。	何	缘	害	也？	想
zow^{2}	zjịj^{1}	nioow^{1}	tśju̱^{1}	ljɨ^{1}	sjij^{2}	zjịj^{1}	tja^{1}	ljɨ^{1}
执	着	由	害	故。	想	着	者	何

极为所害。何缘被害？由想执着。何名想着？

3.6.2

kjɨ^{1}	ŋwu^{2}	ŋa^{2}	sjij^{2}	nioow^{1}	ŋa^{2}	·jij^{1}	sjij^{2}	sji^{2}
△	是？	我	想	及	我	于	想，	女
sjij^{2}	gor^{1}	sjij^{2}	ljɨ̣^{2}	zjɨr^{2}	mə̱^{1}	ljɨ^{1}	sjij^{2}	rjɨr^{1}
想、	男	想，	地	水	火	风	想，	骨

谓执我想及我所想，女想、男想，地水火风想，骨

3.6.3

sjij^{2}	ljij^{2}	sjij^{2}	djɨ̱^{2}	ŋwer^{2}	sjij^{2}	sjij^{1}	ma^{2}	sjij^{2}
想、	坏	想、	瘀	懈	想、	血	涂	想、
tsə̣^{1}	lej^{2}	sjij^{2}	dźjow^{1}	ka^{2}	sjij^{2}	bu̱^{2}	bie^{2}	lhew^{2}
色	变	想、	分	离	想、	胜	解	脱

想、坏想、青瘀想①、血涂想、色变想、离散想、胜解脱

3.6.4

[illegible]，	[illegible]	[illegible]	[illegible]	[illegible]	[illegible]	[illegible]	[illegible]	[illegible]
sji̱j^{2}	thja^{2}	zjɨ̱r^{1}	phia̱^{2}	bu̱^{2}	bie^{2}	lhew^{2}	rjir^{2}	dju^{1}
想，	彼	少	分	胜	解	脱	得	有
[illegible]，	[illegible]	[illegible]	[illegible]	[illegible]	[illegible]	[illegible]	[illegible]	[illegible]
sji̱j^{2}	thju^{2}	zjɨ̱r^{1}	phia̱^{2}	bu̱^{2}	bie^{2}	lhew^{2}	mji^{1}	rjir^{1}
想，	此	少	分	胜	解	脱	不	得

想，彼有少分得胜解脱想，此有少分不得胜解脱想，

3.6.5

[illegible]	[illegible]，	[illegible]	[illegible]	[illegible]	[illegible]	[illegible]	[illegible]	[illegible]
dju^{1}	sji̱j^{2}	mjɨ^{1}	pjụ^{1}	mə^{2}	dzjụ^{1}	dźji̱j^{1}	bju^{1}	lə
有	想，	无	量	种	宿	住	随	念
[illegible]	[illegible]	[illegible]	[illegible]，	[illegible]	[illegible]	[illegible]	[illegible]	[illegible]
mjor^{1}	ljạ^{1}	dju^{1}	sji̱j^{2}	ŋa^{2}	bju^{1}	lə	sji̱j^{2}	wjɨ^{2}
现	证	有	想，	我	随	念	想	△

有无量种宿住随念现证作想，我随念想

3.6.6

[illegible]	[illegible]	[illegible]	[illegible]	[illegible]	[illegible]	[illegible]②，	[illegible]	[illegible]
rar^{2}	rjir^{2}	do^{2}	mjor^{1}	dźji̱j^{1}	rjir^{2}	do^{2}	ŋa^{2}	wjɨ^{2}
去	与	异	现	在	与	处，	我	△
[illegible]	[illegible]，	[illegible]	[illegible]	[illegible]	[illegible]	[illegible]。	[illegible]	[illegible]
rar^{2}	ŋwu^{2}	ŋa^{2}	thjɨ^{2}	mjor^{1}	dźji̱j^{1}	ŋwu^{2}	thja^{1}	rjur^{1}
去	是，	我	此	现	在	是。	彼	诸

异于过去异于现在，我是过去，我是现在。于诸

---

① 青瘀想，西夏文译作“[illegible]”，字面意思是“懈淤想”，于义不合。其中“[illegible]”（ŋwer^{2}），义为“懈怠”，与义为“青”的“[illegible]”（ŋwər^{1}）音近通假。

② [illegible]（do^{2}），义为“处”，这里与义为“异”的“[illegible]”（do^{2}）同音通假。

3.7.1

[illegible]	[illegible],	[illegible]	[illegible]	[illegible]	[illegible],	[illegible]	[illegible]	[illegible]
tsjịr^{1}	kha^{1}	sjịj^{2}	śjwo^{1}	zow^{2}	zjịj^{1}	rjɨr^{2}	njɨ^{2}	djịj^{2}
法	中,	想	起	执	着,	乃	至	涅
[illegible]	[illegible]、	[illegible]	[illegible]	[illegible]	[illegible]①	[illegible]②	[illegible]	[illegible]。
phã^{1}	sjịj^{2}	ŋa^{2}	djịj^{2}	sjịj^{2}	rjor^{2}	ŋa^{2}	·jɨ^{2}	sjịj^{2}
槃	想、	我	涅	想	得	△	谓	想。

法中,起想执着,乃至涅槃想、我得涅槃想。

3.7.2

[illegible]	[illegible],	[illegible]	[illegible]	[illegible]	[illegible]③,	[illegible]	[illegible]	[illegible]
kja^{1}	śja^{1}	tshji^{1}	ljijr^{2}	tshjịj^{1}	nji^{2}	ku^{1}	thjɨ^{2}	sju^{2}
迦	叶,	要	方	言	△,	则	是	如
[illegible]	[illegible]	[illegible],	[illegible]	[illegible]	[illegible]	[illegible]	[illegible]	[illegible]
zji^{2}	tshjịj^{1}	nji^{2}	ku^{1}	rjur^{1}	zow^{2}	zjịj^{1}	mjijr^{2}	rjur^{1}
皆	说	△,	则	诸	执	着	者	诸

迦叶,以要言之,诸执着者,处

3.7.3

[illegible]	[illegible]	[illegible],	[illegible]	[illegible]	[illegible]	[illegible]	[illegible]	[illegible]
rjur^{1}	sjịj^{2}	śjwo^{1}	rjɨr^{2}	njɨ^{2}	ŋa^{1}	tsjịr^{2}	kha^{1}	sjịj^{2}
诸	想	起,	乃	至	空	性	中	想
[illegible]	[illegible]	[illegible],	[illegible]	[illegible]	[illegible]	[illegible]	[illegible]	[illegible]
ŋowr^{2}	ŋowr^{2}	śjwo^{1}	to^{2}	zji^{2}	śia^{1}	mẽ^{1}	pho^{1}	lo^{1}
一	切	起,	悉	皆	沙	门	婆	罗

处④起想,乃至于空性中,起一切想,皆悉非作沙门、婆罗门法,

① [illegible](rjor^{2}),是轻动词"[illegible]"(rjir^{2})的衍生式,义为"得"或"获"。当动词后出现第一人称单数呼应后缀"[illegible]"(ŋa^{2})时,往往引起动词的音韵转换,动词用衍生式。

② [illegible](ŋa^{2}),为第一人称单数动词人称呼应后缀。

③ [illegible](nji^{2}),为第一人称和第二人称复数代词动词人称呼应后缀。下同。

④ 处处,西夏文译作"[illegible][illegible]",重叠表示多处。

3.7.4

[illegible]								
mẽ^{1}	·wji^{1}	sji^{2}	tsji̠r^{1}	nja̠^{2}	śia^{1}	mẽ^{1}	dźjɨ	nja̠^{2}
门	作	△	法	非,	沙	门	行	非,
[illegible]								
pho^{1}	lo^{1}	mẽ^{1}	dźjɨ	nja̠^{2}	kja^{1}	śja^{1}	mjor^{1}	lji̠j^{2}
婆	罗	门	行	非。	迦	叶,	如	来

非沙门行,非婆罗门行。迦叶,如来

3.7.5

[illegible]								
śia^{1}	mẽ^{1}	pho^{1}	lo^{1}	mẽ^{1}	tsji̠r^{1}	tja^{1}	tshọ^{2}	ŋa^{1}
沙	门、	婆	罗	门	法	者,	虚	空
[illegible]						①。		
nioow^{1}	lji̠j^{2}	ljɨ̣^{2}	wjɨ^{2}	sju^{2}	·jɨ^{2}	djij^{2}	thjij^{2}	sjo^{2}
及	大	地	犹	如	谓	△。	何	云

说言沙门、婆罗门法者,譬如虚空及以大地。何以

3.7.6

[illegible]								
ljɨ^{1}	tshọ^{2}	ŋa^{1}	tsji̠r^{1}	tja^{1}	tśjo	tshọ^{2}	ŋa^{1}	ŋwu^{2}
故?	虚	空	法	者,	终	虚	空	是
[illegible]								
ŋa^{2}	mji^{1}	·jɨ^{2}	kja^{1}	śja^{1}	thjɨ^{2}	sju^{2}	śia^{1}	mẽ^{1}
我	不	言。	迦	叶,	是	如,	沙	门

故?虚空之法,终不念言我是虚空。如是,迦叶,沙门、

3.8.1

[illegible]								
pho^{1}	lo^{1}	mẽ^{1}	tja^{1}	tśjo	ŋa^{2}	śia^{1}	mẽ^{1}	ŋwu^{2}

① [illegible](djij^{2}),转折连词。

婆	罗	门	者,	终	我	沙	门	是
[illegible]	[illegible]	[illegible]	[illegible]	[illegible]	[illegible]①	[illegible]	[illegible]。	[illegible]
ŋa^{2}	pho^{1}	lo^{1}	mẽ^{1}	ŋwu^{2}	ŋa^{2}	mji^{1}	·jɨ^{2}	thjɨ^{2}
我	婆	罗	门	是	△	不	谓。	是

婆罗门者,终不自谓我是沙门,是婆罗门。

3.8.2

[illegible]	[illegible]	[illegible]	[illegible]	[illegible]	[illegible]、	[illegible]	[illegible]	[illegible]
nioow^{1}	rjur^{1}	tsji̱r^{1}	tsjɨ^{1}	śia^{1}	mẽ^{1}	pho^{1}	lo^{1}	mẽ^{1}
故	诸	法	亦	沙	门、	婆	罗	门
[illegible]	[illegible]②	[illegible]	[illegible]	[illegible]	[illegible]	[illegible]。	[illegible]	[illegible]
·wji^{1}	sji^{2}	tsji̱r^{1}	ŋwu^{2}	ŋa^{2}	mji^{1}	·jɨ^{2}	śia^{1}	mẽ^{1}
作	△	法	是	△	不	谓。	沙	门

是故诸法亦不自谓是作沙门、婆罗门法。沙门

3.8.3

[illegible]	[illegible]	[illegible]	[illegible]	[illegible]	[illegible],	[illegible]	[illegible]	[illegible]
tsji̱r^{1}	tja^{1}	mji^{1}	·wji^{1}	mji^{1}	tji̧j^{1}	thjɨ^{2}	nioow^{1}	śia^{1}
法	者	不	作	不	除,	是	故	沙
[illegible]	[illegible]	[illegible]	[illegible]	[illegible]	[illegible]	[illegible]。	[illegible]	[illegible],
mẽ^{1}	nioow^{1}	pho^{1}	lo^{1}	mẽ^{1}	·jɨ^{2}	ljɨ^{1}	kja^{1}	śja^{1}
门	及	婆	罗	门	谓	也。	迦	叶,

法者不作不除,是为沙门及婆罗门。迦叶,

3.8.4

[illegible]	[illegible]	[illegible]	[illegible]	[illegible]	[illegible]	[illegible]	[illegible],	[illegible]
dzjo̧^{1}	sju^{2}	dzjwo^{2}	dju^{1}	gjɨ^{2}	na^{1}	nja̱^{1}	kha^{1}	·wa̧^{1}
譬	如	人	有	夜	暗	黑	中,	肩
[illegible]	[illegible]	[illegible],	[illegible]	[illegible]	[illegible]	[illegible]:	[illegible]	[illegible]
dzji^{1}	mej^{1}	se^{2}	thjɨ^{2}	sju^{2}	da̧^{2}	·jɨ^{2}	rjur^{1}	kha^{1}

① [illegible](ŋa^{2}),为第一人称单数动词人称呼应后缀。

② [illegible](sji^{2}),为名物化助词。

掉　目　闭，是　如　言　谓：世　间

譬如有人于夜暗中，掉弄手臂，摇动面目①，作如是言：

3.8.5

[illegible]	[illegible]	[illegible]	[illegible]②	[illegible]，	[illegible]	[illegible]	[illegible]	[illegible]
dzjwo^{2}	·jij^{1}	djij^{1}	phjo^{2}	ŋa^{2}	rjur^{1}	kha^{1}	dzjwo^{2}	·jij^{1}
人	于	笑	令	△，	世	间	人	于
[illegible]	[illegible]	[illegible]	[illegible]。	[illegible]	[illegible]	[illegible]	[illegible]？	[illegible]
djij^{1}	phjo^{2}	ŋa^{2}	·jɨ^{2}	phji^{1}	ɣa^{2}	thjij^{2}	sjo^{2}	thja^{1}
笑	令	△	谓。	意	于	何	云？	彼

我弄世间，我弄世间。于意云何？彼

3.8.6

[illegible]	[illegible]	[illegible]	[illegible]	[illegible]	[illegible]？	[illegible]	[illegible]	[illegible]：
dzjwo^{2}	sjwɨ^{1}	·jij^{1}	djij^{1}	phji^{1}	ljɨ^{1}	kja^{1}	śja^{1}	dạ^{2}
人	谁	于	笑	令	也？	迦	叶	言：
[illegible]	[illegible]！	[illegible]	[illegible]	[illegible]	[illegible]	[illegible]	[illegible]，	[illegible]
rjur^{1}	pjụ^{1}	thja^{1}	dzjwo^{2}	·jij^{1}	·jij^{1}	dźju^{1}	·wji^{1}	djij^{1}
世	尊！	彼	人	自	己	欺	为，	笑

为弄谁？迦叶白言：世尊！是人自弄③。

3.9.1

[illegible]	[illegible]	[illegible]。	[illegible]	[illegible]	[illegible]？	[illegible]	[illegible]	[illegible]	[illegible]	[illegible]，	[illegible]	[illegible]	[illegible]	[illegible]	[illegible]。
phji^{1}	lew^{2}	mjij^{1}	thjij^{2}	sjo^{2}	ljɨ^{1}	thja^{1}	kha^{1}	dzjwo^{2}	ljị^{1}	mjij^{1}	sjwɨ^{1}	·jij^{1}	djij^{1}	phji^{1}	ljɨ^{1}
令	所	无。	何	云	故？	彼	中	人	△	无，	谁	于	笑	令	故。

何以故？于中无人，为可弄故④。

---

① 掉弄手臂，摇动面目，西夏文字面意思为“掉肩闭目”。

② [illegible]（phjo^{2}），轻动词“[illegible]”（phji^{1}）的衍生式，义为“令”或“使”。当动词后出现第一人称单数呼应后缀“[illegible]”（ŋa^{2}）时，往往引起动词的音韵转换，动词用衍生式。下同。

③ 是人自弄，西夏文字面意思为“是人自弄，无所弄”。

④ 此处西夏文字面意思为“于中人，为可弄故”。

汉文本

迦叶，着诸法者，亦复如是。若执眼想及以眼相，执耳鼻舌身意想，乃至意相。若执色受想、行识想，执净持戒、多闻、惭愧、经行往来、得菩提想。如此等法，皆悉非作沙门、婆罗门。若起想者，则为所害。为谁所害？谓贪瞋痴。若执眼相，由着可爱、不可爱色相故，为眼所害。如是执着耳鼻舌身意相，乃至由着可爱、不可爱法相故，乃至为意所害。若被害者，则于地狱、畜生、饿鬼、人、天界中，极为所害。何缘被害？由想执着。何名想着？谓执我想及我所想，女想、男想，地水火风想，骨想、坏想、青瘀想、血涂想、色变想、离散想、胜解脱想，彼有少分得胜解脱想，此有少分不得胜解脱想，有无量种宿住随念现证作想，我随念想异于过去异于现在，我是过去，我是现在。于诸法中，起想执着，乃至涅槃想、我得涅槃想。迦叶，以要言之，诸执着者，处处起想，乃至于空性中，起一切想，皆悉非作沙门、婆罗门法，非沙门行，非婆罗门行。迦叶，如来说言沙门、婆罗门法者，譬如虚空及以大地。何以故？虚空之法，终不念言我是虚空。如是，迦叶，沙门、婆罗门者，终不自谓我是沙门，是婆罗门。是故诸法亦不自谓是作沙门、婆罗门法。沙门法者不作不除，是为沙门及婆罗门。迦叶，譬如有人于夜暗中，掉弄手臂，摇动面目，作如是言：我弄世间，我弄世间。于意云何？彼为弄谁？迦叶白言：世尊！是人自弄。何以故？于中无人，为可弄故。

3.9.1—3.9.2

[illegible]	[illegible]	[illegible]	[illegible]	[illegible]	[illegible]：	[illegible]	[illegible]，	[illegible]	[illegible]。
tha¹	ljịj²	kja¹	śja¹	·jij¹	·jɨ²	ŋwu²	ljɨ¹	ŋwu²	ljɨ¹
佛	大	迦	叶	于	谓：	是	也，	是	也。
[illegible]	[illegible]	[illegible]	[illegible]	[illegible]	[illegible]	[illegible]	[illegible]	[illegible]，	[illegible]
tjɨ¹	tjij¹	phji²	khjiw²	·a	·iã¹	zja²	do²	njɨ²	tjij¹
倘	若	比	丘	阿	兰	若	处	至，	或

佛告大迦叶言：如是，如是。若有比丘至阿兰若①，或

3.9.3

[illegible]	[illegible]	[illegible]	[illegible]	[illegible]	[illegible]	[illegible]	[illegible]。	[illegible]
phu²	khju¹	·jɨj²	ŋa¹	ljị²	śja²	twụ¹	njɨ²	thjɨ²
树	下	室	空	地	显	处	至。	是
[illegible]	[illegible]	[illegible]：	[illegible]	[illegible]	[illegible]	[illegible]，	[illegible]	[illegible]
sju²	lə	·wji¹	mej¹	mji¹	·ju²	ŋwu²	nju¹	njii²

① 阿兰若，梵文 Araṇya，寺院之总名，比丘之住处。又作"阿兰那""阿兰攘""阿兰若迦""阿练若"等。译曰"无诤声""闲寂""远离处"。玄应《一切经音义》卷一曰："阿兰拏(友加反)，或云阿兰若，或云阿练若，皆梵音轻重耳。此云空寂，亦无诤也。"西夏文为汉文音译。

如 想 作： 眼 无 常 是， 耳 鼻

至树下空室露①处。作如是想：眼是无常，耳鼻

3.9.4

[illegible] [illegible] [illegible]， [illegible] [illegible] [illegible] [illegible] [illegible] [illegible]。

lhjwa^{1} lju^{2} phji^{1} tsjɨ^{1} zji^{2} mji^{1} ·ju^{2} ŋwu^{2} ·jɨ^{2}

舌 身 意， 亦 皆 无 常 是 谓。

[illegible] [illegible] [illegible] [illegible]： [illegible] [illegible] [illegible] [illegible]， [illegible]

nioow^{1} thjɨ^{2} lə ·wji^{1} tsə̣^{1} mji^{1} ·ju^{2} ŋwu^{2} ɣię^{2}

复 是 思 作： 色 无 常 是， 声

舌身意，悉是无常。复作思惟：色是无常，声

3.9.5

[illegible] [illegible] [illegible] [illegible]， [illegible] [illegible] [illegible] [illegible] [illegible]

lji^{2} wji̧^{1} tsjụ^{1} tsjir̠^{1} tsjɨ^{1} zji^{2} mji^{1} ·ju^{2} ŋwu^{2}

香 味 触 法， 亦 皆 无 常 是

[illegible]。 [illegible] [illegible] [illegible] [illegible]： [illegible] [illegible] [illegible] [illegible]

·jɨ^{2} nioow^{1} thjɨ^{2} lə ·wji^{1} ŋa^{2} djij^{2} phã^{1} tshjwu^{1}

谓。 复 是 思 作： 我 涅 槃 敬

香味触法，亦悉无常。作是思惟：我趣②涅槃。

3.9.6

[illegible] [illegible]。 [illegible] [illegible] [illegible] [illegible] [illegible] [illegible] [illegible]

ŋa^{2} ·jɨ^{2} thjɨ^{2} sju^{2} njɨ^{2} dji̧j^{1} ŋa^{1} ŋa^{1} ljɨ̣^{1}

△ 谓。 是 如 等 类 空 空 劬

[illegible]， [illegible] [illegible] [illegible] [illegible]。 [illegible] [illegible] [illegible]？ [illegible]

rjijr^{2} śia^{1} mẽ^{1} dźjɨ nja̱^{2} thjij^{2} sjo^{2} ljɨ^{1} tśhjɨ^{1}

劳， 沙 门 行 非。 何 云 故？ 尔

如是等类为自劬劳，非沙门行。何以故？

---

① 露，西夏文译作“[illegible][illegible][illegible]”，义为“地显处”。
② 趣，西夏文字面意思为“敬”。

3.10.1

[illegible]

zjịj^{1} rjur^{1} dow^{1} zow^{2} zjịj^{1} dju^{1} nioow^{1} ljɨ^{1} mej^{1}

时 诸 邪 执 着 有 故 也。 眼

[illegible]

·jij^{1} nwə^{1} dźjwa^{1} mej^{1} dzjar^{2} kiẹj^{2} nioow^{1} ·jɨr^{2} ŋwu^{2}

相 知 已, 眼 灭 欲 故, 勤 以

以有若干①诸邪执故。知眼相已,为灭眼故,勤劳

3.10.2

[illegible]

djọ^{2} dzjɨ̠^{2} thjɨ^{2} sju^{2} nju^{1} njii^{2} lhjwa^{1} ljụ^{2} phji^{1}

修 习。 是 如 耳 鼻 舌 身 意

[illegible]

·jij^{1} nwə^{1} dźjwa^{1} rjɨr^{2} njɨ^{2} phji^{1} dzjar^{2} kiẹj^{2} nioow^{1}

相 知 已, 乃 至 意 灭 欲 故,

修习。如是能知耳鼻舌身意相已,乃至为灭意故,

3.10.3

[illegible]

·jɨr^{2} ŋwu^{2} djọ^{2} dzjɨ̠^{2} tjij^{1} sọ^{1} ·we^{2} nwə^{1} tsjij^{2}

勤 以 修 习。 若 三 处 知 了

[illegible]

dźiej^{2} ku^{1} thja^{1} sọ^{1} ·we^{2} bju^{1} zji^{2} phjo^{2} kar^{2}

信, 则 彼 三 处 依 皆 分 别

勤修习之。若于三处,了知信受②,则于三处,而生分别。

3.10.4

[illegible]

---

① 若干,西夏文本此处无对应的文字。

② 信受,西夏文译作“[illegible]”(信)。

śjwo¹ tjij¹ rjur¹ ljij² ɣa² phjo² kar² śjwo¹ ku¹

生。 若 诸 见 于 分 别 起， 则

[illegible] [illegible] [illegible] [illegible] [illegible] [illegible] [illegible] [illegible]？ [illegible]

njij¹ lew¹ mjɨ̱² tsji̱r² thjij² sjo² rjir¹ ljɨ¹ kja¹

心 一 境 性 何 云 得 也？ 迦

若于诸见起分别者，云何能得心一境性？迦

3.10.5

[illegible]， [illegible] [illegible] [illegible] [illegible] [illegible]， [illegible] [illegible] [illegible]

śja¹ zji² na¹ po¹ tjɨj¹ tja¹ ·o² gie¹ tshwew¹

叶， 甚 深 菩 提 者， 入 难 趣

[illegible]， [illegible] [illegible] [illegible] [illegible]。 [illegible] [illegible] [illegible] [illegible]

gie¹ ·wu̱² dźjwij² ŋowr² gie¹ njij¹ lew¹ mjɨ̱² tsji̱r²

难， 资 粮 具 难。 心 一 境 性

叶，甚深菩提，难入难趣，难具资粮①。心一境性

3.10.6

[illegible]， [illegible] [illegible] [illegible] [illegible] [illegible] [illegible] [illegible] [illegible]

tja¹ wa² sju² bju¹ njij¹ lew¹ mjɨ̱² tsji̱r² ·jɨ²

者， 何 如 依 心 一 境 性 谓

[illegible]？ [illegible] [illegible] [illegible] [illegible]， [illegible] [illegible] [illegible] [illegible]

ljɨ¹ rjur¹ rjur¹ tjo̱¹ ·ju² rjɨr² njɨ² ·a mə²

也？ 周 遍 推 求， 乃 至 一 种

者，为以几何名心一境性？周遍②推求，乃至一

3.11.1

[illegible]， [illegible] [illegible] [illegible] [illegible] [illegible]。 [illegible] [illegible] [illegible]

zjij¹ tsjir¹ tsjɨ¹ rjir¹ tji̱² mjij¹ thjɨ² tja¹ mej¹

时， 法 亦 得 可 不。 此 者 眼

[illegible] [illegible] [illegible] [illegible] [illegible]， [illegible] [illegible] [illegible] [illegible]

---

① 资粮，西夏文译作“[illegible][illegible]”。

② 周遍，西夏文译作“[illegible][illegible]”，义为“处处”，名词重叠表加强义。

ɣa^{2} zjɨr^{1} rjir^{1} tjị^{2} mjij^{1} nju^{1} njii^{2} lhjwa^{1} ljụ^{2}

于 实 得 可 不, 耳 鼻 舌 身

法亦不可得。所谓于眼不可得实,于耳鼻舌身

3.11.2

[illegible]

phji^{1} ɣa^{2} tsjɨ^{1} zjɨr^{1} rjir^{1} tjị^{2} mjij^{1} tsji̱r^{1} ŋowr^{2}

意 于 亦 实 得 可 不, 法 一

[illegible]

ŋowr^{2} ɣa^{2} zji^{2} zjɨr^{1} rjir^{1} tjị^{2} mjij^{1} thjij^{2} sjo^{2}

切 于 皆 实 得 可 不。 何 云

意亦不得实,于一切法皆不得实。何以

3.11.3

[illegible]

ljɨ^{1} mər^{2} tsji̱r^{2} thjɨ^{2} sju^{2} njij^{1} tsji̱r^{2} mji^{1} śjwo^{1}

故? 本 性 是 如, 心 性 不 生,

[illegible]

rjur^{1} tsji̱r^{1} ŋowr^{2} ŋowr^{2} zjɨr^{1} rjir^{1} lew^{2} mjij^{1} thjɨ^{2}

诸 法 一 切 实 得 所 无, 是

故? 本性如是,心性不生,一切诸法无实可得,是

3.11.4

[illegible]

nioow^{1} thja^{1} njij^{1} rjir^{1} tjị^{2} mjij^{1} ljɨ^{1} tjij^{1} wjɨ^{2}

故 彼 心 得 可 不 也。 若 过

[illegible]

rar^{2} mjij^{2} ljịj^{2} mjor^{1} dźjij^{1} rjir^{1} lew^{2} mjij^{1} ku^{1}

去、 未 来、 现 在 得 所 无, 则

故彼心不可得也。若过去、未来、现在无所得故,

3.11.5

[illegible]

·wji^{1} lew^{2} mjij^{1} ku^{1} tśhjwo^{1} ·wji^{1} lew^{2} mjij^{1} ·jɨ^{2}

作 所 无， 则 故 作 所 无 谓。

[illegible]

·wji^{1} lew^{2} mjij^{1} tja^{1} ljɨ̣^{1} kjɨ^{1} ŋwu^{2} tjij^{1} kjwi^{1}

作 所 无 者， 何 △ 是？ 若 故

无所作故，是谓无所作。何名无所作？

3.11.6

[illegible]

tjij^{1} sjiw^{1} zji^{2} ·wji^{1} tjɨ̣^{2} mjij^{1} ku^{1} tśhjwo^{1} ·wji^{1}

若 新， 俱 作 可 不， 则 故 作

[illegible]

lew^{2} mjij^{1} ·jɨ^{2} thjɨ^{2} kha^{1} wjɨ^{2} rar^{2} njij^{1} mji^{1}

所 无 名。 是 中 过 去 心 不

若新、若故，俱不可作，名无所作。是中过去心不

3.12.1

[illegible]

bie^{2} lhew^{2} mjor^{1} dźjij^{1} njij^{1} mji^{1} bie^{2} lhew^{2} mjij^{2}

解 脱、 现 在 心 不 解 脱、 未

[illegible]

ljịj^{2} njij^{1} mji^{1} bie^{2} lhew^{2} dju^{1} dju^{1} njij^{1} bju^{1}

来 心 不 解 脱、 有 有 心 随

解脱、现在心不解脱、未来心不解脱，随所有①心

3.12.2

[illegible]

zji^{2} rjir^{1} lew^{2} mjij^{1} ku^{1} njij^{1} lew^{1} mjɨ̱^{2} tsjir^{2}

皆 得 所 无， 则 心 一 境 性

[illegible]

① 所有，西夏文字面意思为“有有”，动词重叠表加强义。

·jɨ² thjɨ² tja¹ njịj¹ rjir¹ kha¹ ljị¹ ŋwu²

谓， 此 者 心 得 中 入 是。

无所得者，是为心一境性，此即名入心之数也。

汉文本

佛告大迦叶言：如是，如是。若有比丘至阿兰若，或至树下空室露处。作如是想：眼是无常，耳鼻舌身意，悉是无常。复作思惟：色是无常，声香味触法，亦悉无常。作是思惟：我趣涅槃，如是等类为自劬劳，非沙门行。何以故？以有若干诸邪执故。知眼相已，为灭眼故，勤劳修习。如是能知耳鼻舌身意相已，乃至为灭意故，勤修习之。若于三处，了知信受，则于三处，而生分别。若于诸见起分别者，云何能得心一境性？迦叶，甚深菩提，难入难趣，难具资粮。心一境性者，为以几何名心一境性？周遍推求，乃至一法亦不可得。所谓于眼不可得实，于耳鼻舌身意亦不得实，于一切法皆不得实。何以故？本性如是，心性不生，一切诸法无实可得，是故彼心不可得也。若过去、未来、现在无所得故，无所作故，是谓无所作。何名无所作？若新、若故，俱不可作，名无所作。是中过去心不解脱、现在心不解脱、未来心不解脱，随所有心无所得者，是为心一境性，此即名入心之数也。

3.12.2—3.12.3

[illegible] [illegible]， [illegible] [illegible] [illegible] [illegible]、 [illegible] [illegible] [illegible]、 [illegible]

kja¹ śja¹ mjij² ljịj² phji² khjiw² phji² khjiw² dzji¹ ·jiw²

迦 叶， 未 来 比 丘、 比 丘 尼、 优

[illegible] [illegible]、 [illegible] [illegible] [illegible]， [illegible] [illegible] [illegible] [illegible]，

pho¹ se² ·jiw² pho¹ ·ji¹ mej¹ njɨ² zow² zjịj¹

婆 塞、 优 婆 夷， 眼 等 执 着，

迦叶，未来当有比丘、比丘尼、优婆塞、优婆夷，执着眼等，

3.12.4

[illegible] [illegible] [illegible] [illegible]， [illegible] [illegible] [illegible] [illegible] [illegible]

ljịj² dzjar² we² phji¹ thja¹ rjur¹ ŋur¹ kha¹ war²

坏 灭 为 令， 彼 诸 蕴 中 物

[illegible] [illegible]。 [illegible] [illegible] [illegible] [illegible] [illegible] [illegible] [illegible]

sjịj² śjwo¹ ku¹ tśhjwo¹ mjor¹ ljịj² ŋur¹ mjij¹ sju²

想 起。 则 故 如 来 蕴 梦 如

说为灭坏，于诸蕴中起于物想。如来说蕴犹如于梦，

3.12.5

[illegible]	[illegible],	[illegible]	[illegible]	[illegible]	[illegible]	[illegible]	[illegible]	[illegible],
rjɨr^{2}	tshjij^{1}	nioow^{1}	thja^{1}	njɨ^{2}	mjij^{1}	tja^{1}	zjɨr^{1}	dju^{1}
△	说,	后	彼	等	梦	者	实	有,
[illegible]	[illegible]	[illegible]	[illegible]	[illegible]	[illegible]	[illegible]	[illegible],	[illegible]
thjɨ^{2}	nioow^{1}	rjur^{1}	kha^{1}	thja^{1}	mjij^{1}	dju^{1}	tshjij^{1}	tjij^{1}
是	故	世	间	彼	梦	有	说,	若

然彼说言梦为实有,由世间中说有是梦,若

3.12.6

[illegible]	[illegible]	[illegible],	[illegible]	[illegible]	[illegible]	[illegible]	[illegible]	[illegible]
mjij^{1}	ljɨ^{1}	mjij^{1}	ku^{1}	ŋa^{2}	njɨ^{2}	thjij^{2}	sjo^{2}	mjij^{1}
梦	△	无,	则	我	等	何	云	梦
[illegible]	[illegible]	[illegible]。	[illegible]	[illegible]	[illegible]①	[illegible]	[illegible],	[illegible]
sjij^{2}	da^{2}	dju^{1}	dźju^{1}	sjwij^{1}	sji^{2}	da^{2}	dju^{1}	ku^{1}
想	事	有。	表	示	△	事	有,	则

无梦者,我等不应有②梦想事。以有表示,

3.13.1

[illegible]	[illegible]	[illegible]	[illegible],	[illegible]	[illegible]	[illegible]	[illegible]	[illegible]
thjɨ^{2}	nioow^{1}	ŋa^{2}	njɨ^{2}	thja^{1}	mjij^{1}	ɣa^{2}	mjij^{1}	sjij^{2}
是	故	我	等,	其	梦	于	梦	想
[illegible]。	[illegible]	[illegible],	[illegible]	[illegible],	[illegible]	[illegible]	[illegible],	[illegible]
śjwo^{1}	thjɨ^{2}	sju^{2}	thjɨ^{2}	sju^{2}	ŋur^{1}	·jiw^{1}	dju^{1}	ku^{1}
起。	是	如,	是	如,	蕴	因	有,	则

是故我等,于其眠梦起于梦想。如是,如是,蕴有所因,

3.13.2

[illegible] [illegible] [illegible] [illegible]。 [illegible] [illegible] [illegible]③ [illegible], [illegible]

① [illegible](sji^{2}),为名物化助词。

② 不应有,西夏文字面意思为“应有”。

③ [illegible](ljɨ^{1})与“[illegible]”(djij^{2})连用,表示转折复句。

tśhjwo^1	mjij^1	sju^2	tshjij^1	tjij^1	ŋur^1	ljɨ̣^{1}	mji^1	ku^1
故	梦	如	说。	若	蕴	△	无，	则
[illegible]	[illegible]	[illegible]	[illegible]	[illegible]	[illegible]	[illegible]	[illegible]。	[illegible]
ŋur^1	mjij^1	sju^2	tshjij^1	lew^2	nja̱^{2}	·jɨ^2	djij^2	thja^1
蕴	梦	如	说	应	不	名	△。	彼

故说如梦。若无蕴者，不应说蕴犹如于梦。彼

3.13.3

[illegible]	[illegible]	[illegible]	[illegible]	[illegible]	[illegible]	[illegible]	[illegible]，	[illegible]
rjur^1	we̱^{1}	mjijr^2	mjij^1	zow^2	zjɨr^1	we^2	phji^1	ku^1
诸	愚	夫	梦	执	实	为	令，	则
[illegible]	[illegible]	[illegible]	[illegible]	[illegible]	[illegible]，	[illegible]	[illegible]	[illegible]
thjɨ^2	njɨ^2	lwər^2	rejr^2	mji^1	zjij^1	pjo^1	tsjij^2	njij^1
是	等	经	契	闻	时，	诽	谤	心

诸愚夫谓梦为实，闻是等经，便生诽谤①。

3.13.4

[illegible]。	[illegible]	[illegible]	[illegible]	[illegible]	[illegible]	[illegible]，	[illegible]	[illegible]
śjwo^1	thja^1	kha^1	phji^2	khjiw^2	dzji^1	njɨ^2	mji̱^{1}	·wə^1
生。	彼	中	比	丘	尼	等，	施	主
[illegible]	[illegible]	[illegible]，	[illegible]	[illegible]	[illegible]	[illegible]	[illegible]	[illegible]
nji^1	do^2	śjɨ^1	la̱^{1}	ŋwu^2	ŋa^2	·a	lo^1	xã^1
家	处	往，	妄	以	我	阿	罗	汉

于中当有比丘尼等，于施主家，妄称我是阿罗汉果②，

3.13.5

[illegible]	[illegible]③	[illegible]，	[illegible]	[illegible]	[illegible]	[illegible]	[illegible]	[illegible]
ŋwu^2	ŋa^2	·jɨ^2	tjij^1	sjij^2	djɨj^1	bju^1	mjor^1	lja̱^{1}
是	△	谓，	或	智	浅	依	现	证

① 诽谤，西夏文字面意思为“诽谤心”。

② 阿罗汉果，西夏文字面意思为“阿罗汉”。

③ [illegible]($ŋa^2$)，第一人称单数动词人称呼应后缀。

[illegible]①	[illegible]	[illegible]。	[illegible]	[illegible]	[illegible]	[illegible]	[illegible]、	[illegible]
rjor^{2}	ŋa^{2}	·jɨ^{2}	ku^{1}	thja^{1}	·jiw^{2}	pho^{1}	se^{2}	·jiw^{2}
得	△	谓。	则	彼	优	婆	塞、	优

或依浅智说现证得。若优婆塞、优

3.13.6

[illegible]	[illegible]	[illegible]，	[illegible]	[illegible]	[illegible]	[illegible]	[illegible]	[illegible]
pho^{1}	·ji^{1}	njɨ^{2}	tsjɨ^{1}	lwər^{2}	rejr^{2}	dzjɨj^{1}	lja̱^{1}	mji^{1}
婆	夷	等，	亦	经	契	律	颂	闻
[illegible]，	[illegible]	[illegible]	[illegible]	[illegible]	[illegible]	[illegible]②	[illegible]。	[illegible]
zjij^{1}	ŋa^{2}	njɨ^{2}	tsjɨ^{1}	mjor^{1}	lja̱^{1}	nji^{2}	·jɨ^{2}	kja^{1}
时，	我	等	亦	现	证	△	谓。	迦

婆夷等，闻经律颂，说我现证。迦

3.14.1

[illegible]，	[illegible]	[illegible]	[illegible]	[illegible]，	[illegible]	[illegible]	[illegible]	[illegible]，
śja^{1}	nioow^{1}	tśhjɨ^{1}	bjij^{2}	zjij^{1}	tjɨ^{1}	tjij^{1}	phji^{2}	khjiw^{2}
叶，	复	尔	时	时，	倘	若	比	丘，
[illegible]	[illegible]	[illegible]	[illegible]、	[illegible]	[illegible]	[illegible]，	[illegible]	[illegible]
tjij^{1}	njɨ̱^{1}	ɣa̱^{2}	kjiw^{1}	so̱^{1}	ɣa̱^{2}	kjiw^{1}	·ju^{2}	·a
或	二	十	年、	三	十	年，	常	阿

叶，当于尔时，若有比丘，或二十年、三十年中，常

3.14.2

[illegible]	[illegible]	[illegible]	[illegible]	[illegible]，	[illegible]	[illegible]	[illegible]	[illegible]，
·iã^{1}	zja^{2}	nji^{2}	dźjij^{1}	ŋwe^{1}	·jɨr^{2}	ŋwu^{2}	djo̱^{2}	dzjɨ̱^{2}
兰	若	△	居	乐，	勤	以	修	习，
[illegible]	[illegible]	[illegible]，	[illegible]	[illegible]	[illegible]	[illegible]	[illegible]	[illegible]
tha^{1}	tsjir̠^{1}	nioow^{1}	ku^{1}	ɣu^{1}	dźiej^{2}	njij^{1}	śjwo^{1}	tjɨ^{1}

① [illegible](rjor^{2})，是轻动词“[illegible]”(rjir^{2})的衍生式，义为“得”或“获”。当动词后出现第一人称单数呼应后缀“[illegible]”(ŋa^{2})时，往往引起动词的音韵转换，动词用衍生式。

② [illegible](nji^{2})，为第一人称和第二人称复数代词动词人称呼应后缀，这里与“我等”呼应。下同。

佛	法	故，	则	初	信	心	起	一

乐居止阿兰若处，精勤修习，为佛法故，来诣初信一

3.14.3

[illegible]	[illegible]	[illegible]	[illegible]	[illegible]	[illegible]，	[illegible]	[illegible]	[illegible]
njɨ̠2	·jiw2	pho1	se2	do2	lja1	lew1	dạ2	ŋa1
日	优	婆	塞	处	来，	唯	言	空
[illegible]	[illegible]	[illegible]	[illegible]	[illegible]，	[illegible]	[illegible]	[illegible]，	[illegible]
ŋwu2	dźjwɨ1	·jij1	tshjij1	·wji1	ŋa1	ŋa1	nioow1	ku1
以	相	于	说	为，	空	空	故，	则

日优婆塞边，唯以空言，互相唱说，言空空故①，

3.14.4

[illegible]	[illegible]	[illegible]	[illegible]，	[illegible]	[illegible]	[illegible]	[illegible]	[illegible]。
ŋa2	zji2	nwə1	tsjij2	ŋa2	zji2	nwə1	tsjij2	·jɨ2
我	皆	知	了，	我	皆	知	了	谓。
[illegible]	[illegible]	[illegible]	[illegible]，	[illegible]	[illegible]	[illegible]	[illegible]	[illegible]，
tjɨ1	tjij1	phji2	khjiw2	thjɨ2	lwər2	rejr2	njɨ2	mji1
假	若	比	丘，	是	经	契	等	闻，

我已遍知，我已遍知。或有比丘，闻是经等，

3.14.5

[illegible]	[illegible]	[illegible]	[illegible]	[illegible]，	[illegible]	[illegible]	[illegible]	[illegible]
dźjwɨ1	ljijr2	·jɨr1	·jɨr1	tshjij1	tjɨ1	tjij1	dzjwo2	mji1
相	向	问	问	说，	倘	若	人	闻
[illegible]	[illegible]	[illegible]	[illegible]	[illegible]，	[illegible]	[illegible]	[illegible]	[illegible]：
tśhjɨ2	rjar2	kjạ1	śjwo1	mji1	nioow1	thjɨ2	dạ2	·jɨ2
立	便	怖	生	闻，	复	是	言	曰：

相向谈说②，有人闻之，便生怖畏③，复作是言：

---

① 此处西夏文字面意思为“空空故”。

② 谈说，西夏文译作“[illegible][illegible][illegible]”，前两字义为“问问”，动词重叠表相互义。

③ 便生怖畏，西夏文字面意思为“便闻生怖畏”。

3.14.6

[illegible]

tjij^{1} rjur^{1} nji^{1} dźji̱j^{1} nji^{1} phjɨ^{1} dzjwo^{2} njɨ^{2} mji^{1}

若 诸 家 在、家 出 人 等，不

[illegible]

tsji̱r^{1} dzji̱j^{2} ·jij^{1} ？ njij^{1} lew^{2} nja̱^{2} khwa^{1} ka^{2}

法 师 于 亲 近 应 非，远 离

若诸在家、出家人等，不应亲近，应当远离，此非教师。

3.15.1

[illegible]

lew^{2} ŋwu^{2} thjij^{2} sjo^{2} ljɨ^{1} thja^{1} njɨ^{2} nwə^{1} lew^{2}

应 是。何 以 故？彼 等 知 所

[illegible]

tja^{1} ？ njij^{1} lew^{2} nja̱^{2} ljɨ^{1} nioow^{1} zji^{2} na^{1}

者，亲 近 应 不 也。复 甚 深

何以故？彼等所知，不相亲附。复有宣说甚深法者①，

3.15.2

[illegible]

tsji̱r^{1} tshjiij^{1} mjijr^{2} ·jij^{1} rjur^{1} nji^{1} dźji̱j^{1} nji^{1} phjɨ^{1}

法 说 者 于，诸 家 在 家 出

[illegible]

dzjwo^{2} njɨ^{2} zji^{2} thja^{2} ·jij^{1} mjɨ^{1} kjiwr^{2} mji^{1} bju̱^{1}

人 等，皆 彼 于 不 畏 不 敬。

为诸在家、出家人等，弃舍轻贱②。

3.15.3

[illegible]

① 此处西夏文字面意思为“复有甚深法师者”。

② 弃舍轻贱，西夏文字面意思为“不敬不畏”。

thjij^{2}	sjo^{2}	ljɨ^{1}	ŋa^{2}	sjij^{1}	bu̱^{2}	thjo̱^{1}	xiwã^{1}	dźjɨ
何	云	故？	我	今	胜	妙	梵	行
[illegible]	[illegible],	[illegible]	[illegible]	[illegible]	[illegible]	[illegible],	[illegible]	[illegible]
ne̤^{1}	tshjij^{1}	tsjɨ^{1}	nwə^{1}	mjijr^{2}	ɣiə^{1}	njij^{2}	ŋa^{2}	sjij^{1}
宣	说，	亦	知	者	稀	少，	我	今

何以故？我今宣说胜妙梵行，尚少知者，

3.15.4

[illegible]	[illegible]	[illegible]	[illegible]	[illegible]	[illegible]	[illegible]①,	[illegible]	[illegible]
thjo̱^{1}	xiwã^{1}	dźjɨ	mjor^{1}	rjɨr^{2}	tshjij^{1}	ŋa^{2}	tsjɨ^{1}	nwə^{1}
妙	梵	行	现	所	说	△，	亦	知
[illegible]	[illegible]	[illegible],	[illegible]	[illegible]	[illegible]	[illegible]？	[illegible]	[illegible]
mjijr^{2}	ɣiə^{1}	njij^{2}	nioow^{1}	mjij^{2}	lji̱j^{2}	zjo̤^{2}	rjɨr^{2}	njɨ^{2}
者	稀	少，	复	未	来	世？	乃	至

我所说现妙梵行，尚少知者②，况未来世？乃至

3.15.5

[illegible]	[illegible]	[illegible]	[illegible],	[illegible]	[illegible]	[illegible]	[illegible]	[illegible]。
zji^{2}	zjɨ̱r^{1}	nwə^{1}	mjijr^{2}	tsjɨ^{1}	to^{2}	zji^{2}	mjij^{1}	ljɨ^{1}
最	少	知	者，	亦	悉	皆	无	也。
[illegible]	[illegible]	[illegible],	[illegible]	[illegible]	[illegible]	[illegible]	[illegible]	[illegible]
tśhjɨ^{1}	bjij^{2}	zji̤j^{1}	tsji̱r^{1}	tshjij^{1}	mjijr^{2}	tu̥^{1}	phji^{2}	khjiw^{2}
尔	时	时，	法	说	者	千	比	丘

最少知者，亦皆灭没③。当尔之世，说法比丘千人之中，

3.15.6

[illegible]	[illegible]	[illegible]	[illegible],	[illegible]	[illegible]	[illegible]	[illegible]	[illegible]
kha^{1}	·a	dzjwo^{2}	zji̤j^{1}	zjɨr^{1}	bju^{1}	tsjij^{2}	njwi^{2}	tsji̱r^{1}
中	一	人	时，	实	如	解	能	法

① [illegible](ŋa^{2})，第一人称单数动词呼应后缀。
② 该句汉文本无。
③ 灭没，西夏文字面意思为“无”。

□ □ □ □， □ □ □ □ □

dźiej² ·o² tja¹ mjij¹ rjɨr² njɨ² njɨ̱¹ tụ¹ kha¹

信 入 者 无， 乃 至 二 千 中

能如实解信入法者，一亦难有，乃至二千

3.16.1

□ □ □ □。 □ □ □ □ □

tsjɨ¹ thja¹ wjɨ² sju² thja¹ kha¹ dzjij² phji² khjiw²

亦 彼 △ 如。 彼 中 余 比 丘

□， □ □ □ □ □ □ □ □

njɨ² rjɨr² njɨ² tsej² zjij¹ ŋwu̱¹ thjɨ¹ tsjɨ¹ mjɨ¹

等， 乃 至 暂 时 辞 说 亦 不

亦复如是。于中或有余比丘等，下至不能暂发言词，

3.16.2

□， □ □ □ □ □ □？ □ □，

ljɨ̱¹ nioow¹ tsjij² njwi² tjị² ljọ² ·wjij² kja¹ śja¹

能， 又 了 能 处 岂 有？ 迦 叶，

□ □ □， □ □ □ □ □ □

tśhjɨ¹ bjij² zjịj¹ nji¹ dźjij¹ nji¹ phjɨ¹ mjijr² lew²

尔 时 时， 家 在 家 出 者 所

况能解了？迦叶，当于尔时，在家出家

3.16.3

□， □ □ □ □ □ □。 □ □ □

mjij¹ zji² thjɨ² tsjir̠¹ ·jij¹ mji¹ bju̱¹ tjɨ¹ tjij¹ phji²

无， 共 此 教 于 不 敬。 倘 若 比

□ □ □ □ □， □ □ □ □

khjiw² ·jɨr² khu¹ dźjij¹ śjwo¹ mji¹ new̱² tsjir̠¹ dzjar²

丘 勤 精 进 生， 不 善 法 灭

共轻此教。若有比丘，发勤精进，为灭不善，

3.16.4

[illegible]	[illegible]	[illegible]	[illegible]	[illegible]	[illegible],	[illegible]	[illegible]	[illegible]
ne̱w^{2}	tsji̱r^{1}	śjwo^{1}	phji^{1}	kiẹj^{2}	nioow^{1}	śjwo^{1}	ɣu^{1}	śjwo^{1}
善	法	生	令	欲	故,	夜	初	夜
[illegible],	[illegible]	[illegible]	[illegible]	[illegible],	[illegible]	[illegible]	[illegible]	[illegible],
mjij^{1}	·ji^{2}	me^{2}	wjɨ^{2}	tji̱j^{1}	·jɨr^{2}	ŋwu^{2}	djọ^{2}	ɣiew^{1}
后,	睡	眠	△	减,	勤	以	修	学,

生善法故,初夜后夜,减省睡眠,精进修学①,

3.16.5

[illegible]	[illegible]	[illegible]	[illegible]	[illegible]	[illegible]	[illegible]	[illegible],	[illegible]
ku^{1}	mjɨ^{1}	·jij^{1}	pjo^{1}	khie^{1}	khwa^{1}	ka^{2}	lew^{2}	tjij^{1}
故	他	于	讥	嫌	远	离	所,	或
[illegible]	[illegible]	[illegible]	[illegible]。	[illegible]	[illegible]	[illegible]	[illegible]	[illegible]
kạ^{1}	tśhji^{2}	phja^{1}	·wji^{1}	thjɨ^{2}	sju^{2}	njɨ^{2}	lwər^{2}	rejr^{2}
命	根	断	为。	是	如	等	经	契

则为他人讥嫌弃舍,或断命根。如是等经

3.16.6

[illegible]	[illegible]	[illegible]	[illegible],	[illegible]	[illegible]	[illegible]	[illegible]	[illegible]
tśhjɨ^{2}	rjar^{2}	lha^{1}	dzjar^{2}	tsji̱r^{1}	dźjij^{1}	phji^{2}	khjiw^{2}	tsjɨ^{1}
立	即	毁	灭,	法	住	比	丘	亦
[illegible]	[illegible]	[illegible]	[illegible]。	[illegible]	[illegible]	[illegible]	[illegible]	[illegible]
to^{2}	zji^{2}	dzjar^{2}	sji^{1}	thja^{1}	kha^{1}	sjịj^{2}	dzjwo^{2}	zji^{2}
皆	皆	灭	尽。	彼	中	智	人	深

即当毁灭,住法比丘亦皆灭尽。于中智者深

3.17.1

[illegible]	[illegible]	[illegible]	[illegible]	[illegible]	[illegible],	[illegible]	[illegible]	[illegible]
bu̱^{2}	la̱^{1}	mjij^{1}	nwə^{1}	tsjij^{2}	mjijr^{2}	nji̱j^{1}	nja̱^{1}	dzjwị^{1}

① 精进修学,西夏文字面意思为"勤以修学"。

[illegible]

rejr^{2} pjụ^{1} bju̱^{1} zji^{2} gu^{2} ljwu^{2} dzjị^{2} ·a ·iã^{1}

胜 染 无 解 了 者， 心 深 恭

敬 尊 重， 皆 共 会 集 阿 兰

胜无染解了之者，应当尊重深心恭敬，共集会已

3.17.2

[illegible]

zja^{2} twụ^{1} dźjij^{1} lew^{2}

若 处 住 应。

住阿兰若。

汉文本

迦叶，未来当有比丘、比丘尼、优婆塞、优婆夷，执着眼等，说为灭坏，于诸蕴中起于物想。如来说蕴犹如于梦，然彼说言梦为实有，由世间中说有是梦，若无梦者，我等不应有梦想事。以有表示，是故我等，于其眠梦起于梦想。如是，如是，蕴有所因，故说如梦。若无蕴者，不应说蕴犹如于梦。彼诸愚夫谓梦为实，闻是等经，便生诽谤。于中当有比丘尼等，于施主家，妄称我是阿罗汉果，或依浅智说现证得。若优婆塞、优婆夷等，闻经律颂，说我现证。迦叶，当于尔时，若有比丘，或二十年、三十年中，常乐居止阿兰若处，精勤修习，为佛法故，来诣初信一日优婆塞边，唯以空言，互相唱说，言空空故，我已遍知，我已遍知。或有比丘，闻是经等，相向谈说，有人闻之，便生怖畏，复作是言：若诸在家、出家人等，不应亲近，应当远离，此非教师。何以故？彼等所知，不相亲附。复有宣说甚深法者，为诸在家、出家人等，弃舍轻贱。何以故？我今宣说胜妙梵行，尚少知者，况未来世？乃至最少知者，亦皆灭没。当尔之世，说法比丘千人之中，能如实解信入法者，一亦难有，乃至二千亦复如是。于中或有余比丘等，下至不能暂发言词，况能解了？迦叶，当于尔时，在家出家共轻此教。若有比丘，发勤精进，为灭不善，生善法故，初夜后夜，减省睡眠，精进修学，则为他人讥嫌弃舍，或断命根。如是等经即当毁灭，住法比丘亦皆灭尽。于中智者深胜无染解了之者，应当尊重深心恭敬，共集会已住阿兰若。

3.17.2

[illegible]

tśhjɨ^{1} zjọ^{2} rjur^{1} pjụ^{1} lja̱^{1} dạ^{2} rjɨr^{2} tshjij^{1}

尔 时 世 尊 颂 言 △ 说：

尔时世尊而说颂曰：

3.17.3

ŋa^{2} rjɨr^{2} tshjij^{1} ne̱w^{2} tsji̱r^{1} phju^{2} tsew^{2} ·wo^{2} rjir^{2} śjwi̱^{2} ŋur^{1} ·jĩ^{1} zjɨr^{1} mji^{1} dju^{1}

我 所 说 善 法, 一 第 义 与 合。 蕴 坚 实 无 有,

我所说善法,第一义相应。言蕴无坚实,

3.17.4

mjij^{1} sju^{2} bio̱^{1} lew^{2} ·jɨ^{2} tśhjɨ^{1} zjo̱^{2} rjur^{1} phji^{2} khjiw^{2} ɣwej^{1} dze̱j^{1} nji̱j^{1} ŋewr^{1} khie̱^{1}

梦 如 观 应 名。 尔 时 诸 比 丘, 斗 诤 心 纷 扰。

应观察如梦。尔时诸比丘,斗诤心纷扰。

3.17.5

bji^{2} bjij^{2} tsəj^{1} khwej^{2} mjij^{1} lew^{1} ŋa^{1} mji̱j^{2} ·jij^{1} dju^{1} phji^{2} khjiw^{2} rjɨr^{2} tshjij^{1} dạ^{2}

下 高 小 大 无, 唯 空 名 相 有。 比 丘 所 说 言,

无礼别尊卑①,唯有空名相。比丘所发言,

3.17.6

mur^{1} dzjwo^{2} tsjɨ^{1} thja^{1} sju^{2} thjɨ^{2} sju^{2} thjo̱^{1} tsji̱r^{1} tja^{1} sẽ^{1} mur^{1} dzjwo^{2} dạ^{2} thwu̱^{1}

俗 人 亦 彼 如。 斯 如 妙 法 者, 僧 俗 人 语 同。

俗亦如是说。如斯之教法,道俗②语皆同。

3.18.1

sẽ^{1} mur^{1} dzjwo^{2} ·jij^{1} ·jɨ^{2} nji^{2} zjɨ̱^{1} dju^{1} tsji̱r^{1} tsjij^{2} thja^{1} tha^{1} po^{1} tjɨ̱j^{1} ŋwu^{2}

僧 俗 人 于 谓, 汝 何 时 法 解。 其 佛 菩 提 是,

① 尊卑,西夏文字面意思为"高下大小",且西夏语语序与汉语有别,"高下"为"下高","大小"为"小大"。

② 道俗,西夏文字面意思为"僧俗"。

比丘①谓俗言，汝解法希有。是谓佛菩提，

3.18.2

[illegible]

ɣu^{1} ljɨ̱^{2} mja̱^{1} gu^{1} śjwo^{1} thja^{1} tsji̱r^{1} lji^{2} ŋa^{2} ·jɨ^{2} nji^{1} dźji̱j^{1} dzjwo^{2} ? njij^{1}

初 地 果 起 发。 彼 法 见 △ 谓， 家 在 人 亲 近。

已发初地果。彼心谓见法，亲近在家人。

3.18.3

[illegible]

śjwɨ^{1} śjwɨ^{1} phji^{2} khjiw^{2} ·jij^{1} zji^{2} phju^{2} kjụ^{1} tshwew^{1} mji̱^{1} thjɨ^{2} sju^{2} phji^{2} khjiw^{2} tshjij^{1}

数 数 比 丘 于， 最 上 供 养 施。 斯 如 比 丘 说，

数奉施比丘，与其最上供。如斯比丘说，

3.18.4

[illegible]

ŋwu̱^{1} do^{2} mjij^{1} zji^{2} ɣiej^{1} thja^{1} rjir^{2} gu^{2} ? njij^{1} ŋa^{2} tsji̱r^{1} ljij^{2} ŋa^{2} ·jɨ^{2}

言 异 无 皆 真。 彼 与 共 亲 近， 我 法 见 我 谓。

无异语皆真。与彼共相亲，言我能见法。

3.18.5

[illegible]

tśhjɨ^{1} bjij^{2} wjɨ^{2} we̱^{1} tja^{1} zji^{1} mji̱^{1} nioow^{1} nji^{1} phjɨ^{1} tśhja^{2} tsji̱r^{1} kha^{1} mji^{1} dźji̱j^{1}

尔 时 △ 生 者， 布 施 又 家 出。 正 法 中 不 住，

生于彼时者，为施故出家。不住正法中，

3.18.6

[illegible]

po^{1} tjɨ̱j^{1} tśja^{1} ŋwo^{2} lji̱j^{2} ŋa^{2} nji^{2} ·jij^{1} tśja^{1} ne̱j^{2} ŋa^{2} ? dzjij^{2} tji^{1} ?

---

① 此处西夏文字面作“僧”。

② [illegible](lji^{2})，为实义动词“[illegible]”(ljij^{2})的衍生式，义为“见”。当动词后出现第一人称单数呼应后缀“[illegible]”(ŋa^{2})时，往往引起动词的音韵转换，动词用衍生式。

菩　提　道　毁　坏。我　汝　于　道　示，我　亲　余　勿　亲。
毁坏菩提道。我示汝道者，近我勿亲余。

3.19.1

[illegible]

ŋa^{2} ·jij^{1} rjir^{1} lew^{2} tja^{1} nji^{2} mji^{1} khwa^{1} rjor^{2} nja^{2} thjɨ^{2} zji^{2} mjij^{1} sej^{1} tsji̱r^{2}

我　于　得　所　者，汝　不　久　得　△。此　最　寂　静　位，

不久汝得之，还如我所得③。此最寂静位，

3.19.2

[illegible]

dźjwɨ^{1} ·jij^{1} tshjij^{1} ·wji^{1} kjɨ^{1} dzow^{1} ŋwej^{2} lji̱j^{2} ·ji^{1} kha^{1} ŋa^{2} ·jij^{1} tsji̱r^{1} ŋwo^{2} lji̱j^{2}

相　之　言　为　△。和　合　大　众　中，我　之　法　毁　坏。

共汝相向言。和合大众中，毁坏我教法。

3.19.3

[illegible]

dzjo̱^{1} gjij^{2} nji^{1} lo^{2} kjwir^{1} tsji̱r^{2} bja̱^{1} niow^{2} njij^{1} tśhju^{1} rjur^{1} lhji̱j we^{2} lha^{1} lji̱j^{2}

如　野　家　群　贼，性　凶　恶　心　怀。诸　国　城　破　坏，

犹如劫村贼，性怀凶险心。破坏诸国城，

3.19.4

[illegible]

nioow^{1} lji̱j^{2} nji^{1} ·wju̱^{2} lji̱j^{2} phji^{2} khjiw^{2} tsjɨ^{1} thja^{1} sju^{2} sji̱j^{2} mjij^{1} we̱^{1} lə rejr^{2}

及　大　家　宅　坏。比　丘　亦　彼　如，智　无　愚　痴　多。

及以大聚落④。比丘亦如是，无智多愚痴。

3.19.5

[illegible]

---

① [illegible](rjor^{2})，是轻动词“[illegible]”(rjir^{2})的衍生式，义为“得”或“获”。当动词后出现第二人称单数呼应后缀“[illegible]”(nja^{2})时，往往引起动词的音韵转换，动词用衍生式。

② [illegible](nja^{2})，为第二人称单数动词人称呼应后缀。

③ 不久汝得之，还如我所得，西夏本这两句语序颠倒。

④ 西夏文字面意思为“及坏大聚落”。

zjɨr^{1} zjɨ̱r^{1} nja̱^{2} dźjij^{1} ·wji^{1} ka̱^{1} śjwɨ^{1} śjwɨ^{1} tshwew^{1} zjij^{1} ŋa^{2} rjɨr^{2} tshjij^{1} tsji̱r^{1} ka^{2}

慧 少 非 唯 为， 命 时 时 趣 着。 我 △ 说 教 离，

少慧起诸非①，着命数②取趣。离我所说教，

3.19.6

[illegible]

rjur^{1} ljij^{2} njij^{1} bju^{1} gji̱^{2} lo^{1} xã^{1} ŋwu^{2} nji^{2} ·jɨ^{2} zji^{2} bu̱^{2} ·wji^{1} khwẹj^{1} śjwo^{1}

诸 见 心 依 止。 罗 汉 是 △ 谓， 最 胜 为 慢 生。

依止诸见心。说是罗汉人，尽怀增上④慢。

3.20.1

[illegible]

ljij^{2} dzow^{1} ŋwej^{2} ljwu^{2} kha^{1} phji^{2} khjiw^{2} ·ji^{1} ·ju^{2} rjir^{2} zjɨr^{1} bju^{1} tsjij^{2} dźiej^{2} mjijr^{2}

大 和 合 会 中， 比 丘 众 面 前。 实 如 了 信 者，

于大和合会，诸比丘众前。说已慧名闻⑤，

3.20.2

[illegible]

tu̱^{1} dzjwo^{2} kha^{1} lew^{1} mjij^{1} tjɨ^{1} tjij^{1} phji^{2} khjiw^{2} dju^{1} zjɨr^{1} bju^{1} tsji̱r^{1} no^{2} dźjij^{1}

千 人 中 一 无。 倘 若 比 丘 有， 实 如 法 安 住。

于中一难得⑥。或时有比丘，安住如实者。

3.20.3

[illegible]

thja^{2} ·jij^{1} niow^{2} tshjij^{1} ·wji^{1} tha^{1} dzjij^{2} gji^{2} nja̱^{2} ·jɨ^{2} tsji̱r^{1} njij^{2} po^{1} tjɨ̱j^{1} tsjɨ^{1}

彼 于 恶 说 为， 佛 弟 子 非 谓。 法 王 菩 提 亦，

被说恶名闻，言非佛弟子。法王大菩提⑦，

① 起诸非，西夏文字面意思为“唯为非”。
② 数，屡次，多次，西夏文字面意思为“时时”，名词重叠表示加强义。
③ [illegible]（nji^{2}），为第一人称和第二人称复数代词动词人称呼应后缀。
④ 增上，西夏文字面意思为“最胜”。
⑤ 说已慧名闻，西夏文字面意思为“如实了信者”。
⑥ 于中一难得，西夏文字面意思为“千人中无一”。
⑦ 大菩提，西夏文字面意思为“菩提”。

3.20.4

tśhjɨ1	bjij2	mjɨ1	pjo1	tsjij2	mə1	·ji1	njij1	ɣa1	sjwɨ1	dźjwɨ1	ljijr2	ŋwu2	kwar1	lwụ1
尔	时	彼	诽	谤。	天	众	心	忧	思，	相	向	啼	哭	泣。

于时被诽谤。天众怀忧戚，相向数①悲啼。

3.20.5

dźiej2	njij1	mə1	·ju2	rjir2	·jij1	ljụ2	ljɨ̣2	tśhja̱1	tsewr2	kjiw1	ka2	tśjij2	zji2	phju2
信	心	天	面	前，	自	身	地	上	投。	释	狮	子	无	上，

对彼信心天，身自投于地。观斯释狮子，

3.20.6

tsji̱r1	dziej2	lji̱j2	·jij1	bio̱1	tha1	nioow1	rjɨr2	tshjij1	tsji̱r1	tha1	·jij1	dzu1	·wier1	gji2
法	轮	摧	临	观。	佛	及	△	说	法。	佛	之	爱	惜	子，

无上法轮摧②。嗟叹佛如来，快哉所说法③。

3.21.1

ljo1	rjar1	sẽ1	ŋo2	dji̱j2	tsji̱r1	njij2	rjɨr2	tshjij1	tsji̱r1	ŋa2	njɨ2	·ji̱2	mji1	mji1
福	田	僧	嗟	叹。	法	王	所	说	法，	我	等	复	不	闻。

奇特福田僧，佛之所爱子④。我等不复闻，法王之所说⑤。

3.21.2

mo2	nji2	sjij1	gju1	dzjar2	mji1	dwewr2	njij1	mer2	lhạ2	ljɨ̣2	mji̱1	mə1	tśjɨ̱1	bju1

① 数，西夏文未译。
② 观斯释狮子，无上法轮摧，西夏文字面意思为"无上释狮子，欲观法轮摧"。
③ 该句西夏文翻译成汉语时缩译作"佛及所说法"。
④ 此处句中"奇特"两字，西夏文本未译，且西夏本这两句语序颠倒。
⑤ 此处两句西夏文译文语序颠倒。

牟 尼 今 度 灭， 无 觉 心 迷 惑。 地 位 天 次 依，

牟尼今灭度，无觉抱迷心。地居天次后，

3.21.3

[illegible]。[illegible]，[illegible]。

wạ^2 ljịj^2 mə^2 ɣiẹ^2 to^2 rjur^1 mə^1 ·jij^1 dạ^2 ·jɨ^2 tsjir^1 tjij^1 sjij^1 dzjar^2 ·jij^1

广 大 音 声 出。 诸 天 于 言 谓， 法 炬 今 灭 将。

出于大音声。唱令告诸天，法炬今将灭。

3.21.4

[illegible]，[illegible]①。[illegible]，

nji^2 njɨ^2 tha^1 mjij^2 mji^1 ? njij^1 mjij^2 djij^2 nji^2 thjɨ^2 wjɨ^2 xja^1 śjɨ^1 lew^2

汝 等 佛 名 闻， 亲 近 未 曾 △。 此 刻 速 往 应，

汝等得闻佛，不亲近如来。勿致后天龙②，

3.21.5

[illegible]③[illegible]。[illegible]，[illegible]。

kụ^1 njij^1 tji^1 ɣa^1 nji^2 ŋewr^2 mjij^1 kja^2 wjɨ^2 zar^2 ·jij^1 nioow^1 nioow^1 mjɨ^1 nioow^1

后 心 莫 愁 △。 数 无 劫 △ 经， 自 为 及 他 为。

而当怀悔恨④。经于无数劫，为自及为他。

3.21.6

[illegible]，[illegible]。[illegible]，

·ji^1 tśjị^1 zji^2 wjɨ^2 lhjịj tśhjɨ^1 mja^1 nioow^1 tha^1 śjɨj^1 thjɨ^2 tja^1 rjur^1 rjur^1 pjụ^1

众 苦 遍 △ 受， 尔 然 后 佛 成。 此 者 诸 世 尊，

遍受于众苦，尔乃方成佛。此是诸世尊，

3.22.1

[illegible]。[illegible]，[illegible]。

---

① [illegible]（nji^2），为第二人称复数代词动词人称呼应后缀，与“汝等”呼应。下同。

② 勿致后天龙，对应西夏文字面意思为“此刻应速诣”。

③ [illegible]（ɣa^1），义为“忧愁”。

④ 而当怀悔恨，西夏文字面意思为“而心莫忧愁”。

rjur1 tshjɨ1 tśhju1 djịj1 ·jij1 rjɨr2 tshji̱j1 tsji̱r1 ɣa1 ŋwu2 thjɨ2 wjɨ2 zji2 dzjar2 ·jij1

诸 众 生 类 于。所 说 法 门 是, 此 刻 皆 灭 将。

为诸众生类。所说善法门,今皆当隐没。

3.22.2

[illegible]

dzew2 lạ1 dzjwo2 wjɨ2 to2 kjạ1 lew2 rjur1 niow2 ·wjɨ1 ljịj2 phjii1 nioow1 ljịj2 niow2

矫 乱 人 △ 兴, 畏 可 诸 恶 造。魔 使 及 魔 恶,

矫乱人兴世,可畏造诸非。魔使及恶魔,

3.22.3

[illegible]

phji1 bju1 dạ2 niow2 nẹ1 lạ1 lji̱or1 wẹ1 lə rejr2 wẹ1 dźju2 dzjwo2 ·jij1 dźju1

意 随 言 恶 说。谄 诈 痴 钝 多, 愚 劣 夫 于 诳。

恣情恶言说。谄诈多痴钝,诳惑劣愚夫。

3.22.4

[illegible]

tshjạ1 mji1 tshjạ1 lew2 mjij1 dzjij2 lhji2 bu̱2 tsji̱r1 pjo1 ljɨ2 mə1 mjị1 ɣiẹ2 mji1

瞋 不 瞋 所 无, 师 父 胜 教 毁。地 天 告 声 闻,

若瞋与不瞋,毁师及胜教。闻地天声已,

3.22.5

[illegible]

phju2 mə1 zji2 njij1 ɣa1 dzjwo2 nioow1 ljɨr1 ŋwər1 njij2 to2 zji2 sjwɨ1 zjị1 śjwo1

上 天 皆 心 忧。人 及 四 天 王, 悉 皆 忧 恼 生。

上天皆惨然。人及四王天,悉亦怀忧恼。

3.22.6

[illegible]

·jij1 khja2 ·ji1 ·a tśia1 xiwã1 tji2 we2 ·u2 dzjị2 zji2 kjạ1 le2 ɣiẹ2 to2

夜 叉 众 阿 咤, 筏 底 城 中 集。皆 怖 畏 声 发,

夜叉①众来集，阿咤筏底城②。皆发可畏声，

3.23.1

[illegible]

bjɨ̣^{1} rar^{2} njijr^{2} ɣa^{2} liẹ^{1} ljɨ̣^{1} śjwo^{2} tshjịj^{2} mə^{1} tsji̱r^{2} nioow^{1} thjo̱^{1} lju̱^{2} tshjịj^{2} we^{2}

泪 流 面 于 涂。宝 庄 严 天 宫，复 妙 庄 严 城。

满面流悲泪。天居众宝饰，城郭妙庄严。

3.23.2

[illegible]

to^{2} zji^{2} pjụ^{1} bji^{1} lhjo^{1} dzjiw^{1} low^{2} wjɨ̣^{2} sju^{2} we^{2} lhjịj we^{2} mər^{2} sju^{2} nja̱^{2}

悉 皆 威 光 失，土 块 犹 如 成。国 城 本 如 非，

皆悉失光晖，犹如于聚土。国城非似本，

3.23.3

[illegible]

thja^{1} ɣa^{2} dzu^{1} mji^{1} śjwo^{1} sjij^{1} ljɨ̣^{1} lju̱^{2} we^{2} ljij^{2} tsej^{2} zjịj^{1} njịj^{1} mji^{1} dzu^{1}

彼 于 爱 不 生。今 宝 严 城 见，暂 时 心 不 乐。

堪生爱乐心。今见宝严城，须臾不可乐。

3.23.4

[illegible]

rjur^{1} mə^{1} ne̱w^{2} bji̱j^{2} ·jij^{1} we̱^{1} tjị^{2} lhjịj nja̱^{2} śjɨ^{1} ljụ^{2} ljɨ̣^{2} tsewr^{2} ŋwu^{2} kwar^{1}

诸 天 善 逝 于，生 处 国 非 往。身 地 触 啼 哭，

诸天同诣彼，善逝本生国。躄踊而号咷，

3.23.5

[illegible]

① 夜叉，梵文作 Yakṣa，又译作“药叉”“夜乞叉”“药乞叉”。玄应《一切经音义》卷三曰：“阅叉或云夜叉，皆讹也。正言药叉，此译云能啖鬼，谓食啖人也。又云伤者，谓能伤害人也。”藏文译作 gnod sbyin，“施害、施碍”之意。这里西夏文音译作“[illegible]”，《大宝积经》卷一等处音译作“[illegible]”。

② 阿咤筏底城，又作“阿吒筏底城”，多闻天即毗沙门天之居城。慧琳《一切经音义》卷十一曰：“阿吒筏底城，即多闻天王所居也。”

gjij^{1} njij^{2} tśjị^{1} zjị^{1} śjwo^{1}

殊 倍 苦 恼 生。

转增大悲苦。

汉文本

尔时世尊而说颂曰：

我所说善法，第一义相应。言蕴无坚实，应观察如梦。

尔时诸比丘，斗诤心纷扰。无礼别尊卑，唯有空名相。

比丘所发言，俗亦如是说。如斯之教法，道俗语皆同。

比丘谓俗言，汝解法希有。是谓佛菩提，已发初地果。

彼心谓见法，亲近在家人。数奉施比丘，与其最上供。

如斯比丘说，无异语皆真。与彼共相亲，言我能见法。

生于彼时者，为施故出家。不住正法中，毁坏菩提道。

我示汝道者，近我勿亲余。不久汝得之，还如我所得。

此最寂静位，共汝相向言。和合大众中，毁坏我教法。

犹如劫村贼，性怀凶险心。破坏诸国城，及以大聚落。

比丘亦如是，无智多愚痴。少慧起诸非，着命数取趣。

离我所说教，依止诸见心。说是罗汉人，尽怀增上慢。

于大和合会，诸比丘众前。说已慧名闻，于中一难得。

或时有比丘，安住如实者。被说恶名闻，言非佛弟子。

法王大菩提，于时被诽谤。天众怀忧戚，相向数悲啼。

对彼信心天，身自投于地。观斯释狮子，无上法轮摧。

嗟叹佛如来，快哉所说法。奇特福田僧，佛之所爱子。

我等不复闻，法王之所说。牟尼今灭度，无觉抱迷心。

地居天次后，出于大音声。唱令告诸天，法炬今将灭。

汝等得闻佛，不亲近如来。勿致后天龙，而当怀悔恨。

经于无数劫，为自及为他。遍受于众苦，尔乃方成佛。

此是诸世尊，为诸众生类。所说善法门，今皆当隐没。

矫乱人兴世，可畏造诸非。魔使及恶魔，恣情恶言说。

谄诈多痴钝，诳惑劣愚夫。若瞋与不瞋，毁师及胜教。

闻地天声已，上天皆惨然。人及四王天，悉亦怀忧恼。

夜叉众来集，阿咤筏底城。皆发可畏声，满面流悲泪。

天居众宝饰，城郭妙庄严。皆悉失光晖，犹如于聚土。

国城非似本，堪生爱乐心。今见宝严城，须臾不可乐。

诸天同诣彼，善逝本生国。躄踊而号咷，转增大悲苦。

3.23.5

[illegible]①

ŋa^{2} mə^{1} tśhja̱^{1} nja^{1} ljịj^{2} rjur^{1} lhjịj we^{2} zjir^{2} da̱^{2}

我 天 上 △ 来， 诸 国 城 遍 行。

我从天降地，往诣诸国城。

3.23.6

[illegible]

tsji̱r^{1} ɣiej^{1} dzjar^{2} zji^{2} mjij^{1} rjur^{1} rjur^{1} ·ju^{2} mji^{1} ljij^{2} bji^{2} ·jā^{1} xu^{1} thji^{2} njɨ^{2}

法 真 灭 皆 无， 处 处 寻 不 见。 下 阎 浮 提 至，

真法尽沈沦，遍观皆不见。下至阎浮②境，

3.24.1

[illegible]

ljịj^{2} tsji̱r^{1} dźjwu^{1} ljij^{2} ljij^{2} rjur^{1} nji^{1} phjɨ^{1} ·jij^{1} tha ljịj^{2} ŋwu^{2} kwar^{1} ɣiẹ^{2} to^{2}

大 法 崩 摧 见。 诸 家 出 于 逼， 大 号 哭 声 发。

见法大崩摧。逼恼诸出家，发声大号哭。

3.24.2

[illegible]

bu̱^{2} we^{2} śjạ^{1} ·ja̱r^{2} ·u^{2} rjur^{1} rjur^{1} bji^{1} swew^{1} lhjo^{1} mə^{1} tsjɨ^{1} śjạ^{1} ·ja̱r^{2} ·u^{2}

胜 城 七 日 内， 处 处 光 晖 失。 天 亦 七 日 中，

胜城七日内，处处失光晖。天亦七日中，

3.24.3

[illegible]③ [illegible]④

śjwɨ^{1} śjwɨ^{1} ŋwu^{2} tjạ^{1} lwụ^{1} ŋo^{2} djij^{2} ljịj^{2} kjir^{1} ljị^{2} pjɨ^{1} njwo^{2} mjor^{1} ljij^{2} nji^{2}

---

① [illegible]（nja^{1}），动词趋向前缀，表示向下义。

② 阎浮，“阎浮提”的省称，梵文 Jambudvīpa，旧称“阎浮提”“琰浮洲”“阎浮提鞞波”，新称“赡部洲”。此洲之中心，有阎浮树之林，故以为洲名。《智度论》卷三十五曰：“如阎浮提者，阎浮树名，其林茂盛，此树于林中最大，提名为洲。”西夏文译作“[illegible]”（·jā^{1} xu^{1} thji^{2}），为“阎浮提”的音译。

③ [illegible]（tja^{1}），义为“答”，恐为“[illegible]”（·ji^{1}）字之误，义为“哀”。

④ [illegible]（nji^{2}），为第一人称复数代词动词人称呼应后缀。

时　时　啼　答　泣。悲　叹　大　猛　健，昔　古　现　见　△。
数悲数啼泣。呜呼大雄健，昔曾亲面奉。

3.24.4

[illegible]
wa^{2} nioow^{1} thjɨ^{2} wjɨ^{2} mjij^{1} tsji̠r^{1} tsjɨ^{1} ŋa^{1} dja^{2} we^{2} śja^{1} we^{2} lhjịj dźjij̠^{1} zjọ^{2}
何　故　此　刻　无，法　亦　空　已　成。舍　卫　国　住　时，
何期今不见，言说亦成空。曾住舍卫城，

3.24.5

[illegible]
lja^{1} lja^{1} zji^{2} dzjwɨ̣^{1} rejr^{2} thja^{1} ljɨ̣^{2} kiẹj^{2} ljɨ^{1} ·u^{2} śjwɨ^{1} śjwɨ^{1} ŋwu^{2} tja̱^{1} lwụ^{1}
来　来　皆　恭　敬。其　地　界　也　内，时　时　啼　答　泣。
来已皆恭敬。于其地界内，数悲而数啼。

3.24.6

[illegible]①
tha^{1} dzuu^{2} tjị^{2} bo^{1} ljij^{2} tha^{1} njwo^{2} ŋa^{2} ·jij^{1} dzuu^{2} ljɨ̠r^{1} dźjar^{2} tsji̠r^{1} rjɨ̠r^{2} dej̠^{1}
佛　坐　处　林　见，佛　昔　古　△　坐。四　谛　法　△　转，
见佛所坐林，言佛曾于此。转四谛法轮，

3.25.1

[illegible]②
ŋa^{2} njɨ^{2} rjɨ̠r^{2} nji^{2} nji^{2} rjur^{1} kha^{1} ·jị^{2} na^{1} we^{2} ·jij^{1} gu^{2} dźjwɨ^{1} mji^{1} bju̱^{1}
我　等　乃　闻　△。世　间　还　暗　成，自　共　相　不　尊。
我等亲闻听。世间还黑暗，更互不相尊。

3.25.2

[illegible]
rjur^{1} dzwej^{1} rjɨ̠r^{2} ·wji^{1} nioow^{1} sọ^{1} niow^{2} tśja^{1} ·u^{2} ljɨ^{1} mə^{1} ·ji^{1} rejr^{2} tsji̠r^{2} pjụ^{2}

① [illegible](·jij^{1})，动词希求式趋向前缀，表示向上义。
② [illegible](nji^{2})，为第一人称复数代词动词人称呼应后缀。

诸 罪 △ 造 因， 三 恶 道 中 堕。 天 众 多 宫 殿，

已造诸罪因，往生三恶趣①。天众多宫殿，

3.25.3

thjɨ^{2} wjɨ^{2} zji^{2} ŋa^{1} we^{2} śja^{2} phu^{2} rjur^{1} tshjɨ^{1} tśhju^{1} ·wə^{1} mjij^{1} gju̱^{2} mjijr^{2} mjij^{1}

此 刻 悉 空 成。 赡 部 诸 众 生， 主 无 救 者 无。

今者悉空虚。赡部诸众生，无主无救护。

3.25.4

tha^{1} njwo^{2} dzjɨ̠^{2} dźjij^{1} tjị^{2} ljịj^{2} mjɨ^{2} rjar^{2} mjij^{1} ·jɨ^{2} tsji̠r^{1} njij^{2} djij^{2} phã^{1} ·o^{2}

佛 宿 习 行 处， 坏 足 迹 无 谓。 法 王 涅 槃 入，

言佛经行处，毁坏悉荒芜。法王已涅槃，

3.25.5

rjur^{1} kha^{1} dzu^{1} tjị^{2} mjij^{1} so̱^{1} ɣa̱^{2} so̱^{1} mə^{1} ·wə^{1} śjɨ^{2} dzjwɨ^{1} gu^{2} ka^{1} dźjij^{1}

世 间 乐 可 不。 三 十 三 天 主， 释 帝 中 间 住。

世间不可乐。三十三天主，帝释立其中。

3.25.6

tśjị^{1} zjị^{1} ɣa^{1} sjwɨ^{1} śjwo^{1} ɣię^{2} bjịj^{1} ljịj^{2} ŋwu^{2} kwar^{1} rjur^{1} tew^{1} lji^{2} mə^{1} njɨ^{2}

苦 恼 忧 愁 发， 声 高 大 悲 恸。 诸 忉 利 天 等，

苦恼发忧愁，高声大悲恸。诸忉利天②等，

① 往生三恶趣，西夏文字面意思为“三恶道中堕”。

② 忉利天，梵文 Trāyastriṃśā，音译作“怛唎耶怛唎奢天”“多罗夜登陵舍天”。译言“三十三天”。欲界六天中之第二，在须弥山之顶，阎浮提之上，八万由旬之处。此天之有情身长一由旬，衣重六铢、寿一千岁（以世间百年为一日一夜），城廓八万由旬，名喜见城，帝释居之。巅之四方有峰，各广五百由旬。每峰有八天。善法堂天，山峰天，山顶天，喜见城天，钵私他天，俱吒天，杂殿天，欢喜园天，光明天，波利耶多天，离险岸天，谷崖岸天，摩尼藏天，施行天，金殿天，鬘形天，柔软天，杂庄严天，如意天，微细行天，歌音喜乐天，威德轮天，日行天，阎摩那娑罗天，连行天，影照天，智慧行天，众分天，曼陀罗天，上行天，威德颜天，威德焰轮光天，清净天，是为三十三天。慧苑《新译〈大方广佛华严经〉音义》卷上曰：“忉利，讹言。正云怛利耶怛利奢，言怛利耶者此云三也。怛利舍者十三也，谓须弥山顶四方各有八天城，当中有一天城，帝释所居。总数有三十三处，故从处立名也。”“忉利”在西夏文中为音译，“天”意译。

3.26.1

[illegible]

·iọ^{2} ·u^{2} kwar^{1} ɣiẹ^{2} mji^{1} tśhjɨ^{2} rjar^{2} zji^{2} dja^{2} ta^{1} lạ^{1} tśhjij^{1} gu^{2} tja̱^{1} lwụ^{1}

园 中 哭 声 闻。 立 便 皆 △ 逃， 手 举 共 答① 泣。

举手共哀号②。适闻园苑中，其次便驰走。

3.26.2

[illegible]

thja^{1} njɨ^{2} rjur^{1} mə^{1} ·ji^{1} ·ju^{2} tha^{1} ·jij^{1} ·jow^{2} śja^{2} ·jij^{1} ·jij^{1} tsji̱r^{1} tshjij^{1} mjijr^{2}

彼 等 诸 天 众， 恒 佛 于 赞 叹。 自 之 法 说 者，

是等诸天众，恒叹佛如来。自嗟离世尊，

3.26.3

[illegible]

tha^{1} rjir^{2} ka^{2} ŋo^{2} djij^{2} zər^{2} ljɨ̣j^{2} thji^{1} mjɨ^{1} kjir^{2} tshow^{1} tsjɨ^{1} mji^{1} mji^{1} kię̣j^{2}

佛 与 离 嗟 叹。 露 甘 食 不 能， 乐 亦 不 闻 欲。

曾为说法者③。不能食甘露，亦绝歌乐声。

3.26.4

[illegible]

thjɨ^{2} sju^{2} njɨ^{2} rjur^{1} mə^{1} tśhjiw^{1} lhjị^{2} tśjɨ̣j^{1} njij^{1} ɣa^{1} ·a sew^{2} lo^{1} tsji̱r^{1} ŋa^{1}

是 如 等 诸 天， 六 月 经 心 忧。 阿 修 罗 法 空，

如是等诸天，心忧经六月。阿修罗④闻说，

3.26.5

[illegible]

·wə^{1} mjij^{1} tshjij^{1} mji^{1} nioow^{1} tśhjɨ^{2} rjar^{2} dźjwɨ^{1} ·jij^{1} bju^{2} śjɨ^{2} dzjwɨ^{1} ·jij^{1} lji̱j^{2} kię̣j^{2}

---

① [illegible]（tja̱^{1}），义为"答"，疑为"[illegible]"（·ji^{1}）字之误，义为"哀"。

② 该句的西夏文译文与后两句语序有所颠倒。

③ 该句的西夏文译文与上一句语序有所颠倒。

④ 阿修罗，梵文 Asura，又作"阿须罗"。旧称"阿修罗""阿须伦""阿苏罗""阿素罗"。译曰"无端"，容貌丑陋之义。又曰"无酒"，其果报无酒之义。新称"阿素洛"，译曰"非天"，其果报胜似天而非天之义。为常与帝释战斗之神。六道之一。八部众之一。《名义集》卷二曰："阿修罗，旧翻无端正。男丑女端正，新翻非天。"西夏文为音译。

主　无　说　闻　外。立　即　相　于　呼，释　帝　于　伐　欲。

教法空无主。于是即相呼，兴师伐忉利。

3.26.6

[illegible]

śja^{2} phu^{2} rjur^{1} njij^{2} njɨ^{2} tha^{1} bə^{2} du^{2} khiew^{1} ljij^{2} tśhjɨ^{1} bjij^{2} zjịj^{1} śjɨ^{2} dzjwɨ^{1}

赡　部　诸　王　等，佛　浮　图　毁　坏。尔　时　时　释　帝，

赡部诸王等，毁坏佛制①多。当于尔时中，

3.27.1

[illegible]

sew^{2} lo^{1} rjir^{2} ɣwej^{1} dwər^{2} rjur^{1} ·ji^{1} rejr^{2} phji^{2} khjiw^{2} nioow^{1} rejr^{2} phji^{2} khjiw^{2} dzji^{1}

修　罗　与　战　斗。诸　众　多　比　丘，及　多　比　丘　尼。

天与修罗战。多有诸比丘，及多比丘尼。

3.27.2

[illegible]

rjur^{1} niow^{2} tshwew^{1} kha^{1} ljɨ^{1} ·ji^{1} tśjị^{1} ɣar^{1} ŋowr^{2} lhjij njɨ^{1} dźjij^{1} rjur^{1} dzwej^{1} tsjụ^{1}

诸　恶　趣　中　堕，众　苦　毒　备　受。家　在　诸　罪　犯，

生诸恶趣中，备受众苦毒。在家犯诸罪，

3.27.3

[illegible]

? tshji^{2} śiə^{1} lo^{1} ljij^{2} ·jij^{1} gu^{2} niow^{2} mjij^{2} dźjwow^{1} thjɨ^{2} nioow^{1} niow^{2} tshwew^{1} ljɨ^{1}

近　事　尸　罗　坏。互　相　恶　名　扬，是　故　恶　趣　堕。

近事坏尸罗②。互相扬恶名，以之生苦趣。

---

① 佛制，西夏文译作"[illegible]"，义为"佛塔"。塔，又作"塔婆""兜婆""偷婆""浮图"等，皆梵语 Stūpa，音译作"窣堵波"（巴利语 Thūpa）之讹略也。玄应《一切经音义》卷六曰："诸经论中，或作薮斗波，或作塔婆，或作兜婆，或云偷婆，或言苏偷婆，或作支提浮都，亦言支提浮图，皆讹略也。正言窣堵波，此译云庙。或云方坟，此义翻也。或云大冢，或云聚相，谓累石等高以为相也。"《西域记》一曰："窣堵波，即旧所谓浮图也。又曰鍮婆，又曰塔婆，又曰私鍮簸，又曰数斗波，皆讹也。"西夏文献中一律译作"[illegible]"（bə^{2} du^{2}），是"浮图"的音译。

② 尸罗，梵文 Śila，又云"尸怛罗"，正译曰"清凉"，傍译曰"戒"。身口意三业之罪恶，能使行人焚烧热恼，"戒"能消息其热恼，故名清凉。《大乘义章》卷一曰："言尸罗者，此名清凉，亦名为戒，三业之非，焚烧行人，事等如热。戒能防息，故名清凉。清凉之名，正翻彼也。以能防禁，故为戒。"西夏文为音译。

3.27.4

sji^{2} dzjwo^{2} mji^{1} nḛw^{2} dźjịj^{1} zji^{2} sọ^{1} niow^{2} tśja^{1} ljɨ^{1} thjɨ^{2} sju^{2} da^{2} śjwo^{1} zjịj^{1}

女 人 不 善 行, 皆 三 恶 道 堕。 是 如 事 兴 时,

女人行不善,皆亦入三涂。如是事兴时,

3.27.5

rjur^{1} kha^{1} mji^{1} no^{2} nej^{2} tśhio̱w^{1} tśhio̱w^{1} nji^{1} ·wjụ^{2} dźjij^{1} tśhio̱w^{1} ŋər^{1} bo^{1} kha^{1} piəj^{2}

世 间 不 安 乐。 或 或 聚 落 行, 或 山 林 中 窜。

世间不安静。或时①行聚落,或投窜山林。

3.27.6

·ji^{1} dzjwo^{2} zji^{2} phjij^{1} mḛr^{2} zjọ^{2} kạ^{1} rjir^{2} wər^{1} lạ^{1} kjwir^{1} na^{1} rejr^{2} gu^{1} wor^{1}

众 人 皆 逃 骇, 寿 命 死 夭 厚。 盗 贼 多 生 起,

人众以波逃,寿命便殀②促。多有贼盗起,

3.28.1

nioow^{1} tsjɨ^{1} ·jwɨ^{1} pa^{2} ljị^{1} śio̱w^{1} śji^{2} wer^{1} mji^{1} rjijr^{1} śji^{2} kha^{1} bə^{2} lụ^{1} ljị^{1}

复 亦 饥 渴 人。 稼 苗 登 不 良, 苗 中 蝗 虫 起。

亦复有饥荒。苗稼不时登,蝗虫起灾暴。

3.28.2

·jwɨ^{1} pa^{2} gu^{1} wor^{1} zjịj^{1} tjɨ^{1} tjij^{1} dzjwo^{2} dja^{2} sjɨ^{1} xja^{1} śjụ^{1} ·ju^{1} kha^{1} we̱^{1}

饥 渴 生 起 时, 倘 若 人 △ 死。 速 饿 鬼 中 生,

若于饥馑世,人有寿命终。便生饿鬼中,

① 或时,西夏文译作"𗗙𗗙",义为"时时"。
② 殀,同"夭",西夏文字面意思为"夭折、逝"。

3.28.3

[illegible]

rejr^{2} tśjị^{1} zjị^{1} ŋowr^{2} lhjịj bə^{2} du^{2} do^{2} mji̠^{1} war^{2} nioow^{1} ljɨ̣r^{1} ljijr^{2} ·ji^{1} war^{2}

多 苦 恼 具 受。浮 图 处 施 财, 及 四 方 僧 财。

具受多辛苦。所有施塔①庙,及与四方僧。

3.28.4

[illegible]

tśhjɨ^{1} bjij^{2} rjur^{1} phji^{2} khjiw^{2} zji^{2} dji̠^{1} ·jij^{1} twụ^{1} tśhjij^{1} ŋa^{2} gju^{1} dzjar^{2} nioow^{1} ljijr^{2}

尔 时 诸 比 丘, 皆 分 自 各 取。我 度 灭 后 方,

尔时诸比丘,悉共分张取。于我灭度后,

3.28.5

[illegible]

thjɨ^{2} sju^{2} ·ji^{1} tśjị^{1} wor^{1} xja^{1} khu^{1} dźjij^{1} śjwo^{1} ŋwu^{2} thja^{2} ·jij^{1} wjɨ^{2} tji^{1} ·ju^{2}

是 如 众 苦 兴。速 精 进 发 以, 彼 于 △ 勿 顾。

如是众苦兴。应速发精勤,勿复更回顾②。

3.28.6

[illegible]

rjur^{1} wẹ^{1} lə djịj^{1} njɨ^{2} sjịj^{2} zjɨr^{1} mji^{1} dźjij^{2} dzjwo^{2} wẹ^{1} lə sjwɨj^{1} dja^{2} śjɨj^{1}

诸 愚 痴 类 等, 智 慧 不 有 人。愚 痴 业 已 成,

诸有愚夫类,而无智慧人。愚夫业已成,

3.29.1

[illegible]

xja^{1} rjur^{1} niow^{2} tshwew^{1} ljɨ^{1} tsjir^{1} do^{1} tshjɨ̠^{1} tshjij^{1} dzu^{1} sjịj^{2} zjɨr^{1} thja^{1} bju^{1} śjwo^{1}

速 诸 恶 趣 堕。法 读 诵 说 乐, 智 慧 彼 从 生。

---

① 塔,又作"塔婆""兜婆""偷婆""浮图"等,皆梵语 Stūpa,音译作"窣堵波"。西夏文献中一律译作"[illegible]"(bə^{2} du^{2}),是"浮图"的音译。

② 回顾,西夏文译作"[illegible]"(·ju^{2}),义为"回头望"。

速生诸恶趣。应乐读诵说,智慧从此生。

3.29.2

[illegible]

sjịj^{2} zjɨr^{1} djọ^{2} mjijr^{2} tja^{1} xja^{1} ne̲w^{2} tshwew^{1} kha^{1} we̲^{1} ŋa^{2} thjɨ^{2} sju^{2} ɣiew^{1} sju^{2}

聪 慧 修 者 者, 速 善 趣 中 生。我 是 如 学 如,

人修智慧心,速能升善趣①。如我如是学,

3.29.3

[illegible]

·ji^{1} phej^{1} tśjɨ̣r^{2} tśjo ka^{2} xja^{1} djij^{2} phã^{1} ɣa^{2} njɨ^{2} tśhja^{2} tsji̲r^{1} rejr^{2} mji^{1} dźjij^{1}

众 缠 缚 永 离。速 涅 槃 于 至, 正 法 多 不 住。

永离众系缚。速至于涅槃,正法不久留。

3.29.4

[illegible]

·jɨr^{2} khu^{1} dźjij^{1} śjwo^{1} lew^{2} ŋa^{2} thjɨ^{2} sju^{2} tshjij^{1} nioow^{1} dzjɨj^{2} bju^{1} sjwɨ^{1} sjij^{2} lew^{2}

勤 精 进 发 应, 我 是 如 说 已。宜 合 思 惟 应,

应发坚精进,我已如是说。宜速正思惟,

3.29.5

[illegible]

thjɨ^{2} kja^{2} wjɨ^{2} tśhja^{2} nioow^{1} tśhjiw^{1} ɣạ^{2} kja^{2} rar^{2} zjịj^{1} tśjo tha^{1} mjij^{2} mji^{1} mji^{1}

是 劫 过 去 已。六 十 劫 漏 时, 永 佛 名 不 闻。

此劫过去已。满于六十劫,当不闻佛名。

3.29.6

[illegible]

dźiej^{2} śjwo^{1} tjị^{2} ljọ^{2} ·wjij^{2} tjij^{1} dzjwo^{2} dźju^{2} ber^{2} zjịj^{1} dźjwiw^{2} pạ^{2} tśjị^{1} tha ku^{1}

信 生 处 岂 有, 若 人 遭 遇 时, 饿 渴 苦 侵 故。

① 此句汉文本后接“常以智慧观”。

何能生信乐,若人相会遇,饥饿苦所侵。

3.30.1

[illegible],[illegible]。[illegible],

tśhjɨ^{1} bjij^{2} zjɨ̣^{1} mja^{1} tsjɨ^{1} ·jij^{1} gu^{2} dźjwɨ^{1} tśhji^{1} dzji^{1} tśhjɨ^{1} bjij^{2} wjɨ^{2} dju^{2} gji^{2}

尔 时 子 母 亦, 自 共 相 肉 食。 尔 时 △ 生 子,

母子是时中,互相食其肉。彼时所生子,

3.30.2

[illegible]。[illegible],[illegible]。

kja̱^{1} le^{2} dźjij^{1} mji^{1} no^{2} ·jij^{1} nji^{1} kha^{1} dźjij^{1} tsjɨ^{1} ljị^{2} kja̱^{1} le^{2} njij^{1} śjwo^{1}

惊 惶 行 不 安。 己 家 中 住 亦, 大 怖 畏 心 生。

慞惶行不安。住在己家中,犹生大怖畏。

3.30.3

[illegible],[illegible]。[illegible],

thjɨ^{2} da̱^{2} mji^{1} ljij^{2} nioow^{1} lhji^{2} we̱^{1} pju^{2} lu^{2} dwewr^{2} sjịj^{2} zjɨr^{1} dźjij^{2} dzjwo^{2} tja^{1}

此 事 闻 见 已, 死 生 烧 燃 知。 聪 慧 有 人 者,

见闻此事已,知其生死烧。谁有智慧人,

3.30.4

[illegible]?[illegible],[illegible]。

thja^{1} kha^{1} mji^{1} dzu^{1} ŋwe^{1} bju^{1} mjij^{1} we̱^{1} tśhji^{2} we^{2} sji^{2} dzjwo^{2} kię̣j^{2} tśhji^{2} ŋwu^{2}

彼 中 不 爱 乐? 明 无 生 根 成, 女 人 欲 根 是。

于中生爱乐①? 无明是生根,女人是欲根。

3.30.5

[illegible],[illegible]。[illegible],

ŋur^{1} tja^{1} tśjị^{1} zjị^{1} tśhji^{2} thjɨ^{2} nioow^{1} tśjị^{1} phjɨ^{1} lew^{2} rjur^{1} wę^{1} lə tshjɨ^{1} tśhju^{1}

蕴 者 苦 烦 根, 是 故 苦 舍 应。 诸 蠢 愚 众 生,

① 生爱乐,西夏文字面意思为"不爱乐",反问句译作否定句。

蕴为苦恼根,是故应舍苦。世①有愚众生,

3.30.6

sji^{2} ɣa^{2} kiẹj^{2} la̠^{1} zjịj^{1} tjij^{1} dzjwo^{2} lə ka^{2} njwi^{2} xja^{1} djịj^{2} phã^{1} ·o^{2} rjir^{2}

女 于 欲 耽 着。若 人 痴 离 能, 疾 涅 槃 入 得。

耽着于女欲。人能离痴者,疾当得涅槃。

3.31.1

thjɨ^{2} tsji̠r^{1} nẹ^{1} tshjij^{1} zjọ^{2} niow^{2} tshja^{2} rjir^{2} mji^{1} ber^{2} mja̠^{1} rar^{2} dju^{1} mji^{1} tshji̠j^{1}

此 法 宣 说 时, 恶 报 与 不 遭。果 漏 有 不 说,

宣畅此法时,不遭于恶果②。不说果有漏,

3.31.2

tśhjwo^{1} niow^{2} tshwew^{1} kha^{1} ljɨ^{1} rar^{2} mjij^{1} tsji̠r^{1} ŋowr^{2} ŋowr^{2} ŋa^{1} ŋa^{1} dju^{1} lew^{2} mjij^{1}

故 恶 趣 中 堕。漏 无 法 所 有, 空 空 有 所 无。

故堕恶趣中。所有无漏法,空空无所有。

3.31.3

mjij^{1} sej^{1} mər^{2} mji^{1} ·jĩ^{1} xja^{1} dzjɨj^{2} bju^{1} tsjij^{2} lew^{2}

寂 静 本 无 坚, 速 宜 合 了 应。

寂静本无坚,宜应速了悟。

汉文本

我从天降地,往诣诸国城。真法尽沈沦,遍观皆不见。

下至阎浮境,见法大崩摧。逼恼诸出家,发声大号哭。

胜城七日内,处处失光晖。天亦七日中,数非数啼泣。

① 世,西夏文译作“”(rjur^{1}),义为“诸”,该字与义为“世”的“”(rjur^{1})字音近通假。

② 此处西夏文字面意思为“不遭于恶报”。

呜呼大雄健，昔曾亲面奉。何期今不见，言说亦成空。
曾住舍卫城，来已皆恭敬。于其地界内，数悲而数啼。
见佛所坐林，言佛曾于此。转四谛法轮，我等亲闻听。
世间还黑暗，更互不相尊。已造诸罪因，往生三恶趣。
天众多宫殿，今者悉空虚。赡部诸众生，无主无救护。
言佛经行处，毁坏悉荒芜。法王已涅槃，世间不可乐。
三十三天主，帝释立其中。苦恼发忧愁，高声大悲恸。
诸忉利天等，举手共哀号。适闻园苑中，其次便驰走。
是等诸天众，恒叹佛如来。自嗟离世尊，曾为说法者。
不能食甘露，亦绝歌乐声。如是等诸天，心忧经六月。
阿修罗闻说，教法空无主。于是即相呼，兴师伐忉利。
赡部诸王等，毁坏佛制多。当于尔时中，天与修罗战。
多有诸比丘，及多比丘尼。生诸恶趣中，备受众苦毒。
在家犯诸罪，近事坏尸罗。互相扬恶名，以之生苦趣。
女人行不善，皆亦入三涂。如是事兴时，世间不安静。
或时行聚落，或投窜山林。人众以波逃，寿命便殀促。
多有贼盗起，亦复有饥荒。苗稼不时登，蝗虫起灾暴。
若于饥馑世，人有寿命终。便生饿鬼中，具受多辛苦。
所有施塔庙，及与四方僧。尔时诸比丘，悉共分张取。
于我灭度后，如是众苦兴。应速发精勤，勿复更回顾。
诸有愚夫类，而无智慧人。愚夫业已成，速生诸恶趣。
应乐读诵说，智慧从此生。人修智慧心，速能升善趣。
常以智慧观，如我如是学。永离众系缚，速至于涅槃。
正法不久留，应发坚精进。我已如是说，宜速正思惟。
此劫过去已，满于六十劫。当不闻佛名，何能生信乐。
若人相会遇，饥饿苦所侵。母子是时中，互相食其肉。
彼时所生子，憧惶行不安。住在已家中，犹生大怖畏。
见闻此事已，知其生死烧。谁有智慧人，于中生爱乐？
无明是生根，女人是欲根。蕴为苦恼根，是故应舍苦。
世有愚众生，耽着于女欲。人能离痴者，疾当得涅槃。
宣畅此法时，不遭于恶果。不说果有漏，故堕恶趣中。
所有无漏法，空空无所有。寂静本无坚，宜应速了悟。

3.31.4

[illegible]	[illegible]，	[illegible]	[illegible]，	[illegible]	[illegible]	[illegible]	[illegible]	[illegible]
nioow¹	tśjɨ̱¹	kja¹	śja¹	tjij¹	rjur¹	phji²	khjiw²	tjij¹
复	次，	迦	叶，	若	诸	比	丘	或

[illegible]

dzjij^{2} tshjɨ^{1} tśhju^{1} thjɨ^{2} phju^{2} tsew^{2} tsji̱r^{1} śjɨj^{1} ·jiw^{2}

余 众 生， 是 上 第 法 成 就，

复次，迦叶，若有比丘或余众生，由能成就此第一法，

3.31.5

[illegible]

rar^{2} mjij^{1} kjụ^{1} ku^{1} tsji̱r^{1} ŋowr^{2} ŋowr^{2}

漏 无 求， 则 法 一 切

[illegible]

ɣa^{2} njij^{1} dźjij^{1} lew^{2} mjij^{1} ·jɨ^{2} lew^{2}

于 心 住 所 无 谓 应。

求无漏者，应作是言：于一切法心无所住。

3.31.6

[illegible]

nioow^{1} tśjɨ̱^{1} kja^{1} śja^{1} tshjɨ^{1} tsjij^{2} thjɨ^{2} ·jĩ^{1} lwo^{2}

复 次， 迦 叶， 菩 萨 此 坚 固

[illegible]

djọ^{2} dzjɨ̱^{2} lew^{2} ·jĩ^{1} lwo^{2} tja^{1} djọ^{2} dzjɨ̱^{2} tja^{1}

修 习 应。 坚 固 者 修 习 者，

复次，迦叶，菩萨应为坚固修习。云何坚固？云何修习？

3.32.1

[illegible]

ljɨ̣^{1} kjɨ^{1} ŋwu^{2} ·jĩ^{1} lwo^{2} ·jɨ^{2} tja^{1} ·jĩ^{1} lwo^{2}

何 △ 是？ 坚 固 谓 者， 坚 固

[illegible]

njij^{1} ·jĩ^{1} lwo^{2} khu^{1} dźjij^{1} ŋwu^{2} ·jĩ^{1} lwo^{2} njij^{1}

心、 坚 固 精 进 是。 坚 固 心

言坚固者，谓坚固心、坚固精进。何者名为坚固之心？

3.32.2

[illegible]	[illegible]	[illegible]?	[illegible]	[illegible]	[illegible]	[illegible]	[illegible]	[illegible]:
tja^{1}	thjij^{2}	sjo^{2}	tshjɨ^{1}	tsjij^{2}	thjɨ^{2}	sju^{2}	lə	·wji^{1}
者	何	云?	菩	萨	是	如	念	作:
[illegible]	[illegible]	[illegible]	[illegible]	[illegible]	[illegible]	[illegible]	[illegible]	[illegible],
rjɨr^{2}	njɨ^{2}	khjã^{2}	khja^{2}	bẹ^{1}	tha^{1}	·jij^{1}	kjụ^{1}	tshwew^{1}
乃	至	殑	伽	沙	佛	于	供	养,

菩萨念言:乃至供养恒河①沙佛,

3.32.3

[illegible]	[illegible]	[illegible]	[illegible]	[illegible]	[illegible]	[illegible]	[illegible]	[illegible]
tśhjɨ^{1}	mja^{1}	nioow^{1}	·a	lə	tha^{1}	·jij^{1}	tśja^{1}	kjụ^{1}
尔	然	后	一	念	佛	之	道	求
[illegible]	[illegible]②	[illegible]。	[illegible]	[illegible]	[illegible]	[illegible]	[illegible]	[illegible]
njij^{1}	śjwi^{1}	ŋa^{2}	nioow^{1}	tśjɨ̠^{1}	khjã^{2}	khja^{2}	bẹ^{1}	ŋewr^{2}
心	发	△。	复	次	殑	伽	沙	等

然后乃发一念之心而求佛道。次后复经恒河沙

3.32.4

[illegible]	[illegible],	[illegible]	[illegible]	[illegible]	[illegible]	[illegible]③	[illegible],	[illegible]
kja^{2}	zar^{2}	lew^{1}	tha^{1}	rjur^{1}	kha^{1}	·wjij^{2}	to^{2}	khjã^{2}
劫	经,	一	佛	世	间	△	出,	殑
[illegible]	[illegible]	[illegible]	[illegible]	[illegible]	[illegible],	[illegible]	[illegible]	[illegible]
khja^{2}	bẹ^{1}	njɨ^{2}	njij^{1}	śjwo^{1}	nioow^{1}	dzjwo^{2}	ljụ^{2}	·a
伽	沙	等	心	发	故,	人	身	一

① 恒河,梵文 Gangā,音译作“殑伽”“强伽”“弶伽”“恒伽”等,译曰“天堂来”,以其原从高处神堂而来也。印度东北之大河名。为印度三大河之一,发源于雪山之南部,合大小无数之支流而东南奔流五百里,与蒲拉买普笃罗河共流入印度洋。印度人视此河极为神圣,遂至以河名直为神名。此所以经中有恒河沙数诸佛之譬喻语也。《智度论》卷七曰:“问曰:如阎浮提中,种种大河亦有过恒河者,何故常言恒河沙等?答曰:恒河沙多,余河不尔。复次是恒河是佛生处,游行处,弟子现见,故以为喻。复次诸人经书皆以恒河为福德吉河,若入中洗者,诸罪垢恶皆悉除尽。以人敬事此河,皆共识知,故以恒河沙为喻。复次余河名字屡转,此恒河世世不转,以是故以恒河沙为喻,不取余河。”恒河,西夏文统一音译作“[illegible][illegible]”。

② [illegible](śjwi^{1}),与实义动词“[illegible]”(wor^{1})有衍生关系,义为“生”或“起”。

③ [illegible](·wjij^{2}),动词希求式趋向前缀。

劫，一佛现世，以发恒河沙等心故，一得人身，

3.32.5

絣	羊	龘①	緂，	㳄	紈	嫋	㢟	㲊
dźjow[1]	djij[2]	rjor[2]	ŋa[2]	nioow[1]	khjā[2]	khja[2]	bẹ[1]	ŋewr[2]
次	当	得	△，	又	殑	伽	沙	数
豴	敎	豸	蹝，	豿	綒	禨	彨	羪
njɨ[2]	dzjwo[2]	ljụ[2]	bju[1]	lew[1]	gjwi[2]	tsjir[1]	sjịj[2]	zjɨr[1]
等	人	身	以，	一	句	法	智	慧

以恒河沙等人身，闻一句法智慧

3.32.6

敗	彵	羊	蓖②	緂，	叐	䏚	㚴	虤
bji[1]	swew[1]	djij[2]	mjo[1]	ŋa[2]	·a	du̱[2]	tow[1]	lo[1]
光	明	当	闻	△，	阿	耨	多	罗
旀	夎	旀	豵	豥	䊧	敾	鼥	繉
sã[1]	mjiw[2]	sã[1]	po[1]	tjɨj[1]	ɣa[2]	ljịj[2]	gjịj[1]	ɣie[2]
三	藐	三	菩	提	于	大	利	益

光明，于阿耨多罗三藐三菩提③作大利益。

3.33.1

絣④	緂	豥。	䩕	㮯	㵾	豥	絆	蒱
wjo[1]	ŋa[2]	·jɨ[2]	thjɨ[2]	sju[2]	·jĩ[1]	gjwɨ[1]	njij[1]	gu[1]
作	△	谓。	是	如	坚	固	心	起
祇	緂。	㳄	敾	敾	絎	豥	敊	絆
śjwo[1]	lew[2]	nioow[1]	mə[2]	mə[2]	tśier[1]	·ju[2]	ŋwu[2]	tha[1]
发	应。	又	种	种	方	便	以	佛

① 龘(rjor²)，是轻动词"䏚"(rjir²)的衍生式，义为"得"或"获"。当动词后出现第一人称单数呼应后缀"緂"(ŋa²)时，往往引起动词的音韵转换，动词用衍生式。

② 蓖(mjo¹)，是轻动词"絾"(nji²)的衍生式，义为"闻"。

③ 阿耨多罗三藐三菩提，梵文 Anuttara samyak saṃbodhi，义为"无上正遍知"，西夏文译作"叐䏚㚴虤旀夎旀豵豥"。其中汉文本"藐"，西夏文用"夎"(mjiw²)对译，此为仁宗校译本的译法，惠宗初译本往往译作"蘶"(bia¹)。参看《大宝积经》卷二第 2.11.5。

④ 絣(wjo¹)，是轻动词"豥"(·wji¹)的衍生式，义为"为"。

应发如是坚固之心。又以种种方便摄

3.33.2

□	□	□，	□	□	□	□	□	□
sjij^{2}	zjɨr^{1}	ɣjiw^{1}	mə^{2}	mə^{2}	tśjị^{1}	dźjɨ	ŋwu^{2}	dzu^{1}
智	慧	摄，	种	种	苦	行	以	希
□	□，	□	□	□	□	□	□	□
kjụ^{1}	we^{2}	mə^{2}	mə^{2}	tśjị^{1}	dźjɨ	ŋwu^{2}	tha^{1}	sjij^{2}
求	为，	种	种	苦	行	以	佛	智

佛智慧，种种苦行以为希求，种种苦行

3.33.3

□	□，	□	□	□	□	□	□	□。
ɣjiw^{1}	zow^{2}	nioow^{1}	thjɨ^{2}	sju^{2}	·jĩ^{1}	gjwɨ^{1}	njij^{1}	tśhju^{1}
摄	受，	复	是	如	坚	固	心	有。
□	□，	□	□，	□	□	□	□	□
nioow^{1}	tśjɨ̱^{1}	kja^{1}	śja^{1}	ŋa^{2}	sjij^{1}	dzjọ^{1}	dza^{2}	ŋwu^{2}
复	次，	迦	叶，	我	今	譬	喻	以

摄受佛智，复有如是坚固之心。复次，迦叶，我今为汝宣说譬喻，

3.33.4

□	□	□	□①	□，	□	□	□	□
nja^{2}	·jij^{1}	tshjij^{1}	·wji^{1}	nja^{2}	rjur^{1}	sjij^{2}	zjɨr^{1}	dzjwo^{2}
汝	于	说	为	△，	诸	智	慧	人
□	□	□	□，	□	□	□	□	□
thjɨ^{2}	dzjọ^{1}	dza^{2}	bju^{1}	rjɨr^{2}	tshjij^{1}	·wo^{2}	tshwew^{1}	zji^{2}
此	譬	喻	由，	所	说	义	趣	皆

由此喻故，诸有智人而能解了尔所说义。

3.33.5

□	□	□。	□	□	□	□	□	□

① 当轻动词后出现第二人称单数呼应后缀“□”（nja^{2}）时，有时用原形形式，这里的轻动词“□”（·wji^{1}）用的是原形。

tśjɨ^1	tsjij^2	njwi^2	thjɨ^2	sju^2	mə^2	mə^2	dźjịj^1	gie^1
悟	了	能。	是	如	种	种	行	难
[illegible]	[illegible]	[illegible]	[illegible]	[illegible]	[illegible]	[illegible]	[illegible]	[illegible]
tśjị^1	dźjɨ	nioow^1	po^1	tjɨj^1	rjir^2	njwi^2	khjã^2	khja^2
苦	行	由,	菩	提	得	能,	殑	伽

由是种种难行苦行,能得菩提,于恒河

3.33.6

[illegible]	[illegible]	[illegible]	[illegible]	[illegible]	[illegible]	[illegible]	[illegible]	[illegible]
bẹ^1	ŋewr^2	kja^2	kha^1	mji^1	djɨj^2	tạ^1	lew^2	tjij^1
沙	数	劫	中	不	休	止	应。	若
[illegible]	[illegible]	[illegible]	[illegible]	[illegible]	[illegible]	[illegible]	[illegible]	[illegible]
khjã^2	khja^2	bẹ^1	ŋewr^2	kja^2	kha^1	ɣie^1	mji^1	djɨj^2
殑	伽	沙	数	劫	中	学	不	休

沙劫不应休废。若于恒河沙劫学不休

3.34.1

[illegible]	[illegible]	[illegible]	[illegible]	[illegible]	[illegible]	[illegible]	[illegible]	[illegible]
tạ^1	ku^1	tśhjwo^1	zji^2	phju^2	po^1	tjɨj^1	mjor^1	rjir^2
止,	则	故	无	上	菩	提	现	证
[illegible]	[illegible]	[illegible]	[illegible]	[illegible]	[illegible]	[illegible]	[illegible]	[illegible]
njwi^2	thjɨ^2	sju^2	·jĩ^1	gjwɨ^1	njij^1	śjwo^1	ŋwu^2	pjụ^1
能。	是	如	坚	固	心	发	以,	势

废,则能现证无上菩提。应发如是坚固之心,以

3.34.2

[illegible]	[illegible]	[illegible]	[illegible]	[illegible]	[illegible]	[illegible]	[illegible]	[illegible]
ɣie^1	we^2	tśhjwɨj^1	rjir^2	sji^2	we^2	ku^1	tśjo	·a
力	为,	禁	遏	△	为,	则	终	阿
[illegible]	[illegible]	[illegible]	[illegible]	[illegible]	[illegible]	[illegible]	[illegible]	[illegible]
du̱^{2}	tow^1	lo^1	sã^1	mjiw^2	sã^1	po^1	tjɨj^1	mji^1
耨	多	罗	三	藐	三	菩	提	不

为势力,以作策勤①,终不舍离阿耨多罗三藐三菩提。

3.34.3

[illegible]	[illegible]。	[illegible]	[illegible]	[illegible]	[illegible]	[illegible]	[illegible]	[illegible]。
dźji̱r^{1}	ka^{2}	nioow^{1}	thjɨ^{2}	sju^{2}	·jĩ^{1}	gjwɨ^{1}	njij^{1}	tśhju^{1}
舍	离。	复	是	如	坚	固	心	有。
[illegible]	[illegible],	[illegible]	[illegible]	[illegible]	[illegible]	[illegible]	[illegible]	[illegible]
kja^{1}	śja^{1}	tjɨ^{1}	tjij^{1}	tshjɨ^{1}	tsjij^{2}	thja^{1}	njij^{1}	śjwo^{1}
迦	叶,	倘	若	菩	萨	彼	心	发

复有如是坚固之心。迦叶,若有菩萨发是心

3.34.4

[illegible],	[illegible]	[illegible]	[illegible]	[illegible]	[illegible]?	[illegible]	[illegible]	[illegible]、
tja^{1}	wa^{2}	nioow^{1}	ɣjiw^{1}	zow^{2}	ljɨ^{1}	do^{2}	mji^{1}	lhjwi^{1}
者,	何	缘	摄	受	耶?	处	不	取、
[illegible]	[illegible]	[illegible]	[illegible]	[illegible]。	[illegible]	[illegible]	[illegible]、	[illegible]
do^{2}	nja̱^{2}	mji^{1}	lhjwi^{1}	ŋwu^{2}	thjij^{2}	sjo^{2}	do^{2}	do^{2}
处	非	不	取	是。	何	云	处、	处

者,何以摄受?谓不取处、不取非处。何故

3.34.5

[illegible]	[illegible]	[illegible]	[illegible]?	[illegible]	[illegible]、	[illegible]	[illegible]	[illegible]
nja̱^{2}	mji^{1}	lhjwi^{1}	mo^{2}	tjij^{1}	do^{2}	do^{2}	nja̱^{2}	ɣa^{2}
非	不	取	乎?	若	处、	处	非	于
[illegible]	[illegible]	[illegible],	[illegible]	[illegible]	[illegible]	[illegible]	[illegible]	[illegible]
lhjwi^{1}	lew^{2}	dju^{1}	ku^{1}	zji^{2}	phju^{2}	dwewr^{2}	ɣa^{2}	ɣie̱^{2}
取	所	有,	则	无	上	觉	于	障

不取处、非处耶?若有取于处、非处者,于无上觉则

3.34.6—3.35.1

[illegible]	[illegible]	[illegible]。	[illegible]、	[illegible]	[illegible]	[illegible]	[illegible]	[illegible],	[illegible]

① 策勤,劝勉,西夏文译作"[illegible]",字面意思是"禁止"。

lụ^{2} we^{2} ljɨ^{1} do^{2} do^{2} nja̱^{2} mji^{1} lhjwi^{1} nioow^{1} ku^{1}

碍 为 也。 处、 处 非 不 取 故， 则

[illegible] [illegible] [illegible] [illegible] [illegible] [illegible] [illegible] [illegible] [illegible]。

xja^{1} zji^{2} phju^{2} tśhja^{2} lhjɨr^{1} po^{1} tjɨj^{1} rjir^{1} ljɨ^{1}

速 无 上 正 等 菩 提 得 故。

为障碍。以不取于处、非处故，速得无上正等菩提。

汉文本

复次，迦叶，若有比丘或余众生，由能成就此第一法，求无漏者，应作是言：于一切法心无所住。复次，迦叶，菩萨应为坚固修习。云何坚固？云何修习？言坚固者，谓坚固心、坚固精进。何者名为坚固之心？菩萨念言：乃至供养恒河沙佛，然后乃发一念之心而求佛道。次后复经恒河沙劫，一佛现世，以发恒河沙等心故，一得人身，以恒河沙等人身，闻一句法智慧光明，于阿耨多罗三藐三菩提作大利益。应发如是坚固之心。又以种种方便摄佛智慧，种种苦行以为希求，种种苦行摄受佛智，复有如是坚固之心。复次，迦叶，我今为汝宣说譬喻，由此喻故，诸有智人而能解了尔所说义。由是种种难行苦行，能得菩提，于恒河沙劫不应休废。若于恒河沙劫学不休废，则能现证无上菩提。应发如是坚固之心，以为势力，以作策勤，终不舍离阿耨多罗三藐三菩提。复有如是坚固之心。迦叶，若有菩萨发是心者，何以摄受？谓不取处、不取非处。何故不取处、非处耶？若有取于处、非处者，于无上觉则为障碍。以不取于处、非处故，速得无上正等菩提。

3.35.1

[illegible] [illegible]， [illegible] [illegible] [illegible] [illegible] [illegible] [illegible] [illegible]

kja^{1} śja^{1} dzjọ^{1} sju^{2} dzjwo^{2} dju^{1} sọ^{1} tụ^{1} ljịj^{2}

迦 叶， 譬 如 人 有 三 千 大

[illegible] [illegible] [illegible] [illegible] [illegible] [illegible] [illegible] [illegible]，

tụ^{1} rjur^{1} kiẹj^{2} kiwej^{2} ljɨ^{1} dźjij^{1} nja^{1} swu^{2}

千 世 界 珍 宝 精 △ 满，

迦叶，譬如有人以满三千大千世界珍宝，

3.35.2

[illegible] [illegible] [illegible] [illegible] [illegible]， [illegible] [illegible] [illegible] [illegible]

thjɨ^{2} ŋwu^{2} zji^{1} mji̱^{1} dźjij^{1} tjij^{1} dzjwo^{2} thjɨ^{2} sju^{2}

此 以 布 施 行， 若 人 是 如

[illegible] [illegible] [illegible] [illegible] [illegible] [illegible] [illegible] [illegible] [illegible] mə^2 mə^2 lwər^2 rejr^2 mjor^1 ljịj^2 rjɨr^2 tshjịj^1 ŋwu^2

种 种 经 典 如 来 所 说 是

持用布施，若有如是种种经典如来所说，

3.35.3

□， □ □ □ □， □ □ □ □，

·jɨ^2 po^1 tjɨj^1 śjij^1 ·wji^1 tha^1 tsjir^1 zow^2 ·jij^1

谓， 菩 提 顺 为， 佛 法 受 持，

□ □ □ □， □ □ □ □ □，

dźiej^2 bju^1 no^2 dźjij^1 ku^1 ·a śjwo^1 ? tśiow^1

信 以 安 住， 则 △ 生 福 聚，

随顺菩提，受持教法①，以信安住，所生福聚，

3.35.4

□ □ □ □。 □ □， □ □ □

śji^1 su^1 rejr^2 ljɨ^1 kja^1 śja^1 tshjɨ^1 tsjij^2 nioow^1

前 于 多 也。 迦 叶， 菩 萨 复

□ □ □ □， □ □ □ □ □

·jĩ^1 gjwɨ^1 njij^1 dju^1 rjɨr^2 njɨ^2 ·jĩ^1 gjwɨ^1 njij^1

坚 固 心 有， 乃 至 坚 固 心

倍多于彼。迦叶，菩萨复有坚固之心，乃至坚固心

3.35.5

□ □ □ □， □ □ □ □ □

tsjɨ^1 rjir^1 tjị^2 mjij^1 thjɨ^2 nioow^1 djọ^2 dźjij^1 djɨj^2

亦 得 可 不， 是 故 修 行 休

□ □ □。 □ □ □ □， □ □

tạ^1 mji^1 dju^1 djọ^2 dzjɨ^2 ·jɨ^2 tja^1 rejr^2 djọ^2

废 不 有。 修 习 谓 者， 多 修

亦不可得，是故修行不可休废。言修习者，谓多修

① 教法，西夏文字面意思为“佛法”。

3.35.6

[illegible] [illegible]。 [illegible] [illegible] [illegible] [illegible]？ [illegible] [illegible] [illegible]
dźjịj^{1} ŋwu^{2} zjịj^{1} zjịj^{1} dju^{1} ljɨ^{1} tśhjɨ^{1} zjịj^{1} rejr^{2}
行 是。 几 几 有 耶？ 尔 时 多
[illegible] [illegible] [illegible] [illegible] [illegible]， [illegible] [illegible] [illegible] [illegible]，
djọ^{2} dźjịj^{1} tsji̱r^{1} dju^{1} bju^{1} tjij^{1} lew^{1} njij^{1} śjwo^{1}
修 行 法 有 随， 若 一 心 起，
行。有几多耶？随有若干多修习法，若起一心，

3.36.1

[illegible] [illegible] [illegible] [illegible]。 [illegible] [illegible] [illegible]？ [illegible] [illegible]
tśjɨ^{1} tsjij^{2} mjɨ^{1} njwi^{2} thjij^{2} sjo^{2} ljɨ^{1} thja^{1} tsji̱r^{1}
解 了 不 能。 何 云 也？ 彼 法
[illegible] [illegible] [illegible] [illegible] [illegible]。 [illegible] [illegible] [illegible] [illegible]
dźju^{1} tsjij^{2} tjị^{2} mjij^{1} ljɨ^{1} nioow^{1} zji^{2} bu̱^{2} djọ^{2}
示 解 可 不 故。 后 最 胜 修
不能解了。何以故？彼法不可为表示故。然是最胜修

3.36.2

[illegible] [illegible] [illegible]， [illegible] [illegible] [illegible] [illegible] [illegible] [illegible] [illegible] [illegible]。
dzji̱^{2} tsji̱r^{1} ŋwu^{2} thjɨ^{2} tja^{1} ·jĩ^{1} gjwɨ^{1} njij^{1} tsji̱r^{2} ŋwu^{2} ljɨ^{1}
习 法 是， 此 者 坚 固 心 性 是 故。
习之法，谓坚固心性。

3.36.3

[illegible] [illegible] [illegible] [illegible] [illegible] [illegible] [illegible] [illegible]：
tśhjɨ^{1} zjọ^{2} rjur^{1} pjụ^{1} lja̱^{1} dạ^{2} rjɨr^{2} tshjij^{1}
尔 时 世 尊 颂 言 乃 说：
尔时世尊即说颂曰：

3.36.4

[illegible] [illegible] [illegible] [illegible] [illegible]， [illegible] [illegible] [illegible] [illegible] [illegible]。 [illegible] [illegible] [illegible] [illegible] [illegible]， njij^1 mjij^1 njij^1 sjij^2 śjwo^1 kụ^1 ljịj^2 kjạ^1 le^2 dju^1 ŋa^2 śjɨj^1 mji^1 śjɨj^1 lew^2

心 无 心 想 起, 后 大 怖 畏 有。 我 成 不 成 当,

无心起心想,当有大怖畏。我当成不成,

3.36.5

[illegible]

thjɨ^2 dạ^2 thjij^2 sjo^2 ljɨ^1 ·ju^2 se̱w^2 me̱j^2 gu^1 śjwo^1 bja^2 ·ju^2 ljịj^1 zow^2 zjịj^1

此 事 何 云 故。 常 思 揣 起 发, 断 常 怠 执 着。

是事为云何。而常起寻伺,住在于一边①。

3.36.6

[illegible]

tśhja^2 tśja^1 ·jij^1 pjo^1 tsjij^2 po^1 tjɨj^1 rjir^2 tji^2 mjij^1 thjɨ^2 low^2 ljịj^1 njịj^1 ŋwu^2

正 道 于 诽 谤, 菩 提 得 可 不。 此 懈 怠 心 以,

诽谤于正道,不可得菩提。此是懈怠心,

3.37.1

[illegible]

ljịj^2 po^1 tjɨj^1 ·jij^1 nja^2 thja^1 dzjwo^2 ŋowr^2 ŋowr^2 ·jiw^2 rjur^1 tha^1 nioow^1 ɣie̱^{2} mji^1

大 菩 提 相 非。 斯 人 一 切 疑, 诸 佛 及 声 闻。

非是菩提②相。斯人疑一切,诸佛及声闻。

3.37.2

[illegible]

mji^1 djo̱^{2} ·jij^1 rjir^2 kie̱j^2 me̱^{2} śjɨj^2 rjur^1 tha^1 tsjir^1 lew^1 ŋwu̱^{1} dạ^2 tshjij^1 nioow^1

不 行 自 证 欲, 贤 圣 诸 佛 法。 但 言 语 说 故,

不行而希望③,贤圣诸佛法。非但由言说,

3.37.3

[illegible]

① 住在于一边,西夏文字面意思为“常断怠执着”。

② 菩提,西夏文字面意思为“大菩提”。

③ 不行而希望,西夏文字面意思为“不行欲自证”。

no^{2} rejr^{2} mja̱^{1} śjɨj^{1} nja̱^{2} dźiej^{2} ŋwe^{1} njij^{1} dju^{1} ku^{1} wạ^{2} ljịj^{2} tsji̱r^{1} śjɨj^{1} ·jiw^{2}

安 乐 果 成 非。信 乐 心 有 故, 广 大 法 成 就。

能成安乐果。要有信乐心,能成广大法。

3.37.4

[illegible]

njịj^{1} ŋwu^{2} pjụ^{1} lew^{2} nja̱^{2} bu̱^{2} njwi^{1} dźio̱w^{2} ·wejr^{2} njwi^{2} rjur^{1} rjɨr^{2} ·wji^{1} ·wji^{1} dạ^{2}

心 以 量 所 非, 胜 任 堪 护 能。诸 所 作 作 事,

亦非唯心量,能获胜堪任。由一法能成,

3.37.5

[illegible]

lew^{1} tsji̱r^{1} ŋwu^{2} śjɨj^{1} njwi^{2} thja^{1} bu̱^{2} gjij^{1} nwə^{1} dźjwa^{1} tha^{1} nioow^{1} kụ^{1} djọ^{2} lew^{2}

一 法 以 成 能。其 殊 胜 知 已, 佛 复 后 修 应。

诸有所作事①。知其殊胜已,为佛故应修。

汉文本

迦叶,譬如有人以满三千大千世界珍宝,持用布施,若有如是种种经典如来所说,随顺菩提,受持教法,以信安住,所生福聚,倍多于彼。迦叶,菩萨复有坚固之心,乃至坚固心亦不可得,是故修行不可休废。言修习者,谓多修行。有几多耶?随有若干多修习法,若起一心,不能解了。何以故?彼法不可为表示故。然是最胜修习之法,谓坚固心性。尔时世尊即说颂曰:

无心起心想,当有大怖畏。我当成不成,是事为云何。

而常起寻伺,住在于一边。诽谤于正道,不可得菩提。

此是懈怠心,非是菩提相。斯人疑一切,诸佛及声闻。

不行而希望,贤圣诸佛法。非但由言说,能成安乐果。

要有信乐心,能成广大法。亦非唯心量,能获胜堪任。

由一法能成,诸有所作事。知其殊胜已,为佛故应修。

3.37.6

[illegible]

nioow^{1} tśjɨ̱^{1} kja^{1} śja^{1} tshjɨ^{1} tsjij^{2} thjɨ^{2} tsjiir^{1} śjɨj^{1}

---

① 由一法能成,诸有所作事,西夏文译文语序颠倒。

复	次，	迦	叶，	菩	萨	此	法	成
[illegible]	[illegible]，	[illegible]	[illegible]	[illegible]	[illegible]	[illegible]	[illegible]	[illegible]
·jiw^{2}	njwi^{2}	ku^{1}	rjur^{1}	tha^{1}	·jij^{1}	mji^{1}	kjụ^{1}	tshwew^{1}
就	能，	则	诸	佛	之	不	供	养

复次，迦叶，菩萨以能成就此法，亦不亲近供养诸佛，

3.38.1

[illegible]	[illegible]	[illegible]，	[illegible]	[illegible]	[illegible]	[illegible]：	[illegible]	[illegible]
mji^{1}	?	njij^{1}	·jij^{1}	·jij^{1}	kjɨ^{1}	la^{1}	ŋa^{2}	kjɨ^{1}
不	亲	近，	自	己	△	记：	我	必
[illegible]	[illegible]	[illegible]、	[illegible]	[illegible]、	[illegible]	[illegible]	[illegible]	[illegible]①
djɨj^{2}	mjor^{1}	ljịj^{2}	bju^{1}	·wo^{2}	tśhja^{2}	ka^{1}	dwewr^{2}	rjor^{2}
定	如	来、	应	供、	正	等	觉	得

而自记言：我当得作如来、应②、正等觉。

3.38.2

[illegible]	[illegible]。	[illegible]	[illegible]，	[illegible]	[illegible]	[illegible]	[illegible]	[illegible]
ŋa^{2}	·jɨ^{2}	kja^{1}	śja^{1}	nji^{1}	dźjij^{1}	tshjɨ^{1}	tsjij^{2}	sọ^{1}
△	谓。	迦	叶，	家	在	菩	萨	三
[illegible]	[illegible]	[illegible]，	[illegible]	[illegible]	[illegible]	[illegible]	[illegible]	[illegible]
mə^{2}	djọ^{2}	dju^{1}	ku^{1}	tśhjwo^{1}	po^{1}	tjɨj^{1}	ɣa^{2}	gjịj^{1}
种	修	有，	则	故	菩	提	于	利

迦叶，在家菩萨有三种修，能于菩提而作利

3.38.3

[illegible]	[illegible]	[illegible]。	[illegible]	[illegible]	[illegible]	[illegible]?	[illegible]	[illegible]
ɣie^{2}	·wji^{1}	njwi^{2}	sọ^{1}	tja^{1}	thjij^{2}	sjo^{2}	ŋowr^{2}	ŋowr^{2}
益	作	能。	三	者	何	云?	一	切
[illegible]	[illegible]，	[illegible]	[illegible]	[illegible]	[illegible]，	[illegible]	[illegible]	[illegible]

① [illegible]（rjor^{2}），是轻动词“[illegible]”（rjir^{2}）的衍生式，义为“得”或“获”。当动词后出现第一人称单数呼应后缀“[illegible]”（ŋa^{2}）时，往往引起动词的音韵转换，动词用衍生式。

② 应，应供的省称，梵文 Arhant，通行译法为“阿罗汉”。佛陀十号之一，又称“应真”，简称“应”。佛教认为佛陀是断尽一切烦恼、智德圆满的觉者，应受人天供养、尊敬。西夏文译作“[illegible]”（bju^{1} ·wo^{2}），义为“应供”。

sjịj^2 nioow^1 na^1 dzu^1 ŋwe^1 śjwo^1 mər^2 sjwɨj^1 mji^1
智 故， 深 爱 乐 生， 本 业 不
益。何等为三？为一切智故，深生爱乐，不堕本业，

3.38.4

□， □ □ □ □。 □ □ □ □，
lhjwo^1 ŋwə^1 kie^1 ·jĩ^1 ·jij^1 thjɨ^2 sọ^1 war^2 ŋowr^2
堕， 五 戒 坚 持。 此 三 支 具，
□ □ □ □ □。 □ □ □ □？
ku^1 tśhjiw^1 tsji̱r^1 śjɨj^1 njwi^2 tśhjiw^1 tja^1 thjij^2 sjo^2
则 六 法 成 能。 六 者 何 云？
坚持五戒。具此三支，能成六法。何等为六？

3.38.5

□ □ □ □， □ □ □ □ □
śjɨj^2 do^2 lhjụ^2 rjir^1 mji^1 ·ọ^2 mji^1 gja^1 mji^1
圣 处 获 得， 不 哑 不 吃 不
□ □ □ □ □。 □ □ □ □，
ba^1 nju^1 bju^1 mji^1 lhjo^1 ljụ^2 ? lju̱^{2} we^2
聋 耳 聪 不 失。 身 变 端 为，
谓得圣处，不哑不吃不聋，不失聪听。身变端严，

3.38.6

□ □ □ □。 □ □ □ □， □
xja^1 na^1 dźiej^2 rjir^2 zji^2 na^1 tsji̱r^1 ɣa^2 kjạ^1
速 深 信 得。 甚 深 法 于， 怖
□ □ □。 □ □ □ □， □ □
le^2 mji^1 śjwo^1 mji^1 mji^1 tsji̱r^1 dạ^2 bji^1 ɣie^1
畏 不 生。 闻 闻 法 言， 步 力
速得深信。于甚深法，不生怖畏。随所闻法，不用功劳。

3.39.1

□ □。 □ □ □ □， □ □ □

mji¹ śjɨ¹ zji² tśjɨ¹ tsjij² njwi² xja¹ mji¹ lhjwo¹

不 往。 皆 领 解 能， 速 不 退

[illegible]

rjir² thjɨ² dji² tsjir¹ ɣa² ŋwə¹ mə² lə¹ śjwo¹

得。 此 六 法 于， 五 种 障 起

而能领解，速得不退。于此六法，应当善知有五障转。

3.39.2

[illegible]

ŋa² ŋa² nwə¹ lew² ŋwə¹ tja¹ thjij² sjo² dzu¹

善 善 知 应。 五 者 何 云？ 爱

[illegible]

dźjɨr¹ ka² da² la¹ da² ŋowr² ŋowr² phji¹ bju¹

舍 离 语， 妄 语 一 切， 意 随

何等为五？谓离间语，一切妄语，意乐

3.39.3

[illegible]

mji¹ śjɨj¹ njij¹ zjɨ¹ sew¹ tśhju¹ rjur¹ kiej² la¹

不 成， 心 妒 嫉 怀， 诸 欲 耽

[illegible]

zjij¹ thjɨ² sju² ŋwə¹ tsjir¹ ɣie² lu² we² ljɨ¹

着。 是 如 五 法 障 碍 为 也。

不成，心怀嫉妒，耽着诸欲。如是五法为障碍转。

3.39.4

[illegible]

nioow¹ so¹ tsjir¹ dju¹ ·jɨr² djo² dźjij¹ lew² so¹

复 三 法 有， 勤 修 行 应。 三

[illegible]

tja¹ thjij² sjo² ·ju² nji¹ phjɨ¹ njij¹ śjwo¹ kie¹

者 何 云？ 常 家 出 心 兴。 戒

复有三法,应当修行。何等为三?谓常兴心,欲出家故①,

3.39.5

[illegible]

·jij¹ śia¹ mẽ¹ pho¹ lo¹ mẽ¹ ·jij¹ pju̱¹ bju̱¹

持 沙 门、 婆 罗 门 于, 尊 敬

[illegible]

dzjwị¹ rejr² tjij¹ dji̱j¹ dźjwɨ¹ nioow¹ tsji̱r¹ tshji̱j¹ mjijr²

恭 敬。 若 类 相 及 法 说 者

于持戒沙门婆罗门所,尊重恭敬。若非同类说法之者,

3.39.6

[illegible]

nja̱² ku¹ thja² ·jij¹ khwa¹ ka² thjij² sjo² ljɨ¹

非, 则 彼 于 远 离。 何 云 也?

[illegible]

tshjɨ¹ tsjij² thja¹ tsji̱r¹ mji¹ djọ² ɣiew¹ lew² tjij¹

菩 萨 彼 法 不 修 学 应, 若

应远离之。何以故?菩萨不应修学彼法,若

3.40.1

[illegible]

djọ² ɣiew¹ ku¹ śjị² ·ụ² rjir² ·a tjɨ̱j² thjɨ²

修 学 则 草 负 与 一 样。 此

[illegible]

tja¹ thjij² sjo² tha¹ tśja¹ nja̱² ljɨ¹ tjij¹ ·ụ²

者 何 云? 佛 道 非 故。 若 负

修学者如负刍草。何以故?非佛道故。若担负

3.40.2

[illegible]

① 此处西夏文字面意思为"常兴心出家"。

·wạ2 ku1 zow2 zji̱j1 śjwo1 we2 rjur1 wẹ1 lə

担 则 执 着 起 为， 诸 愚 痴

[illegible]

rjir2 thwu̱1 thjɨ2 nioow1 thja1 tsji̱r1 mji1 djọ2 ɣiew1

与 同， 是 故 彼 法 不 修 学

者即为执着，同诸愚痴，是故不应修学彼法。

3.40.3

[illegible]

lew2 nioow1 tśjɨ̱1 kja1 śja1 tshjɨ1 tsjij2 nioow1 sọ1

应。 复 次， 迦 叶， 菩 萨 又 三

[illegible]

tsji̱r1 ɣiew1 dzji1 lew2 sọ1 tja1 thjij2 sjo2 ·ju2

法 学 受 应。 三 者 何 云？ 常

复次，迦叶，菩萨又应受学三法。何等为三？谓常

3.40.4

[illegible]

rjur1 tha1 mjor1 lji̱j2 ·jij1 śjij1 ·wji1 mjɨ1 ·jij1

诸 佛 如 来 之 顺 为， 他 之

[illegible]

tsji̱r1 tshji̱j1 ·jij1 ·jɨr2 djọ2 dźji̱j1 rjur1 tshjɨ1 tśhju1

法 说， 自 勤 修 行， 诸 众 生

随顺诸佛如来，为他演说，勤自修行，于众生①

3.40.5

[illegible]

do2 njij2 nji̱j1 nioow1 dzjɨ2 thjɨ2 sju2 sọ1 do2

处 慈 心 修 习。 此 如 三 处

[illegible]

① 此处西夏文字面意思为“诸众生”。

lhjịj　ɣiew^{1}　lew^{2}　nioow^{1}　tśjɨ̣^{1}　sọ^{1}　tsji̠r^{1}　?　njij^{1}

受　学　应。　复　次　三　法　近　亲

所修习慈心。于此三处受已应学。复次,应当亲近三法。

3.40.6

[illegible]。　[illegible]　[illegible]　[illegible]　[illegible]?　[illegible]　[illegible]　[illegible]　[illegible]。

lew^{2}　sọ^{1}　tja^{1}　thjij^{2}　sjo^{2}　tjwɨ^{1}　pjij^{1}　khwa^{1}　ka^{2}

应。　三　者　何　云?　捶　挞　远　离。

[illegible]　[illegible]　[illegible]　[illegible],　[illegible]　[illegible]　[illegible]　[illegible]①　[illegible]

mjɨ^{1}　·jij^{1}　mji^{1}　pjo^{1}　bji^{2}　tśjị^{1}　ŋwu^{2}　nja^{2}　mji^{1}

他　于　不　毁,　下　苦　是　△　不

何等为三?谓离捶打。不毁他人,说云卑贱。

3.41.1

[illegible]。　[illegible]　[illegible]　[illegible]　[illegible]　[illegible]　[illegible]　[illegible]

·jɨ^{2}　kjạ^{1}　le^{2}　mjijr^{2}　·jij^{1}　le^{2}　mjij^{1}　mji̠^{1}

谓。　怖　畏　者　于　畏　无　施

[illegible]。　[illegible]　[illegible]　[illegible]　[illegible]　[illegible]　[illegible]　[illegible]。

khjow^{1}　thjɨ^{2}　sju^{2}　sọ^{1}　tsji̠r^{1}　?　njij^{1}　lew^{2}

与。　是　如　三　法　近　亲　应。

于怖畏者施其无畏。应当亲近如是三法。

汉文本

复次,迦叶,菩萨以能成就此法,亦不亲近供养诸佛,而自记言:我当得作如来、应、正等觉。迦叶,在家菩萨有三种修,能于菩提而作利益。何等为三?为一切智故,深生爱乐,不堕本业,坚持五戒。具此三支,能成六法。何等为六?谓得圣处,不哑不吃不聋,不失聪听。身变端严,速得深信。于甚深法,不生怖畏。随所闻法,不用功劳。而能领解,速得不退。于此六法,应当善知有五障转。何等为五?谓离间语,一切妄语,意乐不成,心怀嫉妒,耽着诸欲。如是五法为障碍转。复有三法,应当修行。何等为三?谓常兴心,欲出家故,于持戒沙门婆罗门所,尊重恭敬。若非同类说法之者,应远离之。何以故?菩萨不应修学彼法,若修学者如负刍草。何以故?非佛道故。若担负者即为执着,同诸愚痴,是故不应修学彼法。复次,迦叶,菩萨又应受学三法。何等为三?谓常随顺诸佛如来,为他演说,勤自

① [illegible](nja^{2}),第二人称单数动词人称呼应后缀。

修行,于众生所修习慈心。于此三处受已应学。复次,应当亲近三法。何等为三?谓离捶打。不毁他人,说云卑贱。于怖畏者施其无畏。应当亲近如是三法。

3.41.1—3.41.2

[illegible]

tśhjɨ^{1} zjọ^{2} rjur^{1} pjụ^{1} lja̱^{1} dạ^{2} rjɨr^{2} tshjịj^{1}

尔 时 世 尊 颂 曰 而 说:

尔时世尊而说颂曰:

3.41.3

[illegible]

bji^{2} tśjị^{1} dzjwo^{2} mji^{1} ? mji^{1} tśhja^{2} twụ^{1} mjijr^{2} ljij^{2} ljij^{2} nioow^{1} khwa^{1} ka^{2} lew^{2}

下 劣 人 不 亲, 不 正 直 者 见。 见 已 远 离 当,

不亲下劣人,见不正直者。见已当远离,

3.41.4

[illegible]

phio^{2} do^{1} bji^{2} ·wji^{1} sju^{2} mjɨ^{1} bju^{1} mji^{1} ɣiew^{1} dzjɨ̱^{2} mji^{1} tshwew^{1} khwa^{1} ka^{2} lew^{2}

蛇 毒 避 为 如。 他 随 不 学 习, 不 礼 远 离 应。

犹如避毒蛇。不应随学他,不礼应远离。

3.41.5

[illegible]

dzjọ^{1} sju^{2} khjwɨ^{1} niow^{2} ljij^{2} kjɨ^{1} djɨj^{2} niow^{2} tshwew^{1} ljɨ^{1} zow^{2} zjịj^{1} tśhju^{1} dzjwo^{2} bju^{1}

犹 如 狗 恶 见, 必 定 恶 趣 堕。 执 着 怀 人 依,

犹如见恶狗,以生恶趣中。有怀执着人,

3.41.6

[illegible]

ɣiew^{1} ku^{1} niow^{2} tshwew^{1} thwu̱^{1} bu̱^{2} ŋa^{1} tsjịr^{1} tshjịj^{1} njwi^{2} dzu^{1} ŋwe^{1} njij^{1} śjwo^{1} lew^{2}

学 则 恶 趣 同。 胜 空 法 说 能, 爱 乐 心 生 应。

学之同恶趣。闻说胜空法,应生爱乐心。

3.42.1

[illegible]

ŋa^1 dzu^1 phji^2 khjiw^2 ·jij^1 bju̱^{1} bji̱j^1 nji̱j^1 śjwo^1 lew^2 rejr^2 mji^1 tśja^1 lhu^1 dzja^1

空 乐 比 丘 于, 尊 敬 心 起 应。 多 闻 道 增 长,

及乐空比丘,亦应起尊敬。增长多闻道,

3.42.2

[illegible]

sjịj^2 dźja^2 njịj^1 gu^1 śjwo^1 bu̱^{2} po^1 tjɨj^1 ? njịj^1 tshjɨ^1 tśhju^1 dzjwɨ̣^{1} tshwew^1 lew^2

智 利 心 起 发。 胜 菩 提 亲 近, 众 生 敬 礼 应。

而生利智心。亲近胜菩提,有情应敬礼。

3.42.3

[illegible]

xja^1 thja^1 tsji̱r^1 lhjịj śjɨ^1 xja^1 rjur^1 ne̱w^2 tśhji^2 śjwo^1 sjịj^2 zjɨr^1 njịj^1 lhu^1 dzja^1

疾 彼 教 受 往, 速 诸 善 根 生。 聪 慧 心 增 长,

疾行受其教,速生诸善根。增长智能心,

3.42.4

[illegible]

zjɨr^2 kha^1 wjạ^1 sej^1 sju^2 rejr^2 tsji̱r^1 nji^2 lhjịj lew^2 lhu^1 lew^2 ne̱w^2 xja^1 lhu^1

水 中 花 莲 如。 多 法 听 受 宜, 增 所 善 速 增。

如莲生在水。宜多听受法,所增善速增。

3.42.5

[illegible]

sjịj^2 zjɨr^1 njịj^1 lhu^1 nioow^1 rjur^1 rar^2 zji^2 phja^1 njwi^2 ljịj^2 pjụ^1 tśhja^2 le^2 mjij^1

聪 慧 心 增 由, 诸 漏 皆 断 能。 大 威 德 畏 无,

以增智慧心,能断于诸漏。大威德无畏,

3.42.6

[illegible]

ljịj[2] sjịj[2] ljịj[2] khu[1] dźjij[1] mjɨ[1] gjịj[1] ɣie[2] kięj[2] nioow[1] ·jij[1] ljụ[2] gjịj[1] ɣie[2] ljịj[1]

大 智 大 精 勤。他 利 益 欲 由，自 身 利 益 盛。

大智大精勤。为欲利益他，自身盛利益。

3.43.1

[illegible]

tshjɨ[1] tśhju[1] ·jij[1] tjwɨ[1] pjij[1] nji[1] dźjij[1] khwa[1] ka[2] lew[2] po[1] tjɨj[1] ljijr[2] śjwo[1] tshwew[1]

众 生 之 捶 挞，家 在 远 离 应。菩 提 方 发 趣，

在家应舍离，捶楚打众生①。发趣求菩提，

3.43.2

[illegible]

tsjiṟ[1] ɣa[2] mji[1] lhjwo[1] rjir[1] ŋo[2] mjij[1] zji[2] lju̱[2] śjwo[2] rjur[1] dzjwo[2] zji[2] dzu[1] dzjwɨ̣[1]

法 于 不 退 得。病 无 最 端 正，诸 人 皆 爱 敬。

于法得不退。无病最端正，人皆爱敬之。

3.43.3

[illegible]

tjij[1] njij[2] njij[1] djọ[2] ku[1] rjur[1] niow[2] tśja[1] khwa[1] ka[2] sọ[1] ɣạ[2] sọ[1] mə[1] tśhja̱[1]

若 慈 心 修 故，诸 恶 道 远 离。三 十 三 天 上，

若修习慈心，舍离诸恶道。三十三天上，

3.43.4

[illegible]

·jij[1] ŋwə[1] kięj[2] rejr[2] lhjij thja[1] mə[1] tśhja̱[1] kạ[1] bja[2] sọ[1] niow[2] tśja[1] mji[1] ljɨ[1]

自 五 欲 乐 受。其 天 上 命 断，三 恶 道 不 堕。

五欲自欢娱。从天若命终，不堕于三恶②。

3.43.5

[illegible]

① 此处两句西夏文译文语序颠倒。

② 此处西夏文字面意思为“不堕三恶道”。

nioow^{1} dzjwo^{2} kha^{1} mə^{2} ljịj^{2} ɣiwe^{1} dju^{1} nji^{1} we̱^{1} rjir^{1} mjor^{1} la̱^{1} zji^{2} lju̱^{2} śjwo^{2}

亦 人 中 族 大, 贵 有 家 生 得。 现 容 皆 端 严,

生处于人世,种族豪贵家①。形貌最端严②,

3.43.6

ŋwə^{1} ·we^{1} ·ju^{2} khju̱^{2} ·wejr^{2} ŋwo^{2} ljịj^{2} njwi^{2} mjijr^{2} mjij^{1} tsjiṟ^{1} bju^{1} tśhja^{2} djọ^{2} dźjịj^{1}

天 龙 常 守 护。 毁 坏 能 者 无, 法 随 正 修 行。

人无能毁者。天龙所守护③,随法正修行。

3.44.1

bu̱^{2} thjo̱^{1} twụ^{1} we̱^{1} lhjij mjɨ^{1} ·jij^{1} dzu^{1} lew^{2} we^{2} no^{2} nej^{2} tśiẹj^{2} rjir^{2} njwi^{2}

胜 妙 处 生 受, 他 于 爱 所 为。 安 隐 眠 得 能,

受于胜妙处,为人所爱重。善得安隐眠④,

3.44.2

me^{2} tjị^{2} tsjɨ^{1} no^{2} nej^{2} rjur^{1} mə^{1} tśjụ^{1} ·wejr^{2} nioow^{1} tśjo kjạ^{1} le^{2} njij^{1} mjij^{1}

眠 睡 亦 安 隐。 诸 天 拥 护 故, 终 怖 畏 心 无。

寤亦心安隐。以为天拥护,终无怖畏心。

3.44.3

thjɨ^{2} sju^{2} wạ^{2} ljịj^{2} tsjiṟ^{1} thjɨ^{2} sju^{2} bu̱^{2} ·jij^{1} dju^{1} nji^{1} dźjịj^{1} tjij^{1} nji^{1} phjɨ^{1}

是 如 广 大 法, 是 如 胜 相 有。 家 在 或 家 出,

此之广大法,有如是胜相。在家或出家,

① 此处两句西夏文译文语序颠倒。

② 此处西夏文字面意思为“形貌皆端严”。

③ 此处两句西夏文译文语序颠倒。

④ 此处西夏文字面意思为“能得安隐眠”。

3.44.4

[illegible]

nioow^{1} ljịj^{2} mji̱^{2} ɣie^{2} dju^{1} rejr^{2} dzjwo^{2} rjur^{1} ne̱w^{2} tśhji^{2} tśjɨ^{1} tsjij^{2} sjwɨ^{1} lə phji^{1}

更 大 饶 益 有。多 人 诸 善 根，悟 了 忆 念 令。

更有大饶益。令发悟忆念，多人诸善根①。

3.44.5

[illegible]

kjạ^{1} ·jij^{1} le^{2} mjij^{1} khjow^{1} po^{1} tjɨj^{1} mja̱^{1} kjọ^{1} tshwew^{1} ŋowr^{2} ŋowr^{2} sjịj^{2} rjɨr^{2} nioow^{1}

怖 之 畏 无 施，菩 提 果 向 趣。一 切 智 以 外，

怖者以施安，趣向菩提果。

3.44.6

[illegible]

dzjij^{2} mə^{1} ·jij^{1} mji^{1} tshji^{2} thja^{1} dzjwo^{2} tśhja^{2} tśja^{1} rjir^{1} rjur^{1} sjịj^{2} rjir^{2} bju^{1} śjij^{1}

余 天 之 不 事。是 人 正 道 得，诸 智 与 相 应。

更不事余天，唯除一切智②。是人得正道，诸智共相应。

3.45.1

[illegible]

thjɨ^{2} rjur^{1} ne̱w^{2} tśhji^{2} bju^{1} sọ^{1} niow^{2} tshwew^{1} khwa^{1} ka^{2} sjịj^{2} rjir^{1} sọ^{1} swew^{1} lhjụ^{2}

此 诸 善 根 以，三 恶 趣 远 离。智 得 三 明 获，

以此诸善根，舍离三恶趣。得智获三明，

3.45.2

[illegible]

sọ^{1} ɣiew^{1} zji^{2} ɣiew^{1} njwi^{2} rjɨr^{2} ·wji^{1} ·wji^{1} tśhja^{2} ·io̱w^{1} dzjwị^{1} rejr^{2} tśja^{1} tshwew^{1} bju^{1}

三 学 皆 学 能。所 作 作 德 功，敬 礼 恭 拜 如。

善学于三学。如所作功德，如其所礼敬。

① 此处两句西夏文译文语序颠倒。

② 此处两句西夏文译文语序颠倒。

3.45.3

[illegible]

tshjɨ^{1} tśhju^{1} kha^{1} tjij^{1} pju̥^{1} rejr^{2} dzjwo^{2} dzjwɨ^{1} rejr^{2} tshwew^{1} tha^{1} ·jij^{1} dzjwɨ^{1} tshwew^{1} mjijr^{2}

众 生 中 独 尊, 多 人 恭 敬 礼。 佛 于 礼 敬 者,

独为众生尊,人多恭敬礼。礼敬如来者,

3.45.4

[illegible]

·ji^{1} kha^{1} zji^{2} phju^{2} we^{2} nji^{1} dźjij^{1} ljɨ^{2} bju^{1} dźjij^{1} tjij^{1} po^{1} tjɨj^{1} njij^{1} śjwo^{1}

众 中 最 上 为。 家 在 地 依 住, 若 菩 提 心 发。

众中为最上。住于在家地,若发菩提心。

3.45.5

[illegible]

thja^{2} ·jij^{1} tsjir^{1} da̱^{2} tshjij^{1} nioow^{1} dzjij^{2} nji^{2} nji^{2} lew^{2}

彼 之 法 言 说, 及 余 汝 听 当。

为彼说法言,及余汝当听。

汉文本

尔时世尊而说颂曰:

不亲下劣人,见不正直者。见已当远离,犹如避毒蛇。

不应随学他,不礼应远离。犹如见恶狗,以生恶趣中。

有怀执着人,学之同恶趣。闻说胜空法,应生爱乐心。

及乐空比丘,亦应起尊敬。增长多闻道,而生利智心。

亲近胜菩提,有情应敬礼。疾行受其教,速生诸善根。

增长智能心,如莲生在水。宜多听受法,所增善速增。

以增智慧心,能断于诸漏。大威德无畏,大智大精勤。

为欲利益他,自身盛利益。在家应舍离,捶楚打众生。

发趣求菩提,于法得不退。无病最端正,人皆爱敬之。

若修习慈心,舍离诸恶道。三十三天上,五欲自欢娱。

从天若命终,不堕于三恶。生处于人世,种族豪贵家。

形貌最端严,人无能毁者。天龙所守护,随法正修行。

受于胜妙处,为人所爱重。善得安隐眠,寤亦心安隐。

以为天拥护，终无怖畏心。此之广大法，有如是胜相。

在家或出家，更有大饶益。令发悟忆念，多人诸善根。

怖者以施安，趣向菩提果。更不事余天，唯除一切智。

是人得正道，诸智共相应。以此诸善根，舍离三恶趣。

得智获三明，善学于三学。如所作功德，如其所礼敬。

独为众生尊，人多恭敬礼。礼敬如来者，众中为最上。

住于在家地，若发菩提心。为彼说法言，及余汝当听。

3.45.6

[illegible] [illegible]， [illegible] [illegible]， [illegible] [illegible] [illegible] [illegible] [illegible]

nioow^{1} tśjɨ̱^{1} kja^{1} śja^{1} nji^{1} dźjij^{1} tshjɨ^{1} tsjij^{2} sọ^{1}

复 次， 迦 叶， 家 在 菩 萨 三

[illegible] [illegible] [illegible]。 [illegible] [illegible] [illegible] [illegible]? [illegible] [illegible]

tsji̱r^{1} śjɨj^{1} lew^{2} sọ^{1} tja^{1} thjij^{2} sjo^{2} rjur^{1} kha^{1}

法 成 应。 三 者 何 云? 世 间

复次，迦叶，在家菩萨应成三法。何等为三？应离世间

3.46.1

[illegible] [illegible] [illegible] [illegible] [illegible] [illegible]， [illegible] [illegible] [illegible]

khe̱j^{1} ·u^{2} śja^{1} ·wja̱^{2} khwa^{1} ka^{2} ·jij^{1} gu^{2} mji̱^{1}

嬉 戏 逸 放 远 离， 自 共 施

[illegible]， [illegible] [illegible] [illegible] [illegible] [illegible] [illegible] [illegible]， [illegible]

dźjij^{1} nioow^{1} ·ja̱r^{2} nej^{2} dzjɨj^{1} nej^{2} tsji̱r^{1} gji̱j^{1} ·ju^{2}

行， 及 日 安 时 安 选 择， 常

嬉戏、放逸，互相赠遗，及以选择良日吉辰，应常

3.46.2

[illegible] [illegible] [illegible] [illegible] [illegible] [illegible] [illegible]， [illegible] [illegible]

sej^{1} rur^{2} ŋwu^{2} rejr^{2} lhjwi^{1} zow^{2} ka^{2} nioow^{1} ·jɨr^{2}

清 洁 以 多 取 受 离， 复 精

[illegible] [illegible] [illegible] [illegible] [illegible] [illegible]， [illegible] [illegible] [illegible]

dźjij^{1} ŋwu^{2} rejr^{2} mji^{1} djọ^{2} ɣiew^{1} tshjɨ^{1} tsjij^{2} thjɨ^{2}

进 以 多 闻 修 学， 菩 萨 是

清洁离多纳受,复当精进修学多闻。菩萨

3.46.3

[Tangut] [Tangut] [Tangut] [Tangut] [Tangut]。 [Tangut] [Tangut] [Tangut] [Tangut]
sju^{2} sọ^{1} tsji̱r^{1} śjɨj^{1} lew^{2} nioow^{1} sọ^{1} tsji̱r^{1} dju^{1}
如 三 法 成 应。 复 三 法 有
[Tangut] [Tangut] [Tangut] [Tangut]。 [Tangut] [Tangut] [Tangut] [Tangut]? [Tangut]
djọ^{2} dźjịj^{1} lhjịj lew^{2} sọ^{1} tja^{1} thjij^{2} sjo^{2} tsji̱r^{1}
修 行 受 应。 三 者 何 云? 法

应成如是三法。复有三法应受修行。何等为三?

3.46.4

[Tangut] [Tangut] [Tangut] [Tangut] [Tangut] [Tangut] [Tangut], [Tangut] [Tangut]
tshjij^{1} mjijr^{2} ·jij^{1} ɣiẹ^{2} lụ^{2} mji^{1} ·wji^{1} tsji̱r^{1} tshjij^{1}
说 者 于 障 碍 不 为, 法 说
[Tangut] [Tangut] [Tangut], [Tangut] [Tangut] [Tangut] [Tangut]。 [Tangut] [Tangut]
·jij^{1} pjwɨr^{1} ɣju^{1} ·ju^{2} tjij^{1} swew^{1} tśhjij^{1} ·ju^{2} thjɨ^{2}
之 劝 请, 常 灯 明 举。 常 是

于说法者不为障碍,应当劝请说法之人,恒然灯烛①。常

3.46.5

[Tangut] [Tangut] [Tangut] [Tangut] [Tangut] [Tangut]。 [Tangut] [Tangut], [Tangut]
sju^{2} sọ^{1} mə^{2} dźjɨ dźjịj^{1} lew^{2} nioow^{1} tśjɨ^{1} kja^{1}
如 三 种 行 行 应。 复 次, 迦
[Tangut], [Tangut] [Tangut] [Tangut] [Tangut] [Tangut] [Tangut] [Tangut] [Tangut],
śja^{1} sọ^{1} mə^{2} tsji̱r^{1} dju^{1} tśjo mji^{1} ·wji^{1} lew^{2}
叶, 三 种 法 有 终 不 作 应,

应作是三种之行。复次,迦叶,有三种法终不应作,

3.46.6

[Tangut] [Tangut] [Tangut] [Tangut] [Tangut] [Tangut] [Tangut] [Tangut]。 [Tangut]

① 此处西夏文字面意思为“常举明灯”。

tjɨ^1　tjij^1　·wji^1　ku^1　sji^2　ljụ^2　lhjịj　ljɨ^1　sọ^1

倘　若　作　则　女　身　受　也。　三

[illegible]　[illegible]　[illegible]?　[illegible]　[illegible]　[illegible]　[illegible]　[illegible]　[illegible]

tja^1　thjij^2　sjo^2　·jij^1　mja^1　tśhja^2　tsjir̠^{1}　nji^2　lhjɨj^1

者　何　云?　自　母　正　法　听　闻

若有作者则受女身。何等为三?不应障母听闻正法

3.47.1

[illegible]　[illegible]　[illegible]　[illegible]　[illegible],　[illegible]　[illegible]　[illegible]　[illegible]

nioow^1　phji^2　khjiw^2　ljij^2　zjịj^1　ɣię^2　lụ^2　mji^1　·wji^1

及　比　丘　见　时,　障　碍　不　为

[illegible]　[illegible]　[illegible]　[illegible]　[illegible]　[illegible]　[illegible]　[illegible]　[illegible]

·jij^1　gji^2　bjij^2　tśhja^2　tsjir̠^{1}　nji^2　lhjịj　nioow^1　phji^2

自　妻　子　正　法　听　受　及　比

及见比丘,不应障妻见诸比

3.47.2

[illegible]　[illegible]　[illegible],　[illegible]　[illegible]　[illegible]　[illegible]　[illegible]　[illegible]

khjiw^2　ljij^2　zjịj^1　ɣię^2　lụ^2　mji^1　·wji^1　·jij^1　gji^2

丘　见　时,　障　碍　不　为　自　妻

[illegible]　[illegible]　[illegible]　[illegible]　[illegible]　[illegible]　[illegible]。　[illegible]　[illegible]

bjij^2　do^2　mji^1　tśja^1　kięj^2　mji^1　dźjịj^1　thjɨ^2　sju^2

子　处　非　路　欲　不　行。　是　如

丘及闻正法,乃至不应于己妻所犯其非路。如是

3.47.3

[illegible]　[illegible]　[illegible]　[illegible]　[illegible]　[illegible],　[illegible]　[illegible]　[illegible]

sọ^1　tsjir̠^{1}　tśjo　mji^1　·wji^1　lew^2　tjɨ^1　tjij^1　·wji^1

三　法　终　不　作　应,　倘　若　作

[illegible]　[illegible]　[illegible]　[illegible]　[illegible]。　[illegible]　[illegible]　[illegible]　[illegible]

ku^1　sji^2　ljụ^2　lhjịj　ljɨ^1　tśhjɨ^1　zjọ^2　rjur^1　pjụ^1

则　女　身　受　也。　尔　时　世　尊

三法终不应作,若有作者便受女身。尔时世尊

3.47.4

[illegible]	[illegible]	[illegible]	[illegible]:
lja̱^{1}	dạ^{2}	rjɨr^{2}	tshjij^{1}
颂	言	△	说:

而说颂曰:

3.47.5

[illegible]	[illegible]	[illegible]	[illegible]	[illegible],	[illegible]	[illegible]	[illegible]	[illegible]	[illegible]。	[illegible]	[illegible]	[illegible]	[illegible]	[illegible],
·ju^{2}	sej^{1}	dźiej^{2}	njij^{1}	ŋwu^{2}	tjij^{1}	swew^{1}	zjur^{2}	tśhjij^{1}	ku^{1}	tśhjɨ^{2}	rjar^{2}	lhjɨ^{2}	ror^{2}	mjij^{1}
常	静	信	心	以,	灯	明	烛	举	故。	立	便	尘	垢	无,

常应以信心,燃灯烛光耀。便获无尘垢,

3.47.6

[illegible]	[illegible]	[illegible]	[illegible]	[illegible]。	[illegible]	[illegible]	[illegible]	[illegible]	[illegible],	[illegible]	[illegible]	[illegible]	[illegible]	[illegible]。
gji^{1}	sej^{1}	tha^{1}	mej^{1}	rjir^{1}	thjɨ^{2}	mej^{1}	bju^{1}	gjị^{2}	nioow^{1}	rjur^{1}	nwə^{1}	lew^{2}	tsji̱r^{1}	sjij^{2}
清	净	佛	眼	得。	此	眼	随	依	由,	诸	知	所	法	了。

清净之佛眼。由依此眼故,了诸所知法。

3.48.1

[illegible]	[illegible]	[illegible]	[illegible]	[illegible],	[illegible]	[illegible]	[illegible]	[illegible]	[illegible]。	[illegible]	[illegible]	[illegible]	[illegible]	[illegible],
tjij^{1}	nwə^{1}	lew^{2}	tsjij^{2}	njwi^{2}	wjɨ^{2}	rar^{2}	tsji̱r^{1}	nwə^{1}	bju^{1}	mjor^{1}	dźjij^{1}	tsjɨ^{1}	thja^{1}	sju^{2}
若	知	所	了	能,	过	去	法	知	以。	现	在	亦	犹	如,

若能了所知,以知过去法。知现在亦然,

3.48.2

[illegible]	[illegible]	[illegible]	[illegible]	[illegible]。	[illegible]	[illegible]	[illegible]	[illegible]	[illegible],	[illegible]	[illegible]	[illegible]	[illegible]	[illegible]。
mjij^{2}	ljịj^{2}	mji^{1}	phjo^{2}	kar^{2}	sọ^{1}	mə^{2}	·jij^{1}	mji^{1}	dju^{1}	thjɨ^{2}	nji̱^{1}	mə^{2}	·jij^{1}	dju^{1}
未	来	不	分	别。	三	种	相	无	有,	斯	二	种	相	有。

不分别未来。无有三种相,有斯二种相。

3.48.3

[illegible]

thja1 sọ1 tsew2 dźji̱r1 ka2 ·jij1 tja1 ·jij1 mjij̱2 ŋwu2 to2 zji2 lew1 ·wo2 thwu̱1

彼 三 第 舍 离, 相 者 相 名 是。 尽 皆 一 义 同,

舍离于第三,相即名无相。皆同为一义,

3.48.4

[illegible]

tha1 rjɨr2 tshjij1 rjur1 tśhji2 thja1 tsji̱r1 mər2 tśhji2 mjij1 thjɨ2 ɣa2 phjo2 kar2 śjwo1

佛 所 说 诸 根。 彼 法 根 本 无, 斯 于 分 别 起。

佛所说诸根。然法无根本,于斯起分别。

3.48.5

[illegible]

xja1 bu̱2 po1 tjɨj1 lhjo1 tha1 mej1 sej1 djọ2 nioow1 tsji̱r1 ŋowr2 ŋowr2 mjor1 lja̱1

便 胜 菩 提 失, 佛 眼 净 修 已。 法 一 切 现 证,

便失胜菩提,净修佛眼已。现证一切法,

3.48.6

[illegible]

thjɨ2 gjwi2 po1 tjɨj1 ŋwu2 śji1 rjɨr2 phie2 ne̱j2 tsji̱r1 dźju1 ne̱j2 njwi2 mjijr2 mjij1

此 句 菩 提 是。 先 所 开 示 法, 显 示 能 者 无。

此句即菩提。如上所开示,法无有能示。

3.49.1

[illegible]

ŋwo2 ljij2 mjijr2 tsjɨ1 mjij1 rjur1 tsji̱r1 tshọ2 ŋa1 sju2 thjɨ2 nioow1 phie2 ne̱j2 tshjij1

毁 坏 者 亦 无, 诸 法 虚 空 如。 是 故 开 示 说,

亦无能毁者,诸法如虚空。是故说开示,

3.49.2

[illegible]

nji^{1} dźjij^{1} dzjwo^{2} nioow^{1} ku^{1} śio^{1} dzjij^{2} thjɨ^{2} ·wo^{2} tshjij^{1} ·ju^{2} tjij^{1} swew^{1} zjur^{2} tśhjij^{1}

家 在 人 因 故。导 师 此 义 宣，常 灯 明 烛 举。

导师宣此义。以为在家人①，常燃灯烛光。

3.49.3

[illegible]

tha^{1} mej^{1} rjir^{2} dźju^{1} sjwij^{1} mjɨ^{1} kjiw^{1} ka^{2} tśjij^{2} tsji̠r^{1} nẹ^{1} tshjij^{1} do^{2} mji^{1} ɣiẹ^{2}

佛 眼 得 显 明，他 释 狮 子 教。宣 说 处 不 障，

得佛眼明了，不断他说法。释狮子之教②，

3.49.4

[illegible]

tśjo niow^{2} tśja^{1} mji^{1} ljɨ^{1} mej^{1} mə̠^{1} tshja^{2} mji^{1} lhjij ·ju^{2} mjɨ^{1} ·jij^{1} pjwɨ̠r^{1} ɣju^{1}

终 恶 道 不 堕。眼 盲 报 不 受，常 他 于 劝 请。

终不往三涂③。不受生盲果，能常劝请他。

3.49.5

[illegible]

zji^{2} bu̠^{2} tsji̠r^{1} tshjij^{1} phji^{1} thjɨ^{2} ne̠w^{2} tśhji^{2} lə^{2} ŋwu^{2} zji^{2} phju^{2} tsji̠r^{1} dziej^{2} de̠j^{1}

最 胜 教 宣 令，此 善 根 力 以，无 上 法 轮 转。

宣扬最胜教，以此善根力，转无上法轮。

3.49.6

[illegible]

·jij^{1} mja^{1} tsji̠r^{1} tśju^{1} ·wji^{1} thja^{1} do^{2} ɣiẹ^{2} ·wji^{1} ku^{1} tśjọ^{1} niow^{2} sji^{2} ljụ^{2} lhjij

己 母 法 事 为，其 处 碍 作 故，陋 鄙 女 身 受。

若人于母所，为作法留难，受鄙陋女身。

3.50.1

[illegible]

① 此处两句西夏文译文语序颠倒。

② 此处两句西夏文译文语序颠倒。

③ 此处西夏文字面意思为“终不堕恶道”。

·ji[1] dzwej[1] dźjiw[1] ɣor[2] mə̱[1] ·ji[1] tsə̣[1] ljij[2] mjij[2] djij[2] zjɨ̣r[1] zjịj[1] ɣiẹ[2] mji[1] mji[1]

众 罪 腰 弯 盲， 众 色 睹 未 曾。 少 几 声 不 闻，

盲伛多众罪，不曾睹众色。亦不少闻声，

3.50.2

[西夏文]。[西夏文]，[西夏文]。

·ju[2] na[1] nja̱[1] kha[1] dźjij[1] rjur[2] rjur[2] djịj[1] wjɨ[2] sju[2] gji[2] bjij[2] ɣa[2] zjɨ̣[1] śjwo[1]

常 幽 暗 间 住。 蝙 蝠 类 犹 如， 妻 子 于 妒 生。

住于幽暗间。犹如蝙蝠类，于妻生妒忌。

3.50.3

[西夏文]，[西夏文]。[西夏文]，

tsji̱r[1] tśju[1] ɣiẹ[2] lụ[2] ·wji[1] thjɨ[2] nioow[1] xja[1] kạ[1] bja[2] zji[2] tśjọ[1] sji[2] ljụ[2] lhjịj

法 事 障 碍 作， 兹 从 速 命 断。 极 陋 女 身 受，

与作障法缘，从兹速命终。当为极陋女，

3.50.4

[西夏文]。[西夏文]，[西夏文]，

ɣu[1] njij[1] mej[1] mja̱[1] khjij[1] ljụ[2] le̱[2] nja̱[1] mej[1] mə̱[1] khjɨ[1] dźiəj[2] do[1] njịj[1] tśhju[1]

头 赤 眼 珠 青。 身 黧 黯 目 盲， 足 跛 毒 心 怀，

发黄眼睛绿①。黧黯目盲冥，足跛怀毒心，

3.50.5

[西夏文]。[西夏文]，[西夏文]。

ba[1] mjɨ[1] pjo[1] lew[2] we[2] thjɨ[2] nioow[1] mə[2] djịj[1] do[2] xja[1] ·ji[1] niow[2] ljụ[2] lhjịj[2]

聋 他 谤 所 为。 此 故 种 类 处， 速 众 恶 身 受。

耳聋多口舌。如斯种类处，速受众恶身。

3.50.6

[西夏文]，[西夏文]。

① 发黄眼睛绿，西夏文字面意思为“头赤眼珠青”。

·ju^{2}	kiẹj^{2}	·jiw^{1}	nioow^{1}	bju^{1}	go̱r^{1}	kiej^{2}	zjɨ̣^{1}	sew^{1}	śjwo^{1}
常	欲	因	缘	依,	君	子	妒	嫉	生。

常为欲因缘,丈夫生嫉妒。

汉文本

复次,迦叶,在家菩萨应成三法。何等为三?应离世间嬉戏、放逸,互相赠遗,及以选择良日吉辰,应常清洁离多纳受,复当精进修学多闻。菩萨应成如是三法。复有三法应受修行。何等为三?于说法者不为障碍,应当劝请说法之人,恒然灯烛。常应作是三种之行。复次,迦叶,有三种法终不应作,若有作者则受女身。何等为三?不应障母听闻正法及见比丘,不应障妻见诸比丘及闻正法,乃至不应于己妻所犯其非路。如是三法终不应作,若有作者便受女身。尔时世尊而说颂曰:

常应以信心,燃灯烛光耀。便获无尘垢,清净之佛眼。
由依此眼故,了诸所知法。若能了所知,以知过去法。
知现在亦然,不分别未来。无有三种相,有斯二种相。
舍离于第三,相即名无相。皆同为一义,佛所说诸根。
然法无根本,于斯起分别。便失胜菩提,净修佛眼已。
现证一切法,此句即菩提。如上所开示,法无有能示。
亦无能毁者,诸法如虚空。是故说开示,导师宣此义。
以为在家人,常燃灯烛光。得佛眼明了,不断他说法。
释狮子之教,终不往三涂。不受生盲果,能常劝请他。
宣扬最胜教,以此善根力,转无上法轮。若人于母所,
为作法留难,受鄙陋女身。盲伛多众罪,不曾睹众色。
亦不少闻声,住于幽暗间。犹如蝙蝠类,于妻生妒忌。
与作障法缘,从兹速命终。当为极陋女,发黄眼睛绿。
黧黯目盲冥,足跛怀毒心,耳聋多口舌。如斯种类处,
速受众恶身。常为欲因缘,丈夫生嫉妒。

3.51.1

[illegible]	[illegible],	[illegible]	[illegible],	[illegible]	[illegible]	[illegible]	[illegible]	[illegible]
nioow^{1}	tśjɨ̱^{1}	kja^{1}	śja^{1}	nji^{1}	dźjij^{1}	tshjɨ^{1}	tsjij^{2}	sọ^{1}
复	次,	迦	叶,	家	在	菩	萨	三
[illegible]	[illegible]	[illegible]	[illegible]	[illegible]	[illegible]。	[illegible]	[illegible]	[illegible]
mə^{2}	tsji̱r^{1}	dju^{1}	·wji^{1}	lew^{2}	nja̱^{2}	sọ^{1}	tja^{1}	thjij^{2}
种	法	有	作	应	不。	三	者	何

复次,迦叶,在家菩萨有三种法所不应作。何等为三?

3.51.2

[illegible]?	[illegible]	[illegible]	[illegible]	[illegible]，	[illegible]	[illegible]	[illegible]	[illegible]
sjo²	tjij¹	mjɨ¹	·jij¹	war²	rjɨr²	njɨ²	zji²	zjɨ̱r¹
云?	若	他	于	物，	乃	至	微	少
[illegible]	[illegible]	[illegible]	[illegible]	[illegible]，	[illegible]	[illegible]	[illegible]	[illegible]
zji̱j¹	lhə	wji̱¹	tśhjwi¹	njɨ²	rjɨr²	njɨ²	tjij¹	rejr²
几	酥	味	融	等，	乃	至	或	多

若他施物，设有微少苏醍醐①等，乃至或多

3.51.3

[illegible]	[illegible]	[illegible]	[illegible]，	[illegible]	[illegible]	[illegible]	[illegible]，	[illegible]
zji̱j²	mji̱¹	gie¹	war²	·wə¹	gji²	mji¹	ŋwe¹	ku¹
众	施	难	物，	主	妻	不	乐，	则
[illegible]	[illegible]	[illegible]	[illegible]。	[illegible]	[illegible]	[illegible]	[illegible]	[illegible]，
wji¹	dji̱¹	rjar¹	mjij¹	mjɨ¹	nji¹	phjɨ¹	kie̱j²	zji̱j¹
遣	分	应	不。	他	家	出	欲	时，

难施之物，主若不请，不应行施。他欲出家，

3.51.4

[illegible]	[illegible]	[illegible]	[illegible]	[illegible]。	[illegible]	[illegible]	[illegible]	[illegible]
ɣie̱²	lụ²	·wji¹	rjar¹	mjij¹	nji¹	mjij²	phjɨ¹	mjijr²
障	碍	为	应	不。	家	未	出	者
[illegible]	[illegible]	[illegible]	[illegible]	[illegible]	[illegible]。	[illegible]	[illegible]	[illegible]
·jij¹	pjwɨ̱r¹	nji¹	phjɨ¹	phji¹	lew²	mjor¹	lji̱j²	·jij¹
于	劝	家	出	令	应。	如	来	于

不应留难。未出家者，应当劝喻令使出家。

3.51.5

[illegible]	[illegible]	[illegible]	[illegible]	[illegible]	[illegible]，	[illegible]	[illegible]	[illegible]

① 醍醐，制自牛乳，味中第一，药中第一。《涅槃经》三曰：“醍醐者，名世间第一上味。”又曰：“诸药中醍醐第一，善治众生热恼乱心。”西夏文译作“[illegible][illegible]”，义为“融味”。

bə^2 du^2 ·wji^1 djịj^2 ljij^2 zjịj^1 ɣie^1 lhu^1 ·wji^1

佛 塔 造 △ 见 时, 力 增 为

[illegible]

lew^2 thja^1 ɣie^1 tshwew^1 bju^1 war^2 lhjwi^1 rjar^1 mjij^1

当, 其 力 向 依 物 取 许 不。

见有建立如来塔庙,当助修营①,不应缘此取其财物。

3.51.6—3.52.1

[illegible]

nji^1 dźjij^1 tshjɨ^1 tsjij^2 thjɨ^2 sju^2 sọ^1 tsji̱r^1 ·wji^1 lew^2

家 在 菩 萨 是 如 三 法 作 应

[illegible]

nja̱^{2} tśhjɨ^1 zjọ^2 rjur^1 pjụ^1 lja̱^{1} dạ^2 rjɨr^2 tshjịj^1

非。 尔 时 世 尊 颂 言 所 说:

如是三法,在家菩萨所不应作。尔时世尊而说颂曰:

3.52.2

[illegible]

mjɨ^1 mji̱^{1} tśhja^2 ·io̱w^1 war^2 mji^1 ·wo^2 wji^1 rjar^1 mjij^1 war^2 zji̱r^1 ljịj^2 lew^2 mjij^1

他 施 功 德 财, 不 义 遣 许 不。 财 少 大 应 不,

他施功德财,不应与非处。所施不能遮,

3.52.3

[illegible]

tśhjɨ^2 rjar^2 dzwej^1 lji̱^{1} lhjụ^2 dźiej^2 mjijr^2 mji̱^{1} do^2 śjɨ^1 pja̱^{1} phjo̱^{2} ljụ^2 twụ^1 ·jar^1

立 便 罪 重 获。 信 者 施 处 诣, 掌 合 身 端 立。

于重便获罪②。信者诣施前,合掌俨然立。

3.52.4

[illegible]

① 助修营,西夏文字面意思为“增力”。

② 此处汉文本作“于重便获罪,所施不能遮”。

tjij^{1} mjịj^{2} ɣie^{1} mjɨ^{1} lew^{1} ljịj^{2} ·ji^{1} tshji^{2} ljịj^{1} kiẹj^{2} mji̱^{1} ·wə^{1} ·jij^{1} dạ^{2} bju^{1}

若 体 力 不 足， 大 众 侍 奉 欲。 施 主 之 言 随，

于中人力少，乐欲给侍僧。应随施主言，

3.52.5

[illegible]

zjɨ̱r^{1} ljij^{2} ɣie^{1} ·wụ^{2} bjịj djij^{2} lew^{2} tsə̣^{1} tjị^{1} njɨ^{2} nioow^{1} dzjij^{2} war^{2} ·jij^{1} djịj^{1}

少 大 力 助 祐。 饮 所 药 食 等， 及 余 物 轻 类。

助其少人力。水浆汤饮等，及余轻物类。

3.52.6

[illegible]

nioow^{1} phə^{1} mji^{1} tśhju^{1} war^{2} mji̱^{1} ·wə^{1} ·jij^{1} mji^{1} ljwu^{1} mjɨ^{1} mji^{1} du^{1} źier^{1} phji^{1}

及 价 不 有 物， 施 主 之 无 违。 他 不 怨 恨 令，

及夺不有物①，无违施主心。不令他怨恨，

3.53.1

[illegible]

tjij^{1} gji^{2} tjij^{1} njij^{1} low^{2} tjɨ^{1} tjij^{1} nji^{1} phjɨ^{1} kiẹj^{2} tshjɨ^{1} tsjij^{2} thja^{1} njɨ^{2} ·jij^{1}

或 子 或 亲 属。 倘 若 家 出 欲， 菩 萨 彼 等 于，

若有欲出家。或子或亲属②，菩萨于是中，

3.53.2

[illegible]

ɣiẹ^{2} lụ^{2} mji^{1} ·wji^{1} lew^{2} tshjɨ^{1} tśhju^{1} djij^{2} no^{2} rejr^{2} tjị^{1} djij^{2} phã^{1} kjij^{1} ljạ^{1}

障 碍 不 作 应。 有 情 愿 安 乐， 愿 涅 槃 △ 证。

不应作留难④。愿有情安乐，愿得证涅槃。

① 汉文本此句无。
② 此处两句西夏文译文语序颠倒。
③ [illegible]（kjij^{1}），希求式趋向前缀。
④ 此处西夏文字面意思为“不应作障碍”。

3.53.3

[illegible]	[illegible]	[illegible]	[illegible]	[illegible]，	[illegible]	[illegible]	[illegible]	[illegible]	[illegible]。	[illegible]	[illegible]	[illegible]	[illegible]	[illegible]，
ŋa²	bu̱²	nji̱j¹	thjɨ²	sju²	zji²	phju²	tsji̱r¹	tshji̱j¹	kie̱j²	thja¹	njɨ²	dźjar²	nwə¹	nioow¹
我	胜	意	是	如，	无	上	法	说	欲。	其	等	过	知	已，

我胜意乐然，愿说无上法。知其过失已，

3.53.4

[illegible]	[illegible]	[illegible]	[illegible]	[illegible]。	[illegible]	[illegible]	[illegible]	[illegible]	[illegible]，	[illegible]	[illegible]	[illegible]	[illegible]	[illegible]。
·jij¹	·jij¹	dja²	tji¹	tśior¹	gjɨ²	zjir²	tji¹	sjwɨ¹	sji̱j²	zjị¹	·jij¹	la̱¹	tji¹	we²
自	己	△	莫	污。	夜	长	勿	忧	嗟，	恼	之	染	勿	为。

不应秽自身。勿长夜忧嗟，为烦恼所染。

汉文本

复次，迦叶，在家菩萨有三种法所不应作。何等为三？若他施物，设有微少苏醍醐等，乃至或多难施之物，主若不请，不应行施。他欲出家，不应留难。未出家者，应当劝喻令使出家。见有建立如来塔庙，当助修营，不应缘此取其财物。如是三法，在家菩萨所不应作。尔时世尊而说颂曰：

他施功德财，不应与非处。于重便获罪，所施不能遮。

信者诣施前，合掌俨然立。于中人力少，乐欲给侍僧。

应随施主言，助其少人力。水浆汤饮等，及余轻物类。

无违施主心，不令他怨恨。若有欲出家，或子或亲属。

菩萨于是中，不应作留难。愿有情安乐，愿得证涅槃。

我胜意乐然，愿说无上法。知其过失已，不应秽自身。

勿长夜忧嗟，为烦恼所染。

3.53.5

[illegible]	[illegible]，	[illegible]	[illegible]，	[illegible]	[illegible]	[illegible]	[illegible]，	[illegible]
nioow¹	tśjɨ¹	kja¹	śja¹	nji¹	dźji̱j¹	tshjɨ¹	tsjij²	so̱¹
复	次，	迦	叶，	家	在	菩	萨，	三
[illegible]	[illegible]	[illegible]	[illegible]	[illegible]	[illegible]	[illegible]。	[illegible]	[illegible]
mə²	tsji̱r¹	dju¹	djo̱²	dźji̱j¹	lew²	nja̱²	so̱¹	tja¹
种	法	有	修	行	应	非。	三	者

复次，迦叶，在家菩萨，有三种法不应修行。

3.53.6

[illegible]	[illegible]?	[illegible]	[illegible]	[illegible]	[illegible]	[illegible]	[illegible]	[illegible]
thjij²	sjo²	dzjwo²	mja¹	·wụ²	lew²	mjij¹	źji²	lhej²
何	云？	人	雌	雄	所	无	卖	贩
[illegible]	[illegible]，	[illegible]	[illegible]	[illegible]	[illegible]	[illegible]	[illegible]	[illegible]，
rjar¹	mjij¹	tsə̣¹	nja̱²	mjɨ¹	·jij¹	khjow¹	rjar¹	mjij¹
许	不，	药	非	他	于	与	许	不，

何等为三？不应贩卖男子女人①，又亦不应与他非药，

3.54.1

[illegible]	[illegible]	[illegible]	[illegible]	[illegible]	[illegible]	[illegible]	[illegible]	[illegible]
thjɨ²	sju²	·wji¹	mjijr²	·jij¹	tsjɨ¹	mji¹	?	njij¹
此	如	作	者	于	亦	不	亲	近
[illegible]。	[illegible]	[illegible]	[illegible]	[illegible]	[illegible]	[illegible]	[illegible]	[illegible]：
lew²	tśhjɨ¹	zjọ²	rjur¹	pjụ¹	lja̱¹	dạ²	rjɨr²	tshjij¹
应。	尔	时	世	尊	颂	言	所	说：

若有作者不应亲近。尔时世尊而说颂曰：

3.54.2

[illegible]	[illegible]	[illegible]	[illegible]	[illegible]，	[illegible]	[illegible]	[illegible]	[illegible]	[illegible]。	[illegible]	[illegible]	[illegible]	[illegible]	[illegible]，
dzjwo²	mja²	·wụ²	lew²	mjij¹	zji²	źji²	lhej²	rjar¹	mjij¹	tsə̣¹	nja̱²	mjɨ¹	tji¹	khjow¹
人	雌	雄	应	不，	皆	卖	贩	许	不。	药	非	他	莫	与，

应离贩卖男，亦离贩卖女。非药勿与他，

3.54.3

[illegible]	[illegible]	[illegible]	[illegible]	[illegible]。	[illegible]	[illegible]	[illegible]	[illegible]	[illegible]，	[illegible]	[illegible]	[illegible]	[illegible]	[illegible]。
khjow¹	mjijr²	·jij¹	ka²	lew²	tshjɨ¹	tśhju¹	tśjị¹	nioow¹	ku¹	mə¹	njɨ²	thja²	·jij¹	njɨ²
与	者	于	离	应。	众	生	苦	由	故，	天	等	彼	于	诃。

若与者应离。为苦众生故，天等所同诃。

① 男子女人，西夏文字面意思为“雌雄”。

3.54.4

[illegible]				，					。					，
rjur^{1}	ljijr^{2}	ljọ^{2}	tshwew^{1}	twụ^{1}	sjwɨ^{1}	ljị^{1}	ŋwo^{2}	lew^{2}	we^{2}	gjɨ^{2}	zjir^{2}	sjwɨ^{1}	zjị^{1}	lhu^{1}
诸	方	何	趣	处，	忧	箭	伤	所	为。	夜	长	忧	恼	增，

随趣诸方维，忧箭所中害。长夜增忧恼，

3.54.5

[illegible]				。					，					。
·ji^{1}	tśjị^{1}	ljụ^{2}	tha	njij^{2}	kạ^{1}	bja^{2}	·jij^{1}	·jij^{1}	ljij^{2}	thjɨ^{2}	nioow^{1}	mji^{1}	·wji^{1}	lew^{2}
众	苦	身	逼	迫。	命	断	自	己	毁，	是	故	不	作	应。

众苦逼其身。殀寿自销亡，是故不应作。

3.54.6

[illegible]				，					。					，
thjɨ^{2}	dzwej^{1}	nioow^{1}	dzjij^{2}	dźjar^{2}	·jiw^{1}	nioow^{1}	zji^{2}	nwə^{1}	ŋa^{2}	rjur^{1}	tshjɨ^{1}	tsjij^{2}	njɨ^{2}	·jij^{1}
此	过	及	余	失，	因	缘	悉	了	△。	诸	菩	萨	等	于，

此过及余失，我悉了其因。为诸菩萨等，

3.55.1

[illegible]				。
zjɨ̱r^{1}	phia̱^{2}	zjij^{1}	ljow^{2}	tshjij^{1}
少	分	时	略	说。

略说其少分。

3.55.2

[illegible]	，		，				，	
nioow^{1}	tśjɨ̱^{1}	kja^{1}	śja^{1}	nji^{1}	dźjij^{1}	tshjɨ^{1}	tsjij^{2}	sọ^{1}
复	次，	迦	叶，	家	在	菩	萨，	三
[illegible]					。			
mə^{2}	tsjɨ̱r^{1}	dju^{1}	·wji^{1}	lew^{2}	nja̱^{2}	sọ^{1}	tja^{1}	thjij^{2}
种	法	有	作	应	不。	三	者	何

复次,迦叶,在家菩萨,有三种法所不应作。何等为三?

3.55.3

[illegible]?	[illegible]	[illegible]	[illegible]	[illegible]	[illegible]	[illegible]	[illegible]	[illegible]
sjo^{2}	lew^{1}	tja^{1}	tjụ^{2}	mjịj^{1}	nji^{1}	do^{2}	śjɨ^{1}	rjar^{1}
云?	一	者	淫	女	家	处	往	应
[illegible],	[illegible]	[illegible]	[illegible]	[illegible]	[illegible]	[illegible]	[illegible]	[illegible]
mjij^{1}	njɨ̱^{1}	tja^{1}	rjur^{1}	·jɨ^{1}	śjɨ^{1}	rjir^{2}	mji^{1}	?
不,	二	者	诸	媒	媾	与	不	近

不应往彼淫女之家①,不应亲近诸媒媾者②,

3.55.4

[illegible]	[illegible],	[illegible]	[illegible]	[illegible]	[illegible]	[illegible]	[illegible]	[illegible]
njij^{1}	lew^{2}	so̜^{1}	tja^{1}	gur^{1}	tshjɨ^{1}	njɨ^{2}	śji^{2}	do^{2}
亲	应,	三	者	牛	羊	等	屠	处
[illegible]	[illegible]	[illegible]。	[illegible]	[illegible]	[illegible]	[illegible]	[illegible]	[illegible]
dźjij^{1}	rjar^{1}	mjij^{1}	thjɨ^{2}	sju^{2}	so̜^{1}	tsjɨr̠^{1}	·wji^{1}	lew^{2}
住	应	不。	此	如	三	法	作	应

不住屠杀牛羊等处③。如是三法所不应作。

3.55.5

[illegible]。	[illegible]	[illegible]	[illegible]	[illegible]	[illegible]	[illegible]	[illegible]	[illegible]:
nja̱^{2}	tśhjɨ^{1}	zjo̜^{2}	rjur^{1}	pjụ^{1}	lja̱^{1}	da̱^{2}	rjɨr^{2}	tshjij^{1}
不。	尔	时	世	尊	颂	言	所	说:

尔时世尊而说颂曰:

3.55.6

[illegible]	[illegible]	[illegible]	[illegible]	[illegible],	[illegible]	[illegible]	[illegible]	[illegible]	[illegible]。	[illegible]	[illegible]	[illegible]	[illegible]	[illegible],
tjụ^{2}	mjịj^{1}	nji^{1}	mji^{1}	śjɨ^{1}	njij^{1}	tjị^{1}	kiẹj^{2}	dźjịj^{1}	ku^{1}	mjɨ^{1}	·jij^{1}	pjo^{1}	lew^{2}	we^{2}

① 此处西夏文较汉文本多"一者"的对应文字。
② 此处西夏文较汉文本多"二者"的对应文字。
③ 此处西夏文较汉文本多"三者"的对应文字。

淫 女 家 不 至, 心 专 欲 行 故。 他 于 毁 所 为,
不至淫女家,专行秽欲者。速致世讥嫌①,

3.56.1

[illegible]
bji^{2} kiẹj^{2} ? njij^{1} ku^{1} pjụ^{1} tja^{1} thja^{1} śjɨ^{1} nwə^{1} tśhjɨ^{2} rjar^{2} njɨ̱^{2} khie^{1} śjwo^{1}
下 欲 亲 近 故。 尊 者 其 往 知, 立 便 嫌 诃 起。
亲近下欲故。尊者知其往,便即起嫌诃。

3.56.2

[illegible]
ŋo^{2} bju^{2} rjijr^{2} ljụ^{2} tśju̱^{1} thjɨ^{2} nioow^{1} zjọ^{2} kạ^{1} bja^{2} mjij^{1} zji^{1} dzu^{1} nji^{1} mjijr^{2}
疾 招 唤 身 害, 是 故 寿 命 断。 女 男 爱 娶 者,
招疾害其身,以之令寿尽。常不应亲近,

3.56.3

[illegible]
·jɨ^{1} śjɨ^{1} go̱r^{1} sji^{2} njɨ^{2} ·ju^{2} mji^{1} ? njij^{1} lew^{2} ? ku^{1} mjɨ^{1} pjo^{1} tsjij^{2}
媒 媾 男 女 等。 常 不 近 亲 应, 近 则 他 诽 谤。
媒媾男女人。他娶女为婚②,近之被诽谤。

3.56.4

[illegible]
nioow^{1} rjur^{1} śji^{2} djij^{1} nji^{1} thja^{1} do^{2} śjɨ^{1} rjar^{1} mjij^{1} tshjɨ^{1} tsjij^{2} bu̱^{2} bju^{1} dzjwo^{2}
及 诸 屠 类 家, 其 处 往 许 不。 菩 萨 胜 依 人,
亦不应往诣,诸为屠宰家。菩萨胜依人,

3.56.5

[illegible]
thja^{2} ·jij^{1} mji^{1} ·jow^{2} śja^{2} thjɨ^{2} rjur^{1} dźjar^{2} lju^{2} ɣar^{1} mjor^{1} ljij^{2} zji^{2} nwə^{1} tsjij^{2}

① 该句西夏文字面意思为“他为世所嫌”。
② 该句与上一句“常不应亲近”,西夏文译文语序颠倒。

彼 之 不 称 赞。此 诸 过 患 甚，如 来 悉 知 了。

皆所不称赞。此诸深过患，如来悉了知。

3.56.6

tśhja^{2} mji^{1} dźjịj^{1} dzjwo^{2} ·jij^{1} ŋa^{2} sjij^{1} zjɨr^{1} bju^{1} tshjij^{1} rjur^{1} pjụ^{1} ·jij^{1} tsji̠r^{1} tja^{1}

正 不 行 人 于，我 今 实 如 说。世 尊 之 教 者，

为不正行人，我今如实说。世尊所有教，

3.57.1

lew^{1} dzji̠j^{2} gji^{2} nwə^{1} njwi^{2} thja^{1} dzjwo^{2} mjor^{1} ljịj^{2} bju^{1} dźjịj^{1} ·wo^{2}① twụ^{1} njɨ^{2} njwi^{2}

唯 弟 子 知 能。斯 人 如 来 依，行 义 处 至 能。

我弟子能知。斯人于佛前，能诣所行处。

3.57.2

tshjɨ^{1} tśhju^{1} śjɨ̣^{2} tśja^{1} dźjij^{1} kjɨ^{1} mjij^{2} djij^{2} phã^{1} njɨ^{2} tha^{1} thja^{1} dzjwo^{2} nioow^{1} tshjij^{1}

众 生 圣 道 住，△ 将 涅 槃 至。佛 彼 人 因 说，

众生住圣道，将速至涅槃。佛为如是人，

3.57.3

niow^{2} dzjwo^{2} nioow^{1} ljɨ̣^{1}② nja̲^{2}

恶 人 因 △ 非。

非为恶行说。

汉文本

复次，迦叶，在家菩萨，有三种法不应修行。何等为三？不应贩卖男子女人。又亦不应与他非药，若有作者不应亲近。尔时世尊而说颂曰：

① （·wo^{2}），义为“义”，此处当作“”（·wo^{2}），义为“应”“宜”，两字同音通假。

② （ljɨ̣^{1}），连词，这里表示转折，相当于“然”。

应离贩卖男,亦离贩卖女。非药勿与他,若与者应离。

为苦众生故,天等所同诃。随趣诸方维,忧箭所中害。

长夜增忧恼,众苦逼其身。殀寿自销亡,是故不应作。

此过及余失,我悉了其因。为诸菩萨等,略说其少分。

复次,迦叶,在家菩萨,有三种法所不应作。何等为三?不应往彼淫女之家,不应亲近诸媒媾者,不住屠杀牛羊等处。如是三法所不应作。尔时世尊而说颂曰:

不至淫女家,专行秽欲者。速致世讥嫌,亲近下欲故。

尊者知其往,便即起嫌诃。招疾害其身,以之令寿尽。

常不应亲近,媒媾男女人。他娶女为婚,近之被诽谤。

亦不应往诣,诸为屠宰家。菩萨胜依人,皆所不称赞。

此诸深过患,如来悉了知。为不正行人,我今如实说。

世尊所有教,我弟子能知。斯人于佛前,能诣所行处。

众生住圣道,将速至涅槃。佛为如是人,非为恶行说。

3.57.4

nioow¹	tśjɨ̣¹	kja¹	śja¹	nji¹	dźjij¹	tshjɨ¹	tsjij²	so̱¹
复	次,	迦	叶,	家	在	菩	萨	三
tsjɨ̣r¹	śjɨj¹	lew²	so̱¹	tja¹	thjij²	sjo²	·jij¹	nji¹
法	成	应。	三	者	何	云?	己	家

复次,迦叶,在家菩萨应成三法。何等为三?

3.57.5

kha¹	dźjij¹	·jij¹	lju̱²	ka̱¹	bio¹	wji¹	śjɨ¹	sju²
中	住,	自	身	命	观,	客	往	如
sjij²	śjwo¹	wjɨ²	dźjɨ̣r¹	war²	ɣa²	tśiow¹	dzjɨ̣²	sjij²
想	起,	已	施	物	于,	聚	集	想

住在家中,观己身命,如客使想,于已施物,起积聚想,

3.57.6

śjwo^1 mjij^2 dźjɨ̱r^1 war^2 ɣa^2 ·jij^1 rjir^2 ·jir^2 ·jiw^1

起， 未 施 物 于， 自 与 百 由

[illegible]

sjwɨ^1 rjar^1 wjɨ^2 khwa^1 sjij^2 śjwo^1 mjij^1 gji^2 gji^2

旬 而 △ 远 想 起， 无 子 妻

于未施者，如远离我百由旬①想，不为妻子

3.58.1

[illegible]

bjij^2 nioow^1 tśiow^1 dzjɨ̱^{2} sjij^2 mji^1 śjwo^1 nji^1 dźjij^1

子 故， 聚 集 想 不 起。 家 在

[illegible]

tshjɨ^1 tsjij^2 thjɨ^2 sju^2 sọ^1 tsjɨ̱r^1 śjɨj^1 ·jiw^2 lew^2

菩 萨 是 如 三 法 成 就 应。

作积聚想。在家菩萨应当成就如是三法。

3.58.2

[illegible]

tśhjɨ^1 zjọ^2 rjur^1 pjụ^1 lja̱^{1} dạ^2 rjɨ̱r^2 tshjij̱^{1}

尔 时 世 尊 颂 言 所 说：

尔时世尊而说颂曰：

3.58.3

[illegible]

·ju^2 sjɨ^1 sjij^2 djọ^2 dzjɨ̱^{2} kạ^1 xja^1 bja^2 lew^2 ·jɨ^2 ·jij^1 dźjij^2 dźjij^2 war^2 ŋwu^2

常 死 想 修 习， 命 速 终 所 名， 自 有 有 财 以，

常修于死想，我命速当终。于其所积财，

3.58.4

[illegible]

---

① 由旬，梵文 Yojana，又作“逾缮那”。古印度计程单位，一般指“套一次牛所行的路程”，大概四十里。西夏文为其音译。

·jĩ1 zjɨr1 lhjwi1 djọ2 lew2 ·jij1 ljụ2 nioow1 gji2 bjij2 thjɨ2 nioow1 war2 mji1 du̱1
坚 实 取 修 应。自 身 及 妻 子，是 故 财 不 积。
应修取坚实。财不为妻子，亦不为己身。

3.58.5

[illegible]
xja1 ·jĩ1 gjwɨ1 ljụ2 kạ1 nioow1 tjị1 war2 lhjụ2 rjir2 thjij2 kjir2 tha1 tśja1 kjụ1
速 坚 固 身 命，及 财 物 获 得。何 敢 佛 道 求，
速疾得坚牢，身命及财物。殷重求佛道，

3.58.6

[illegible]
·jij1 bjịj1 njij1 mji1 śjwo1 tjij1 mji̱2 ɣie2 ɣa1 phjɨ1 ·ju2 rjur1 ŋwo2 tśju̱1 ber2
自 高 心 不 起。若 饶 益 门 舍，常 诸 损 害 遭。
不起贡高心。若舍饶益门，常遭诸损害。

3.59.1

[illegible]
dzjọ1 sju2 zjɨ̣1 lji2 ·u2 tsej2 zjịj1 kjwị1 mjij2 djij2 tsji̱r1 wjị1 zji̱r1 zjịj1 tsjij2
犹 如 儿 童 戏，暂 时 饱 未 曾。法 味 微 时 了，
犹如于戏童，少尝非饱足。法味尚轻微，

3.59.2

[illegible]
djij2 dźiej2 tsjɨ1 zjɨr1 nja̱2 djọ2 dźjịj1 mji1 ·jɨr2 ku1 njɨ2 śjɨ1 tsej2 gie1 ljɨ1
虽 信 犹 实 非。修 行 非 勤 故，遍 往 暂 难 也。
虽信非堪保。修行非猛励，相去实全遥。

3.59.3

[illegible]
tjij1 nẹ1 tshjịj1 mji1 djij2 zji2 dźjwa1 tsji̱r1 mji̱j2 we2 kja1 śja1 ŋa2 thjɨ2 wjɨ2
若 演 说 不 休，究 竟 法 名 为。迦 叶 我 此 刻，

弘扬若不休，名为究竟法。迦叶我今说，

3.59.4

[illegible]	[illegible]	[illegible]	[illegible]	[illegible]。	[illegible]	[illegible]	[illegible]	[illegible]	[illegible]，	[illegible]	[illegible]	[illegible]	[illegible]	[illegible]。
thjɨ^{2}	sju^{2}	tsji̱r^{1}	ɣa^{1}	tshjij^{1}	tjij^{1}	dzjwo^{2}	tśjɨ^{1}	tsjij^{2}	njwi^{2}	ŋowr^{2}	ŋowr^{2}	sji̱j^{2}	mji̱j^{2}	we^{2}
斯	如	法	门	说。	若	人	解	了	能，	一	切	智	名	为。

如斯诸法门。人能解了之，名为一切智。

3.59.5

[illegible]	[illegible]	[illegible]	[illegible]	[illegible]，	[illegible]	[illegible]	[illegible]	[illegible]	[illegible]。	[illegible]	[illegible]	[illegible]	[illegible]	[illegible]，
sji̱j^{2}	ŋwu^{2}	bio̱^{1}	thju̱^{1}	ku^{1}	lju̱^{2}	ɣa^{2}	dwər^{1}	ka^{2}	śjwo^{1}	·ju^{2}	tśhja^{2}	bju^{1}	sjwɨ^{1}	sji̱j^{2}
智	以	观	察	则，	身	于	厌	离	生。	常	正	依	思	惟，

以智善观察，于身生厌离。常自正思惟，

3.59.6

[illegible]	[illegible]	[illegible]	[illegible]	[illegible]。
ŋa^{2}	·ju^{2}	dźjij^{1}	sju^{2}	dźjij^{1}
我	常	在	如	住。

想之如对我①。

汉文本

复次，迦叶，在家菩萨应成三法。何等为三？住在家中，观已身命，如客使想，于已施物，起积聚想，于未施者，如远离我百由旬想，不为妻子作积聚想。在家菩萨应当成就如是三法。尔时世尊而说颂曰：

常修于死想，我命速当终。于其所积财，应修取坚实。

财不为妻子，亦不为己身。速疾得坚牢，身命及财物。

殷重求佛道，不起贡高心。若舍饶益门，常遭诸损害。

犹如于戏童，少尝非饱足。法味尚轻微，虽信非堪保。

修行非猛励，相去实全遥。弘扬若不休，名为究竟法。

迦叶我今说，如斯诸法门。人能解了之，名为一切智。

以智善观察，于身生厌离。常自正思惟，想之如对我。

① 想之如对我，西夏文字面意思为“如我之常住”。

3.60.1

[illegible]	[illegible]，	[illegible]	[illegible]，	[illegible]	[illegible]	[illegible]	[illegible]	[illegible]
nioow^{1}	tśjɨ^{1}	kja^{1}	śja^{1}	nji^{1}	dźjij^{1}	tshjɨ^{1}	tsjij^{2}	so̩^{1}
复	次，	迦	叶，	家	在	菩	萨	三
[illegible]	[illegible]	[illegible]，	[illegible]	[illegible]	[illegible]	[illegible]	[illegible]	[illegible]
tsji̱r^{1}	śjɨj^{1}	·jiw^{2}	ku^{1}	·a	du̱^{2}	tow^{1}	lo^{1}	sã^{1}
法	成	就，	则	阿	耨	多	罗	三

复次，迦叶，在家菩萨成就三法，得不退转于阿耨多罗三

3.60.2

[illegible]	[illegible]	[illegible]	[illegible]	[illegible]	[illegible]	[illegible]	[illegible]。	[illegible]
mjiw^{2}	sã^{1}	po^{1}	tjɨj^{1}	mji^{1}	lhji̱^{1}	lhjwo^{1}	rjir^{2}	so̩^{1}
藐	三	菩	提	不	退	转	得。	三
[illegible]	[illegible]	[illegible]?	[illegible]	[illegible]	[illegible]	[illegible]	[illegible]	[illegible]
tja^{1}	thjij^{2}	sjo^{2}	tjij^{1}	·wja^{1}	mja^{1}	mji^{1}	dźiej^{2}	ku^{1}
者	何	云?	若	父	母	不	信	则

藐三菩提。何等为三？父母不信

3.60.3

[illegible]	[illegible]	[illegible]	[illegible]，	[illegible]	[illegible]	[illegible]	[illegible]	[illegible]
dźiej^{2}	njij^{1}	śjwo^{1}	phji^{1}	·wja^{1}	mja^{1}	kie^{1}	lji̱j^{2}	ku^{1}
信	心	起	令，	父	母	戒	毁	则
[illegible]	[illegible]	[illegible]	[illegible]	[illegible]，	[illegible]	[illegible]	[illegible]	[illegible]
pjwɨ̱r^{1}	ŋwu^{2}	kie^{1}	zow^{2}	phji^{1}	·wja^{1}	mja^{1}	·wier^{1}	lju̱^{1}
劝	以	戒	持	令，	父	母	悭	贪

令其住信，父母毁戒劝令住戒，父母悭贪

3.60.4

[illegible]	[illegible]	[illegible]	[illegible]	[illegible]	[illegible]，	[illegible]	[illegible]	[illegible]
ku^{1}	pjwɨ̱r^{1}	ŋwu^{2}	mji̱^{1}	dźji̱j^{1}	phji^{1}	zji^{2}	phju^{2}	tśhja^{2}
则	劝	以	施	行	令，	无	上	平

[illegible]	[illegible]	[illegible]	[illegible]	[illegible]，	[illegible]	[illegible]	[illegible]	[illegible]。
ka^1	po^1	tjɨj^1	·jow^2	śja^2	mjɨ^1	·jij^1	tsji̱r^1	tshjij^1
等	菩	提	赞	叹，	他	于	法	说。

劝令住舍，赞叹无上正等菩提，为他说法。

3.60.5

[illegible]	[illegible]	[illegible]	[illegible]	[illegible]	[illegible]	[illegible]	[illegible]	[illegible]
ku^1	thjɨ^2	tja^1	lew^1	tsew^2	we^2	zji^2	phju^2	po^1
则	此	者	一	第	为	无	上	菩
[illegible]	[illegible]	[illegible]	[illegible]	[illegible]	[illegible]	[illegible]①	[illegible]	[illegible]。
tjɨj^1	ɣa^2	mji^1	lhji̱^{1}	lhjwo^1	rjir^1	sji^2	tsji̱r^1	ŋwu^2
提	于	不	退	转	得	△	法	是。

是为第一得不退转无上菩提。

3.60.6

[illegible]	[illegible]，	[illegible]	[illegible]，	[illegible]	[illegible]	[illegible]	[illegible]，	[illegible]
nioow^1	tśjɨ̱^{1}	kja^1	śja^1	nji^1	dźjij^1	tshjɨ^1	tsjij^2	kjụ^1
复	次，	迦	叶，	家	在	菩	萨，	供
[illegible]	[illegible]	[illegible]	[illegible]	[illegible]	[illegible]	[illegible]，	[illegible]	[illegible]
tshwew^1	mji^1	kjụ^1	tshwew^1	lew^2	zji^2	nwə^1	jụ^1	tshwew^1
养	不	供	养	所	皆	知，	供	养

复次，迦叶，在家菩萨，知可供养不可供养，

3.61.1

[illegible]②	[illegible]	[illegible]	[illegible]	[illegible]	[illegible]，	[illegible]	[illegible]	[illegible]
·wo^2	tja^1	·jij^1	kjụ^1	tshwew^1	·wji^1	kjụ^1	tshwew^1	mji^1
义	者	之	供	养	为，	供	养	不
[illegible]	[illegible]	[illegible]	[illegible]	[illegible]	[illegible]	[illegible]，	[illegible]	[illegible]
·wji^1	tja^1	·jij^1	kjụ^1	tshwew^1	mji^1	·wji^1	nioow^1	thja^2
为	者	于	供	养	不	为，	及	彼

① [illegible](sji^2)，名物化助词。

② [illegible](·wo^2)，义为"义"，于义不合，疑为"[illegible]"(·wo^2)，义为"应""宜"，两字同音通假。

可供养者而供养之，若不可者即不供养，然于彼

3.61.2

[illegible]	[illegible]	[illegible]	[illegible]	[illegible]。	[illegible]	[illegible]	[illegible]	[illegible]
do^{2}	njij^{2}	njij^{1}	djọ^{2}	dzjɨ̱^{2}	thjɨ^{2}	sju^{2}	njɨ̱^{1}	tsew^{2}
处	慈	心	修	习。	是	如	二	第
[illegible]	[illegible]	[illegible]	[illegible]，	[illegible]	[illegible]	[illegible]	[illegible]	[illegible]
tsjɨ̱r^{1}	śjɨj^{1}	·jiw^{2}	ljɨ^{1}	zji^{2}	phju^{2}	po^{1}	tjɨj^{1}	ɣa^{2}
法	成	就	故，	无	上	菩	提	于

所修习慈心。由成如是第二法故，

3.61.3

[illegible]	[illegible]	[illegible]	[illegible]。	[illegible]	[illegible]，	[illegible]	[illegible]，	[illegible]
mji^{1}	lhji̱^{1}	lhjwo^{1}	rjir^{1}	nioow^{1}	tśjɨ̱^{1}	kja^{1}	śja^{1}	nji^{1}
不	退	转	得。	复	次，	迦	叶，	家
[illegible]	[illegible]	[illegible]	[illegible]	[illegible]	[illegible]	[illegible]	[illegible]，	[illegible]
dźjij^{1}	tshjɨ^{1}	tsjij^{2}	·jɨr^{2}	tśji̱^{1}	ŋwu^{2}	war^{2}	du̱^{1}	ŋa^{1}
在	菩	萨	勤	苦	以	财	积，	虚

得不退转无上菩提。复次，迦叶，在家菩萨勤苦积财，

3.61.4

[illegible]	[illegible]	[illegible]	[illegible]	[illegible]	[illegible]	[illegible]	[illegible]！	[illegible]
ŋa^{1}	phə^{2}	ljij^{2}	bə^{1}	dzjɨ^{1}	phji^{1}	rjar^{1}	mjij^{1}	mji^{1}
空	费	坏	散	失	令	许	不！	不
[illegible]	[illegible]	[illegible]	[illegible]	[illegible]	[illegible]，	[illegible]	[illegible]	[illegible]
·wo^{2}	mjɨ^{1}	·jij^{1}	khjow^{1}	rjar^{1}	mjij^{1}	ŋa^{2}	ŋa^{2}	sju^{1}
义	他	之	与	许	不，	好	好	藏

不令虚费，无令散失。不浪与他，宜坚举置。

3.61.5

[illegible]。	[illegible]	[illegible]	[illegible]	[illegible]	[illegible]	[illegible]	[illegible]	[illegible]
·wej^{2}	kie^{1}	sej^{1}	śia^{1}	mẽ^{1}	pho^{1}	lo^{1}	mẽ^{1}	rjur^{1}

贮。 戒 净 沙 门 婆 罗 门 诸

[illegible]

tshjɨ1 tśhju1 ·jij1 tśhja2 ka1 mji̱1 khjow1 thwu̱1 mji̱1

众 生 之 平 等 施 与， 同 施

而于净戒沙门、婆罗门诸众生所平等施之，

3.61.6

[illegible]

dźji̱j1 mjijr2 rjir2 dźjwɨ1 gu2 mji1 ɣiẹ2 thjɨ2 sju2

行 者 与 相 共 无 障。 是 如

[illegible]

sọ1 tsew2 tsji̱r1 śjɨj1 ·jiw2 nioow1 ku1 zji2 phju2

三 第 法 成 就 故， 则 无 上

与同法者无所障碍。由成如是第三法故，

3.62.1

[illegible]

po1 tjɨj1 ɣa2 mji1 lhji̱1 lhjwo1 rjir1 ljɨ1

菩 提 于 不 退 转 得 也。

得不退转无上菩提。

3.62.2

[illegible]

tśhjɨ1 zjọ2 rjur1 pjụ1 lja̱1 dạ2 rjɨr2 tshji̱j1

尔 时 世 尊 颂 言 而 说：

尔时世尊而说颂曰：

3.62.3

[illegible]

tjij1 nji1 dźji̱j1 tshjɨ1 tsjij2 zji2 phju2 po1 tjɨj1 kjụ1 sọ1 mər2 tśhji2 zjɨr1 śjwo1

若 家 在 菩 萨， 无 上 菩 提 求。 三 根 本 慧 生，

若在家菩萨，求无上菩提。生三根本慧，

3.62.4

[illegible]	[illegible]	[illegible]	[illegible]	[illegible]。	[illegible]	[illegible]	[illegible]	[illegible]	[illegible]，	[illegible]	[illegible]	[illegible]	[illegible]	[illegible]。
thjɨ^{2}	zji^{2}	phju^{2}	dwewr^{2}	ŋwu^{2}	tjɨ^{1}	tjij^{1}	·jij^{1}	·wja^{1}	mja^{1}	niow^{2}	zjɨr^{1}	dźiej^{2}	njij^{1}	mjij^{1}
此	最	上	觉	为。	倘	若	自	父	母，	恶	慧	信	心	无。

此为最上觉。若父及与母，恶慧无信心。

3.62.5

[illegible]	[illegible]	[illegible]	[illegible]	[illegible]，	[illegible]	[illegible]	[illegible]	[illegible]	[illegible]。	[illegible]	[illegible]	[illegible]	[illegible]	[illegible]，
pjwɨ̱r^{1}	ŋwu^{2}	dźiej^{2}	ŋwe^{1}	śjwo^{1}	bu̱^{2}	tsji̱r^{1}	ɣa^{2}	dźjij^{1}	phji^{1}	·wier^{1}	tsjụ^{1}	mji̱^{1}	kie^{1}	dźjij^{1}
劝	以	信	乐	生，	胜	法	于	住	令。	悭	犯	舍	戒	住，

劝令生信乐，令其住胜法。悭犯住戒舍，

3.62.6

[illegible]	[illegible]	[illegible]	[illegible]	[illegible]。	[illegible]	[illegible]	[illegible]	[illegible]	[illegible]，	[illegible]	[illegible]	[illegible]	[illegible]	[illegible]。
zjɨr^{1}	mjij^{1}	zjɨr^{1}	śjwo^{1}	phji^{1}	·ju^{2}	thjɨ^{2}	sju^{2}	pjwɨ̱r^{1}	lew^{2}	po^{1}	tjɨj^{1}	bu̱^{2}	tsji̱r^{1}	nioow^{1}
慧	无	慧	发	令。	常	是	如	劝	所，	菩	提	胜	法	故。

无慧教令慧。亦常劝于是，为菩提胜法。

3.63.1

[illegible]	[illegible]	[illegible]	[illegible]	[illegible]，	[illegible]	[illegible]	[illegible]	[illegible]	[illegible]。	[illegible]	[illegible]	[illegible]	[illegible]	[illegible]，
ljɨ̱r^{1}	ljijr^{2}	śjɨ^{1}	rjur^{1}	rjur^{1}	tsji̱r^{1}	thjij^{1}	mjijr^{2}	kjụ^{1}	·ju^{2}	tsji̱r^{1}	mji̱^{1}	ŋwu^{2}	dzjwo^{2}	dzji̱j^{2}
四	方	往	诸	诸，	法	说	者	求	寻。	法	施	以	人	教，

应往于四方，遍①求说法者。法施以教人，

3.63.2

[illegible]	[illegible]	[illegible]	[illegible]	[illegible]。	[illegible]	[illegible]	[illegible]	[illegible]	[illegible]，	[illegible]	[illegible]	[illegible]	[illegible]	[illegible]。
thjɨ^{2}	nioow^{1}	sjij^{2}	zjɨr^{1}	dzja^{1}	kie^{1}	ljij^{1}	kie^{1}	dźjij^{1}	phji^{1}	dźiej^{2}	mjij^{1}	dźiej^{2}	njij^{1}	śjwo^{1}
斯	故	智	慧	增。	戒	犯	戒	住	令，	信	无	信	心	起。

由斯增智慧。犯戒令住戒，无信令信心。

① 遍，西夏文译作"[illegible][illegible]"，重叠表示周遍。

3.63.3

zjɨr^{1} mjij^{1} zjɨr^{1} dzju^{1} dzjij^{2} mji^{1} lhji^{1} lhjwo^{1} śjɨj^{1} rjir^{2} tjɨ^{1} tjij^{1} zjɨr^{1} phji^{2} khjiw^{2}

慧 无 慧 教 令①，不 退 转 成 得。倘 若 慧 比 丘，

无慧教令慧，得成不退转。若逢慧比丘，

3.63.4

kie^{1} ·jij^{1} rejr^{2} mji^{1} ber^{2} dzjwɨ^{1} rejr^{2} ? njij^{1} lew^{2} śjwɨ^{1} śjwɨ^{1} ɣju^{1} ·jɨr^{1} śjɨ^{1}

戒 持 多 闻 遇。恭 敬 亲 近 应，时 时 咨 问 往。

持戒多闻者。恭敬亲近之，数往而咨问。

3.63.5

nji^{1} dźjij^{1} thjɨ^{2} tsjir^{1} nioow^{1} po^{1} tjij^{1} mji^{1} lhjwo^{1} rjir^{2} thja^{1} bu^{2} tśhja^{2} ·ji^{1} dzjwo^{2}

家 在 此 法 由，菩 提 不 退 得。彼 胜 德 众 人，

在家由此法，得不退菩提。知彼胜德人，

3.63.6

rejr^{2} mji^{1} rjur^{1} sjij^{2} ŋowr^{2} zjɨr^{1} tsjij^{2} bju^{1} ·wo^{2} nwə^{1} lju^{2} tśhji^{1} ŋwu^{2} mji^{1} lew^{2}

多 闻 诸 智 具。慧 解 尊 义②知，身 肉 以 施 可。

多闻具诸智。慧解堪尊重，可持身肉施。

3.64.1

thjɨ^{2} dźiej^{2} njij^{1} ·jij^{1} ŋwu^{2} ŋa^{2} śji^{1} rjɨr^{2} tshjij^{1} sju^{2} dźiej^{2} mjij^{1} ljij^{2} po^{1} tjij^{1}

此 信 心 相 为，我 前 所 言 如。信 无 大 菩 提，

此为信心相，如我前所言。无信则不能，

① [illegible]（dzjij^{2}），义为“习”，与汉文本不合，疑与“[illegible]”（dzjɨɨ^{2}）字通假，义为“令”。

② [illegible]（·wo^{2}），义为“义”，于义不合，疑为“[illegible]”（·wo^{2}），义为“应”“宜”，两字同音通假。

3.64.2

[illegible]
njij1 gu1 śjwo1 mjɨ1 njwi2 bju1 dźjwo1 bu̱2 da̱2 ljij2 xja1 na1 gji̱j1 ɣie2 śjɨ̱j1
心 起 发 不 能。聪 明 胜 事 见，速 深 利 益 成。
发大菩提意。聪明见胜事，速成深利益。

3.64.3

[illegible]
rjur1 rjar1 gjij1 thjo̱1 tsji̱r1 lja̱1 rjir1 mjɨ1 tśhjɨ1 gie1 ·jij1 tsjij1 thjɨ2 sju2 bu̱2
诸 殊 胜 妙 法，证 得 不 尔 难。自 他 是 如 胜，
于诸殊妙法，取证不为难。知自及与他，

3.64.4

[illegible]
mji̱2 ɣie2 da̱2 nwə1 njwi2 lho ka2 rjir2 bju1 śjij1 thjɨ2 nioow1 sji̱j2 zjɨr1 dzja1
饶 益 言 知 能。出 离 与 相 应，是 故 智 慧 增。
如斯胜饶益。与出离相应，是故增智慧。

3.64.5

[illegible]①，
mər2 ɣa2 ·ju2 du̱1 dzji̱2 rjur1 dźjij2 dźjij2 tji̱1 war2 kie1 ·jij1 rjir2 bji̱j bji̱j
本 来 恒 积 集，诸 有 有 食 财。戒 持 与 助 助，
本来恒积集，所有②诸资财。为与持戒俱，

3.64.6

[illegible]
gu2 ku̱1 zjo̱2 war2 du̱1 thja2 do2 da̱2 mji1 dju1 nioow1 la̱1 da̱2 tsjɨ1 mjij1
共 后 世 物 贮。彼 处 语 无 有，又 虚 言 亦 不。
共贮当来物。是无有异语，彼亦不虚言。

---

① 西夏文“[illegible]”，义为“互助”，动词重叠表示相互义。
② 所有，西夏文译作“[illegible]”，动词重叠表示周遍。

3.65.1

[illegible]

kjir^{1} ·jɨr^{2} ·jĩ^{1} mji^{1} śjɨj^{1} mjor^{1} ljịj^{2} mja̱^{1} ljạ^{1} lew^{2} kie^{1} ·jij^{1} gu^{2} dźjij^{1} mjij^{2}

勇 进 坚 不 成， 如 来 果 证 当。 戒 持 共 住 名，

勇进坚施成，当证如来果。持戒易共住，

3.65.2

[illegible]

kjir^{1} lji̱^{2} na^{1} njij^{2} rjir^{2} mji̱^{1} ŋwu^{2} tshjɨ^{1} tsjij^{2} ɣjiw^{1} śji^{1} rjir^{2} ljɨ^{1} mjɨ^{1} swu^{2}

勇 健 深 慈 获。 施 以 众 生 摄， 先 与 一 不 类。

勇健获深慈。布施摄众生，如先后无异。

3.65.3

[illegible]

gji^{1} sej^{1} zji^{2} phju^{2} mji̱^{1} dju^{1} lew^{2} mjij^{1} kjụ^{1} ·ju^{2} tjɨ^{1} tjij^{1} kiẹ^{1} nioow^{1} ŋwo^{2}

清 净 最 上 施， 有 所 无 希 求。 倘 若 金 又 银，

清净最上施，无所有希求。若金若与银，

3.65.4

[illegible]

mji^{1} zji^{1} mji̱^{1} tja^{1} mjij^{1} kjir^{1} ·jiw^{2} ŋowr^{2} ŋowr^{2} mji̱^{1} njwo^{2} zjọ^{2} mji̱^{1} rjɨr^{2} dźjịj^{1}

不 布 施 者 无。 勇 猛 一 切 施， 宿 世 施 所 行。

无有不施者。勇猛施一切，宿世所行檀①。

3.65.5

[illegible]

zji^{2} phju^{2} ·ụ^{2} zji^{2} na^{1} zji^{2} bu̱^{2} mji̱^{1} kjụ^{1} kiẹj^{2} dzjwo^{2} mə^{1} ŋowr^{2} ŋowr^{2} ·jij^{1}

无 上 乘 甚 深， 最 胜 施 求 欲。 人 天 一 切 之，

希求无上乘，甚深最胜位。非法而供养，

① 檀，西夏文字面意思为“施”。下同。

3.65.6

[illegible]

mji¹ tsjir¹ bju¹ tshwew¹ tja¹ tsjir¹ bju¹ lew¹ tshjɨ¹ tśhju¹ kjụ¹ tshwew¹ zjịj¹ mjɨ¹ ?

非 法 供 养 者。法 顺 一 众 生，供 养 时 不 及。

一切诸天人①。不如能顺法，供养一众生。

3.66.1

[illegible]

kjir¹ ·jiw² tsjir¹ kjụ¹ nioow¹ tsjir¹ ŋwu² tsjir¹ nwə¹ njwi² bju¹ dźjwo¹ bu² tśja¹ nioow¹

勇 健 法 求 由，法 以 法 了 能。聪 明 胜 道 由，

勇健为法求，以法能了法。聪明由胜道，

3.66.2

[illegible]

zji² phju² po¹ tjɨj¹ lhjụ²

无 上 菩 提 获。

获无上菩提。

汉文本

复次，迦叶，在家菩萨成就三法，得不退转于阿耨多罗三藐三菩提。何等为三？父母不信令其住信，父母毁戒劝令住戒，父母悭贪劝令住舍，赞叹无上正等菩提，为他说法。是为第一得不退转无上菩提。复次，迦叶，在家菩萨，知可供养不可供养，可供养者而供养之，若不可者即不供养，然于彼所修习慈心。由成如是第二法故，得不退转无上菩提。复次，迦叶，在家菩萨勤苦积财，不令虚费，无令散失。不浪与他，宜坚举置。而于净戒沙门、婆罗门诸众生所平等施之，与同法者无所障碍。由成如是第三法故，得不退转无上菩提。尔时世尊而说颂曰：

若在家菩萨，求无上菩提。生三根本慧，此为最上觉。

若父及与母，恶慧无信心。劝令生信乐，令其住胜法。

悭犯住戒舍，无慧教令慧。亦常劝于是，为菩提胜法。

应往于四方，遍求说法者。法施以教人，由斯增智慧。

犯戒令住戒，无信令信心。无慧教令慧，得成不退转。

若逢慧比丘，持戒多闻者。恭敬亲近之，数往而咨问。

① 此处两句西夏文译文语序颠倒。

在家由此法，得不退菩提。知彼胜德人，多闻具诸智。
慧解堪尊重，可持身肉施。此为信心相，如我前所言。
无信则不能，发大菩提意。聪明见胜事，速成深利益。
于诸殊妙法，取证不为难。知自及与他，如斯胜饶益。
与出离相应，是故增智慧。本来恒积集，所有诸资财。
为与持戒俱，共贮当来物。是无有异语，彼亦不虚言。
勇进坚施成，当证如来果。持戒易共住，勇健获深慈。
布施摄众生，如先后无异。清净最上施，无所有希求。
若金若与银，无有不施者。勇猛施一切，宿世所行檀。
希求无上乘，甚深最胜位。非法而供养，一切诸天人。
不如能顺法，供养一众生。勇健为法求，以法能了法。
聪明由胜道，获无上菩提。

3.66.3

[illegible]	[illegible]，	[illegible]	[illegible]，	[illegible]	[illegible]	[illegible]	[illegible]	[illegible]
nioow^1	tśjɨ̠^{1}	kja^1	śja^1	nji^1	dźjij^1	tshjɨ^1	tsjij^2	·a
复	次，	迦	叶，	家	在	菩	萨	阿
[illegible]	[illegible]	[illegible]	[illegible]	[illegible]	[illegible]	[illegible]	[illegible]	[illegible]
du̠^{2}	tow^1	lo^1	sã^1	mjiw^2	sã^1	po^1	tjɨj^1	njij^1
耨	多	罗	三	藐	三	菩	提	心

复次，迦叶，在家菩萨发阿耨多罗三藐三菩提心

3.66.4

[illegible]	[illegible]	[illegible]，	[illegible]	[illegible]	[illegible]	[illegible]	[illegible]	[illegible]
śjwo^1	nioow^1	ljijr^2	so̠^{1}	tsjir^1	śjɨj^1	·jiw^2	ku^1	ɣie̠^{2}
发	后	方，	三	法	成	就	则	声
[illegible]	[illegible]	[illegible]	[illegible]	[illegible]	[illegible]	[illegible]。	[illegible]	[illegible]
mji^1	·u̠^{2}	ɣa^2	pa^2	djij^2	phã^1	ljɨ^1	so̠^{1}	tja^1
闻	乘	于	般	涅	槃	也。	三	者

已①，成就三法于声闻乘而般涅槃。何等为三？

3.66.5

[illegible]	[illegible]？	[illegible]	[illegible]	[illegible]	[illegible]	[illegible]	[illegible]	[illegible]

① 已，西夏文译作“[illegible][illegible]”，义为“……之后”。下同。

thjij^{2}	sjo^{2}	thjɨ^{2}	kha^{1}	·a	dji̱j^{1}	dzjwo^{2}	sọ^{1}	niow^{2}
何	云?	此	中	一	类	人	三	恶
□	□，	□	□	□	□	□	□	□
tśja^{1}	kjạ^{1}	lji̱j^{2}	po^{1}	tjɨj^{1}	ɣa^{2}	·ụ^{2}	ljɨ^{1}	sji̱j^{2}
道	怖,	大	菩	提	于	担	重	想

此有一类怖三恶道,于大菩提起重担想,

3.66.6

□，	□	□	□	□	□	□	□	□，
śjwo^{1}	rjɨr^{2}	dzjɨ̣^{2}	ne̱w^{2}	tśhji^{2}	nji̱j^{1}	tjị^{1}	mji^{1}	lə
起,	已	集	善	根	心	诚	不	念,
□	□	□	□，	□	□	□	□	□
ŋạ^{2}	ŋạ^{2}	mji^{1}	kjụ^{1}	nji̱j^{1}	ɣa^{2}	ɣiẹ^{2}	ku^{1}	xja^{1}
好	好	不	求,	心	于	害	则	便

已集善根不专思念,不好善求,为心所害,便生苦想。

3.66.7

□	□	□。	□	□	□	□	□	□
tśjị^{1}	sji̱j^{2}	śjwo^{1}	thjɨ^{2}	sju^{2}	·a	tsji̱r^{1}	śjɨj^{1}	·jiw^{2}
苦	想	生。	是	如	一	法	成	就
□	□	□	□	□，	□	□	□	□
ku^{1}	po^{1}	tjɨj^{1}	nji̱j^{1}	lhji̱^{1}	ɣiẹ^{2}	mji^{1}	·ụ^{2}	ɣa^{2}
则	菩	提	心	退,	声	闻	乘	于

以成如是第一法故,退失菩提,于声闻乘

3.67.1

□	□	□	□。
pa^{2}	djij^{2}	phã^{1}	ljɨ^{1}
般	涅	槃	也。

而般涅槃。

3.67.2

□	□，	□	□，	□	□	□	□	□，

nioow^1 tśjɨ̱^{1} kja^1 śja^1 thjɨ^2 kha^1 ·a dji̱j^1 dzjwo^2
复 次， 迦 叶， 此 中 一 类 人，
[illegible]
rjɨr^2 dźjij^1 mji̱^{1} ɣa^2 ne̱w^2 njij^1 mji^1 śjwo^1 zji^1
所 行 施 于 善 心 不 生， 布

复次，迦叶，此有一类，于所行施不生喜心①，

3.67.3

[illegible]
mji̱^{1} nioow^1 ljijr^2 tśhjɨ^2 rjar^2 njij^1 lhji̱^{1} tha^1 sji̱j^2
施 后 方， 立 便 心 悔， 佛 智
[illegible]
zjɨr^1 ljijr^2 tsjɨ^1 mji^1 ljɨ̱^{1} tshwew^1 thjɨ^2 sju^2 njɨ̱^{1}
慧 向 亦 不 回 趣。 是 如 二

行布施已，便生追悔，复不回向佛之智慧。由成如是

3.67.4

[illegible]
tsew^2 tsjir^1 śjɨj^1 ·jiw^2 nioow^1 ku^1 po^1 tjɨj^1 njij^1
第 法 成 就 故， 则 菩 提 心
[illegible]
lhji̱^{1} ɣie̱^{2} mji^1 ·ụ^2 ɣa^2 pa^2 dji̱j^2 phã^1 ljɨ^1
退， 声 闻 乘 于 般 涅 槃 也。

第二法故，退失菩提，速于声闻乘而般涅槃。

3.67.5

[illegible]
nioow^1 tśjɨ̱^{1} kja^1 śja^1 thjɨ^2 kha^1 ·a dji̱j^1 dzjwo^2
复 次， 迦 叶， 此 中 一 类 人，
[illegible]

① 喜心，西夏文字面意思为“善心”。

·jɨr^{2} khu^{1} dźjij^{1} ŋwu^{2} rejr^{2} mji^{1} mji^{1} kjụ^{1} bji^{2}

勤 精 进 以 多 闻 不 求, 下

复次,迦叶,此有一类,不勤精进,专求多闻,以下

3.68.1

dźju^{2} ne̱w^{2} tśhji^{2} bju^{1} xja^{1} pa^{2} djij^{2} phã^{1} thjɨ^{2}

劣 善 根 依, 速 般 涅 槃。 是

sju^{2} sọ^{1} tsew^{2} tsji̱r^{1} śjɨj^{1} nioow^{1} ku^{1} po^{1} tjɨj^{1}

如 三 第 法 成 由, 则 菩 提

劣善根,速般涅槃。由成如是第三法故,

3.68.2

nji̱j^{1} lhji̱^{1} xja^{1} ɣiẹ^{2} mji^{1} ·ụ^{2} ljijr^{2} tshwew^{1} pa^{2} djij^{2} phã^{1} ljɨ^{1}

心 退, 速 声 闻 乘 向 趣 般 涅 槃 也。

退失菩提,速趣声闻乘而般涅槃。

3.68.3

tśhjɨ^{1} zjọ^{2} rjur^{1} pjụ^{1} lja̱^{1} dạ^{2} rjɨr^{2} tshjij^{1}

尔 时 世 尊 颂 曰 所 说:

尔时世尊而说颂曰:

3.68.4

po^{1} tjɨj^{1} nji̱j^{1} śjwo^{1} nioow^{1} tśhja^{2} ka^{1} śjij^{1} mji^{1} ·wji^{1} tha^{1} mja̱^{1} ɣa^{2} ŋwer^{2} lhjwo^{1}

菩 提 心 起 已, 平 等 顺 不 作。 佛 果 于 失 退,

发菩提心已,不正随顺行。退失于佛乘①,

① 佛乘,西夏文字面意思为“佛果”。

3.68.5

[illegible]

ɣiẹ[2] mji[1] tśja[1] ·u[2] ·o[2] po[1] tjɨj[1] ɣa[2] kjɨ[1] dźiej[2] low[2] ljịj[1] njịj[1] gu[1] śjwo[1]

声 闻 道 中 入。 菩 提 于 必 信， 懈 怠 心 起 发。

入于声闻道。菩提非不信，及以懈怠心。

3.68.6

[illegible]

nioow[1] sjịj[2] mjij[1] lẹj[2] lju̱[1] thjɨ[2] sjịj[2] mjij[1] lẹj[2] lju̱[1] ljị[2] nwə[1] kie[1] sej[1] dźjij[1]

及 智 无 贪 悭， 此 智 无 贪 悭。 恩 知 戒 净 住，

无智守悭贪，则为有障碍①。知恩住净戒，

3.69.1

[illegible]

·ju[2] mji̱[1] ·wa[2] dźjij[1] dzu[1] po[1] tjɨj[1] rjir[1] mji[1] gie[1] njij[1] nioow[1] rjur[1] niow[2] ·wji[1]

常 施 广 行 乐。 菩 提 得 不 难， 心 由 诸 恶 造。

常乐广行檀。菩提不难得，由心造诸恶。

3.69.2

[illegible]

njij[1] tsjɨ[1] mji̱[1] dźjij[1] njwi[2] tshjɨ[1] tśhju[1] tjij[1] njij[1] ·jĩ[1] rjur[1] kha[1] bə[2] du[2] we[2]

心 亦 施 行 能， 众 生 若 心 坚。 世 间 浮 图 为，

心亦善行檀②，众生心若坚。当为世间塔，

3.69.3

[illegible]

tjij[1] sọ[1] tsji̱r[1] ka[2] njwi[2] njij[1] ljij[2] po[1] tjɨj[1] tshwew[1] kụ[1] rjur[1] kha[1] rjɨr[2] we[2]

若 三 法 离 能。 心 大 菩 提 趣， 后 世 间 △ 为。

若能离三法。心趣大菩提，当为世间尊。

---

① 此处西夏文字面意思为“无智此悭贪”。

② 此处西夏文字面意思为“心亦能行檀”。

3.69.4

[illegible]	[illegible]	[illegible]	[illegible]	[illegible]。
zji^{2}	phju^{2}	bju^{1}	·wo^{2}	śjɨj^{1}
无	上	应	供	成。

成无上应供。

汉文本

复次,迦叶,在家菩萨发阿耨多罗三藐三菩提心已,成就三法于声闻乘而般涅槃。何等为三？此有一类怖三恶道,于大菩提起重担想,已集善根不专思念,不好善求,为心所害,便生苦想。以成如是第一法故,退失菩提,于声闻乘而般涅槃。复次,迦叶,此有一类,于所行施不生喜心,行布施已,便生追悔,复不回向佛之智慧。由成如是第二法故,退失菩提,速于声闻乘而般涅槃。复次,迦叶,此有一类,不勤精进,专求多闻,以下劣善根,速般涅槃。由成如是第三法故,退失菩提,速趣声闻乘而般涅槃。尔时世尊而说颂曰:

发菩提心已,不正随顺行。退失于佛乘,入于声闻道。

菩提非不信,及以懈怠心。无智守悭贪,则为有障碍。

知恩住净戒,常乐广行檀,菩提不难得,由心造诸恶。

心亦善行檀,众生心若坚。当为世间塔,若能离三法。

心趣大菩提,当为世间尊。成无上应供。

3.69.5

[illegible]	[illegible],	[illegible]	[illegible],	[illegible]	[illegible]	[illegible]	[illegible]	[illegible]
nioow^{1}	tśji̱^{1}	kja^{1}	śja^{1}	nji^{1}	dźji̱j^{1}	tshjɨ^{1}	tsjij^{2}	so̱^{1}
复	次,	迦	叶,	家	在	菩	萨	三
[illegible]	[illegible]	[illegible]	[illegible]	[illegible]	[illegible]	[illegible]	[illegible],	[illegible]
tsji̱r^{1}	śjɨj^{1}	·jiw^{2}	ku^{1}	po^{1}	tjɨj^{1}	ŋwer^{2}	lhjwo^{1}	tji̱j^{1}
法	成	就	则	菩	提	失	退,	独

复次,迦叶,在家菩萨由成三法退失菩提,

3.69.6

[illegible]	[illegible]	[illegible]	[illegible]	[illegible]	[illegible]	[illegible]。	[illegible]	[illegible]
dwewr^{2}	·u̱^{2}	ɣa^{2}	pa^{2}	djij^{2}	phã^{1}	ljɨ^{1}	so̱^{1}	tja^{1}
觉	乘	于	般	涅	槃	故。	三	者

[illegible] [illegible]？ [illegible] [illegible] [illegible] [illegible] [illegible]， [illegible] [illegible]

thjij^{2} sjo^{2} thjɨ^{2} kha^{1} ·a djị̣j^{1} dzjwo^{2} ljịj^{2} po^{1}

何 云？ 此 中 一 类 人， 大 菩

于独觉乘①而般涅槃。何等为三？此有一类，

3.70.1

[illegible] [illegible] [illegible] [illegible] [illegible]， [illegible] [illegible] [illegible] [illegible]。

tjɨj^{1} njij^{1} kjɨ^{1} gu^{1} śjwo^{1} tsjir^{1} ɣa^{2} ·wier^{1} lju̲^{1}

提 心 已 起 发， 法 于 悭 吝。

[illegible] [illegible] [illegible] [illegible]， [illegible] [illegible] [illegible] [illegible]， [illegible]

nioow^{1} ·a djịj^{1} dzjwo^{2} bio^{1} ·ju̲^{1} dzu^{1} zjịj^{1} nioow^{1}

复 一 类 人， 观 望 耽 着， 及

虽已发趣大菩提心，于法悭吝。复有一类，耽着观望，及

3.70.2

[illegible] [illegible] [illegible] [illegible] [illegible] [illegible] [illegible]。 [illegible] [illegible]

rjur^{1} kha^{1} gju̲^{2} ljij^{2} ·jij^{1} ·jij^{1} lhjwi^{1} nioow^{1} ·a

世 间 吉 凶 之 相 取。 复 一

[illegible] [illegible]， [illegible] [illegible] [illegible] [illegible]， [illegible] [illegible] [illegible]，

djịj^{1} dzjwo^{2} po^{1} tjɨj^{1} njij^{1} śjwo^{1} low^{2} ljịj^{1} nioow^{1}

类 人， 菩 提 心 发， 懈 怠 由，

取世间吉凶之相。复有一类，发菩提心，以懈怠故，

3.70.3

[illegible] [illegible] [illegible] [illegible] [illegible] [illegible] [illegible] [illegible] [illegible]。

ku^{1} po^{1} tjɨj^{1} ·jiw^{1} tsjir^{1} tjo̲^{1} ·ju^{2} mjɨ^{1} njwi^{2}

则 菩 提 分 法 寻 求 不 能。

[illegible] [illegible] [illegible] [illegible] [illegible] [illegible] [illegible]， [illegible] [illegible]

① 独觉，又曰缘觉。梵文 Pratyeka buddha，译作"辟支迦佛"，略译作"辟支""辟支佛"。旧译"缘觉"，新译"独觉"。《智度论》卷十八曰："辟支佛有二种：一名独觉，二名因缘觉。"《大乘义章》卷十四曰："辟支胡语，此方翻译名因缘觉。藉现事缘而得觉悟，不假他教，名因缘觉。又于十二因缘法中而得觉悟，亦名缘觉。"常乐寂静，独自修行，修行功成，于无佛之世，自己觉悟而离生死者，谓之独觉。《大宝积经》各卷既有"缘觉"，又有"独觉"，西夏文均统一译作"[illegible]"（独觉）。"独觉乘"，《显扬圣教论》卷三曰："独觉乘，谓住独觉法性，为令自身证寂灭故，不由师教，发正愿已，修方便行。"

thjɨ2 sju2 sọ1 tsji̱r1 śjɨj1 ·jiw2 nioow1 ku1 thjɨ2

是 如 三 法 成 就 故， 则 是

不能遍求菩提分法。由成如是三种法故，

3.70.4

[illegible]

sọ1 zji2 po1 tjɨj1 ŋwer2 lhjwo1 njwi2 tji̱j1 dwewr2 ·ụ2 ɣa2 pa2 djij2 phã1 ljɨ1

三 皆 菩 提 失 退 能， 独 觉 乘 于 般 涅 槃 也。

一一皆能退失菩提，于独觉乘而般涅槃。

3.70.5

[illegible]

tśhjɨ1 zjọ2 rjur1 pjụ1 lja̱1 dạ2 rjɨr2 tshjij1

尔 时 世 尊 颂 言 △ 说：

尔时世尊而说颂曰：

3.70.6

[illegible]

tśhja2 tsji̱r1 ɣa2 ·wier1 lju̱1 mjɨ1 ·jij1 mji1 dzju1 dzjij2 tji̱j1 dwewr2 po1 tjɨj1 rjir2

正 法 于 悭 吝， 他 之 不 教 诲。 独 觉 菩 提 得，

悭吝于正法，不教诲他人。得独觉菩提，

3.71.1

[illegible]

zji2 phju2 tśja1 ŋwer2 lhjwo1 thjɨ2 njɨ̱1 mə2 ·wo2 nioow1 gji̱j1 lhjo1 ·ji1 tśjị1 śjwo1

无 上 道 失 退。 斯 二 种 义 由， 利 失 众 苦 生。

退失无上道。由斯二种义，失利众苦生。

3.71.2

[illegible]

? njij1 nioow1 djọ2 dźjij1 po1 tjɨj1 tśja1 ɣa2 ·jiw2 ljij2 ·ụ2 tsji̱r1 sjwɨ1 sjij2

近 亲 及 修 行， 菩 提 道 上 疑。 大 乘 法 思 惟，

亲近而修行，疑惑菩提道。思惟大乘法，

3.71.3

[illegible]

gju̱^{2} lhjwi^{1} ljij^{2} bə^{1} dźjwo^{2} thjɨ^{2} tśhja^{2} dźiej^{2} njij^{1} nja̱^{2} tha^{1} ·jij^{1} phjɨ^{1} lew^{2} we^{2}

吉 取 凶 掷 弃。 此 正 信 心 非， 佛 之 舍 所 为。

就吉以避凶。此非正信心，为佛所弃舍。

3.71.4

[illegible]

tjij^{1} dzjwo^{2} njij^{1} tjị^{1} ŋwu^{2} ·jĩ^{1} gjwɨ^{1} po^{1} tjɨj^{1} tshwew^{1} rjur^{1} kha^{1} bə^{2} du^{2} nioow^{1}

若 人 心 诚 以， 坚 固 菩 提 向。 世 间 浮 图 外，

有能专意乐，坚固向菩提。终不礼余尊，

3.71.5

[illegible]

dzjij^{2} pjụ^{1} ·jij^{1} mji^{1} tshwew^{1} tjij^{1} sej^{1} dźiej^{2} njij^{1} dju^{1} dzjij^{2} mə^{1} ·jij^{1} mji^{1} tshji^{2}

余 尊 之 不 趣。 若 净 信 心 有， 余 天 之 不 事。

唯除世间塔①。若有净信心，不事余天等。

3.71.6

[illegible]

thjɨ^{2} zji^{2} phju^{2} śjɨj^{1} ŋwu^{2} mjij^{2} tja^{1} mə^{1} kha^{1} mə^{1} tjij^{1} dzjwo^{2} po^{1} tjɨj^{1} dzu^{1}

此 最 上 成 是， 名 者 天 中 天。 若 人 菩 提 乐，

是为成最上，号曰天中天。若有乐菩提，

3.72.1

[illegible]

dzjij^{2} mə^{1} ·jij^{1} mji^{1} tshji^{2} ljọ^{2} wjɨ^{2} we̱^{1} tjị^{2} twụ^{1} tsə̣^{1} lə^{2} ·ju^{2} ŋowr^{2} lhə

余 天 之 不 事。 何 △ 生 处 各， 色 力 恒 具 足。

① 此处两句西夏文译文语序颠倒。

不事余天等。在在所生中，色力恒具足。

汉文本

复次，迦叶，在家菩萨由成三法退失菩提，于独觉乘而般涅槃。何等为三？此有一类，虽已发趣大菩提心，于法悭吝。复有一类，耽着观望，及取世间吉凶之相。复有一类，发菩提心，以懈怠故，不能遍求菩提分法。由成如是三种法故，一一皆能退失菩提，于独觉乘而般涅槃。尔时世尊而说颂曰：

悭吝于正法，不教诲他人。得独觉菩提，退失无上道。

由斯二种义，失利众苦生。亲近而修行，疑惑菩提道。

思惟大乘法，就吉以避凶。此非正信心，为佛所弃舍。

有能专意乐，坚固向菩提。终不礼余尊，唯除世间塔。

若有净信心，不事余天等。是为成最上，号曰天中天。

若有乐菩提，不事余天等。在在所生中，色力恒具足。

3.72.2

[illegible]	[illegible]，	[illegible]	[illegible]，	[illegible]	[illegible]	[illegible]	[illegible]	[illegible]
nioow^1	tśjɨ̱^{1}	kja^1	śja^1	nji^1	dźjij^1	tshjɨ^1	tsjij^2	sọ^1
复	次，	迦	叶，	家	在	菩	萨	三
[illegible]	[illegible]	[illegible]，	[illegible]	[illegible]	[illegible]	[illegible]	[illegible]。	[illegible]
tsji̱r^1	śjɨj^1	·jiw^2	ku^1	na^1	nja̱^{1}	lju̱^{2}	lhjij	sọ^1
法	成	就，	则	暗	黑	身	受。	三

复次，迦叶，在家菩萨由成三法，受身黑暗。

3.72.3

[illegible]	[illegible]	[illegible]？	[illegible]	[illegible]	[illegible]	[illegible]	[illegible]	[illegible]
tja^1	thjij^2	sjo^2	mjor^1	ljij^2	bə^2	du^2	·u^2	tjij^1
者	何	云？	如	来	浮	图	内	灯
[illegible]	[illegible]，	[illegible]	[illegible]	[illegible]	[illegible]	[illegible]	[illegible]	[illegible]
swew^1	tśio̱w^1	mjɨ^1	rjir^2	ɣwej^1	dze̱j^1	zji̱j^1	tshja̱^{1}	kwow^2
明	盗，	他	与	诤	讼	时	瞋	恚

何等为三？如来塔所取①其灯明，于他诤讼而现瞋恚，

① 取，西夏文字面意思为“盗”。

3.72.4

[illegible]

·jij^1 śja^2 dzjwo^2 nja̱^{1} ·jij^1 ljij^2 zjịj^1 ·jij^1 rjir^2

相 现， 人 黑 之 见 时 己 与

[illegible]

mji^1 swu^2 ku^1 lwow^1 pjo^1 tsjij^2 ·wji^1 thjɨ^2 sọ^1

不 类， 则 妄 毁 谤 作。 此 三

于他黑人不预己事，横加毁呰。由此三

3.72.5

[illegible]

tsji̱r^1 nioow^1 na^1 nja̱^{1} ljụ^2 lhjịj tśhjɨ^1

法 由， 暗 黑 身 受。 尔

[illegible]

zjọ^2 rjur^1 pjụ^1 lja̱^{1} dạ^2 rjɨr^2 tshjij^1

时 世 尊 颂 言 △ 说：

法，其身黑暗。尔时世尊而说颂曰：

3.72.6

[illegible]

bə^2 du^2 ·u^2 tjij^1 tśio̱w^1 swew^1 bji^1 phja^1 nioow^1 ku^1 tśhjɨ^2 rjar^2 ljụ^2 nja̱^{1} lhjịj

浮 图 内 灯 盗， 明 光 断 因 故， 立 便 身 暗 受，

塔所燃灯明，断取是光焰，身便为黑暗，

3.73.1

[illegible]

lhọ^1 nja̱^{1} rjir^2 ·a tjịj^2 dzjwo^2 nja̱^{1} ·jij^1 pjo^1 tsjij^2 nja^2 nja̱^{1} ŋa^2 ljụ^2 phiow^1

毯 乌 与 一 样。 人 黑 之 毁 谤， 汝 黑 我 身 白，

犹如乌毯毛。毁呰于黑人，我白汝身黑，

3.73.2

[illegible]

mjɨ^{1} ·jij^{1} pjo^{1} tsjij^{2} nioow^{1} tśhjɨ^{2} rjar^{2} ljṳ^{2} nja̱^{1} lhjij lja̱^{2} sjwɨj^{1} khju̱^{2} ·wejr^{2} lew^{2}

他 之 毁 谤 由, 立 便 身 黑 受。 口 业 守 护 宜,

由其轻毁他,受身便黑暗。宜善护其语,

3.73.3

[illegible]

sjwɨj^{1} tśjo mji^{1} lha^{1} dzjar^{2} thja^{1} rjɨr^{2} ·wji^{1} sjwɨj^{1} bju^{1} thja^{1} sjwɨj^{1} ·jij^{1} gju^{2} we^{2}

业 终 不 败 灭。 其 所 造 业 随, 彼 业 之 器 为。

业终不败亡。随其所造业,当为彼业器。

3.73.4

[illegible]

nioow^{1} tśjɨ̱^{1} kja^{1} śja^{1} nji^{1} dźjij^{1} tshjɨ^{1} tsjij^{2} sọ^{1}

复 次, 迦 叶, 家 在 菩 萨 三

[illegible]

sjwɨj^{1} śjɨj^{1} ·jiw^{2} nioow^{1} kjɨ̱r^{1} ɣjɨr^{1} nji^{1} we̱^{1} sọ^{1}

业 成 就 由, 工 匠 家 生。 三

复次,迦叶,在家菩萨由成三业,生工匠家。

3.73.5

[illegible]

tja^{1} thjij^{2} sjo^{2} tshjɨ^{1} tsjij^{2} ·jij^{1} ŋwə^{1} kie^{1} ·jij^{1}

者 何 云? 菩 萨 自 五 戒 持

[illegible]

njwi^{2} tjɨ^{1} tjij^{1} njij^{1} low^{2} dźjo^{1} dźjo^{1} rjɨr^{2} ljịj^{2}

能, 倘 若 亲 属 长 长 △ 来,

何等为三?菩萨自身能持五戒,若有亲属从远①而来,

3.73.6

[illegible]

① 远,西夏文译作"[illegible]",义为"长长",形容词重叠表加重义。

thja^2 ·jij^1 ·o^2 khjow^1 tjij^1 mjɨ^1 ·jij^1 pjwɨ̱r^1 ·o^2

其 于 酒 与， 或 他 与 劝 酒

[illegible]

thji^1 phji^1 ku^1 kụ^1 kjɨ̱r^1 ɣjɨr^1 nji^1 kha^1 we̱^{1}

饮 令， 则 后 工 匠 家 中 生，

与酒令饮，或劝他人而令饮酒，即当生彼工匠之家，

3.74.1

[illegible]

thjɨ^2 tja^1 lew^1 tsew^2 tsji̱r^1 ŋwu^2 nioow^1 tśjɨ̱^{1} kja^1

此 者 一 第 法 是。 复 次， 迦

[illegible]

śja^1 nji^1 dźjij^1 tshjɨ^1 tsjij^2 ·jij^1 xiwã^1 dźjɨ djọ^2

叶， 家 在 菩 萨 自 梵 行 修，

名第一法。复次，迦叶，在家菩萨自修梵行，

3.74.2

[illegible]

mjɨ^1 ·jij^1 dzow^1 ŋwej^2 dow^1 kiẹj^2 dźjịj^1 phji^1 thjɨ^2

他 于 和 合 秽 欲 行 令， 此

[illegible]

sjwɨj^1 tśiow^1 dzjị^2 śjɨj^1 ·jiw^2 nioow^1 kụ^1 kjɨ̱r^1 ɣjɨr^1

业 积 集 成 就 由， 后 工 匠

和合他人令行秽欲，缘造此业积集成故，而当生彼工匠

3.74.3

[illegible]

nji^1 kha^1 we̱^{1} thjɨ^2 tja^1 njɨ̱^{1} tsew^2 tsji̱r^1 ŋwu^2

家 中 生， 此 者 二 第 法 是。

[illegible]

nioow^1 tśjɨ̱^{1} kja^1 śja^1 tshjɨ^1 tsjij^2 mjɨ^1 ·jɨr^2 do^1

复 次， 迦 叶， 菩 萨 他 勤 读

之家,名第二法。复次,迦叶,菩萨见他精勤读诵,

3.74.4

[illegible]	[illegible]①	[illegible],	[illegible]	[illegible]	[illegible]	[illegible]	[illegible]	[illegible]
tshjɨ̱^{1}	djij^{2}	ljij^{2}	·jij^{1}	nji^{1}	do^{2}	·wji^{1}	lew^{2}	dju^{1}
诵	△	见,	己	家	处	作	所	有
[illegible]	[illegible]	[illegible]	[illegible]:	[illegible]	[illegible]	[illegible]	[illegible]	[illegible]
thja^{2}	·jij^{1}	dạ^{2}	·jɨ^{2}	nji^{2}	do^{1}	tshjɨ̱^{1}	tśju^{1}	wjɨ^{2}
其	于	说	言:	汝	读	诵	事	△

然己家内起作兴功,寻语彼言:汝且休废读诵之业,

3.74.5

[illegible]	[illegible]	[illegible]②,	[illegible]	[illegible]	[illegible]	[illegible]	[illegible]	[illegible]
djij^{2}	djɨj^{2}	nja^{2}	ŋa^{2}	·jij^{1}	·wji^{1}	lew^{2}	rjɨr^{2}	wjɨ^{2}
当	休	△,	我	于	作	应	所	△
[illegible]	[illegible]③	[illegible]。	[illegible]	[illegible]	[illegible]	[illegible]	[illegible]	[illegible],
·wji^{1}	ŋa^{2}	·jɨ^{2}	thjɨ^{2}	sjwɨj^{1}	tśiow^{1}	dzjɨ̣^{2}	śjɨj^{1}	·jiw^{2}
作	△	谓。	是	业	积	集	成	就,

宜时为我营办所成。以是业缘积集成故,

3.74.6

[illegible]	[illegible]	[illegible]	[illegible]	[illegible]	[illegible],	[illegible]	[illegible]	[illegible]
ku^{1}	kụ^{1}	kjɨ̱r^{1}	ɣjɨr^{1}	nji^{1}	we̱^{1}	thjɨ^{2}	tja^{1}	sọ^{1}
则	后	工	匠	家	生,	此	者	三
[illegible]	[illegible]	[illegible]。	[illegible]	[illegible]	[illegible]	[illegible]	[illegible]	[illegible]
tsew^{2}	tsji̱r^{1}	ŋwu^{2}	tśhjɨ^{1}	zjọ^{2}	rjur^{1}	pjụ^{1}	lja̱^{1}	dạ^{2}
第	法	是。	尔	时	世	尊	颂	言

而当生彼工匠之家,名第三法。尔时世尊

① [illegible](djij^{2}),连词,表示转折,与汉文本"然"相当。

② [illegible](nja^{2}),为第二人称单数代词动词人称呼应后缀。

③ [illegible](ŋa^{2}),为第一人称单数代词动词人称呼应后缀。

3.75.1

[illegible]

rjɨr^{2} tshjij^{1}

所 说：

而说颂曰：

3.75.2

[illegible]

·o^{2} zow^{2} mjɨ^{1} ·jij^{1} pjwɨ̱r^{1} nioow^{1} njij^{1} low^{2} ·jij^{1} khjow^{1} dja^{2} lia^{2} kjɨ^{1} dza̱^{1} ku^{1}

酒 持 他 于 劝，及 亲 属 于 与。已 醉 △ 狂 故，

持酒劝他人，及与诸亲属。以成狂饮故，

3.75.3

[illegible]

dạ^{2} lew^{2} dju^{1} ·o^{1} we^{2} bjɨr^{1} ɣa^{1} ·wji^{1} mjɨ^{1} wjị^{2} nioow^{1} dzjij^{2} zji^{2} mji^{1} tsjij^{2}

语 应 有 主 为。刀 针 作 不 解，及 余 皆 不 解。

便为饶语匠。不解作刀针，及余工巧处。

3.75.4

[illegible]

lew^{1} dzuu^{2} lạ^{1} mju^{2} ljịj^{2} sjwi^{2} ·ju^{2} rjir^{2} khwụ^{2} dźji^{1} ·jij^{1} xiwã^{1} dźjɨ djọ^{2} njwi^{2}

唯 坐 手 动 摇，舅母 面 前 吹 鼓。自 梵 行 修 能，

唯能坐摇手，炉前鼓橐囊①。自能修梵行，

3.75.5

[illegible]

mjɨ^{1} ·jij^{1} tjụ^{2} ·jow^{2} śja^{2} thjɨ^{2} sjwɨj^{1} śjɨj^{1} we^{1} ku^{1} dạ^{2} lew^{2} dju^{1} ·o^{1} we^{2}

他 于 淫 赞 叹。此 业 成 熟 故，语 应 有 主 为。

为他称赞淫。此业异熟时，当为饶语匠。

① 炉前鼓橐囊，西夏文字面意思为"舅母面前鼓吹"，不知出自何典。

3.75.6

bjɨr1 ɣa1 ·wji1 mjɨ1 wji̱2 khwụ2 dzji1 tsjɨ1 mjɨ1 njwi2 lew1 tju2 dźjo1 dzji1 wji̱2

刀 针 作 不 解, 吹 鼓 犹 不 能。 唯 槌 长 敲 解,

不解作刀针,不能鼓风橐。唯解奋长槌,

3.76.1

te̱w2 tśhja̱1 śjow1 khwej1 phji1 mjɨ1 tsji̱r1 phjɨ1 phji1 ku1 thjɨ2 do2 ka̱1 bja2 nioow1

砧 上 铁 锻 令。 他 法 舍 令 故, 兹 处 命 终 已。

砧前而锻铁。令他弃舍法,从兹而命终。

3.76.2

xja1 kjɨ̱r1 ɣjɨr1 nji1 we̱1 dju njij2 ·ju2 we̱1 ljwɨj1 koo2 tju2 ljɨ1 khwụ2 sji2①,

速 工 巧 家 生, 禀 识 常 愚 暗。 钳 槌 风 鼓 △,

速生工巧家,禀识常愚暗。初不见囊橐,

3.76.3

ŋowr2 ŋowr2 zji2 mjɨ1 sjij2 sjwɨj1 tshja2 thjɨ2 sju2 ku1 ·ji1 gju2 tsjɨ1 zji2 ljij2

一 切 皆 不 识。 业 报 是 如 故, 众 器 亦 悉 坏。

亦不见钳槌②。其业报应然,悉破坏众器。

3.76.4

kja1 śja1 phji1 sjwɨj1 ·wejr2 nioow1 lja̱2 sjwɨj1 ·wejr2 lew2 mji1 ne̱w2 tsji̱r1 ŋowr2 ŋowr2

迦 叶 意 业 防, 及 口 业 护 应。 不 善 法 一 切,

迦叶应防意,及善护其言。永勿教他人,

① 𗗚(sji2),名物化助词,这里与动词“𗏣”(鼓)组成名词性短语,表示“鼓吹的用具”,与汉文本“囊橐”相对应。

② 钳槌,西夏文译作“𗫂𗤶”,指锻铁的用具。

3.76.5

[illegible] [illegible] [illegible] [illegible] [illegible]。 [illegible] [illegible] [illegible] [illegible] [illegible]， [illegible] [illegible] [illegible] [illegible] [illegible]。

tśjo mjɨ^{1} ·jij^{1} tji^{1} dzjij^{2} lhji^{2} we̱^{1} dźiə^{2} dziej^{2} tśji̱^{1} dzu^{1} nioow^{1} ku^{1} we̱^{1} lji̱j^{1}

永 他 于 勿 教。 死 生 轮 回 苦， 爱 由 故 生 增。

一切不善法①。轮回生死苦，由爱故增生。

3.76.6

[illegible] [illegible] [illegible] [illegible] [illegible]， [illegible] [illegible] [illegible] [illegible] [illegible]。

ne̱w^{2} tsji̱r^{1} ·jɨr^{2} ŋwu^{2} djo̱^{2} rjur^{1} niow^{2} źier^{1} nji̱^{2} lew^{2}

善 法 勤 以 修， 诸 恶 呵 骂 应。

善法可勤修，应诃诸不善。

汉文本

复次，迦叶，在家菩萨由成三法，受身黑暗。何等为三？如来塔所取其灯明，于他诤讼而现瞋恚，于他黑人不预己事，横加毁呰。由此三法，其身黑暗。尔时世尊而说颂曰：

塔所燃灯明，断取是光焰，身便为黑暗，犹如乌毯毛。

毁呰于黑人，我白汝身黑，由其轻毁他，受身便黑暗。

宜善护其语，业终不败亡。随其所造业，当为彼业器。

复次，迦叶，在家菩萨由成三业，生工匠家。何等为三？菩萨自身能持五戒，若有亲属从远而来，与酒令饮，或劝他人而令饮酒，即当生彼工匠之家，名第一法。复次，迦叶，在家菩萨自修梵行，和合他人令行秽欲，缘造此业积集成故，而当生彼工匠之家，名第二法。复次，迦叶，菩萨见他精勤读诵，然己家内起作兴功，寻语彼言：汝且休废读诵之业，宜时为我营办所成。以是业缘积集成故，而当生彼工匠之家，名第三法。尔时世尊而说颂曰：

持酒劝他人，及与诸亲属。以成狂饮故，便为饶语匠。

不解作刀针，及余工巧处。唯能坐摇手，炉前鼓橐囊。

自能修梵行，为他称赞淫。此业异熟时，当为饶语匠。

不解作刀针，不能鼓风橐。唯解奋长槌，砧前而锻铁。

令他弃舍法，从兹而命终。速生工巧家，禀识常愚暗。

初不见囊橐，亦不见钳槌。其业报应然，悉破坏众器。

迦叶应防意，及善护其言。永勿教他人，一切不善法。

轮回生死苦，由爱故增生。善法可勤修，应诃诸不善。

① 此处两句西夏文译文语序颠倒。

3.77.1

[illegible]

nioow^{1} tśjɨ̱^{1} kja^{1} śja^{1} nji^{1} dźjij^{1} tshjɨ^{1} tsjij^{2} so̱^{1}

复 次， 迦 叶， 家 在 菩 萨 三

[illegible]

tsjir^{1} śjɨj^{1} ·jiw^{2} ku^{1} tśhia^{1} lji^{1} mə^{2} ljịj^{2} ·ji^{1}

法 成 就， 则 刹 利 族 大 众

复次，迦叶，在家菩萨成就三法，当生刹利①豪族之家

3.77.2

[illegible]

djịj^{1} kha^{1} we̱^{1} mjor^{1} la̱^{1} lju̱^{2} śjwo^{2} mjɨ^{1} ·jij^{1}

辈 中 生， 如 貌 端 严 他 于

[illegible]

dzu^{1} dzjwɨ̣^{1} lew^{2} we^{2} bju^{1} dźjwo^{1} ne̱w^{2} ɣjɨr^{1} low^{2}

爱 恭 所 为， 聪 慧 善 巧 懒

众同分中，颜貌端严，人所爱敬，聪慧巧便，

3.77.3

[illegible]

ljịj^{1} mji^{1} ·wji^{1} so̱^{1} tja^{1} thjij^{2} sjo^{2} śji^{1} ljij^{2}

惰 不 为。 三 者 何 云？ 先 见

[illegible]

mjij^{2} djij^{2} śia^{1} mẽ^{1} pho^{1} lo^{1} mẽ^{1} ·jij^{1} ljij^{2}

未 曾 沙 门、 婆 罗 门 于 见

不为懒惰。何等为三？谓睹未曾见沙门、婆罗门，

3.77.4

[illegible]

① 刹利，又曰“刹帝利”，梵文 Kṣatriya。印度四姓之第二，译言“田主”，王种也。《西域记》二曰：“二曰刹帝利，王种也。旧曰刹利，略也。”3.77.6 和 3.78.2—3.78.3、3.78.5 等均音译作“[illegible]”，即“刹帝利”。

zjịj^{1} tśhjɨ^{2} rjar^{2} dźiej^{2} njij^{1} gu^{1} śjwo^{1} dzjwɨ̣^{1} rejr^{2}

时， 立 即 信 心 起 发， 恭 敬

[illegible] [illegible]， [illegible] [illegible] [illegible] [illegible]， [illegible] [illegible] [illegible]

kjụ^{1} tshwew^{1} ljo^{1} rjar^{1} sjij^{2} śjwo^{1} gjị^{1} sej^{1} njij^{1}

供 养， 福 田 想 发， 清 净 心

即生信心，供养礼敬，言是福田①，以清净心，

3.77.5

[illegible]， [illegible] [illegible] [illegible] [illegible] [illegible] [illegible] [illegible] [illegible]

ŋwu^{2} thja^{2} ·jij^{1} bju^{2} ɣju^{1} lhwu^{1} tśhjwi^{1} tjị^{1} dzji^{2}

以， 其 之 延 请 衣 服 饮 食

[illegible] [illegible] [illegible] [illegible] [illegible] [illegible] [illegible] [illegible] [illegible]

gjwɨr^{1} lju̱^{2} sju^{2} tsə̣^{1} śjwo^{1} śjwo^{1} ŋowr^{2} ŋowr^{2} kjụ^{1}

卧 具 医 药 需 要 一 切 供

延请供养衣服、饮食、卧具、医药，一切所须。

3.77.6

[illegible]。 [illegible] [illegible] [illegible] [illegible] [illegible] [illegible] [illegible] [illegible]

tshwew^{1} nji^{1} dźjij^{1} tshjɨ^{1} tsjij^{2} thjɨ^{2} lew^{1} tsew^{2} tsji̱r^{1}

养。 家 在 菩 萨 此 一 第 法

[illegible] [illegible]， [illegible] [illegible] [illegible] [illegible] [illegible] [illegible] [illegible]

śjɨj^{1} ·jiw^{2} ku^{1} kụ^{1} tśhia^{1} tjɨ^{1} lji^{1} mə^{2} ljịj^{2}

成 就， 则 后 刹 帝 利 族 大

在家菩萨成此初法，当生刹利豪族之

3.78.1

[illegible] [illegible] [illegible] [illegible] [illegible] [illegible]。 [illegible] [illegible]， [illegible]

nji^{1} ·ji^{1} djịj^{1} kha^{1} we̱^{1} ljɨ^{1} nioow^{1} tśjɨ̱^{1} kja^{1}

家 众 辈 中 生 也。 复 次， 迦

[illegible]， [illegible] [illegible] [illegible] [illegible]， [illegible] [illegible] [illegible] [illegible]，

① 言是福田，西夏文字面意思为“发福田想”。

śja^{1} nji^{1} dźjij^{1} tshjɨ^{1} tsjij^{2} mər^{2} tjị^{1} ·jĩ^{1} dźjij^{1}

叶， 家 在 菩 萨， 本 誓 坚 住，

家众同分中。复次，迦叶，在家菩萨，坚住本誓，

3.78.2

[illegible] [illegible] [illegible] [illegible]， [illegible] [illegible] [illegible] [illegible]。 [illegible]

tshjij^{1} bju^{1} djọ^{2} dźjij^{1} tśjo lạ^{1} mji^{1} ·wji^{1} thjɨ^{2}

说 如 修 行， 终 妄 不 为。 是

[illegible] [illegible] [illegible] [illegible] [illegible] [illegible]， [illegible] [illegible] [illegible]

sju^{2} njɨ̱^{1} tsew^{2} tsji̱r^{1} śjɨ̱j^{1} ·jiw^{2} ku^{1} kụ^{1} tśhia^{1}

如 二 第 法 成 就， 则 后 刹

如说修行，终不妄语。成就如是第二法故，当生刹

3.78.3

[illegible] [illegible] [illegible] [illegible] [illegible] [illegible] [illegible] [illegible] [illegible]。

tjɨ^{1} lji^{1} mə^{2} ljịj^{2} nji^{1} ·ji^{1} djịj^{1} kha^{1} we̱^{1}

帝 利 族 大 家 众 辈 中 生。

[illegible] [illegible]， [illegible] [illegible]， [illegible] [illegible] [illegible] [illegible]， [illegible]

nioow^{1} tśjɨ̱^{1} kja^{1} śja^{1} nji^{1} dźjij^{1} tshjɨ^{1} tsjij^{2} kie^{1}

复 次， 迦 叶， 家 在 菩 萨， 戒

利豪族之家众同分中。复次，迦叶，在家菩萨，

3.78.4

[illegible] [illegible] [illegible] [illegible] [illegible]、 [illegible] [illegible] [illegible] [illegible]

ŋur^{1} ŋowr^{2} lhə śia^{1} mẽ^{1} pho^{1} lo^{1} mẽ^{1} ·jij^{1}

蕴 具 足 沙 门、 婆 罗 门 于

[illegible] [illegible] [illegible]， [illegible] [illegible] [illegible] [illegible] [illegible] [illegible]。

kjụ^{1} tshwew^{1} zjịj^{1} ·jĩ^{1} gjwɨ^{1} tsji̱r^{1} ɣjiw^{1} zow^{2} njwi^{2}

供 养 时， 坚 固 法 摄 受 能。

于具戒蕴沙门、婆罗门所修供养时，而能摄受坚固之法。

3.78.5

[illegible] [illegible] [illegible] [illegible] [illegible] [illegible] [illegible]， [illegible] [illegible] thjɨ^{2} sju^{2} sọ^{1} tsew^{2} tsji̱r^{1} śjɨj^{1} ·jiw^{2} kụ^{1} tśhia^{1}

是 如 三 第 法 成 就， 后 刹

tjɨ^{1} lji^{1} mə^{2} ljịj^{2} nji^{1} ·ji^{1} djịj^{1} kha^{1} we̱^{1}

帝 利 族 大 家 众 辈 中 生。

由成如是第三法故，当生刹利豪族之家众同分中。

3.78.6

tśhjɨ^{1} zjọ^{2} rjur^{1} pjụ^{1} lja̱^{1} dạ^{2} rjɨr^{2} tshjij^{1}

尔 时 世 尊 颂 言 所 说：

尔时世尊而说颂曰：

3.79.1

rjur^{1} sjịj^{2} zjɨr^{1} dzjwo^{2} njɨ^{2} kie^{1} ·jij^{1} rejr^{2} mji^{1} ljij^{2} njij^{1} ljɨ̣j^{2} njij^{1} śjwo^{1} lew^{2}

诸 智 慧 人 等， 戒 持 多 闻 见。 心 欢 心 生 应，

诸有智慧等，见持戒多闻。应生欢喜心，

3.79.2

thja^{2} njɨ^{2} ·jij^{1} bju^{2} ɣju^{1} tjij^{1} thja^{1} ɣju^{1} lhjij ku^{1} tsji̱r^{1} bju^{1} kjụ^{1} tshwew^{1} lew^{2}

彼 等 于 招 请。 若 其 请 受 故， 法 如 供 养 应。

往彼而请命。既为请命已，如法供养之。

3.79.3

dwər^{1} lhji̱^{1} njij^{1} mji^{1} śjwo^{1} mji̱^{1} mji̱^{1} ɣiẹ^{2} lụ^{2} mjij^{1} ·jĩ^{1} gjwɨ^{1} tsji̱r^{1} lhjwi^{1} ŋwu^{2}

厌 悔 心 不 生， 施 施 罣 阂 无。 坚 牢 法 取 是，

无有厌悔心，所施无罣阂。是取坚牢法，

3.79.4

thja^1 rjir^2 ? njij^1 mjijr^2 mə^2 mə^2 sjịj^2 bju^1 śjij^1 rjir^1 gie^1 xja^1 rjir^2 njwi^2

彼 与 亲 近 者。种 种 智 相 顺，得 难 速 得 能。

所为亲近者。种种智相应，于难而速得。

3.79.5

[illegible]

thjɨ^2 sju^2 na^1 dźiej^2 njij^1 ljịj^2 po^1 tjɨj^1 ljijr^2 tshwew^1 thjɨ^2 sjịj^2 bju^1 dźjịj^1 ku^1

斯 如 深 信 心，大 菩 提 向 趣。是 智 依 行 故，

如斯深信意，趣向大菩提。是智之所行，

3.79.6

[illegible]

tha^1 tśja^1 ljạ^1 mji^1 gie^1 ·ju^2 bju̱^{1} ŋwu^2 kạ^1 ·jur^1 zji^2 phju^2 war^2 lhjij lew^2

佛 道 证 非 难。恒 敬 以 命 活，最 胜 财 受 应。

佛道非难证。恒为上活命，应受最胜财。

3.80.1

[illegible]

rjar^1 gjij^1 thjo̱^{1} tsji̱r^1 kjụ^1 zji^2 phju^2 djij^2 phã^1 ljạ^1 kụ^1 mə^2 ljịj^2 nji^1 we̱^{1}

殊 胜 妙 法 求，无 上 涅 槃 证。后 族 大 家 生，

希求殊妙法，证无上涅槃。当生豪族家，

3.80.2

[illegible]

mjor^1 la̱^{1} zji^2 lju̱^{2} śjwo^2 phju^2 thjo̱^{1} lhwu^1 gjwi^2 rjir^2 zji^2 phju^2 djij^2 phã^1 ljạ^1

正 貌 皆 端 严。上 妙 衣 服 得，最 上 涅 槃 证。

颜貌甚端严。得上妙衣服，证最上涅槃。

3.80.3

[illegible]

dzjọ^1 tha^1 ·jow^2 śja^2 lew^2 zji^2 phju^2 ·ụ^2 bju^1 dźjịj^1 tha^1 ·ụ^2 ŋwu^2 gji^1 śju̱^{1}

如 佛 誉 称 所，无 上 乘 依 行。佛 乘 以 清 凉，

如佛所称誉，行于最上乘。以佛乘能证，

3.80.4

[illegible]														
thjo̱[1]	djij[2]	phã[1]	lja̱[1]	njwi[2]	thjɨ[2]	zji[2]	phju[2]	mja̱[1]	ŋwu[2]	rjɨr[2]	·wji[1]	ɣjɨr[1]	sjwɨj[1]	bju[1]
妙	涅	槃	证	能。	此	最	胜	果	是，	△	作	造	业	如。

清凉妙涅槃。是为最胜果，如其所造业。

3.80.5

[illegible]														
tshja[2]	lhjịj	tsjɨ[1]	thja[1]	sju[2]	·jir[2]	rjir[2]	kja[2]	zar[2]	tsjɨ[1]	thja[1]	sjwɨj[1]	tśjo	mji[1]	ljij[2]
报	受	亦	彼	如，	百	亿	劫	经	亦，	是	业	终	无	坏。

获果亦等流，设经百亿劫，是业终无坏。

汉文本

复次，迦叶，在家菩萨成就三法，当生刹利豪族之家众同分中，颜貌端严，人所爱敬，聪慧巧便，不为懒惰。何等为三？谓睹未曾见沙门、婆罗门，即生信心，供养礼敬，言是福田，以清净心，延请供养衣服、饮食、卧具、医药，一切所须。在家菩萨成此初法，当生刹利豪族之家众同分中。复次，迦叶，在家菩萨，坚住本誓，如说修行，终不妄语。成就如是第二法故，当生刹利豪族之家众同分中。复次，迦叶，在家菩萨，于具戒蕴沙门、婆罗门所修供养时，而能摄受坚固之法。由成如是第三法故，当生刹利豪族之家众同分中。尔时世尊而说颂曰：

诸有智慧等，见持戒多闻。应生欢喜心，往彼而请命。
既为请命已，如法供养之。无有厌悔心，所施无罣阂。
是取坚牢法，所为亲近者。种种智相应，于难而速得。
如斯深信意，趣向大菩提。是智之所行，佛道非难证。
恒为上活命，应受最胜财。希求殊妙法，证无上涅槃。
当生豪族家，颜貌甚端严。得上妙衣服，证最上涅槃。
如佛所称誉，行于最上乘。以佛乘能证，清凉妙涅槃。
是为最胜果，如其所造业。获果亦等流，设经百亿劫，
是业终无坏。

3.80.6

[illegible]

nioow^1	tśjɨ^1	kja^1	śja^1	nji^1	dźjij^1	tshjɨ^1	tsjij^2	so̱^{1}
复	次，	迦	叶，	家	在	菩	萨	三
[illegible]	[illegible]	[illegible]	[illegible]	[illegible]	[illegible]	[illegible]，	[illegible]	[illegible]
tsji̱r^1	śjɨj^1	·jiw^2	rjur^1	ne̱w^2	tśhji^2	lji̱^{1}	ku^1	rjɨr^2
法	成	就	诸	善	根	种，	则	乃

复次，迦叶，在家菩萨成就三法种诸善根，乃

3.81.1

[illegible]	[illegible]	[illegible]	[illegible]	[illegible]	[illegible]	[illegible]，	[illegible]	[illegible]
njɨ^2	zji^2	phju^2	po^1	tjɨj^1	mji^1	lja̱^{1}	thjɨ^2	ljijr^2
至	无	上	菩	提	不	证，	此	方
[illegible]	[illegible]	[illegible]	[illegible]	[illegible]	[illegible]	[illegible]	[illegible]。	[illegible]
tśjo	rjur^1	kha^1	ŋwə^1	kie̱j^2	rejr^2	mji^1	lhjij	so̱^{1}
终	世	间	五	欲	乐	不	受。	三

至证得无上菩提，终不受于五欲世乐。

3.81.2

[illegible]	[illegible]	[illegible]?	[illegible]	[illegible]	[illegible]	[illegible]	[illegible]	[illegible]
tja^1	thjij^2	sjo^2	nji^1	dźjij^1	tshjɨ^1	tsjij^2	ŋwə^1	kie̱j^2
者	何	云?	家	在	菩	萨	五	戒
[illegible]	[illegible]，	[illegible]	[illegible]	[illegible]	[illegible]	[illegible]	[illegible]	[illegible]
zow^2	·jij^1	mjɨ^1	dzjwo^2	·ju^2	rjir^2	ŋwə^1	kie̱j^2	rejr^2
受	持，	他	人	面	前	五	欲	乐

何等为三？在家菩萨受持五戒，不向他人赞五欲乐，

3.81.3

[illegible]	[illegible]，	[illegible]	[illegible]	[illegible]	[illegible]，	[illegible]	[illegible]	[illegible]	[illegible]
mji^1	·jow^2	·jij^1	sjwɨj^1	·jɨr^2	djo̱^{2}	sji^2	dzjwo^2	·jij^1	mji^1
不	赞，	自	业	勤	修，	女	人	于	不
[illegible]，	[illegible]	[illegible]	[illegible]	[illegible]	[illegible]	[illegible]①：	[illegible]	[illegible]	

① [illegible](ŋa^2)，第一人称单数动词人称呼应后缀。

pjwɨ̱r^{1} thja^{1} njij^{1} śjwo^{1} mji^{1} phji^{1} ŋa^{2} sji^{2} dzjwo^{2}

劝， 彼 心 发 不 令 △： 女 人

勤修自业，不使女人，及发是心：

3.81.4

[illegible]

ŋowr^{2} ŋowr^{2} mji^{1} ? njij^{1} rjɨr^{2} njɨ^{2} zji^{2} phju^{2}

一 切 不 近 亲， 乃 至 无 上

[illegible]

po^{1} tjɨj^{1} mji^{1} ljạ^{1} thjɨ^{2} ljijr^{2} rjur^{1} kha^{1} ŋwə^{1}

菩 提 不 证， 此 方 世 间 五

我止亲近一切女人，乃至证得无上菩提①，

3.81.5

[illegible]

kiẹj^{2} rejr^{2} rjir^{2} tji^{1} ber^{2} ŋa^{2} ·jɨ^{2} thjɨ^{2} sju^{2}

欲 乐 与 不 逢 △ 谓。 是 如

[illegible]

lew^{1} tsew^{2} tsjiṟ^{1} śjɨj^{1} ·jiw^{2} ku^{1} rjɨr^{2} njɨ^{2} po^{1}

一 第 法 成 就 故， 乃 至 菩

愿我不逢五欲世乐。由成如是最初法故，乃至菩

3.81.6

[illegible]

tjɨj^{1} ŋwə^{1} kiẹj^{2} mji^{1} ·jij^{1} ljɨ^{1}

提 五 欲 不 受 也。

提不受五欲。

3.82.1

[illegible]

① 我止亲近一切女人，乃至证得无上菩提，西夏文字面意思为“我不亲近一切女人，乃至不证无上菩提”。

nioow^{1} tśjɨ̱^{1} kja^{1} śja^{1} nji^{1} dźjij^{1} tshjɨ^{1} tsjij^{2} thjɨ^{2}

复 次, 迦 叶, 家 在 菩 萨, 是

[illegible]

sju^{2} lwər^{2} rejr^{2} mji^{1} na^{1} dźiej^{2} njij^{1} śjwo^{1} djij^{2}

如 经 契 闻, 深 信 心 生, 涅

复次,迦叶,在家菩萨,闻是等经,而生深信,

3.82.2

[illegible]

phã^{1} tshwew^{1} kjụ^{1} nioow^{1} thjɨ^{2} sju^{2} njɨ^{2} tsji̱r^{1} kjɨ^{1}

槃 趣 求, 复 是 如 等 教 虽

[illegible] ①

zow^{2} ·jij^{1} ljɨ^{2} ljɨ^{2} mjɨ^{1} ·jij^{1} mji^{1} tshjij^{1} tjij^{1}

受 持 易 易, 他 于 不 说, 若

求趣涅槃,虽复受持如是等教,隐蔽不行,

3.82.3

[illegible]

gu^{1} śjwo^{1} mjijr^{2} dju^{1} tsji̱r^{1} nẹ^{1} tshjij^{1} zji̱j^{1} mjɨ^{1}

起 发 者 有, 法 演 说 时, 他

[illegible]

mji^{1} nioow^{1} ljijr^{2} tśhjɨ^{2} rjar^{2} rjur^{1} niow^{2} ·wji^{1} twụ^{1}

闻 已 后, 立 即 诸 恶 作 处

有能演说,及发起者,若人闻已,即当舍离诸恶作处。

3.82.4

[illegible]

phjɨ^{1} phji^{1} thjɨ^{2} ne̱w^{2} tśhji^{2} lə^{2} ŋwu^{2} ɣiẹ^{2} mjij^{1}

舍 令。 此 善 根 力 以, 碍 无

[illegible]

① [illegible],重叠表示很容易。

nwə rjir^{2} zjịj^{1} mjij^{1} nwə rjir^{2} tjij^{1} mjor^{1} zjọ^{2}

辩 得， 着 无 辩 得。 若 现 世

以此善根，得无碍辩、得无着辩。

3.82.5

[illegible]

kạ^{1} bja^{2} ·jij^{1} zjịj^{1} xja^{1} tha^{1} ·jij^{1} ljij^{2} kạ^{1}

命 终 将 时， 速 佛 之 见， 命

[illegible]

bja^{2} nioow^{1} ljijr^{2} mə^{1} tśhja̱^{1} we̱^{1} śjɨ^{1} mji^{1} khwa^{1}

终 以 后， 天 上 生 往， 不 久

若于现在及命终时，速得见佛，命终之后，往生天上，不久

3.82.6

[illegible]

·a du̱^{2} tow^{1} lo^{1} sã^{1} mjiw^{2} sã^{1} po^{1} tjɨj^{1}

阿 耨 多 罗 三 藐 三 菩 提

[illegible]

ljạ^{1} thjɨ^{2} sju^{2} njɨ^{1} tsew^{2} tsji̱r^{1} śjɨj^{1} ·jiw^{2} ku^{1}

证。 是 如 二 第 法 成 就 故，

证得阿耨多罗三藐三菩提。由成如是第二法故，

3.83.1

[illegible]

rjɨr^{2} njɨ^{2} po^{1} tjɨj^{1} ŋwə^{1} kiẹj^{2} mji^{1} ·jij^{1} ljɨ^{1}

乃 至 菩 提， 五 欲 不 受 也。

乃至菩提不受五欲。

3.83.2

[illegible]

nioow^{1} tśjɨ̱^{1} kja^{1} śja^{1} nji^{1} dźjij^{1} tshjɨ^{1} tsjij^{2} dźjij^{2}

复 次， 迦 叶， 家 在 菩 萨， 有

dźjij^{2} ne̠w^{2} tśhji^{2} ŋwu^{2} to^{2} zji^{2} zji^{2} phju^{2} po^{1}

有 善 根 以， 悉 皆 无 上 菩

复次，迦叶，在家菩萨，所有善根，悉皆回向无上菩

3.83.3

tjɨj^{1} ljijr^{2} ljɨ̠^{1} tshwew^{1} tsə̣^{1} ɣiẹ^{2} lji^{2} wjị^{1} tsjụ^{1}

提 向 回 趣， 色 声 香 味 触

tsji̠r^{1} war^{2} rejr^{2} pjụ^{1} bjij^{2} mji^{1} gji̠^{2} ·wjị^{1} dźjwɨ^{1}

法， 财 多 尊 贵 不 求， 眷 属

提，不乐色声香味触法、财封尊贵，

3.83.4

mji^{1} dzu^{1} dźiəj^{2} mə̣^{1} nji̠j^{1} dźiəj^{2} mə̣^{1} mja̠^{1} tshja^{2}

不 爱， 为 无 心、 为 无 果 报

ŋwu^{2} xja^{1} zji^{2} phju^{2} tśhja^{2} ka^{1} po^{1} tjɨj^{1} ljạ^{1}

以， 速 无 上 正 等 菩 提 证。

不爱眷属，以无为心、无为果报，速证无上正等菩提。

3.83.5

thjɨ^{2} sju^{2} sọ^{1} tsew^{2} tsji̠r^{1} śjɨj^{1} ·jiw^{2} ku^{1} rjɨr^{2}

是 如 三 第 法 成 就 故， 乃

njɨ^{2} po^{1} tjɨj^{1} ŋwə^{1} kiẹj^{2} mji^{1} lhjịj ljɨ^{1}

至 菩 提， 五 欲 不 受 也。

由成如是第三法故，乃至菩提不受五欲。

3.83.6

[illegible]

tśhjɨ^{1} zjọ^{2} rjur^{1} pjụ^{1} lja̱^{1} dạ^{2} rjɨr^{2} tshji̱j^{1}

尔 时 世 尊 颂 言 △ 说：

尔时世尊而说颂曰：

3.84.1

[illegible]

nji^{1} dźji̱j^{1} ŋwə^{1} kie^{1} djọ^{2} ·jī^{1} zow^{2} ·wejr^{2} ·jij^{1} njwi^{2} sji^{2} dzjwo^{2} mji^{1} ? njij^{1}

家 在 五 戒 修，坚 守 护 持 能。女 人 不 近 亲，

在家修五戒，坚守善护持①。不亲近女人，

3.84.2

[illegible]

thja^{2} kha^{1} dwər^{1} khie^{1} śjwo^{1} thjɨ^{2} sju^{2} njɨ^{2} tsji̱r^{1} ɣa^{1} ·jɨr^{2} kjụ^{1} mji^{1} dwər^{1} lhə

彼 中 厌 恶 生。是 如 等 法 门，勤 求 无 厌 足。

于中生厌恶。如是等法门，勤求无厌足。

3.84.3

[illegible]

rjur^{1} niow^{2} do^{2} ŋowr^{2} ŋowr^{2} tśhjɨ^{2} rjar^{2} phjɨ^{1} dźji̱r^{1} lew^{2} rjur^{1} ne̱w^{2} tsji̱r^{1} ŋowr^{2} ŋowr^{2}

诸 恶 处 一 切，立 便 舍 离 应。诸 善 法 一 切，

所有恶作处，应速舍离之。一切诸善法，

3.84.4

[illegible]

po^{1} tjɨj^{1} ljijr^{2} ljɨ^{1} tshwew^{1} thjɨ^{2} rjur^{1} ne̱w^{2} tśhji^{2} ŋwu^{2} xja^{1} ŋwə^{1} kie̱j^{2} rjir^{2} ka^{2}

菩 提 向 回 趣。此 诸 善 根 以，速 五 欲 与 离。

悉回向菩提。以此诸善根，速离于五欲。

① 此处西夏文字面意思为“坚守能护持”。

3.84.5

[illegible] [illegible] [illegible] [illegible] [illegible], [illegible] [illegible] [illegible] [illegible] [illegible]。[illegible] [illegible] [illegible] [illegible] [illegible],

·ju2 bu2 rejr2 mji1 rjir2 tshjɨ1 tśhju1 ·jij1 tsjir1 tshjij1 ljij2 njij2 njij1 gu1 śjwo1

常 胜 多 闻 得, 众 生 于 法 说。大 慈 心 发 生,

常获胜多闻,为众生说法。发生大慈意,

3.84.6

[illegible] [illegible] [illegible] [illegible] [illegible]。[illegible] [illegible] [illegible] [illegible] [illegible], [illegible] [illegible] [illegible] [illegible] [illegible]。

zji2 phju2 po1 tjɨ1 kju1 thjɨ2 nioow1 thja2 gjij1 mji1 me2 new2 njij1 śjwo1 lew2

无 上 菩 提 求。是 故 彼 利 闻, 贤 善 心 生 应。

求无上菩提。是故闻此利,应生贤善心。

3.85.1

[illegible] [illegible] [illegible] [illegible] [illegible], [illegible] [illegible] [illegible] [illegible] [illegible]。

rjur1 kiej2 mji1 ? ku1 tśhjɨ2 rjar2 tsjir1 dziej2 dej1

诸 欲 不 近 故, 立 即 法 轮 转。

不近于诸欲,速疾转法轮。

3.85.2

[illegible] [illegible] [illegible] [illegible] [illegible] [illegible] [illegible] [illegible] [illegible]:

tśhjɨ1 zjo2 ljij2 kja1 śja1 tha1 ·jij1 da2 ·jɨ2

尔 时 大 迦 叶 佛 于 言 曰:

[illegible] [illegible], [illegible] [illegible] [illegible] [illegible] [illegible] [illegible] [illegible]

rjur1 pju1 sjij1 thjɨ2 lwər2 rejr2 mjij2 tja1 thjij2

世 尊, 今 此 经 契 名 者 何

尔时大迦叶白佛言:世尊,今此经法以何为名?

3.85.3

[illegible]? [illegible] [illegible] [illegible] [illegible] [illegible] [illegible]? [illegible] [illegible]

sjo2 ŋa2 njɨ2 thjij2 sjo2 zow2 ·jij1 tha1 kja1

云? 我 等 何 云 受 持? 佛 迦

[illegible]	[illegible]	[illegible]：	[illegible]	[illegible]	[illegible]	[illegible]	[illegible]	[illegible]
śja^1	·jij^1	·jɨ^2	thjɨ^2	lwər^2	rejr^2	mjij^2	tja^1	so̱^{1}
叶	于	谓：	是	经	契	名	者	三

我等今者云何奉持？佛告迦叶：是经名曰《说三律仪》，

3.85.4

[illegible]	[illegible]	[illegible]	[illegible]，	[illegible]	[illegible]	[illegible]	[illegible]	[illegible]
dzjɨj^1	wer^1	tshjij^1	ŋwu^2	nioow^1	mjij^2	tshjɨ^1	tsjij^2	·jij^1
律	仪	曰	是，	亦	名	菩	萨	之
[illegible]	[illegible]	[illegible]	[illegible]，	[illegible]	[illegible]	[illegible]	[illegible]	[illegible]
lji̱^{1}	kie^1	ne̥^{1}	tshjij^1	nioow^1	mjij^2	rjur^1	tsji̱r^1	ŋowr^2
禁	戒	宣	说，	复	名	诸	法	一

亦名《宣说菩萨禁戒》,亦名《同入一切诸法》。

3.85.5

[illegible]	[illegible]	[illegible]①。	[illegible]	[illegible]	[illegible]	[illegible]	[illegible]	[illegible]，
ŋowr^2	thwu̱^{1}	thwu̱^{1}	tha^1	thjɨ^2	lwər^2	rejr^2	tshjij^1	dźjwa^1
切	同	同。	佛	此	经	契	说	已，
[illegible]	[illegible]	[illegible]	[illegible]	[illegible]	[illegible]	[illegible]	[illegible]	[illegible]，
pju̱^{1}	tja^1	lji̱j^2	kja^1	śja^1	nioow^1	rjur^1	lji̱j^2	·ji^1
尊	者	大	迦	叶	及	诸	大	众，

佛说此经已，尊者大迦叶及诸大众，

3.85.6

[illegible]	[illegible]	[illegible]	[illegible]	[illegible]	[illegible]、	[illegible]	[illegible]	[illegible]、
rjur^1	kha^1	ŋowr^2	ŋowr^2	dzjwo^2	mə^1	·a	sew^2	lo^1
世	间	一	切	人	天、	阿	修	罗、
[illegible]	[illegible]	[illegible]	[illegible]，	[illegible]	[illegible]	[illegible]	[illegible]，	[illegible]
khjã^2	tha^2	pho^1	njɨ^2	tha^1	rjɨr^2	tshjij^1	mji^1	zji^2
乾	闼	婆	等，	佛	所	说	闻，	皆

① [illegible](thwu̱^{1})，据汉文本当作“[illegible]”(·o^2)，义为“入”，形近而讹。

一切世间天人、阿修罗①、乾闼婆②等,闻佛所说,皆

3.86.1

[illegible]	[illegible]	[illegible],	[illegible]	[illegible]	[illegible]	[illegible]。
$ljij^{2}$	$nji̠j^{1}$	$lji̠j^{2}$	$dźiej^{2}$	zow^{2}	$śjij^{1}$	$dźji̠j^{1}$
大	欢	喜,	信	受	奉	行。

大欢喜,信受奉行。

3.86.2

[illegible]	[illegible]	[illegible]	[illegible]	[illegible]	[illegible]	[illegible]	[illegible]	[illegible]③
$lji̠j^{2}$	$ljɨ̠^{1}$	$tśiow^{1}$	$lwər^{2}$	$rejr^{2}$	?	$so̠^{1}$	$tsew^{2}$	$ze̠w^{2}$
大	宝	积	经	契	卷	三	第	忍

《大宝积经》卷第三　忍

汉文本

复次,迦叶,在家菩萨成就三法种诸善根,乃至证得无上菩提,终不受于五欲世乐。何等为三?在家菩萨受持五戒,不向他人赞五欲乐,勤修自业,不使女人,及发是心:我止亲近一切女人,乃至证得无上菩提,愿我不逢五欲世乐。由成如是最初法故,乃至菩提不受五欲。

复次,迦叶,在家菩萨,闻是等经,而生深信,求趣涅槃,虽复受持如是等教,隐蔽不行,有能演说,及发起者,若人闻已,即当舍离诸恶作处。以此善根,得无碍辩、得无着辩。若于现在及命终时,速得见佛,命终之后,往生天上,不久证得阿耨多罗三藐三菩提。由成如是第二法故,乃至菩提不受五欲。

复次,迦叶,在家菩萨,所有善根,悉皆回向无上菩提,不乐色声香味触法、财封尊贵,不爱眷属,以无为心、无为果报,速证无上正等菩提。由成如是第三法故,乃至菩提不受五欲。尔时世尊而说颂曰:

在家修五戒,坚守善护持。不亲近女人,于中生厌恶。

如是等法门,勤求无厌足。所有恶作处,应速舍离之。

一切诸善法,悉回向菩提。以此诸善根,速离于五欲。

常获胜多闻,为众生说法。发生大慈意,求无上菩提。

是故闻此利,应生贤善心。不近于诸欲,速疾转法轮。

尔时大迦叶白佛言:世尊,今此经法以何为名?我等今者云何奉持?佛告迦叶:是经名曰《说三律

① 阿修罗,梵文 Asura,又作"阿须罗"。译曰"无端",容貌丑陋之义。西夏文为音译。

② 乾闼婆,音译梵文 Gandharva,意译作"食香"。西夏文献中既有音译,又有意译。此处音译作"[illegible]"。

③ 西夏字"[illegible]",为帙号,可以译作"忍"。

仪》，亦名《宣说菩萨禁戒》，亦名《同入一切诸法》。佛说此经已，尊者大迦叶及诸大众，一切世间天人、阿修罗、乾闼婆等，闻佛所说，皆大欢喜，信受奉行。

《大宝积经》卷第三